헌법재판요론

정재황

박영사

이 책은 헌법, 헌법재판의 중요하고 필수적인 법리를 담은 교재로서 출간된 것입니다. 헌법재판 법리에 처음 접하게 되는 단계에서부터 입문서로 활용되도록 이해도를 높인 교재이자 중요하고 필수적인 헌법재판 법리들과 판례들을 담아 충실도도 높여 심화학습을 위해 그리고 법률가들의 지속적 참조의 필독서 역할을 할 교재입니다.

변호사시험에 헌법재판문제를 풀기 위한 준비로서 간단한 스킬만 익혀 임한다는 소식을 듣고 아연실색하였습니다. 시험을 떠나 무엇보다도 헌법재판은 헌법이 종국적 목적으로 하는 기본권보장을 실천하기 위한 것이라는 점에서 중요함은 두말할 나위 없습니다. 기본권을 침해당한 사람이 헌법재판인 헌법소원을 제기하여 구제받고자 한다는 소식을 자주 접하기도 합니다. 헌법재판 법리를 법률가가 충실히 습득하고 있어야 할 덕목인 당연한 이유인 것입니다. 헌법재판의 적용이 그렇게 중요하고 빈번하여 헌법재판법리는 마치 운전기술처럼 평생 가져가야 할 법리이기도 합니다. 적당히 할 수 없는 학습입니다. 헌법재판은 실무이니 법률가가 되어 많이 습득하면 된다? 재판관 9명이 어떤 순서로 입장하고 재판석에 앉느냐 하는 것은 장차 법률실무에서 보게 될 것이지만 여기서 말하는 헌법재판법리는 헌법의 실체법 이론에 연결되는 것이기도 합니다. 당장 예를 들면 기본권침해를 상대로 구제받기 위해 제기하는 헌법재판인 헌법소원은 기본권주체이어야 제기할 수 있습니다. 이른바 청구인능력이 있어야 한다는 것입니다. 이 청구인능력은 바로 기본권주체 문제인 실체법을 바탕으로 합니다. 또한 변호사시험으로 돌아와서 보아도 그렇습니다. 법의 보호를 요구하는 현장에서 활동할 법률가의 자질과 능력을 검증하는 헌법사례문제에서 그 구제방법이자 법률가로선 최종 방안인 헌법재판을 제기할 수 있는지 제기함에 있어서 그 요건과 방법절차는 어떠한지 등 헌법재판 법리에 대해 묻지 않을 수 없으니 그 비중이 클 수밖에 없습니다. 기출문제를 보더라도(이 말은 하는 것 자체가 이상스럽지만) 그 점을 볼 수 있고 사례문제만이 아니라

기록형에서도 또 직결됩니다. 사실 변호사시험, 로스쿨 교육 자체도 개선이 되어야 합니다. 이를 위해 연구와 시간이 투자되어 합니다. 투자없이 발전을 바라는 것은 연목구어입니다.

우리나라 헌법재판의 교과서로서는 처음으로 헌법재판개론(박영사, 초판, 2000)이 출간되었고 2003년 제2판 이후에는 계속 개정판을 내지 못하여 독자들께 매우 큰 빚을 지고 있다가 헌법재판론이 작년 2020년에 출간되었습니다. 그 헌법재판론이 출간되자 많은 호응을 얻어 곧 제2판(박영사, 2021)이 또한 출간되었습니다. 헌법재판론은, 교재이기도 하지만, 필자의 분석도 많이 담겨진, 전문학술서적에 더 가까워 양적으로도 간단치가 않아 이의 요체를 정리해달라는 요청 또한 적지 않았습니다. 그 점 이번에 헌법재판요론을 출간하게 된 한 동기가 되기도 하였습니다. 그러나 이름이 요론이나 단순한 요약이 결코 아니라 필수적이고 중요한 법리들을 빠트리지 않고 그 법리에 대해 이해가 쉽게 그러면서도 상당히 깊이있게 설명을 했고 관련 판례들을 최대한 인용하고 분석했습니다. 중요 판례들도 되도록 본서의 관련되는 부분에서 바로 이해가 되게 정리해 두고자 하였습니다. 헌법재판소결정은 2021년 6월까지 반영하였습니다.

이 한 권의 책이 법률가로서 두고두고 활용하게 될, 그 이전에 변호사시험 등에서 여러 문제들을 해결하게 할 헌법재판 법리의 기초에서 심화까지 학습되도록 이끌어갈 것임을 확신합니다.

이 책의 출간을 위해 많은 지원을 해주신 안상준 대표님, 조성호 이사님께 그리고 많은 희생으로 멋진 책을 만들어 주신 출판문화의 달인 김선민 이사님께 감사드립니다.

이 책의 출간에 중요한 조언을 해주신 제자 예경수 변호사, 이정민 변호사, 김동욱 법무관께도 감사드립니다. 김법무관은 임관 후 짧은 휴식 시간에도 직접 교정까지 봐주었습니다. 그리고 무더운 날씨 속에서도 소중한 시간을 내어 교정을 보아준 김성현 성균관대 로스쿨 제자에게도 고마운 마음 그지 없습니다. 대성하기를 바랍니다.

부디 헌법재판요론이 국민과 인류의 기본권을 보호하는 데 필수적 법리습득에 효율적인 역할을 하여 보다 나은 입헌국가, 기본권이 만개하는 따뜻한 세상이 되는 데 일조하기를 바랍니다.

2021년 8월 저자 씀

⌈ 제1장 헌법재판 서설 ⌋

⌈ 제2장 헌법재판소의 지위와 구성 및 운영 ⌋

[제 3 장   위헌법률심판]

[제 4 장 권한쟁의심판]

[제 5 장   헌법소원심판]

［제6장 탄핵심판］

[제 7 장　정당해산심판]

헌법재판 서설

01

헌법재판 서설

제 1 절   헌법재판의 개념과 기능

Ⅰ. 헌법재판의 개념

헌법재판이란 헌법규범을 해석하고 적용하여 헌법규범에 위반되는 법률이나 공권력작용 등을 무력화함으로써 헌법이 담고 있는 기본권을 보장하고 입헌주의를 수호하며 헌법적 분쟁을 해결하는 재판을 말한다.

우리나라에서는 법원도 위헌법률심판제청, 위헌명령·규칙심사 등 넓은 의미의 헌법재판을 수행하고 있지만, 헌법재판소를 따로 두고 있고 주로 이 헌법재판소에

---

1 저자는 '헌법재판론'(제2판, 박영사, 2021)도 출간하였다. 헌법재판 법리가 이 책('헌법재판요론')에서도 달라질 것은 아니므로 그 개념 등을 서술함에 있어서 이 책에서 위 '헌법재판론'의 문언을 그대로 옮긴 부분도 있다. 자기표절이 아니라는 의미에서 여기서 이를 밝혀둔다.

서 중요한 헌법재판을 중심적으로 관할하고 있으므로 여기서는 헌법재판소에서 행하는 헌법재판을 살펴보고자 한다.

Ⅱ. 헌법재판의 기능

헌법재판은 다음과 같은 기능을 수행한다. ① 기본권보장의 기능 ― 헌법재판은 법률이나 공권력작용 등이 헌법에 위반하여 국민의 기본권을 침해하는 경우에 헌법위반임을 규명하여 그 침해행위를 제거함으로써 국민의 기본권을 보장하는 구제기능을 한다. ② 실질적 입헌주의의 구현 ― 헌법위반에 대한 제재가 없다면 입헌주의는 형식적인 것에 그치게 된다. 헌법위반행위에 대한 제재로 뒷받침될 때 실질적인 입헌주의가 구현될 수 있다. 바로 그 제재수단으로서 헌법재판이 기능한다. ③ 헌법의 규범력 확보 ― 헌법재판은 헌법을 위반하고 기본권을 침해하는 행위들을 제재함으로써 헌법이 힘을 발휘하는, 헌법의 규범력, 강제력을 강화한다. ④ 통제기능 ― 헌법재판은 권력행사에 대한 합헌성통제를 수행하고 국가권력 간의 권한획정과 조정의 기능도 수행한다. ⑤ 다원주의·의회주의·소수의 존중 기능 ― 다원주의(多元主義 국민전체의 진정한 의사를 추출하기 위해 다양한 계층의 국민의 의사가 집약될 것을 요구하는 원리)·의회주의(민주적 선거로 구성된 국민대표기관인 의회가 국민의 진정한 의사를 도출하여 합의로써 국가정책을 결정하게 하는 원리. 의회주의는 다원주의를 전제로 하며 입법의 충실을 위한 입법절차의 합리화를 요구한다)가 제대로 실현되지 않은 가운데 제정된 법률을 위헌선언함으로써 다원주의와 의회주의의 준수, 소수의 보호가 헌법재판을 통해 구현될 수 있다. ⑥ 정치의 평화화 ― 의회에서 여·야 간의 치열한 정치적 대립이 있는 법률의 제정에서 헌법재판에 의한 판단을 기다리도록 함으로써 정쟁을 막거나 완화하는 효과를 가져올 수도 있다.

제 2 절   헌법재판의 유형

헌법재판의 유형은 여러 종류의 헌법재판 중 위헌법률심판(법률이 헌법에 위반되는지 여부를 심사하는 심판)을 중심대상으로 하여 여러 기준에 따라 분류하는 경향인데 그 경향에 따라 보면 다음과 같은 중요 유형 분류들이 있다. ① 담당기관 기준: 법원형(사법심사형), 특별헌법재판기관형(헌법재판소형), 혼합형 — 이는 위헌법률심판을 어느 기관이 담당하느냐에 따른 분류이다. 사법심사형은 일반법원이 담당하는 유형이고, 특별헌법재판기관형은 법원 외에 특별한 헌법재판기관을 두어 그곳에서 담당하게 하는 유형이다. 이를 혼합한 유형도 있다. ② 규범통제의 계기 기준: 구체적 규범통제, 추상적 규범통제, 병존형 — 이는 규범통제(규범통제라 함은 법률, 명령 등 법규범이 상위 법규범에 위반되는지 여부를 판단하는 심사를 말한다. 그래서 위헌법률심사나 명령에 대한 위헌심사 등을 규범통제라고도 부르는 것이다)가 어떠한 계기로 이루어지는가에 따른 분류이다. 구체적 규범통제란 법률이 구체적 사건에 적용되어야 할 상태에서 그 법률이 헌법에 위반되는지 여부를 심사하는 방식이고, 추상적 규범통제란 구체적 사건이 없는 상태에서도 문제의 법률이 헌법에 위반되는지 여부를 바로 심사하는 방식을 말한다. 따라서 구체적 규범통제는 구체적 사건이 발생하여 그 사건의 해결을 위한 재판이 제기되고 그 재판 도중에 심사가 이루어진다. 양 규범통제를 모두 행하는 병존형의 국가(독일, 프랑스)도 있다. ③ 심사시기 기준: 사후적 규범통제, 사전적 규범통제, 병존형 — 이는 위헌법률심판이 언제 이루어지는지, 특히 법률이 공포된 이후에 심판이 이루어지는지 아니면 공포 이전에 이루어지는지에 따른 분류이다. 법률이 공포되어 시행에 들어간 뒤에 심사를 하는 것을 사후적 심사(사후적 규범통제)라고 하고, 법률의 공포 이전에 행하는 심사를 사전적 심사(사전적 규범통제)라고 한다. 양자가 모두 행해지는 병존형의 나라(프랑스)도 있다.

현재 우리나라의 헌법재판 유형은 헌법재판소형, 구체적 규범통제형, 사후적 규범통제형이다.

헌법재판소의 지위와 구성 및 운영

02

헌법재판소의 지위와 구성 및 운영

제 1 절 헌법재판소의 지위와 구성

I. 헌법재판소의 법적 지위와 성격

1. 기본권보장기관, 헌법보장기관, 헌법의 최종적 해석권자 등의 지위

헌법재판소는 위헌법률심판, 헌법소원심판 등의 헌법재판을 통하여 국민의 기본권을 보장하며 헌법침해행위로부터 헌법을 보장하는 기관으로서의 지위를 가진다. 또한 헌법재판을 수행하면서 헌법을 최종적으로 해석하는 기관으로서의 지위도 가진다.

2. 사법기관으로서의 성격

헌법재판소(이하 '헌재'라고 줄여 표기하기도 함)는 헌법적 분쟁에 대해 헌법을 해석하고 적용하여 분쟁을 해결하고 그 해결의 결과인 결정이 구속력을 가지는 사법기관(司法機關, 재판기관)으로서의 성격을 가진다. 헌법재판소 자신도 스스로를 사법기관이라고 한다(92헌마126).

Ⅱ. 헌법재판소의 구성과 조직

1. 헌법재판소장

헌법재판소장은 헌재를 대표하고, 헌재의 사무를 총괄하며, 소속 공무원을 지휘·감독한다[헌법재판소법(이하 줄여서 '헌재법' 또는 '법'이라고도 함 * '헌재법'은 이 책 [부록]에 첨부되어 있음. 그 부분 참조) 제12조 3항].

헌법재판소의 장은 재판관 중에서 대통령이 임명하는데 그 임명에 국회의 동의를 얻어야 한다(제111조 4항). 동의를 위하여 청문이 있고 그 청문은 인사청문특별위원회에서 한다(국회법 제46조의3 제1항). 소장의 임기나 연임 여부에 관해서는 헌법이 직접 규정을 두지 않아 논란이 있다. 그동안 4기까지는 바로 임명되어 6년 단임하였지만 이후 재판관으로서의 임기의 잔임기간 동안 소장으로서 재임하였다. 소장의 정년은 70세이다(헌재법 제7조 2항). 소장이 궐위되거나 부득이한 사유로 직무를 수행할 수 없을 때에는 다른 재판관이 헌법재판소규칙으로 정하는 순서에 따라 그 권한을 대행한다(동법 제12조 4항). 헌법재판소장의 대우와 보수는 대법원장의 예에 따른다(헌재법 제15조 전문).

2. 헌법재판관

[임명, 인사청문, 임기, 후임자선출시한] 헌법재판소는 법관의 자격을 가진 9인의 재판관으로 구성하며 9인 모두 대통령이 임명한다(제111조 2항). 9인의 재판관 중 3인은 국회에서 선출하는 자를, 3인은 대법원장이 지명하는 자를 임명한다(제111조 3항). 재판관은 국회의 인사청문을 거쳐 임명·선출 또는 지명하여야 한다(헌재법 제6조 2항). 국회 인사청문회는 국회가 선출하거나 동의하는 대상인 경우에는 인사청문특위원회의 대상이고 그렇지 않은 경우 소관 상임위원회위 대상이 된다. 따라서 국회가 선출하는 3인의 재판관은 인사청문특별위원회에서 행하고(국회법 제46조의3 제1항 제2호), 대통령이 임명하는 헌법재판소 재판관은 상임위원회의 인사청문회 대상이나(국회법 제65조의2 제2항 제1호) 후보자가 헌법재판소장 후보자를 겸하는 경우에는 인사청문특별위원회의 인사청문회를 연다. 이 경우 소관 상임위원회의 인사청

문회를 겸하는 것으로 본다(국회법 제65조의2 제5항). 재판관의 임기는 6년이며, 법률이 정하는 바에 의하여 연임할 수 있고(제112조 1항), 정년은 70세이다(헌재법 제7조 2항). 재판관의 임기가 만료되거나 정년이 도래하는 경우에는 임기만료일 또는 정년도래 일까지 후임자를 임명하여야 하고, 임기 중 재판관이 결원된 경우에는 결원된 날부 터 30일 이내에 후임자를 임명하여야 한다(헌재법 제6조 3, 4항).

[재판관 자격] ⅰ) 자격요건 ─ 법조자격을 요한다. 즉 ① 재판관은 1. 판사, 검사, 변호사, 2. 변호사 자격이 있는 사람으로서 국가기관, 국영·공영 기업체, 「공공기관의 운영에 관한 법률」 제4조에 따른 공공기관 또는 그 밖의 법인에서 법률에 관한 사무에 종사한 사람, 3. 변호사 자격이 있는 사람으로서 공인된 대학의 법률학 조교수 이상의 직에 있던 사람으로서 위 직에 15년 이상(복수 직에 있은 경우 재직기간 합산) 있던 40세 이상인 사람 중에서 임명한다(헌재법 제5조 1항). 이와 같은 법조자격자 한정에 대해서는 외국의 예를 보거나 헌법재판의 특수성에 비추어 비판이 가해지고 있다. 개방되어야 한다. ⅱ) 결격사유 ─ 헌재법은 다른 법령에 따라 공무원으로 임용하지 못하는 사람, 금고 이상의 형을 선고받은 사람, 탄핵에 의하여 파면된 후 5년이 지나지 아니한 사람 등 결격사유를 명시하고 있고 정당의 당원 또는 당원 신분을 상실한 날부터, 공직선거법에 따라 실시하는 선거에 후보자로 등록한 날부터, 대통령선거에서 후보자의 당선을 위하여 자문이나 고문의 역할을 한 날부터 일정한 기간이 지나지 아니한 사람도 결격사유자로 규정하고 있다(헌재법 제5조 2항).

[판례 ─ 후임 선출 지체에 대한 각하결정] 국회가 임기만료로 퇴임한 재판관의 후임자를 선출하지 아니하고 있는 부작위에 대해 그 위헌확인을 청구하는 헌법소원심판사건이 있었다. 그 사건결정에서 헌재는 위 규정을 훈시규정으로 보되 '상당한 기간' 내에 공석이 된 재판관의 후임자를 선출하여야 할 헌법상 작위의무를 부담한다고 하면서도 상당기간이 지체된 이후 국회가 후임자를 선출하였는데도 그 선출로 이행지체 상태가 해소되어 권리보호이익(이에 대해서는 뒤의 헌법소원심판 청구요건 부분 참조)이 소멸하였다고 보아 결국 각하결정을 하였다(2012헌마2).

[재판부 공백과 대안모색(예비재판관제의 부적실성, 순환식 재판부 도입제안)] 재판관의 임기만료로 인한 퇴임시 임기만료일, 정년의 경우 정년도래일까지 후임자를 임명하여야 하는데(헌재법 제6조 3항) 그 날이 지나도 임명되지 않은 경우 또는 사망, 중도사직, 그리고 탄핵결정 등에 의한 재판관의 궐원 또는 재판관의 제척, 회피, 기피

등으로 재판부 공백이 발생할 수 있는데 이 공백을 메우는 방안으로 예비재판관 도입이 주장되기도 한다. 그러나 자격요건에서 정규 재판관과 차이가 별로 없어야 하고 정식재판관과 동일한 선임절차를 거치게 되면서도 예비적이고 보충적이라는 지위에 대한 자의식이 위축될 여지, 일시적인 재판참여가 집중성 등에 있어서 정규 재판관에 비해 상대적으로 약화될 여지가 있지 않을까 하는 우려 등이 있어 적실성이 부족하다. 대신 재판관 정원수를 예컨대 12명 정도로 늘리되 9인 재판부제는 그대로 두되 순환식으로 하여 결원시 보충하게 하는 방안을 고려할 필요가 있다[이에 대해서는 정재황, 헌법재판론, 박영사, 2020(이하 그냥 '헌법재판론'이라고도 한다), 57-58면; 정재황, 예비재판관 제도 및 그 도입 타당성에 대한 연구, 성균관법학, 2014, 33-34면 등 참조. 이는 물론 헌법개정을 요하는 방안이다].

　　[헌법재판관의 독립, 신분보장, 겸직금지, 대우] ⅰ) 헌법재판관의 독립 — 재판관은 헌법과 법률에 의하여 양심에 따라 독립하여 심판한다(헌재법 제4조). 헌법재판관은 정당에 가입하거나 정치에 관여할 수 없다(제112조 2항; 헌재법 제9조). 이는 정치적 영향을 받지 않는다는 점에서 신분보장과도 연관된다. 또한 위에서 본대로 정당의 당원 상실, 공직선거에 후보자로 등록, 대통령선거에서 후보자 당선을 위한 자문이나 고문의 역할을 한 날부터 일정 기간이 지나지 아니한 사람을 재판관 임용결격 사유자로 규정하고 있는 것도 재판관의 정치적 중립성을 보장하려는 것이다. ⅱ) 신분보장 — 헌법재판관은 탄핵 또는 금고 이상의 형의 선고에 의하지 아니하고는 파면되지 아니하도록 하여(제112조 3항; 헌재법 제8조) 그 신분을 보장하고 있다. ⅲ) 겸직금지 — 재판관은 1. 국회 또는 지방의회의 의원의 직, 2. 국회·정부 또는 법원의 공무원의 직, 3. 법인·단체 등의 고문·임원 또는 직원의 직의 어느 하나에 해당하는 직을 겸하거나 영리를 목적으로 하는 사업을 할 수 없다(헌재법 제14조). ⅳ) 대우 — 재판관은 정무직으로 하고 그 대우와 보수는 대법관의 예에 따른다(헌재법 제15조 후문).

3. 재판관회의

　　재판관회의는 재판관 전원으로 구성하며, 헌법재판소장이 의장이 된다(헌재법 제16조 1항). 재판관회의는 재판관 7명 이상의 출석과 출석인원 과반수의 찬성으로

의결한다(동조 2항). 의장은 의결에서 표결권을 가진다(동조 3항). 재판관회의의 의결을 거쳐야 하는 사항은 헌법재판소규칙의 제정과 개정 등 헌재법에 명시되어 있다(동조 4항).

4. 사무처장·사무차장, 사무처

헌법재판소의 행정사무를 처리하기 위하여 헌법재판소에 사무처를 두고 사무처에 사무처장과 사무차장을 둔다(동법 제17조 1, 2항). 사무처장은 헌법재판소장의 지휘를 받아 사무처의 사무를 관장하며, 소속공무원을 지휘·감독한다(동조 3항). 헌법재판소장이 한 처분에 대한 행정소송의 피고는 헌법재판소 사무처장으로 한다(동조 5항). 사무차장은 사무처장을 보좌한다(동조 6항).

5. 헌법연구관·헌법연구관보·헌법연구위원

헌법연구관은 헌법재판소장의 명을 받아 사건의 심리 및 심판에 관한 조사·연구에 종사한다(동법 제19조 3항). 헌법연구관을 신규임용하는 경우에는 3년간 헌법연구관보로 임용하여 근무하게 한 후 그 근무성적을 고려하여 헌법연구관으로 임용한다(동법 제19조의2 제1항). 헌법연구위원은 사건의 심리 및 심판에 관한 전문적인 조사·연구에 종사한다(동법 제19조의3 제1항).

6. 헌법재판연구원(憲法裁判研究院)

헌법 및 헌법재판 연구와 헌법연구관, 사무처 공무원 등의 교육을 위하여 헌법재판연구원을 둔다(동법 제19조의4 제1항).

제 2 절   헌법재판소의 권한

Ⅰ. 헌법재판소의 관장사항

헌법재판소는 위헌법률심판, 탄핵심판, 정당해산심판, 권한쟁의심판, 헌법소원심판의 5가지 심판을 담당한다(제111조 1항). 이 각 심판에 대해서는 다음 장부터 개별적으로 볼 것이고 여기서는 그 외 규칙제정권을 본다.

Ⅱ. 규칙제정권

1. 의   의

헌법 제113조 2항은 "헌법재판소는 법률에 저촉되지 아니하는 범위 안에서 심판에 관한 절차, 내부규율과 사무처리에 관한 규칙을 제정할 수 있다"라고 규정하여 규칙제정권을 헌재에 부여하고 있다. 이 규칙제정권은 헌법재판의 전문성을 지니는 헌재로 하여금 헌법재판의 실무에 보다 적절한 규범들을 자율적으로 정할 수 있게 하고 헌재의 독립성도 제고하게 하는 권한이다.

2. 대   상

헌법은 심판에 관한 절차, 내부규율과 사무처리에 관한 사항을 규칙의 대상으로 규정하고 있다. 헌재법은 규칙으로 정할 사항을 규정하고 있다(법 제12조 4항, 제16조 5항, 제17조 9항, 제36조 5항, 제70조 6항, 제72조 6항 등 적지 않음). 그런데 헌재가 심판에 관한 절차, 내부규율, 사무처리에 관한 사항으로서 필요한 사항이라고 판단하는 경우에는 법률에 저촉되지 않는 한 제정대상이 되고 반드시 법률에서 제정사항을 둘 때에만 규칙을 정할 수 있는 것은 아니라고 볼 것이다. 다만, 국민의 기본권제한에 관한 사항은 그러하지 않고(법률유보원칙), 포괄위임금지원칙도 적용되어야 한다고 본다.

3. 규칙의 제정절차와 공포

헌법재판소규칙은 재판관회의의 의결을 거쳐서(동법 제16조 4항 1호) 제정된다. 헌재규칙은 관보에 게재하여 공포한다(동법 제10조 2항).

제3절 심판절차(審判節次)의 일반원칙

Ⅰ. 재판부의 구성과 운영

1. 전원재판부

헌재의 심판은 헌재법에 특별한 규정이 있는 경우를 제외하고는 재판관 전원으로 구성되는 재판부(재판장은 헌법재판소장)에서 관장한다(동법 제22조).

[재판관 제척·기피 및 회피] 재판관에 대한 제척·기피 및 회피제도가 있다(동법 제24조). 아래 표와 같이 구분, 정리된다.

	사유	신청인	제한
제척	법소정 사유	직권 또는 당사자	
기피	공정 심판 기대하기 어려운 사정	당사자	– 2명이상 재판관 기피 불가 – 변론기일출석 본안진술한 때 기피불가
회피	제척, 기피 사유가 있는 경우	재판관	재판장 허가 필요

[기피에 대한 제한과 판례] 당사자는 동일한 사건에 대하여 2명 이상의 재판관을 기피할 수 없다(동법 동조 4항). 이 제한에 대해 헌재는 합헌성을 인정한 바 있다(2015헌마902).

2. 지정재판부

헌법소원심판에 있어서는 그 청구요건을 갖춘 적법한 심판청구인지를 사전에 심사하게 하기 위하여 헌법재판소장은 헌재에 재판관 3명으로 구성되는 지정재판부를 둘 수 있다(동법 제72조 1항). 지정재판부가 3명 전원의 일치된 의견으로 헌법소원심판의 청구가 부적법하다고 판단한 경우 결정으로 헌법소원의 심판청구를 각하한다. 전원일치의 각하결정을 하지 아니하는 경우에는 결정으로 전원재판부의 심판에 회부하여야 하는데, 헌법소원심판의 청구 후 30일이 지날 때까지 각하결정이 없는 때에는 심판에 회부하는 결정이 있는 것으로 본다(동법 제72조 3, 4항). 각하결정 또는 전원재판부 회부결정만 할 수 있으므로 기각결정은 할 수 없다. 현재 헌재가 가처분, 국선변호인 선임신청 사건 등에서 기각결정을 하는 것은 헌법재판소법 위반이고 그 필요성이 있으면 법개정을 해야 한다. * 지정재판부 제도는 헌법소원심판에만 있는 제도로 이에 대해서는 헌법소원심판 부분도 참조.

Ⅱ. 당사자, 대표자·대리인

[대표자·대리인] 각종 심판절차에 있어서 정부가 당사자(참가인을 포함한다)인 경우에는 법무부장관이 이를 대표하고, 당사자인 국가기관 또는 지방자치단체는 변호사 또는 변호사의 자격이 있는 소속 직원을 대리인으로 선임하여 심판을 수행하게 할 수 있다(헌재법 제25조 1, 2항).

[사인, 변호사대리강제주의] ⅰ) 개념, 합헌성 인정 - 각종 심판절차에서 당사자인 사인(私人)은 변호사를 대리인으로 선임하지 아니하면 심판청구를 하거나 심판수행을 하지 못한다(동법 제25조 3항). 이를 변호사대리강제주의라고 한다. 이 강제주의가 헌법소원(재판)청구권의 지나친 제한이라고 보아 위헌이라는 주장이 있어 왔고 이에 대해 헌재는 합헌이라고 본다(89헌마120, 2008헌마439. 이에 대해서는 후술 헌법소원심판 청구요건 부분 참조). ⅱ) 적용범위 - ① 헌법소원 - 사인이 당사자인 경우는 주로 헌법소원심판의 경우인데 변호사대리강제가 헌법소원심판의 청구요건이 된다(헌법소원심판의 경우 국선대리인 선임 신청제도가 있다. 동법 제70조). 헌재법 제68조 2항의 위헌소원의 경우에도 변호사대리강제주의가 적용된다(헌재판례). ② 탄핵심판 - 탄

핵심판의 경우 명확하지 않은 면이 있다. 헌재의 판례 중에는 긍정한 예(89헌마120)도 있으나 헌재는 이후 "국회의 탄핵소추의결에 따라 사인으로서 대통령 개인의 기본권이 침해되는 것이 아니며 국가기관으로서…"라고 판시하기도 하여(2016헌나1) 모순을 보여주기도 했다. 그동안 탄핵심판에서는 변호인들이 있었다.

Ⅲ. 심판의 청구

[심판청구의 방식] 헌법재판소에의 심판청구는 심판절차별로 정하여진 청구서를 헌재에 제출함으로써 한다. 다만, 위헌법률심판에서는 법원의 제청서, 탄핵심판에서는 국회의 소추의결서의 정본(正本)으로 청구서를 갈음한다(동법 제26조 1항).

[사건번호의 구성] 이에 대해서는 헌법재판소의 '헌법재판소사건의 접수에 관한 규칙' 제8조가 규정하고 있다. 아래 참고의 예 도해로 이해가 될 것이다.

참고 헌재 결정의 사건번호　　사건종류별로 다음과 같이 사건부호가 정해져 사건번호의 사건부호를 보면 어떠한 종류의 심판사건인지를 알 수 있다.
사건부호: ①「헌가」- 위헌법률심판사건, ②「헌나」- 탄핵심판사건, ③「헌다」- 정당해산심판사건, ④「헌라」- 권한쟁의심판사건, ⑤「헌마」- 본래의미의 헌법소원심판사건, ⑥「헌바」- 법원이 위헌제청신청을 기각한 경우 당사자가 헌재법 제68조 2항에 따라 헌법소원을 통하여 위헌심사를 청구한 사건(위헌소원심판사건), ⑦「헌사」- 각종 신청사건(예를 들어 가처분 신청 사건, 국선대리인 선임 신청 사건), ⑧「헌아」- 각종 특별사건(예를 들어 헌법재판소 결정에 대한 재심 청구 사건).

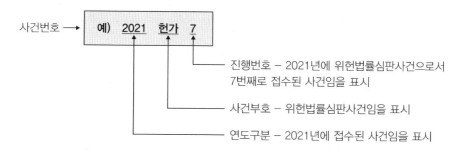

사건번호 → 예) 2021 헌가 7

진행번호 – 2021년에 위헌법률심판사건으로서 7번째로 접수된 사건임을 표시
사건부호 – 위헌법률심판사건임을 표시
연도구분 – 2021년에 접수된 사건임을 표시

[심판청구의 보정] ⅰ) 재판장(재판관)의 의무적 보정요구 – 재판장은 심판청구가 부적법하나 보정(補正)할 수 있다고 인정되는 경우에는 상당한 기간을 정하여 보정

을 요구하여야 한다(법 제28조 1항). 이처럼 보정요구는 의무이다. ⅱ) 보정이 있는 경우의 효과 – 위 요구에 따른 보정이 있는 경우에는 처음부터 적법한 심판청구가 있은 것으로 본다(법 동조 3항). 보정요구에 따르지 않고 보정을 하지 않으면 부적법한 심판청구로서 각하된다. ⅲ) 보정기간의 심판기간 불산입 – 보정요구에 따른 보정기간은 헌재법 제38조의 심판기간에 산입하지 아니한다(법 제28조 4항).

Ⅳ. 심   리

1. 심리의 방식 - 구두변론과 서면심리

탄핵심판, 정당해산심판 및 권한쟁의심판은 구두변론에 의한다(동법 제30조 1항). 위헌법률심판과 헌법소원에 관한 심판은 서면심리에 의하되, 재판부는 필요하다고 인정하는 경우에는 변론을 열어 당사자, 이해관계인, 그 밖의 참고인의 진술을 들을 수 있다(동조 2항).

Ⅰ 심판별 심리원칙

구두변론	서면심리
탄핵심판	위헌법률심판
정당해산심판	헌법소원
권한쟁의심판	

* 구두변론 한정의 이유와 현황 – 탄핵심판, 정당해산심판 및 권한쟁의의 심판 세 가지 심판들에 대해서만 구두변론을 원칙으로 하도록 한 이유는 구두변론은 심리시간이 소요되는데 위 세 심판은 그 사건 수가 위헌법률심판과 헌법소원심판에 비해 적기 때문이다.

2. 심리정족수

재판부는 재판관 7명 이상의 출석으로 사건을 심리한다(법 제23조 1항).

3. 심판기간과 그 효과

[심판기간] 헌법재판소는 심판사건을 접수한 날부터 180일 이내에 종국결정의 선고를 하여야 한다(법 제38조 본문).

[훈시규정(도과의 효과) - 판례 입장] 헌재는 이 180일 규정을 강제규정으로 보고 있지 않고 헌법재판 심판기간에 관하여 지침을 제시하는 훈시규정으로 보는 것이 재판청구권의 침해가 아니라고 본다. 헌재는 이 기간이 공정·적정한 헌법재판을 하는 데 충분한 기간이라고는 볼 수 없고, 심판기간의 준수를 강제하는 규정을 두고 있지 않은 점을 훈시적 규정으로 보는 이유로 밝히고 있다(2007헌마732).

[기간 불산입의 경우] 헌재법 제38조 단서는 "재판관의 궐위로 7명의 출석이 불가능한 경우에는 그 궐위된 기간은 심판기간에 산입하지 아니한다"라고 이 180일 심판기간에 불산입하는 경우를 직접 인정하고 있다.

4. 증거조사, 자료제출요구 등

재판부는 사건의 심리를 위하여 필요하다고 인정하는 경우에는 직권 또는 당사자의 신청에 의하여 1. 당사자 또는 증인을 신문(訊問)하는 일, 2. 당사자 또는 관계인이 소지하는 문서 등 또는 그 밖의 증거자료의 제출을 요구하고 영치(領置)하는 일, 3. 감정을 명하는 일, 4. 검증하는 일 등의 증거조사를 할 수 있다(법 제31조 1항).

재판부는 결정으로 다른 국가기관 또는 공공단체의 기관에 심판에 필요한 사실을 조회하거나, 기록의 송부나 자료의 제출을 요구할 수 있다. 다만, 재판·소추 또는 범죄수사가 진행 중인 사건의 기록에 대하여는 송부를 요구할 수 없다(법 제32조).

5. 심판의 장소, 공개, 법정경찰, 변론지휘, 평의정리 등

심판의 변론과 종국결정의 선고는 심판정에서 행하는데 다만, 헌법재판소장이 필요하다고 인정하는 경우에는 심판정 외의 장소에서 변론 또는 종국결정의 선고를 할 수 있다(법 제33조 본문). 심판의 변론과 결정의 선고는 공개한다. 다만, 서면 심리와 평의(評議)는 공개하지 아니한다(법 제34조 1항). 심판정의 질서와 변론의 지휘 및 평의의 정리(整理) 등을 재판장이 담당한다(법 제35조 1항).

6. 일사부재리

헌법재판소는 이미 심판을 거친 동일한 사건에 대하여는 다시 심판할 수 없다 (동법 제39조). 이 원칙이 일사부재리(一事不再理)원칙이다. 일사부재리원칙에 대한 자세한 것은 그 원칙 문제가 많이 다루어지는 헌법소원심판 부분 참조.

V. 헌법재판의 기준

헌법재판에 적용되는 규범은 헌법임은 물론이다. 이 헌법에는 성문헌법전뿐 아니라 불문의 헌법(헌법조리법, 헌법관습법 등)도 포함된다. 유의할 점은 권한쟁의심판 과 탄핵심판에 있어서는 적용되는 규범이 헌법뿐 아니라 법률도 포함된다는 점이 다. 이는 탄핵심판의 소추는 문제의 직무집행에서 헌법을 위반한 경우뿐 아니라 법률을 위반한 경우에도 할 수 있으므로(헌법 제65조 1항, 법 제48조) 법률위반 여부를 판단하여야 할 경우가 있고, 권한쟁의심판은 피청구인의 처분 또는 부작위(不作爲) 가 헌법에 의하여 부여받은 청구인의 권한뿐 아니라 법률에 의하여 부여받은 권한 을 침해하였거나 침해할 현저한 위험이 있는 경우에도 청구할 수 있으므로(법 제61 조 2항) 법률위반 여부를 판단하여야 할 경우가 있기 때문이다.

위헌법률심판의 기준에 대해서는 뒤의 위헌법률심판 부분 등에서 자세히 다룬 다(후술, 제3장 제4절 참조).

VI. 평의

평의란 사건에 대해 재판관들의 의견을 개진하고 교환하는 과정을 말한다. 마지막으로 표결하는 행위를 평결이라고 한다.

[평결의 방식 – 합의제 방식] 평의결과 최종적인 재판의 결론에 내리는 평결의 방식이 문제되는데 바로 합의제방식이 그것이다. 어떤 합의제방식을 취할 것인지에 따라 문제의 상황과 해결의 향방에도 차이가 나게 된다. ⅰ) 두 가지 방식 – 일반적으로 재판에서 평결방식으로는 ① '쟁점별 합의' 방식, ② '주문합의제' 방식 두 가지가 있다. ①의 '쟁점별 합의' 방식은 청구요건을 갖추었는지 여부에 대해 표결에 붙이고 다음으로 본안에 대해 표결에 붙이는 방식이라고 하여 쟁점별이라고 한다. ②의 '주문합의제' 방식은 이렇게 나누지 않고 청구요건, 본안판단 다 묶어서 전체적으로 한 번의 표결로 재판의 결론인 주문을 정하는 방식이다. 전체적으로 표결에 붙여 주문을 결정하여 결론을 내리는 방식을 말한다. 양자의 차이점은 쟁점별 방식에 따를 때 청구요건에 대한 판단과 본안판단에서의 결론이 분리되어 내려지므로 청구요건에 대한 판단에서 이를 갖추지 못하였다고 보는 의견을 가진 소수 재판관이 있더라도 청구요건을 갖춘 의견이 다수이므로 청구요건을 갖춘 것으로 되고 이어 다음 쟁점인 본안 쟁점의 표결에 들어가야 하는 반면에 일괄 주문합의 방식은 그 경우 소수 재판관은 전체적으로도 청구요건을 갖추지 않은 것이라는 결론을 내리고 본안판단에 참여하지 않게 된다는 것이다. ⅱ) 문제상황 – 위와 같은 차이점이 나타나는 경우는 정족수 문제와도 결부된다. 즉 우리나라에서 위헌결정, 헌법소원 인용결정과 같은 경우에 6인 찬성이라는 가중정족수가 적용되나 청구요건판단에는 일반정족수인 재판관 5인 이상 찬성으로 결정된다(법 제23조 2항). 그런데 요건충족의견과 요건결여의견이 '5 : 4'인 경우에 쟁점별 합의제를 취하면 4인 의견도 본안판단에 들어가야 할 것이고 각하의견을 낸 재판관들 중에서도 위헌이라는 본안의견을 낸다면 위헌결정 가능성 등 변화가능성도 생길 것이다. 반면에 주문합의제로 하여야 한다는 입장에서는 요건판단에서 이처럼 '5 : 4'의 경우에 본안판단에서의 변화가능성은 없게 되는 상황이 된다. ⅲ) 우리 헌법재판소의 방식(주문합의제)과 논란 – 우리 헌재 실무에서는 주문합의제로 평결하고 있다. 현재 실무에서 위헌의견 5인 : 각하의견 4인 의견일 때 각하를 하지 않고 합헌결정을(위헌의견 1인이 모자라 6인 정족수를 못채웠으므로 합헌결정) 한다. 이러한 상황에서 5인 위헌의견이 쟁점별 합의제를 하여 4인 소수의견도 본안에 합류해야 한다는 지적을 하고 반대로 소수의견은 헌법재판소가 발족 이래 오늘에 이르기까지 주문합의제를 취해 왔다는 것을 내세우면서 결국 본안판단에 참여하지 않아 논란을 보여준 결정

이 있었다(헌재 1994.6.30. 92헌바23). ⅳ) 검토 — 4인 재판관이 각하의견을 취할 경우도 청구요건을 갖추지 못하였다고 보는 소수 재판관도 본안판단에 합류하여 위헌 여부에 대한 내용적 판단이 더 풍부해질 가능성이 있다는 점에서, 그리고 이왕에 청구가 된 마당에 가능하면 본안판단에 들어가 위헌여부를 가리는 것이 국민의 기본권보장, 헌법적 해명, 헌법질서유지라는 헌법재판의 기능을 충실히 하게 된다는 점에서 쟁점별 합의가 바람직하다. 위헌의견이 5인 재판관으로 다수인데 위헌선언으로 갈 가능성을 가지지 못하는 것은 더구나 요건불비의 소수의견 때문에 위헌결정 가능성이 사라지게 한다는 것은 정당하지 못하다.[1]

Ⅶ. 종국결정·결정서의 형식

[종국결정의 정족수] 재판부가 심리를 마친 때에는 종국결정을 한다(법 제36조 1항). 재판부는 재판관 7명 이상의 출석으로 사건을 심리하여(법 제23조 1항) 종국심리에 관여한 재판관의 과반수의 찬성으로 사건에 관한 결정을 하되, 법률의 위헌결정, 탄핵의 결정, 정당해산의 결정 또는 헌법소원에 관한 인용결정을 하는 경우, 종전에 헌법재판소가 판시한 헌법 또는 법률의 해석적용에 관한 의견을 변경하는 경우에는 재판관 6명 이상의 찬성이 있어야 한다[제113조 1항(이제 '헌법'이란 표기 없이 조문만 나오면 헌법조문을 의미함), 법 제23조 2항).

[변형결정 등의 정족수 및 재판관 의견 분립 경우의 결정형식] 법률에 대한 위헌심판에서는 6명 이상 단순히 위헌의견을, 3명 이하가 단순히 합헌의견을 내는 결정만이 아니라 헌법불합치, 한정위헌과 같은 이른바 변형결정이 있을 수 있고 이는 법령소원(법령 자체를 직접 대상으로 한 헌법소원)의 경우에도 변형결정이 있을 수 있다. 이 변형결정의 경우에 정족수도 역시 단순위헌결정에서와 같이 6명 이상 찬성을 요구하는데 문제는 의견들이 분립되어 있는 경우이다. 예를 들어 단순위헌 5명 재판관 의견, 헌법불합치의견 1명 재판관 의견, 2명 재판관의견은 합헌의견, 1명 재판관은 각하의견 등으로 나뉠 경우에 어떤 결정을 해야 하는가 하는 것이다(바로 이 예에서는 헌법

---

1 이러한 취지의 지적을 이미 했다. 졸저, 판례헌법, 제1판, 길안사, 1994, 549–550면 참조.

불합치결정을 한다). 이에 관해서 뒤의 위헌법률심판에서 자세히 살펴본다(후술 참조).

[결정서] ⅰ) 기재사항 - 종국결정을 할 때는 1. 사건번호와 사건명, 2. 당사자와 심판수행자 또는 대리인의 표시, 3. 주문(主文), 4. 이유, 5. 결정일을 적은 결정서를 작성하고 심판에 관여한 재판관 전원이 이에 서명날인하여야 한다(법 제36조 2항). ⅱ) 재판관 의견의 필수적 표시 - 심판에 관여한 재판관은 결정서에 의견을 표시하여야 한다(법 동조 3항). 이 표시는 필수의무이다. 탄핵심판에 관해서는 이전의 위 법규정이 이를 언급하지 않아 첫 번째 탄핵심판(2004헌나1) 당시 논란되었는데 이후 개정되어 모든 사건에 의견표시를 하여야 함을 명백히 규정하고 있다.

[주문과 이유, 법정의견] 결정서의 내용적 핵심은 주문(主文)과 이유이다. 주문은 그 사건에 대한 헌법재판소의 판단의 결론, 즉 위헌이면 위헌, 합헌이면 합헌이라는 결론이 담겨지게 되고 기속력이 인정된다. 이유는 결론인 주문에 이르게 된 근거와 사유들에 대하여 논리적으로 설명한 부분을 말한다. 법정의견은 그 이유를 공식적으로 밝히는 의견이다. 전원일치의견은 물론이고, 다수의견이 결정을 채택한 의견일 경우 법정의견이 될 것이다. 그러나 유의할 점은 다수의견만이 법정의견이 되는 것은 아니라는 점이다. 위헌법률심판이나 헌법소원심판에서 다수의견이 재판관 5인 의견으로서 위헌의견이더라도 주문은 4인의 합헌의견에 따라 작성된다. 법률의 위헌결정과 헌법소원의 인용결정에는 재판관 6인 이상의 찬성이 있어야 하므로 4인 합헌의견에 따라 합헌의 주문을 내리는 결정을 하여야 하기 때문이다. 따라서 이와 같은 경우에 소수의견이 법정의견이 된다.

[종국결정의 공시] 이전에는 종국결정은 관보에 게재함으로써 이를 공시한다고 규정하고 있었으나 법을 개정하여 현재는 "종국결정은 헌법재판소규칙으로 정하는 바에 따라 관보에 게재하거나 그 밖의 방법으로 공시한다"라고 규정하고 있다(법 제36조 5항). 이 위임에 따라 제정된 '헌법재판소 심판 규칙'(이하 '심판규칙'으로 줄이기도 함. * '심판규칙'은 이 책 [부록]에 첨부되어 있음. 그 부분 참조)은 관보게재 공시대상 결정으로 모든 결정이 아니라 법률의 '위헌'결정, 탄핵심판과 정당해산심판에 관한 결정, 권한쟁의심판에 관한 '본안'결정, 헌법소원의 '인용'결정, 기타 헌법재판소가 필요하다고 인정한 결정으로 명시하고, 그 밖의 종국결정은 헌법재판소의 인터넷 홈페이지에 각 게재함으로써 공시하도록 하고 있다(심판규칙 제49조의2 제1항). 관보 공시대상 결정은 헌재 인터넷 홈페이지에도 게재한다(동 규칙 동조 2항).

　　　헌재의 판례를 찾을 수 있는 문헌으로는, ① 헌
재판례집(1년에 2집씩 간행. 판례가 많을 경우 하나의 집이 상·하로 나누어 간
행될 때도 있다), ② 헌재 공보(매달 발행)가 있다. 헌재의 판례는 인터넷에서도
찾을 수 있다(www.ccourt.go.kr).

Ⅷ. 다른 법령의 준용

　　헌법재판소의 심판절차에 관하여는 헌법재판소법에 특별한 규정이 있는 경우
를 제외하고는 헌법재판의 성질에 반하지 아니하는 한도 내에서 민사소송에 관한
법령을 준용한다. 이 경우 탄핵심판의 경우에는 형사소송에 관한 법령을, 권한쟁의
심판 및 헌법소원심판의 경우에는 행정소송법을 함께 준용하는데 형사소송에 관한
법령 또는 행정소송법이 민사소송에 관한 법령에 저촉될 때에는 민사소송에 관한
법령은 준용하지 아니한다(헌재법 제40조).

　　[판례] 이 헌재법 제40조가 정당해산심판의 경우 형사소송법을 준용할 수 있도
록 하지 않아 공정한 재판을 받을 권리를 침해한다는 주장을 헌재는 배척하고 합
헌이라고 본다(2014헌마7. 이에 대해서는 후술 정당해산심판 부분 참조).

Ⅸ. 가처분

　　가처분이란 종국결정이 내려지기 전에 문제의 공권력작용이 이미 집행되어 종
국결정에서 청구를 받아들이는 결정이 나더라도 권리구제가 이루어지지 못할 경우
등에 대비하여 심판도중에 종국결정 선고전까지 그 공권력작용의 효력을 정지하는
등의 조치를 말한다. 현재 헌법재판소법은 정당해산심판과 권한쟁의심판에서 가처
분제도를 명시하고 있고 판례는 헌법소원심판의 경우에도 가처분을 인정한다. 가
처분에 대해서는 뒤의 권한쟁의심판, 헌법소원심판, 정당해산심판 부분에서 다룬
다(후술 참조). 헌법소원심판에서 비교적 빈번히 활용되어서 그 곳에서 많이 다룬다.

X. 심판비용, 공탁금, 기록의 활용 등

[심판비용] 헌법재판소의 심판비용은 국가부담으로 한다. 다만, 당사차의 신청에 의한 증거조사의 비용은 헌법재판소규칙으로 정하는 바에 따라 그 신청인에게 부담시킬 수 있다(법 제37조 1항. 이 규칙이 '헌법재판소 증거조사비용 규칙'이다).

[공탁금과 그 국고귀속] 헌법재판청구의 남용을 막기 위하여 공탁금과 공탁금의 국고귀속에 관한 규정을 두고 있다. 유의할 점은 현행 헌법재판소법이 공탁금과 그 국고귀속에 대해 헌법소원심판에 있어서만 명시하고 있다는 점이다. 즉 헌법재판소는 헌법소원심판의 청구인에 대하여 헌법재판소규칙으로 정하는 공탁금의 납부를 명할 수 있고, 헌법재판소는, 1. 헌법소원의 심판청구를 각하하는 경우, 2. 헌법소원의 심판청구를 기각하는 경우에 그 심판청구가 권리의 남용이라고 인정되는 경우에는 헌법재판소규칙으로 정하는 바에 따라 공탁금의 전부 또는 일부의 국고귀속을 명할 수 있다(법 제37조 2, 3항). 심판청구의 '각하' 결정은 심판청구가 그 요건을 갖추지 못하였을 경우 하는 결정이고 심판청구의 '기각' 결정은 청구에 이유가 없어 이를 받아들이지 않는 본안판단결정이다(각하와 기각의 결정에 대해서는 후술한다. 헌법소원심판의 결정부분 참조). 헌법소원심판에 한정하여 공탁금제를 규정한 이유는 헌법소원심판의 청구가 가장 빈번할 것이므로 이에 대한 남용방지가 요구된다고 보아 그리한 것으로 보인다.

[기록의 활용 – 심판확정기록의 열람·복사] 누구든지 권리구제, 학술연구 또는 공익목적으로 심판이 확정된 사건기록의 열람 또는 복사를 신청할 수 있도록 하고 있다. 다만 변론이 비공개로 진행된 경우, 사건기록의 공개로 인하여 국가의 안전보장, 선량한 풍속, 공공의 질서유지나 공공복리를 현저히 침해할 우려가 있는 경우, 관계인의 명예, 사생활의 비밀, 영업비밀 또는 생명·신체의 안전이나 생활의 평온을 현저히 침해할 우려가 있는 경우에는 그 열람, 복사를 제한할 수 있다(법 제39조의2 제1항).

제 4 절 헌법재판소결정의 효력

현행' 헌법재판소법에는 헌법재판소결정의 효력일반에 대한 체계적인 명시적 규정을 두지 않고 대체적으로 개별적인 효력을 규정하고 있다.[2] 이러한 점들을 고려하여 각 심판별 결정들의 효력에 대해서는 각 심판에 관하여 고찰하는 부분에서 (예를 들어 위헌법률심판결정의 효력은 제3장 제1절 등으로) 살펴보기로 하고 여기서는 여러 결정들에 비교적 공통적인 효력에 대해 주로 살펴보고자 한다.

I. 확정력

1. 개념과 법적 근거

확정력이란 헌법재판소의 결정이 있은 후에는 그 결정에 대해 다투거나 그 판단된 내용을 번복, 변경할 수 없게 하는 힘을 말한다.

우리 현행 헌법재판소법은 이 확정력에 대해 직접적으로 명시하고 있지는 않다. 그러나 헌법재판소의 상위 심급이 있는 것이 물론 아니므로 헌법재판소의 결정에 대해서는 다른 심급이나 다른 재판기관에 소송을 제기하여 다툴 수 없고 현행 헌법재판소법 제39조도 "헌법재판소는 이미 심판을 거친 동일한 사건에 대하여는 다시 심판할 수 없다"라고 일사부재리(一事不再理)의 원칙을 명시하고 있으므로 헌법재판소의 결정에는 확정력이 인정된다. 또한 헌법재판소법 제40조에 따라 민사소송법이 준용되므로 민사소송에서의 기판력 등의 확정력이 헌법재판소의 결정에도 인정된다고 본다.

---

2 우리는 일찍이 헌법재판소결정의 효력의 분류에 대하여 보다 명확히 할 필요성을 지적한 바 있다. 정재황, 헌법재판절차의 개선을 위한 입법론적 연구, 헌법재판소 의뢰 연구용역(공동연구), 헌법재판연구, 제4권, 1993, 177-178면 참조.

2. 내용

일반적으로 확정력으로는 헌법재판소에 대한 확정력으로서의 불가변력, 당사자에 대한 확정력으로서의 형식적 확정력(불가쟁력), 소송물에 대해 발생되는 실질적 확정력(기판력)이 있다고 본다.

1) **헌법재판소에 대한 확정력**(불가변력)　　헌재가 행한 결정은 헌법재판소 자신도 이를 취소하거나 변경, 번복할 수 없는 효력을 가지는데(93헌마32) 이러한 효력을 불가변력(不可變力)이라고 한다. 헌재가 이를 자기 기속력이라고 부르는 판례(89헌마141 등)를 볼 수 있다.

2) **형식적 확정력**(불가쟁력)　　[개념] 헌법재판을 청구하였던 당사자가 그 헌법재판소의 결정에 대하여 다툴 수 없게 하는 효력을 말하고 이를 불가쟁력(不可爭力)이라고도 한다(90헌마78).

[내용] 헌재가 이미 행한 결정에 대하여 헌법재판소 외의 다른 재판기관이나 헌법재판소의 전원재판부는 물론 지정재판부의 경우에도 원래 결정을 한 지정재판부 아닌 다른 지정재판부 등에 다시 심판을 해줄 것을 청구할 수 없고 심판할 수도 없다(90헌마170 등).

3) **실질적 확정력**(기판력)　　[개념] 일반적으로 재판절차법에서 기판력(旣判力)이라 함은 전소에서의 판단이 후소에서의 판단을 구속하는 힘을 의미한다. 따라서 이미 헌법재판소의 결정이 있었던 동일한 사항에 대하여 당사자는 재차 헌법재판소의 판단을 구할 수 없고 또 헌법재판소도 동일사항에 대해 앞선 심판에서 이미 확정적으로 이루어진 판단과 다른 내용의 판단을 후행 심판에서 할 수 없게 하는 확정력을 기판력이라 한다. 현행법상 실질적 확정력을 인정하는 근거는 역시 헌법재판소법 제39조가 일사부재리원칙을 규정하고 있는 데서 찾을 수 있다. 불가변력은 헌법재판소에 대한 효력이고, 불가쟁력은 당사자에 대한 효력인데 비하여 기판력은 헌법재판소와 당사자 모두에 대한 구속력이라는 점에서 차이가 있다.

[효력의 범위] ⅰ) 객관적 범위 - 일반적으로 기판력은 심판이 행해진 바 있는 대상에만 미친다. 또한 주문(主文)에 포함된 것에 한하여 기판력을 가지고(법 제40조, 민사소송법 제261조 1항) 원칙적으로 이유에는 기판력이 인정되지 않는다. ⅱ) 주관적

범위 – 헌법재판을 제기한 당사자는 기판력에 의하여 동일한 심판대상에 대한 헌법재판을 다시 청구할 수 없게 되는 구속력을 받는다. 기판력은 헌재, 제청한 법원(위헌법률심판결정의 경우)에도 기판력이 미친다고 본다.

Ⅱ. 기속력

1. 개념

기속력이란 국가기관과 지방자치단체 등이 헌법재판소의 결정의 취지를 존중하고 이에 반하는 행위를 하여서는 아니 되는 구속을 받게 하는 힘을 말한다. 예컨대 법원은 위헌으로 결정된 법률을 적용해서 재판해서는 아니 되고 행정기관들도 위헌으로 결정된 법률에 근거하여 행정작용 등을 행할 수 없다. 기속력은 법원 기타 모든 국가기관, 지방자치단체에 대한 효력이므로 원칙적으로 당사자에만 미치는 기판력과는 구별된다. 기속력이 헌법재판에 직접 참여하지 않은 국가기관, 지방자치단체를 포함하여 모든 국가기관, 지방자치단체도 헌재의 결정을 따르도록 한다는 점에서 매우 중요한 효력이다.

2. 기속력을 가지는 결정의 범위

[헌재법의 명시 범위] 현행 헌재법이 헌법재판소의 모든 결정에 대해 기속력을 가진다고 명시하고 있지 않고 법률의 위헌결정, 권한쟁의심판의 결정, 헌법소원의 인용결정에 대해서만 기속력을 가진다고 명시하고 있다(헌법재판소법 제47조 1항, 제67조 1항, 제75조 1항).

[논의] 이러한 문언에 그대로 따라 이들 결정들에만 기속력이 인정된다고 본다면 기속력은 한정적 효력이 될 것이다. 그런데 민사·형사재판에 있어서 그 효과가 주로 당사자에 미치는 것임에 비해 헌법재판은 최고법이자 추상적·개방적 성격을 지니는 헌법을 해석하고 그 해석의 효과가 가지는 영향력이나 그 미치는 범위가 크고 넓다는 점에서 특수성을 가지고 있는 것은 사실이다. 또한 법률의 합헌결정

등에서도 위헌결정에 비해 그 중요도가 적지 않은 결정들을 볼 수 있다. 이러한 점 등을 고려하여 합헌결정 등의 중요이유에 대하여서도 기속력을 인정하자는 견해가 있다. 국가에 따라서는 위헌결정뿐 아니라 헌법재판소의 모든 결정, 즉 합헌결정 등에도 기속력을 인정하는 경우가 있다. 프랑스가 그 한 예이다. 프랑스 헌법 제62조 3항이 헌법재판소의 결정은 "공권력과 모든 행정기관, 사법기관을 기속한다"라고 규정하고 있다. 구체적 규범통제를 도입한 뒤에도 마찬가지이다.

[유의 – 권한쟁의심판의 경우 모든 결정] 유의할 것은 권한쟁의심판의 경우 우리 헌법재판소법 제67조 1항은 기속력이 있는 결정을 단순히 '권한쟁의심판의 결정'이라고 규정하여 인용결정이든 기각결정이든 모든 권한쟁의심판결정들은 기속력을 가지는 것으로 규정하고 있다는 점이다.

[변형결정에도 인정] 위헌법률심판결정의 경우 이 기속력은 단순 위헌결정뿐 아니라 변형결정(이에 대해서는 후술 위헌법률심판 참조)의 경우에도 인정된다는 것이 우리 헌재의 판례이다. 또 법률에 대해 바로 헌법소원을 할 수도 있는데 이를 법령에 대한 '법령소원'이라고 한다(후술 헌법소원 부분 참조). 이 법령소원에서도 변형결정이 나올 수 있고 기속력이 인정된다고 헌재는 본다. 그런데 변형결정으로서 한정위헌결정의 기속력 확보에는 대법원의 반대로 문제가 있다.

3. 기속력의 내용

ⅰ) 법률(조항)에 대한 위헌결정의 경우 – 그 위헌선언된 법률(조항)과 같은 내용의 법률을 국회가 다시 제정할 수 없고 행정기관은 그 위헌선언된 법률(조항)을 적용하여 처분 등 행정작용을 해서는 아니 되며 법원도 그 법률(조항)을 적용하여 재판을 해서는 아니 되며 위헌결정된 법률조항에 대해 다시 위헌심판제청을 할 수도 없다(헌재 1994.8.31. 91헌가1).

ⅱ) 권한쟁의심판결정의 경우 – 헌법재판소가 침해를 인정한 그 권한을 피청구인이 여전히 반복해서 행사해서는 아니 됨은 물론이고(반복금지효) 다른 국가기관, 지방자치단체가 그 권한을 행사해서도 아니 된다. 헌법재판소가 부작위(불행사)에 대한 권한쟁의심판청구를 인용하는 결정을 한 때에는 피청구인은 결정 취지에 따른 처분을 하여야 한다(처분의무, 법 제66조 2항).

iii) 헌법소원심판의 인용결정이 있은 경우 – 그 인용결정의 대상이 된 공권력 작용을 다시 행하여서는 아니 되고(반복금지효) 그 인용결정의 대상이 부작위(공권력의 불행사)인 경우에는 작위로 나아가야 하는 의무(처분의무)가 주어진다(법 제75조 4항).

4. 기속력의 범위

1) 주관적 범위　　　기속력이 미치는 주관적 범위, 즉 기속력을 준수하여야 할 자는 "모든 국가기관과 지방자치단체"에만 명시되고 있는데 이 점에서 기속력은 그 어느 누구도 위헌결정된 법률의 효력을 주장할 수 없는 효력인 일반적 효력(대세적 효력, 아래의 3. 참조)에 비해 그 효력범위가 제한적이다. 기속력의 주관적 범위를 위와 같이 모든 국가기관과 지방자치단체 등 헌재 외부의 기관들에 미치는 것으로 보면 헌재 자신에 대한 구속력인 불가변력과 헌재에도 미치는 기판력과 구분된다.

2) 객관적 범위　　　[논의] 기속력이 결정의 주문(主文)에만 미치는가 아니면 결정의 중요한 이유에도 미치는가 하는 것이 기속력의 객관적 범위의 문제이다. 기속력이 결정의 주문에 미치는 것에는 별다른 이견이 없다. 결정의 중요이유에 헌법재판소가 표명한 헌법적 기본법리에 대해서도 기속력이 미치는지에 대해서는 긍정론과 부정론이 있다.[3]
　　[헌재결정례] ① 헌재의 결정례 중에는 한정위헌결정에서 기속력을 가지려면 어느 범위가 위헌인지가 주문(主文)에 올려져야 한다고 판시한 예도 있다(92헌가3). ② 결정주문을 뒷받침하는 결정이유에 대한 기속력을 인정하기 위해서도(위헌결정의 경우임) 위헌결정 정족수(6인 이상 찬성) 충족이 필요하다고 본 결정례도 있다(2006헌마1098등).

---

3 이에 관해서는 정재황, 헌법재판절차의 개선을 위한 입법론적 연구, 헌법재판소 의뢰 연구용역(공동연구), 헌법재판연구, 제4권, 1993, 179면 이하 참조.

Ⅲ. 일반적 효력·대세적 효력·법규적 효력

이 효력도 헌법재판소의 모든 결정이 가지는 효력은 아니다. 법규범에 대한 심사가 이루어진 결과 그 법규범이 헌법에 위반된다는 결정이 내려진 경우, 즉 위헌법률심판, 위헌소원, 법령소원, 부수적 위헌결정(헌재법 제75조 5항, 후술 헌법소원심판 부분 참조)에서 법률이 헌법에 위반된다는 결정이 난 경우에 발생하는 효력이다.

구체적 규범통제를 행하는 위헌심사제도 하에서는 위헌결정이 당해 재판에서의 적용거부라는 개별적인 효력을 가지는 데 그치는 것이 보통의 예인데 우리나라의 경우 구체적 규범통제를 행하면서도 헌법재판소법 제47조 2항은 위헌으로 결정된 법률 또는 법률의 조항은 "효력을 상실한다"라고 규정하고 있다. 그리하여 위헌결정이 된 법률(조항)은 '일반적'으로 그 효력이 없는 것으로 되고(일반적 효력 一般的 效力) 그 법률(조항)에 대해서는 그 어느 누구도 효력을 주장할 수 없게 되는 대세적 효력(대세적 효력 對世的 效力)이 생긴다. 기속력이 국가기관을 구속하는 효력인데 비해 일반적 효력은 국가기관에 대한 구속력을 넘어서 모든 사람들, 즉 일반사인들에게도 미치는 효력이다. 그래서 일반적 효력이다.

대세적 효력을 독일 등에서처럼 법규적 효력으로 보는 견해도 있다. 위헌결정으로 법률(조항)의 효력이 '상실'된다는 것은 법률을 폐지하는 법효과를 가져오므로 이를 두고 법규적 효력이라고 하는 것이다(법률을 폐지하는 것도 그 폐지하는 법률을 제정함으로써 한다는 점을 상기). 우리 헌재법에는 법규적 효력을 직접적으로 명시하고 있지 않은데 헌재는 위헌결정의 효과에는 법률폐지의 법규적 효력이 따른다고 한다(92헌가10등). 그러나 법률규정을 폐지하는 법규를 헌법재판소가 가져올 수 있다고 보는 것은 입법효과가 있는 것으로 보는 것인데 헌법재판소가 입법자가 아니라는 점에서 문제라고 보아 법규적 효력이라는 용어에 대해서는 적절하지 않다고 보기도 한다.

모든 사람에게(그 어느 누구에게)도 미치는 대세적 효력이므로 그 적용의 주관적 범위에 있어서, 당사자에만 미치는 기판력, 헌법재판소에 미치는 불가변력, 모든 국가기관에 미치는 기속력과 차이가 있다.

위헌법률심판

03

위헌법률심판

제1절 서설

Ⅰ. 우리나라의 위헌법률심판의 개념과 기능 및 특성

[개념, 헌법규정] 위헌법률심판이란 어떠한 법률규정이 헌법규범에 위반되는지를 심사하고 위헌으로 판단되는 경우 그 효력의 상실 등을 가져오게 하는 헌법재판을 말한다. 헌법은 "법률이 헌법에 위반되는 여부가 재판의 전제가 된 경우에는 법원은 헌법재판소에 제청하여 그 심판에 의하여 재판한다"라고 규정하고 있다(제107조 1항).

[기능] 위헌법률심판은 헌법에 위반되는 법률규정들을 소거시킴으로써 ⅰ) 헌법의 침해를 막아 헌법을 보호하는 기능(헌법보호기능)을 하고 ⅱ) 특히 헌법이 보장하는 기본권을 침해하는 법률규정을 헌법위반으로 결정함으로써 기본권보장의 기능(기본권보장기능)을 수행하게 된다.

[특성] ⅰ) 구체적 규범통제·사후적 심사 — 이처럼 법률이 헌법에 위반되는지의 여부가 구체적 사건해결을 위한 법원의 재판의 전제가 된 경우에 비로소 심판이 이루어지므로 구체적 규범통제로서의 성격을 가진다. 법률이 시행에 들어간 이후에 위헌심사가 이루어지는 사후적 규범통제이기도 하다. ⅱ) 헌법재판소형, 법원의 협력 — 헌법재판소라는 법원 외의 특별한 재판기관을 두고 거기서 위헌법률심판을 담당하고 있기도 하다. 그런데 위헌법률심판 자체는 헌재가 담당하나 그

위헌법률심판은 법원의 제청으로 이루어지므로 법원의 협력이 공조하게 된다. iii) 객관적 규범통제 – 법률은 예외가 있으나 일단은 그 적용될 가능성이 있는 사람이나 사항이 불특정하여 일반성·추상성을 지니는데 이의 헌법 위반 여부를 가린다는 점에서 객관적인 규범통제라는 특성을 가진다. 심판대상이 기본권에 관한 법률규정만이 아니다(예를 들어 기본권과 무관하게 어느 국가기관의 권한에 관한 법률규정이 권력분립주의라는 헌법규범에 반하는지를 판단할 수 있다). 그런데 위헌심판의 대상이 되는 법률규정의 많은 경우가 기본권에 관한 내용이어서 실제 기본권보호를 위한 위헌법률심판이 많이 이루어진다.

Ⅱ. 우리나라의 위헌법률심판 제도의 개관과 절차흐름(진행)

우리나라에서 행해지는 위헌법률심판절차를 개관하면, 어떠한 구체적 사건의 해결을 위한 재판(소송)이 법원에 제기된 후 어떠한 법률규정이 헌법에 위반되는지가 그 재판의 전제가 되어 법원이 그 위헌여부를 가리기 위한 심판을 헌재에 제청하면 헌재의 심판이 이루어지게 된다. 예를 들어 어떤 불리한 행정작용으로 자신의 권리가 침해되었다고 주장하는 A가 먼저 행정심판을 거쳐(거치지 않을 경우도 있음) 법원에 행정재판을 청구하고 그 재판에서 문제의 행정작용이 근거한 S법률 제7조가 헌법에 위반된다고 주장하면서 위헌여부심판을 제청해 줄 것을 신청하고 법원이 이를 받아들여 헌재에 제청을 하면 심판이 이루어지게 된다. 법원의 제청은 직권으로도 할 수 있다. 위헌심판제청신청을 법원이 기각한 경우에도 헌재법 제68조 2항에 의하여 헌법소원(이른바 '위헌소원', '헌바', '위헌소원'에 대해서는 후술 참조)을 청구함으로써 위헌심판을 받을 수 있다. 이것은 우리나라에서의 특징적 제도이다. 위의 예를 그림으로 정리하면 아래와 같다. * 따라서 위헌법률심판('헌가')을 다루는 여기서 실질적으로 위헌소원심판('헌바')도 위헌법률심판이므로 함께 그 판례를 본다.

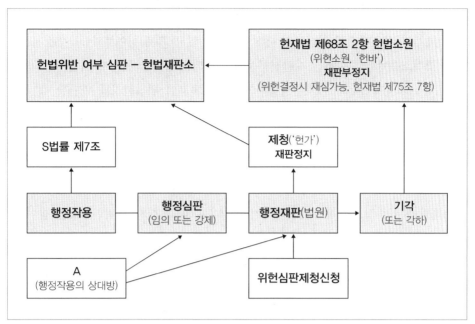

▌**한국의 위헌법률심판제도의 도해**(출전: 정재황, 헌법학, 박영사, 2021, 1876; 정재황, 신헌법입문, 제11판 박영사, 2021, 886면)

제 2 절 위헌법률심판의 적법요건

Ⅰ. 대 상 성

1. 형식적 법률

위헌법률심판의 대상은 물론 국회에서 '법률'이란 이름으로 제정된 형식적 의미의 법률(규정)이다.

[폐지된 법률] 폐지된 법률일지라도 폐지법률 부칙에 의한 효력지속 내지 구법 적용의 경우(92헌가18, 94헌바15) 그 법률에 의한 법익의 침해가 계속되는 경우(89헌마32) 구법의 위헌여부문제가 신법이 소급적용될 수 있기 위한 전제문제일 경우(88헌가5) 등에는 재판전제성을 인정하여 심판대상이 됨을 인정한다.

[처분시법주의 – 행정처분 근거법률이 폐지된 경우] 행정처분의 근거법률이 행정처분 이후 폐지된 경우에도 위헌심판의 대상이 될 수 있고 그 위헌여부가 그 행정처분에 대한 행정소송에서 후술하는 재판전제성이 인정되는 중요한 논거가 처분시법주의에 있다. ⅰ) 처분시법주의 – 처분시법주의란 행정처분이 위법한지를 판단할 때 처분할 당시의 근거한 법률조항에 비추어 판단하여야 한다는 법리이다. 처분시법주의가 우리나라의 일반적인 학설이고 판례이다. 이에 따르면 행정처분이 있은 이후에 그 행정처분에 근거한 법률조항이 폐지되어 효력이 없어졌다 하더라도 그 당해 처분에 관한 한은 처분당시 법으로서 그대로 살아있는 것이 된다. 따라서 그 행정처분을 취소해달라는 행정소송(취소소송)을 제기한 경우 그리고 헌재가 위헌제청을 받아 그 근거한 법률조항이 위헌이라고 결정할 경우 그것에 근거한 행정처분도 위법한 것이 되고 취소될 수 있다. 그러한 상황에서 폐지된 그 근거 법률조항의 위헌여부가 행정소송에서 재판전제성(심판이익)을 가지고 그 위헌여부에 대한 위헌심판의 필요가 있으므로 따라서 결국 폐지된 법률조항도 심판대상이 될 수 있는 것이다.

ⅱ) 대표적 판례 – 위 법리가 나타난 대표적인 판례가 아래의 결정이다. 처분시법주의라는 행정법의 중요법리가 관건이 된 결정이기도 하여 사건개요도 가능한 소개하고자 하였다.

[주요판시사항] 행정처분의 위법·부당 여부는 처분시의 법규에 비추어 판단 ──────
따라서 당시의 법률(폐지된 법률)에 대한 심판청구이익이 있음

📖 **판례 헌재 1996.4.25. 92헌바47**
[사건개요] 청구인은 G도(道) E군(郡)을 조합구역으로 하여 설립절차를 밟아 설립 중에 있는 업종별축산업협동조합으로서 소정의 설립요건을 갖추어 당시 주무부장관인 농림수산부장관에 인가를 신청하였다. 그러나 농림수산부장관은 위 조합구역인 E군이 이전에 인가를 받은 'S우유협동조합'의 구역과 중복되므로 조합구역이 같은 경우 같은 업종조합의 복수설립을 금하는 취지의 당시 구 축산업협동조합법(이하 '축협법') 제99조 2항에 반한다는 이유로 거부처분을 하였다. 청구인이 위 거부처분취소의 소를 제기하였고 그 상고심에서 위 축협법 제99조 2항에 대해 헌재에 위헌인지 여부의 제청을 하여 줄 것을 신청하였다. 그러나 대법원이 이 신청을 기각하자 헌재법 제68조 2항에 의하여 위 축협법 제99조 2항의 위헌 여부 심판을 구하는 헌법소원심판을 청구한 것이다. [관시] 비록 이 사건 심판대상조항이 법률의 개정으로 삭제되기는 하였으나 농림수산부장관의 조합설립인가거부처분의 위법·부당 여부는 특별한 사정이 없는 한 위 처분시의 법규에 비추어 판단하여야 할 것이고, 위 처분 당시 유효한 법률조항이었던 이 사건 심판대상조항의 재판의 전제성이 위에서 본 바와 같이 인정되므로 심판청구의 이익이 인정된다. * 재판전제성(심판이익)이 있다는 판시는 심판대상임을 전제로 하는 것이므로 여기에 정리하였다.

처분시법주의가 일반적인 학설·판례이고 행정법이론이므로 이 문제는 행정소송과 헌법재판의 복합문제로 중요하다. 변호사시험 공법복합형.

[부진정입법부작위의 법률] 이하의 서술은 헌재판례이론에 따른 것이다. 헌재는 입법부작위에는 법률이 전혀 제정되지 않아 완전히 없는 '진정'입법부작위와 법률이 있긴 하나 없는 부분도 있어 불완전(불충분)한 '부진정'입법부작위가 있다고 한다. 그런데 없다는 것, 즉 부작위를 대상으로 제기할 수 있는 헌법재판은 헌법소원이고 그래서 헌법소원을 제기할 수 있는 대상은 진정입법부작위라고 한다. 그런데 부진정입법부작위는 없는 부분도 있으나 있는 부분도 있으므로 그 있는 부분이 위헌법률심판의 대상이 되고 만약 법원이 위헌심판제청신청을 기각(각하)하여 받아주지 않으면 위헌소원심판을 제기할 수 있다(예: 2013헌바208 등)고 한다. 그리고 부진정입법부작위에 대해서도 불완전하더라도 있는 부분이 있으므로 그 있는 부분에 대해서는 그 부분이 기본권침해를 바로 가져올 경우에는 법률에 대한 법령소원의 대상이 되는데(법령소원에 대해서는 뒤의 헌법소원 부분 참조) 이는 없는 부분인 부작위 부분이 아니라 있는 부분이 대상이 되는 것이다. 정리하면 부진정입법부작위에 대해서는 그 있는 부분이 위헌법률심판(법원이 제청해 주지 않은 경우 위헌소원심판, '헌바')의 대상이 되고 또는 그 부분이 바로 기본권침해를 가져올 경우 법률에 대한 법령소원의 대상이 된다. 따라서 부진정입법부작위인 법률에 대해서는 위헌심판의 대상이 된다는 것이다.

이상의 진정입법부작위, 부진정입법부작위의 개념과 구분, 각각에 대한 헌법재판의 형식에 대해서는 뒤의 헌법소원 부분의 도해, 설명 등도 참조하면 이해에 도움이 됨

2. 실질적 의미의 법률

[헌재의 인정논거] 헌재는 실질적 법률을 대상으로 하는 이유로 "헌법을 최고규범으로 하는 법질서의 통일성과 법적 안정성을 확보할 수 있을 뿐만 아니라, 합헌적인 법률에 의한 재판을 가능하게 하여 궁극적으로는 국민의 기본권 보장에 기여할 수 있게 된다"라고 한다(2009헌바129). 아래에 헌재가 대상성을 인정한 실질적 법률을 살펴본다.

(1) 긴급명령, 긴급재정경제명령, 조약, 미군정청 법령 등

형식적 법률뿐만 아니라 실질적으로 법률의 효력을 가지는 긴급명령, 긴급재정경제명령(93헌마186)이나 조약(95헌바397, 헌가14, 2007헌바35 등) 등도 포함한다.

[긴급명령, 긴급재정경제명령 등] 긴급명령, 긴급재정경제명령에 대해서는 헌법 자체가 법률적 효력을 가진다고 규정하고 있으므로(제76조 1, 2항) 대상성인정에 어려움이 없다(법령소원이 있었던 예: 93헌마186, 대통령의 '금융실명거래 및 비밀보장에 관한 긴급재정경제명령'이 심판대상이었다. 이 결정에 대해서는 후술 제5장 헌법소원심판 대상 부분도 참조).

[조약] ⅰ) 인정기준: 명칭보다 국회동의 대상성 — 위헌법률심판이므로 조약의 경우에도 그 조약이 법률적 효력을 가지는 경우에 대상이 되는 것은 물론이다. 그런데 우리 헌법은 헌법에 의해 체결·공포된 조약은 국내의 법률이 아니라 "국내 '법'과 같은 효력을 가진다"라고 명시하고 있어(제6조 1항) 조약이 어떠한 법적 효력을 가지는지에 따라 그 대상성 문제도 달라진다. 국내'법률'이 아닌 국내'법'에는 법률뿐 아니라 헌법, 명령, 규칙 등 다른 법들도 모두 포함되기 때문이다(국제법의 국내법적 효력에 대해서는, 정재황, 헌법학, 박영사, 2021, 제2부 제7절 국제질서, 393−404면 참조). 학설과 판례는 국회동의가 있는 조약은 법률적 효력을 가진 것이라고 본다(2000헌바20). 그런 조약은 '협정'이란 명칭이라도 위헌심판대상이 되는 데 어려움이 없다(헌재 1999.4.29. 97헌가14, 2000헌바20). ⅱ) 국내 시행을 위한 입법조치가 필요한 경우의 위헌심사 − (ㄱ) 비자기집행적 조약 문제 − 조약을 국내에서 그 법적 효과를 바로 발생하는 자기집행적 조약(自己執行的 條約, self−executing treaties)과 그렇지 않고 조약을 집행하기 위한 입법이 필요한 비자기집행적 조약(非自己執行的 條約, non−self−executing treaties)으로 나눌 때 후자가 문제될 수 있다. 법논리적으로 비자기집행적 조약은 조약 자체로 법적 효과가 발생하지 않는다면 어떤 법적 분쟁의 발생원인이 될 수도 없어서 그 위헌여부에 따라 법원재판의 결과를 좌우하는, 법원소송에서의 재판전제성(그 위헌여부에 따라 재판의 결과를 달리하는 것을 재판전제성이라고 하는데 재판전제성에 대해서는 후술)이 인정되기 어려울 것이다. (ㄴ) * SOFA협정 관련 헌재결정에서의 재판전제성 문제점 노정 − 판례분석 − 그런데 SOFA협정에 관한 97헌가14결정에서 헌재는 "이 사건 조약은 원래 그 시행을 위하여 각종의 입법상, 예산상의 조치 등 국내법상의 조치를 예정하였던 것으로서" 청구인이 주장하는 재산권침해가 이 조약규정에서 비롯된 것이 아니어서 합헌이라고 본안결정을 하였다(사안은 아래 ⅲ)

① 참조). 헌재가 이렇게 보면 재판전제성 자체가 없는 것이다. 여기의 법원재판은 재산권 침해 여부가 쟁점인 재판이었는데 재산권침해가 그 조약규정에서 비롯된 게 아니라면 그 조약규정의 위헌 여부에 따라 이 법원재판의 결과를 달리하는 것이 아니라고 보아야 하기 때문이다. 그런데도 본안결정까지 간 것은 의아하다(일찍이 이런 지적으로, 정재황, 헌법재판개론, 박영사, 2판, 20089면 등 참조). 이로써 우리 헌재는 자기집행적 조약과 비자기집행적 조약 구분없이 위헌심판대상성과 재판전제성을 인정하는 것인지, 그 이전에 양자의 구분 자체를 하지 않으려는 것인지 등 명확하지 않았다. (ㄷ) 동향 - 이후 헌재의 결정례 중에 "성질상 국내에 바로 적용될 수 있는 법규범으로서"라는 판시가 나오는 예(2000헌바20, IMF협정의 재판면제권 관련 사건)도 있으나 그 구분을 명확히 헌재가 하는지, 그 구분기준 등 앞으로 판례가 더 축적되어야 법리가 보다 명확해질 것이다. iii) 우리 헌재의 조약심사례 ① 조약에 대한 위헌제청 및 본안결정이 있었던 예(97헌가14, 위 ii) (ㄴ)에서 이미 인용한 결정이다. 사안은 SOFA협정 제2조 제1의 (나)항의 "본 협정의 효력발생시에 합중국 군대가 사용하고 있는 시설과 구역은…… 전기 (가)항에 따라 양정부간에 합의된 시설과 구역으로 간주한다"라는 규정에 따라 미군이 사용하는 토지를 소유한 사람들이 대한민국을 피고로 하여, 그 토지들에 관하여 미군의 전용사용권이 존재하지 아니한다는 확인 등을 청구하는 민사소송을 제기하고 그 소송계속중 위 SOFA협정 제2조 제1의 (나)항에 대해 법원이 제청한 사건, 본안판단까지 가서 합헌결정을 하였다. 재판전제성 인정에 있어 문제가 있음은 앞서 지적한 바 있다). ② 조약에 대한 위헌소원의 본안판단이 있었던 예(2007헌바35, 사안은 한·일어업협정 규정에 대한 위헌법률심판제청의 신청이 있었으나 법원에 의하여 신청이 기각되어 청구인들이 헌재법 제68조 2항의 헌법소원(위헌소원)을 제기한 것이다. 합헌결정을 했다). ③ 조약이 직접 심판대상은 아니나 실질심사가 되었던 예(조약이 직접 위헌법률심판의 대상이 된 것은 아니었으나 그 심판대상법률에 조약이 관련성을 가지는 경우 그 법률에 대한 심사가 이루어지는 가운데 그 조약에 대한 헌재의 실질적인 심사가 나타난 마라케쉬 협정 사건이 그 예이다. 97헌바65). ④ 각하결정례 - 당해 조약이 대상성은 있으나 한정위헌청구로서 부적법하다고 하여 각하결정한 예(2000헌바20, IMF협정의 재판면제권 관련 사건, 재판권의 면제대상이 될 것인지에 관해서 헌재가 아니라 법원의 해석에 의하여 결정될 문제라고 보아 각하한 것이다). ⑤ 위헌법률심판이 아닌 법령소원에서의 본안판단이 있었던 예(99헌마139등, 한·일 어업협정사건). * 위와 같은 조약심사례에 대해서는, 정재황, 헌법재판론, 제2판, 126-131면 참조.

[폐지된 재조선미국육군사령부군정청 법령에 대한 대상성 긍정] 이에 대해서는 두 가

지 점, ① 군정법령이 법률로서의 효력을 가진다는 점, ② 그런데 폐지된 법령인데 그것의 위헌 여부가 관련 소송사건의 재판의 전제가 되어 있다면 위헌심판의 대상이 된다는(전술 참조) 점이다. 사안은 1945. 8. 9. 이후 성립된 거래를 전부 무효로 하고, 그날 이후 일본 국민이 소유하거나 관리하는 재산을 1945. 9. 25.자로 전부 미군정청이 취득하도록 한 한 재조선미국육군사령부군정청 법령 제2호, 제33호 규정들이 진정소급입법으로서 헌법 제13조 2항에 반한다는 주장의 위헌소원사건이었다(위헌소원을 청구한 계기는 자신의 토지를 지방자치단체인 J구가 도로 포장 등으로 점용하여 이득을 얻었다고 하면서 J구를 상대로 부당이득금 반환청구소송을 제기하자 위 J구는 위 토지는 1945. 8. 10. 재조선 일본인으로부터 매수한 토지로서 위 미군정청 법령, 이후 여러 법령에 따라 국유의 재산이었는데 이후 이를 승계한 청구인들은 소유권 없는 자들로부터 승계한 것이어서 부당이득금 반환 청구는 기각되어야 한다고 항변한 데 따른 것이었다). 헌재는 법령(Ordinance)의 형식을 가졌지만, 재산권에 관한 사항으로 오늘날 법률로 제정되어야 할 입법사항을 규율하고 있으므로 법률로서의 효력을 가진다고 보고 대한민국 정부가 수립된 1948. 8. 15.을 기준으로 그 효력을 상실하였으나, 1948. 7. 12. 제정된 제헌 헌법 제100조가 "현행 법령은 이 헌법에 저촉되지 아니하는 한 효력을 가진다."라고 규정함으로써 대한민국의 법질서 내로 편입되었다고 보았다. 그 후 1961. 7. 15. 제정된 '구법령 정리에 관한 특별조치법'에 따라 폐지되었으나 계쟁 토지가 귀속재산인지 여부와 관련하여 현재까지도 여전히 유효한 재판규범으로서 적용되고 있고 그 위헌 여부가 당해사건의 재판의 전제가 되어 있으므로 헌법소원의 대상이 된다고 보았다 (2018헌바88. 본안판단결과 소급입법금지원칙에 대한 예외로서 헌법 제13조 2항에 위반되지 아니한다고 합헌결정이 내려졌다. 진정소급입법에 대한 드문 합헌결정들 중 하나이다).

(2) 헌재의 긍정, 대법원의 부정으로 논란이 되고 있는 실질적 법률

그러나 관습법률, 제4공화국하 긴급조치에 대해서는 대법원은 부정하고, 헌재는 긍정하는 대립되는 논란이 있다. 헌재는 어디까지나 긍정한다.

1) 관습법률

(가) 헌재의 인정   ⅰ) 인정논거 ─ 헌재는 규율하는 법률이 없는 사항에 관한 관습법은 내용적으로 실질적으로는 법률과 같은 효력을 갖는 것이어서 위헌

법률심판의 대상이 된다고 본다. ⅱ) ① 헌재는 딸에게 분재청구권을 인정하지 아니한 구 관습법이 위헌심판의 대상이 된다고 보았다. 즉 헌재는 "이 사건 관습법은 민법 시행 이전에 상속을 규율하는 법률이 없는 상황에서 재산상속에 관하여 적용된 규범으로서 비록 형식적 의미의 법률은 아니지만 실질적으로는 법률과 같은 효력을 갖는 것이므로 위헌법률심판의 대상이 된다"라고 판시하였다. 그러나 당해 사안에서는 재판의 전제성이 없다고 하여 결국 각하결정을 하였다(2009헌바129). ② 절가상속의 구 관습법("여호주가 사망하거나 출가하여 호주상속이 없이 절가된 경우, 유산은 그 절가된 가(家)의 가족이 승계하고 가족이 없을 때는 출가녀(出家女)가 승계한다")에 대해서도 대상성을 인정하였다(2013헌바396, 그러나 합헌결정). ③ 분묘기지권에 관한 관습법 중 "타인 소유의 토지에 소유자의 승낙 없이 분묘를 설치한 경우에는 20년간 평온·공연하게 그 분묘의 기지를 점유하면 지상권과 유사한 관습상의 물권인 분묘기지권을 시효로 취득하고, 이를 등기 없이 제3자에게 대항할 수 있다."는 부분 및 "분묘기지권의 존속기간에 관하여 당사자 사이에 약정이 있는 등 특별한 사정이 없는 경우에는 권리자가 분묘의 수호와 봉사를 계속하는 한 그 분묘가 존속하고 있는 동안은 분묘기지권은 존속한다."는 부분에 대해서도 동지로 대상성을 인정하였다(2017헌바208, 합헌결정).

(나) 대법원의 부정   대법원은 헌재가 행하는 위헌심사의 대상은 국회의결을 거친 이른바 형식적 의미의 법률을 의미하고 또한 민사에 관한 관습법은 법원에 의하여 발견되는 보충적인 법원(法源)이 되는 것에 불과하여(민법 제1조) 관습법이 헌법에 위반되는 경우 법원이 그 관습법의 효력을 부인할 수 있다고 본다. 대법원은 위와 같은 이유로 관습법은 헌재의 위헌법률심판의 대상이 아니라고 본다(대법원 2009.5.28. 2007카기134).

2) 긴급조치   유신헌법하의 긴급조치 규정에 대해 그 위헌성을 헌재나 대법원이 모두 인정하였으나 그 관할은 각자의 것이라고 의견의 대립을 보여주었다.

(가) 대법원 판례   대법원은 헌재의 위헌심사대상이 되는 '법률'이란 '국회의 의결을 거친 이른바 형식적 의미의 법률'을 의미하고, 형식적 의미의 법률이 아닌 때에는 그와 동일한 효력을 갖는 데에 국회의 승인이나 동의를 요하는 등 국회의 입법권 행사라고 평가할 수 있는 실질을 갖춘 것이어야 헌재의 위헌심사의

대상이 되는 규범이라고 하면서 '유신헌법'(제4공화국 헌법)의 대통령 긴급조치는 국회의 동의 내지 승인 등을 얻도록 하는 규정을 두고 있지 아니하고 따라서 헌재의 위헌심판대상이 되는 '법률'에 해당한다고 할 수 없고, 긴급조치의 위헌 여부에 대한 심사권은 최종적으로 대법원에 속한다고 한다. 그리하여 대법원은 긴급조치 제1호가 위헌이라고 선언하였다(대법원 2010.12.16, 2010도5986 전원합의체).

(나) 헌재   헌재도 긴급조치 제1, 2, 9호에 대해 위헌결정을 하였다. 헌재는 이 결정에서 긴급조치에 대해서는 헌재에 전속심사권이 있다고 다음과 같은 취지로 판시하여 대법원 입장과 반대되는 입장을 표명하였다.

[판시] 헌법 제107조 1, 2항은 법원의 재판에 적용되는 규범의 위헌 여부를 심사할 때, '법률'의 위헌 여부는 헌재가, 법률의 하위 규범인 '명령·규칙 또는 처분' 등의 위헌 또는 위법 여부는 대법원이 그 심사권한을 갖는 것으로 권한을 분배하고 있다. 일정한 규범이 위헌법률심판의 대상이 되는 '법률'인지 여부는 그 제정 형식이나 명칭이 아니라 그 규범의 효력을 기준으로 판단하여야 한다. 유신헌법 제53조는 긴급조치의 효력에 관하여 명시적으로 규정하고 있지 않으나 긴급조치는 유신헌법 제53조에 근거한 것으로서 그에 정해진 요건과 한계를 준수해야 한다는 점에서 이를 헌법과 동일한 효력을 갖는 것으로 보기는 어렵고, 표현의 자유 등 국민의 기본권을 직접적으로 제한하는 내용이 포함된 이 사건 긴급조치들의 효력을 법률보다 하위에 있는 것이라고 보기도 어렵다. 결국 이 사건 긴급조치들은 최소한 법률과 동일한 효력을 가지는 것으로 보아야 하고, 따라서 그 위헌 여부 심사권한도 헌재에 전속한다(2010헌바132).

3. 이른바 통치행위의 문제 - 고도의 정치적 국가작용의 헌법재판 대상성 인정

헌재는 "비록 고도의 정치적 결단에 의하여 행해지는 국가작용이라고 할지라도 그것이 국민의 기본권 침해와 직접 관련되는 경우에는 당연히 헌법재판소의 심판대상이 될 수 있는 것"이라고 한다. 그리하여 대통령의 '금융실명거래 및 비밀보장에 관한 긴급재정경제명령'이 대통령의 고도의 정치적 결단을 요하는 것이나 위와 같은 이유로 헌법소원대상이 된다고 보았다(93헌마186. 헌법소원사건이었으나 긴급재정경제명령이 법률의 효력을 가지므로 여기서도 인용한다. 이 결정은 앞서 실질적 의미의 법률 부분에서도 다루었고 또 후술 제5장 헌법소원심판 대상 부분도 참조).

4. 대상성이 부인되는 규범

ⅰ) 법률이라도 시행된 바 없이 폐지된 법률 – 공포 후 시행 전에 제청된 뒤 결정시 이미 폐지된 법률은 심판대상이 될 수 없다는 것이 헌재판례이다(97헌가4). ⅱ) 진정입법부작위도 대상이 아니다(2005헌가9). 앞서 부진정입법부작위는 대상이 된다고 봄은 서술했다. ⅲ) 헌법규정에 대해서는 대상성이 부인된다는 것이 헌재의 입장이다(95헌바3). 학설로는 헌법규범단계론을 긍정하고 이에 따라 인정하는 견해들이 있다(헌법규범단계론은 헌법규범들 간에도 서열이 있고 낮은 서열의 헌법규범이 높은 서열의 헌법규범을 위배하는지를 심사할 수 있다고 본다. 헌재는 헌법재판대상성에서는 이를 부정한다. 이에 대해서는 정재황, 헌법학, 박영사, 2021(이하 그냥 '헌법학'이라고도 함), 18–24면 참조). ⅳ) 법률이 아닌 법규범, 즉 대통령령(96헌가6, 2017헌바463), 총리령·부령, 장관지침(92헌바7), 조례(96헌바77), 법인의 정관(96헌바33등) 등은 대상성이 부정된다.

5. 그 외

(1) 법률의 해석, 적용 문제 – 위헌성판단의 선행 문제일 경우 긍정

법률의 해석, 적용은 당해 소송사건을 담당한 법원의 소관사항이다. 그런데 법률규정의 해석, 적용문제가 그 법률규정의 위헌성을 판단함에 있어서 선행문제가 될 때에는 헌법재판소가 심판할 수 있는 대상이 된다고 보는 것이 헌재의 입장이다(97헌바23, 2000헌바36).

(2) 위헌소원(헌재법 제68조 2항 헌법소원)심판의 대상

실질적 위헌법률심판이므로 여기서 볼 수도 있겠으나 뒤의 헌법소원심판 대상 부분에서 함께 다룬다.

Ⅱ. 재판의 전제성

헌법 제107조 ① 법률이 헌법에 위반되는 여부가 재판의 전제가 된 경우에는 법원은 헌법재판소에 제청하여 그 심판에 의하여 재판한다.

1. 개념, 헌재의 확립된 판례법리

[개념] 위헌법률심판을 제기하려면 당해 법률이 헌법에 위반되는 여부가 재판의 전제가 되는 경우이어야 한다(헌재법 제41조). 재판의 전제가 된다는 것은 재판의 결과를 좌우하고 결과에 영향을 미친다는 것을 의미한다. 예를 들어 어느 행정작용을 취소해달라는 행정소송이 법원에 제기되고 그 행정작용이 근거한, 예를 들어 S법률 제7조가 헌법에 위반되면 법원이 그 행정작용을 취소하는 판결을 하고, 그렇지 않고 합헌이면 청구를 기각하는 S법률 제7조의 위헌여부에 따라 재판결과가 달라지는 경우가 재판의 전제성이 있는 경우이다.

[판례법리 – 3요건과 넓게 보는 입장] 헌재는 재판전제성의 개념과 인정기준을 3요건으로 보고 이는 재판전제성 개념을 넓게 보는 입장으로 평가된다. 넓게 본다는 것은 아래 3요건 중 세 번째 요건인 '다른 내용의 재판'으로 주문, 결론이 달라지는 경우 외에도 이유, 재판내용의 법률적 의미가 달라지는 경우 등을 넓게 포함하여 인정하기 때문이다. 판례법리는 아래와 같이 정리된다. 이는 확립된 판례이다 (이를 천명하는 결정례는 많다. 초기 리딩케이스로 92헌가8 등 참조).

헌재판례의 기본법리 ────────────────────

▶ 재판 전제성의 개념과 인정기준(요건)
　1. 구체적 사건이 법원에 계속(係屬)중일 것 ('제1요건')
　2. 위헌여부가 문제되는 법률이 당해 소송사건의 재판과 관련하여 적용되는 것일 것('제2요건')
　3. 그 법률의 위헌여부에 따라 법원이 '다른 내용의' 재판을 하게 되는 경우('제3요건')
　　– '다른 내용의' 재판의 의미:
　　　① 재판의 결론, 주문에 영향을 주는 경우('제3–1요건')뿐 아니라
　　　② 주문 자체에 영향을 주지 않더라도 재판의 결론을 이끌어내는 이유를 달리하는 데 관련되거나('제3–2요건'),
　　　③ 재판의 내용과 효력에 관한 법률적 의미가 전혀 달라지는 경우도 포함('제3–3요건').

2. 분설

위 3요건을 나누어 살펴본다.

(1) 구체적 사건이 법원에 계속(係屬)중일 것(제1요건)

1) 제청시부터 계속이 유지될 것   법원재판 계속(繫屬) 상태가 법원이 위헌심판을 제청할 때는 물론이고 이후에도 그대로 유지되고 재판이 종료되는 상태가 아니어야 한다. 법원이 제청을 하면 헌재의 위헌여부의 결정이 있을 때까지 법원재판이 정지되어 종료되지 않으므로 이 요건은 갖추어지는 것이다.

2) 위헌소원의 경우   법원이 제청을 하지 않아 청구하는 위헌소원의 경우 재판이 정지되지 않아 사정이 달라진다. 재판부정지로 위헌소원의 결정시에 이미 재판의 확정으로 구체적 사건이 법원에 계속 중이지 않게 되어 법원에 계속 중일 것이라는 제1요건을 충족하지 못하게 되고 이는 타당하지 않다. 따라서 위헌소원의 경우에는 위헌제청신청이 있었던 당시에 구체적 사건이 법원에 계속 중이었다면 적법한 것으로 본다.

(2) 당해 법원소송에서 적용되는 법률(조항)일 것(제2요건)

부정되는 경우로 ⅰ) 민사재판 중 형사법 위헌여부나(92헌바34), ⅱ) 공소제기된 범죄에 관하여 적용되지 않는 조항의 위헌여부(2003헌바84)의 재판전제성이 부정된다. ⅲ) 법개정으로 인해 그 법원재판에 적용될 조문이 변경된 경우에 원래의 그 심판대상 법률조항의 위헌여부에 대한 재판전제성은 소멸된다(2017헌가17). ⅳ) 재심청구심판에서 본안판결에 적용된 법률조항의 위헌여부는 재심청구심판에서 적용될 법률조항이 아니어서 재판전제성이 부정된다[2010헌가22(형사), 2017헌바87(민사), 2009헌바169(행정재판)]. 이에 대해서는 뒤의 '재심과 재판전제성'이란 제목으로 별도로 본다. ⅴ) 직접적용되지 않으나 간접적용되어 재판전제성이 인정되는 예외를 헌재는 인정하는데 이에 대해서는 아래 3.에서 살펴본다.

(3) 다른 내용의 재판을 할 경우(제3요건)

위의 도표에서 보듯이 위헌심사의 대상이 된 법률조항의 위헌여부에 따라 그 법원재판에서 판결의 주문이나 결론의 차이뿐 아니라 그 주문, 결론에 이르게 되는 논증이나 재판의 내용이 달라질 경우도 포함하여 넓게 인정한다. 부정되는 경우로, ⅰ) 목적조항인 경우(2011헌바108. 목적조항은 법의 해석과 적용상의 일반적 주의사항을 추상적으로 규정하고 있을 뿐 당해 사건에 직접 적용되는 법률이 아니고 그 위헌 여부에 따라 재판의 주문, 재판의 내용과 효력에 관한 법률적 의미가 달라지지 않음), ⅱ) 승소판결 확정의 경우(2000헌바61. 유리한 판결이 확정된 이상 위헌 여부에 따라 재판의 주문, 내용과 효력이 달라지지 않음), ⅲ) 재판의 결론 및 그 확정 여부에 의하여 비로소 적용되는 법률조항[신상등록 조항(성폭력범죄로 유죄판결이 확정된 자를 등록대상자로 하므로 그 유죄판결의 확정 여부라는 당해 사건 재판의 결론 및 그 확정 여부에 의하여 비로소 적용되는 것. 2015헌가27)] 등의 경우 다른 내용의 재판을 할 경우가 아니라고 하여 재판전제성을 부정한다.

[무죄판결 확정 경우 재판전제성 부정과 예외인정] ⅰ) 재심을 청구할 수 없고, 확정된 무죄판결은 종국적으로 다툴 수 없게 되므로 법률의 위헌 여부에 따라 당해 사건 재판의 주문이 달라지는 경우에 해당하지 않으므로 결국 재판전제성이 인정되지 않는다고 본다[2012헌바47, 2014헌바258, 2006헌바109(이 결정은 음란표현은 헌법 제21조가 규정하는 언론·출판의 자유의 보호영역에 해당하지 아니한다는 하였던 선례를 변경한 결정이다. 이 결정에서는 '재판의 내용과 효력에 관한 법률적 의미가 달라지는 경우'가 아니라는 점도 함께 판시하고 있다)]. ⅱ) 예외적 심판필요성 인정 – 긴급조치위반의 점에 대한 무죄판결과 재심개시시 – 헌재는 유신헌법 하 긴급조치 위반에 대해 무죄판결이 확정되었더라도 재심사건에서 헌법질서의 수호·유지 및 관련 당사자의 권리구제를 위하여 위헌심판의 필요성을 인정한다(2010헌바132등).

[제청 후 대법원 판례에 따른 법원의 구체적 판단의 문제로 남게 된 경우] 이러한 예는 양심적 예비군훈련거부자에 대한 처벌규정인 예비군법 제15조 9항 1호 중 '제6조 제1항에 따른 훈련을 정당한 사유 없이 받지 아니한 사람'에 관한 부분에 대한 법원의 위헌심판제청 사건에서 있었다. 헌재는 제청 후 대법원이 진정한 양심에 따른 예비군 훈련 거부의 경우에도 위 예비군법 제15조 9항 1호에서 정한 '정당한 사유'에 해당한다고 보아야 한다고(진정한 양심에 따른 병역거부는 병역법 제88조 1항의 '정당한 사유'에 해당한다고 판단한 것과 같이) 판단하였다는 점을 먼저 들었다(대법원 2021.1.28. 2018도

4708, 대법원 2021.1.28. 2018도8716 판결 참조). 그리고 헌재는 그렇다면 "진지한 양심의 결정에 따라 예비군 훈련을 거부하는 사람에 대한 처벌 문제는 심판대상조항의 위헌 여부가 아니라 … 진정한 양심에 따른 예비군 훈련 거부자에 해당하는지 여부에 대한 법원의 구체적 판단의 문제, 즉 심판대상조항의 '정당한 사유'의 포섭 문제로 남게 되었다"라고 하여 "심판대상조항이 헌법에 위반되는지 여부에 따라 당해 사건을 담당하는 법원이 다른 내용의 재판을 하게 되는 경우'에 해당한다고 볼수 없다"라고 하여 재판전제성을 부정하였다(헌재 2021.2.25. 2013헌가13. 제청법원이 진정한 양심에 따른 것인지를 가려 유·무죄 판결을 하면 된다는 것임).

3. 재판전제성이 인정되는 예외적(또는 특수한) 경우들

법원의 당해 소송에 직접 적용되지 않아 재판전제성이 없는 경우 등이라도 헌재는 아래와 같이 예외적으로 재판전제성을 인정하는 경우를 인정한다.

(1) 간접적용(직접적용되지 않는) 법률조항에 대한 재판전제성의 예외적 인정

[판례 법리 – 예외인정사유(내적 관련성 인정사유)] 간접적용되는 법률조항이라도 내적 관련성이 있으면 재판전제성이 인정되는데 헌재는 내적 관련성이란 다음의 사유가 있는 경우로 본다(이를 판시한 결정례는 2012헌바438, 2011헌바379 등 많다).

예외적 인정사유 ────────────────────────────
▷ 내적 관련성의 존재: 그 위헌여부에 따라
① 당해 사건의 재판에 직접 적용되는 법률조항의 위헌여부가 결정되는 경우
② 당해 재판의 결과가 좌우되는 경우
③ 당해 사건의 재판에 직접적용되는 규범(예컨대, 시행령 등 하위규범)의 의미가 달라짐으로써 재판에 영향을 미치는 경우

[결정례] ① 정당후원회를 통하지 않은 정치자금 수수 처벌규정과 후원회 정의규정의 내적 관련성 인정(2000헌바5. 지방자치단체장에 입후보한 사람은 후원회를 둘 수 없게 하여 후원회를 통한 정치자금을 수수할 수 없게 하고 이를 위반한 경우 처벌하는 당시의 구 '정치자금에 관한 법률'(이하 '법') 제30조 1항을 적용하여 공소가 제기된 사건인데 헌재는 정치자금을 주거나 받을 수 있는 주체를 정하고 있는 '후원회 정의규정'인 동법 제3조 제8호의 위헌여부에 따라 당해사건

의 재판에 직접 적용되는 규범(법 제30조 1항)의 의미가 달라짐으로써 재판에 영향을 미치는 경우에 해당한다. 따라서 법 제3조 제8호도 그 위헌여부가 재판전제성을 가진다고 봄), ② **부당이득반환 청구소송에서 부당이득이 초래한 행정작용의 근거법률조항의 간접적용성과 재판 전제성**(내적 관련성) 인정 - ⓐ 법리 - 이 경우 직접적용되는 것은 부당이익에 대한 민법 제741조("법률상 원인없이 타인의 재산 또는 노무로 인하여 이익을 얻고 이로 인하여 타인에게 손해를 가한 자는 그 이익을 반환하여야 한다") 조항이다(법원재판이 '부당이득'반환청구소송이기 때문에 직접적용되는 조항은 민법 제741조이라는 것). 그러나 헌재는 문제의 부당이득을 가져온 행정작용의 근거조항도 간접적용되는 것이긴 하나 그 부당이득의 원인을 이루는 것이어서(*이는 저자의 풀이임) 내적 관련성을 가져 재판전제성이 인정된다고 본다. ⓑ 전형적 결정례 - 하나를 보면 기반시설부담금 부과처분에 따라 납부한 기반시설부담금 상당액을 부당이득으로 반환해줄 것을 청구하는 당해 소송에서 헌재는 직접 적용되는 법률은 민법 제741조라고 할 것이나, 구 '기반시설부담금에 관한 법률' 제3조, 제10조는 위 기반시설부담금 부과처분의 근거법률이므로, 당해 사건에 직접 적용되는 법률인 민법 제741조와 내적 관련이 있다고 할 것이고 따라서 재판 계속중일 것, 당해 사건 재판에 적용할 법률일 것 요건은 충족하고 있다고 판시하였다(2009헌바239. * 그러나 결국 재판전제성이 다른 이유, 즉 중대명백설 취지에 따라 부정되었다. 이에 대해서는 뒤의 민사재판 선결문제에서의 중대명백설 적용 법리 부분 참조). ③ **법률규정이 위임하여 제정된 장관의 규칙 위반으로 기소된 경우** - 요양급여 기준을 보건복지부장관이 정하도록 한 당시의 의료보험법 제29조 3항과 그것에 따라 제정된 보건복지부의 규칙에 위반한 편취사건으로 기소된 사안이다. 헌재는 위 위임해주는 의료보험법 제29조 3항이 재판에 간접적으로 적용되고 있으며, 그것의 위헌여부에 따라 다른 내용의 형사재판을 하게 되므로 재판전제성을 가진다고 보았다(99헌바23). ④ **재판의 결과가 달라질 수 있는 경우** - 양심적 병역거부 사안에서 병역분류조항 - 병역의 종류를 현역, 예비역, 보충역, 병역준비역, 전시근로역의 다섯 가지로 한정하여 규정하고 양심적 병역거부자에 대한 대체복무제를 규정하지 아니한 구 병역법 제5조 1항(병역종류조항) 사안이다. 양심적 병역거부 사건에서 현역입영 또는 소집통지서를 받은 사람이 정당한 사유 없이 입영 또는 소집기일부터 일정 기간이 경과하여도 입영하지 아니하거나 소집에 불응한 때에 처벌되도록 한 병역법 제88조 1항 규정으로 기소되어 공소제기에 직접 적용되는 조문은 그 조항이었고 공소장에 적용법조로 기재되지 않은 병역종류조항은 간접적용되나 그 위헌

여부도 재판전제성이 인정된다고 보았고 바로 이 조항을 과잉금지원칙을 위반하여 양심적 병역거부자의 양심의 자유를 침해하는 위헌이라고 보고 계속적용을 명하는 헌법불합치결정을 했다(법 제88조 1항은 오히려 합헌으로 결정함).

📖 **판례** 헌재 2018.6.28. 2011헌바379등, 병역법 제88조 1항 등 위헌소원 등

[판시] 5. 적법요건에 대한 판단 (2) 재판의 전제성이 인정되는지 여부 – 당해사건은 형사사건으로서 공소장에 적용법조로 기재되지 않은 병역종류조항은 당해사건에 직접 적용되는 조항이 아니지만, 심판청구된 법률조항의 위헌 여부에 따라 당해사건 재판에 직접 적용되는 법률조항의 위헌 여부가 결정되거나 당해사건 재판의 결과가 좌우되는 경우 또는 당해사건의 재판에 직접 적용되는 규범의 의미가 달라짐으로써 재판에 영향을 미치는 경우 등에는 간접 적용되는 법률조항에 대하여도 재판의 전제성을 인정할 수 있다. 병역종류조항이 양심적 병역거부자에 대한 대체복무제를 포함하고 있지 않다는 이유로 위헌으로 결정된다면, 양심적 병역거부자가 현역입영 또는 소집 통지서를 받은 후 3일 내에 입영하지 아니하거나 소집에 불응하더라도 대체복무의 기회를 부여받지 않는 한 당해 형사사건을 담당하는 법원이 무죄를 선고할 가능성이 있으므로, 병역종류조항의 위헌 여부에 따라 당해사건 재판의 결과가 달라질 수 있다. 따라서 병역종류조항은 재판의 전제성이 인정된다.

⑤ 그 외(98헌바10. 개발부담금 산정에서의 실제처분가격 적용대상제외 문제, 직접적용되지 않으나 재판전제성 인정; 94헌바1. 증거채부결정에서 직접적용되지 않는 제1회 공판기일전 증인신문제도 규정이나 증거채부결정의 대상이 된 조서의 증거능력에 영향을 미침); 2010헌바132(제4공화국 긴급조치 제2호가 비상군법회의 설치규정이고 처벌의 직접적 근거가 아니나 이 제2호에 따라 법원이 아닌 비상군법회의가 청구인에게 긴급조치 위반의 혐의로 유죄판결을 선고할 수 있었으므로 재판전제성 인정).

[공법복합형] * 간접적용규정에 대한 재판전제성 인정문제는 헌법과 행정법의 복합문제가 될 수 있다. 대표적인 경우로 행정처분인 허가처분의 직접적인 근거조항은 아니나 그 허가의 요건을 실질적으로 구성하는 조항이 심판대상규정이라면 그 허가처분의 직접적 근거조항과 심판대상규정의 내적 관련성을 인정하여 재판전제성이 인정될 수 있다. 예를 들면 어떤 허가처분(행정처분)이 내려진 근거법률은 A법률 제7조인데 A법률 제7조의 허가처분의 대상은 B법률 제9조가 인정하는 대상이다. 따라서 B법률 제9조가 그 허가의 요건이 되고 있는 상황이다. 이 경우 허가처분이 위헌인 법률에 근거한 것이라고 주장하면서 무효임을 확인해달라는 행정소송을 제기하면서 B법률 제9조에 대해 위헌심판을 청구하면 허가처분의 근거가 된 것은 아니므로 직접적용되는 조항은 아니다. 그러나 허가대상요건을 이루므로 내적 관련성 있는 간접적용의 조항으로서 B법률 제9조의 위헌 여부가 재판전제성을 가진다고 보게 된다. 그러한 예로 **판례** 헌재 2014. 1. 28. 2010헌바251. 백두대간

보호지역 내 풍력발전소 허가처분 사건 결정 참조. 이 결정은 다른 이유, 즉 무효확인소송에서 중대명백설에 입각하여 결국 재판전제성이 없다고 결론내리긴 했고 (후술 행정재판에서의 재판전제성 부분 참조) 그래서 타당하지 못한 결론이다. 다만, 간접적용(내적 관련성)법리 부분은 주목할 필요가 있어서 여기에 인용한다.

(2) 불가분적 관계에 있는 조항, 병렬적 규정, 동일심사척도가 적용될 조항

적용조항으로 기재되어 있지 않으나 불가분적 관계에 있는 조항에 대한 재판전제성 인정[93헌바14(노동부장관의 허가를 받지 않고 유료직업소개사업을 하여 그렇게 허가를 받도록 한 구 '직업안정 및 고용촉진에 관한 법률' 제10조 1항을 적용 법조로 기소되었는데 그 허가의 종류·요건·대상 기타 허가에 관하여 필요한 사항은 대통령령으로 정하도록 규정한 동조 2항에 대해서도 제10조 1항의 위헌 여부는 제10조 2항의 위헌 여부와 불가분적인 관계에 있다고 하여 제10조 2항의 위헌여부도 재판전제성이 있다고 보았다), 2018헌바278(신용협동조합 이사장 선거에서 선거운동을 신용협동조합법 제27조의2 제2항에 정한 방법 외에 하였다고 하여 기소된 재판에서 그 선거운동의 구체적 방법의 정관에 위임을 규정한 동조 4항이 적용법조로 기재되어 있지 않은데도 제2항과 제4항이 결합되어 구체적으로 선거운동 방법 등이 정해지게 되므로 불가분적으로 결합되어 있다고 인정하여 그 위헌여부의 재판전제성을 인정하였다. 동조 4항도 위헌결정되었다)], 재판에서 적용되지 않은 부분이긴 하나 그 재판에서 적용되는 부분과 병렬적으로 규정된 부분으로서 동일심사척도가 적용될 경우[94헌가2(토지에 관한 사건이었음에도 소유권자 불명한 경우의 취득에 관한 구 '공공용지의 취득 및 손실보상에 관한 특례법' 제6조는 '토지 등'으로 규정하고 있었는데 이 제6조 전체에 대해 재판전제성 인정, 제6조 전체를 위헌결정함), 96헌가13(공소사실인 미수 외 예비범 부분도 판단)], 법원의 제청이 없었던 규정이나 동일 심사척도가 적용될 규정(98헌가11등. "기타 사치성 재산으로 사용되는 토지로서 대통령령으로 정하는 토지" 부분도 심판대상에 포함) 등에 대한 재판전제성을 예외적으로 인정한다.

(3) 그 외 예외 인정의 경우

행정소송의 소의 이익이 없으면 각하될 것이고 재판전제성도 부정될 것이나 소의 이익이 잔존하는 경우에는 예외적으로 인정된다(96헌가12).

4. 행정재판에서의 재판전제성 문제 - 행정법(행정처분의 하자) 이론과의 견련성

중요A 행정소송과 헌법(헌법재판)과의 관계 문제이고 행정법이론인 중대명백설을 적용한 변시 공법 복합형(이하 '공법 복합형'이라고만 표기하기도 한다)의 문제이다.

■ **행정행위(처분)하자 중대명백설에 따른 재판전제성 부정 - 무효확인 행정소송의 경우**

[판례법리] ⅰ) 부각되는 문제 - 행정소송에서 재판전제성 문제로 부각되는 대표적인 문제가 취소소송의 제소기간이 지난 뒤 제기된 무효확인소송에서 처분의 근거법률규정이 위헌이라고 주장하면서 제청신청을 하는 경우 재판의 전제성이 있는지가 논란된다. ⅱ) 전제적 적용의 두 가지 행정법 이론 - 판례법리를 이해하기 위해 먼저 전제적인 다음의 두 가지 행정법이론이 이해되어야 한다. (ㄱ) 자주 제기되는 행정소송(항고소송)으로 행정처분을 취소해달라는 취소소송과 무효임을 확인해달라는 무효확인소송이 있는데(행정소송법 제3조 1호) 취소소송에는 제소기간이 있고 무효확인소송에는 제소기간이 없다(동법 제20조 1항, 제38조 1항). (ㄴ) 그리고 취소와 무효의 구별에 관한 우리 대법원의 판례는 중대명백설을 취한다(중대하고도 명백하면 무효이고 중대하나 명백하지 않은 경우 취소사유에 그친다는 이론). ⅲ) 판례법리 - 헌재는 법률이 헌법에 위반된다는 사정은 자신의 위헌결정이 있기 전에는 객관적으로 명백한 것이라고 할 수 없으므로 특별한 사정이 없는 한 이러한 하자는 행정처분의 취소사유에 해당할 뿐 당연무효 사유는 아니라고 하여 무효확인소송에서의 재판전제성을 부정한다(2003헌바113, 2010헌바251, 2014헌바420, 2015헌바66 등). 대법원판례도 마찬가지이다(대법원 2019.5.30. 2017다289569 등). 헌재는 위와 같이 위 법리를 전제로 하여 재판전제성이 없다고 한다. 즉 "이미 제소기간이 경과하여 불가쟁력이 발생한 행정처분의 근거 법률의 위헌 여부에 따라" 당해 사건 "재판의 내용과 효력에 관한 법률적 의미가 달라지는 경우로 볼 수 없어"라고 판시하곤 한다. ⅳ) 결격 해당 사유 = '제3-3' 전제성요건사유: 따라서 이 경우는 재판전제성 부정의 사유로 위 재판전제성 요건 중 제3-3요건(물론 제3-1요건도)이 결여된 것에 해당된다.

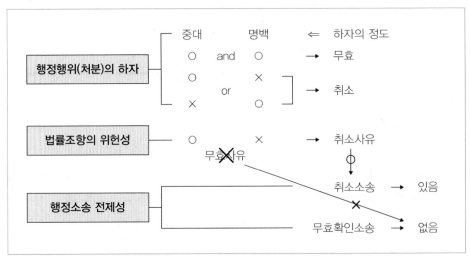

▎행정소송에서의 재판전제성 도해

[판례법리 이해를 위한 예시] 甲이 자신의 재산권을 침해하는 행정처분 A(가령 조세
부과 등 불이익 행정처분)를 부과받고 취소소송을 제기할 기간이 지난 다음에 무효확인
소송을 제기한 경우 다음과 같은 전형적 판시(밑줄 친 부분이 핵심논거)로 행정처분 A
의 근거 법률의 위헌 여부에 따라 당해 사건 재판의 주문이 달라지거나 재판의 내
용과 효력에 관한 법률적 의미가 달라진다고 볼 수 없으므로 재판(무효확인소송)의
전제성이 인정되지 아니한다고 한다.

[판시] "행정처분의 근거 법률이 헌법에 위반된다는 사정은 <u>헌법재판소의 위헌결정이 있기 전에</u>

는 객관적으로 명백한 것이라고 할 수 없으므로 특별한 사정이 없는 한 그러한 하자는 행정처분의 취소사유에 해당할 뿐 당연무효사유는 아니고, … 이미 (취소소송) 제소기간이 경과하여 불가쟁력이 발생한 행정처분의 근거 법률의 위헌 여부에 따라 당해 사건 재판의 주문이 달라지거나 재판의 내용과 효력에 관한 법률적 의미가 달라진다고 볼 수 없으므로 재판의 전제성이 인정되지 아니한다."

[결정례] 판례법리의 실제적 적용을 보기 위해 구체적 결정례들을 본다.

① 풍력발전사업하가처분에 대한 무효확인소송(2010헌바251. [판시] "헌법재판소는 법률이 헌법에 위반된다는 사정은 헌법재판소의 위헌결정이 있기 전에는 객관적으로 명백한 것이라고 할 수는 없으므로 특별한 사정이 없는 한 그러한 하자는 행정처분의 취소사유에 해당할 뿐 당연무효사유는 아니라고 전제한 다음, 제소기간이 경과한 뒤에는 행정처분의 근거 법률이 위헌임을 이유로 무효확인소송 등을 제기하더라도 행정처분의 효력에는 영향이 없음이 원칙이므로, 이미 제소기간이 경과하여 불가쟁력이 발생한 행정처분의 근거 법률의 위헌 여부에 따라 당해 사건 재판의 주문이 달라지거나 재판의 내용과 효력에 관한 법률적 의미가 달라진다고 볼 수 없어, 이 경우는 재판의 전제성을 인정할 수 없다고 하여 왔다." 이러한 입장에서 이 사건 심판청구는 재판의 전제성을 갖추지 못하였다. * 4인 재판관의 반대의견이 있음)

② 도시환경정비법에 의한 주택재개발정비사업 인가 관련 무효확인소송(2015헌바66. [판시] 청구인들의 위 각 처분에 대한 무효확인의 소 제기는 취소소송의 제소기간이 도과한 이후에 이루어진 것이다. … 설령 심판대상조항들이 위헌이라 하더라도 다른 특별한 사정이 없는 한 위 각 처분의 효력에 영향이 없으므로, 심판대상조항들의 위헌 여부가 위 각 처분의 무효확인소송의 전제가 된다고 볼 수 없다).

③ 운전면허정지처분과 운전면허취소처분 − 운전면허정지처분을 받고 정지기간 중에 운전행위를 하였음을 이유로 운전면허취소처분을 받은 경우 후자의 취소처분(* 취소소송의 '취소'와 혼동될 수 있는데 '행정청'의 처분으로서 취소이다)에 대한 취소소송에서 운전면허정지처분의 근거법률조항에 대해 위헌소원심판을 청구한 사건이다. 운전면허취소의 원인이 된 운전면허정지처분을 깨트려야 정지기간 중의 운전으로 인한 취소도 막을 수 있기에 연관되어 있는데 그 운전면허정지처분에 대한 취소소송의 제기기간이 이미 지나 다툴 수 없다는 것이다.

📖 **판례   헌재 2003.11.27. 2002헌바106**

[판시] … 이 사건 운전면허정지처분에 쟁송기간경과 후에도 무효확인을 구할 수 있는 예외적 사정이 있다고 보기 어렵다. 그렇다면 헌법재판소가 이 법률조항을 위헌으로 결정한다고 하더라도, 그 위헌 결정은 이 사건 운전면허정지처분을 당연무효로 하는 사유가 아니고 다만 취소할 수 있

는 사유에 불과하게 되고, 이 사건 운전면허정지처분은 취소를 구할 수 있는 쟁송기간이 이미 도과되어 더 이상 다툴 수 없어 그대로 유효하므로, 유효한 이 사건 운전면허정지처분을 전제로 하여 이루어진 이 사건 운전면허취소처분도 적법하다. 따라서 이 법률조항의 위헌여부에 따라 당해 사건 재판의 주문이 달라지거나 재판의 내용과 효력에 관한 법률적 의미가 달라지는 경우에 해당한다고 할 수 없다.

④ 양도세부과처분에 대한 무효확인소송(2010헌바295)
⑤ 농지보전부담금부과처분 무효확인소송(2010헌바475)
⑥ 하천 점용료 부과처분 무효확인소송(2003헌바113)
⑦ 택지개발촉진법에 의한 택지개발사업 관련 처분(2005헌바55)

[비판] 위 이론에 대해서는 다음과 같은 모순점과 문제점을 지적할 수 있다. ⅰ) 실체법이론인 중대명백설을 절차법리인 헌법재판의 전제성에 적용하는 것 자체가 모순이다. ⅱ) 대법원의 입장이 그러하더라도 헌재로서는 자신이 위헌여부를 판단하는 주체이므로 가능한 한 위헌인 법률규정을 찾아내고 밝혀야 한다는 점에서 이 법리를 그대로 인정하는 것은 책임포기이다. ⅲ) 헌재 자신이 재판전제성을 넓게 인정해오던 입장(전술 기준 참조)에 일관되지 못하다. ⅳ) 헌재나 대법원의 명백성에 입각한 위와 같은 재판전제성 부정의 판례입장은 법적 안정성을 주로 염두에 둔 것으로 보인다. 그러나 법적 안정성을 위하여야 한다는 이유라면 변형결정 등을 헌재 자신이 인정하고 있으니 그러한 결정방식을 통하여 그 결정효력의 제한을 가할 수 있는 길이 있으므로 재판전제성 단계에서 이를 차단할 것이 아니라고 본다. 그래야 위헌법률심판의 존재가치뿐 아니라 위헌성이 있는 법률을 가려냄으로써 헌법수호와 국민의 권리구제에 예방적 기능도 할 수 있을 것이다. ⅴ) 특히 위헌법률심판은 당사자뿐 아니라 그 법률을 적용받게 될 다른 모든 국민들에 영향을 미치는 위헌성을 제거해야 한다는 객관적 규범통제가 주안인 심판이어서 위헌성을 적극적으로 제거할 필요성이 보다 더 크기 때문에 더욱 그러한 요청이 있게 된다.

['중대명백성' 판단기준 – 대법원판례] 대법원은 하자가 중대하고 명백한 것인지 여부를 판별함에 있어서는 그 법규의 목적, 의미, 기능 등을 목적론적으로 고찰함과 동시에 구체적 사안 자체의 특수성에 관하여도 합리적으로 고찰함을 요한다고 한다(**대법원판례** 대법원 1995.7.11. 94누4615; 대법원 2007.11.15. 2005다24646; 대법원 2008.9.25. 2007다24640 등).

[선행 행정처분, 후행 행정처분의 하자 승계 문제에 적용] 선행처분과 후행처분이 서

로 독립하여 별개의 법률효과를 목적으로 하는 때에는 선행처분에 불가쟁력이 생겨 그 효력을 다툴 수 없게 된 경우에는 선행처분의 하자가 중대하고 명백하여 당연무효인 경우를 제외하고는 선행처분의 하자를 이유로 후행처분의 효력을 다툴 수 없는 것이 원칙이다(대법원 2005.4.15. 2004두14915; 대법원 2009.4.23. 2007두13159 등 참조). 선행 행정처분에 대한 취소소송 제기기간이 도과되어 무효확인소송을 제기해 본들 중대명백설에 따라 위헌 사유로 당연무효로 인정되는 것은 아니고 그렇다면 후행 행정처분에 그 하자가 승계될 수 없고 따라서 후자에 대한 소송의 내용과 효력에 관한 법률적 의미가 달라진다고 볼 수 있는 경우가 아니므로 그 위헌여부의 재판전제성이 부정된다는 것이 판례이다(2009헌바429. 사안은 단계적으로 진행되는 도시계획 관련 사건이었다).

5. 민사재판에서의 중대명백설 적용의 동지 법리

ⅰ) 적용이유 − 선결문제 − 예를 들어 소유권이전청구와 같은 민사재판에서도 그 소유권변동의 원인이 행정처분(수용처분)으로 인한 경우에는 그 행정처분의 위법성 여부와 그 행정처분이 근거한 법률의 위헌성 여부가 선결문제로서 재판의 전제가 될 것이고 그럴 때 중대명백설이 마찬가지로 적용될 수 있다고 판례는 본다. ⅱ) 결정례 − (ㄱ) 소유권이전 관련소송 − 강제적 소유권이전의 행정작용이 위헌인 법률에 근거하였다는 주장의 소유권 관련 민사소송에서 그 위헌여부의 재판전제성을 부정한 예(2012헌가1. 친일반민족행위자 결정으로 국가에 귀속된 재산의 소유권이등기, 즉 국가로의 이전등기를 말소해달라고 청구한 민사소송에서 종전의 정의규정에 따라 '친일반민족행위자'로 인정한 결정은 새로 개정된 정의규정에 따라서도 그렇게 결정된 것으로 본다는 개정된 '친일반민족행위자 재산의 국가귀속에 관한 특별법' 부칙조항의 위헌여부가 그 소송에서 재판전제성이 없다고 본 결정이다. 헌재는 "위 결정을 대상으로 하는 취소소송의 제소기간이 이미 도과하여 위 결정이 취소될 여지도 없는 이상, 위 결정의 하자를 소급적으로 치유하고자 하는 이 사건 부칙조항이 존재하지 아니한다고 하더라도 제청법원은 위 결정의 효력을 부인할 수 없다. … 이 사건 부칙조항이 당해 사건 재판에 곧바로 적용된다고 보기 어렵고"라고 판시하기도 하였다). (ㄴ) 부당이득반환청구소송 − 부당이득이라고 인정하기 위해서는 부당이익을 가져오게 하는 그 행정작용이 근거한 법률규정이 위헌이라고 인정받아야 하는데 그 위헌여부가 제소기간 도과와 중

대명백설에 따라 재판전제성을 가지지 못한다고 본 결정례들로 다음과 같은 결정
례들이 있다. ① 납부한 기반시설부담금을 부당이득으로서 반환하라고 청구하는
소송에서 그 부과처분의 근거법률인 구 '기반시설부담금에 관한 법률' 제3조, 제10
조의 위헌 여부는 위헌결정이 선고된다 하더라도 다만 취소사유에 해당한다고 보
아야 할 것인데 그 부과처분에 대한 취소소송 제소기간이 경과되어 그 부과처분의
효력을 부인하지 못하게 되어 법률상 원인 없는 이득이라고 판단할 수 없으므로
재판의 전제성을 부정하였다(2009헌바239). ② 수용재결로 인한 부당이득 주장의 경
우[2001헌바3. * 수용재결에 의한 소유권취득자가 그 수용된 토지를 청구인이 점유·사용함으로써 부
당이득이 있었다고 하여 이의 반환을 청구하는 소송을 제기해오면서 청구인이 수용재결에 대해 다투
는 경우 역시 같은 법리를 적용한 결정례도 있었다(2015헌바207)], ③ 과태료부과에 대한 부당
이득반환소송(2014헌바420), (ㄷ) 국가배상청구소송 − 국가배상청구소송은 민사소송으
로 이루어진다. 국가배상청구소송에서 중요한 관건은 불법행위, 즉 직무행위(행정처
분)의 위법성(헌법 제29조 1항)이 인정되느냐 하는 데에 있다. 위 중대명백설에 따르
면 헌재의 위헌결정이 있기 전에는 이를 인정할 수 없고 당시 담당 직무행위자(공
무원)는 그 사실을 알고 한 것이 아니어서 고의, 과실을 인정하기도 어려워 위법성
인정도 어렵고 따라서 배상책임도 인정하기 어려워 국가배상청구소송에서 문제의
법률조항의 위헌여부가 결국 재판전제성을 가지지 못한다고 본다[부정례: 2011헌바56,
2006헌바72, 2010헌바65, 2009헌바286, 2008헌바23. 법원의 긍정견해에 따라 인정한 예: 2011헌가5
(구 '인신구속 등에 관한 임시 특례법' 조항의 영장주의 위반의 위헌결정)의 경우 등을 들 수 있다].

6. 재심과 재판전제성

[원칙 − '이원구조'에 따른 부정] 헌재는 재심의 절차는 이원적 구조, 즉 "재심의
청구에 대한 심판"과 "본안사건에 대한 심판"이라는 두 단계 절차로 구별되는데
본안사건에 대한 심판의 판결(원판결)에 적용된 법률조항을 심판대상으로 한 경우에
그 법률조항은 원판결에 적용된 것일 뿐 그 원판결에 대한 재심절차 중 "재심의
청구에 대한 심판"에 적용되는 법률조항이라고 할 수는 없어서 재심청구사건에서
의 그 위헌여부의 재판전제성이 부정된다고 본다(2010헌가22. 형사사건). 형사재판 재
심뿐 아니라 민사재판 재심의 경우에도 마찬가지라고 본다(2017헌바87). 행정재판

재심에서도 적용되는데 그 예로 상고심불속행제도 관련 재심재판에서의 재판전제성을 부정한 결정례가 있다(2009헌바169). 이 재판전제성 부정의 경우는 사실 앞의 '당해 법원소송에서 적용되는 법률(조항)일 것(제2요건)'의 결여이다(전술 참조). 재심 사건에 적용되지 않는다고 하여 부정되기 때문이다.

[예외사유(규범적 장애)의 인정 – 긴급조치] 그러나 헌재는 "처벌조항의 위헌성을 다툴 수 없는 규범적 장애가 있는 특수한 상황"이었다면 재판의 전제성을 인정하여 예외적으로 위헌성을 다툴 수 있는 길을 열어줄 필요가 있다고 하여 위 법리에 예외를 인정한다. 바로 긴급조치에 대한 사안에서 밝힌 법리이다(2010헌바132등).

7. 고도의 공권적 행위로서, 국제관습법상 재판권이 면제되는 주권적 행위에 대한 소송에서의 재판전제성

헌재는 이러한 소송에서의 위헌제청신청은 소송 자체가 부적법하다고 하여 재판전제성을 부정한다. 그 사안은 제2차 세계대전 직후 남한 내 일본화폐 등을 금융기관에 예입하도록 한 미군정법령 제57조가 위헌임을 전제로 한 미합중국에 대하여 한국법원에 제기한 손해배상 등 청구소송에서의 위헌제청신청사건이었다. 헌재는 미합중국 소속 미군정청이 이 군정법령을 제정한 행위는, 제2차 세계대전 직후 일본은행권을 기초로 한 구 화폐질서를 폐지하고 북위 38도선 이남의 한반도 일대에서 새로운 화폐질서를 형성한다는 목적으로 행한 고도의 공권적 행위로서, 국제관습법상 재판권이 면제되는 주권적 행위에 해당한다고 보았다. 따라서 이 사건 법령이 위헌임을 근거로 한 미합중국에 대한 손해배상 또는 부당이득반환 청구는 그 자체로 부적법하여 이 사건 법령의 위헌 여부를 따져 볼 필요 없이 각하를 면할 수 없으므로, 이 사건 심판청구는 재판의 전제성이 없어 부적법하다고 판시하였다(2016헌바388).

8. '재판의 전제성'에서의 '재판'의 개념·범위 – 넓은 개념

ⅰ) 위헌심판에서 재판전제성에서 말하는 '재판'이라 함은 넓은 개념이다. 따라서 판결·결정·명령 등 그 형식 여하와 본안에 관한 재판이거나 소송절차에 관

한 재판이거나를 불문하며(헌재 1994.2.24. 91헌가3 결정 참조), 심급을 종국적으로 종결시키는 종국재판뿐만 아니라 중간재판도 이에 포함된다(91헌가3). ⅱ) 판례 – 넓게 인정된 예로 증거채부결정(94헌바1), 보정명령(91헌가3), 영장발부 여부에 관한 재판(90헌가70), 구속적부심사(92헌바18), 보석허가결정에 대한 검사의 즉시항고사건(93헌가2), 구속기간갱신결정(99헌가14) 등에서도 재판전제성이 인정된 바 있다. ⅲ) 판례가 부정하는 경우 – 헌재는 사법행정행위(司法行政爲)는 재판전제성에서 말하는 재판이 아니라고 본다. 그 예로 재판장의 녹음불허행위(2008헌바81, 2011헌바253), 변리사 대리 불허(2010헌바459) 등이 재판전제성에서의 재판이 아니라고 보았다.

9. 재판전제성 유무에 대한 법원판단의 존중과 헌재의 부차적 직권조사

헌재는 제청여부를 결정하는 법원이 행한 재판의 전제성 유무에 대한 법원의 판단에 대해 존중한다는 입장이고 법원의 그 전제성에 관한 법률적 견해가 명백히 유지될 수 없을 때에만 헌재는 이를 부차적으로 직권조사할 수 있다는 입장이다(이를 표명한 결정례는 92헌가10, 2017헌가22 등 많다. * 법원 판단을 존중한 예: 2017헌가25, 법원견해가 명백히 유지곤란한 경우라고 본 예: 2017헌가34).

10. 재판전제성의 소멸과 심판필요성의 예외적 인정

(1) 원칙

재판전제성은 제청 당시만 아니라 심판시에도 갖추어져야 함이 원칙이다(92헌가3). 위헌소원이 아닌 한 일반 법원의 제청으로 시작된 위헌심판사건에서는 법원의 재판이 정지되므로 재판전제성 유지에 일단은 어려움이 없다. 법원 재판절차가 헌재의 심판계속 중 당사자의 소송취하 등으로 인해 종료되거나 그 외 사유로 재판전제성이 소멸될 수도 있고 헌재는 이때 각하결정을 하게 된다.

[법원의 처리] 법원이 제청을 한 후에 사정이 변화되어 재판전제성이 소멸된 경우에 법원은 자신의 제청결정을 취소하고 헌재에 그 취소결정의 정본을 송부하여 제청을 철회하게 된다['위헌법률심판제청사건의 처리에 관한 예규'(대법원 예규) 제7조 4항].

(2) 예외적 심판필요성 인정

그러나 심판도중에 재판전제성이 소멸한 경우에도 아래와 같이 헌재는 예외적으로 심판필요성을 인정하는 법리를 설정하고 있다(93헌가2, 2011헌가36 등).

예외적 심판필요성 인정의 사유 ——————————————————

• 위헌여부의 해명이 헌법적으로 중요하거나,
• 문제의 법률조항으로 인한 기본권침해의 반복위험성이 있는 경우

* 용어에 관한 유의점: 예외인정이 '심판필요성'의 예외인정이라는 것이고 재판전제성의 예외적 인정은 아님을 유의. 소멸된 재판전제성은 소멸되었을 뿐이고 그럼에도 심판에 들어간다는 의미의 예외인정이기 때문에 '심판필요성의 예외적 인정'이라고 하는 것이다.

[예외 인정의 예] ① 미결구금일수의 산입에 관한 위헌심판사건에서 위 법리가 적용된 예: 집행형기 계산에 대한 위헌제청 후 형집행이 종료된 경우 – 상소제기기간 등의 법정산입 대상 제외의 헌법불합치성 – 헌재는 피고인의 상소제기기간 등을 법정산입 대상에 포함하지 않고 있는 형사소송법 제482조 1항이(검사가 상소제기를 한 때 산입하는 반면 피고인의 상소제기기간을 산입하지 않음. 검사의 상소가 피고인의 상소보다 늦게 이루어진 경우 불산입이 나타남. 사안에서도 피고인의 항소제기일인 1993.7.7.부터 검사의 항소제기일 전날인 1993.7.12.까지의 미결구금일수 6일은 산입하지 아니하였음) 신체의 자유를 침해한다고 하여 헌법불합치결정을 하였는데 이 사안에서 이미 형집행이 완료되어 소의 이익이 소멸된 상태였다. 헌재는 헌법적 해명가능성, 반복가능성을 들어 예외로 보아 본안판단에 들어갔다(99헌가7). 그리고 ② 보안처분에 대한 가처분신청과 보안처분기간 만료 경우에 위 법리가 적용된 예(98헌바79등), ③ 법원의 구속집행정지결정에 대하여 검사가 즉시항고할 수 있도록 한 형사소송법(1973.1.25. 법률 제2450호로 개정된 것) 제101조 3항에 대한 위헌심판에서 위 법리가 적용된 예(2011헌가36), ④ 백지신탁제도의 국회의원 임기 만료로 인한 적용가능성 상실 경우 위 법리 적용된 예(2010헌가65) 등이 있었다.

[법원소송에서 권리보호요건 결여의 경우] ⅰ) 이 경우 재판전제성이 소멸되나 반복가능성, 헌법적 해명필요성이 있으면 위에서와 같이 예외를 인정한다. ⅱ) 예외 인정례 – ① 효력기간이 정해진 행정처분에 대한 취소소송에서 효력기간 도과 – 법무사 업무정지사건이었다. 위임인으로부터 보수 외 금품수수 금지, 보수기준을 대한법무사회 회칙으로 정하도록 규정하고 있는 법무사법 조항을 위반하여 업무정

지 1개월 징계처분을 받은 청구인이 이 업무정지처분의 취소를 구하는 소송을 제기함과 동시에 법무사법 위 조항에 대해 위헌제청신청을 하였으나, 법원은 본안소송 변론종결시에 이미 위 제재(업무정지)기간이 도과되었다고 하여 각하하자 위헌소원을 청구한 사건이다. 헌재는 이 사건과 같이 통상 자신이 판단하기 전에 종료됨으로써 재판의 전제성 내지 권리보호이익이 없다는 이유로 각하될 것이어서 좀처럼 이 사건 법률조항에 대한 위헌여부를 심판받을 기회를 갖기 어렵다고 하면서 법무사 보수제한 문제는 비단 청구인 한 사람에게만 국한된 것이 아니고 모든 법무사에게 이해관계가 있고 앞으로도 법무사들의 직업활동의 자유의 제한과 관련하여 계속적으로 문제되는 중요한 사안임에도 아직까지 이에 대한 헌법적 해명이 없어 이를 해명할 필요가 있다고 하여 본안판단에 들어갔다(2002헌바3). ② 선고유예 실효 규정에 대한 위헌제청 후 선고유예기간 도과의 경우 – 제청신청인에 대한 범죄는 그 선고유예가 확정된 때부터 2년이 경과하였음이 역수상 명백하여 면소된 것으로 간주되므로, 제청신청인이 선고유예의 실효(형법 제61조. 유예기간 중 자격정지 이상의 형에 처한 판결이 확정되는 경우 등에 유예한 형을 선고하여 실효하도록 하는 규정) 결정을 받을 가능성은 이로써 소멸되고, 따라서 권리보호이익이 더 이상 존재하지 아니한다. 그러나 헌재는 이 규정의 위헌 여부는 집행유예와 비교하여 평등권 침해가 문제되는 등 중요한 헌법적인 사항의 해명필요가 있고 앞으로도 선고유예의 실효 청구가 재차 이루어져 침해논란이 반복될 여지가 있다고 하여 심판이익을 인정하였다(2007헌가19).

Ⅲ. 법원의 제청

법원의 제청이 있어야 위헌법률심판이 이루어질 수 있고 제청은 법원이 하나 제청신청을 받아서 또는 직권으로 한다(법 제41조 1항).

1. 제청신청권자, 제청주체와 제청의무 여부, 법원의 합헌판단권 여부

[제청신청권자] 당사자가 제청신청권자임은 분명하다. 보조참가인도 제청신청을

할 수 있다(2001헌바98, 헌재법 제25조 1항은 "정부가 당사자(참가인을 포함)"란 문언을 규정하고 있기도 하다).

[제청주체] 당해 사건을 담당하는 법원(군사법원 포함)이 위 신청권자의 신청을 받아 또는 직권으로 제청한다. 제청주체가 법관이 아닌 법원임에 유의해야 한다.

[합리적 위헌의심이 있으면 제청] 헌재는 "제청한다"라는 의미는 "법원은 문제되는 법률조항이 담당법관 스스로의 법적 견해에 의하여 단순한 양심을 넘어선 합리적인 위헌의 의심이 있으면 위헌여부심판을 제청하라는 취지"라고 본다(93헌가2).

[법원의 합헌판단권 부정] 합헌법원의 제청신청기각결정권, 제청에 관한 결정에 대한 항고금지(헌재법 제41조 4항)의 규정들이 법원의 합헌판단권을 인정하는 근거라는 주장도 있었으나 헌재는 부정한다(90헌바35).

2. 제청의 방식과 효과

(1) 제청서

법원의 위헌여부심판 제청은 헌법재판소에 제청서를 작성하여 제출함으로써 한다(법 제26조 1항). 제청서 기재사항은 1. 제청법원의 표시 2. 사건 및 당사자의 표시 3. 위헌이라고 해석되는 법률 또는 법률의 조항 4. 위헌이라고 해석되는 이유 5. 그 밖에 필요한 사항이다(법 제43조).

(2) 제청의 효과 – 재판정지, 위헌소원 등

법원이 법률의 위헌 여부의 심판을 헌재에 제청한 때에는 당해 소송사건의 재판은 헌재의 위헌 여부의 결정이 있을 때까지 정지된다(법 제42조 1항 본문). * 재판정지기간의 기산점: ⅰ) 법원이 위헌제청의 결정을 한 때, 그 만료점은 헌법재판소의 위헌여부결정서 정본이 위헌제청법원에 송달된 때(대법원예규 제9조의2) ⅱ) 비산입기간 – 이 재판정지기간은 형사소송법 제92조 1·2항 및 군사법원법 제132조 1·2항의 구속기간과 민사소송법 제199조의 판결 선고기간에 이를 산입하지 아니한다(헌재법 제42조 2항). ⅲ) 예외 – 다만, 법원이 긴급하다고 인정하는 경우에는 종국재판 외의 소송절차를 진행할 수 있다(법 제42조 1항 단서).

[신청(각하)기각시 위헌소원 청구 가능] 당사자의 제청신청이 법원에 의해 기각(각하)되면 당사자가 헌재에 헌법소원심판을 청구하여 위헌심판을 받을 수 있다(법 제68조 2항). 이를 '위헌소원'이라고 한다(후술 헌법소원 부분 참조). 위헌소원심판이 청구되더라도 재판이 정지되지 않는다. 따라서 법원재판이 확정되고 나서 헌재가 위헌결정을 하는 경우가 있고 이에 대비하여 재심제도가 마련되어 있다(법 제75조 7항).

제3절　위헌법률심판의 기준, 심리 및 결정범위

I. 위헌법률심판의 기준[1]

[헌법전] 법률이 헌법에 위반되는지의 심사에 있어서 물론 현행 헌법전의 규정들이 그 기준이 된다. 본문은 물론 전문도 적용될 수 있다(헌법전문을 적용하여 판단한 헌법재판소 결정례: 92헌마37, 91헌마21, 2006헌마788, 2008헌마648, 2013헌바11, 99헌바92 등).

[기본권파생] 성문헌법의 규정뿐 아니라 성문헌법에서 파생되어 나오는 헌법규범(특히 기본권의 파생이 중요하다. 기본권파생에 대한 자세한 것은, 정재황, 기본권총론, 박영사, 2020, 60면 이하, 정재황 헌법학, 박영사, 2021, 455면 이하 참조)도 심사기준이 된다.

[불문헌법] 그리고 헌법관습법 등 불문헌법규범(2004헌마554)도 기준이 된다고 본다.

[헌법의 기본원리, 자연법·정의] 헌법의 기본원리[민주주의원칙, 자유민주주의, 사회민주적 기본원리, 국민주권주의, 국민대표주의(대의제) 등. 특히나 기본권에 많이 적용되는 헌법원칙들인 과잉금지(비례)원칙, 법률유보원칙, 명확성원칙, 신뢰보호원칙, 소급효금지원칙, 포괄위임금지원칙 등은 빈번히 적용되는 중요한 심사기준이다], 자연법·정의도 기준이 된다.

[조약 등] 조약 등도 논란이 없지 않고 이를 부정하는 결정(2013헌가12), 헌법적 효력의 조약을 부정하는 결정(2012헌마166)도 있으나 헌법적 효력의 조약은 그 기준이 된다고 본다[국내 헌법과 실질적으로 동일한 내용의 조약이라고 인정한 예(강제노역금지를 규정한 '시민적 및 정치적 권리에 관한 국제규약' 제8조 3항)도 있다. 97헌바23].

1　위헌법률심판 등에서의 기준에 대해서는, 정재황, 헌법재판의 기준, 공법연구(한국공법학회), 제25집 제4호, 1997년 6월; 헌법재판론, 제2판, 322–337면 참조.

[시적 범위] * 유신 하 긴급조치에 대한 위헌 여부 심사기준: 헌재는 유신헌법에는 권력분립의 원리에 어긋나고 기본권을 과도하게 제한하는 규정이 포함되어 있었는데 주권자인 국민이 제8차 및 제9차 개헌으로 이 규정들을 폐지하였고 헌재가 행하는 구체적 규범통제의 심사기준은 원칙적으로 헌법재판을 할 당시에 규범적 효력을 가지는 헌법이라고 하면서 유신헌법하 긴급조치들의 위헌 여부를 유신헌법이 아니라 현행헌법에 비추어 판단한다고 판시하였다(2010헌바132).

Ⅱ. 위헌법률심판의 심리 및 결정범위

1. 심리의 원칙과 방식

(1) 원칙 – 직권주의와 서면심리주의

위헌법률심판은 여러 사안과 사람들에 영향을 미칠 수 있는 법규범인 법률이 헌법에 위배되는지 여부를 심사하는 것이므로 그 여부를 객관적으로 명확히 밝혀야 하므로 헌재에 의한 직권판단이 더욱 요구된다. 헌재 스스로도 헌법재판소가 제청법원이나 제청신청인이 주장하는 법적 관점에서만 아니라 심판대상규범의 법적 효과를 고려하여 모든 헌법적인 관점에서 심사하여야 한다는 점을 밝히고 있다(96헌가18).

위헌법률심판에서는 사건이 많을 것을 예상하여 서면심리주의를 택하고 있다(예외적 변론 가능). 서면심리는 공개하지 않도록 하고 있다(법 제30조).

(2) 심리의 범위와 정도

헌재는 직권으로 심판대상을 확장하기도 하는데 직권으로 심판대상을 다른 규정으로 변경하거나(93헌바12), 직권으로 심판대상을 축소한정하는(99헌가16, 95헌바48, 2000헌바84) 예들이 있다. 직권으로 심판대상을 확대한 예는 아래의 결정범위의 확장에서 함께 본다.

2. 결정범위

헌재법 제45조(위헌결정) 헌법재판소는 제청된 법률 또는 법률 조항의 위헌 여부만을 결정한다. 다만, 법률 조항의 위헌결정으로 인하여 해당 법률 전부를 시행할 수 없다고 인정될 때에는 그 전부에 대하여 위헌결정을 할 수 있다.

위 헌재법 제45조에도 규정되어 있지만 위헌결정하는 법률조항 외 다른 법률조항(법률전부라고 되어 있으나 개별 법률조항별로도 위헌결정 가능하다고 봄) 또는 법률전부에 대해 위헌결정을 할 수 있는데 그 사유와 예를 아래에 살펴본다.

(1) 다른 법률조항에 대한 위헌결정

판례로 다음과 같은 예들이 있다.

ⅰ) 위헌결정되는 조항과 독립하여 존속할 의미가 없는 다른 조항에 대한 위헌결정(89헌가102, 91헌가6, 2000헌바30, 2001헌바82, 2000헌마91등), ⅱ) 위헌규정이 제도의 핵심인 경우(94헌바1), ⅲ) 법적 명확성·안정성·통일성 및 소송경제 등의 관점에서의 필요성(일거에 해결하는 것이 바람직한 경우라고 보아 위헌결정을 함께 한 예. 99헌가1, 98헌가17), ⅳ) 동일한 심사척도와 법리가 적용되는 경우 ─ 제청은 되지 않았으나 제청된 규정과 동일한 심사척도와 법리가 적용된다는 이유로 법원의 제청이 없었던 규정에 대하여서도 심판이 됨을 인정하여 본안판단에 들어가 그 규정에 대해 위헌으로 결정한 예가 있다(그 예에 대해서는 앞의 재판전제성, 심리 부분 등 참조), ⅴ) '선거구 불가분원칙'에 따라 선거구구역표 전체에 대해 위헌결정을 하기도 한다(95헌마224등, 2000헌마92등. 이 결정들은 법령소원에 의한 결정들인데 여기 함께 본다. 법령소원에 의한 부수적 위헌선언의 또 다른 예로 아래 (2)에 소개되는 2000헌마91등도 있다).

(2) '부수적 위헌선언'

[개념] 헌재는 위와 같이 다른 조항들, 즉 제청되지 않거나 위헌선언되는 심판대상 조항들과 관련이 있어서 위헌결정을 확장하는 경우 '부수적 위헌선언'이라고 부르면서 함께 주문에 위헌선언을 한다.

[결정례] ① 대표적인 예: 변호사 개업지에 대한 제한을 규정한 구 변호사법 제10조 2항(1982.12.31. 법률 제3594호)("판사·검사·군법무관 또는 변호사의 자격이 있는 경찰공무원

으로서 판사·검사·군법무관 또는 경찰공무원의 재직기간이 통산하여 15년에 달하지 아니한 자는 변호사의 개업신고 전 2년 이내의 근무지가 속하는 지방법원의 관할구역 안에서는 퇴직한 날로부터 3년간 개업할 수 없다")이 위헌법률심판대상이었는데 헌재는 "법 제10조 3항은 2항이 규정한 지방법원의 관할범위를 규정한 것으로서 법 제10조 2항이 헌법에 위반된다고 인정되는 마당에 독립하여 존속할 의미가 없으므로 헌법재판소법 제45조 단서에 의하여 아울러 헌법에 위반되는 것으로" 선언한 예이다(89헌가102). ② * 독립존속의 의미가 없다고 하여 다른 조항에 대해 위헌결정이 있었던 다른 결정례들: 2000헌바30, 구 지방세법 제74조 1항 등 위헌소원; 2001헌바82, 구 소득세법 제61조 위헌소원; 2000헌마91등, 비례대표국회의원의석의 배분규정에 부수한 독립존속 의미없는 조항들[이 결정은 법령(헌법)소원결정이나 여기에 함께 인용함]; 91헌가6, 지방세법 제31조에 대한 위헌심판; 94헌바1, 형사소송법 제221조의2 위헌소원; 2001헌가22, 군인연금법 제21조 5항 3호, 4호 및 5호에 대한 부수위헌결정 등.

(3) 법률전부에 대한 위헌성 선언

헌재는 법률의 핵심적 규정(제도의 기본요소)에 대한 위헌결정으로 법률전체의 시행이 불가능해진 경우에는 법률전체에 대하여 위헌결정을 하는데 다음의 예들이 있다. ① 핵심적 규정의 위헌결정으로 법률전체의 시행이 불가능해지는 경우(95헌가5), ② 제도의 기본적 요소인 규정의 위헌결정으로 법률전부를 시행할 수 없는 경우[대표적인 예로 구 '택지소유상한에 관한 법률'(지금은 폐지된 법률)에 대한 위헌결정, 94헌바37등], ③ 법률 전부에 대하여 헌법불합치결정을 내린 예(92헌바49등. 토지초과이득세법 결정).

Ⅲ. 정족수

헌법 제113조 ① 헌법재판소에서 법률의 위헌결정, 탄핵의 결정, 정당해산의 결정 또는 헌법소원에 관한 인용결정을 할 때에는 재판관 6인 이상의 찬성이 있어야 한다.

헌재법 제23조(심판정족수) ① 재판부는 재판관 7명 이상의 출석으로 사건을 심리한다.
② 재판부는 종국심리(終局審理)에 관여한 재판관 과반수의 찬성으로 사건에 관한 결정을 한다. 다만, 다음 각 호의 어느 하나에 해당하는 경우에는 재판관 6명 이상의 찬성이 있어야 한다.

1. 법률의 위헌결정, 탄핵의 결정, 정당해산의 결정 또는 헌법소원에 관한 인용결정(認容決定)을 하는 경우
2. 종전에 헌법재판소가 판시한 헌법 또는 법률의 해석 적용에 관한 의견을 변경하는 경우

1. 심리정족수

헌재법 제23조는 재판관 7명 이상의 출석으로 사건을 심리한다고 규정하여 심리에 필요한 정족수를 7명 이상으로 하고 있다.

2. 결정정족수

법률의 위헌결정에는 재판관 6명 이상의 찬성이 있어야 한다(제113조 1항).

[5명 재판관 위헌의견의 합헌결정] 과거의 '위헌불선언'결정의 폐기 – 현행 단순합헌결정: 위헌의견이 더 우세한 5명인 경우에도 위헌결정을 할 수 없다. 그래서 과거에는 '위헌이라고 선언할 수 없다'라고 주문을 기재하였다. 그러나 1996년 판례변경(96헌바7등)으로 단순합헌의 주문으로 변경되었다

[변형결정에도 적용] 헌재는 변형결정도 위헌결정의 일종이라고 하고 변형결정에도 재판관 6인 이상의 찬성이라는 정족수 규정을 적용한다.

[재판관 의견분립의 경우] 그러다 보니 재판관의 의견이 나누어졌을 때 강한 위헌의견이 작은 위헌의견을 포함한다고 보아(강도는 단순위헌, 헌법불합치, 한정위헌··· 순이다) 예를 들어 단순위헌의견이 3명, 헌법불합치의견이 1명, 한정위원의견이 5명일 경우 한정위헌결정이 된다고 본다(2000헌가5등).

[헌법불합치결정들 간 강약] 뒤의 헌법불합치결정에서 보겠지만 헌법불합치결정에도 적용중지의 헌법불합치결정과 계속적용 헌법불합치결정이 있고 전자가 보다 위헌성이 강하다고(당장 중지시켜야 한다고 보므로) 볼 것이다. 예:『단순위헌(1명) + 일부위헌(1명)의견 + 적용중지 헌법불합치(2명)의견 + 계속적용 헌법불합치(5명)의견 적용 = 계속적용 헌법불합치결정』(이러한 실제례로 2005헌마1139).

[각하결정과의 관계] 각하결정의 의견이 5명 이상 다수라고 하면 재판관 4인이 위헌의견이라도 각하결정을 해야 할 것이다(법 제23조 2항 본문).

[판례변경을 위한 정족수] 헌재법 제23조 2항 2호는 종전의 헌법재판소가 판시한 헌법 또는 법률의 해석적용에 관한 의견을 변경하는 경우에 재판관 6명 이상의 찬성이 있어야 한다고 규정하여 판례변경의 경우에도 정족수를 가중하고 있다(판례변경 의견이 재판관 5명 의견이어서 판례변경이 안 된 예: 2002헌마516).

제 4 절   위헌법률심판 결정의 형식

위헌법률심판의 심리결과 내려지는 결정에는 여러 가지가 있다. 결정형식은 주문의 문언에 따라 판단된다.

Ⅰ. 위헌심판제청각하결정

위헌법률심판의 제청이 심판의 대상성을 결여하거나(예를 들어 조례에 대한 제청), 재판전제성 등을 결여하여 적법요건을 갖추지 못한 것이면 각하결정을 한다(일반적으로 재판절차에서 재판을 제기하기 위하여 갖추어야 할 요건을 '적법요건'이라 말하고 이를 갖추지 못하면 '부적법하다'라고 하고 본안판단에 들어가지 않고 각하한다. 실체법에서의 적법, 예를 들어 어떤 행정처분이 실체법적으로 위법이 아님을 의미하는 적법과 다른 의미이다).

Ⅱ. 심판절차종료선언결정

실질적 위헌법률심판인 위헌소원에서도 헌재는 심판절차종료선언을 한 바 있다. 즉 위헌소원의 청구인이 사망한 경우에 수계(受繼)할 당사자가 없거나 수계의사(受繼意思)가 없는 경우에는 심판절차를 종료하는 결정을 하게 된다는 것이 헌재의 판례이다. 다만, 수계의사표시가 없는 경우에도 이미 결정을 할 수 있을 정도로 사건이 성숙되어 있고 그 결정에 의하여 유죄판결의 흠이 제거될 수 있음이 명백한 경우 등 특히 유죄판결을 받은 사람의 이익을 위하여 결정의 필요성이 있는 경우에는 종국결정이 가능하다고 한다(헌재 1994.12.29. 90헌바13, 형법 제338조 등에 대한 헌법소원; 2016.6.30. 2014헌바300 참조). 심판절차종료선언결정은 본안은 물론, 적법요건에 대한 어떠한 판단도 하지 않고 마무리하는 것이다. 따라서 본안전 요건불비의 각하결정과 다르다.

Ⅲ. 본안결정

적법한 제청이어서 본안판단에 들어가 그 판단결과 내리는 본안결정은 심판대상인 법률조항이 헌법에 위반되는지 아닌지 하는 내용적인 판단을 하여 내리는 결정이다. 이에는 단순위헌, 단순합헌의 결정이 있고 나아가 변형결정도 우리 헌재는 하고 있다. 이하에서 차례로 본다.

Ⅳ. 단순위헌, 단순합헌결정

[단순합헌, 단순위헌결정의 주문 - 예시]
- 단순합헌결정 "A법률 제9조는 헌법에 위반되지 아니한다"
  * "합헌이다"라고 하지 않고 위와 같은 문언을 사용
- 단순위헌결정: "A법률 제9조는 헌법에 위반된다"

아무런 제한이나 조건 없이 위헌이라고 하거나 합헌이라고 하는 결정이다. 즉 단순위헌결정은 주문이 예를 들어 "A법률 제9조는 헌법에 위반된다"라고 하는 결정이고, 단순합헌결정은 주문이 "A법률 제9조는 헌법에 위반되지 아니한다"라고 하는 결정이다. 법률의 위헌결정에는 재판관 6명 이상의 찬성이 있어야 한다(제113조 1항과 헌재법 제23조 2항 1호).

V. 변형결정

1. 의의와 유형 및 필요성

[의의와 유형] 변형결정이란 단순히 위헌결정 또는 합헌결정이 아니라 위헌심판의 대상이 된 법률규정에 대하여 위헌성을 인정하면서도 일정기간 효력을 지속하게 하거나 일정한 해석 하에 위헌 또는 합헌이라고 하거나 하는 형식의 결정이다. 헌재가 행하였거나 행하는 변형결정으로는 헌법불합치결정(아래 2.), 한정합헌결정(아래 3.), 한정위헌결정(아래 4.) 등이 있다.

[필요성] 헌재는 이러한 변형결정을 하는 이유로, 국회의 입법권과 권위를 존중할 필요가 있다는 점, 헌재의 유연·신축성 있는 적절한 판단을 위해 위헌 아니면 합헌이라는 양자택일에만 그치는 것이 아니라 그 성질상 사안에 따라 위 양자의 사이에 개재하는 중간영역으로서의 여러 가지 변형결정이 필수적으로 요청된다는 점, 단순위헌결정을 할 경우 법적 공백으로 인한 혼란이 생길 수 있다는 점 등을 들고 있다(88헌가6).

2. 헌법불합치결정

(1) 개념과 주문형식·유형, 결정례

[개념] 헌법불합치결정은 심판대상이 된 법률의 위헌성을 인정하면서도 단순위헌결정을 할 경우에 즉시 효력이 상실되어 법적 공백이 생기므로 이로 인한 문제점이 발생할 것을 막기 위하여 입법자가 개정할 때까지 또는 일정기간 동안은 형식적으로만 존속을 인정하고 그 적용을 중지하게 하거나 또는 반대로 그동안 잠정적으로 계속적용하도록 하는 변형된 결정을 말한다.

[주문형식·유형] ⅰ) 주문형식 − 헌법불합치결정의 주문은 기본적으로 "헌법에 합치되지 아니한다"라는 문언을 담고 있다. "A법률 제9조는 헌법에 합치되지 아니한다"라는 것이다. 그러한 문언 이후 덧붙이는 문언에 따라 여러 유형의 헌법불합치결정들이 있다. ⅱ) 개정입법(존속)시한명시적 결정 − 효력(개정)시한을 주문에서 설정하는 헌법불합치결정도 있고[예를 들어 "2023년 12월 31일을 시한으로 입법자가 개정할

때까지 계속 적용된다(또는 적용을 중지하여야 한다)"라고 하여 효력이 다하는 날, 즉 개정시한을 주문에서 정하는 경우], 그러한 효력(개정)시한을 설정하지 않거나 "입법자가 개정할 때까지"라고 개정입법(존속)시한을 정한 결정들이 있다. iii) 유형 – ① '계속적용' 또는 ② '적용중지'의 헌법불합치결정이 있다. 각각 아래 살펴본다. iv) '계속적용'의 헌법불합치결정 – (ㄱ) 의미, 주문: 개정입법(존속)시한 동안 "계속 적용된다"(아래 네모 참조). (ㄴ) 필요성: 법적 공백 막아 법적 안정성 유지, 적용중지가 계속적용보다 더 위헌적인 상태가 될 경우에 필요하다. v) '적용중지'의 헌법불합치결정 – 의미, 주문: 개정입법(존속)시한까지 "적용을 중지하여야 한다". 적용중지의 경우 "법원 기타 국가기관 및 지방자치단체는 입법자가 개정할 때까지 위 법률조항의 적용을 중지하여야 한다"라는 문언을 부가하기도 한다(아래 네모 참조). * 계속적용하도록 한 결정례들이 많다. 적용중지의 한 예: 2019헌바131. vi) 적용중지·계속적용 병존 예 – 하나의 결정에서 구법조항에 대해서는 적용중지를 구법조항과 같은 문제점을 가진 신법조항에 대해서는 계속적용을 명한 결정례도 있다(2018헌가2).

- 계속적용의 헌법불합치결정 주문 예시(*2018헌가6)
  "A법률 제9조는 … 헌법에 합치되지 아니한다. 위 법률조항은 2021.12.31.을 시한으로 입법자가 개정할 때까지 계속 적용된다."
- 적용중지의 헌법불합치결정 주문 예시(*2018헌가13)
  "1. A법률 제9조는 … 헌법에 합치되지 아니한다. 2. 법원 기타 국가기관 및 지방자치단체는 입법자가 개정할 때까지 위 법률조항의 적용을 중지하여야 한다. 3. 입법자는 2020.12.31.까지 위 법률조항을 개정하여야 한다."

[결정례] 헌법불합치결정의 예는 많다(그 결정례들은 정재황, 헌법재판론, 제2판, 박영사 2021, 385–405면 참조).

(2) 필요성과 대상

[필요성(근거·이유)] ① 법적 공백 방지, 법적 안정성(97헌바26)을 위한 경우, ② 평등, 형평을 위한 경우(92헌바49등). 이에 연관하여 수혜적인 법률조항에 대해 단순위헌결정할 경우 그동안 누리던 사람조차 그 법률조항의 전면폐기로 인하여 그나마 누리고 있던 이익을 누릴 수 없는 상황이 온다면 헌법불합치결정을 하여야 할

필요가 있다. 수혜 자체가 위헌이 아니라 수혜받지 못하고 있는 사람에 대해 불평등이라고 하여 헌법불합치결정을 하는 것이기 때문이다. ③ 국회(입법자)의 권위존중(88헌가6), ④ 헌법합치적 개정이 되어 시행될 예정인 경우에 필요하다고 본다[92헌가11, 사안은 특허소송을 대법원 단심제로 하여 사실심판단을(모든 재판은 사실관계 입증에 관한 사실심판단과 그 사실에 법규범을 적용하는 법률심으로 이루어지고 그 사실심, 법률심 모두 법관에 의한 재판을 받아야 하는데 법률심 법원인 대법원은 사실심판단을 하지 않으므로 단심제가 위헌이라고 본 결정이다. 심판 중에 고등법원부터 특허소송이 이루어지는 법개정이 있었다. 헌재는 법률적 혼란과 충격을 막기 위하여 개정법 시행일 전일까지 그대로 적용된다는 헌법불합치결정을 함). 또는 개정법이 시행되고 있더라도 그 개정법이 시행되기 전의 사안에 대해서는 이전의 위헌인 법규정이 적용되므로 이를 시정하기 위한 대체입법을 하기 위하여 헌법불합치결정이 필요하다고(99헌바54) 본다].

[대상] 논란이 된 것은 형벌조항에 대해서도 잠정적용의 헌법불합치결정이 가능한지에 대한 것인데 이에 대해서는 부정하는 견해가 강하다. 그러나 헌재는 야간옥외집회금지 규정에 대해 계속적용의 헌법불합치결정을 함으로써(헌재 2009.9.24. 2008헌가25) 그 예를 보여주었다.

(3) 성격과 효력

[성격 – 위헌결정의 일종, 기속력 인정] 헌재는 "변형재판은 헌법재판소법 제47조 1항에 정한 위헌결정의 일종이며 타 국가기관에 대한 기속력이 있음은 당연한 것"이라고 한다(88헌가6).

[개정시한 도과의 헌법불합치 조항의 효력] 이에 대해 효력유지설도 있으나 헌재는 '주문'에서 자신이 정해준 입법시한을 넘기면 그 법률조항은 효력을 상실한다고 판시에서 명백히 밝히곤 한다(예: 2017헌바127, 낙태죄 조항에 대한 헌법불합치결정 [주문] 형법 제269조 1항 … 은 모두 헌법에 합치되지 아니한다. 위 조항들은 2020. 12. 31.을 시한으로 입법자가 개정할 때까지 계속 적용된다. [판시] … 2020.12.31.까지는 개선입법을 이행하여야 하고, 그때까지 개선입법이 이루어지지 않으면 위 조항들은 2021.1.1.부터 효력을 상실한다).

3. 한정합헌결정

[개념과 주문형식] 한정합헌결정이란 법률에 대한 여러 해석의 가능성을 가지고

있고(다의적 多義的) 그 적용범위가 광범위할 때 그 해석들 중 합헌적인 해석을 택하고 적용범위를 한정하여 그 해석 하에서는 합헌이라고 선언하는 결정이다. 주문은 "A법률 제9조는 … 라고 해석하는 한 헌법에 위반되지 아니한다"라고 한다.

[필요성] ① 법질서 통일 – 여러 해석의 가능성이 있는 경우에 법질서 통일을 위해 최고법규인 헌법에 합치되는 해석(합헌해석)을 취할 필요가 있다고 한다(89헌마38). ② 한정축소의 필요성 – 다의적이고 적용범위가 광범한 법문(89헌가113)의 합헌(한정축소)해석을 하기 위해 필요하다고 본다.

[법적 성격 – '질적 일부위헌', 한정'위헌'결정과의 동질성] 헌재는 한정합헌결정은 질적(質的) 일부위헌의 성격을 가진 결정이고(89헌가104), 한정위헌결정과 동질성(92헌가3)을 가진다고 본다.

[기속력] 헌재는 한정합헌결정도 일부위헌결정으로 보기 때문에 기속력을 가진다고 본다.

[법률의 합헌적 해석의 허용한계] 한정합헌해석 등 법률의 합헌적 해석에도 한계가 있다. 헌재는 법문의 의미가 변질되지 않는 범위라는 한계를 설정하고 있다. 그리하여 입법자의 명백한 의지, 입법목적을 상실시키는 합헌적 해석은 금지된다고 본다(88헌가5등).

[현황과 잠정적 정리] 2002.4.25. 99헌바27 결정 이후 헌재사이트에 한정합헌결정으로 분류되는 결정을 찾기가 어렵다(한정합헌결정례는, 헌법재판론, 제2판, 410–412면 참조). 즉 근래에 한정합헌결정을 찾아볼 수 없다. 반면 아래의 한정위헌결정은 내려지고 있다.

4. 한정위헌결정

(1) 개념과 주문형식

한정위헌결정이란 법률에 대한 여러 해석의 가능성을 가지고 있을 때 그 해석들 중 위헌해석을 택하여 그 해석 하에서 위헌이라고 선언하는 결정이다. 그 주문(主文)의 형식은 주로 "… 라고(으로) 해석하는 한(…인 것으로 해석하는 한, … 인 것으로 해석하는 것은, … 하는 범위 내에서) 헌법에 위반된다"라는 문언을 담고 있다. 또는 主文이 "… 적용되는(하는) 것(한)은 헌법에 위반된다"라는 문언으로 이루어지는 경우도 있다.

(2) 필요성과 법적 성격

[필요성] 헌재는 법률의 다의적인 해석가능성이나 다기적(多岐的)인 적용범위가
문제될 때 위헌적인 것을 배제하여 합헌적인 의미 혹은 적용범위를 확정하기 위해
필요하다고 본다(92헌가3).

[법적 성격 – '질적' 부분 위헌결정, 한정위헌결정과 한정'합헌'결정의 표리관계(동질성)]
헌재는 한정위헌결정은 '질적' 부분 위헌결정이고(92헌가3) 한정합헌결정과 동질(표
리관계)성을 가진다고 본다(96헌마172등).

(3) 결정례와 일부위헌결정에서 한정위헌결정으로 분류변경된 결정례

한정위헌결정례도 적지 않다(그 결정례들은, 헌법재판론, 제2판, 416-420면 참조). 헌재
가 이전에 자신의 판례집들에서 '일부위헌결정'이라고 스스로 분류하였다가 지금
은 한정위헌결정으로 그 분류를 변경하여 www.ccourt.go.kr에 탑재한 결정례들이
있다(그 결정례들은. ① 국유재산법 제5조 2항의 위헌심판, 헌재 1991.5.13. 89헌가97. ② 민법 제764
조의 위헌여부에 관한 헌법소원, 헌재 1991.4.1. 89헌마160. ③ '화재로 인한 재해보상 및 보험가입에
관한 법률' 제5조 1항의 위헌여부에 관한 헌법소원, 헌재 1991.6.3. 89헌마204. ④ 국회의원선거법 제
55조의3 등에 대한 헌법소원, 헌재 1992.3.13. 92헌마37등. ⑤ 1980년 해직공무원의 보상 등에 관한
특별조치법 제12조에 대한 위헌심판, 헌재 1992.11.12. 91헌가2. ⑥ 지방재정법 제74조 2항에 대한 위
헌심판, 헌재 1992.10.1. 92헌가6등. ⑦ 금융기관의 연체대출금에 관한 특별조치법 제3조 위헌제청, 금
융기관의 연체대출금에 관한 특별조치법 제3조 위헌소원, 헌재 1998.9.30. 98헌가7등이다).

(4) 한정위헌결정을 구하는 위헌소원심판청구의 적법성

이전에 이를 부적법하다고 보아 오다가 2012년에 한정위헌청구의 적법성을 원
칙적으로 인정하는 판례변경을 하였다(헌재 2012.12.27. 2011헌바117).

(5) 한계

한정위헌결정은 법률문언을 그대로 둔채 해석으로 위헌성을 지적하는 결정이
므로 그 문면의 의미를 벗어날 경우에는 할 수 없는 결정이다. 우리 헌재도 그 한
계를 설정하고 있다.

[실제례: 한정위헌결정불가 → 헌법불합치결정] 위와 같은 한계를 인식한 헌재가 한
정위헌결정을 하지 못하고 헌법불합치결정을 한다고 밝힌 그 구체적 실제 예가 있
었다. 아래 결정례가 그것이다.

> 📖 **판례   헌재 2006.5.25. 2005헌가17.**
>
> [쟁점] 명의신탁 관계에 대한 과징금을 언제 부과하느냐가 핵심 리걸 이슈였다. 부동산투기 등을
> 막기 위해 실명등기를 강제하는 법률인 '부동산실권리자명의 등기에 관한 법률' 제5조 2항 본문
> (구법 규정)이 과징금 부과하는 날 현재의 부동산가액을 기준으로 과징금을 산정하도록 규정하였
> 다. 이 규정은 과징금 부과 당시에도 명의신탁 관계가 존속하는 경우에는 합헌이지만 그렇지 않으
> 면 비례(과잉금지)원칙을 위반하여 재산권을 침해하고 평등권을 침해한다고 보아 헌법불합치결정
> 을 하였다(명의신탁관계 종료시점부터 과징금 부과시점까지의 사이에 부동산가액 상승시 과징금도
> 증가하게 되어 행정청의 부과시점 선택에 따라 달라져 자의가 개입할 수 있다는 문제가 있었다).
> [판시] 이 결정에서 헌재는 "명의신탁관계가 종료된 경우에도 과징금 부과시점의 부동산가액을
> 기준으로 과징금을 산정하도록 하는 것은 위헌이라고 한정위헌결정을 하게 되면, 이 사건 법률조
> 항이 과징금 부과 당시에 명의신탁관계가 종료된 것인지 여부와 상관없이 "과징금을 부과하는 날
> 현재"의 부동산가액을 과징금 산정기준으로 한다고 규정하고 있어서, 한정위헌결정의 문언상 및
> 법목적상 한계를 넘어서게 되므로, 입법자가 이 사건 법률조항을 위헌이유에 맞추어 새로이 개정
> 할 때까지 그 형식적 존속만을 잠정적으로 유지하는 헌법불합치결정을 하기로 한다"라고 판시한
> 것이다. 즉 한정위헌결정을 하기에는 문언을 벗어나는 것이고 그렇다고 위헌성을 그냥 둘 수 없
> 으므로 헌법불합치결정하여 위헌성을 지적하고 법을 개정하도록 하겠다는 것이다 - * 저자 주.

5. 그 외

(1) 입법촉구결정 - 부재

변형결정의 하나로서 위헌이라고 선언하지는 않으나 입법을 개선해줄 것을 촉
구하는 결정이다. 지금까지 우리 헌재가 결정주문에 입법촉구의 문언을 담거나 순
수한 좁은 의미의 '입법촉구결정'을 내린 예는 없다. 헌법불합치결정이 입법촉구의
의미를 포함하는 것이긴 하나 법률개선의무를 명령한다는 점에서 원래의 입법촉구
결정과는 다르다.

(2) 분류변경으로 인한 현재 일부위헌결정 부재

헌재는 이전에 결정형식 분류 중 하나로 '일부위헌결정'의 분류를 하고 해당 결정례들을 판례집에서 기재하였다. 그러나 위 한정위헌결정 부분에서 언급한 대로 헌재가 이전에 자신의 판례집들에서 스스로 일부위헌결정으로 분류한 9개의 결정들을 현재 홈사이트(www.ccourt.go.kr)에서 한정위헌결정 또는 단순위헌결정으로 변경하였다. 변경분류의 기준이 어떠한지 공식적으로 나타나 있지 않다. 한정위헌결정으로 변경된 7개 결정례는 위 한정위헌결정 부분에서 인용하였고 단순위헌으로 변경해 놓은 결정례는 아래와 같다.

> ① 국가보안법 제19조에 대한 헌법소원, 헌재 1992. 4. 14. 90헌마82. [주문] 국가보안법(… 개정 1991. 5. 31. 법률 제4373호) 제19조 중 제7조 및 제10조의 죄에 관한 구속기간연장 부분은 헌법에 위반된다. ② 구 지방세법 제112조 2항 위헌소원 등, 헌재 1998. 7. 16. 96헌바52등. [주문] 1. 구 지방세법(1974. 12. 27. 법률 제2743호로 개정 …) 제112조 2항 전단 중 '고급주택' 부분 및 '고급오락장' 부분…은 헌법에 위반된다.

여하튼 그리하여 이제 일부위헌결정은 헌재 자신의 분류상으로는 사라진 분류라고 보여진다.

(3) 적용위헌결정 – 논의대상

적용위헌결정이란 문제의 법률조항의 적용에 있어서 위헌성이 인정될 때 내리는 결정이다. 사실 위 한정위헌결정으로 분류된 결정들 중에는 '적용하는 것(한)'이라는 주문의 문언으로 된 적용위헌의 문언이 포함된 것들도 있다(예를 들어 89헌가97. [주문] "국유재산법(1976.12.31. 법률 제2950호) 제5조 2항을 동법의 국유재산 중 잡종재산에 대하여 적용하는 것은 헌법에 위반된다."). 그렇다면, 그리고 한정위헌을 질적인 것으로 보는 입장에서는 적용위헌의 문언을 가진 결정들을 한정위헌결정들로 분류할 수 있겠다.2 문제는 적용위헌의 주문으로 내린 결정을 헌재가 단순위헌결정으로 분류하여 혼돈을 가져오는 예가 있다. 이는 "적용되는 부분은 헌법에 위반된다"라는 주문의 문언을 담은 결정을 헌재가 자신의 판례집에서는 '단순위헌으로 결정된 법령조항'으

---

2 적용위헌결정을 한정위헌결정에 포함되는 결정이라고 보는 견해로, 허완중, 헌법소송법, 박영사, 2019, 221면.

로 분류한 예들이다(헌재 2018.8.30. 2014헌바148등, '진실·화해를 위한 과거사정리 기본법' 규정 사건 결정, 판례집 30-2, 748면. [주문] 1. 민법(1958. 2. 22. 법률 제471호로 제정된 것) 제166조 1항, 제766조 2항 중 '진실·화해를 위한 과거사정리 기본법' 제2조 1항 3, 4호에 규정된 사건에 적용되는 부분은 헌법에 위반된다. 비슷한 유형으로 평가할 수 있는 결정례로, 헌재 2018.8.30. 2014헌바180등, 구 '민주화운동 관련자 명예회복 및 보상 등에 관한 법률' 규정 사건 결정이 있었다. 이 결정의 심판대 상규정인 이 법률 제18조 2항에는 주문에서 위헌이라고 지목하는 '불법행위로 인한 정신적 손해에 관 한'이라는 부분은 명시되어 있지 않은데 헌재가 '단순위헌으로 결정된 법령조항'으로 분류한 경우이다. 판례집 30-2, 748면. 이후에도 같은 성격 유형의 결정례를 보여 주고 있다. 헌재 2021.5. 27. 2019헌 가17. [심판대상] '구 광주민주화운동 관련자 보상 등에 관한 법률' 제16조 2항과 '구 5·18민주화운동 관련자 보상 등에 관한 법률' 제16조 2항("이 법에 의한 보상금 등의 지급결정은 신청인이 동의한 때 에는 광주민주화운동(5·18민주화운동)과 관련하여 입은 피해에 대하여 민사소송법의 규정에 의한 재 판상 화해가 성립된 것으로 본다"). [주문] "… 제16조 2항 가운데 '광주민주화운동(5·18민주화운동) 과 관련하여 입은 피해' 중 '정신적 손해'에 관한 부분은 헌법에 위반된다").

제 5 절 위헌법률심판결정의 효력

헌재법 제47조(위헌결정의 효력) ① 법률의 위헌결정은 법원과 그 밖의 국가기관 및 지방자 치단체를 기속(羈束)한다.

② 위헌으로 결정된 법률 또는 법률의 조항은 그 결정이 있는 날부터 효력을 상실한다. <개 정 2014.5.20.>

③ 제2항에도 불구하고 형벌에 관한 법률 또는 법률의 조항은 소급하여 그 효력을 상실한 다. 다만, 해당 법률 또는 법률의 조항에 대하여 종전에 합헌으로 결정한 사건이 있는 경우 에는 그 결정이 있는 날의 다음 날로 소급하여 효력을 상실한다. <신설 2014.5.20.>

④ 제3항의 경우에 위헌으로 결정된 법률 또는 법률의 조항에 근거한 유죄의 확정판결에 대 하여는 재심을 청구할 수 있다. <개정 2014.5.20.>

⑤ 제4항의 재심에 대하여는 「형사소송법」을 준용한다. <개정 2014.5.20.>

제 1 항   효력일반

위헌법률심판결정에도 다른 심판의 결정들과 공통적으로는 불가변력, 불가쟁력 등의 효력을 가질 것이다. 이러한 효력들에 대해서는 앞의 제2장에서 살펴본바 있으므로 여기서는 생략한다(전술, 제2장 참조).

위헌법률심판의 심리결과 헌법재판소가 내리는 결정들에는 합헌결정, 위헌결정, 변형결정 등 여러 유형이 있고 이 결정들에 따라 효력이 달리 주어질 수 있을 것이다. 이하에서는 위헌결정과 변형결정이 가지는 효력을 중심으로 살펴보는데 위헌결정이 가지는 기속력, 일반적 효력·대세적 효력, 소급효 문제 등을 중점적으로 다루고 변형결정도 위헌성이 인정되는 점에서 그것에 준한 효력을 중심으로 살펴본다.

제 2 항   위헌결정의 효력

I. 기 속 력

1. 개념과 근거, 기속력 인정되는 결정, 기속력의 내용 등

[기속력의 개념] 기속력이란 국가기관과 지방자치단체 등이 위헌결정의 취지를 존중하고 이에 위배되는 행위를 하여서는 아니 되는 구속을 받게 하는 힘을 말한다. 기속력은 법원 기타 모든 국가기관, 지방자치단체에 대한 효력이므로 원칙적으로 당사자에만 미치는 기판력과는 구별된다.

[명시된 법조문근거] 헌재법 제47조 1항은 "법률의 위헌결정은 법원과 그 밖의 국가기관 및 지방자치단체를 기속한다"라고 규정하여 법률의 위헌결정의 기속력을 명시하고 있다. 또 헌재법 제75조 6항은 "제68조 2항의 규정에 의한 헌법소원을 인용하는 경우에는 제47조의 규정을 준용한다"라고 규정하여 위헌소원을 통한 법률의 위헌결정의 경우에도 기속력을 부여하고 있다.

[기속력이 인정되는 결정들의 범위] 헌재법은 위헌결정에만 명시하고 있는데 헌재는 변형결정도 위헌결정의 일종이어서 기속력이 미친다고 본다. 우리 헌법재판소의 판례이다. 한정위헌결정이 가지는 기속력의 확보에 대해서는 문제점이 있다(아

래 4. 참조).

[기속력의 내용] 기속력이 모든 국가기관, 지방자치단체가 위헌결정을 존중하여
야 한다는 효력이므로 국가기관들과 지방자치단체에 다음의 구속력을 가진다. 즉
위헌으로 결정된 법률(조항)과 같은 내용의 법률을 국회가 다시 제정할 수 없다. 행
정기관은 그 위헌선언된 법률(조항)을 적용하여 행정처분 등 행정작용을 해서는 아
니 된다. 법원도 위헌결정된 법률(조항)을 적용하여 재판을 해서는 아니 된다. 지방
자치단체도 위헌으로 결정된 법률조항을 적용해서도 아니 되고 그 법률조항을 근
거로 조례를 제정해서도 아니 된다.

[* 헌재 위헌결정의 국회로 송부의무와 국회 위원회 심사의무] 헌법재판소는 종국결
정이 법률의 제정 또는 개정과 관련이 있으면 그 결정서 등본을 국회로 송부하여
야 하도록 의무화하고 소관 법률의 제정 또는 개정이 필요하다고 판단하는 경우
소위원회에 회부하여 이를 심사하도록 하고 있다(국회법 제58조의2. 2016. 12. 16. 신설).

2. 기속력의 범위

(1) 주관적 범위

헌재법 제47조 1항은 기속력이 미치는 주관적 범위, 즉 기속력을 준수하여야
할 자로서 '법원과 그 밖의 국가기관 및 지방자치단체'를 명시하고 있다. 뒤에서
보게 될 일반적 효력(법규적 효력)이 법원과 그 밖의 국가기관 및 지방자치단체뿐 아
니라 그 어느 누구도 그 효력을 주장할 수 없게 하는바(그래서 이를 '대세적 효력'이라고
부른다) 헌법재판소법 제47조 1항 자체에서 명시한 법원과 그 밖의 국가기관 및 지
방자치단체에만 기속력이 미친다고 본다면 기속력은 그 범위가 그 밖에 어느 누구
에도 효력을 가지는 법규적 효력보다 제한적이다.

(2) 객관적 범위

기속력이 결정의 주문(主文)에만 미치는가 아니면 결정의 중요한 이유에도 미
치는가 하는 것이 기속력의 객관적 범위의 문제이다.

1) 주문 부분의 기속력 인정   결정의 주문에 미치는 것에는 별다른 이

견이 없다.

2) 이유 부분의 기속력 문제　　　　결정의 중요이유에 헌법재판소가 표명한 헌법적 기본법리에 대해서도 기속력이 미치는지에 대해서는 긍정론과 부정론이 있다.[3] 헌재는 결정주문뿐 아니라 결정이유에까지 기속력을 인정할지 여부의 문제에 대하여는 "헌법재판소의 헌법재판권 내지 사법권의 범위와 한계, 국회의 입법권의 범위와 한계 등을 고려하여 신중하게 접근할 필요가 있을 것"이라고 한다[2006헌마 1098등. 이 결정에 대해서는 바로 아래 ㈏ 참조].

㈎ 주문에 올리는 조건의 기속력　　　　헌재가 한정합헌결정, 한정위헌결정의 기속력을 명백히 하기 위해 그 한정되는 부분의 내용이 이유설시만으로 부족하고 주문(主文)에까지 등장시켜야 한다고 판시한 결정례가 있다(92헌가3). 이 판시는 이유부분의 기속력에 대해서는 소극적으로 보는 입장이라 할 것이다.

㈏ 결정주문 뒷받침하는 결정이유에 대한 기속력 인정의 요건 – 위헌결정 정족수와 같은(6인 이상 찬성) 필요　　　　한편 헌재는 앞선 위헌결정에서 그 위헌이라는 주문을 뒷받침하는 결정이유에 대한 기속력을 인정하기 위해서도 위헌결정을 내리기 위한 정족수와 같이 적어도 재판관 6인 이상 찬성이 있어야 할 것을 요건으로 요구한다고 보는 입장을 표명한 결정례도 있었다. 사안은 이전의 헌재결정이 시각장애인에 한하여 안마사 자격인정을 받을 수 있도록 하는, 이른바 비맹제외기준(非盲除外基準)을 설정하고 있는 '안마사에 관한 규칙'(2000.6.16. 보건복지부령 제153호로 개정된 것) 규정에 대한 위헌결정(헌재 2006.5.25. 2003헌마715등)이 있었는데 이를 마찬가지로 규정한 의료법(법률) 규정은 이 앞선 위헌결정의 기속력을 침해한 것인지 여부가 쟁점이 된 것이다. 위 2003헌마715등 위헌결정에서는 7인의 위헌의견들 중 법률유보원칙을 위배한다는 견해가 5인 의견, 과잉금지원칙을 위배한다는 의견이 5인 의견이었다(3인 위헌의견은 양 원칙 모두의 위배를 주장하여, 즉 법률유보원칙 위배만 2인 의견, 과잉금지원칙 위배만 2인 의견에 각각 3인씩 보태져 이런 결과가 나온 것이다). 헌재는 위헌결정의 기속력에 저촉된다는 취지의 주장은 "기본적으로 위 위헌결정의 이유 중 비맹제외기준이 과잉금지원칙에 위반한다는 점에 대하여 기속력을 인정하는 전제에

3　이에 관해서는 정재황, 헌법재판절차의 개선을 위한 입법론적 연구, 헌법재판소 연구용역, 헌법재판연구, 제4권, 1993, 179면 이하 참조.

선 것"이라고 하였다. 이는 아마도 규칙에 둔 규정을 법률(의료법)에 두어서 법률유보원칙 위배 문제는 해소된 것으로 보는 것으로 짐작되나 그렇게 보게 하는 판시가 명시적으로 있지는 않았다. 여하튼 이어 중요한 판시를 한다. 즉 헌재는 "결정주문을 뒷받침하는 결정이유에 대하여 적어도 위헌결정의 정족수인 재판관 6인 이상의 찬성이 있어야 할 것이고(헌법 제113조 1항 및 헌법재판소법 제23조 2항 참조), 이에 미달할 경우에는 결정이유에 대하여 기속력을 인정할 여지가 없다고 할 것인바"라고 한다. 그리하여 헌재는 "2003헌마715등 사건의 경우 재판관 7인의 의견으로 주문에서 비맹제외기준이 헌법에 위반된다는 결정을 선고하였으나, 그 이유를 보면 비맹제외기준이 법률유보원칙에 위반한다는 의견과 과잉금지원칙에 위반한다는 의견으로 나뉘면서 비맹제외기준이 과잉금지원칙에 위반한다는 점과 관련하여서는 재판관 5인만이 찬성하였을 뿐이므로 위 과잉금지원칙 위반의 점에 대하여 기속력이 인정될 여지가 없다"라고 판시하였다(판례 헌재 2008.10.30. 2006헌마1098등). 그러면서도 헌재는 이 쟁점 판시 마무리 부분에서 "위와 같이 비맹제외기준이 과잉금지원칙에 위반한다는 점과 관련하여 기속력을 인정할 여지가 없는 이상 … 결정주문뿐 아니라 결정이유에까지 기속력을 인정할지 여부 등에 대하여 나아가 살펴볼 필요 없이 이 사건 법률조항이 위 위헌결정의 기속력에 저촉된다고 볼 수는 없을 것"이라고 덧붙여 언급을 하고 있는데 이는 앞서 실컷 결정이유에 6인 정족수 운운한 것과 논리적인 언급인지 의아스럽게 한다. * 이 결정은 법령소원인 헌법소원이나 위헌결정의 기속력에 대한 이론으로 여기에도 해당되어 분석하여 옮긴 것이다. * 본안판단결과 합헌성을 인정하는 기각결정을 하였다.

3. 위헌결정의 기속력에 반하는 반복입법인지 여부에 대한 판단기준

헌재의 위헌성인정결정(위헌결정, 변형결정)이 내려진 이후 같은 내용의 입법이라고 하여 기속력 위반의 위헌이라는 주장, 즉 반복입법이어서 기속력 위반이라는 주장이 혹간 있어 왔다. 위 안마사결정도 그렇고 사실 이 문제는 기속력의 범위와도 연관되어 있다.

[판단기준] 헌재는 위헌결정의 기속력에 반하는 반복입법인지 여부는 "단지 위헌결정된 법률조항의 내용이 일부라도 내포되어 있는지 여부에 의하여 판단할 것

이 아니라, <u>입법목적이나 입법동기, 입법당시의 시대적 배경 및 관련조항들의 체계</u> <u>등을 종합하여 실질적 동일성이 있는지 여부에 따라 판단하여야 한다</u>"라고 그 기준을 제시하고 있다.

[결정례] 아래와 같은 결정들이 있었다.

① 이전 위헌결정된 노동조합 정치자금 기부금지 규정의 반복입법인지 여부 - 부정

📖 **판례** 헌재 2010.12.28. 2008헌바89

[이 사건 이전 위헌결정인 헌재 1999.11.25. 95헌마154 결정에서 위헌결정된 규정] 구 '정치자금에 관한 법률'(1980.12.31. 제정) 제12조 제5호: 이 법 제12조(기부의 제한) 다음 각호의 1에 해당하는 자는 정치자금을 기부할 수 없다. 1.호 내지 4.호 생략 5. 노동단체 6. 이하 생략.
[이 사건 심판대상규정] 구 '정치자금에 관한 법률'(2005.8.4. '정치자금법'으로 전부개정되기 전의 것) 제12조 2항 중 '국내의 단체와 관련된 자금' 부분(이하 '이 사건 기부금지 조항'이라고도 함). 이 법 제12조 ② 누구든지 국내·외의 법인 또는 단체와 관련된 자금으로 정치자금을 기부할 수 없다. * 관련조항 - 구 위 법 제12조 ① 외국인, 국내·외의 법인 또는 단체는 정치자금을 기부할 수 없다. [이 사건에서의 판시] … 이 사건 기부금지 조항이 노동단체를 포함하는 모든 단체의 정치자금 기부금지 규정에 관한 탈법행위 방지 규정이라는 점에 비추어 보면, 내용상으로는 위헌결정된 법률조항의 내용을 일부분 전제하고 있는 것으로 보일 수 있다. 그러나 <u>위헌결정된 법률조항의 반복입법에 해당하는지 여부는 단지 위헌결정된 법률조항의 내용이 일부라도 내포되어 있는지 여부에 의하여 판단할 것이 아니라, 입법목적이나 입법동기, 입법당시의 시대적 배경 및 관련조항들의 체계 등을 종합하여 실질적 동일성이 있는지 여부에 따라 판단하여야 할 것이다.</u> 살피건대, 이 사건 기부금지 조항은 ① 직접적인 규율영역이 단체의 행위가 아닌 자연인의 행위라는 점에서 종전에 위헌결정된 법률조항과 문언적으로 구별되고, ② 그 전제가 되는 법률조항을 살피더라도, 구 정치자금법 제12조 1항(* 위 관련조항 참조)은 노동단체 이외의 단체의 정치자금 기부까지도 포괄하는 것이라는 점에서 종전에 위헌결정된 법률조항과 전적으로 동일한 경우에 해당하지 않으며, ③ 종전에 위헌결정된 법률조항이 연혁적으로 노동단체의 정치활동을 금지하기 위한 여러 법률들의 규제조치의 일환을 이루고 있었던 것으로서, 다른 법률에 의한 노동단체의 정치활동 금지가 해제된 이후에도 여전히 남아서 다른 단체와 차별적으로 노동단체의 정치자금 기부를 금지하는 것이었던 반면, 이 사건 기부금지 조항이 전제하고 있는 단체의 정치자금 기부금지 규정(구 정치자금법 제12조 1항 * 위 관련조항)에는 노동단체에 대한 차별적 규제의 의도가 전혀 존재하지 않는다는 점에서 종전의 위헌결정된 법률조항과 실질적으로 동일하거나 본질적으로 유사한 것으로 보기 어렵다. 따라서 이 사건 기부금지 조항이 위 95헌마154 결정에 의하여 위헌선언된 법률조항의 반복입법에 해당한다고 볼 수 없고, 위 위헌결정의 기속력에 저촉된다는 주장은 이유없다 할 것이다. * 과잉금지원칙 등을 준수하였다고 하여 합헌결정이 내려졌다. * 평가 - 사안은 노동조합 위원장이 선거자금 모집기부로 위 심판대상규정을 위반하고 기소된 형사사건에서의 위헌소원사건이어서 여전히 노동조합이 관련되는 것이었다는 점에서 위 판시가 그렇게 설득력이 있는 것으로 이해되지는 않는다.

② 금고 이상 형 선고유예시 공무원 자동퇴직규정 위헌결정 후 입법된 수뢰죄 선고유예시 자동퇴직 규정이 반복입법인지 여부 – 부정

📖 판례 헌재 2013.7.25. 2012헌바409

[사실관계] 금고 이상 형의 선고유예(경미한 범죄의 경우)를 받은 때에도 범죄의 종류와 내용을 가리지 않고 모두 당연퇴직되도록 한 공무원 관련 법규정들이 많았는데 최소침해원칙 위반이라는 이유로 위헌결정되었다(2001헌마788, 2002헌마684, 2003헌마293, 2004헌가12, 2004헌마947). 그런데 후일 개정된 국가공무원법 제69조 단서는 수뢰죄(형법 제129조 1항)를 범하여 금고 이상의 형의 선고유예를 받은 국가공무원은 당연퇴직하도록 하고 있는데 이 조항에 대해 헌법소원심판이 청구된 것이다. [청구인주장] 심판대상조항은 2003.10.30. 2002헌마684 결정에서 위헌으로 선고되어 효력을 상실한 구 국가공무원법(2002.12.18. 개정되기 전의 것) 제69조 중 제33조 1항 5호 부분의 반복입법에 해당하여, 위헌결정의 기속력에 저촉된다. [판시] 위헌결정의 기속력에 반하는 반복입법인지 여부는 단지 위헌결정된 법률조항의 내용이 일부라도 내포되어 있는지 여부에 의하여 판단할 것이 아니라, 입법목적이나 입법동기, 입법당시의 시대적 배경 및 관련조항들의 체계 등을 종합하여 실질적 동일성이 있는지 여부에 따라 판단하여야 한다(2008헌바89 참조). 심판대상조항은 선고유예의 대상이 되는 범죄를 직무관련성을 요건으로 하는 형법 제129조 1항의 수뢰죄로 그 종류를 한정하고 있는 점, 심판대상조항으로 인하여 당연퇴직사유의 범위가 이전보다 다소 넓어지긴 하였지만 당연퇴직사유가 여전히 임용결격사유보다 한정적으로 규정되어 있다는 점 등을 고려할 때 심판대상조항이 위헌결정된 구 국가공무원법 조항에 대한 단순한 반복입법으로 볼 수 없다. ＊ 심판결과 과잉금지원칙을 준수하였다고 하여 합헌결정이 내려졌다. ＊ 이전의 위헌결정들에서 범죄의 종류, 내용을 가리지 않고 일률적으로 당연퇴직하게 하여 최소침해성이 없다고 한 점에서 수뢰죄 한정은 반복이 아니라고 한 것으로 이해된다.

4. 한정위헌결정의 경우

기속력에 관하여 변형결정 중 한정위헌결정만을 여기서 특별히 다루는 것은 한정위헌결정의 기속력이 논란되고 있기 때문이다.

(1) 기속력 – 한정해석의 존중

한정위헌결정은 위헌결정의 하나로서 기속력이 인정되므로 입법자는 한정적인 위헌이지만 그 위헌인 내용을 담은 입법을 해서는 아니 되고 행정부도 법집행에 있어서 헌재의 한정해석의 취지에 따라 당해 법률(조항)의 위헌적 요소를 배제하고 적용하여야 한다. 문제는 아래에 보듯이 대법원이 부정적 입장을 취하고 있다는 점이다.

(2) 기속력을 둘러싼 헌재와 대법원의 입장차이

ⅰ) 대법원의 입장과 논거 – 변형결정인 한정위헌결정의 경우 대법원은 자신에 대한 기속력을 다음과 같은 논거로 부정하여 논란이 되었다. 즉 한정위헌결정의 경우에는 그 결정에도 불구하고 법률조항 문언이 그냥 존속하고 있는 것이므로 한정위헌결정은 법률조항의 의미, 내용 등을 정하는 법률해석이라고 보아야 한다. 그런데 구체적 사건에 있어서 법령의 해석·적용 권한은 바로 사법권의 본질적 내용을 이루는 것으로서 법원에 전속하고 만일 법원의 이러한 권한이 훼손된다면 이는 사법권 독립을 보장한 헌법 제103조에도 위반되는 결과를 초래한다. 그러므로 한정위헌결정에 표현되어 있는 헌재의 법률해석에 관한 견해는 법원에 전속되어 있는 법령의 해석·적용 권한에 대하여 기속력을 가질 수 없다는 것이다(대법원 95누11405). ⅱ) 헌재의 입장과 논거 – 그러나 헌재는 한정위헌결정도 기속력을 가진다고 하면서 "헌법재판소가 위헌으로 결정한 법령을 적용함으로써 국민의 기본권을 침해한 재판은 헌법소원의 대상이 된다"라고 하여 결국 위 대법원판결을 취소하는 결정을 하였다(96헌마172). 헌재는 한정위헌청구의 적법성을 인정하면서 그 논거로 구체적 규범통제절차에서의 법률조항에 대한 해석과 적용권한은 헌법재판소의 고유권한이고(그래서 한정해석도 가능하다고 봄), 당해 법률조항의 의미가 다의적인 경우에는 헌재가 헌법합치적 법률해석을 하는 것이 헌법재판 본질에서 당연한 것이라고 한다(2011헌바117).

[한정위헌결정을 둘러싼 헌재와 대법원 간 판례차이를 보여준 예들] ① 양도소득세에 있어서 실지거래가액에 의할 경우를 둘러싼 판례차이(95헌바13, 95누11405. 앞 헌재판례, 뒤 대법 판례 이하 같음), ② 국가배상법 제2조 1항 단서에 관한 판례차이(93헌바21, 95재다14), ③ 상속개시 전 상속포기자의 납세의무부담자 포함 여부(2003헌바10, 2004두10289), ④ 조세법(조세감면규제법) 부칙 사건(2009헌바123, 2009두3842(재심기각결정은 2012재두299), ⑤ 제주특별자치도통합영향평가심의위원회 심의위원 공무원의제사건(2011헌바117, 2011도6347).

[검토점 – 적용위헌인 한정위헌결정에 대한 대법원의 기속력 인정(?)] 한정위헌결정 기속력을 둘러싼 헌재와 대법원의 갈등이 표출된 양도소득세 부과처분 사건의 한정위헌결정(헌재 1997.12.24. 96헌마172·173)은 대법원판결도 취소하고 부과처분도 취소한 사건인데 그 결말은 국세청이 헌재결정에 따르는 취지의 입장을 취함으로써 위 96

헌마172의 한정위헌결정을 대법원이 따르느냐 여부에 대한 판결은 나오지 않았다. 그러나 그뒤 다른 한정위헌결정들에 대해 대법원이 재심사건 등에서 명백히 한정위헌결정이 기속력이 없으므로 따르지 않는다는 입장을 밝히는 판례들이 나왔다 (95재다14, 2012재두299 등 바로 위 대법원판례들). 그런데 한정위헌결정들 중에 적용위헌 ("…에 대하여 적용하는 것은 헌법에 반한다"라는 등의 주문의 결정, 앞의 결정형식, 적용위헌 부분 참조)의 경우에는 사실상 따라왔다는 분석[예를 들어 국유재산 중 잡종재산에 대해 취득시효 적용이 안 된다고 본 결정(헌재 1991.5.13. 89헌가97), 민법 제764조의 '명예회복에 적당한 처분'에 사죄강고를 포함시키는 것은 헌법에 위반된다는 결정(1991.4.1. 89헌마160) 등의 결정들은 대법원이 따랐다는 분석]도 있다.

* 대법원의 부정적 입장에 대한 헌재의 부정적 입장 공식화의 불발 – 위 대법원의 부정적 입장이 표명된 95재다14 판결을 취소해달라는 헌법소원심판을 그 재심의 원고가 청구하였다. 이 헌법소원심판의 최종 평결 결과 위 대법원의 입장과 달리 한정위헌결정도 재심사유가 된다는 헌법재판관 전원일치의 의견이 나왔다. 그러나 청구인이 청구를 취하하였고 헌재가 심판절차를 종료함으로써 헌재의 공식적인 입장의 결정이 되지 못하고 불발된 바 있었다(헌재 2003.4.24. 2001헌마386. 이 결정에 대해서는 뒤의 헌법소원심판의 결정효력 부분 참조).

Ⅱ. 일반적 효력·대세적 효력·법규적 효력

[개념] 헌법재판소법 제47조 2항은 위헌으로 결정된 법률 또는 법률의 조항은 "효력을 상실한다"라고 규정하고 있다. 일반적으로 구체적 규범통제를 행하는 위헌심사제에서는 위헌결정이 당해 재판에서 위헌결정된 법률의 적용이 거부되게 하는 데 그치는 개별적인 효력을 가지는 것이 원칙인데 우리의 경우 구체적 규범통제를 행하면서도 헌법재판소법 제47조 2항은 이처럼 위헌으로 결정된 법률(조항)이 효력을 상실하는 효과를 부여하고 있다. 그리하여 위헌결정이 된 법률(조항)은 일반적으로 그 효력이 없는 것으로 되고[일반적 효력(一般的 效力)] 그 법률(조항)에 대해서는 그 어느 누구도 효력을 주장할 수 없게 되는 대세적 효력(對世的 效力)이 생긴다. 국회에서 형식적으로 그 문언을 개정하기 전이라도 효력을 상실한다. 대세적 효력을 독일 등에서처럼 법규적 효력으로 부르고 또 그렇게 보는 견해도 있다. 위헌으로 결정된 법률(조항)은 그 효력이 '상실'된다는 것은 법률을 폐지하는 법효과

를 가져오므로 이를 두고 법규적 효력이라고 하는 것이다. 일반적으로 입법부에서 법률을 폐지하는 것도 그 폐지하는 법률을 제정함으로써 한다는 점을 생각하면 '법규'라는 말을 이해하게 된다. 다만, 위헌으로 결정된 법률은 "별도의 절차 없이 효력을 상실"하므로 입법부에서의 "법률의 폐지와 달리 위헌결정으로 인한 법률의 효력 상실은 입법절차나 공포절차를 거치지 않으며 법전에서 외형적으로 삭제되지 않는다"라고 하면서 "그러나 실질적으로는 법률폐지와 유사한 법적 효과를 가진 다"라고 한다(2013헌바343). 우리 헌재법에는 법규적 효력을 직접적으로 명시하고 있지 않은데 이처럼 헌재가 위헌결정의 효과에는 법률폐지의 법규적 효력이 따른다고 한다(2013헌바343, 92헌가10 등). 그러나 법률규정을 폐지하는 것도 입법인데 헌재가 입법자가 아니라는 점에서 법규적 효력이라는 용어에 대해서는 적절하지 않다고 보기도 한다. 여하튼 위헌으로 결정된 법률에 "근거한 어떠한 행위도 할 수 없"고 "위헌결정이 내려진 법률조항은 법질서에서 더 이상 아무런 작용과 기능을 할 수 없고, 누구도 그 법률이 유효함을 주장할 수 없다. 국가기관은 그 법률조항이 유효함을 전제로 계속 적용할 수 없다"라고(2013헌바343) 보아야 하는 것은 분명하다.

이 일반적 효력 등의 개념은 앞에서도 살펴보았다(전술 제2장 참조).

[실제례] 선행 결정에서 위헌으로 선언된 법률규정은 위헌결정이 가지는 대세적, 일반적 효력으로 특별한 조치 없이 당연히 효력이 없다고 보고 그 위헌결정 이후 위헌심판이 되는 경우 헌재는 당연히 효력이 없다고 판단해주어야 한다. 그리고 그 누구도 유효함을 주장할 수 없다. 이전에 헌재가 결정으로 명백히 위헌이라고 선언한 규정에 대해 국가기관 등이 유효하다고 볼 경우는 희박할 것이다. 그래서 대세적, 일반적 효력 등이 적용될 사안은 희소할 것이나 그러한 경우로 헌재의 선행 위헌결정이 이미 위헌이라고 선언한 부분이 내포되어 있는 조문에 대해 위헌심판이 청구된 경우를 볼 수 있을 것인데 실제로 그러한 예를 아래의 결정이 보여주었다. 사안에서 당해사건에 적용된 법률조항은 '특정범죄 가중처벌 등에 관한 법률'(2010.3.31. 법률 제10210호로 개정된 것) 제5조의4 제6항이고, 그 중에서도 청구인의 상습절도 범행에 대하여 같은 조 <u>제1항 중 형법 제329조에 관한 부분</u>이 적용되었는데 바로 이 제6항이 이전에 내려진 위헌결정(2014헌가16)에서 위헌선언이 된 제5조의4 제1항 중 형법 제329조 부분을 포함하고 있어 문제가 된 것이었다. 헌재는 이 부분에 대해서는 위 대세적, 일반적 효력 등의 법리 취지와 같은 취지를 밝히면서 문언이 형식적으로 존속하고 있다고 하더라도 효력이 상실되었음을 분명히

하였고 '상습'절도가 포함되는지 여부에 대하여 수범자가 예견할 수 없어 죄형법정주의의 명확성원칙에 위반된다고 결정하였다(헌재 2015.11.26. 2013헌바343).

III. 위헌결정의 장래효(일반 법률조항)와 소급효(형벌조항)

1. 일반 법률조항의 경우: 원칙적 장래효, 예외적 소급효

(1) 원칙적 장래효의 합헌성 인정과 장래효의 문제점

[위헌결정의 소급효여부에 관한 입법례] 위헌결정이 법률(조항)의 효력을 언제부터 상실시키는 것인지에 대해서는 크게 두 가지의 입장, 즉 ① 소급하여 효력이 상실하도록 하거나 ② 장래에 향하여서만 효력이 상실하도록 하는 두 가지의 입장에 서거나 아니면 양자를 절충하는 입장을 취할 수도 있다. 소급효에 무게를 두는 입장은 위헌인 상태를 정상적인 합헌의 상태로 돌려놓으려는 법적 정의에 강조점을 두는 입장이다. 반면 장래효는 소급시 그동안 그 법률로 형성된 법률관계가 흔들림으로써 법적 불안정이 오는 것을 꺼려하는, 즉 법적 안정성에 강조점을 두는 입장이다. 이 양자가 어느 한쪽으로만 고정되어야 하는 것은 아니고 절충과 예외를 인정할 수도 있다. 외국의 입법례로, 우리 헌재의 설명에 따르면 "1) 첫째로 위헌결정에 소급효(ex tunc)를 원칙적으로 인정하면서 이를 부분적으로 제한하는 예로서는 독일, 스페인, 포르투갈 등이 있다. … 2) 둘째로, 위헌결정에 장래효(ex nunc)를 원칙으로 하면서 부분적으로 소급효를 인정하는 입법례로는 오스트리아, 터키 등이 있다. … 3) 셋째로, 위헌결정에 소급효를 인정할 것인가를 구체적인 사건마다 결정하는 예로는 미합중국, 독일의 일부 주 등이 있다"라고 한다.[4]

[우리 헌재법의 장래효원칙] 헌재법 제47조 2항은 "위헌으로 결정된 법률 또는 법률의 조항은 그 결정이 있는 날부터 효력을 상실한다"라고 하여 이른바 장래효를 원칙으로 규정하고 있다. 장래효로 규정한 이유는 위에서 서술한 대로 소급효를 인정하였을 때 법적 불안정이 초래되는 것을 막기 위한 데에 있다.

---

4 헌재 1993.5.13. 92헌가10등, 판례집 5-1, 246-248면.

[장래효로 인한 문제의 소재] 그러나 장래효만 인정하고 소급효를 부정하면 위헌결정을 얻어낸 당사자라도 기본권을 침해하는 공권력작용이 있었던 당시에는 법률이 유효했던 것으로 되어 구제가 되지 못하는 문제가 생긴다(아래 도해 참조). 이 때문에 위헌결정의 장래효를 규정한 헌재법 제47조 2항이 위헌인지 여부가 문제되었으나 헌재는 합헌으로 보았다(92헌가10, 2000헌바6, 2001헌바7등, 2006헌바108, 2010헌마535 등).

▌ 장래효의 문제점: * 기본권침해 시점에는 유효한 것으로 인정되어 위헌결정에도 불구하고 구제가 안 됨.
　(출전: 정재황, 헌법재판론, 제2판, 박영사, 2021, 440면.)

(2) 예외적 소급효 인정 – 헌재와 대법원 판례

그러나 위와 같은 문제점을 인식한 헌재와 대법원의 판례는 예외적으로 소급효의 인정이 가능하다고 본다.

1) 헌재판례　　　　헌재는 앞서 언급한 대로 장래효를 원칙으로 하면서도 구체적 규범통제의 실효성(의미)보장, 정의와 형평을 위해 아래와 같이 예외적인 소급효를 인정한다. 그 인정기준이 중요하다.

[예외적 소급효 인정 기준] 헌재는 그 인정기준으로 "법원의 제청·헌법소원의 청구 등을 통하여 헌재에 법률의 위헌결정을 위한 계기를 부여한 당해 사건(① 당해사건), 위헌결정이 있기 전에 이와 동종의 위헌 여부에 관하여 헌재에 위헌제청을 하였거나 법원에 위헌제청신청을 한 경우의 당해 사건(② 동종사건), 그리고 따로 위헌제청신청을 아니하였지만 당해 법률 또는 법률의 조항이 재판의 전제가 되어 법원에 계속 중인 사건(③ 병행사건)에 대해서는 소급효를 인정하여야 할 것"이라고 본다. 그리고 "당사자의 권리구제를 위한 구체적 타당성의 요청이 현저한 반면에 소급효를 인정하여도 법적 안정성을 침해할 우려가 없고 나아가 구법에 의하여 형성된 기득권

자의 이득이 해쳐질 사안이 아닌 경우로서 소급효의 부인(否認)이 오히려 정의와 형평 등 헌법적 이념에 심히 배치되는 때"에는 소급효가 인정될 수 있다고 본다(92헌가10, 2001헌바7등, 2006헌바108, 2010헌마535 등).

소급효 인정 기준 ─────────────────────────────

▶ [주요사항] 소급효 인정의 3가지 경우 = ① 당해사건, ② 동종사건, ③ 병행사건
  그리고 구체적 타당성 요청이 현저한 반면에 소급효를 인정하여도 법적 안정성을 침해할 우려가 없고 기득권자의 이득이 해쳐질 사안이 아닌 경우로서 소급효의 부인이 오히려 정의와 형평 등 헌법적 이념에 심히 배치되는 때

[판단권자] 헌재는 소급효인정 여부의 판단권자에 대해 헌재가 밝혀야 하나, 밝히지 않은 경우 법원이 판단한다고 본다(92헌가10).

2) 대법원의 동지 입장과 소급효인정의 한계설정   대법원도 예외적 소급효를 당해사건, 동종사건, 병행사건에 대해 인정한다. 대표적으로 최근의 예: 대법원 2019.11.14. 2018다233686 – 앞의 적용위헌 논의에서 살펴본 '진실·화해를 위한 과거사정리 기본법' 소멸시효 관련 부분 위헌을 인정한 헌재 2018.8.30. 2014헌바148등 결정을 적용한 대법원판결이다.

[대법원의 소급효 한계 설정] 대법원도 소급효를 예외적으로 확대하여 인정하는 입장을 취하면서도 일정한 한계를 설정해 오기도 했다. 그러한 소급효 제한의 사유로 ① 법적 안정성, 신뢰보호를 위한 제한(대법원 2017.3.9. 2015다233982. 그 외에도 2010두11016, 93다42740, 2005두5628, 2003두14963, 2006두1296, 2008두21577 등), ② 취소소송 제기기간 경과로 확정력이 발생한 행정처분(이는 중대명백설에 입론한 것으로 보이는 다음의 법리로 그 취소소송 제기기간이 도과한 행정처분에 대한 위헌결정의 소급효를 부정한다. 즉 대법원은 법률에 근거한 행정처분이 당연무효인지의 여부는 위헌결정의 소급효와는 별개의 문제로서, 위헌결정의 소급효가 인정된다고 하여 위헌인 법률에 근거한 행정처분이 당연무효가 된다고는 할 수 없고 오히려 이미 취소소송의 제기기간을 경과하여 확정력이 발생한 행정처분에는 위헌결정의 소급효가 미치지 않는다고 보아야 할 것이라고 한다. 대법원 2014.3.27. 2011두24057; 2019.5.30. 2017다289569. 그 외 대법원 2000다16329, 92누9463, 2001두3181, 2012두17803 등), ③ 기판력(취소소송에 대한 청구기각의 확정판결이 가지는 기판력이 소급효를 제한한다는 것. 대법원1993.4.27. 92누9777) 등이 판례에서 들려지고 있다.

2. 형벌에 관한 법률(조항) 경우의 소급효

[원칙적 소급효] 위와 같은 원칙적 장래효에도 불구하고 형벌에 관한 법률 또는 법률의 조항은 소급하여 그 효력을 상실한다.

[종전 합헌결정 있었던 경우의 소급효 제한] 다만, 해당 법률 또는 법률의 조항에 대하여 종전에 합헌으로 결정한 사건이 있는 경우에는 그 결정이 있는 날의 다음 날로 소급하여 효력을 상실한다(헌재법 제47조 3항 단서). 이 단서규정은 소급효제한을 위해 2014.5.20. 신설된 규정이다. 개정입법이유로 헌재가 기존에 "합헌결정을 하였다가 시대 상황, 국민 법감정 등 사정변경으로 위헌결정을 한 경우에도 종전의 합헌결정에 관계없이 해당 조항이 제정 시점까지 소급하여 효력을 상실하는 문제가 있"고 "종래의 합헌결정 이전의 확정판결에 대한 무분별한 재심청구를 방지하고 합헌결정에 실린 당대의 법감정과 시대상황에 대한 고려를 존중하려는 것"이라고 설명되고 있다(법제처, 국가법령정보센터 설명 참조).

[* 판례 – 소급효제한 규정에 대한 합헌결정] 이 소급효제한규정에 대해 평등원칙 위반이라는 주장의 위헌소원심판이 청구된 바 있다. 헌재는 신뢰와 법적 안정성을 확보하는 것이 중요하다는 입법자의 결단에 따라 위헌결정의 소급효를 제한한 것이므로, 이러한 소급효 제한이 불합리하다고 보기는 어렵다고 하여 합헌결정을 하였다(2015헌바216).

[효과 – 재심청구] 위와 같은 소급효의 경우에 위헌으로 결정된 법률 또는 법률의 조항에 근거한 유죄의 확정판결에 대하여는 재심을 청구할 수 있다(헌재법 제47조 4항). 재심을 청구할 수 있다는 의미는 유죄로 확정된 판결을 당연히 무죄로 인정한다든가 그 형의 집행이 당장 정지된다는 것이 아니라 재심을 통해서 그 유죄의 확정판결을 다툴 수 있다는 것을 의미하는 것이고 재심재판을 통해 시정을 받아야 한다. 이 재심에 대하여는 형사소송법을 준용한다(동법 동조 5항).

[위 소급효 원칙 적용범위에서 제외되는 경우 – 불처벌 특례 조항] 불처벌의 특례를 두는 법률조항은 형벌에 관한 법률조항이긴 하나 그 위헌결정이 있더라도 소급효 원칙이 적용되지 않는다. 처벌하지 않는다는 특례규정을 위헌결정한 데 대해 소급효를 인정하면 처벌로 가게 되므로 불처벌 대상자에 대한 법적 안정과 신뢰를 침해하는 것이므로 소급효원칙이 적용되지 않는다고 보는 것이 아래 판례의 입장이다(헌재 2009.2.26. 2005헌마764).

Ⅳ. 변형결정의 경우

1. 헌법불합치결정

헌법불합치의 기속력, 적용중지 효력, 계속적용효 등에 대해서는 앞서 결정형식 부분에서 언급하기도 하여 여기서 생략한다(소급효 등을 포함한 보다 자세한 것은, 정재황, 헌법재판론, 제2판, 454-466면 참조).

2. 한정위헌결정의 경우

기속력 문제에 대해서 앞서 Ⅰ. 기속력 부분에서 이미 보았고 그 외 효력에 대해 앞서 결정형식 부분에서 살펴보기도 하였다. 대법원이 기속력을 부정하는 결과 재심사유에서 한정위헌결정이 제외되는 점 등은 뒤의 헌법소원심판의 재심 부분에서도 다룬다(후술 참조).

제6절 기타 - 한계와 타 심판에 의한 법률심사 가능성 등

Ⅰ. 현행 위헌법률심판 제도의 한계

현재 우리 헌법재판소에 의해 이루어지고 있는 위헌법률심판은 구체적 규범통제이고 사후적 심사라는 점에서 한계가 없지 않다. 특히 사후심사로 시행중인 법률의 효력을 상실시킬 수 있기에 법적 안정성에 문제가 없지 않다. 또한 구체적인 재판에서 적용되는 법률규정을 심판대상으로 함이 원칙이므로 아직 구체적인 위헌문제가 재판에서 제기되지 않은 법률규정에 대한 추상적 규범통제가 이루어지지 않고 있다. 프랑스에서처럼 법률시행 전에 행하는 사전적 심사도 설정되어 있지 않다. 추상적 규범통제나 사전적 심사제는 예방적 기본권구제의 기능을 할 수 있다.

Ⅱ. 다른 심판에 의한 법률심사 가능성, 사전심사 가능성

현행 위헌법률심판이 가지는 위와 같은 한계에 대한 보완을 모색하는 의미에서도 이에 대해 살펴본다.

[다른 심판에 의한 법률심사 가능성] 현재에도 위헌법률심판 외에 다음과 같은 심판에 의해 법률에 대한 위헌심사가 이루어질 수 있다. ⅰ) 위헌소원에 의한 심사 – 우리의 위헌법률심판은 법원이 구체적 재판에서 적용될 법률의 위헌여부가 재판의 전제가 된 경우에 법원이 헌법재판소에 제청을 함으로써 이루어지는데 법원이 당사자의 신청을 기각하여 헌법재판소에 위헌여부심판을 제청하지 않은 경우에 우리나라의 독특한 구제책으로서 헌법재판소법(이하 줄여서 '헌재법'이라고도 함) 제68조 2항은 당사자는 헌법재판소에 헌법소원을 통하여 법률의 위헌여부심판을 받을 수 있는 길을 열어두고 있다. 헌재법 제68조 2항에 의한 헌법소원을 헌법재판소는 이른바 '위헌소원'('헌바'사건)이라고 부르면서 우리 헌재부터도 이 위헌소원을 실질적으로 위헌법률심판이라고 보는데 이에 따라 법률심사가 이루어짐은 당연하다. '헌가'의 심판에 한정하여 위헌법률심판이라고 한다면 위헌소원은 다른 심판에 의한 것으로 규정될 것이나 '헌바'도 실질적 위헌법률심판이라는 점에 주안을 두면 특별히 다른 심판에 의한 것이라고 보지 않게 될 것이다. ⅱ) 법률에 대한 법령소원에 의한 심사 – 어떤 법령이 직접 기본권을 침해하는 경우에 그 법령 자체에 대해 바로 헌법소원을 청구할 수 있고 이를 법령소원이라고 한다. 법률이 이러한 법령에 해당되면 바로 헌법소원을 할 수 있고 그 법령소원에서 법률에 대한 위헌심사가 이루어질 수 있다. 이 법령소원은 본래의 권리구제형 헌법소원의 하나이므로 그 사건부호도 '헌마'이다(법령소원에 대한 자세한 것은 뒤의 헌법소원심판, 대상 부분 참조). ⅲ) 헌법소원에서의 부수적 규범통제 – 헌법재판소법 제75조 5항은 헌법소원을 인용함에 있어서 "헌법재판소는 공권력의 행사 또는 불행사가 위헌인 법률 또는 법률의 조항에 기인한 것이라고 인정될 때에는 인용결정에서 당해 법률 또는 법률의 조항이 위헌임을 선고할 수 있다"라고 규정하고 있으므로 이렇게 부수적으로 법률규정에 대한 위헌심사가 있을 수 있다. ⅳ) 권한쟁의심판 등에 의한 통제 – 권한쟁의심판의 경우 ① 국회의 법률제정행위가 다른 국가기관이나 지방자치단체의 권한을 침해하였다고 주장하여 제기되는 권한쟁의심판에서 법률에 대한 심사가 이루어질 수 있다(실제례: 헌재 2005.12.22. 2004헌라3. * 헌재는 법률제정행위가 심판대상이라고 하나

그것에 대한 심판이 곧 실질적으로 법률에 대한 심판이 된다). ② 우리 권한쟁의심판은 '헌법'에 의하여 부여받은 권한뿐 아니라 '법률'에 의하여 부여받은 권한의 침해에 대해서도 청구할 수 있다. 따라서 청구인이 주장하는 침해된 권한의 근거인 법률에 대한 심사가 전제적으로 이루어질 경우도 있다(선결문제, 실제례: 헌재 2008.5.29. 2005헌라3; 2019.4.11. 2016헌라7. 이에 관해서는 뒤의 권한쟁의심판, 결정형식, '권한쟁의심판에서의 선결문제로서 법률의 위헌심사' 부분 참조). ③ 법률의 제정, 개정 등 입법과정에서 국회의원 등의 권한인 토론권, 표결권 등을 침해한 경우 국가기관 간의 권한쟁의에 대한 심판인 권한쟁의심판으로 다툴 수 있다. 따라서 이러한 권한쟁의심판을 통하여 입법절차가 준수되었는지 여부, 입법과정상의 하자가 없는지 여부 등에 대한 판단이 이루어지게 되므로 권한쟁의심판이 법률에 대한 통제의 기능을 가질 수도 있다. 그동안 국회의원의 권한침해를 인정한 예가 있었으니 그로 인하여 법률안 가결행위에 대하여서까지도 취소결정이나 무효확인결정을 한 예는 아직까지 없다(따라서 권한쟁의심판결정으로 법률이 위헌으로 무효선언된 적은 없다). 탄핵심판의 경우에도 탄핵사유가 헌법뿐 아니라 '법률'의 위배도 포함하므로 역시 그 심사가능성이 있다.

[사전적·예방적 위헌법률심사 가능성과 그 예] 현행 위헌법률심판은 사후적 심사제도이고 사전적 심사는 우리나라에 도입되어 있지 않다. 그런데 그 가능성과 실제의 예를 볼 수 있다. (ㄱ) 가능성과 실제례 — 바로 법령소원에서 경우이다. 이른바 법령소원에서 공포된 후 시행 전에 위헌심사를 할 가능성과 그 실제의 예를 볼 수 있고 공포도 되기 전에 위헌심사를 한 예를 볼 수 있다. 이는 어디까지나 법령소원의 경우이고 법률에 대한 법령소원에서 청구요건 중의 하나인 기본권침해의 현재성요건을 완화하여(후술 헌법소원 부분 참조) 법률규정이 공포되기 전 또는 시행되기 전에 기본권침해의 예측이 가능한 경우 현재성이 있는 것으로 보고 그 법률규정에 대한 헌법소원심판을 인정함으로써 위헌심사가 이루어질 가능성이 있다. 현재성요건이란 헌법소원심판을 청구할 시점에 기본권침해가 있을 것을 요구하는 요건인데 법령은 시행 전에는 기본권침해가 없는 것이 당연하므로 원칙적으로 현재성이 없을 것이나 이처럼 현재성요건을 완화하여 위헌심사에 들어갈 수 있게 되는 것이다. i) 공포 후 시행 전의 법률규정에 대한 법령소원 — 그 예로 시와 군을 통합한 지방자체의 폐치·분합에 관한 법률로 '경기도 남양주시 등 33개 도농복합형태의 시설치 등에 관한 법률' 제4조에 대한 법령소원이었다(헌재 1994.12.29. 94헌마201. 공포후 시행전 법령소원결정의 또다른 예: 헌재 2016.7.28. 2015헌마236등, '부정청탁 및 금품등 수수

의 금지에 관한 법률'에 대한 법령소원). ⅱ) 공포전 심사를 행한 예 – 심지어 공포 전의 법률규정에 대해 위헌여부의 심사를 한 예가 있다. 이 경우도 법령소원에 의한 것이었다(헌재 2001.11.29. 99헌마494, '재외동포의 출입국과 법적 지위에 관한 법률' 제2조 제2호 법령소원사건). (ㄴ) 검토 – 사실 위와 같이 법령소원에서 현재성 요건을 완화함으로써 거두고자 하는 사전심사의 효과는 한계가 있고 보다 예방적 차원에서의 엄밀한 의미의 프랑스식 사전심사라고 보기는 힘들다. 왜냐하면 법령소원을 청구할 시점에서는 공포나 시행 이전이므로 사전심사라 할 수 있을 경우라고 하더라도 그 공포나 시행 이전에 헌재의 결정이 신속히 내려지면 몰라도 그렇지 않고 법령소원결정이 내려지기 전까지 공포나 시행이 정지되지도 않아 심판도중에 이미 시행에 들어가는 경우가 많을 것이다. 그리하여 법률의 시행으로 이미 기본권침해, 위헌적 상태가 발생하면 예방의 기능은 수행할 수 없는 것이다(위 ⅰ)의 경우 1995.1.1. 시행되기 전인 1994.12.29.에 선고가 되어 상당히 사전심사의 의미를 가진 경우라고 평가될 수는 있겠다). 이러한 면에서 공포나 시행 전의 법률규정에 대한 법령소원심판의 청구가 있을 경우에 그 법률에 대한 공포나 시행을 유예하는 제도를 두거나 본격적인 사전심사제의 도입을 가져오지 않는다면 여전히 한계가 있음을 보여준다고 할 것이다.

권한쟁의심판

04

권한쟁의심판

제1절 권한쟁의심판의 개념과 기능, 성격 및 종류

* 본서에서 권한쟁의심판에 관한 서술이 적지 않다. 이는 공법복합(헌법 + 행정법)적인 문제, 국가권력규범론 영역 문제(당연 변호사시험 출제 영역)가 결부되어 있어 그 문제해결의 사법적 수단으로서 권한쟁의심판의 필요에 따른 결과이기도 하다.

Ⅰ. 권한쟁의심판의 개념과 기능

[개념] 권한쟁의심판이란 국가기관 상호 간, 국가기관과 지방자치단체 간 및 지방자치단체 상호 간에 권한의 유무(존재 여부) 또는 범위에 관하여 다툼이 있을 때 이를 해결하는 헌법재판을 말한다.

[기능] ⅰ) 국가·지방자치기능의 정상작동, 권력분립, 권한분배 실현, 권력에 대한 법적 통제를 하며 이로써 헌법을 수호하는 기능, ⅱ) 소수파의 존중과 정치의 평화화 기능1(장외투쟁 등 물리적 수단이 아닌 헌법재판에 권한쟁의심판을 청구하는 길을 택하고 다수파도 헌법재판의 결정에 승복하는 것을 전제로 이러한 평화화 기능이 작동), ⅲ) 지방(지역)

---

1 졸고, 헌법재판과 정치, 헌법규범과 헌법현실, 권영성 교수 정년기념논문집, 법문사, 1999, 400면 이하; 본편, 제1장 참조.

분권, 지방자치 보장 수단, ⅳ) 기본권 관련 권한에 있어서 적정한 권한행사를 하도록 하여 기본권보장에 힘쓰게 하는 등의 기능을 가진다.

Ⅱ. 성격과 특색

　　[성격] 객관적 성격 – 권한쟁의심판을 주관적 소송이라고 하는 견해들이 있다. 어느 개인의 주관적 권리구제기능이 아닌 권력분립적 기능 등 국가기관 등의 권한과 조직상의 객관적 질서를 유지하기 위한 것이고 그 권한은 결코 어느 개인의 권리가 아니라는 점에서 이러한 견해는 받아들이기 힘들다. 헌재도 "여기에서 권한이란 주관적 권리의무가 아니라"라고 하고 권한쟁의심판은 "객관적 권한질서를 유지하기 위한 법적 수단"이라고 한다(2009헌라2).

　　[한국 권한쟁의심판의 특색] ⅰ) 담당기관상 특색 – 먼저 권한쟁의심판을 헌법재판소라는 독립된 재판기관에서 담당하도록 하고 있다. ⅱ) 당사자 관련 특성 – 법인격을 가지는 주체들 간의 권한쟁의심판뿐 아니라 기관이 당사자가 되는, 그리고 기관들 간(국가기관들)의 권한쟁의심판도 이루어지고 있다. 지방자치단체도 당사자가 될 수 있다. 다만, 지방자치단체는 단체 그 자체만이 권한쟁의심판을 청구할 수 있고 소속 기간인 지방의회나 지방자치단체가 청구할 수는 없다. ⅲ) 권한상 특색 – ① 법률상 권한의 분쟁도 포함 – 우리 헌재법 제61조 2항은 헌법뿐 아니라 법률에 의하여 부여받은 청구인의 권한이 침해된 경우에도 권한쟁의심판을 청구할 수 있도록 하고 있다. ② 부작위에 의한 권한 침해 – 헌재법 제61조 2항은 피청구인의 적극적인 처분만이 아니라 부작위(不作爲)가 헌법 또는 법률에 의하여 부여받은 청구인의 권한을 침해하였거나 침해할 현저한 위험이 있는 경우에도 권한쟁의심판을 청구할 수 있다고 인정하고 있다.

Ⅲ. 현행 헌법재판소법의 권한쟁의심판의 종류 및 각 범위

　　현재 권한쟁의심판의 종류(유형)와 각 유형별 범위는 다음과 같다.

1. 국가기관 상호 간

헌재법 제62조 1항 1호는 '국회, 정부, 법원 및 중앙선거관리위원회 상호간'이라고 규정하나 이에 한정(열거)되는 것이 아니라 예시설에 따라 그 외 국가기관들 간의 권한쟁의도 범위에 들어갈 수 있다(후술 당사자 부분 참조).

2. 지방자치단체가 당사자가 되는 경우

(1) 유형

다시 두 가지로 나누어져 ① 국가기관과 지방자치단체 간(국가기관과 광역지방자치단체 간, 국가기관과 기초지방자치단체 간), ② 지방자치단체 상호 간(기초지방자치단체와 광역지방자치단체 간, 기초지방자치단체와 기초지방자치단체 간, 광역지방자치단체와 광역지방자치단체 간)의 권한쟁의심판이 있을 수 있다(헌재법 제62조 1항).

(2) 각 범위

1) 위 ①의 경우　　　　국가기관이 예시설에 따라 더 넓어질 수 있는 만큼 그것에 따라 달라질 수 있을 것이다. 지방자치단체 자체가 당사자가 되고 소속 기관인 지방자치단체의 장이나 지방의회가 심판을 청구할 수는 없다.

2) 위 ②의 경우　　　　[지방자치단체(기관) 내부적 쟁의의 비해당성] 지방자치단체 자체가 당사자가 되어야 하고 그 소속 기관들 간의 내부적 쟁의는 범위에 포함되지 않는다는 것이 헌재판례이다.

[비해당성의 논거 – 권리주체 간 권한쟁의가 아님, 예시규정 아님] 이 ②의 지방자치단체 상호 간 권한쟁의심판의 경우에는 서로 상이한 권리주체 간 권한쟁의를 의미하고 위 ②에 대해 규정하고 있는 헌재법 제62조 1항 3호를 예시규정으로 볼 이유가 없기 때문이라고 한다(2009헌라11). * 검토 – '서로 상이한 권리주체 간'이라고 하나 앞서 권한쟁의심판의 성격에서 밝힌 대로 '권리'가 아니라 '권한'이란 용어가 보다 적확하다.

[내부적 쟁의로서 범위 외라고 판단된 예] 헌재는 ① 위 법리에 따라 지방자치단체

내부의 기관들 간 소속 의결기관인 지방의회를 구성하는 지방의회의원과 그 지방의회의 대표자인 의장 간의 권한쟁의심판은 헌법 및 헌법재판소법에 의하여 헌법재판소가 관장하는 지방자치단체 상호 간의 권한쟁의심판의 범위에 속한다고 볼 수 없다고 한다(2009헌라11). 또 ② 지방자치단체의 의결기관과 지방자치단체의 집행기관 사이의 분쟁(2018헌라1), ③ 교육감과 지방자치단체 사이의 분쟁(2014헌라1, '지방교육자치에 관한 법률'은 교육감을 명시적으로 시·도의 교육·학예에 관한 사무의 '집행기관'으로 규정하고 있으므로(제18조 1항), 교육감을 지방자치단체 그 자체라거나 지방자치단체와 독립한 권리주체로 볼 수 없고 따라서 교육감과 지방자치단체 상호간의 권한쟁의심판은 '서로 상이한 권리주체간'의 권한쟁의심판청구로 볼 수 없다)도 내부적 분쟁으로서 권한쟁의심판의 범위에 들어가지 않는다고 보았다. 지방자치단체 자체만이 당사자가 될 수 있고 소속 기관들은 당사자가 될 수 없다는 점에서 이 문제는 당사자능력 문제에도 해당되므로 아래에서 다시 보게 된다. * 하나의 지방자치단체 내부에서 기관들 간, 즉 지방의회와 지방자치단체의 장 간의 분쟁은 현재 기관소송에 의해 해결할 수 있다[바로 아래 (3) 참조].

(3) * 유의: 기관소송과의 구분 * 공법복합형

기관 간의 권한에 다툼이 있는 경우에 해결하는 재판제도로는 행정소송으로서 대법원이 담당하는 기관소송도 있다. 현행 행정소송법 제3조 4호는 "국가 또는 공공단체의 기관 상호 간에 있어서의 권한의 존부 또는 그 행사에 관한 다툼이 있을 때에 이에 대하여 제기하는 소송"을 기관소송으로 정의하면서 그 단서는 헌법재판소법 제2조의 규정에 의하여 헌법재판소의 관장사항으로 되는 소송은 기관소송에서 제외한다고 규정하고 있다. 따라서 국가기관 상호간, 국가기관과 지방자치단체 간 및 지방자치단체 상호간의 권한쟁의(權限爭議)에 관한 심판은 헌재의 관장사항으로 되어 있다. 또한 현행 행정소송법 제45조는 기관소송은 법률이 정한 경우에 법률에 정한 자에 한하여 제기할 수 있다고 규정하고 있다.

지방자치단체가 관련되는 권한쟁의심판의 경우로는 헌법 제111조 1항 4호와 위 법 제61조 1항이 '지방자치단체'라고 규정하였지 '지방자치단체 기관'이라고 규정한 것이 아니므로 지방자치단체 자체가 당사자가 되는, 즉 국가기관과 지방자치단체 자체 간 또는 지방자치단체자체들 상호 간의 권한쟁의심판사건들만이 헌법재판소의 권한쟁의심판의 관할에 속한다. 따라서 하나의 지방자치단체 내에서의 기관들 간의 권한 다툼(즉 지방의회와 지방자치단체장 간의 다툼)은 행정소송으로서의 기관소송의 대상이다(권한쟁의심판과 기관소송의 차이는 아래 도해 참조). 현재 행정소송으로서의 기관소송으로 법률이 정한 예로는 지방자치법상 지방자치단체장이 지방의회 재의결에 대해 지방의회를 상대로 대법원에 제기하는 소송[현행 지방자치법 제107조 3항, 제172조 3항, 2022.1.13.에 시행에 들어가는 신 지방자치법(이하 '신법'이라고도 함) 제120조, 제192조 참조]과 교육감이 시·도의회의 재의결에 대해 시·도의회를 상대로 대법원에 제기하는 소송 등을 들 수 있다('지방교육자치에 관한 법률' 제28조 3항).

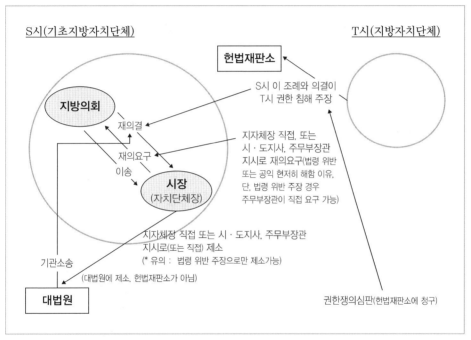

┃ 권한쟁의심판과 기관소송의 차이 도해

3. 논의점 - 소극적 권한쟁의 인정 여부 문제

권한쟁의에는 어떤 기관이 어떠한 권한이 자신의 권한이라고 주장하는 분쟁(이것이 일반적인 모습이다)이 있는 반면, 오히려 어떠한 권한이 자신에게는 속하지 아니한다고 주장하는(예컨대 사무수행시 비용부담 등 책임이 수반하는 경우) 분쟁도 있을 수 있다. 전자를 적극적 권한쟁의, 후자를 소극적 권한쟁의로 부른다. 우리의 경우에 현행 헌재법상 소극적 권한쟁의도 포함되는지에 대해 견해의 대립이 있다. 헌재법 제61조 1항이 권한의 유뿐 아니라 무라고도 규정하고 있다는 점, 국민의 권리, 공익을 위해 권한행사가 요구될 때 그 권한있는 기관을 정할 필요가 있다는 점에서 동조 2항의 권한침해요건을 완화하는 해석으로 이를 인정할 필요가 있다(자세한 것은, 헌법재판론, 479-481면 참조).

제 2 절   권한쟁의심판의 청구요건

Ⅰ. 당사자

1. 개념

권한이 침해되었다고 주장하면서 권한쟁의심판을 제기하는 청구인, 그 청구의 상대방인 피청구인을 말한다. 아래에서 권한쟁의심판의 유형별로 살펴본다.

* 용어의 혼동: 헌재는 당사자'능력'과 당사자'적격'이란 말을 혼용하는 판시를 하여 혼란을 주기도 하였다. 당사자능력이란 재판을 청구하거나 청구받는 지위에 있을 수 있는 일반적인 능력을 말한다. 반면 당사자적격이란 실제 어떤 사건으로 인해 권리 등이 침해받거나 받을 상태에 있어서 그 사안과 관련하여 재판을 청구할 자격이 있음을 의미하는 것이므로 일단 청구인능력이 있는 청구인이 그 다음으로 그 사건에서 문제되는 권한을 가질 것, 그 권한이 침해되었을 것 등이 적격요건이다. 헌재의 이러한 혼용이 잘못이고 명확성을 기하여야 한다는 지적을 우리는 아래와 같이 지적하여 오고 있다(정재황, 신헌법입문, 제7판, 2017, 816면. 신헌법입문 이전에도 지적해왔지만 이후 계속 지적해왔고 2019년 판인 제10판, 2019, 854면에도 지적되어 있다). 이 지적 이후 헌재가 구분하여 판시한 예(헌재 2019.4.11. 2016헌라8)가 나오고 있긴 하나 좀더 판례를 살펴볼 필요가 있을 것이다. 요컨대 당사자능력, 당사자적격이란 용어를 판시에서 쓰는 다음에야 혼용을 피해야 한다.

2. 국가기관 상호간 권한쟁의심판

(1) 예시설 – 판례변경(열거설 → 예시설)

헌재법 제62조 1항 1호는 국가기관 상호간의 권한쟁의심판의 당사자로 국회, 정부, 법원 및 중앙선거관리위원회를 규정하고 있다. 문제는 위 제1호의 규정이 열거규정인가 예시규정인가 하는 것이다. 헌재는 이전에는 한정적, 열거적 규정으로 보아 국회의원·국회의장·교섭단체 등의 당사자 지위를 부인하였으나(90헌라1), 판례를 변경하여 예시규정으로 본다고 판례를 변경하였고 그리하여 국회의원과 국회의장도 헌법 제111조 1항 4호의 권한쟁의심판의 당사자가 될 수 있다고 판례를 변경을 하였다(96헌라2).

(2) 판별기준

예시설을 취함으로써 헌법 제111조 1항 4호 소정의 '국가기관'에 해당하는지 아닌지를 판별함에 있어서는 그 기준이 문제된다. 헌재의 판별기준은 아래와 같다 (하래 기준을 설정한 결정 – 96헌라2).

권한쟁의심판 당사자능력이 있는 국가기관인 여부 판단 기준 ─────
① 국가기관이 헌법에 의하여 설치되고
② 헌법과 법률에 의하여 독자적인 권한을 부여받고 있는 국가기관인지 여부.
③ 그 권한쟁의를 해결할 수 있는 적당한 기관이나 방법이 있는지 여부 등을 종합적으로 고려하여야 한다.

[인정례] 그리하여 국회의원이나 국회의장 등 그 외의 국가기관의 경우에도 당사자가 될 수 있다고 보고(96헌라2), 구·시·군 선거관리위원회도 당사자가 될 수 있다고 본다(2005헌라7. 이유는 헌법 제114조 7항이 각급 선거관리위원회에 설치근거를 헌법이 규정하고 일정한 권한이 헌법상 주어져 있기 때문이라고 본다).

[부정례] 그러나 ⅰ) 국회의 소위원회 및 그 위원장은 헌법에 의하여 설치된 국가기관에 해당한다고 볼 수 없다고 하여 당사자능력을 부정한다(헌재 2020.5.27. 2019헌라4). 안건조정위원회 위원장도 부정되었다(헌재 2020.5.27. 2019헌라5). ⅱ) 정당과 원내교섭단체에 대해서도 부정한다(헌재 2020.5.27. 2019헌라6등). ⅲ) 법률상 위원회 – ① 국가인권위원회에 대한 부정 – 헌재는 국가인권위원회는 법률에 의하여 설치

된 기관이어서 당사자능력이 인정되지 아니한다고 한다(2009헌라6). * 비판: 그러나 국가인권위가 독립성을 가지는 점, 권한쟁의심판에서는 법률상 권한침해도 판단대상이 된다는 점 등에서 이러한 판례를 받아들이기 어렵다. ② 원자력위원회 등 법률상 위원회도 부정되었다(2019헌사1121).

3. 지방자치단체의 경우

(1) 기반적 법리

[지방자치단체 자체] 지방자치단체와 국가기관 간이거나 지방자치단체 상호간이거나 지방자치단체가 관련되는 권한쟁의사건에서는 어디까지나 지방자치단체 자체가 당사자가 된다. 예: S시의 시장이 아니라 S시 자체가 당사자가 되어야 한다는 것이다.

[문제소재] 지방자치단체가 아닌 장이나 의회가 권한쟁의심판을 제기하면 당사자능력이 부정된다고 볼 것인데 헌재는 헌재법 제62조 1항 3호의 권한쟁의심판 범위 내에 들어가지 않는다고 판시하여 이 문제가 당사자능력 문제인지 권한쟁의심판의 범위의 문제인지 하는 문제가 다루어질 수 있다.

[헌재판례와 그 정리] 헌재는 소속 기관이 외부의 다른 지방자치단체나 그 소속의 기관에 대해 청구하거나 반대로 청구를 받으면 당사자능력이 없다고 하고 내부분쟁은 범위에 들어가지 않는다고 하여 구분 판시하는 경향을 보여주긴 한다. 생각건대 헌재법 제62조 1항 3호의 문언은 지방자치단체 간 권한쟁의심판의 범위를 규정하나 그 규정에서 각 지방자치단체라는 당사자능력도 포함하는 것으로 읽힐 수 있으므로 중첩의 문제로 볼 수 있겠다.

(2) 지방자치단체와 국가기관 간

[실제례] 그동안 이에 해당되는 권한쟁의사건은 적지 않았다. 영일군과 정부 간(94헌라1), 시흥시와 정부 간(96헌라1), 강남구청과 행정자치부장관 간(2000헌라3) 등, 그리고 비교적 근간에 화성시와 국방부장관 간(2017헌라2), 성남시 등과 대통령 등 간(2016헌라7), 서울특별시와 대통령 간(2016헌라3), 충청남도 등과 행정자치부장관 등

간(2015헌라3)의 권한쟁의결정들이 있었다.

[국가기관으로서의 도지사(재결청)와 지방자치단체(시) 간의 권한쟁의사건] 지방자치단체장이 권한쟁의심판에서 국가기관으로서의 당사자의 지위를 가지는 경우를 인정하였던 판례가 있었다. 즉 기초지방자치단체의 처분에 대하여 주민(처분 상대방인 私人)이 제기한 행정심판에 있어서 당시의 구 행정심판법에 따르면 광역지방자치단체장이 재결청이었는데, 이 경우의 광역지방자치단체장을 헌재는 국가기관(재결이라는 국가사무를 위임받아 수행하는 국가기관)으로 보아 그 재결을 둘러싸고 제기되는 권한쟁의심판은 (기초)지방자치단체와 국가기관 간의 권한쟁의심판으로 보았다(성남시와 경기도 간의 권한쟁의, 헌재 1999.7.22. 98헌라4 * 이 결정의 자세한 것은, 후술 157면 참조).

> 유의 ☞ 2008.2.29. 행정심판법 개정 이전에는 행정심판기관이 사건을 심리, 의결을 하는 행정심판위원회와 행정심판위원회의 이 심리, 의결에 따라서 재결만을 하는 재결청으로 나누어져 있었다. 2008년 2월 29일에 개정된 행정심판법은 재결청 제도를 없애고 행정심판위원회가 심리·의결과 재결을 모두 하도록 일원화하고 있다. 아래의 판례는 행정심판위원회와 재결청을 분리하고 있었던 그 개정 이전의 구 행정심판법 당시의 판례이다. 재결업무는 국가사무이다. 그리고 당시에는 재결청이 기초 지방자치단체에 의한 행정처분에 대한 행정심판의 경우 광역 지방자치단체의 장(그래서 사안에서 경기도의 도지사가 피청구인이 된 것임)이었다. 이처럼 당시의 상황은 현재와 달랐다. 그러나 <u>어느 지방자치단체의 장이 어떤 국가사무를 위임받아 수행할 경우에 지방자치단체의 장으로서가 아니라 국가기관으로서 당사자가 될 수 있다</u>는 법리를 보여주는 모델케이스로 여전히 중요한 판례이다. * 공법 복합형 문제.

[교육·학예에 관한 지방자치단체사무에 관한 권한쟁의의 경우] ⅰ) 교육감 당사자 − 국가기관과 지방자치단체 간의 권한쟁의가 '지방교육자치에 관한 법률' 제2조의 규정에 의한 교육·학예에 관한 지방자치단체의 사무에 관한 것인 때에는 교육감이 당사자가 된다(헌재법 제62조 2항). ⅱ) 실제 예: 이에 관한 예로서 교육부장관과 서울특별시교육감 간에 학생인권조례안 의결을 둘러싼 쟁의사건이 있었다(2012헌라1. 서울특별시교육감이 교육부장관의 재의요구 요청을 따르지 아니하고, 2012.1.26. '서울특별시 학생인권 조례'(서울특별시조례 제5247호)를 공포하였다. 이에 교육부장관이 재의요구 요청 권한을 침해하였다고 주장하며 권한쟁의심판을 청구한 사건이다. 헌재는 재의요구하여야 할 작위의무가 없다고 하여 권한침해를 부정하여 기각결정을 하였다).

(3) 지방자치단체 상호 간의 권한쟁의의 경우

[부정되는 경우] 지방자치단체 자체가 아닌 장(도지사, 특별시장, 광역시장, 시장, 군수, 구청장 등)은 당사자(청구인, 피청구인)가 될 수 없다(2003헌라1). 헌재는 앞서 본 대로 지방의회도 마찬가지이다. 지방의회 의원과 의장 간, 지방의회와 지방자치단체의 장 간, 교육감과 해당 지방자치단체 간 등의 분쟁은 내부적 분쟁으로서 헌재법 제62조 1항 3호의 지방자치단체 상호간의 권한쟁의심판에 해당한다고 볼 수 없다고 하는데(2009헌라11 등). 이들 기관들은 지방자치단체 자체가 아니라 소속 기관이라는 점에서 당사자능력 결여로 볼 수도 있다(전술함).

[교육·학예에 관한 지방자치단체사무에 관한 권한쟁의의 경우] 지방자치단체 상호 간 권한쟁의가 위에서 본 것과 같이 교육·학예에 관한 지방자치단체의 사무에 관한 것인 때에는 교육감이 당사자가 된다(헌재법 제62조 2항).

4. 제3자소송 담당의 부정

[개념, 부정하는 헌재] 한편 헌재는 권리(권한)주체가 아닌 제3자가 권리(권한)주체를 위하여 소송을 수행하는 소위 '제3자 소송담당'이 권한쟁의심판에서 이를 허용하는 명문의 규정이 없는 헌재 부정된다고 한다.

[부정하는 헌재의 논거] 헌재의 부정논거들은 정리하면 ① 입법권, 조약 체결·비준에 대한 동의권과 같은 권한은 국회 자체의 권한이고 국회의원 권한이 아니다. ② 헌재법 제61조 2항이 청구인 자신의 권한침해만을 주장할 수 있도록 하고 있으며 헌재법 제40조 1항에 의해 준용될 수 있는 민사소송법, 행정소송법을 해석해도 이를 인정할 수 없고 현행법상 '제3자 소송담당'을 허용하는 명문의 규정이 없다. ③ 헌법 제49조 다수결절차를 거친 결정에 반대하는 소수의 국회의원에게 권한쟁의심판을 청구할 수 있게 하는 것은 다수결의 원리와 의회주의의 본질에 어긋날 뿐만 아니라, ④ 모든 문제를 사법적 수단에 의해 해결하려는 방향으로 남용될 우려도 있다는 것이다(2013헌라3).

[구체적 판례 사례] 이러한 입장에서 헌재는 국회의원이 청구한 ① 입법권 침해 주장의 권한쟁의(2015헌라5, 국민안전처 등 정부기관 세종시 이전 관련 입법 사안), ② 조약 체결·비준 동의권 침해 주장의 권한쟁의[2005헌라8. WTO 쌀 협상 관련합의문 비준동의안 제

출거부행위 사안). 그 외 조약 체결·비준 동의에 관한 동지 결정례: 헌재 2007.10.25. 2006헌라5(한·
미 FTA 협상에 대한 국회의 동의를 받지 않고 전권대표를 임명하고 협상개시선언을 한 후 진행한 일
련의 협상행위, 국회 및 국회의원에 대한 한·미 FTA 협상 정보 비제공의 부작위); 2011.8.30. 2011헌
라2(대한민국 국군에 대한 작전지휘권과 작전통제권을 이양하는 조약에 대한 비준동의안을 국회에 제
출하지 않고 있는 행위 등; 2015.11.26. 2013헌라3('WTO 정부조달협정 개정의정서' 체결·비준에 대
한 국회동의를 요구하지 않고 있는 부작위)], ③ '예산 외에 국가의 부담이 될 계약'에 대
한 국회의 의결권(헌법 제58조) 침해 주장의 권한쟁의[2005헌라10. 사회간접자본시설에 대한
민간투자사업의 추진방식에 있어 민간사업자가 자본을 투자하여 건설을 담당하고 주무관청이 완공된
시설을 임차하여 운영하는 이른바 BTL(Build Transfer Lease)에 관해 국회의결을 거치지 않았다고 하
여 제기된 권한쟁의사건]에서 모두 국회의원 자신의 권한침해가 아니라 국회 자체의 권
한 침해라서 제3자 소송 담당이라는 이유로 청구인이 될 수 없다고 하여 각하결정
을 한 예들이 있었다.

[비판 – 사견] 국회의 입법권, 동의권 등 권한의 행사는 결국 구성원인 국민대표
자로서 국회의원의 권한과 활동(심의·표결)에 의해 이루어진다는 점에서 국회의 권
한에 대해 국회의원이 제3자의 지위에 있다고 보는 것부터 근본적으로 잘못된 것
이다. 그렇게 제3자라고 보면 오히려 국회의원은 자신의 권한이 아닌 권한을 심의·
표결 등의 행위를 통해 행사한다는 위헌행위를 저지르게 된다는 이상한 어불성설
의 결론에 이르게 한다. 이는 받아들일 수 없음은 물론이다. 그 외 다수결원리를 내
세운 부정논거 등에 대해서는 권한쟁의심판의 소수파존중·다원주의구현, 평화화
등의 기능에서 문제가 있다(앞의 권한쟁의심판의 기능 및 자세한 비판은, 헌법재판론, 제2판,
505–507면 참조).

5. 피청구인

(1) 원칙과 판단준거

[원칙] 헌재는 피청구인은 처분 또는 부작위를 야기한 기관으로서 법적 책임을
질 수 있는 지위에 있는 기관이 된다고 본다(2008헌라7등).

[피청구인능력 보유 '국가기관'인지 판단준거] 국가기관에 대한 피청구인능력도 앞
서 본 국가기관 청구인능력과 같은 3요소 기준으로 판단된다. 즉 ① 그 국가기관

이 헌법에 의하여 설치되고 ② 헌법과 법률에 의하여 독자적인 권한을 부여받고 있는지 여부, ③ 헌법에 의하여 설치된 국가기관 상호 간의 권한쟁의를 해결할 수 있는 적당한 기관이나 방법이 있는지 여부 등을 종합적으로 고려하여 판단한다는 것이다(2019헌라5).

(2) 구체적 사안

1) 입법부

㈎ 국회 자체의 피청구인능력 인정　　① 법률의 제·개정 행위를 다투는 권한쟁의심판의 경우 − 헌재는 법률의 제·개정 행위를 다투는 권한쟁의심판의 경우에는 국회가 피청구인적격을 가지므로, 청구인들이 국회의장 및 기획재정위원회 위원장에 대하여 제기한 이른바 국회선진화법이라고 불리는 국회법 개정행위에 대한 심판청구는 피청구인적격이 없는 자를 상대로 한 청구로서 부적법하다고 한다(2015헌라1). ② 국가기관과 지방자치단체 간 권한쟁의심판의 당사자로서의 국회 − 사안은 국회가 공직선거법 제122조의2를 개정하여 지방선거비용을 해당지방자치단체에게 부담시킨 행위가 지방자치단체인 청구인들의 지방자치권을 침해하는 것인지 여부에 대한 것인데 국회를 피청구인으로 인정하여 본안판단에 들어가 권한침해가 아니라는 기각결정을 하였다(2005헌라7).

㈏ 국회의장　　① 본회의 의사활동 관련 권한쟁의심판에서 피청구인 지위 인정, 부의장에 대한 부인 − 국회의장은 본회의에서의 의사활동에 관련된 권한쟁의심판, 대표적으로 이른바 변칙처리사건에서의 권한쟁의심판의 피청구인으로 인정되어 왔다. 부의장에 대해서는 부정한다(2009헌라8등). ② 상임위원회 활동 관련 피청구인 지위 부정 − 상임위원회에서의 사안은 국회 외교통상통일위원회 위원장이 동 위원회 회의실 출입문을 폐쇄한 상태로 동 위원회 전체회의를 개의하여 '대한민국과 미합중국 간의 자유무역협정' 비준동의안을 상정한 행위 및 위 비준동의안을 법안심사소위원회로 회부한 행위에 대해 국회의원들이 심의권침해라는 주장의 권한쟁의심판을 청구하였는데 이 청구에서 상임위원회 위원장이 위원회를 대표해서 의안을 심의하는 권한은 국회의장의 권한을 위임받은 것이므로, 국회의장도 피청구인적격이 있다고 주장하였다. 헌재는 상임위 심사권은 상임위 고유권이란 이유로 주장을 배척하고 국회의장의 피청구인으로서 지위를 부정하여 그 부분 청

구를 각하하였다(2008헌라7등). 헌재는 상임위 고유권의 논거로 '위원회 중심주의'를 들고 있다. 즉 "우리나라 국회의 의안 심의는 본회의 중심이 아닌 소관 상임위원회 중심으로 이루어지며, 이른바 '위원회 중심주의'를 채택하고 있다. 상임위원회는 그 소관에 속하는 의안, 청원 등을 심사하므로, 국회의장이 안건을 위원회에 회부함으로써 상임위원회에 심사권이 부여되는 것이 아니고, 심사권 자체는 법률상 부여된 위원회의 고유한 권한으로 볼 수 있다"라고 한다. 그리하여 헌재는 "따라서 국회 상임위원회 위원장이 위원회를 대표해서 의안을 심사하는 권한이 국회의장으로부터 위임된 것임을 전제로 한 국회의장에 대한 이 사건 심판청구는 피청구인적격이 없는 자를 상대로 한 청구로서 부적법하다"라고 판시한 것이다(이를 자세히 소개한 것은 국가권력규범의 실체적 법리가 헌법재판에 연관되어 있어서 복합형 문제로 좋은 모델이 될 수 있어서이다).

(다) 국회 위원회 위원장   ① 상임위원회 위원장 – 국회의 상임위원회 활동과 관련한 권한쟁의심판에서 상임위 위원장은 피청구인이 될 수 있다(2008헌라7등. 바로 위 외교통상통일위원회 사건결정). ② 국회 정치개혁특별위원회 위원장 – 관련되는 해당 부분 청구는 본안판단에 들어가 기각결정을 하여 피청구인 능력을 인정한 것으로 이해된다(2019헌라5). ③ 국회 소위원회 위원장, 위원 – 헌재는 국회의 소위원회 및 그 위원장은 헌법에 의하여 설치된 국가기관에 해당한다고 볼 수 없다고 하여 당사자능력을 부정한다(2019헌라4). 따라서 피청구인능력도 부정될 것이다. ④ 안건조정위원회 위원장의 피청구인능력 부정 – 국회법 제57조의2에 근거한 안건조정위원회 위원장은 국회법상 소위원회의 위원장으로서 권한쟁의심판의 당사자인 '국가기관'에 해당하지 않는다고 본다. 헌재는 바로 위에서 밝힌 대로 소위원회 위원장에 대해서는 당사자능력을 부정하는 입장이다(2019헌라5).

2) 정부   정부도 그 자체로 또는 대통령, 국무총리, 행정각부 등이 당사자능력을 가지는데 실제로 피청구인이 된 사건들이 적지 않다. 감사원도 피청구인이 될 수 있다. 정부기관은 특히 지방자치단체로부터 권한쟁의심판을 청구받는 경우가 많았다. 몇 가지만 예로 인용한다[지방자치단체(서울특별시)와 대통령 간의 권한쟁의심판(2016헌라3); 지방자치단체(강남구)와 행정자치부(*당시, 현재 행정안전부)장관 간의 권한쟁의심판(2002헌라2); 강남구청 등과 감사원 간의 권한쟁의심판(2005헌라3)].

3) 법원   법원도 피청구인능력을 가진다(헌재법 제62조 1항 1호). 서울남부지방법원 제51민사부를 피청구인으로 한 권한쟁의심판사건이 있었으나 헌재는 피청구인능력 문제를 언급하지 않고 권한침해가능성이 없다고 하여 각하결정을 하였다. 사안은 국회의원이 교원들의 교원단체 가입현황을 자신의 인터넷 홈페이지에 게시하여 공개하려 하였으나, 법원이 그 공개로 인한 기본권침해를 주장하는 교원들의 신청을 받아들여 그 공개의 금지를 명하는 가처분 및 그 가처분에 따른 의무이행을 위한 간접강제 결정을 한 것에 대해 국회의원이 법원을 상대로 제기한 권한쟁의심판청구사건이었다(2010헌라1. 이 결정에 대해서는 후술 청구요건, Ⅳ. 권한침해가능성, 7. 법원 재판의 국회의원 권한 침해가능성 부정 부분 참조).

4) 각급 선거구관리위원회의 피청구인 지위 인정   이에 대해서는 앞서 살펴보았다(2005헌라7. 전술 참조).

5) 법률상 근거로 설치된 위원회에 대한 부정   헌법상 기관이 아닌 법률로 설치된 원자력위원회가 그 예이다(2019헌사1121).

Ⅱ. 피청구인의 처분 또는 부작위의 존재

1. 법규정과 의미

헌재법 제61조 2항은 피청구인의 처분 또는 부작위('부작위'란 행위를 하지 않는 것을 말하고 '불행사'라고도 함)가 헌법 또는 법률에 의하여 부여받은 청구인의 권한을 침해하였거나 침해할 현저한 위험이 있는 경우에만 권한쟁의심판을 청구할 수 있다고 규정하고 있다. 이 요건은 피청구인이 행한 처분, 하지 않고 있는 부작위이므로 피청구인에 대한 것이다.

2. 처분

(1) 개념과 범위

[넓은 의미의 공권력처분] 여기의 처분은 행정청의 행정행위로서의 처분만 해당되는 것은 아니고 행정처분의 개념보다 넓은 개념이다. 예컨대 법률안 변칙처리사건에서 법률안의 가결선포행위 등에 대하여 권한쟁의심판이 제기되고 본안판단이 된 바 있다(96헌라2). 헌재 판례는 "여기서의 처분은 입법행위와 같은 법률의 제정과 관련된 권한의 존부 및 행사상의 다툼, 행정처분은 물론 행정입법과 같은 모든 행정작용 그리고 법원의 재판 및 사법행정작용 등을 포함하는 넓은 의미의 공권력처분을 의미하는 것으로 보아야 할 것"이라고 한다(2005헌라4).

[청구인의 법적 지위에 구체적 영향] 또 헌재는 "여기서 '처분'이란 법적 중요성을 지닌 것에 한하므로, 청구인의 법적 지위에 구체적으로 영향을 미칠 가능성이 없는 행위는 '처분'이라 할 수 없어 이를 대상으로 하는 권한쟁의심판청구는 허용되지 않는다"고 본다. 헌재는 피청구인의 행위가 법적 구속력 있는 것이 아니어서, 그로 말미암아 청구인들의 헌법상·법률상 보장된 권한들이 박탈되거나 권한행사에 제약을 받는 것이 아니며, 청구인들의 법적 지위가 구체적으로 영향을 받는 것도 아니어서 단지 간접적, 사실적인 영향력만을 지닐 뿐이면 헌재법 제61조 2항에 규정된 '처분'이 아니라고 한다(2005헌라1. * 사안은 행정안전부장관의 기초자치단체에 대한 복무조례의 표준안 제시 등에 대한 것이었다).

[법적으로 문제되는 사실행위나 내부적 행위] 그러나 헌재는 '사실행위'나 '내부적인 행위'도 "청구인의 권한에 부정적인 영향을 주어서 법적으로 문제되는 경우"에는 권한쟁의심판의 대상이 되는 처분에 해당한다고 본다(2003헌라2).

(2) 처분성이 긍정된 예

긍정례들이 적지 않은데 주목할 만한 것이거나 법리적용의 예가 될만한 것들을 인용한다.

① 국회의원 상임위 강제적 사보임행위 - 헌재가 심사할 수 없는 국회내부의 자율에 관한 문제라고 할 수 없고 권한쟁의심판의 대상이 되는 처분이라고 한다(2002헌라1).

② 감사원 감사 – 전국 250개 지방자치단체를 대상으로 "예산집행실태 등"에 대한 감사는 청구인들의 법적 지위에 구체적으로 영향을 미칠 가능성이 있는 법적 중요성 있는 행위라고 보이므로 처분에 해당한다고 보았다(2005헌라3. 기각결정이 되었다).

(3) 처분성이 부정된 예

① 정부의 법률안제출행위 – 법률안을 받아들일지 여부는 전적으로 헌법상 입법권을 독점하고 있는 의회의 권한이므로 정부가 법률안을 제출하는 행위는 입법을 위한 하나의 사전 준비행위에 불과하여 청구인의 법적 지위에 구체적으로 영향을 미칠 가능성이 없다고 하여 '처분'성을 부정한다(2004헌라3). ② 국회의 '법률' 자체, 시행령 등 행정입법 자체(자체는 부정되고 제정·개정행위가 대상임)(2004헌라3, 2005헌라4, 2005헌라9등, 2015헌라1 등) – * 부정하는 이유로 "법률에 대한 권한쟁의심판도 허용된다고 봄이 일반적이다. 다만 권한쟁의심판과 위헌법률심판은 원칙적으로 구분되어야 한다는 점에서, 법률에 대한 권한쟁의심판은 '법률 그 자체'가 아니라, '법률의 제정행위'를 그 심판대상으로 해야 할 것"이라고 한다(2005헌라4). 행정입법도 대상이 되나 시행령, 시행규칙과 같은 법령 자체가 아니라 이를 제정, 개정하는 행위라고 본다(2005헌라9등). ③ 국무총리 소속 사회보장위원회가 '지방자치단체 유사·중복 사회보장사업 정비 추진방안'을 의결한 행위 등 – 내부 행위, 업무협조 요청 취지의 통보행위 – 헌법상·법률상 보장된 지방자치단체 권한들이 박탈되거나 권한행사에 제약을 준다고 할 수 없어 처분성이 부정된다(2015헌라4). ④ 업무연락 또는 단순한 견해의 표명 등, 이에 해당하는 통보행위 등 ⓐ 행정안전부장관의 기초자치단체에 대한 복무조례의 표준안 제시 등(2005헌라1), ⓑ 보건복지부장관이 광역지방자치단체의 장에게 '지방자치단체 유사·중복 사회보장사업 정비지침'에 따라 정비를 추진하고 정비계획(실적) 등을 제출해주기 바란다는 취지의 통보를 한 행위에 대해 처분성을 부정하였다(2015헌라4). ⓒ 구선거관리위원회의 지방선거 소요 예상 비용 통보행위 – 헌재는 공직선거법 제277조 2항에 따라 지방선거를 원활하게 치르도록 하기 위해 지방의회가 다음해 예산을 편성할 때 지방선거에 소요되는 비용을 산입할 수 있도록 예상되는 비용을 미리 통보한 행위. 강남구의 선거비용 부담은 공직선거법에서 그렇게 정하고 있기 때문에 발생하는 것이지 피청구인 강남

구선거관리위원회가 이 사건 통보행위를 하였기 때문에 새롭게 발생한 것은 아니고 그 통보행위는 미래에 발생할 선거비용을 다음 연도 예산에 반영하도록 하기 위해 미리 안내한 것에 불과하며, 법적 구속력이 없어서 청구인 서울특별시 강남구의 법적 지위에 어떤 변화도 가져오지 않아 권한쟁의심판의 대상이 되는 처분이 아니고, 청구인 강남구의 지방재정권을 침해하거나 침해할 가능성도 없다고 보아 이 부분 청구에 대해서는 각하결정을 하였다(2005헌라7). ⑤ 사실행위 - 요건을 갖춘 신고인지 여부만 확인하는 사실행위 - 헌재는 부안군(피청구인)이 정부의 서남해 해상에 해상풍력발전단지 종합추진계획에 따라 설립된 (주)○○의 공유수면 점용·사용 신고를 수리하였는데 고양군(청구인)은 피청구인의 이 신고수리가 자신의 관할 구역에 대해 이루어진 것이므로 무효라고 주장하면서 청구한 권한쟁의심판에서 이 신고수리는 형식적 요건을 갖춘 신고인지 여부만 확인하는 사실행위에 불과하므로 처분성이 부정된다고 하였다(2016헌라8등).

(4) 장래의 처분

1) **원칙적 부정, 예외적 인정** ⅰ) 헌재는 장래처분을 대상으로 하는 심판청구는 원칙적으로 허용되지 아니한다고 본다. 그러나 헌재는 아래에서 보는 예외적 요건이 충족되면 장래처분이라도 대상성을 인정한다. ⅱ) 예외 인정이유 - 헌재는 그 인정이유로 "왜냐하면 권한의 존부와 범위에 대한 다툼이 이미 발생한 경우에는 피청구인의 장래처분이 내려지기를 기다렸다가 권한쟁의심판을 청구하게 하는 것보다는 사전에 권한쟁의심판을 청구하여 권한쟁의심판을 통하여 권한다툼을 사전에 해결하는 것이 권한쟁의심판제도의 목적에 더 부합되기 때문"이라고 한다(2005헌라9등).

2) **예외인정요건** 피청구인의 장래처분에 대해서도 아래 2요건을 갖춘 경우에는 청구할 수 있다고 본다(2000헌라2, 2005헌라2, 2005헌라9등, 2009헌라5 등).

[요건]
① 피청구인의 장래처분이 확실하게 예정되어 있고,
② 피청구인의 장래처분에 의해서 청구인의 권한이 침해될 위험성이 있어서 청구인의 권한을 사전에 보호해 주어야 할 필요성이 매우 큰 예외적인 경우

3) 인정례　　　　장래처분의 대상성을 인정한 대표적 예를 아래에 하나 보
는데 사안은 어업 등 관련 자치권한 침해가 문제되는 해상경계 획정에 관한 권한
쟁의사건이다. 분쟁이 계속되고 있고 피청구인이 앞으로도 그 행정권한을 행사할
가능성이 높아 사전보호필요가 매우 큰 예외적인 경우라는 점을 인정이유로 판시
하고 있다.

📖 **판례　헌재 2021.2.25. 2015헌라7**

[판시] 청구인들(경상남도, 남해군)과 피청구인들(전라남도, 여수시) 사이에는 오랜 기간 이 사건
쟁송해역 내에서 육성수면 지정 및 연구·교습어업 실시공고 등을 둘러싼 갈등이 있어 왔다. …
이 사건 심판청구가 이루어진 이후에도 이 사건 쟁송해역에서의 어업면허 및 허가 권한이 누구
에게 속하는지를 두고 분쟁이 계속되고 있다. 또한 피청구인들은 지금까지 이 사건 쟁송해역에서
수산업법 제8조 1항의 면허어업에 관한 면허처분 및 수산업법 제41조 2항의 연안어업에 관한 허
가와 같은 행정권한을 행사하여 왔으며, 별다른 사정이 없는 한 앞으로도 그 행정권한을 행사할
가능성이 높다. 그렇다면 피청구인들의 위와 같은 장래 처분으로 인하여 청구인들의 자치권한이
침해될 현저한 위험성이 존재한다고 할 것이므로, 이 사건 권한쟁의심판청구는 청구인들의 권한
을 사전에 보호해 주어야 할 필요성이 매우 큰 예외적인 경우에 해당한다. * 본안판단결과 쟁송
해역에 대한 관할권한이 청구인들에게 속하지 않는다고 하여 기각결정을 하였다.
* 평가 – 위 설시 부분에 가정적 표현(즉 "본안판단결과 권한이 인정될 가능성이 있다면")을 넣
어 "장래처분으로 인하여 … 권한이 침해될 현저한 위험성이 존재한다"라고 하는 것이 나을 것이
다. 적법요건 판단 부분이고 그 본안판단결과 관할권한이 인정될 것인지 결론이 날 것이기 때문
이다. 바로 위에서도 관할권한을 부정하는 기각결정이 되었던 것을 보더라도 그러하다.
* 장래처분 대상성 인정 법리의 동지 결정례: 2009헌라3, 2009헌라4, 2009헌라5, 2015헌라2 등.

3. 부작위

(1) 부작위의 경우에서의 요건 – 작위의무의 전제

헌재는 부작위(不作爲)의 경우에는 일정한 요건을 설정하고 있다. 즉 아래 (2)의
결정례들에서 보듯이 "피청구인의 부작위에 의하여 청구인의 권한이 침해당하였다
고 주장하는 권한쟁의심판은 피청구인에게 헌법상 또는 법률상 유래하는 작위의무
가 있음에도 불구하고 피청구인이 그러한 의무를 다하지 아니한 경우에 허용된다"
라고 하여 그 요건에 작위의무의 존재를 전제요건으로 하고 있다.

(2) 작위의무 없어 각하된 결정례

① 국무총리 임명동의안에 대한 개표절차 진행, 표결 결과를 선포하지 아니한 부작위에 대한 청구에서 작위의무 부정(98헌라3), ② 국회 상임위 질서유지조치를 취할 국회의장의 구체적 작위의무 부인(국회 외교통상통일위원회 '한·미 FTA' 비준동의안 상정행위 등에 대한 권한쟁의심판 청구에서 국회의장도 이 사건 당일 폭력사태에 대응하여 질서유지 조치를 취하여야 할 의무가 있음에도 취하지 아니한 부작위로 국회의원들의 권한을 침해하였다는 주장의 청구를 각하하였다. 2008헌라7등), ③ 침해확인된 법률안 심의·표결권을 회복할 수 있는 조치를 국회의장이 취하지 아니하는 부작위에 대한 국회의원의 권한쟁의심판 청구 — 헌재는 이른바 변칙처리가 국회의원의 법률안 심의·표결권을 침해한 것임을 확인하는 결정을 몇 건 하였다. 그런데 이 권한침해를 인정하는 경우에도 문제의 그 법률안의 가결선포행위를 무효로 선언하지 않는 입장을 줄곧 유지하여 왔다. 그리하여 침해확인된 법률안 심의·표결권을 회복할 수 있는 조치를 국회의장이 취하지 아니하는 부작위가 다시 국회의원의 심의·표결권을 침해한다는 주장의 권한쟁의심판이 청구된 예가 있다. 그러나 헌재는 작위의무가 없다고 하여 기각결정하였다(2009헌라12. * 이 결정에 대해서는 뒤의 권한쟁의심판의 결정, 결정례, 인용결정, 권한침해인정결정의 효력 부분 참조). ④ 국가위임사무의 부작위 경우 — 부작위에 대한 권한쟁의심판을 청구한 사건에서 그 부작위상태에 있는 사무가 국가사무로서 도지사에게 위임된 기관위임사무란 이유로 각하되어 실질적으로 의무가 없는 것과 같은 효과의 결론이 난 결정례이다. 사안은 피청구인 인천광역시장이 이 사건 계쟁지역에 대하여 '인천광역시 연수구 송도동' 지번으로 2009.1.22. 신규 등록한 토지대장을 말소하지 아니한 부작위에 대한 것이었다(헌재 2011.9.29. 2009헌라5. 비슷한 취지의 결정: 2005헌라11 등. 이 결정들에 대해서는 뒤의 침해되는 권한의 존재 요건 중 국가사무 부분도 참조).

(3) 작위의무가 없다고 보면서도 기각결정을 한 예

이러한 예로서 다음과 같은 사안이 있었다. 서울특별시의회의 학생인권 조례안 의결에 대한 교육부장관의 서울특별시교육감에 대한 재의요구 요청을 따르지 아니한 부작위에 대해 헌재는 교육부장관이 교육감이 재의요구를 할 수 있는 기간 내에만 교육감에게 재의요구 요청을 할 수 있고 이 기간이 지난 후 요청에 재의요구를 하여야 할 헌법이나 법률상의 작위의무가 교육감에게 없다고 보았다. 작위의

무없다고 판단했으면서 기각결정을 한 것이다(2012헌라1).

Ⅲ. 권한의 존부 또는 범위에 관한 다툼의 존재

1. 의미와 검토

[의미] 또 다른 청구요건으로 권한의 존부 및 범위 자체에 관한 청구인과 피청구인 사이의 다툼이 있어야만 권한쟁의심판이 적법하게 제기된 것으로 본다.

[검토] 이 요건에서의 중점은 '권한'이 아니라 '다툼'이라고 할 것이다. 왜냐하면 권한 문제는 다음의 또 다른 요건으로 "권한을 침해하였거나 침해할 현저한 위험이 있는"이란 요건에서 다루게 되기 때문이다. 그런데 아래에 '다툼'이 없어 부정된 예들도 그 '다툼'이 '권한'에 관한 다툼이 아니어서 부정된 것이라는 이유를 내세우는데 그렇다면 그 논점은 "권한을 침해하였거나 침해할 현저한 위험이 있는" 요건(이하 '권한침해성 요건') 문제로 다루면 될 일이었고 이 점에서 과연 여기의 '다툼'의 존재라는 이 요건이 얼마나 필요한지 하는 회의가 들게 된다('다툼'이 있으니 심판이 청구된 것이고…).

2. 부인되어 각하된 결정례

아래의 판례는 분쟁의 본질이 권한의 존부 및 범위 자체에 관한 청구인과 피청구인 사이의 직접적인 다툼이 아니라는 이유로 각하된 결정이다.

① 손실보상금 채무에 관한 다툼(헌재 1998.6.25. 94헌라1, 영일군과 정부 간의 권한쟁의. [결정요지] 결국 이와 같은 다툼은 청구인이 주장하는 바와 같이 어업면허의 유효기간연장의 불허가처분으로 인한 손실보상금 지급 권한의 존부 및 범위 자체에 관한 청구인과 피청구인 사이의 직접적인 다툼이 아니라(손실보상금 지급 권한이 처분을 행한 행정관청인 청구인에게 있음은 구 수산업법 제81조 1항에 의하여 명백하다) 그 손실보상금 채무를 둘러싸고 어업권자와 청구인, 어업권자와 피청구인 사이의 단순한 채권채무관계의 분쟁에 불과한 것으로 보인다. 따라서 이 사건 심판청구는 청구인이 피청구인을 상대로 권한쟁의심판을 청구할 수 있는 요건을 갖추지 못한 것으로서 부적법하므로 각하

하기로 결정한다).

② 국유의 경사지 암반 긴급복구 및 안전시설공사 비용 예산배정 요청에 대한 기획재정부장관의 거부처분 − 헌재는 이 문제도 권한의 존부 또는 범위에 관한 다툼이 아니라 관리비용 부담을 둘러싼 청구인과 피청구인 사이의 단순한 채권채무 관계에 관한 다툼에 불과하다고 하여 '다툼'의 존재 요건을 갖추지 못하여 각하한 것이다(헌재 2010.12.28. 2009헌라2).

③ 4대강 사업의 하천 '유지·보수공사' − 4대강 살리기 사업에 관한 사안이었다. 국토해양부장관이 낙동강 사업에 관한 포괄적 시행권을 대행계약 형태로 경상남도지사에게 대행시킨 후 계약상 채무불이행을 이유로 위 대행계약을 해제하고 낙동강 사업의 시행권을 회수한 행위가 청구인인 경상남도에게 헌법과 법률에 의하여 부여된 권한을 침해한 것이라고 주장하면서 권한쟁의심판을 청구한 사안이다. 헌재는 이 '살리기' 사업에 관한 사무가 국가사무에 해당하고, 청구인이 다투는 사유는 피청구인이 위 계약을 해제하고 사업시행권을 회수해 간 것이 부당하다는 취지에 불과하므로, 이와 같은 문제는 공법상 계약, 공법상 법률관계에 관한 다툼에 불과할 뿐 권한쟁의심판이 대상으로 하는 '권한의 존부와 범위에 관한 다툼'으로 볼 수도 없어 부적법하다고 각하결정을 한 것이다(헌재 2011.8.30. 2011헌라1).

Ⅳ. 청구인의 권한을 침해하였거나 침해할 현저한 위험이 있을 것

1. 이 요건의 의미

(1) 2가지 요소 의미

"청구인의 권한을 침해하였거나 침해할 현저한 위험이 있는 때"라는 요건은 다음의 2가지 요소의 요건을 의미한다.

> 2요소 = 청구인의 권한 요소 + 침해성 요소

(2) 청구요건만인지 본안판단대상이기도 한지 여부

1) 논점 및 선해　　　헌재법 제61조 2항은 피청구인의 처분 또는 부작위가 청구인의 "권한을 침해하였거나 침해할 현저한 위험이 있는 경우"를 청구사유로 규정하고 있다. 그런데 권한을 "침해한" 것이라면 뒤의 제5절에서 보듯이 권한침해의 인정이라는 인용결정, 즉 본안결정을 한다. 따라서 권한을 침해한 것인지 여부는 본안의 문제가 아닌가 하는 의문이 생길 수 있다. 그동안의 헌재 판례에서도 권한을 침해하였거나 침해할 현저한 위험이 있는 때가 아니라고 보는 경우에 각하결정을 한 예도 있고 기각결정을 한 예도 있다(아래 참조). 생각건대 선해하면 이러한 판례들의 입장은 청구요건 문제로서의 권한침해의 문제는 침해의 가능성, 즉 일반적으로 피청구인의 문제되는 처분이 행해진 경우 침해의 가능성이 있는지 여부의 문제로 보고 구체적이고 특정한 사안에서 실제로 침해가 있었는지 하는 문제는 본안판단의 문제로 보려는 것으로 이해된다.

2) 권한침해가능성을 부정하면서도 각하 아닌 기각을 한 예

① 공공시설의 관리권자의 확정에 관한 다툼 – 시흥시와 정부 간의 권한쟁의 (96헌라1 [판시] 이 사건 공공시설의 관리권한이 누구에게 있는가에 관계없이 피청구인의 부작위에 의하여 청구인의 권한이 침해되었거나 침해될 현저한 위험이 있다고 할 수 없는 사건이므로 이 사건 심판청구는 헌법재판소법 제61조 2항 소정의 요건을 갖추지 못한 것이라고 할 것이다. 그렇다면 청구인의 심판청구는 그 권한이 침해된 바 없어 이유 없으므로 이를 기각하기로 하여 주문과 같이 결정한다.)

② 계쟁지역(공유수면매립지)에 대한 관할권한이 청구인에 귀속되지 않음을 이유로 자치권한이 침해될 현저한 위험성을 부정하면서 기각한 예(2009헌라3, 2009헌라4, 2009헌라5).

③ 교육감의 조례안 재의요구 철회행위, 철회 후 조례안을 이송받고 20일이 경과한 이후 교육부장관이 조례안 재의요구 요청을 한 데 대해 교육감이 재의요구를 하지 않은 부작위, 교육감이 조례를 공포한 행위가 교육부장관의 재의요구 요청권한을 침해할 가능성을 부정하면서도 각하 아닌 기각을 한 예(2012헌라1).

2. 침해되는 청구인의 권한의 존재(제1요소)

(1) 의미 – 청구인에 대한 요건

권한의 침해가능성 요건은 침해되는 청구인의 권한이 존재할 것을 전제로 한다는 점에서 이 요건은 먼저 청구인에 관한 요건임은 물론이다.

(2) 침해되는 권한의 범위 – 법률에 의하여 부여받은 권한도 포함

여기의 권한은 헌재법 제61조 2항이 "헌법 또는 법률에 의하여 부여받은 청구인의 권한을 침해하였거나"라고 규정하고 있으므로 헌법뿐 아니라 법률에 의하여 부여된 권한도 포함된다.

[* 법률에 의한 권한의 침해의 예] 지방자치단체의 폐치·분합으로 예를 들어 A시의 일부가 B시의 구역으로 변경되어 B시가 A시에 그 일부 토지에 대한 사무와 재산을 인계할 것을 요구하였는데 이에 응하지 않는 경우 – 지방자치법 제5조(신법 제8조)라는 법률에 규정된 권한(승계권) 침해이다(실제례: 2004헌라2).

[* 실익 – 결정형식과의 연관성] 법률상 권한 침해도 포함함은 헌법상 권한과 법률상 권한 구분을 가져오고 이 구분은 뒤의 결정형식의 확인결정에서 '위헌'확인결정과 '위법'확인결정의 구분에 또한 연관된다(후술 참조).

3. 지방자치단체가 당사자인 경우(제1요소 계속)

(1) 국가사무의 제외

1) 제외   국가사무에 속하는 권한사무는 물론 제외된다. 지방자치법 제11조(신법 제15조)는 법률에 이와 다른 규정이 있는 경우 외에는 '지방자치단체가 처리할 수 없는 국가사무'(1. 외교, 국방, 사법(司法), 국세 등 국가의 존립에 필요한 사무, 2. 물가정책, 금융정책, 수출입정책 등 전국적으로 통일적 처리를 할 필요가 있는 사무 … 등)를 규정하고 있다.

2) 판례   헌재는 주로 국가적 이익에 관한 것으로서 전국적인 통일을 기할 필요성이 있는 사무는 국가사무로 본다는 입장이다(헌재 2017.12.28. 2017헌라2 등

참조). 대표적인 판례사안들은 다음과 같다.

① 대학설립에 관한 권한 결정(2010헌라3), ② 신항만의 명칭결정(2006헌라1), ③ 고속철도의 건설이나 고속철도역의 명칭 결정(2003헌라2), ④ 4대강 살리기 사업에 관한 사무(2011헌라1), ⑤ 군 공항의 예비이전후보지 선정(2017헌라2).

(2) 지방사무에서의 구분기준

현행 헌법과 헌재법 규정상 지방자치단체가 관련되는 권한쟁의심판의 경우에는 지방자치단체 자체가 당사자가 되어야 하므로 지방자치단체 자신이 가지는 권한이 침해되거나 침해될 위험이 있을 때 청구가 가능하다.

(3) 구분기준에 비춘 지방자치단체의 사무구분별 해당여부

1) 지방자치단체의 사무   지방자치단체의 사무에는 자치(고유)사무, 위임사무로 크게 나누어지고 후자의 위임사무는 위임받는 주체가 누구인가에 따라 지방자치단체 자체가 위임받는 위임사무인 단체위임사무와, 지방자치단체 기관, 즉 집행기관인 특별시장·광역시장·특별자치시장, 도지사·특별자치도지사, 시장, 군수, 구청장이 위임받는 위임사무인 기관위임사무가 있다.[2] 이 사무의 구분에 따라 그리고 위 구분 기준에 비추어 보면 지방자치단체 자체의 사무가 분명한 자치(고유)사무는 물론이고 단체위임사무도 위임된 것이긴 하나 어디까지나 위임이 된 이상에는 이제 지방자치단체 자체에 귀속되어 지방자치단체 자체의 권한이 되었으므로 그 두 사무들과 관련된 권한침해가 있을 때에는 권한쟁의심판을 청구할 수 있다. 이를 도해하면 아래와 같고 이하 각각에 대해 살펴본다.

---

2 이에 대해서는, 정재황, 국가권력규범론, 박영사, 2020, 942면 이하 참조.

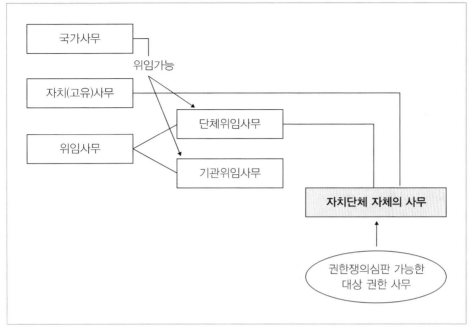

▌권한쟁의심판 대상이 되는 지방사무 도해(출전: 정재황, 헌법재판론, 제2판, 박영사, 2020, 536면)

2) 자치(고유)사무에 속하는 사무

⑺ 긍정　　관할 구역의 자치사무에 관한 권한쟁의에 대해 해당 지방자치단체는 권한쟁의심판을 청구할 수 있다. 헌법 제117조 1항이 '주민의 복리에 관한 사무'라고 규정하고 있고 지방자치법(신법) 제13조 1항은 "지방자치단체는 관할 구역의 자치사무와 법령에 따라 지방자치단체에 속하는 사무를 처리한다"라고 규정하고 있다. 동조 2항은 1. 지방자치단체의 구역, 조직, 행정관리 등, 2. 주민의 복지증진, … 7. 국제교류 및 협력에 관한 사무라고 예시하는 규정을 두고 있다.

⑻ 구체적 판례　　자치사무로 인정한 결정례들을 아래에 본다.

① 지방세 부과 처분권한(2003헌라1).

② 공유수면 점용·사용료 부과처분, 어업면허처분권한(헌재 2019.4.11. 2016헌라8).

③ 지방선거사무(2005헌라7).

④ 국가정책에 관한 주민투표 실시 사무의 성격 – 주민투표법 제8조에 따라 중앙행정기관의 장이 국가정책에 관한 주민투표 요구를 하면 지방자치단체 장이 실시하는 주민투표 사무(2005헌라5).

3) 단체위임사무의 경우

(가) 개념과 범위　　　　　단체위임사무란 지방자치단체 자체가 국가나 다른 지방자치단체로부터 위임받은 사무를 말한다. 헌재는 지방자치법(신법) 제13조 1항의 '법령에 따라 지방자치단체에 속하는 사무'가 보통 단체위임사무를 말한다고 한다.3

(나) 대상성 긍정　　　　　지방자치단체 자체에 위임된 사무에 관하여 지방자치단체가 행한 권한쟁의심판청구도 적법하다고 보아야 한다. 지방자치단체 자체의 권한으로 위임되었고 이의 침해 문제도 지방자치단체의 권한의 침해 문제가 될 것이기 때문이다.

4) 기관위임사무에 관한 지방자치단체의 권한쟁의심판

기관위임사무를 둘러싼 권한쟁의심판은 그 기관위임사무권한이 침해되었다고 주장하는 경우[아래 (가)]와 그 기관위임사무권한행사로 인해 지방자치단체의 권한이 침해되었다고 주장하는 경우[아래 (나)]를 구별해야 한다.

(가) 기관위임사무권한 침해 주장의 지방자치단체 청구의 부적법성　　　　　위임사무 중 지방자치단체가 아닌 그 소속기관에게 위임된 사무인 기관위임사무에 관한 권한이 침해되었다고 지방자치단체 자체가 권한쟁의심판을 청구할 수 없다. 기관위임사무는 지방자치단체 자체에 속하는 사무가 아니기 때문이다. 기관에 대한 위임이란 집행기관(특별시장·광역시장·특별자치시장, 도지사·특별자치도지사, 시장, 군수, 구청장)에 대한 위임이다.

가) 헌재의 판례법리　　　　　헌재판례의 법리는 "기관위임사무의 집행권한의 존부 및 범위에 관하여 지방자치단체가 청구한 권한쟁의심판 청구는 지방자치단체의 권한에 속하지 아니하는 사무에 관한 심판청구로서 그 청구가 부적법하다"는 것이다(2000헌라2, 2005헌라11, 2009헌라5 등). 만약 국가사무를 지방자치단체장에게 위임한 기관위임사무라면 헌재는 "국가사무로서의 성격을 가지고 있는 기관위임사무의 집행권한"이라고 한다(2002헌라2).

나) 대표적 결정례들과 검토　　　　　(ㄱ) 대표적 관련 결정례들 사안 ─ ① 도시계획관련 위임사무(도시계획인가처분권 사무는 지방자치단체의 장에게 위임된 국가위임사무. 성

3　헌재 2011.8.30. 2011헌라1, 판례집 23-2상, 264면.

남시와 경기도 간의 권한쟁의, 헌재 1999.7.22. 98헌라4), ② 지적공부의 등록·비치·보관·보존 등의 등록 관련 집행행위(지적공부의 등록·비치·보관·보존 등의 등록 관련 집행행위는 국가사무라고 본다. 따라서 국가로부터 위임받아 이를 수행하는 지방자치단체의 장은 국가기관이고 이 공부의 사항으로 등록해달라거나 반대로 말소해달라는 심판청구는 지방자치단체인 청구인의 권한에 속하지 아니하는 사무에 관한 권한쟁의심판청구로 부적법하다고 본다. 2005헌라11, 2009헌라5 등 이에 관한 결정례들은 적지 않다) 등이 있다. (ㄴ) ②의 판례에 대한 검토 - ⅰ) 정확한 판시가 아니다. 청구인이 지적공부에 관한 권한이 자신의 권한이고 그것이 침해된다고 주장한 것이 아니고 자치권한의 침해, 즉 피청구인이 말소하지 않은 부작위로 인해 청구인의 관할권 행사를 막는, 자치권한의 침해라고 주장한 것이기 때문이다(2009헌라5의 청구인 주장: "피청구인 인천광역시장은 청구인의 자치권한을 침해하는 이 사건 계쟁지역에 대한 토지등록을 말소할 의무가 있음에도 이를 이행하지 아니함으로써 청구인의 자치권한을 계속적으로 침해하고 있다"). 이 사안은 지적공부업무를 기관위임받아 하는 지방자치단체장이 국가기관으로서 그의 부작위로 인해 청구인의 자치권이란 권한을 침해하는지가 문제되는 권한쟁의사건인 것이다. ⅱ) 요건의 성격 - 그렇다면 위 ②의 경우는 여기 'Ⅳ. 청구인의 권한을 침해하였거나 침해할 현저한 위험이 있을 것'이라는 요건 보다 앞서 본 'Ⅱ. 피청구인의 처분 또는 부작위' 요건의 결여에 해당한다고 볼 것이다. ⅲ) 주목: 최근 헌재 2020.9.24. 2016헌라1(새만금 사건) 결정에서 국토교통부장관이 방조제에 대하여 지적공부에 할 신규등록이 청구인의 자치권한을 침해한다는 주장이 있었다. 이 주장에 대해 헌재는 "매립지의 매립 전 공유수면에 대한 관할권을 가졌을 뿐인 지방자치단체가 새로이 형성된 매립지에 대해서까지 어떠한 권한을 보유하고 있다고 볼 수 없으므로" 신규 매립지에 관한 자치권한 침해성이 없고(신규 매립지에 대한 이런 판례법리에 대해서는 뒤의 권한침해가능성 부분 참조) "따라서 이 사건 심판청구는 모두 부적법하다"라고 하여 지적공부 부분 청구도 부적법하다고 판시하였다. 국가사무의 기관위임법리에 따른 판시가 아니라고 보여져(신규 매립지에 대한 자치권한의 침해가능성이 없어 한꺼번에 모든 청구를 각하하였다는 점에서 그리 보여져) 판례의 변경이 이루어졌는지에 대한 검토가 필요하다고 하겠다. 만약 그렇다면 자치권한과 결부한 점에서는 위 우리의 지적에 부응된다 하겠다.

(내) 기관위임사무권한행사로 인한 지방자치단체 권한 침해 주장의 지방자치단체
청구의 경우

가) 문제의 파악　　　　이 경우는 위 (개)와 구별된다. 이 경우는 기관위임사무
가 침해당했다는 것이 아니라 기관위임사무로 인해 어느 지방자치단체의 권한이
침해된다고 주장하여 권한쟁의심판을 청구하는 경우이다. 위임된 기관위임사무가
국가사무인 경우 그 국가사무를 어느 지방자치단체 집행기관이 수행함으로써 어떤
지방지단체의 권한이 침해된 경우에 권한쟁의는 지방자치단체 간의 권한쟁의가 아
니고 국가기관과 지방자치단체 간의 권한쟁의가 되고 그 상대는 국가기관이 된다.
국가의 사무가 지방자치단체 집행기관에 위임된 경우 그 국가사무를 수행하는 수
임 지방자치단체 집행기관은 국가기관으로서 이를 수행하는 것이다(헌재 2011.9.29.
2009헌라5 등).

> **예시:** 예를 들어 S도의 도지사가 어떤 국가위임사무를 수행하는데 그 국가위임사무로 인해 기초
> 지방자치단체인 Y시의 권한의 침해 문제가 발생하여 Y시가 권한쟁의심판을 S도 도지사를 상대
> 로 청구하면 그 권한쟁의심판은 기초지방자치단체와 국가기관 간의 권한쟁의심판이 된다.

> **실제 예:** 그 실제례로 앞의 국가기관과 국가기관으로서 지방자치단체장 간의 권한쟁의부분에서
> 성남시와 재결청인 경기도지사와의 골프장 설립 문제를 둘러싼 다툼에 대해 살펴본 바 있다. 이
> 사안에서 도지사는 지방자치단체의 장이 아니라 재결사무라는 국가사무를 위임받은 국가기관이고
> 이 국가기관의 재결로 기초지방자치단체인 성남시의 권한을 침해하였다고 하여 인용결정까지 난
> 사안이다[헌재 1999.7.22. 98헌라4. 전술 참조. 이 결정에 대한 자세한 것은 후술(뒤의 157면)
> 참조]. 결국 이 사건은 지방자치단체와 국가기관 간의 권한쟁의사건이었던 것이다.

나) 요건의 성격　　　　이 (내)의 경우는 여기 'Ⅳ. 청구인의 권한을 침해하였
거나 침해할 현저한 위험이 있을 것'이라는 요건보다 앞서 본 'Ⅱ. 피청구인의 처
분 또는 부작위' 요건의 결여에 해당한다고 볼 것이다. 피청구인의 국가사무 수행
인 재결처분에 의한 것이기 때문이다.

5) 명칭 문제　　　　① 다른 지방자치단체의 동명(洞名)과 한글표기가 같더라
도 동명을 독점적·배타적으로 사용할 권한이 있다고 볼 수 없어 행정동 명칭에 관
한 권한이 침해될 가능성이 없다고 보았다(2008헌라4, 2008헌라3). ② 지정항만의 명
칭 사용에 대해서도 자치권한을 침해하였다거나 침해할 현저한 위험이 있다고 볼
수 없다고 한다(2006헌라1, 2005헌라9등. 지정항만에 관한 사무는 국가사무라고 헌재가 봄).

4. "권한을 침해하였거나 침해할 현저한 위험이 있는 경우" 요건(제2요소)

■ 의미와 판단기준(위험의 상당한 개연성, 구체성)

현재시점에서 권한의 침해는 이미 침해의 사실이 있는 경우이고 '침해할 현저한 위험이 있는 경우'란 아직 침해발생이 없어도 발생가능성이 농후한(현저성도 요건으로 부가되고 있음을 유의) 개연성이 강하여야 한다. 이 판단은 객관적 관점에서 이루어져야 한다. 권한획정이라는 권한쟁의심판의 객관적 성격을 고려해야 한다.

[헌재 판례] 헌재는 그 의미와 판단기준을 아래와 같이 판시하고 있다.

📖 **판례 헌재 2019.4.11. 2016헌라3**

[판시] 여기서 '권한의 침해'란 피청구인의 처분 또는 부작위로 인한 청구인의 권한침해가 과거에 발생하였거나 현재까지 지속되는 경우를 의미하고, '권한을 침해할 현저한 위험'이란 아직 침해라고는 할 수 없으나 조만간 권한침해에 이르게 될 개연성이 상당히 높은 상황, 즉 현재와 같은 상황의 발전이 중단되지 않는다면 조만간에 권한침해가 발생할 것이 거의 확실하게 예상되며, 이미 구체적인 법적 분쟁의 존재를 인정할 수 있을 정도로 권한침해가 그 내용에 있어서나 시간적으로 충분히 구체화된 경우를 말한다.

헌재의 위 판시가 있은 사안은 지방자치단체가 사회보장기본법상의 협의·조정을 거치지 아니하거나 그 결과를 따르지 아니하고 사회보장제도를 신설 또는 변경하여 경비를 지출한 경우 행정안전부장관이 교부세를 감액하거나 반환을 명할 수 있는 것으로 피청구인(대통령)이 2015.12.10. 대통령령 제26697호로 지방교부세법시행령 제12조 1항 9호(이하 '이 사건 시행령조항')를 개정한 행위(이하 '이 사건 개정행위')가 자치권한을 침해 또는 침해할 현저한 위험성이 있다고 하여 청구된 사안이다. 헌재는 "이 사건 개정행위에도 불구하고 지방자치단체도 행정안전부장관도 아무런 행동을 취하지 않을 경우에는 해당 지방자치단체의 자치권한에 아무런 침해 상황이 발생하지 않고, 협의 결렬과 경비 지출, 지방교부세 감액이라는 일련의 조건이 모두 성립하여야만 비로소 권한침해가 구체적으로 발생하는 것이다. 그 전에는 조건 성립 자체가 유동적이므로 권한침해의 현저한 위험, 즉 조만간에 권한침해에 이르게 될 개연성이 현저하게 높은 상황이라고 보기도 어렵다"라고 하였다. 헌재는 결국 "이 사건 시행령조항 자체로써 지방치단체의 자치권한의 침해가 확정적으로 현실화되었다거나 자치권한을 침해할 현저한 위험이 인정된다고 보기는 어렵다"라고 하여 각하결정을 한 것이다.

5. 권한침해성·권한침해가능성 결여의 몇 가지 중요 사유

(1) 대외적 관계에서의 침해성 부정 – 국회의원의 심의·표결권의 경우

이 문제가 비단 국회의원의 경우에만 해당될 것은 아니다. 어느 국가기관이나 지방자치단의 권한이 외부로부터 침해되는 것이 아니라면 권한침해성을 인정할 수 없기는 매한가지이기 때문이다. 그리고 사실은 외부로부터 침해라고 판단되지 않으면 심판청구 자체를 할 이유가 없을 것이고 하지 않을 것이다. 그럼에도 이 문제가 국회의원 권한(심의·표결권)과 관련하여 판례상 부각된 까닭을 아래에 판례법리를 살펴보면서 파악이 될 것이나 우리로서는 설득되기 어려운 법리이다.

1) 판례논거   헌재는 국회의원의 심의·표결권은 국회의 대내적인 관계에서 행사되고 침해될 수 있을 뿐 다른 국가기관과의 대외적인 관계에서는 침해될 수 없는 것이므로 대통령 등 국회 이외의 국가기관과 사이에서는 권한침해의 직접적인 법적 효과를 발생시키지 아니한다고 본다. 따라서 피청구인인 대통령이 국회의 동의 없이 조약을 체결·비준하였다 하더라도 국회의 체결·비준 동의권이 침해될 수는 있어도 국회의원인 청구인들의 심의·표결권이 침해될 가능성은 없다고 한다.

📖 **판례** **헌재 2007.7.26. 2005헌라8**

[결정요지] 심의·표결권의 행사는 국회의 의사를 형성하기 위한 국회 내부의 행위로서 구체적인 의안 처리와 관련하여 각 국회의원에게 부여되는데 비하여, 동의권의 행사는 국회가 그 의결을 통하여 다른 국가기관에 대한 의사표시로서 행해지며 대외적인 법적 효과가 발생한다는 점에서 구분된다. 따라서 국회의 동의권이 침해되었다고 하여 동시에 국회의원의 심의·표결권이 침해된다고 할 수 없고, 또 국회의원의 심의·표결권은 국회의 대내적인 관계에서 행사되고 침해될 수 있을 뿐 다른 국가기관과의 대외적인 관계에서는 침해될 수 없는 것이므로, 국회의원들 상호 간 또는 국회의원과 국회의장 사이와 같이 국회 내부적으로만 직접적인 법적 연관성을 발생시킬 수 있을 뿐이고 대통령 등 국회 이외의 국가기관과 사이에서는 권한침해의 직접적인 법적 효과를 발생시키지 아니한다. 따라서 피청구인 대통령이 국회의 동의 없이 조약을 체결·비준하였다 하더라도 국회의 체결·비준 동의권이 침해될 수는 있어도 국회의원인 청구인들의 심의·표결권이 침해될 가능성은 없다고 할 것이므로, 청구인들의 이 부분 심판청구 역시 부적법하다. * 동지: 2006헌라5, 2005헌라10, 2011헌라2, 2013헌라3, 2015헌라5 등.

2) 구체적 사안 판례

㈎ 입법상 심의·표결권 침해가능성 부정   그 예로 행정자치부장관이 2015.10.16. 행정자치부고시로 '중앙행정기관 등의 이전계획'을 변경하였는데, 그

내용은 국민안전처와 인사혁신처를 세종시 이전대상 기관에 포함시켜 2015년 내 이전을 시작하여 2016. 3.까지 이전을 마무리하도록 하는 것이었던바 이 행정자치부장관의 변경행위가 국회의 입법권을 침해한다고 하여 행정자치부장관이 국회의원들의 국회의원의 심의·표결권을 침해하는 것이라고 주장하면서 국회의원들이 청구한 권한쟁의심판사건에서 국회의원의 심의·표결권은 국회의 대내적인 관계에서 행사되고 침해될 수 있을 뿐이라는 이유로 각하한 결정례가 있었다(2015헌라5).

　　(나) 조약안 심의·표결권 침해가능성 부정　　　　이 사안은 WTO 쌀 협상 결과 채택된 '양허표 일부개정안'에 대한 비준동의안을 제출하면서 몇 나라들과의 합의문을 포함시키지 아니하자, 국회의원인 청구인들은 이 사건 합의문을 포함하여 비준동의안을 제출할 것을 요구하였고, 정부는 이를 거부하였다. 국회의원들이 이 제출거부행위로 인하여 자신들의 조약안 심의·표결권이 침해되었다고 권한쟁의심판을 청구한 사건이다. 이 사안에 대해 위 법리를 적용하여 대통령 등 국회 이외의 국가기관과 사이에서는 권한침해의 직접적인 법적 효과를 발생시키지 아니하고 따라서 피청구인인 대통령이 국회의 동의 없이 조약을 체결·비준하였다 하더라도 국회의원인 청구인들의 심의·표결권이 침해될 가능성은 없다고 하여 각하하였는데(헌재 2007.7.26. 2005헌라8) 그 결정요지는 위 (가)에 인용하였다. * 조약 체결·비준 동의에 관한 동지 결정례: ① 2006헌라5(사안은 한·미 FTA 협상에 대한 국회 동의 문제), ② 2011헌라2(대한민국 국군에 대한 작전지휘권과 작전통제권을 이양하는 조약에 대한 비준동의안을 국회에 제출하지 않고 있는 문제 등), ③ 2013헌라3('WTO 정부조달협정 개정의정서의 체결·비준에 대한 국회의 동의를 요구하지 않고 있는 대통령의 부작위 문제).

　　(다) '예산 외에 국가의 부담이 될 계약'에 대한 심의·표결권이 침해가능 부정 이른바 BTL(Build Transfer Lease)방식 민간투자사업을 정부가 승인하는 것은 '예산 외에 국가의 부담이 될 계약'인데 이를 추진함에 있어서 정부가 국회의 의결을 구하지 않았다고 하여 대통령·국무총리·기획예산처장관을 상대로 국회의원의 심의·표결권을 침해하였다고 청구한 권한쟁의심판이다. 헌재는 정부가 국회의 동의 없이 예산 외에 국가의 부담이 될 계약을 체결하였다 하더라도 국회의 동의권이 침해될 수는 있어도 국회의원인 청구인들 자신의 심의·표결권이 침해될 가능성은 없다고 마찬가지 법리를 적용하여 각하한 예가 있다(2005헌라10).

　　(라) 구분점　　　　위와 같은 사안에서 청구인인 국회의원들은 대부분 두 가

지 침해, 즉 ① 국회 자체의 입법권이나 조약 체결·비준 동의권 침해와 ② 국회의원의 심의·표결권 침해를 주장하였는데 헌재는 ①에 대해서는 앞서 당사자 부분에서 본 대로 제3자소송담당이라고 하여 각하하고 ②에 대해서는 여기 권한침해가능성 부정을 이유로 각하하는 것이다.

3) 비판　　　　위 법리에 대해서는 국회의 권한인 입법권, 조약체결비준동의권 같은 권한도 국회의원의 심의·표결권에 의해 행사될 수 있다는 점에서 후자의 권한이 국회 내부에만 머무르는 효과를 가지는 것만은 아니라서 받아들이기 곤란하다. 결국 헌재는 국회의원의 심의·표결권의 침해 주장의 권한쟁의심판은 국회의장(또는 상임위원장)과 국회의원 간의 변칙처리 사안과 같은 국회내부 문제의 경우에만 제기가 적법하다고 보는 것이다.

(2) '부수적으로 발생하는 사실상의 간접적인 불이익'

헌재는 '부수적으로 발생하는 사실상의 간접적인 불이익'이 있는 경우에 권한침해가능성을 인정하지 않는다. 이러한 법리가 나타난 결정의 사안은 경상남도지사에게 대행시켰던 4대강 살리기 낙동강 사업에 관한 포괄적 시행권을 국토해양부장관이 계약상 채무불이행을 이유로 위 시행권을 회수한 행위가 경상남도(청구인)의 권한을 침해한다는 주장의 권한쟁의심판사건이었다. 헌재는 이 회수행위로 경제적·복지적 이익을 추구할 수 없게 되었지만, 이는 사업시행권 회수로 인하여 부수적으로 발생하는 사실상의 간접적인 불이익에 지나지 않으므로 '권한을 침해하였거나 침해할 현저한 위험'이 없다고 보아 각하결정을 하였다(2011헌라1).

(3) 권한 자체 침해가 아닌 문제로 본 예 – 채무불이행

이에 관한 사안으로 어업면허의 유효기간연장의 불허가처분으로 인한 어업권자에 대한 손실보상금 채무가 처분을 행한 청구인이 부담할 것인가 하는 문제는 유효기간연장의 불허가처분으로 인한 손실보상금 지급 권한의 존부 및 범위 자체에 관한 청구인과 피청구인 사이의 직접적인 다툼이 아니라 그 손실보상금 채무를 둘러싸고 어업권자와 청구인, 어업권자와 피청구인 사이의 단순한 채권채무관계의 분쟁에 불과한 것으로 보인다고 하여 청구인의 권한을 침해하였거나 침해할 현저한 위험이 있는 경우에 해당한다고 할 수도 없어 부적법하므로 각하하는 결정을 한 바 있다(94헌라1. 비슷한 취지의 결정: 2009헌라2 – 국유의 경사지 암반 긴급복구 및 안전시설 공사 비용 예산배정 요청에 대한 기획재정부장관의 거부처분).

> * 평가 – 위 보상금지급의 채무 문제는 그냥 불거진 것이 아니라 유효기간 불허가처분으로 인한 것이고 그 불허가의 원인이 정부기간(해운항만청)의 부동의에 있다는 점에서 위의 법리의 타당성에 의문이 있다.

6. 국회의 조직, 의사절차 등에서의 권한침해가능성 부인의 예들

[국회 특별위원회 위원의 개선행위] 헌재는 이에 관한 사건으로 개선(교체)행위만으로는 권한의 침해나 침해의 위험성이 발생한다고 보기 어렵고, 사법개혁특별위원회('사개특위')가 개회되어 신속처리안건 지정동의안에 관한 심의·표결 절차에 들어갔을 때 비로소 그 권한의 침해 또는 침해의 위험성이 존재한다고 하여 그 개선행위에 대한 청구를 각하하는 결정을 한 있다(2019헌라3, 2019헌라2(병합)).

[국회의원 심의·표결권과 무관한 침해주장] 부분적으로 준연동형 비례대표제를 도입하여 비례대표국회의원의 선출방식을 변경하는 등 선거와 관련된 내용만을 담고 있는 공직선거법 개정행위에 대해 헌재는 국회의원을 선출하는 방법과 관련되어 문제될 뿐이고, 청구인 국회의원들이 침해되었다고 주장하는 법률안 심의·표결권과는 아무런 관련이 없다고 하여 피청구인 국회의 이 사건 공직선거법 개정행위로 인하여 청구인 국회의원들의 법률안 심의·표결권이 침해될 가능성은 없다고 하여 그 부분 심판청구는 부적법하다고 보았다(헌재 2020.5.27. 2019헌라6등).

[국회 자체의 권한침해, 의원의 심의·표결권에 대한 국회 외부적 침해가능성 부정] 이에 대해서는 앞서 위 5. (1)에서 보았다.

[포기에 의한 국회의원 심의·표결권의 침해가능성 여부 – 부인하는 판례] 국회의원의 심의·표결권 침해를 이유로 한 권한쟁의심판(*이른바 미디어법 파동사건이었다)에서 피청구인들은 청구인들이 피청구인 국회의장의 직무를 대리한 국회부의장의 의사진행을 방해하고 심의·표결권을 포기하였으므로 그 권한침해가능성조차 없다고 주장하였다. 그러나 헌재는 국회의원의 법률안 심의·표결권은 포기할 수 없는 것이라는 이유로 그 주장을 배척하였다(2009헌라8등).

[국회 입안지원시스템(전산정보시스템)을 통한 의원입법발의 접수] 국회의장이 전산정

보시스템인 국회 입안지원시스템을 통한 의원 입법의 발의를 접수한 것이 국회의원의 법률안 심의·표결권의 침해라는 주장에 대해 헌재는 그 침해될 가능성 또는 위험은 각 국회의원이 해당 법률안을 심의할 수 있는 상태가 되었을 때 비로소 현실화될 수 있으므로 안건 상정, 본회의 부의 등과는 별도로 오로지 전자정보시스템으로 제출된 법률안을 접수하는 수리행위만으로는 사개특위 및 정개특위 위원인 청구인들의 법률안 심의·표결권이 침해될 가능성이나 위험성이 없다고 보아 그 부분 청구를 각하하였다(2019헌라3).

7. 법원 재판의 국회의원 권한 침해가능성 부정

국회의원이 교원들의 교원단체 가입현황을 자신의 인터넷 홈페이지에 게시하여 공개하려 하였으나, 법원이 그 공개로 인한 기본권침해를 주장하는 교원들의 신청을 받아들여 그 공개의 금지를 명하는 가처분 및 그 가처분에 따른 의무이행을 위한 간접강제 결정을 한 것에 대해 국회의원이 법원을 상대로 제기한 권한쟁의심판청구 사건이다. 헌재는 다음의 이유로 권한침해가능성을 부정하여 각하결정을 하였다(2010헌라1). ① 헌법 제40조, 제61조 등의 입법권, 국정감사·조사권은 국회의원이 아니라 국회 자체에 속하는 것이어서 그 자체의 침해를 들어 심판청구할 수 없다(* 앞의 당사자, 제3자소송이론 참조). ② 국회의원의 심의·표결권은 국회의 대내적인 관계에서 행사되고 침해될 수 있을 뿐 다른 국가기관과의 대외적인 관계에서는 침해될 수 없는 것이어서(2005헌라8 등. 앞의 5. (1) 참조) 법원의 가처분재판과 이 사건 간접강제재판(이하 '가처분재판 등')이 법률안 심의·표결권을 침해할 수 없을 뿐만 아니라, 가처분재판 등에도 불구하고 청구인으로서는 얼마든지 법률안을 만들어 국회에 제출할 수 있고 국회에 제출된 법률안을 심의하고 표결할 수 있으므로, 이 가처분재판 등으로 인해 청구인의 법률안 제출권이나 심의·표결권이 침해될 가능성은 없다. ④ 국정조사요구권은 국회의원 4분의 1 이상, 서류제출요구권은 3분의 1 이상의 요구에 의한 것이고 가처분재판 등은 위와 같은 국회의원의 권한에 대해서는 아무런 제한을 가하고 있지 않으므로 국회의 국정감사 또는 조사와 관련된 청구인의 국회의원으로서의 권한이 침해될 가능성 또한 없다. ⑤ 자신이 취득하고 보유한 특정 정보를 인터넷 홈페이지에 게시하거나 언론에 알리는 것과 같은 행위는 헌법과 법률이 특별히 국회의원에게 부여한 국회의원의 독자적인 권능이라고 할 수 없고 일반 개인들도 누구든지 할 수 있는 행위로서, 그러한 행위가 제한된다고 해서 국회의원의 권한이 침해될 가능성은 없다. ⑥ 이 가처분재판 등이 특정 법률 안의 발의를 금지하거나 특정 법률안에 대한 심의와 표결을 금지하지 않고 있음은 명백하므로 청구인이 주장하는 바와 같은 권한침해의 가능성은 존재하지 않는다.

8. 공유수면 매립지 - 새로 매립된 지역에 대한 관할과 권한침해가능성

공유수면이 새로이 매립된 지역을 둘러싼 지방자치단체들 간의 권한쟁의심판 이 제기된다. 문제는 새로 매립된 지역이 속할 지방자치단체는 신 지방자치법 제5 조 5항부터 8항(구법 제4조 4항부터 7항)까지의 규정에 따라 행정안전부장관이 결정하 도록 하고 있는데 동조 9항(구법 제4조 8항)은 관계 지방자치단체의 장은 이 행정안 전부장관의 결정에 이의가 있으면 대법원에 소송을 제기할 수 있다고 규정하고 있 다. 그렇다면 새로 매립된 지역에 대한 소속결정은 이의제기를 대상으로 하는 것 이긴 하지만 여하튼 대법원이 관장하고, 그렇지 않은 경우(즉 매립 이후 이의없이 지나 고 지방자치단체 간 매립지를 둘러싼 분쟁이 있는 경우)의 소속결정은 헌재가 관장하는 것인 지 명확하지 않다. 그런데 헌재는 2020년에 "행정안전부장관의 결정이 확정됨으로 써 비로소 관할 지방자치단체가 정해지며, 그 전까지 해당 매립지는 어느 지방자치 단체에도 속하지 않는다 할 것이다. 그렇다면 이 사건 매립지의 매립 전 공유수면 에 대한 관할권을 가졌을 뿐인 청구인들이, 그 후 새로이 형성된 이 사건 매립지에 대해서까지 어떠한 권한을 보유하고 있다고 볼 수 없으므로, 이 사건에서 청구인들 의 자치권한이 침해되거나 침해될 현저한 위험이 있다고 보기는 어렵다"라고 하여 각하결정을 하였다(2015헌라3).

> * 검토 – 이 사안에서 청구인들은 대법원에도 제소를 하였고 그 청구에 대한 대법원의 기각판결도 있었다(대법원 2021.2.4. 2015추528). 생각건대 헌법 제111조 제4호가 '국가기관과 지방자치단체 간 및 지방자치단체 상호간의 권한쟁의'에 관한 심판이라고 명시하고 관할에 관한 예외도 두지 않은 점에서 새로 매립된 구역이라 할지라도 예외적으로 대법원관할로 인정할 것인가 하는 점에 대해서 는 명확한 헌법적 규명이 있어야 할 것이고 그 관할이 분명해져야 할 것이다. * 위 2015추528 판 결 이전에 대법원은 이미 새만금방조제일부구간귀속지방자치단체결정취소청구사건도 기각으로 판 결한 바 있다(대법원 2021.1.14. 2015추566). 이 결정에서도 대법원은 헌재의 위 2015헌라3 결정을 인용하며 판단을 전개하고 있다.

   2009.4.1. 개정된 지방자치법 제4조가 합헌임을 전제로, 개정된 지방자치법 제4조가 시행된 이후로
   는 공유수면 매립지의 관할 귀속 문제는 헌법재판소가 관장하는 권한쟁의심판의 대상에 속하지
   않는다고 판단하였다"라고 설시하고 있다.

9. 지방자치단체 관련 사안들

이에 대해서는 앞의 3.에서 이미 다루었다.

V. 권리보호이익(심판(청구)의 이익)

1. 개념과 그 요건부과의 정당성

[개념, 소멸사유] 권한쟁의심판을 통하여 권한침해가 제거되고 권한이 회복되는 등의 효과가 있어야 한다는 요건을 말한다. 따라서 이미 권한침해상태가 종료되어 피청구인의 권한행사를 취소할 여지가 없어진 경우 등에는 설령 청구가 받아들여지는(인용되는) 결정이 있더라도 권한회복에 도움이 되지 아니하므로 권리보호이익이 없다고 한다. 헌재는 권한쟁의심판청구에 의하여 달성하고자 하는 목적이 청구 후 이루어진 경우에도 권리보호이익이 소멸한다고 본다.

[결정시까지 존속요구] 권리보호이익은 결정시까지도 존속해야 한다.

[요건부과의 정당성 검토] 권리보호이익은 주로 재판이 분쟁의 해결을 가져오는 실효성이 없다면 소송의 본안으로 들어가는 것은 무익하다는 재판경제적 효율성 확보라는 관념에서 나온 것이다. 그런데 권한쟁의심판은 권한이 어느 기관이나 지방자치단체에 있느냐 하는 권한의 객관적 확인과 획정이라는 성격을 가진다는 점에서 권리보호이익을 그 청구요건의 하나로 요구하는 것이 정당한가 하는 근본적인 질문이 제기될 수 있다. 따라서 헌법질서, 권력분립의 확립, 공무수행기능 등의 정상화, 이를 통한 국민 기본권보장이라는 필요성이 있다면 적극적으로 심판을 해야 할 것이 요구되므로 이 요건을 너무 강하게 요구할 수는 없다. 헌재가 예외적 심판이익을 아래에 보듯이 인정하여 그나마 완화시키고 있긴 하고 그 입장은 그러

한 맥락에서 이해되기도 한다.

2. 예외적 심판이익의 인정

(1) 예외적 심판이익 인정의 요건

헌재는 권리보호이익이 없는 경우에도 같은 유형의 침해행위가 앞으로도 반복될 위험이 있고, 헌법질서의 수호·유지를 위하여 그에 대한 헌법적 해명이 긴요한 사항에 대하여는 예외적으로 심판의 이익을 인정한다.

> **[예외요건]**
> 1. 침해행위가 앞으로도 반복될 위험성, 2. 헌법적 해명의 필요성

* 용어 문제: 1. 예외적이라는 것은 '심판(청구)의 이익'이 예외적이라는 것이므로 '권리보호이익의 예외'란 용어는 부적절하다. 권리보호이익은 침해행위의 종료 등으로 이미 사라진 것이므로 사라진 것은 사라질 것일 뿐 예외적으로도 있을 수 없다. 있을 수 있는 것은 심판에 들어갈 이익은 예외적으로 있는 것이다. 그래서 권리보호이익의 예외가 아니라 예외적인 심판이익의 인정인 것이다. 2. 헌재가 '심판청구'의 이익이라는 말도 사용하는데 그 예외의 이익을 인정하는 판단기관이 헌재이지 청구인이 아니므로 그냥 '심판'이익이라고 하는 것이 더 적절한 용어로 보인다.

(2) 예외 요건 판단의 객관성

이러한 예외적 요건인 반복성이나 헌법해명성은 청구인의 개인적이고 주관적인 것이 아니라 일반적으로 객관성이 인정되는 관점에서 그 인정 여부가 판단되어져야 한다(2010헌라4).

(3) 결정례

1) 예외적 심판이익 인정례

① 국회의원 위원회 강제사임   ㉠ 상임위원회에서의 위원 강제사임 − 국회의장(피청구인)이 국회의원인 청구인을 그 의사에 반하여 국회 보건복지위원회에서 사임시키고 환경노동위원회로 보임한 행위(이하 "이 사건 사·보임행위")가 그 국회의원의 법률안 심의·표결 권한을 침해한 것이라고 청구된 사건이다. 헌재는 그 심판

청구 후 제16대 국회의 제2기 원구성이 완료되고 청구인이 보건복지위원회에 다시 배정되어 청구인이 이 권한쟁의심판청구에 의하여 달성하고자 하는 목적은 이미 이루어져 권리보호이익이 소멸된 상태이지만 반복가능성이 있고 헌법적 해명의 필요성이 있어 심판의 이익이 있다고 판시하였다(헌재 2003.10.30. 2002헌라1. * 본안판단에서 기각결정되었다. * 검토 – 심판이익을 인정하여 본안판단에 들어간 것은 타당하다. 그러나 "청구인은 다시 보건복지위원회에 배정되어 현재까지 동 위원회에서 활동하고 있다. 그러므로 청구인이 이 사건 권한쟁의심판청구에 의하여 달성하고자 하는 목적은 이미 이루어져 청구인이 주장하는 권리보호이익이 소멸하였다"라고 하는 권리보호이익 소멸의 이유는 타당하지 못하다. 왜냐하면 청구인은 강제 사임당하여 자신이 반대하던 "건강보험재정분리법안"의 심의·표결을 하지 못하였으므로 소신대로 그 심의·표결에 임하려 했던 그 목적을 이루지 못했으므로 목적달성이 된 것이 아니었기 때문이었다. 강제 사임되어 그 상임위에서 그 법안에 대해 심의·표결하지 못한 사실은 지나간 과거 사실이어서 되돌이킬 수 없는 것이고 그 점에서 권리보호이익이 없다고 하여야 논증이 맞다). ㉡ 특별위원회 위원 강제사임에 대한 심판청구 후 위원회 활동기한 종료 – 당해 사개특위는 2019.8.31. 그 활동기한이 종료되었다. 따라서 그 권한쟁의심판청구가 인용되더라도 청구인이 사개특위 위원 신분을 회복할 수는 없게 되었으므로, 권한쟁의로써 해결해야 할 구체적인 보호이익은 소멸하였다고 보면서도 반복가능성, 해명필요성을 인정하여 예외적으로 심판청구의 이익을 인정하였다(헌재 2020.5.27. 2019헌라1. * 본안판단에서 기각결정되었다).

② 지방자치단체에 대한 합동감사   감사가 이미 끝나 침해상태가 종료되었으나 반복위험성, 중앙행정기관 장의 자치단체에 대한 자치사무 감사에 관한 헌법적 해명의 긴요성을 들어 예외를 인정하였다(2006헌라6).

2) 반복위험성, 헌법적 해명 필요성을 부인하여 각하한 예   반대로 예외사유를 부인한 예로 전라북도교육감의 자율형 사립고등학교 지정·고시 처분 취소를 취소하라는 교육과학기술부장관의 시정명령은 헌법상 자주적·전문적 교육을 실현하기 위한 교육감의 권한 등을 침해하는 것으로 무효라며 권한쟁의심판을 청구하였는데 이후 자율형 사립고등학교 법인이 전라북도교육감을 상대로 위 지정·고시 처분 취소처분의 취소를 구한 소송에서 취소처분을 취소하는 판결이 확정되었던 사안을 들 수 있다. 헌재는 이 확정으로 청구인은 더 이상 이 사건 각 시정명령에 따를 법적인 의무를 부담하지 않게 되어 권한침해의 상태가 이미 종료된 경우에 해당하여 권리보호의 이익을 인정할 수 없다고 보았다. 그리고 위 교과부장

관의 시정명령의 반복을 예상하기는 어려울 뿐 아니라, 다시 발생한다 하더라도 구체적인 사안마다 국가기관과 지방자치단체 간의 권한침해의 사실관계 등이 달라 재량권의 일탈·남용 여부에 대한 판단 역시 동일하게 이루어질 수 없으므로, 청구인에게뿐만 아니라 일반적으로도 다시 반복될 수 있는 것이 아니고 헌법적 해명이 필요한 경우라고 볼 수 없다고 판단하였다(2010헌라4).

3) 대법원 법령해석의 당부나 위헌성판단을 구하는 취지의 청구에 대한 헌법해명성 부정   이는 기관 상호 간의 분쟁해결을 목적으로 하는 권한쟁의심판에서 헌법적으로 해명할 필요가 긴요한 사항이라 할 수도 없다는 것이 헌재의 판시이다(2010헌라4. 위 각하결정의 예에서 함께 판시된 내용이다).

* 기타 – 소수의견으로서 권리보호이익의 결여로 각하하자는 의견이 있었던 예: 국무총리 임명동의안 표결을 둘러싼 대통령과 국회의원 간의 권한쟁의심판에서 5인 재판관의 다수의견이 각하의견이어서 각하결정이 되었는데 그 5인 각하의견 중 2인 재판관의 의견이 권리보호이익의 결여를 이유로 각하하여야 한다고 주장한 예(98헌라1, 98헌라2)가 있었다.

3. 피청구인 주장의 청구인 투표방해(소권남용)의 심판이익 부인 불가성
(이익인정)

국회의원의 심의·표결권 침해를 이유로 한 권한쟁의심판(*이른바 미디어법 파동사건이었다)에서 피청구인(국회의장)은 청구인들이 다른 국회의원들의 투표를 방해하는 등 권한 침해를 유도한 측면이 있으므로 심판을 청구한 것은 소권의 남용에 해당하여 심판청구의 이익이 없다고 주장하였다. 그러나 헌재는 권한쟁의심판의 헌법적 가치질서 보호라는 객관적 기능(취지)을 논거로 이를 받아들이지 않았다(2009헌라8등).

Ⅵ. 청구기간

1. 처분에 대한 심판청구에서의 2가지 기간 요건('안' 날, '있은 날')

(1) 불변기간, 2가지 기간 모두 충족요구와 그 이유, '안' '날'의 의미

권한쟁의심판은 그 사유가 있음을 안 날로부터 60일, 그 사유가 있은 날로부터 180일 이내에 청구하여야 한다(헌재법 제63조 1항). ⅰ) 불변기간 - 이 기간은 불변기간이어서(동법 동조 2항) 도과되면(넘기면) 각하된다. ⅱ) 2가지 기간 모두 충족요구와 그 이유 - 두 기간 중 어느 하나만이라도 도과하면 부적법하여 각하결정이 있게 된다. 기간은 '안' 날 이라는 주관적 기간뿐 아니라 '있은' 날이라는 객관적 기간도 설정하고 있는데 후자는 법적 안정성을 위한 요건이다. 문제의 처분이 집행되고 그 처분과 관련된 여러 법률관계가 형성된 먼 훗날 또는 상당한 훗날 비로소 알았다고 하여 권한쟁의심판을 통하여 이를 깨뜨리면 법적 안정성이 무너지기 때문에 있은 날로부터 180일이 지나면 비록 '안'지가 청구시점에서 60일 이내라고 할지라도 청구를 할 수 없게 한 것이다(예를 들어 아래 도해에서처럼 2019년 3월 5일에 권한을 침해하는 피청구인의 어떤 행정작용이 있었는데 2019년 11월 15일에 알게 되어 2019년 12월 5일에 권한쟁의심판을 청구하면 '안 날'부터는 60일의 청구기간을 도과하지 않았으나 '있은 날'부터 180일의 청구기간이 지났으므로 이 경우 각하가 된다). ⅲ) '안' 날의 의미 - 헌재는 '안 날'은 다른 국가기관 등의 처분에 의하여 자신의 권한이 침해되었다는 사실을 특정할 수 있을 정도로 현실적으로 인식하고 이에 대하여 심판청구를 할 수 있게 된 때를 말하고, 그 처분의 내용이 확정적으로 변경될 수 없게 된 것까지를 요하는 것은 아니라고 한다(2006헌라7).

▮ 청구기간 도해

* 법령 제정·개정행위로 인한 권한침해 주장의 권한쟁의심판에서 청구기간 기산점 – 청구기간 기산점에 관한 문제의 하나로 법률, 시행령과 같은 법령의 제정·개정행위(앞서 심판대상 설명에서 법령의 경우 법령 그 자체가 아니라 제정·개정행위가 처분이라고 했음. 전술 참조)의 경우 그 기산점이 논의된다. 원칙적으로 제정·개정행위가 있음을 안 날, 있은 날로 해야 할 것이다. 그런데 현실적으로 제정·개정행위가 있은 날이란 제정·개정절차진행 중 어느 일자인지를 명확히 할 수 없을 수 있으므로 현실적으로는 늦어도 제정·개정된 법령이 시행되는 시점으로 볼 가능성이 있다(시행일을 있은 날로 하여 시행일부터 180일이 경과한 후에 제기된 것이라고 하여 청구기간을 준수하지 못하였다고 본 결정례: 2005헌라9등).

(2) 추가청구 경우의 기준점

청구를 추가하는 심판청구서 정정신청의 경우 헌재는 청구기간은 신청서의 제출일을 기준으로 도과여부를 판단한다고 한다(98헌라4).

2. 청구기간 적용이 없는 경우

ⅰ) 장래처분의 경우 – 헌재는 장래처분에 대해서도 일정한 요건 하에서 심판대상성을 인정하는데(앞의 피청구인의 처분이 있을 것. 요건 부분 참조), 이 장래처분에 대한 권한쟁의심판에서는 청구기간의 제한이 없다고 본다(2009헌라3, 2015헌라2, 2015헌라7, 2005헌라9등). 그 이유로 헌재는 "장래처분이 아직 내려지지 아니한 상태"임을 든다.

ⅱ) 부작위에 대한 청구의 경우 – 부작위로 인한 권한침해의 경우 청구기간의 제약이 없다고 보아야 하고 부작위인 상태에 있는 한 언제든지 심판청구를 할 수 있다(판례도 그러함. 2004헌라2). 부작위인 상태가 계속되는 한 권한의 침해가 계속된다고 보아야 하기 때문이다. 이 점 입법으로 앞으로 보다 명확해져야 할 것이다.

Ⅶ. 청구서 기재

그 외 청구요건으로 청구서에 1. 청구인 또는 청구인이 속한 기관 및 심판수행자 또는 대리인의 표시, 2. 피청구인의 표시, 3. 심판대상이 되는 피청구인의 처분 또는 부작위, 4. 청구 이유, 5. 그 밖에 필요한 사항을 적어야 한다(동법 제64조).

제3절 권한쟁의심판에서의 가처분제도

헌재법 제65조(가처분) 헌법재판소가 권한쟁의심판의 청구를 받았을 때에는 직권 또는 청구인의 신청에 의하여 종국결정의 선고 시까지 심판 대상이 된 피청구인의 처분의 효력을 정지하는 결정을 할 수 있다. [전문개정 2011.4.5.]

* 중요, 주목: 권한쟁의심판에서의 가처분 법리는 헌법소원심판에서의 가처분 법리와 원리상 비슷하여 중복을 피하기 위해서도 여기서는 기본법리와 권한쟁의심판에서의 실제례 등만 서술한다. 따라서 권한쟁의심판의 가처분에 대한 충분한 이해를 위해서 헌법소원심판 가처분 부분을 꼭 참조해야 할 것이다.

Ⅰ. 가처분제도의 개념과 필요성

[개념] '가처분'이라 함은 헌재가 직권 또는 청구인의 신청에 의하여 종국결정의 선고시까지 심판대상이 된 피청구인의 처분의 효력을 정지하는 결정을 하는 것을 말한다(동법 제65조).

[필요성] 권한쟁의심판의 본안결정이 내려지기까지는 상당한 시일이 요구될 것인데 그 결정이 있기 전에 권한을 침해하는 처분이 집행부정지원칙(처분에 대해 소송이 제기되더라도 그 "효력이나 그 집행 또는 절차의 속행에 영향을 주지 아니한다"라고 행정소송법 제23조 1항이 규정, 헌재법 제40조 1항이 권한쟁의심판에 이를 준용)에 따라 집행이 완료되는 등의 경우에 회복하기 힘든 손해가 발생할 수 있다. 이를 막기 위해 종국결정을 선고할 때까지 피청구인의 처분의 효력을 정지할 필요가 있다.

Ⅱ. 가처분의 적법요건과 신청절차 등

1. 가처분의 적법요건

ⅰ) 본안사건의 당사자이어야 하고[부정된 예: 앞서 당사자에서 본대로 국가기관의 3요소 준거에 맞지 않는 정당(政黨), 원내교섭단체(2019헌사1121), 법률상 근거로 설치된 위원회(그 예로서 원자력안전위원회) 등], ⅱ) 본안사건의 계속 중이어야 하며(2019헌사1121), ⅲ) 본안심판 범위 내 신청이어야 하고, ⅳ) 권리보호이익이 있어야 하며, ⅴ) 소정의 신청

의 형식과 절차를 거쳐야 한다. 이 V.에 대해서는 아래 2.에서 별도로 서술한다.

2. 가처분신청의 방식(형식)과 절차

ⅰ) 직권, 신청에 의한 시작, ⅱ) 신청방식으로서 ① 서면주의, ② 신청서 기재
사항(신청의 취지와 이유 기재, 주장을 소명하기 위한 증거나 자료를 첨부) 등을 갖추어야 한다.

3. 신청내용

ⅰ) 공권력행사의 효력·집행정지가 내용이며 ⅱ) 부작위, 거부행위에 대해서
는 적극적인 작위로 나아갈 것을 내용으로 하여야 할 것이다.

Ⅲ. 권한쟁의심판에서의 가처분의 요건(실체적 요건)

1. 가처분의 요건의 의미 - 실체적 인용요건

이는 가처분을 받아들일 수 있는(인용할 수 있는) 요건을 말한다. 가처분의 적법
요건은 위 신청단계에서 살펴보았다. 여기 가처분의 요건이란 신청이 적법하게 이
루어진 것으로 판단되어 가처분사건의 본문제, 즉 잠정적 조치를 취하는 가처분을
허용할 것인지에 대한 요건으로서 이에 대해 아래에서 살펴보는 것이다.

2. 구체적 인용요건

(1) 법규정과 판례법리

1) 적용 법규정   가처분 인용과 그 요건에 관한 법규정들로 헌재법 제
65조, 헌재법 제40조 1항 후문에 따라 준용되는 아래의 행정소송법 제23조 2항,
민사집행법 제300조 등의 규정들을 들 수 있다.

헌재법 제65조(가처분) 헌법재판소가 권한쟁의심판의 청구를 받았을 때에는 직권 또는 청구인의 신청에 의하여 종국결정의 선고 시까지 심판 대상이 된 피청구인의 처분의 효력을 정지하는 결정을 할 수 있다.

헌재법 제40조(준용규정) 생략

행정소송법 제23조(집행정지) ② 취소소송이 제기된 경우에 처분 등이나 그 집행 또는 절차의 속행으로 인하여 생길 회복하기 어려운 손해를 예방하기 위하여 긴급한 필요가 있다고 인정할 때에는 본안이 계속되고 있는 법원은 당사자의 신청 또는 직권에 의하여 처분등의 효력이나 그 집행 또는 절차의 속행의 전부 또는 일부의 정지(이하 "집행정지"라 한다)를 결정할 수 있다. 다만, 처분의 효력정지는 처분등의 집행 또는 절차의 속행을 정지함으로써 목적을 달성할 수 있는 경우에는 허용되지 아니한다.
③ 집행정지는 공공복리에 중대한 영향을 미칠 우려가 있을 때에는 허용되지 아니한다.

민사집행법 제300조(가처분의 목적) ① 다툼의 대상에 관한 가처분은 현상이 바뀌면 당사자가 권리를 실행하지 못하거나 이를 실행하는 것이 매우 곤란할 염려가 있을 경우에 한다.
② 가처분은 다툼이 있는 권리관계에 대하여 임시의 지위를 정하기 위하여도 할 수 있다. 이 경우 가처분은 특히 계속하는 권리관계에 끼칠 현저한 손해를 피하거나 급박한 위험을 막기 위하여, 또는 그 밖의 필요한 이유가 있을 경우에 하여야 한다.

2) 판례법리　　　판례법리는 아래의 네모 속 내용과 같이 정리된다(이 법리가 표명된 결정례들은 많다. 대표적으로 98헌사98, 2000헌사471, 2018헌사242등 참조).

[판례의 기본법리]
▶ 가처분 인용요건:
- 본안심판이 부적법하거나 이유없음이 명백하지 않는 한 가처분 요건을 갖춘 것으로 인정
- 중대 불이익, 긴급성·필요성 요건 – '공권력 행사 또는 불행사'의 현상을 그대로 유지시킴으로 인하여 생길 회복하기 어려운 손해를 예방할 필요가 있어야 하고 그 효력을 정지시켜야 할 긴급한 필요가 있어야 함
- 비교형량 요건 – 가처분을 인용한 뒤 종국결정에서 청구가 기각되었을 때 발생하게 될 불이익과 가처분을 기각한 뒤 청구가 인용되었을 때 발생하게 될 불이익에 대한 비교형량을 하여 후자의 불이익이 전자의 불이익보다 크다면 가처분을 인용할 수 있음
- 소극적 요건 – 공공복리 관련 부재요건 – 공공복리에 중대한 영향을 미칠 우려가 없을 것

---

(2) **개별 서술**

위 요건들을 아래에서 나누어 상술한다.

1) 본안심판청구 부적법성·이유없음의 불명백성 – 소극적 요건의 의미

본안심판의 청구가 명백히 부적법하지 않거나 이유없음이 명백하지 않아야 한다.

사실 본안의 결론의 불확실성 때문에 만일의 인용결정이 가져올 수 있는 문제점에 대비하는 예방책으로 마련된 가처분 제도인데 이에 확실성을 담은 본안의 인용가능성을 연관짓는 것은 가처분 제도의 취지에 부합하지는 않아 이 요건에 대해 논란될 수 있다. 그러나 명백하게 본안심판의 청구가 부적법하여 각하될 것이거나 그 청구에 이유가 명백히 없어서 기각될 경우에는 가처분 결정을 할 수 없다고 보는 것이 논리적이다. 이 경우에 가처분을 통한 긴급한 예방조치라는 것도 본안심판의 각하결정, 기각결정으로 의미가 없는 것이기 때문이다. 헌재도 "본안심판이 부적법하거나 이유없음이 명백하지 않는 한, 위와 같은 가처분의 요건을 갖춘 것으로 인정되고 … 가처분을 인용할 수 있는 것"이라고 한다(이를 밝힌 결정들은 많다. 예를 들어 2000헌사471 참조). 요컨대 본안심판의 명백한 부적법성, 이유없음이 없어야 한다는 소극적 요건으로는 작용된다고 본다.

2) 손해예방(중대한 불이익 방지)

헌법소원심판의 결정이 공권력행사를 취소하는 인용결정으로서 내려질 것일지라도 그 결정이 있기 전에 문제의 공권력행사가 집행 내지 속행되면(집행, 속행이 유지일 수도 있음) 돌이킬 수(회복할 수) 없는 손해가 발생할 수 있어서 이를 예방할 필요가 있을 것을 그 요건으로 한다(행정소송법 제23조 2항).

3) 긴급성 – 방지의 긴급한 필요성

그 예방을 긴급히 하여야 할 필요가 있는 상황에 있을 것을 요건으로 한다. 이는 본안심판의 결정이 내려질 때를 기다려서는 회복불능의 손해가 발생할 수 있고, 권리실행의 곤란성, 급박한 위험을 막을 수 없는 상황을 의미하며 필요한 예방조치를 본안심판 결정이 내려질 때까지 더 이상 미룰 수 없음을 의미한다. 이는 집행의 임박성, 본안심판 결정시까지 기다릴 여유가 없음을 말한다.

4) 비교형량

(가) 판례이론   가처분의 이 요건으로서 헌법재판소가 설정한(98헌사98) 비교형량요건을 정리하면 아래와 같다.

* 이익형량: 가처분신청의 기각·인용에 따른 각각의 불이익간의 비교교량 – '본안사건이 부적법하거나 이유없음이 명백하지 않는 한', 가처분을 인용한 뒤 종국결정에서 청구가 기각되었을 때 발생하게 될 불이익과 가처분을 기각한 뒤 청구가 인용되었을 때 발생하게 될 불이익에 대한 비교형량의 결과 후자의 불이익이 전자의 불이익보다 큰 때에 한하여 가처분결정을 허용할 수 있음.

* 위의 판례이론의 이해를 위한 도표는 뒤의 헌법소원심판의 가처분 부분 참조.

(나) 이익형량에 의한 인용결정을 한 예 아래의 예(98헌사98)는 바로 위에서 소개한 헌법재판소의 법리가 적용된 판례로서 이익형량론 법리에 따라 인용결정이 이루어진 전형적인 예이다.

* 2008.2.29. 행정심판법 개정으로 재결청이 없어지기 전 상황이긴 하지만 여전히 직접처분제도(현행 행정심판법 제50조)가 있으므로 여전히 중요한 leading case로서 살펴본다.

* 그리하여 본안사안을 보면 행정심판의 결과 이행재결이 있었음에도 당해 행정청이 처분을 하지 아니하는 때에는 일정 절차를 거쳐 재결청(현재는 행정심판위원회)이 직접처분을 할 수 있는데, 당시 재결청인 도지사가 이러한 직접처분을 하였는데 그 직접처분 중 이행재결의 주문(主文)에서 명하는 처분의 범위를 벗어난 진입도로 도시계획사업시행자지정까지도 직접처분하여 그 지정처분 부분이 그 청구인 기초 지방자치단체 권한을 침해하는 것이라고 주장하여 제기된 권한쟁의심판이다. 이 심판청구에서 청구인은 위 직접처분이 집행되어 그 사건 위 진입도로를 개설하게 되면 회복하기 어려운 손해를 입게 된다는 이유를 들어 그 효력정지 가처분신청을 한 것이다. * 사건의 보다 자세한 전체 개요는 뒤의 권한침해 인정의 결정례, 행정심판 이행재결 주문 내용을 벗어난 직접처분의 권한침해 인정례 부분, 98헌라4 결정 참조.

🕮 판례 헌재 1999.3.25. 98헌사98. 바로 위의 판례

[당사자] 신청인 – 성남시, 피신청인 – 경기도지사 **[주문]** 피신청인이 1998.4.16. 경기도고시 제1998 – 142호로 행한 성남도시계획시설(서현근린공원 내 골프연습장·도시계획도로)에 대한 도시계획사업시행자지정 및 실시계획인가처분 중, 동 공원구역 외의 도시계획도로(등급: 소로, 류별: 3, 번호: 200, 폭원: 6m, 기능: 골프연습장 진입도로, 연장: 21m, 면적: 149㎡, 기점 및 종점: 성남시 분당구 이매동 128의 11 일원)에 대한 도시계획사업시행자지정 및 실시계획인가처분과 그 선행절차로서 행한 도시계획입안의 효력은 헌법재판소 98헌라4 권한의심판청구사건에 대한 종국결정의 선고시까지 이를 정지한다. **[결정요지]** ► 가. 가처분의 요건에 대한 설시: 바로 위의 (가)의 판례의 **관련설시 부분** 참조. ► 나. 피신청인이 직접처분을 한 ① 골프연습장 ② 공원구역 내의 진입도로 ③ 공원구역외의 이 사건 진입도로 중 쟁점이 된 진입도로는 골프연습장을 설치할 서현근린공원과 폭 50m인 왕복 10차선 도로의 경계인 공공공지(公共空地)에 해당된다(도시계획법 제2조 1항 1호 나목). 이러한 공공공지는 도시 내의 주요시설물 또는 환경의 보호, 경관의 유지, 재해대책 및 보행자의 통행과 시민의 일시적 휴양공간의 확보를 위하여 설치하는 것이다(도시계획시설 기준에 관한 규칙 제52조). 피신청인의 이 사건 진입도로에 관한 도시계획입안과 지정·인가처분의 효력을 정지시키는 가처분결정을 하였다가 피신청인의 위 입안행위와 지정·인가처분 등이 신청인의 권한을 침해하지 아니한 것으로 종국결정을 하였을 경우에는, 처분의 상대방인 ○○○에게는 공사지연으로 인한 손해가 발생하고 또 골프연습장의 완공이 지연되어 이를 이

용하려는 잠재적 수요자의 불편이 예상된다는 점 외에 다른 불이익은 없어 보인다. 이에 반하여 가처분신청을 기각하였다가 종국결정에서 피신청인의 위 입안행위와 지정·인가처분 등이 신청인의 권한을 침해한 것으로 인정되는 경우에는 피신청인의 직접처분에 따른 ○○○의 공사진행으로 교통불편을 초래하고 공공공지를 훼손함과 동시에 이의 원상회복을 위한 비용이 소요되는 등의 불이익이 생기게 된다. 이 사건 가처분신청을 인용한 뒤 종국결정이 기각되었을 경우의 불이익과 이 가처분신청을 기각한 뒤 결정이 인용되었을 경우의 불이익을 비교형량하고 또 처분의 상대방인 ○○○는 아직 골프연습장 공사를 착수하지 않고 있는 사정을 헤아려 보면 신청인의 이 가처분신청은 허용함이 상당하다.

* 해설: 위 밑줄친 부분이 핵심적 판단인데 판시부분은 가처분을 기각하고 본안결정에서 인용할 때의 불이익이 더 크므로 가처분을 받아들여야 한다는 것이다(바로 아래 법리적용 참조).

[위 결정례에서 법리적용] 비교형량 ──────────

A. 가처분인용 경우의 불이익: 처분 상대방에 공사지연으로 인한 손해가 발생, 골프연습장의 완공이 지연되어 이를 이용하려는 잠재적 이용수요자의 불편이 예상된다는 점 외에 다른 불이익은 없어 보임

B. 가처분기각 경우의 불이익: 직접처분에 따른 공사진행으로 교통불편 초래, 공공공지를 훼손함과 이의 원상회복을 위한 비용이 소요되는 등의 불이익이 생김

∴ 결론: B 불이익 〉A불이익 → 가처분 허용

* 이 결정 후 본안판단에서 권한침해의 인정과 처분의 무효를 확인하는 종국결정이 내려졌다. 성남시와 경기도간의 권한쟁의, 헌재 1999.7.22. 98헌라4, 이 본안결정에 대해서는 뒤의 권한쟁의심판의 결정형식, 4. 인용결정, '행정심판 이행재결의 주문의 내용을 벗어난 재결청의 직접처분에 의한 권한침해의 인정례', 후술 157면 참조.

5) 소극적 요건 – 공공복리 관련 부재요건 – 공공복리에 중대 영향 미칠 우려가 없을 것　　　행정소송법 제23조 3항은 "집행정지는 공공복리에 중대한 영향을 미칠 우려가 있을 때에는 허용되지 아니한다"라고 규정하고 있고 권한쟁의의 가처분에 있어서도 이 요건이 언급되고 있다. 이 요건은 없어야 할 소극적 요건이다. 헌재는 법령소원의 경우 이 요건이 더 고려되어야 한다는 입장이다(2002헌사129).

[검토] 헌재가 설정한 위 비교형량 요건 테스트에서 공공복리에 미치는 영향을 측량하여 이를 비교한다는 점에서 이를 별도 요건으로 설정할 필요가 있을지 그 실익이 의문이다. 이 공공복리 요건에 입각한 비교형량 요구를 확인하는 의미를 가진다고 볼 수는 있겠다.

Ⅳ. 가처분의 결정

1. 심리정족수와 결정정족수

권한쟁의심판 가처분사건에서 재판관 7명 이상의 출석으로 심리한다(헌재법 제23조 1항). 재판부는 종국심리에 관여한 재판관 과반수의 찬성으로 사건에 관한 결정을 한다(동법 동조 2항).

2. 결정형식

(1) 각하결정

가처분신청의 적법요건을 갖추지 못한 경우에는 각하결정을 한다.

[각하결정례] 앞서 정당, 원내교섭단체, 법률로 설치된 원자력안전위원회 등에 대한 당사자능력을 부정하여 각하결정을 한 예가 대표적이다(2019헌사1121).

(2) 인용결정

가처분을 받아들이는(인용하는) 결정에는 다음과 같은 것들이 있다.

1) 집행·효력정지의 결정   ⅰ) 집행정지 — 피청구인의 처분의 집행 또는 절차의 속행의 전부 또는 일부를 종국결정 선고시까지 정지시키는 가처분이다(행정소송법 제23조 2항 본문). ⅱ) 효력정지결정 — 피청구인의 처분의 효력을 본안심판의 종국결정 선고시까지 정지시키는 결정이다. 다만, 처분의 효력정지는 처분 등의 집행 또는 절차의 속행을 정지함으로써 목적을 달성할 수 있는 경우에는 허용되지 아니한다(행정소송법 제23조 2항 단서).

[대표적인 인용결정례] 위 98헌사98(효력정지).

2) 부작위, 거부행위에 대한 헌법소원의 경우 — '임시 지위를 정하기 위한 가처분 인용'   피청구인의 소극적 권한불행사(부작위, 거부행위)로 인한 청구인의 권한행사가 이루어지지 않아 침해받고 있는 경우에는 가처분신청인은 그 불행사상

태가 본안심판 도중에 회복할 수 없는 중대한 침해를 가져오는 것을 잠정적으로 막기 위해서는 정지가 아니라 민사집행법 제300조 2항이 '임시의 지위를 정하기 위하여' 하는 가처분을 생각할 수 있다. 정지가 아니라 적극적인 가구제인 것이다.

(3) 기각결정

가처분의 신청이유가 없어서 이를 받아들이지 않아야 한다고 판단되면 헌재는 기각결정을 한다. ⅰ) 기각이유를 명확히 밝히지 않고 그냥 "신청은 이유 없으므로 주문과 같이 결정한다"라고 기각결정을 한 예들[2019헌사327(국회의원 강제사임 사건), 98헌사31(국무총리서리 임명 사건), 98헌사43(감사원장서리 임명 사건)]을 많이 볼 수 있다. ⅱ) 사실상 본안사건 되풀이의 이유없음 판시를 한 예들(2005헌사740, 2003헌사649)도 있다.

제 4 절   심리

Ⅰ. 심리의 원칙

1. 구두변론의 원칙

(1) 원칙인 구두변론

권한쟁의심판은 구두변론이 원칙이다(헌재법 제30조 1항).

(2) 구두변론 없는 각하결정 – 헌재 판례

헌재는 그러나 청구요건 결여가 보정될 수 없는 경우 헌재법 제40조에 따라 민사소송법 제219조를 준용하여 변론 없이 청구를 각하하기도 한다(실제의 각하결정 례: 2003헌라2, 2012헌라4, 2011헌라1). 객관적인 권한획정이라는 기능을 수행하는 권한쟁의심판에 민소법 규정을 준용하는 것은 문제가 있다.

2. 직권주의

권한쟁의심판은 개인의 권리구제수단이 아니라 국가기관이나 지방자치단체의 객관적 권한의 존재여부, 권한의 범위, 그 침해 여부 등을 객관적으로 규명하는 심판이므로 헌법소원심판 등에 비해 직권주의가 더 강하게 작동될 수 있다.

Ⅱ. 심리정족수

권한쟁의심판의 사건에서도 다른 심판사건들에서와 같이 재판관 7명 이상의 출석으로 심리한다(헌재법 제23조 1항).

Ⅲ. 준용과 심사 기준

1. 권한쟁의심판절차에 관한 다른 법령의 준용

권한쟁의심판의 성질에 반하지 아니하는 한도에서 민사소송에 관한 법령과 행정소송법을 함께 준용하는데 행정소송법이 민사소송에 관한 법령에 저촉될 때에는 민사소송에 관한 법령은 준용하지 아니한다(헌재법 제40조).

2. 심사기준 법규범 - 헌법, 법률, 행정관습법, 행정판례법

우리나라 권한쟁의심판은 헌법상 부여된 권한뿐 아니라 법률상 부여된 권한의 침해에 대해서도 청구할 수 있으므로 헌법뿐 아니라 법률도 심사기준의 법규범이 된다. 나아가 우리 헌재는 행정관습법을 적용한 예도 보여주었는데 그 대표적 예로 공유수면의 경계와 공유수면매립지의 경계의 획정에 기준으로 그 경계에 관한 명시적인 법령상의 규정이 있으면 이에 따르고, 법령상의 규정이 존재하지 않는다면 그런데 그 경계에 관한 행정관습법(불문법)이 존재한다면 그것에 비추어 권한을 인정할 수도 있다고 본다. 이 불문법조차 존재하지 않으면 형평의 원칙에 따라 확정하여야 한다고 본다(2010헌라2, 2015헌라2 등). 행정판례법에 대해서는 그 법원성(法源性)에 대해 견해가 갈릴 수 있을 것이다. 그런데 행정관습법을 인정하는 것은 결국 헌재와 법원이라고 할 것이므로 행정관습법을 인정하는 판례는 적어도 법원으로서의 기능을 하고 심사의 기준으로도 적용될 수 있을 것이라고 볼 것이다.

제 5 절 권한쟁의심판의 결정 및 결정의 효력

I. 권한쟁의심판결정에서의 정족수

권한쟁의심판에서는 종국심리에 관여한 재판관 과반수의 찬성으로 사건에 관한 결정을 한다(헌재법 제23조 2항).

[인용결정에서의 과반수 찬성의 일반정족수] 헌법 제113조와 헌법재판소법 제23조 2항 단서 제1호는 재판관 6명 이상이 찬성해야 할 경우로 법률의 위헌결정, 탄핵의 결정, 정당해산의 결정, 헌법소원에 관한 인용결정을 규정하고 있고 권한쟁의심판의 결정의 경우는 제외하고 있다. 그러므로 권한쟁의심판에 있어서는 청구를 받아들이는 인용결정도 일반정족수(과반수 결정)에 따라 9명 재판관 중 5명(종국심리 관여 재판관이 예를 들어 7명이라면 4명 이상)이 찬성해도 이루어질 수 있다. 인용결정에 있어서 가중정족수가 요구되지 않는다는 이 점이 다른 심판들과 차이를 보여주고 있다.

[기각결정 정족수, 특수 경우(재판관 의견분립의 경우)] 단순히 인용의견, 기각의견으로만 갈리지 않고 각하의견도 있고 각 의견들이 전부 과반수에 이르지 못하면 어떠한 결정을 내려야 할지 논의가 되어야 하는 문제가 있다. ⅰ) 문제, 경향 ― 주로 문제는 인용의견이 과반수 의견이 안되는 가운데 기각의견과 각하의견이 갈리는 경우이다. 이 경우에 헌재는 아래 결정례들에서 보면 각하의견 수를 기각의견 수에 보태어 기각결정을 하는 경향을 보여준다. ⅱ) 구체적 예 ① 3명 인용의견 + 4명 기각의견 + 2명 각하의견 = 기각결정(99헌라1), ② 3명 인용의견 + 3명 기각의견 + 3명 각하의견 = 기각결정(96헌라2), ③ 4명 인용의견 + 1명 기각의견 + 4명의

견 각하의견 = 기각결정(2009헌라12. 헌재는 이 결정에서 각하의견을 기각의견과 견해를 같이
하여 보태어 본다는 설시를 명시적으로 하고 있다).

Ⅱ. 권한쟁의심판의 결정형식

권한쟁의심판에서는 다음과 같은 결정형식들이 있다.

1. 각하결정

[개념과 사유] 위에서 본 청구요건들을 결여한 경우(어느 하나라도 결여한 경우)에 각
하결정을 한다. 즉 당사자능력 결여, 피청구인의 처분 또는 부작위의 부재(不在),
권한의 존부 및 범위에 관한 다툼이 아닌(없는) 경우, 청구인 권한을 침해하였거나
침해할 현저한 위험이 있는 경우가 아닌 경우, 권리보호이익이 없거나 청구기간을
도과한 경우 등에 각하결정을 한다.

[각하결정의 효력] 헌재법은 "헌법재판소의 권한쟁의심판의 '결정'은 모든 국가
기관과 지방자치단체를 기속한다"라고 규정하여(동법 제67조 1항) 그 기속력이 미치
는 결정을 인용결정에 한정하고 있지 않다. 따라서 기각결정과 각하결정에도 기속
력이 인정된다.

2. 심판절차종료선언

[개념과 성격] 이는 권한쟁의심판 도중에 심판을 계속 진행할 수 없는 어떠한
사유가 발생하여 그 심판절차를 중도에 종료하는 결정을 말한다. 민사소송법 규정
을 준용하는 것이다. 이 결정은 본안문제는 물론 청구요건에 관해서도 헌법재판소
의 어떠한 공식적 결정을 행하지 않고 절차를 마침을 의미하는 선언으로서의 성격
을 가진다. 따라서 청구요건을 구비하였는지에 대해서나 본안문제에 대한 어떠한
결정도 담고 있지 않은 결정이다. 그리하여 본안결정과 다름은 물론이고 각하결정

과도 다르다.

　[사유와 결정례] 헌재가 인정하는 사유와 결정례는 다음과 같다. ⅰ) 일신전속적 권한으로서 수계불능의 경우 – 이러한 경우로는 국회의원인 청구인이 심판 계속 중에 사망하거나(2009헌라12) 국회의원직이 상실되어(2015헌라5) 심판절차종료선언결정이 있었던 예들이었다. 침해되었다고 주장하는 권한이 국회의원으로서의 심의·표결권이라서 일신전속적 권한이라서 그 수계가 안 된다고 본 것이다. ⅱ) 청구취하로 인한 심판절차종료선언 – (ㄱ) 청구취하는 청구인이 청구를 스스로 포기하는 것인데 이 포기를 피청구인이 동의하면 절차를 더 이상 진행하지 않고 그 시점에서 절차를 종료하는 결정을 한다(2000헌라1). (ㄴ) 청구취하 심판절차종료로 다수결위반 의안 가결선포행위 무효선언의 불발 – 바로 위 2000헌라1결정이 그 예이었다. 국회 상임위원회에서 이른바 변칙처리로 의원의 심의·표결권이 침해되었다고 하여 제기된 권한쟁의심판이었다. 그런데 평결 이후 청구인의 청구취하로 심판절차 종료된 것인데 이 결정에서 소수의견이 밝힌 바에 따르면 평결결과 다수의견이 법률안 심의·표결권의 침해를 확인하고, 나아가 권한쟁의심판 사상 처음으로 의안에 대한 가결선포행위가 헌법상 다수결원리를 위반하였다는 이유로 그 무효를 확인하는 내용이었다. 우리 헌재는 국회의원의 법률안 심의·표결권의 침해를 인정하면서도 그 가결선포행위를 무효라고 확인하지 않아 문제이다(이는 지금도 그러하다. 후술 인용결정 부분 참조). 이러한 판례를 깨고 의회주의에 관한 중요한 헌법판례이론의 정립을 가져올 수 있었던 기회가 심판절차종료를 청구인의 취하로 인정하는 이 법리로 무산된 매우 안타까운 결정례였다. 이런 부당함은 아래 검토의견에서 권한쟁의심판에서의 절차종료결정이 가지는 문제점들을 짚어보면 더욱 그러하다.

　[비판적 검토] 권한쟁의심판에서 심판절차종료결정을 인정하는 것은 ⅰ) 권한쟁의심판의 기능(권력분립 준수 등)과 성격(객관적 성격)을 생각하면 개인의 신상변화인 사망이나 청구인의 주관적 의사인 취하(포기)로 객관적 헌법질서의 확립을 좌절시키는 것이 타당하지 못하다. ⅱ) 성질에 반하는 준용은 인정되지 않는데(헌재법 제40조 1항) 심판절차종료 관련 민사소송법 규정들이 권한쟁의심판의 성질에 부합하는지 의문이라는 점에서도 문제이다(그 외 문제점에 관한 자세한 지적은 헌법재판론, 제2판, 593–594면 참조).

3. 본안결정

청구요건을 모두 갖춘 사건은 헌법 또는 법률에 의하여 부여받은 청구인의 권한을 실제로 침해했는지 등의 여부에 대한 판단인 본안판단에 들어가서 본안결정을 하게 된다. 본안결정에는 ① 인용결정(청구인의 주장을 받아들이는 결정)과 ② 기각결정(청구인의 주장을 배척하는 결정)이 있다. 아래에 각각 살펴본다.

4. 인용결정

인용결정에는 다시 다음과 같은 결정들이 있다.

(1) 권한존부(유무) · 범위확인결정, 권한침해인정결정

1) 근거와 내용 헌재법 제66조 1항은 "헌법재판소는 심판의 대상이 된 국가기관 또는 지방자치단체의 권한의 존부 또는 범위에 관하여 판단한다"라고 규정하고 있다. 헌재는 문제된 권한이 헌법상, 법률상 존재하는지 여부, 존재한다면 어느 기관이나 단체에 속하는지 여부, 그리고 그 권한의 범위가 어느 정도인지를 확인하는 결정을 한다. 나아가 피청구인의 처분 또는 부작위로 인하여 청구인의 권한이 침해된 것으로 판단될 때에는 권한침해를 인정하는 결정을 한다.

2) 권한존부 · 범위확인결정(관할권한의 확인결정) [주문의 내용] 이러한 결정들에 있어 헌재는 "관할권한은 청구인 ○○시에게 있음을 확인한다"라는 주문으로 결정한 예들(2000헌라2, 2016헌라8등, 2010헌라2), "청구인의 관할구역에 속함을 확인한다"라는 주문으로 결정한 예(2004헌라2)도 있다.

3) 그동안 많았던 관할권한에 관한 결정례: 지방자치단체의 구역(공유수면, 공유수면매립지) **관할 결정** 관할권한의 존부에 대한 이 유형에 속하는 결정들로서 그동안 헌재는 지방자치단체의 구역, 특히 공유수면, 그 매립지의 관할권한이 어느 지방자치단체에 속하는지에 대해 확인하는 결정들을 많이 한 바 있다. 헌재판례가 설정하는 그 판단기준이 따라서 중요한데 그동안 판례변경도 있어 각별히 유의를 요한다. 인용결정례들만 있었던 것은 물론 아니나 그 결정에 관한 판례법리를 살

펴보기 위해 먼저 일반적 법리(인용이든 기각이든 결정에 나타난 법리)를 먼저 아래 ⑺,
⑷에서 살펴본다.

⑺ 공유수면 – 판례변경과 결정기준　　　　　　[결정기준 판례법리의 설명과 정리]
헌재는 바다 등 공유수면에 대한 행정구역 경계에 관한 명시적인 법령상의 규정이
존재한다면 그 법령에 의해야 할 것이라고 본다. 그러나 지금까지 그런 명시적인
법령상의 규정이 존재한 바 없으므로(2015헌라7 등), 공유수면에 대한 행정구역 경계
가 불문법상으로 존재한다면 그에 따라야 한다고 하면서, 그런데 만약 해상경계에
관한 불문법도 존재하지 않으면 '형평의 원칙'(아래 서술함) 법리에 따라 정해야 한
다고 본다. 위 판례법리는 아래와 같이 정리된다.

공유수면 경계선 확정에 관한 판례법리 ─────────────────

▶ 결정기준 판례법리의 정리

　헌재판례의 결정기준에 관한 법리는 결국 단계적인데 위 서술 내용은 다음과 같이 정리된다.
① 1단계: 법령 기준 → 법령 부재시(* 헌재까지 우리 법체계에서는 공유수면의 행정구역 경
계에 관한 명시적인 법령상의 규정이 존재한 바가 없음) → ② 2단계: 불문법(따라서 불문법
의 존재부터 살펴보는 것이 일반적일 것임) → 불문법 부재시 → ③ 3단계: 형평의 원칙(불문
법 조차 없으면 결국 형평원칙으로).

[판례변경 – 위 2단계에서 국가기본도 원칙 폐기] 이 판례변경은 2단계, 즉 위 네모
속 불문법을 기준으로 할 때에 관한 것이다. 헌재는 이전에 국가기본도상의 해상
경계선이 당연 공유수면에 대한 불문법상 해상경계선인 것으로 보아왔는데(헌재
2004.9.23. 2000헌라2; 2006.8.31. 2003헌라1 등) 이 법리를 폐기하는 판례변경을 하였다(헌
재 2015.7.30. 2010헌라2). 유의할 점은 이 판례변경 이후에도 헌재는 국가기본도의 경
계선의 기준성을 전혀 부정하는 것이 아니라 그것에 따르는 행정관습법이 형성된
경우에는 국가기본도 경계선 기준도 인정된다고 보는 결정을 보여준다(2015헌라7. 특
히 "도"간의 경계는 군계 등과는 달리 조선총독부 육지측량부가 간행한 지형도와 국토지리정보원이
작성한 국가기본도에 표시된 경계선이 대체로 일관되는 경우를 드물지 않게 발견할 수 있는바, 국가기
본도상 "도"간의 해상경계선 표시는 1948.8.15. 당시 존재하던 불문법상 해상경계선을 확인할 수 있는
유의미한 자료가 될 수 있다고 한다).

[불문법 기준] 여하튼 헌재는 국가기본도에 따른 당연한 불문법상 경계선 인정
이 아니라 여러 해상경계를 정하는 불문법, 행정관습법이 존재하는지를 살펴보고
존재하면 그것에 따른다.

[형평의 원칙(등거리 중간선 원칙 등)] 헌재는 불문법이 존재하지 않으면 마지막으로 "헌법재판소로서는 그 지리상의 자연적 조건, 관련 법령의 현황, 연혁적인 상황, 행정권한 행사 내용, 사무 처리의 실상, 주민의 사회·경제적 편익 등을 종합하여 형평의 원칙에 따라 합리적이고 공평하게 이 사건 쟁송해역에서의 해상경계선을 획정할 수밖에 없다"고 한다(2010헌라2). 그리하여 이 형평원칙 법리를 적용한 결정례들을 보여주고 있는데 형평원칙 법리의 첫째 기준으로 등거리 중간선 원칙을 적용하고 그 외 다른 고려기준도 다음과 같이 설정하여 판단하고 있다. 즉 "첫째, 등거리 중간선 원칙이 고려되어야 한다. 둘째, 이 사건 공유수면의 지리적 특성상 일정한 도서들의 존재를 고려해야 한다. 셋째, 관련 행정구역의 관할 변경도 고려되어야 한다. 넷째, 이 사건 쟁송해역에 대한 행정권한의 행사 연혁이나 사무 처리의 실상, 주민들의 편익도 함께 살펴보아야 한다"라고 한다. 그리하여 다른 고려요소를 살펴본 뒤 결정요소에 넣지 않고 등거리 중간선 원칙 적용대로 한 것(2010헌라2, 홍성군과 태안군 등 간의 권한쟁의. 인용결정), 다른 요소들(도서들 존재, 관할변경, 주민편익 등)도 고려한 것(2016헌라8등, 고창군과 부안군 간의 권한쟁의. 인용결정)도 있다.

(나) 공유수면 매립지 — 판례변경과 결정기준　　　　[판례변경] 헌재는 공유수면 매립지에 대한 관할구역 경계 결정에 있어서 매립 전 공유수면의 해상경계선을 당연히 매립지의 관할구역 경계선으로 보아온 선례(2009헌라3)를 변경하여 이를 별도로 보아야 한다고 판례변경을 하였다(2015헌라2).

[결정기준] 그리하여 헌재는 그 기준설정은 공유수면 매립지의 경계에 관한 명시적인 법령상의 규정이 있으면 이에 따르고, 법령상의 규정이 존재하지 않는다면 그 경계를 정하는 행정관습법이 존재하는지 살펴보고 행정관습과 같은 불문법이 존재하지 않으면 형평의 원칙에 따라야("헌법재판소로서는 앞서 본 바와 같이 공유수면의 매립 목적, 그 사업목적의 효과적 달성, 매립지와 인근 지방자치단체의 교통관계나 외부로부터의 접근성 등 지리상의 조건, 행정권한의 행사 내용, 사무 처리의 실상, 매립 전 공유수면에 대한 행정권한의 행사 연혁이나, 주민들의 사회적·경제적 편익 등을 모두 종합하여 형평의 원칙에 따라 합리적이고 공평하게 그 경계를 획정할 수밖에 없다") 한다고 본다(2015헌라2, 경상남도 사천시와 경상남도 고성군 간의 권한쟁의. 기각결정. * 기각결정이었으나 공유수면 매립지 관할분쟁사건에서 헌재의 기준법리가 판례변경된 것이어서 그 기준의 변경을 유의하여 볼 필요가 있어서 여기서 다룬 것임).

(다) 판례변경 후 인용결정례 헌재 2015.7.30. 2010헌라2, 홍성군과 태안군 등 간

의 권한쟁의; 헌재 2019.4.11. 2016헌라8등, 고창군과 부안군 간의 권한쟁의 등.

4) 권한침해 인정의 결정례

⑺ 국회의원의 권한의 침해 인정례

가) 본회의 의사절차에서의 권한침해   ① 개의일시 불통지, 비공개에 의한 표결권 침해(96헌라2), ② 이른바 '미디어법' 사건(2009헌라8등): ㉠ '신문 등의 자유와 기능보장에 관한 법률 전부 개정법률안'(줄여 '신문법안')(다시 2가지 침해사유가 인정됨. ⓐ 토론신청 불능의 질의·토론권 침해 인정, ⓑ 표결과정의 현저한 무질서와 불합리 내지 불공정(신문법안의 표결과정에서 권한 없는 자에 의한 임의의 투표행위, 위법한 무권 또는 대리투표행위로 의심받을 만한 여러 행위, 투표방해 또는 반대 투표행위 등 그 표결 절차는 자유와 공정이 현저히 저해되어 헌법 제49조 및 국회법 제109조가 규정한 다수결 원칙에 위배된다고 보아 권한침해를 인정) ㉡ '방송법 일부개정법률안'(줄여 '방송법안')(표결 절차에서 '일사부재의의 원칙'에 위배하여 국회의원의 심의·표결권을 침해), ③ 반대토론 신청에도 불구하고 이를 허가하지 않고 표결하여 법률안 심의·표결권을 침해한 것임을 인정한 예(2009헌라7) 등이 있다.

나) 국회 상임위원회 의사절차에서의 권한침해   외교통상통일위원회 회의실 출입문을 폐쇄한 상태로 개의하여 '대한민국과 미합중국 간의 자유무역협정' 비준동의안을 상정한 행위 등이 국회의원인 청구인들의 위 비준동의안 심의권을 침해한 것이라고 보았다(2008헌라7등).

다) 국회의사절차와 관련한 권한침해인정결정에서의 가결행위 무효선언 부정 입장   국회의 의사절차 관련 위 결정례들에서 국회의원의 심의·표결권을 침해하였음을 인정하는 결정을 하면서도 그 침해로 인한 가결선포행위 무효확인에 대해서는 받아들이지 않는 것이 지금껏 헌재의 태도이다. 국회는 권한침해인정의 헌재결정이 있어도 그 취지에 상응하는 조치를 보여주지 않고 이에 대해서는 기속력 위반이라는 주장이 제기되기도 하였다. 바로 아래 라)에서 다루는 결정례가 그 예이다.

라) 침해확인된 법률안 심의·표결권을 회복할 수 있는 조치를 국회의장이 취하지 아니하는 부작위에 대한 국회의원의 권한쟁의심판 청구 – 기각   위에서 본, 이른바 '미디어법 파동' 심의·표결권 침해확인결정(헌재 2009.10.29. 2009헌라8등) 이후 이 결정의 기속력에 따라 국회의장(피청구인)은 가결 선포된 법안에 내재된 위헌·위법을 제거하고 바로잡을 조치를 취하여야 하는데 이를 하지 않고 있어 심의·표결권을 침해하는 것이라는 주장의 국회의원의 권한쟁의심판 청구가 재차 있었다. 이

청구에 대한 결정에서 헌재 재판관들의 의견은 4명의 각하의견, 1명의 기각의견, 4명의 인용의견으로 갈렸다. 결론은 각하의견은 기각의견의 결론에 한하여는 기각의견과 견해를 같이 하는 것으로 볼 수 있다고 하여 기각결정을 하였다. 기각의견은 법률안 가결선포행위에 내재하는 위헌·위법성을 어떤 방법으로 제거할 것인지는 전적으로 국회의 자율에 맡겨져 있는 권한침해확인결정의 기속력의 한계로 인하여 기각함이 상당하다는 의견이었다. 더 많은 수의 각하의견에 1명의 기각의견을 합쳐 기각결정을 한 독특한 예이었다(헌재 2010.11.25. 2009헌라12).

마) 무효선언하자는 평결결과가 있었던 예 – 판례법리 수정의 좌절　　　평결결과가 법률안 심의·표결권의 침해를 확인하고, 나아가 그 법률안의 가결선포행위가 헌법상 다수결원리를 위반하였다는 이유로 그 무효를 확인한다는 것이어서 이런 내용의 결정을 할 기회가 있었으나 청구가 취하되었고 청구취하의 경우 헌재가 심판절차종료를 인정한다는 자신의 판례법리 때문에 결국 심판이 종료되어 의회주의에 관한 헌법이론의 중요한 정립을 위한 판례형성이 좌절된 바 있다(헌재 2001.6.28. 2000헌라1. 1. 이 결정에 대해서는 앞의 심판절차종료 부분도 참조).

바) 검토　　　권한침해라는 것은 의사절차를 위배한 것이고 무효라고 선언되어야 한다. 백보 양보하여 무효확인까지 하지 않았다 하더라도 권한침해의 기속력으로 다시 적법절차의 의사절차를 밟고 적정한 조치를 국회가 취할 의무를 진다.

(나) 행정심판 이행재결 주문 내용을 벗어난 재결청의 직접처분에 의한 권한침해의 인정례　　　행정심판의 결과 이행재결(履行裁決)이 이루어졌음에도 당해 행정청이 처분을 하지 아니하는 때에는 기간을 정하여 시정을 명하고 그 기간 내에 이행하지 아니하는 경우에는 당해 처분을 할 수 있도록 규정한 행정심판법 제50조 1항에 따라 행정심판위원회가 직접처분을 할 수 있다. 앞에서 언급한 바가 있는 대로 2008년 2월 29일 행정심판법 개정 이전에는 행정심판위원회 외에 재결청이 있었고 직접처분을 하는 기관은 이 재결청이었다. 구법 당시에 이러한 직접처분 중 이행재결의 주문(主文)에서 명하는 처분의 범위를 벗어난 직접처분 부분은 그 당해 행정청(시장) 소속의 지방자치단체(기초)의 권한을 재결청(도지사)이 침해하는 것이라고 보았던 헌법재판소의 판례가 아래의 결정례이다. 현재 재결청제도는 없어졌지만 직접처분 제도가 여전히 존재하므로(현행 행정심판법 제50조. 그 직접처분권자는 아래 사건 당시에서는 과거 재결청이었으나 현재 행정심판위원회라는 점이 바뀌었을 뿐 현존) 이러한

결정례는 여전히 중요한 모델결정이다. * 이 판례는 공법 복합형으로 아주 적절한 사례여서 비교적 자세히 옮겨둔다.

📖 **판례** 헌재 1999.7.22. 98헌라4, 성남시와 경기도지사 간의 권한쟁의

[사건개요] 주민 ○○○은 골프연습장을 설치·관리하기 위한 도시계획사업시행자지정신청 및 실시계획인가신청(이하 "지정·인가신청"이라 한다)을 하였으나 성남시장은 반려(불허가)처분을 하였고 이에 그 취소를 구하는 행정심판 청구를 하여 피청구인(경기도지사)은 인용재결을 하였다. 이 재결 후 다시 지정·인가신청을 하였으나, 성남시장은 불허가통보를 하였고, 이에 위 불허가처분의 취소와 도시계획사업시행자지정처분 및 실시계획인가처분(이하 "지정·인가처분"이라 한다)의 이행을 구하는 행정심판을 제기하고, 피청구인은 불허가처분의 취소와 지정·인가처분의 이행을 인용하는 재결을 하였다. 그러나 성남시장이 이후에도 여전히 인가·지정처분을 하지 아니하자 ○○○은 인용재결의 이행신청을 하였다. 재결청인 피청구인은 성남시장에게 두 차례에 걸쳐 시정명령을 하였으나 이에 응하지 아니하였다. 피청구인은 1998. 4. 16. ① 골프연습장 ② 공원구역 내의 진입도로 ③ 공원구역 외의 이 사건 진입도로에 관한 지정·인가처분을 하였다. 청구인은 1998. 5. 29. 피청구인의 위와 같은 직접처분 중 이 사건 진입도로(즉 위 ③)에 관한 지정·인가처분이 청구인의 권한을 침해하였다고 주장하면서 그 권한침해의 확인과 아울러 위 처분들의 무효확인을 구하는 권한쟁의심판을 청구하였다. [심판대상] * 이 사건에서 위 ①, ②, ③의 인가처분 대상이 문제된 것이고 이 중에 결국 ③에 대한 직접처분이 심판대상이 된 것이다 – 필자 주 [결정요지] (가) 이 사건 기록에 의하여 살펴보면, 두 차례의 인용재결 모두 재결의 주문에 포함된 것은 골프연습장에 관한 것뿐이고, 이 사건 진입도로에 관한 판단은 포함되어 있지 아니함이 명백하다. 피청구인은, 이에 대하여, 인용재결에도 이 사건 진입도로에 관한 성남시장의 반려이유가 부당하다는 판단이 들어 있어 위 인용재결에는 이 사건 진입도로에 관한 판단도 포함되어 있다고 주장한다. 그러나 이 사건 기록에 의하면, ○○○의 1995. 6. 26.자 및 1996. 4. 19.자 신청은 공원구역 내의 골프연습장에 관한 것이었음이 분명하고, <u>기속력의 객관적 범위는 그 재결의 주문에 포함된 법률적 판단에 한정되는 것이고 재결이유에 설시된 법률적 판단에까지 미치는 것은 아니므로(대법원 1987. 6. 9. 86다카2756)</u>, 설사 재결이유에 이 사건 진입도로부분에 관한 판단이 포함되어 있다고 하더라도 이 부분에까지 기속력이 미치는 것은 아니다. 그렇다면 청구인은 인용재결내용에 포함되어 있지 아니한 이 사건 진입도로에 대한 지정처분을 할 의무는 없으므로, 피청구인이 이 사건 진입도로에 대하여까지 청구인의 불이행을 이유로 지정처분을 한 것은 인용재결의 범위를 넘어 청구인의 권한을 침해한 것이라고 하지 않을 수 없다. ▶ 2. 무효확인청구에 대한 판단: 이 사건 지정처분에 중대하고도 명백한 흠이 있어 무효라고 할 것이다. * 이처럼 이 결정에서는 무효확인도 하였다(후술 무효확인결정 부분 참조).

⒟ 지방자치단체 자치사무에 대한 정부합동감사의 지방자치권 침해 인정

구체적으로 어떠한 자치사무가 어떤 법령에 위반되는지 여부를 밝히지 아니한 채 개시한 행정안전부장관 등의 합동감사가 구 지방자치법 제158조 단서 규정상의 감사개시요건을 전혀 충족하지 못하여 헌법 및 지방자치법에 의하여 부여된 지방자치권을 침해한 것이라고 본 것이다(2006헌라6).

(2) 무효확인결정, 취소결정

1) 대상과 근거　　　권한침해인정의 결정 권한존부·범위확인 결정 등을 위에서 보았는데 이러한 결정들에서 그 침해인정 권한확인에서 나아가 침해의 원인이 된 문제의 처분에 대해서 무효확인이나 취소를 청구할 수 있고 헌재도 직권으로 그리할 수 있다. 이는 어떻게 보면 권한침해의 열매, 결과물도 제거한다는 의미이다. 헌재법 제66조 2항이 "헌법재판소는 권한침해의 원인이 된 피청구인의 처분을 취소하거나 그 무효를 확인할 수 있고"라고 규정하고 있기도 하다.

2) 무효확인결정과 취소결정의 구분과 양자의 사유　　　이는 권한침해로 이루어지거나 자신의 권한이 아닌데도 행사하여 이루어진 행정처분 등 행정작용은 흠(하자)을 가지는 것이고 그 하자의 정도에 따라 무효라고 선언될 수도 있고 그 정도 하자가 아니면 취소할 수도 있다. 이러한 구분은 행정법 실무, 이론의 통설이라고 할 수 있는 중대명백설, 즉 중대하고도 명백한 하자인 경우에는 무효사유로, 그렇지 않은 정도는 취소사유로 하고 있는 확립된 기준에 따를 수 있다.

중대 & 명백 ← 무효　‖　중대 or 명백 ← 취소

중요A 행정법과의 연관 영역 - 중대명백설은 행정법, 행정법판례의 중요법리인데 권한쟁의심판에서의 무효확인결정과 취소결정의 구분 문제에 적용되어 헌법과 행정법과의 연관 속에 다루어지는 문제로 나올 수 있다고 하겠다. 그래서 중요하다. 공법 복합형.

3) 무효확인결정　　　헌재는 권한의 존부 또는 범위에 대한 판단과 권한침해인정의 결정에서 나아가 피청구인의 처분이 무효임을 확인할 수 있다.

(가) 사유　　　헌재법 제66조 2항은 피청구인의 처분이 청구인의 권한을 침해한 때('권한침해의 원인이 된')에는 그 무효를 확인할 수 있다고 규정하고 있다. (ㄱ) '중대하고도 명백한 흠' – 헌재는 위의 성남시 결정례에서처럼 문제의 처분에 "중대하고도 명백한 흠이 있어" 무효라고 결정하였다[아래 (나) ⅰ) 참조]. 이처럼 헌법재판소는 청구인의 권한을 침해하는 처분에 중대하고도 명백한 흠이 있는 경우를 무효확인의 결정의 사유로 본다. (ㄴ) 권한 없는 자에 의한 처분 – 헌재는 무효라고 본다.

그 예로서 많은 예들로 해역이나 해역 매립지의 관할을 둘러싼 권한쟁의에서 그 해역이나 매립지의 관할권한이 없는 지방자치단체가 그 곳에 대해 행한 어업면허처분, 공유수면 점용·사용료 부과처분, 조세부과처분 등에 대해 헌재가 그 처분은 "권한 없는 자에 의하여 이루어진 것으로서" "청구인의 지방자치권을 침해하므로" "효력이 없다"라고 판시한 예들이 있다[아래 (나), ii)에 인용된 결정례들 참조].

(나) 무효확인 결정례   i) 재결주문 범위를 벗어난 직접처분의 무효 – 골프연습장 외부 진입도로 사건 – 이 사안은 행정심판의 이행재결의 범위를 벗어난 직접처분으로 권한침해이고 그 부분 무효라는 결정이었다.

📖 **판례 헌재 1999.7.22. 98헌라4**

[사건개요] * 행정심판 이행재결 주문 내용을 벗어난 재결청의 직접처분에 의한 권한침해의 인정례 부분 참조. [결정요지] 무효확인청구에 대한 판단 – 이 사건 지정처분의 권한은 청구인에게 있음이 명백하고, 앞에서 본 바와 같이 이 사건 진입도로부분에 대하여는 ○○○의 신청이 없었으므로 청구인의 반려 및 거부처분이 있을 수 없으며, 나아가 피청구인의 인용재결이 있을 여지가 없다. 그러함에도 피청구인이 청구인이 인용재결의 취지에 따른 처분을 하지 않았다는 이유로 이 사건 진입도로에 대하여 지정처분을 한 것은 그 처분에 <u>중대하고도 명백한 흠</u>이 있어 무효라고 할 것이다.

ii) 무권한자 처분에 대한 무효확인결정례 – (ㄱ) 관할권한 없는 매립지 지역 내 회사에 대한 과세처분의 무효확인(2003헌라1), (ㄴ) 해역 관할권한 없는 지방자치단체의 처분의 무효확인 ① 천수만 내 해역의 관할권한에 속하지 않는 구역에 대한 어업면허처분 무효확인(2010헌라2), ② 관할권한 없는 해역에서의 공유수면 점용·사용료 부과처분에 대한 무효확인(헌재 2019.4.11. 2016헌라8등)의 예가 있었다.

* 권한침해를 인정하면서도 무효확인은 하지 않은 결정례 – 위에서 본대로 국회에서의 이른바 '변칙'처리에 대한 권한쟁의심판결정들이 그러한 결정례들이다. 위의 권한침해인정결정례, 아래의 기각결정례 부분 참조.

4) 취소결정

(가) 사유   헌재법 제66조 2항은 피청구인의 처분이 청구인의 권한을 침해한 때('권한침해의 원인이 된')에는 이를 취소할 수 있다고 규정하고 있다.

헌재는 위의 성남시 결정례에서 보듯이 권한을 침해하는 처분이 중대하고 명백한 흠을 가진다고 판단하는 때에 무효확인결정을 하고 있으므로 취소결정은 중대·명백하지 않은 정도, 즉 중대하나 명백하지 않거나, 명백하나 중대하지 않은 등의 하자로서 취소사유가 있는 처분에 대하여 하게 된다.

(나) 취소결정례   취소결정이 나왔던 사안은 지방자치단체들인 A시와 B구 간의 권한쟁의사건이었다. '서울특별시광진구등9개자치구설치및특별시·광역시·도간관할구역변경등에관한법률'(1994.12.22. 법률 제4802호 제정) 제8조에 따라 A시 일부가 B구 관할로 변경되었는데 A시가 그 일부지역에 대한 도로점용료부과처분을 하여 B구의 자치권을 침해하였고 따라서 그 부과처분도 취소하는 결정을 한 결정례이다(2004헌라2).

(3) 위헌확인결정·위법확인결정

1) 개념과 이들 결정이 내려지는 경우

(가) 개념   위헌확인결정이란 "'<u>헌법</u>'에 위반됨을 확인한다"라는 주문의 결정을 말하고 위법확인결정이란 "'<u>위법함</u>'을 확인한다"라는 주문의 결정을 말한다.

(나) 이들 결정이 내려지는 경우 – 부작위, 집행종료의 경우   위헌확인결정, 위법확인결정이 내려지는 경우는 부작위나 처분의 집행이 종료된 경우에 아무런 행위(작위)가 없거나 없어져 취소하거나 무효로 확인할 대상도 없거나 없어졌으므로 위헌 또는 위법이라고 확인하는 결정이다.

2) 관련 헌재법 규정 개정의 역사   구 헌법재판소법 제66조 2항은 "피청구기관의 처분 또는 부작위가 이미 청구인의 권한을 침해한 때에는 이를 취소하거나 그 무효를 확인할 수 있다"라고 하여 아무런 행위가 없어 취소나 무효확인을 할 대상이 없는 부작위의 경우인데도 그렇게 대상인 것으로 규정하고 있었기에 문제라고 우리는 이를 지적하였다(헌법재판개론 초판, 박영사, 2001, 325면 참조). 이후 2003.3.12.에 개정된 동 조항은 "부작위"를 삭제하여 문제점을 해소하였다. 그러나 여전히 부작위나 집행종료의 경우 위헌이나 위법임을 확인한다는 규정은 두고 있지 않다(헌법소원의 경우 헌재법 제75조 3항이 있는 것과 달리 두고 있지 않음).

3) '위헌'확인뿐 아니라 '위법'확인의 결정도 있는 이유   헌법재판이면서도 '위헌'확인결정뿐 아니라 '위법'확인의 결정도 있는 까닭은 우리나라의 권한쟁

의심판의 특색으로 앞서 밝힌 대로 권한쟁의심판은 법률상 부여된 권한침해에도 청구할 수 있다, 그런데 그 부작위나 침해종료로 그 침해된 권한이 법률상 권한인 경우에는 위헌이 아니라 '위법'으로 확인하는 것이다.

헌법상 권한 침해 → '위헌'확인결정
법률상 권한 침해 → '위법'확인결정

4) 위법확인결정의 예　　　　위법확인결정이 나왔던 사안은 지방자치단체들인 A시와 B구 간의 권한쟁의사건이었다. '서울특별시광진구등9개자치구설치및특별시·광역시·도간관할구역변경등에관한법률'(1994.12.22. 법률 제4802호 제정) 제8조에 따라 A시 일부가 B구 관할로 변경되어 B구가 A시에게 지방자치법 제5조에 따라 위 토지들에 대한 사무와 재산을 자신에게 인계할 것을 요청하였다. 그러나 A시는 위 지역 내 도로들, 제방, 섬들은 이 사건 법률조항에 의하여 관할구역 변경대상에 해당하지 않고 여전히 자신의 관할구역에 해당한다고 주장하면서 B구에게 그 사무 및 재산의 인계를 하지 아니하였고(이하 '이 사건 부작위') A시는 위 도로 중 일부를 점용하고 있음을 이유로 청구외 ○○○ 등에게 도로점용료를 각 부과하는 처분을 하였다(이하 '이 사건 점용료부과처분' * 바로 이 부분 사안이 위 취소결정례의 사안임). 이에 B구는 2004.9.1. 이 사건 도로들, 제방, 섬들이 자신의 관할구역에 속하고, 이 사건 부작위가 위법함을 확인해 줄 것과 이 사건 점용료부과처분의 취소를 구하는 권한쟁의심판을 청구하였다. 헌재는 B구의 관할구역에 속함을 확인하고 위 부작위에 대해 '위법'확인결정을 하였다. 이는 위 사무·재산 인계는 지방자치법 제5조(신법 제8조)라는 법률규정에서 부여한 권한이고 의무인데도 이를 이행하지 않은 부작위이므로 이 부작위는 이를 (법률규정을) 위반한 것이므로 '위법'이라고 확인한 것이다 (2004헌라2).

5. 기각결정

(1) 의의

청구인의 청구가 이유없다고 인정할 때에는 기각결정을 하게 된다. 즉 헌재는 관할권한이 청구인에게 속하지 않는다고 보는 경우, 권한침해가 없다고 판단하는 경우, 무효사유나 취소사유가 없다고 보는 경우 등에 청구를 기각하는 결정을 한다. 부작위가 위헌, 위법이 아니라고 판단할 때에도 기각결정을 한다.

(2) 기각결정례

모든 기각결정례들을 망라해서 볼 수는 없을 뿐 아니라 상당수의 기각결정례들은 위에서도 살펴본 바 있다. 이하에서는 헌법실체법으로 검토되어야 할 문제있는 기각결정례나 반복이 많았던 기각결정례들(이런 결정례들로 국회의 구성, 의사절차와 관련된 것이 적지 않아 헌법의 국가권력규범론과 연관되는 판례들로 살펴볼 필요도 있다) 중심으로 살펴본다.

1) 권한침해 및 무효확인 청구 모두를 기각한 예　　① 국회 위원회 위원 강제사임의 권한침해·무효확인 청구 기각 ㉠ 상임위 위원 강제사임(2002헌라1), ㉡ 임시회 회기 중 특별위원회 위원 강제사임(2019헌라1) ② 이의유무를 묻는 방식의 표결에서의 국회의원 심의·표결권 침해의 문제(99헌라1, 부정, 기각결정), ③ 이의유무를 묻는 방식 표결에서의 국회의원 조약비준동의안 심의·표결권 침해 여부(99헌라2, 부정, 기각결정), ④ 교섭단체 대표의원과 직접 협의하지 않고 의사일정의 순서를 변경한 것(2006헌라2), ⑤ 제안자 취지설명, 질의, 토론절차를 거치지 않은 채 표결절차를 진행한 국회의장 행위(2006헌라2), ⑥ 국회 위원회 심사기간 지정, 본회의 상정에서의 '협의' 요건, 예산안 표결 전 질의·토론절차 준수 여부(2010헌라6등, 국회법 준수로 판단, 기각결정), ⑦ 제안자의 취지설명 – 컴퓨터 단말기에 의한 제안자의 취지설명 대체의 합법성 인정(2006헌라2; 2009.10.29. 2009헌라8; 2012.2.23. 2010헌라6등) 등. * 이 결정에 대해서는, 정재황, 국가권력규범론, 박영사, 2020, 국회, 입법절차, 본회의 부분 참조), ⑧ 질의신청이 없는 것으로 보여진다고 하여 생략한 경우(2006헌라2), ⑨ 수정동의의 경우(2005헌라6, 2009헌라8등, 2019헌라6), ⑩ 안건조정 사건(2019헌라5), ⑪ 공직선거법

등에 대한 이른바 '패스트 트랙'(Fast Track)이라고 불리는 신속처리대상안건의 지정
과 심사를 둘러싼 권한쟁의심판(2019헌라3등), ⑫ 국회의장의 무제한토론 거부행위
와 공직선거법 본회의 수정안의 가결선포행위에 관한 권한쟁의 사건(2019헌라6).

2) "청구인의 권한이 침해되었거나 침해될 현저한 위험이 있다고 할 수 없는 사
건"이라고 하여 기각결정을 한 예   그 예로 공공시설의 관리권자의 확정에
관한 다툼 사건이 있었다(시흥시와 정부간의 권한쟁의, 96헌라1).

3) 지방자치권 관련 기각결정례들   ① 지방자치단체 관할권한 부정의
기각결정례들(2009헌라3 등), ② 감사원의 지방자치단체 자치사무에 대한 감사(2005
헌라3. * 정부합동감사에 대해서는 인용결정이 있었다. 2006헌라6. 앞의 권리보호이익, 예외적 심판이
익 부분과 인용결정례 부분 참조), ③ 특별시, 구의 재산세에 관한 국회의 제정행위(2007
헌라4), ④ 공무원의 시간외근무수당의 지급기준·지급방법 등에 관한 장관의 행정
규칙의 구속력 인정(2001헌라1, 2002헌라2), ⑤ 자원회수시설(소각장)의 반입수수료 산
정방식과 그 시설 주변영향지역 주민 지원방식 변경(2003헌라3), ⑥ 우선조정교부금
폐지(헌재 2019.4.11. 2016헌라7), ⑦ 국가기관(교육부장관)과 교육감 간의 권한쟁의심판
에서의 기각결정례(2012헌라1. 이 결정에 대해서는 앞의 청구요건 중 피청구인의 부작위 부분 참
조), ⑧ 의무교육 경비의 지방자치단체 부담에 관한 권한쟁의심판에서 기각결정례
(2004헌라3) 등.

6. 참고 - 권한쟁의심판에서의 선결문제로서 법률의 위헌심사

우리나라의 권한쟁의심판은 헌법상 부여된 권한뿐 아니라 법률에 의해 부여된
권한의 침해에 대해서도 청구할 수 있는데 이 법률상 권한을 침해한 것인지를 판
단하기 위해 그 전제로 그 권한을 부여한 법률이 헌법에 위반되는 것인지 여부가
부수적 규범통제로서 가려져야 할 경우가 있을 것이다. 바로 선결문제 판단의 필
요성이다. 실제의 결정례들로는 ① 자치사무에 대한 합목적성 감사의 근거법률에
대해 합헌성을 인정한 결정(헌재 2008.5.29. 2005헌라3). ② 지방자치단체 조정교부금의
배분에 관한 근거법률인 지방재정법 제29조 2항에 대한 합헌성을 인정한 결정례
(헌재 2019.4.11. 2016헌라7) 등이 있었다.

Ⅲ. 권한쟁의심판 결정의 효력

헌재법 제66조(결정의 내용) ① 헌법재판소는 심판의 대상이 된 국가기관 또는 지방자치단체의 권한의 유무 또는 범위에 관하여 판단한다.

② 제1항의 경우에 헌법재판소는 권한침해의 원인이 된 피청구인의 처분을 취소하거나 그 무효를 확인할 수 있고, 헌법재판소가 부작위에 대한 심판청구를 인용하는 결정을 한 때에는 피청구인은 결정 취지에 따른 처분을 하여야 한다.

제67조(결정의 효력) ① 헌법재판소의 권한쟁의심판의 결정은 모든 국가기관과 지방자치단체를 기속한다.

② 국가기관 또는 지방자치단체의 처분을 취소하는 결정은 그 처분의 상대방에 대하여 이미 생긴 효력에 영향을 미치지 아니한다.

1. 기속력

(1) 기속력의 범위

1) 기속력을 가지는 결정의 범위　　헌재법 제67조 1항은 "헌법재판소의 권한쟁의심판의 결정은 모든 국가기관과 지방자치단체를 기속한다"라고 하여 권한침해의 결정이나 인용결정이라고만 명시한 것이 아니라 그냥 '권한쟁의심판의 결정'이라고만 명시하고 있으므로 권한쟁의심판의 결과 나오는 모든 결정에 기속력을 가지는 것으로 되어 있다. 따라서 권한쟁의심판에 있어서는 인용결정만이 아니라 기각결정 등 다른 모든 결정이 기속력을 가진다. 이 점 위헌법률심판의 경우 '위헌결정', 헌법소원심판의 경우 '인용결정'에 대해 기속력을 명시하고 있는 것과 차이가 있다. 이는 권한쟁의심판은 청구인의 권한이 아니라 피청구인의 권한임을 인정하는 기각결정의 경우에도 청구인과 피청구인의 각 권한을 획정하는 효과를 가지므로 권한획정에 관한 이러한 판단이 모든 기관들에 의해 존중되어져야 하기 때문이다.

2) 기속력의 주관적·객관적 범위

(가) 주관적 범위　　권한쟁의심판결정의 기속력은 "모든 국가기관과 지방자치단체"에 미친다. 당사자가 아닌 다른 국가기관이나 지방자치단체도 헌법재판소 결정의 취지에 따르고 이를 존중하여야 하며 청구인의 권한으로 확인된 권한을

행사해서는 아니 된다. 법원도 헌재 결정의 취지를 존중하여 재판을 하여야 한다.

(나) 객관적 범위　　　　　기속력이 결정의 주문(主文)에 미치는 것은 물론이다. 결정의 중요이유 중에서 헌법재판소가 표명한 헌법적 기본법리에 대해서도 기속력이 미치는지에 대해서는 견해가 나누어지고 있다.

(2) 기속력의 내용

1) 반복금지효 – 적극적 처분에 의한 침해에 대한 인용결정의 경우　　　　처분에 의해 권한이 침해되었음을 인용하는 결정이 있으면 피청구인은 다시 그 처분을 하여서는 아니 되고 더 이상 청구인의 그 권한을 다시 행사하여서는 안 된다(반복금지효).

2) 처분의무 – 처분이 없는 부작위에 대한 인용결정의 경우　　　　반면 부작위에 대한 위헌확인·위법확인의 인용결정을 한 때에는 기속력의 결과 피청구인은 처분으로 나아가야 한다. 헌재법 제66조 2항 후문은 "헌법재판소가 부작위에 대한 심판청구를 인용하는 결정을 한 때에는 피청구인은 결정취지에 따른 처분을 하여야 한다"라고 규정하여 처분의무를 명시하고 있다.

> * 법률안 심의·표결권이 침해되었음이 확인된(헌재 2009.10.29. 2009헌라8등, 이른바 미디어법 파동사건에서 권한침해가 인정된 것) 뒤 이 침해에서 권한을 회복할 수 있는 조치를 국회의장이 취하지 아니하는 부작위가 그 확인을 받은 청구인(국회의원)들의 신문법안 및 방송법안 심의·표결권을 침해하는 것이라는 주장의 권한쟁의심판 청구가 다시 있었으나 헌재는 기각결정을 하였다 (2009헌라12. 이 결정에 대해서는 앞의 권한쟁의심판의 결정, 결정례, 인용결정, 권한침해인정결정의 효력 부분 참조).

2. 취소결정에서의 소급효배제

(1) 법규정

헌재법 제67조 2항은 "국가기관 또는 지방자치단체의 처분을 취소하는 결정은 그 처분의 상대방에 대하여 이미 생긴 효력에 영향을 미치지 아니한다"라고 규정하고 있다.

(2) 배제의 범위(취소결정, 처분상대방에 한정된 배제)와 그 취지

ⅰ) 취지 – 이러한 소급효배제는 물론 법적 안정성, 그리고 처분의 상대방의 권익을 보호하기 위한 것이다. 권한을 둘러싼 다툼, 권한없는 상태에서의 권한행사에 있어서 귀책사유 없이 자신에 행해진 처분이 취소된다는 점에서 처분상대방에 대한 법적 불안정과 부당함이 더 강하게 가해질 수 있다는 취지에서도 상대방의 권익보호는 더욱 필요할 것이다. ⅱ) 인정범위 ㉠ 취소결정에 한정 – 이러한 소급효배제는 취소결정에만 인정되고 무효확인결정에서는 인정되지 않는다. 무효는 중대하고도 명백한 하자이어서 그 심각성 때문에 처분의 상대방이 잘못한 것이 아니라고 할지라도 소급효를 배제하기가 해당 처분이 정도(正道)를 많이 벗어나 곤란하다는 점을 고려한 결과라고 이해된다. 반면 취소의 경우 그 하자가 상대적으로 약한 상태이기에 공익의 보호보다는 처분의 상대방의 보호가 중요하다고 보는 것으로 이해될 수 있을 것이다. ㉡ 처분상대방 한정 – 인적 효력 범위는 바로 처분상대방에게만 미친다. ㉢ 이미 생긴 효력 – "이미 생긴 효력에 영향을 미치지 아니한다"라고 규정되어 있다.

그러나 현재의 이 소급효배제 규정에는 아래와 같은 문제점이 있다.

(3) 문제점과 개선방안

[일률적 배제의 문제점] 사실 위와 같은 입법취지가 처분이 이익행정적인 것인지 아니면 침익적인 것인지에 따라 달리 나타난다는 점을 위 규정은 간과하고 있다. 이익적 처분의 경우에는 그 처분의 효력이 유지되길 상대방은 바랄 것이기 때문에 위와 같은 소급효배제는 입법취지를 살리는 것이 된다. 그러나 불이익을 주는 침익처분의 경우에는 상대방이 오히려 그 취소를 바랄 것이다.

[상대방 한정의 문제점] 소급효배제는 처분의 상대방에 대해서만 인정된다는 점과 관련하여 상대방 외에도 영향을 받는 제3자가 있는 이른바 복효적(제3자효적) 행정처분 등에서는 이 규정이 전혀 대응하지 못한다는 문제점이 있다. 즉 처분의 상대방에게는 이익을 부여하는 처분이어서 그 취소의 소급효배제가 이익이 될 것이나 복효적 처분이 제3자(제3자란 처분을 한 행정청, 처분 상대방이 아닌 주체를 의미한다)에게는 불이익을 주는 것인데 처분의 상대방에 대한 처분효력의 유지가 제3자에게는 불이익으로 그대로 남게 된다면 그것에 대한 구제책이 마련되지 않는 한 형평에

맞지 않다(예를 들어 환경에 영향을 미치는 공장설립 인가가 인가를 받은 상대방에게 생긴 건설인가의 효력이 그대로 인정되면 그 환경에 미치는 영향으로 불이익을 받는 제3자들은 보호되지 못하는 결과를 가져온다).

[개선책] 생각건대 취소결정에서의 소급효배제규정은 먼저 그 본지를 다시 새겨야 한다. 사실 국가기관이나 지방자치단체의 잘못된 권한행사로 인한 국민의 권익이 침해되지 않아야 한다는 점과 그렇더라도 국가권력이나 자치권으로 행해지는 처분은 공익을 위한 것이므로 그 공익에 대한 보장도 이루어져야 한다는 점이 함께 고려되어야 한다. 결국 취소의 효력을 배제하느냐 어느 정도로 배제하느냐 하는 것을 처분의 상대방에 한정하여 판단하도록 할 것이 아니라 제3자의 이익, 공익도 고려한 비교형량에 의한 조절이 필요할 것이다. 앞으로 법개정이 필요하다.

헌법소원심판

05

헌법소원심판

제1절 서설

I. 헌법소원심판의 개념과 성격

1. 개 념

헌법소원심판이란 어느 공권력작용으로 인해 기본권을 침해받은 사람이 그 구제를 위해 청구하면 그 공권력작용 등이 위헌성이 있는지를 헌법재판기관이 판단하여 위헌성이 인정될 경우에 그 공권력작용 등을 취소하거나 위헌임을 인정하여 무력화함으로써 구제를 받을 수 있게 하는 헌법재판의 하나이다. 헌재법 제68조 1항 본문이 "공권력의 행사 또는 불행사로 인하여 헌법상 보장된 기본권을 침해받은 자"는 헌법재판소에 헌법소원심판을 청구할 수 있다고 규정하고 있다.

2. 기능과 본질적 성격

헌법소원이 기본권구제제도로서 개인이 가지는 기본권에 대한 침해로부터 기본권을 보호하기 위한 제도라고 하여 주관적 재판으로서의 성격과 기능만을 가지는 것은 아니라는 것이 일반적인 견해이다. 우리 헌재도 헌법소원의 본질은 개인

의 주관적 권리구제뿐 아니라 객관적인 헌법질서의 보장도 겸하고 있다고 본다.1

개인의 주관적 권리구제 + 객관적 헌법질서 보장

3. 객관적 헌법질서유지기능의 의미·중요성 - 청구요건의 완화

헌법소원의 이러한 객관적 기능은 중요한 의미를 가지는데, 이는 어느 한 개인의 주관적 권리를 위한 것이 아니더라도, 또는 어느 특정 개인의 권리구제에는 의미가 없더라도, 객관적 헌법질서유지를 위해 필요한 경우에는 헌법소원의 객관적 기능을 고려하여 가능한 한 헌법소원심판이 이루어져야 하고, 따라서 헌법소원심판의 청구요건이 완화되어야 할 필요가 바로 헌법소원의 이 객관적 헌법질서보장기능에서 나오기 때문이다. 실제 후술하는 대로 대표적으로 청구기간의 완화, 권리보호이익이 없는 경우에도 심판이익을 인정하는 등의 헌법소원심판 청구요건이 완화되고 있다(91헌마111).

II. 헌법소원심판의 유형

1. 본래 의미의 헌법소원(권리구제형 헌법소원)

이는 헌법소원의 원래의 기능, 즉 기본권침해에 대한 구제의 기능을 하는 본래의 헌법소원을 말한다. 헌재법 제68조 1항이 규정하는 대로 "공권력의 행사 또는 불행사로 인하여 헌법상 보장된 기본권을 침해받은" 경우에 그 구제를 위한 헌법소원이다. 이를 권리구제형 헌법소원이라고도 한다. 사건부호는 '헌마'이다.

---

1 이러한 입장이 표명된 판례들은 많다. 헌재 1992.1.28. 91헌마111; 1991.3.11. 91헌마21; 1992.10.1. 90헌마5, 1993.9.27. 92헌바21 등.

2. 위헌소원(헌재법 제68조 2항의 헌법소원)

이는 위헌법률심판을 제청해 줄 것을 법원에 신청하였으나 법원이 그 신청을 기각하였을 때 위헌법률심판을 받기 위하여 당사자가 헌재에 청구하는 헌법소원심판을 말한다. 헌재법 제68조 2항에 따른 헌법소원이다. 이를 위헌소원이라 부르고 그 사건부호는 '헌바'이다. 이 헌법소원은 실질적으로 위헌법률심판이다. 따라서 앞서 제2장에서 본 위헌법률심판의 청구요건인 재판의 전제성 등을 갖추어야 하고 법률만을 그 대상으로 한다.

3. 법률에 대한 법령소원과 위헌법률심판(위헌소원심판)

법령도 공권력작용이므로 이에 대한 헌법소원이 가능하여 법령소원이라 부르는데 이 법령 안에 법률이 있어 법률에 대한 법령소원도 가능하다. 이 법률에 대한 법령소원도 본래 의미의 헌법소원이고 청구요건도 그것과 같다. 사건부호도 '헌마'이다. 이것과 법률에 대한 심판인 위헌법률심판과 위헌소원심판은 구별된다.

▎ 본래의미의 헌법소원, 법률의 법령소원, 위헌소원의 비교

	본래 의미의 헌법소원	위헌소원
조문	헌재법 제68조 ①	헌재법 제68조 ②
대상	공권력행사 · 불행사, 법령(**법률**)소원*	**법률**
청구요건	기본권침해성, 관련성	재판전제성
기능	기본권구제	위헌심판 (기본권구제연결)
사건부호	'헌마'	'헌바'

제 2 절   헌법소원심판의 대상(대상성 요건)

헌재법 제68조 1항은 "공권력의 행사 또는 불행사로 인하여"라고 하여 공권력행사뿐 아니라 공권력의 불행사(부작위)도 대상이 된다.

Ⅰ. 대상성의 의미와 대상성(공권력행사·불행사 여부)판단의 기준

1. 대상성의 의미 - 헌법소원심판의 청구요건으로서의 대상성

헌법소원심판이 청구된 어떠한 작용이 헌법소원심판의 대상으로서 인정되어야한다는 것도 헌법소원심판의 여러 청구요건들 중의 하나이다. 따라서 대상이 되지 않는 경우에는 본안판단에 들어가지 않고 각하결정을 하게 된다.

2. 공권력, 공권력의 행사·불행사의 판단기준

[공권력의 개념] 공권력이라 함은 따르지 않을 수 없는 강제적인 힘(법적 구속력)을 말한다. 적극적인 공권력행사뿐 아니라 공권력의 불행사(부작위)도 대상이 된다.

['공권력의 행사·불행사' 판단기준: 판례법리 - **영향성이론**] 헌재는 헌법소원의 대상으로서의 '공권력의 행사·불행사'에 해당하는지 여부의 판단기준을 법적 구속력이 있는 작용이냐 아니냐, 국민의 권리·의무 내지 법적 지위에 직접 영향을 가져온 작용이냐 아니냐 하는 점에 두는 경향을 보이고 있다. 이런 판시가 많다.

> **[공권력행사·불행사 여부의 기준]**
> 여기에서 '공권력'이란 입법권·행정권·사법권을 행사하는 모든 국가기관·공공단체 등의 고권적 작용을 말하고, 그 행사 또는 불행사로 국민의 권리와 의무에 대하여 직접적인 법률효과를 발생시켜 청구인의 법률관계 내지 법적 지위를 불리하게 변화시키는 것이어야 함(2007헌마700, 2008헌마500, 2010헌마439 등 이런 판시 결정례 많음)

[공권력주체에 의한 작용] ⅰ) 공법인, 영조물 등에 대한 긍정 - 공권력을 보유하는 기관이 행한 공권력행사작용이 대상이 된다. 여기서 공권력보유기관이란 일반 행정조직 속의 국가기관만이 아니라 공법상의 사단, 재단 등의 공법인, 국립대학교와 같은 영조물 등의 작용도 헌법소원의 대상이 된다(97헌마372등) - ① 국립대학교(92헌마68등. 국립 서울대학교 입시과목 중 일본어 제외), ② 대통령선거방송토론위원회와 공영방송사(97헌마372등. 공영방송 텔레비전 대담·토론회 초청 대상 결정), ③ 법학적성시험의

시행기관인 법학전문대학원협의회(공익법인, 2009헌마399. 법학적성시험 시행계획 공고 중 법학적성시험의 시행일자를 일요일로 정하고 있는 부분), ④ 한국산업인력공단(공법인, 2018헌마1208등. 변리사 국가자격시험 시행계획 공고). ⅱ) 독립된 국가기관 - 국가인권위원회(2006헌마440. 그러나 2013헌마214등 결정으로 그 진정각하·기각결정이 보충성원칙의 적용으로 곧바로 헌법소원을 제기할 수는 없다고 판례변경을 함으로써 이제 사실상 대상성 인정이 의미가 없어짐). ⅲ) 외국기관·국제기관의 공권력작용 - 부정 - 헌법소원심판의 대상이 되는 공권력의 행사 또는 불행사는 헌법소원의 본질상 대한민국 국가기관의 공권력 작용을 의미하고 외국이나 국제기관의 공권력 작용은 이에 포함되지 아니하므로, 대상성이 부인된다(96헌마159).

3. 서술체계

헌법소원심판대상에 공권력행사뿐 아니라 불행사도 포함되므로 이하에서 공권력행사, 공권력불행사로 나누어 살펴본다. 이후 대상이 안 되는 사항은 별도로 살펴본다.

Ⅱ. 공권력의 행사

1. 통치행위

[판례의 주류 - 기본권에 관한 한 부정] 헌재는 "고도의 정치적 결단에 의하여 행해지는 국가작용이라고 할지라도 그것이 국민의 기본권침해와 직접 관련되는 경우에는 당연히 헌재의 심판대상이 될 수 있는 것"이라고 하여 대상성을 인정하였다(93헌마186. 통치행위 대해서는, 정재황, 헌법학, 박영사, 2021, 사법부, 사법권의 범위와 한계 부분 참조).

[통치행위 인정(심판대상성 부정)의 예] 한 건이 있었다[대통령의 국군(자이툰 부대 이라크) 파견결정에 대한 헌법소원에서 헌재는 "이 사건 파견결정은 그 성격상 국방 및 외교에 관련된 고도의 정치적 결단을 요하는 문제로서, 헌법과 법률이 정한 절차를 지켜 이루어진 것임이 명백하므로, 대통령과 국회의 판단은 존중되어야 하고 우리 재판소가 사법적 기준만으로 이를 심판하는 것은 자제되어

야 한다"라고 하여 통치행위임을 긍정하고 심판대상으로 하지 않은 바 있다. 2003헌마814. * 평가 - 군인 아닌 일반국민이 청구한 것이어서 자기관련성 없다고 보는 것이 더 타당한 것이었다고 보여져 문제가 있는 결정이었다].

[통치행위 부정(심판대상성 인정)의 예] ⅰ) 비록 고도의 정치적 결단을 요하는 문제이나 국민의 기본권침해와 직접 관련되는 경우에는 헌법재판소의 심판대상이 될 수 있다고 보아 심판대상성을 긍정한 결정례들이 있었다. 그 예로 ① 긴급재정경제명령 - '금융실명거래 및 비밀보장에 관한 긴급재정경제명령'(대통령 긴급재정경제명령 제16호. 93헌마186. 본안판단결과 이 대통령 긴급재정경제명령 부분 청구에 대한 기각결정), ② '신행정수도의 건설을 위한 특별조치법'(2004헌마554등. 본안판단결과 위헌결정), ③ 2007년 전시증원연습을 하기로 한 대통령의 결정(2007헌마369. [판시] 한미연합 군사훈련은 1979.2.15. 한미연합연습 양해각서의 체결 이후 연례적으로 실시되어 왔고, 특히 이 사건 연습은 대표적인 한미연합 군사훈련으로서, 피청구인이 2007.3.경에 한 이 사건 연습결정이 새삼 국방에 관련되는 고도의 정치적 결단에 해당하여 사법심사를 자제하여야 하는 통치행위에 해당된다고 보기 어렵다. * 결론 - 그런데 이처럼 통치행위성은 부정하였으나 "평화적 생존권은 헌법상 보장되는 기본권이라고 할 수는 없다"라고 하여 헌법소원의 또 다른 청구요건인 기본권침해성이 없어 부적법하다고 하여 결국 각하결정을 하였음), ④ 긴급조치에 대한 통치행위성 부정(이 결정은 사건은 위헌소원사건결정이었다. 이 결정에서 헌재가 직접 '통치행위'란 용어를 명시하지는 않았으나 '고도의 정치적 결단'이란 말을 쓰고 있어서 여기에 인용한다. 헌재는 "비록 고도의 정치적 결단에 의하여 행해지는 국가긴급권의 행사라고 할지라도 그것이 국민의 기본권침해와 직접 관련되는 경우에는 헌법재판소의 심판대상이 될 수 있다는 점" 등의 논거를 제시하여 유신헌법 당시 긴급조치들의 위헌성을 다툴 수 있다고 본다. 2010헌바132등. 본안판단결과 위헌결정)의 결정 등이 있었다. ⅱ) 외교행위 - 대한민국과 일본국 간의 재산 및 청구권에 관한 문제의 해결과 경제협력에 관한 협정 제3조 부작위 위헌확인 - 이 결정례에서는 '통치행위'나 '고도의 정치적 행위'라는 말을 사용하지는 않았으나 외교행위는 "정책결정을 함에 있어 폭넓은 재량이 허용되는 영역임을 부인할 수 없다"라고 하고 있어서 여기에 인용한다. 일반적으로 외교행위에 통치행위이론이 인정된다는 견해들이 있기도 하다. 헌재는 "법령에 규정된 구체적 작위의무의 불이행이 헌법상 기본권 보호의무에 대한 명백한 위반이라고 판단되는 경우에는 기본권 침해행위로서 위헌이라고 선언되어야 한다. 결국 피청구인의 재량은 침해되는 기본권의 중대성, 기본권침해 위험의 절박성, 기본권의 구제가능성, 진정한 국익에 반하는지 여부 등을 종합적으로 고려하여 국가기관의 기본권 기속

성에 합당한 범위 내로 제한될 수밖에 없다"라고 판시하였다[2006헌마788. 본안판단결과 인용(위헌확인결정). * 동지: 2008헌마648]. iii) 인용(위헌, 위헌확인)결정이 난 예: 위 결정들 중에 위헌이나 위헌확인 된 결정례로, 2004헌마554, 2006헌마788, 2008헌마648, 2010헌바132(위헌소원사건)가 있었다.

2. 법령 자체에 대한 헌법소원(법령소원)

(1) 개념, 사건부호

ⅰ) 법령이 바로 국민의 기본권을 침해할 경우에 그 법령 자체를 대상으로 하는 헌법소원이다. 법령에 대한 헌법소원을 '법령소원'이라고 부르기도 한다. ⅱ) 법령 자체도 공권력작용이란 점이 인정근거이므로 그 성격도 본래의미의 헌법소원이고 따라서 사건부호도 '헌마'이다.

(2) 특색

ⅰ) 직접성의 중요성 – 법령소원은 그것 자체로 바로 기본권침해효과가 나와야 하므로 직접성 요건(후술 청구요건 참조)이 가장 중요하다. ⅱ) 일반적 청구요건의 요구, 보충성원칙 배제 – 법령소원도 '헌마'사건이므로 그 청구요건인 청구인능력, 기본권침해성, 청구적격(기본권침해의 자기관련성, 직접성, 현재성), 권리보호이익, 변호사강제주의, 청구기간 등의 요건이 적용된다. 그러나 "일반법원에 법령 자체의 효력을 직접 다투는 것을 소송물로 하여 제소하는 길이 없으므로" 보충성원칙은 배제된다.

(3) 대상 인정 법령

1) **법률** [대상성, 헌법재판의 활성화] 법령의 대표적인 법률도 법령소원으로 헌법소원대상이 된다. 어느 법률이 그 집행작용 없이 법률규정 자체로 인해 바로 직접 기본권침해의 효과가 오는 법률규정이 법령소원대상이다. 그동안 법률 자체에 대한 법령소원은 많이 이루어졌고 또 이루어지고 있으며 헌법재판 활성화에 중요한 기여를 하였다.

['법률'에 대한 법령소원과 위헌소원의 구분, 청구요건 차이점 유의] 특히 '법률'에 대

한 법령소원과 위헌소원의 구별이 중요하다. 둘다 법률을 대상으로 하기 때문이다. 특히 청구요건이 각기 다르다.

> 유의☑ 여기서 양자의 구분을 다시 정리해 보고 특히 그 청구요건에 있어서의 차이를 잘 구분해 두어야 한다. * 변호사시험에서 양 헌법소원은 빈번히 출제(실무에서 도 빈번히 제기)되는 것인데도 양자의 청구요건을 혼동하기도 하는데 잘 파악 해두어야 한다.

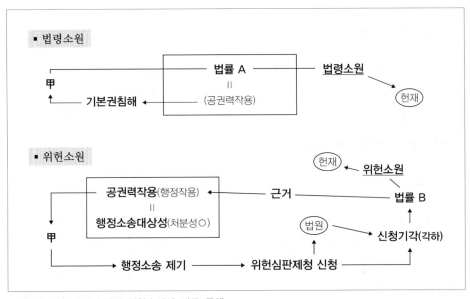

| 법률에 대한 법령소원과 위헌소원의 비교 도해

| 법률에 대한 법령소원과 위헌소원의 비교

구분	법률에 대한 법령소원	위헌소원
사건부호, 성격	'헌마', 본래의미의 헌법소원	'헌바', 위헌법률심판
청구요건	헌법소원 청구요건 대부분 그대로= • 대상성(공권력행사·불행사일 것) • 기본권침해가능성 • 관련성(자기관련성, 직접성, 현재성) • 권리보호이익 • 청구기간 * 보충성원칙 - 배제	위헌법률심판 적법요건 대부분 그대로= • 대상성(법률일 것) • 재판전제성 * 법령소원과의 구별지표의 제1표지: 위헌 소원은 법원의 개재가 있음

2) 긴급명령·긴급재정경제명령, 긴급조치   헌재는 긴급재정경제명령이 국민의 기본권을 직접 침해할 경우에는 헌법소원의 대상이 됨을 인정하고 있다. 즉 통치행위라는 논거를 배척하고 대상이 된다고 보았다(전술, 93헌마186). 긴급조치도 그러하다(2010헌바132등, 위헌소원).

3) 조약   헌법소원 대상성이 인정된다(99헌마139등). 그러나 비구속적 합의로서 조약이 아닌 것은 대상이 안된다고 본다(2016헌마253).

4) 행정입법의 헌법소원대상성   [행정입법 개관] ⓐ 개념 – 오늘날 행정이 복잡다단하고 변화가 빈번하여 구체적 사항을 법률 자체에 일일이 규정하기 어려울 경우에 법률을 집행하는 행정부가 구체적 사항을 정하도록 법률이 위임하거나 행정부가 구체적 사항을 정할 수 있도록 할 필요가 있는데 이런 필요로 행정부에 의해 만들어지는 규범을 행정입법이라고 한다.

ⓑ 종류 – 이에는 내용적으로 다시 두 가지로 나누어진다. 국민의 권리의무에 영향을 미치는 사항(이를 '법규'라고 한다)을 정하는 법규명령과 행정기관의 사무처리나 질서유지 등을 위하여 행정기관 내부에서만 효력을 가진다고 일반적으로 보는 행정규칙으로 나누어진다. 법규명령은 다시 법률이나 상위 법규명령의 위임을 받아 제정되는 위임명령과 그러한 위임이 없이 법률이나 상위 행정입법을 시행하기 위해 필요하여 제정되는 집행명령으로 나누어진다. 현재 헌법이 명시하는 대통령, 총리령, 부령은 법규명령이고(제75조, 제95조) 실제 법령의 명칭으로는 대통령령은 시행령, 총리령과 부령은 시행규칙으로 불린다. 대법원규칙, 헌법재판소규칙(제108조, 제113조 2항), 중앙선거관리위원회규칙(제114조 6항)도 법규명령으로 보는 견해가 많고 그 견해에 따르면 기본권사항을 위임받을 수 있다. 국회규칙(제64조 1항)으로서 법규성이 있는 규칙들이 있고(예: 국회방청규칙, 국회정보공개규칙, '국회 입법예고에 관한 규칙', 국회청원심사규칙 등), 기본권사항을 위임받을 수 있다. 감사원규칙에 대해서는 논란이 있다.

행정규칙은 그 명칭이 고시, 훈령, 예규, 내규 등으로 불리고 일반적으로 행정 내부적 효과를 가지므로 법규성이 없다고 본다.

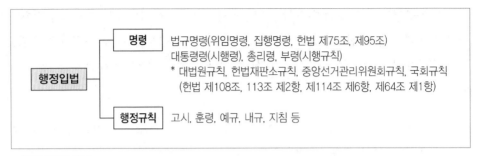

| 행정입법의 종류

아래에서 법규명령, 행정규칙으로 나누어 살펴본다.

[법규명령] ⅰ) 헌법소원대상인지 여부에 대한 견해대립, 헌재의 긍정론(자세한 것은, 헌법재판론, 제2판, 660-662면 이하) - 이에 대해서는 법규명령인 대법원규칙(대법원규칙도 일반적으로 법규명령이라고 본다)이 헌법소원대상이 되는지를 두고 논란이 되었다. 부정론은 헌법 제107조 2항(명령·규칙·처분이 위헌·위법 여부가 재판의 전제가 된 경우에는 대법원은 이를 최종적으로 심사할 권한을 가진다)을 주로 논거로 한다. 반면 헌재는 긍정론을 취하면서 헌법소원심판의 대상으로서의 '공권력'이란 입법·사법·행정 등 모든 공권력을 말하는 것이므로 사법부에서 제정한 규칙 등도 직접 기본권을 침해하는 것일 때에는 대상이 될 수 있다고 본다. * 사견 - 헌법 제107조 2항은 명령의 위헌, 위법여부 자체를 직접 다투는 소송의 경우가 아니라 그 위헌, 위법여부가 다른 재판의 전제가 된 경우에 대법원이 최종적으로 심사할 권한을 가진다는 이른바 선결판단권을 규정한 것이므로 법규명령 자체를 대상으로 한 헌법소원을 부정할 논거가 되지 못한다. ⅱ) 위헌결정례 - (ㄱ) 대법원규칙 - 바로 이를 긍정한 사건인 법무사법시행규칙(대법원규칙) 위헌결정이었는데, 법원행정처장이 법무사시험 실시 여부를 정할 수 있게 한 이 규칙규정이 상위법인 법무사법 제4조 1항의 위임범위를 일탈하여 법무사자격을 취득하고자 하는 모든 국민의 평등권과 직업선택의 자유를 침해한 것이라고 본 것이다(89헌마178). (ㄴ) 대통령령 ㉠ 단순위헌결정례 ① 구 '제대군인지원에 관한 법률' 시행령 제9조 - 제대군인가산점 위헌결정례이다(98헌마363). ② 구 전기통신사업법 시행령 제16조 - 전기통신법 제53조가 규정하는 '공공의 안녕질서', '미풍양속'이라는 불온통신의 개념이 불명확하고 표현의 자유를 지나치게 광범위하게 제한함으로써 과잉금지원칙에 위배되어 이를 근거로 하는 동법시행령 제16조도 위헌이다(99헌마480). ③ 행정사법 시행령 제4조 3항 - 행정사

시험 재량 비실시를 인정한 이 시행령 조항은 법률상 근거 없이 기본권을 제한하여 법률유보원칙에 위반하여 직업선택의 자유를 침해한다(2007헌마910). ⓒ 헌법불합치결정례 ① 구 '재외동포의 출입국과 법적 지위에 관한 법률 시행령' 제3조 – 정부수립 이전 이주동포를 합리적 이유없이 차별하여 평등권을 침해한다(99헌마494). ② 구 여객자동차 운수사업법 시행령 제16조 – '마약류 관리에 관한 법률'을 위반하여 금고 이상의 실형을 선고받고 그 집행이 끝나거나 면제된 날부터 20년이 지나지 아니한 것을 택시운송사업의 운전업무 종사자격의 결격사유 및 취소사유로 정한 것은 위법의 정도나 비난 가능성의 정도가 미약한 경우까지도 획일적으로 20년이라는 장기간 동안 택시운송사업의 운전업무 종사자격을 제한하여 과잉금지원칙을 위반한 직업선택의 자유의 침해이다(2013헌마575등). ⓓ 부령 – 위헌결정례 – 당구장 출입금지표시사건 – 당구장 출입문에 18세 미만자의 출입금지표시를 하도록 규정한 구 '체육시설의 설치·이용에 관한 법률시행규칙(문화체육부령) 제5조는 직업선택의 자유를 침해하여 위헌이다(92헌마80). ⅲ) 그 외 법규명령 종류별 기각(합헌성인정)결정례 – ① 총리령(93헌마159, 2011헌마241, 2013헌마128), ② 중앙선거관리위원회 규칙(2010헌마97). ⅳ) 국회규칙에 대한 각하결정례(98헌마443. 국회예산결산특별위원회 계수조정소위원회 등 방청허가불허, 기본권침해의 관련성이 없어 부적법하므로 각하).

[법령보충규칙(실질적 법규명령의 행정규칙)] 행정규칙의 경우 법규성이 없다고 보아 행정기관 내부에 그 효력이 머물고 국민의 기본권에 영향을 미치지 않으면 헌법소원의 대상이 부정될 것이다. 그런데 우리 헌재는 행정규칙 중 이른바 법령보충규칙에 대해 헌법소원대상성을 인정한다.

> **중요▲** 법령보충규칙은 행정법에서도 많이 거론하므로 변호사시험에서 공법 복합형 문제로 출제될 가능성이 많으므로 특히 숙지필요. '법령보충규칙'에 대한 자세한 것은 정재황, 헌법학, 박영사, 2021, 605면 이하 참조.

ⅰ) 법령보충규칙에 대한 헌법소원대상의 인정근거 – 예시설(판례입장) – 우리 판례는 앞서 본 법규명령 외에도 이름이 고시, 예규, 지침 등 행정규칙의 이름을 가지더라도 상위법령의 위임을 받아 제정된 것은 이른바 '법령보충규칙'이라고 하여 그것에 의한 기본권제한가능성을 인정한다. 즉 이름이 행정규칙이더라도 법령보충규칙의 경우에는 기본권제한을 할 수 있는 행정입법이고 따라서 기본권구제수단인 헌법소원의 대상성을 가진다는 것이다. 이러한 판례법리가 터잡을 수 있는

것은 우리 헌재는 우리 헌법 제75조, 제95조 등에서 헌법이 인정하고 있는 위임입법의 형식(즉 대통령령, 총리령, 부령)은 예시적인 것으로 보기 때문이다(예시설, 2015헌마161 등). 즉 대통령령, 총리령, 부령이 헌법 제75조, 제95조에 명시되어 있어 이 법규명령들에만 기본권제한사항이 위임한 것으로 열거적으로 볼 것인가에 대해 부정하고 이 헌법규정들은 예시적이므로 법령보충규칙으로 기본권제한사항을 정할 수 있고 따라서 기본권을 제한하는 법령보충규칙도 헌법소원대상이 될 수 있다고 보는 것이다(이러한 예시설과 법령보충규칙에 의한 기본권제한 문제에 대한 자세한 것은, 정재황, 헌법학, 박영사, 2021, 604면 이하 참조). 따라서 헌법소원대상이 되는 행정규칙으로서 법령보충규칙에 대해 아래에 살펴본다.

　　ⅱ) 법령보충규칙의 개념과 성격 및 효력 — 이름은 훈령, 고시, 내규, 예규, 지침이어서 법규명령이 아니나 그 규칙이 나오게 된 연유가 법률(법령)의 위임(법률의 위임을 받은 대통령령 등의 법령에 의한 재위임도 가능함)을 받아 제정된 데 있는 행정규칙을 말한다. 이 점이 바로 핵심적 개념요소인데 상위 법률(법령)이 직접 정하도록 위임해주어 상위 법률(법령)에 근거가 있는 행정규칙이라는 점이 법률, 상위법 위임 없이 장관 등의 재량으로 행정기관 내부 업무수행을 위해 제정되는 행정규칙(일반적 행정규칙)과 차이가 있다. 이처럼 법령보충규칙은 상위의 법률(법률이 위임한 대통령령)이 정하라고 하여 제정되는 것이므로 법규성을 가지고 그 점에서 사실상 법규명령과 같다(실질적 법규명령). 헌재도 법령의 직접적인 위임을 받아 이를 구체화하거나(그리하여 행정규칙이더라도 그것이 상위법령의 위임한계를 벗어나지 아니하는 한, 상위법령과 결합하여 대외적인 구속력을 갖는 법규명령으로서 기능하게 될 경우) 법령의 내용을 구체적으로 보충하는(법률보충적) 행정규칙은 헌법소원의 대상이 된다고 한다(91헌마25).

▎부령과 법령보충규칙의 법문언 비교 예시

	부령	법령보충규칙
법률(령)의 문언	'OO부령으로 정한다' '부령으로 정하는' '부령(이)으로 정하는 바에 따라'	'OO부장관(△△처장)은 고시한다(하여야 한다)' '장관이 고시하는' '장관이 정하여 고시하는 것'

* OO → 행정각부, 예를 들어 교육부, 문화체육관광부 등. △△ → 예를 들어 식품의약품안전처, 법제처

　　유의 다시 강조하면 법령보충규칙은 다른 일반적인 행정규칙과 달리 법률 내지 법률의 위임을 받은 법규명령이 그 근거를 두어야 제정될 수 있다는 점에 유의해야

한다. 따라서 위 문언에 대해 서술한 것처럼 "장관이 고시한다" 등의 문언이 법률이나 법률위임받은 법규명령 자체에 나타나 있어야 법령보충규칙이다.

iii) 법령보충규칙의 헌법소원대상성 인정요건 — 헌재는 법령보충규칙이 헌법소원대상이 되는 요건으로 **일반·추상적 성격을 가질 것**을 요구한다. 구체적 성격일 경우 행정처분이어서 대상성이 없다고 보는 것이다(97헌마141, 2001헌마894, 2005헌마161등, 2005헌마837, 2007헌마106 등).

법령보충규칙의 헌법소원대상성 인정요건: **일반·추상적 성격을 가질 것**

iv) 대상성 인정례 — 위 인정요건을 갖추어 헌법소원대상으로 인정된 예들로 다음과 같은 결정들이 있고 적지 않다. ① 보건복지부장관의 식품접객업소영업제한기준고시(99헌마455), ② 보건복지부장관이 고시한 1994년 생활보호사업지침상의 '생계보호기준'(94헌마33), ③ 교육부장관의 1995학년도 대학입시기본계획 일부보완사항의 통보(94헌마119), ④ 교육부장관의 종합생활기록부제도개선보완시행지침(97헌마38), ⑤ 공정거래위원회의 신문업에 있어서의 불공정거래행위 및 시장지배적 지위남용행위의 유형 및 기준(2001헌마605), ⑥ 게임제공업소의 경품취급기준(2005헌마161등), ⑦ '중요한 표시·광고사항'(공정거래위원회 고시)(2009헌마318), ⑧ '한약처방의 종류 및 조제방법에 관한 규정'(1995.3.15. 보건복지부 고시 제1995-15호) 제4조 2항(2005헌마667), ⑨ '요양급여의 적용기준 및 방법에 관한 세부사항(약제) 중 개정'(2009.4.22. 보건복지가족부 고시 제2009-71호)(2008헌마758), ⑩ 요양급여비용 심사청구소프트웨어의 검사 등에 관한 기준(2007.12.17. 보건복지부 고시 제2007-120호로 개정된 것) 제3조(2008헌마408), ⑪ 일정한 한약서에 수재된 처방에 해당하는 품목의 한약제제를 의약품 품목허가·신고를 위한 안전성·유효성 심사대상에서 제외하고 있는 '한약(생약)제제 등의 품목허가·신고에 관한 규정'(2015.9.21. 식품의약품안전처고시 제2015-62호) 제24조 1항 4, 5호(2015헌마1181), ⑫ 인터넷상의 청소년유해매체물 정보의 경우 18세 이용금지 표시 외에 추가로 '전자적 표시'를 하도록 하여 차단소프트웨어 설치시 동 정보를 볼 수 없게 한 정보통신부고시(2001.10.12. 제2001-89호. 청소년유해매체물의 표시방법)의 내용 중 '2.의 나. 전자적 표시방법' 부분(2001헌마894), ⑬ 예규에 대한 인정례 – 계약의 체결·이행 등과 관련한 금품 제공 등으로 부정당업자 제재 처분을 받은 자를 일정 기간 위와 같은 수의계약의 계약상대자에서 배제하도록 규정한 구 '지방자치단체 입찰 및 계약 집행기준'(2016.11.14. 행정자치부예규 제70호로 개정되고, 2017.7.26. 행정안전부예규 1호로 개정되기 전의 것) 제5장 〈별표 1〉 ③ 중 '지방자치단체를 당사자로 하는 계약에 관한 법률 시행령 제92조 1항 10호에 따라 부정당업자 제재 처분을 받고 그 종료일로부터 6개월이 지나지 아니한 자'에 관한 부분(이하 '이 사건 예규조항')(2015헌마853) 등.

v) 위헌결정례: ① 고시에 대한 위헌결정례 – '숙취해소용 천연차'라는 표시를 금지한 '식품 등의 표시기준'(1998.10.7. 식품의약품안전청고시) 제7조에 대해 광고표현의 자유를 과잉금지원칙에 위반하여 침해하는 것이라는 결정이 있었다(99헌마143). ② 방송위원회 규칙에 대한 위헌결정례도 있었다(2005헌마506. 방송위원회로부터 위탁을 받은 한국광고자율심의기구가 텔레비전 방송광고의 사전심의를 담당하도록 한 것이 헌법이 금지하는 사전검열에 해당한다고 하여 구 방송법, 구 방송법시행령과 더불어 규칙도 위헌으로 결정한 것).

[재량준칙 – 반복시행 – 평등원칙, 신뢰보호원칙에 따른 자기구속의 경우] i) 개념, 인정기준 – 헌재는 "재량권 행사의 준칙인 규칙이 그 정한 바에 따라 되풀이 시행되어 행정관행이 이룩되게 되면, 평등의 원칙이나 신뢰보호의 원칙에 따라 행정기관은 그 상대방에 대한 관계에서 그 규칙에 따라야 할 자기구속을 당하게 되는 경우에는 대외적인 구속력을 가지게 된다"고 하여 이러한 경우의 규칙은 헌법소원심판의 대상이 된다고 본다(90헌마13, 2004헌마49, 2004헌마670, 2009헌마588). ii) 결정례 (ㄱ) 각하결정례 – 교육위원회의 인사원칙에 대한 부정(90헌마13. 신뢰형성부정, 각하결정); (ㄴ) 위헌결정례 ① '계호근무준칙'(검사조사실 피의자신문시 계구사용 계호 규정)에 대한 위헌결정(2004헌마49); ② '외국인산업기술연수생의 보호 및 관리에 관한 지침'(노동부예규)에 대한 위헌결정(2004헌마670) (ㄷ) 기각결정례: 전세자금 지원기준(국토부 기준, 2009헌마588). * 위 결정례들에서 법률이나 상위법 근거 얘기가 없고 판시에 나와 있는 대로 재량준칙으로 여기에 인용한 것이다.

5) 조례   i) 지방자치단체 조례도 대상이 된다고 본다(2008헌마454, 2008헌마635 등). ii) '처분적 조례' (ㄱ) 문제소재 – '처분'이란 국민의 권리의무에 바로 영향을 미치는 작용 등을 말하고 법원의 행정소송의 대상이다(행정소송법 제2조, 제4조). 따라서 처분적 조례는 법원의 행정소송 대상이 될 수 있을 것인데 대법원은 1996

년 9월 20일의 '두밀분교' 사건 판결에서 "조례가 집행행위의 개입 없이도 그 자체로서 직접 국민의 구체적인 권리의무나 법적 이익에 영향을 미치는 등의 법률상의 효과를 발생하는 경우 그 조례는 항고소송의 대상이 되는 행정처분에 해당하고 …"라고 밝혀[2] 이 판시에 따르면 처분적 조례의 경우 그 자체에 대해 직접 항고소송이 이루어질 수 있으므로 보충성원칙에 따라 법원의 행정소송대상이 먼저 되고 곧바로 헌법소원심판이 이루어지기는 어렵다고 할 것이다. (ㄴ) 헌재의 입장 — 보충성원칙 적용 — 헌재는 조례가 헌법소원 대상이 되나, 다만 조례 그 자체로 처분의 효과가 나는 이른바 처분적 조례의 경우 보충성원칙이 적용되어 바로 헌법소원대상이 아니라고 보고(이런 취지의 2008헌마454), 조례가 일반적·추상적인 규정의 성격을 가지거나 항고소송의 대상이 되는 행정처분인지 여부가 불분명한 경우에는 바로 헌법소원심판을 청구할 수 있다고 본다(이런 취지의 판시로 2014헌마794). * 처분적 조례에 대한 행정소송, 헌법소원의 문제 — 중요 !: 이 문제는 지방자치제도를 둘러싼 헌법과 행정법(행정소송법)의 복합적 문제로서 공법복합형.

　iii) 조례에 대한 결정례: (ㄱ) 헌법불합치결정례 — 이 예들로는 기초의회의원선거의 선거구획정에 관한 것들이 있었다. 기초의회의원선거에서 그 선거구와 선거구별 의원정수는 관할 광역지방자치단체가 조례로 정하도록 하고 있어서 조례가 심판대상이 된 것이다. 그리하여 인구편차가 지나쳐 위헌으로 인정되고 헌법불합치결정된 예들이 다음과 같이 있었다. ① 충청남도 시·군의회의원 선거구와 선거구의원정수에 관한 조례 [별표 2] 위헌확인 등(2006헌마240등). ② 경상북도 시·군의회의원 선거구와 선거구별 의원정수에 관한 조례 [별표] 위헌확인(2006헌마67). (ㄴ) 기각결정례들로 다음과 같은 결정례들이 있었다. ① 기초의회의원선거 경우 중선거구제에서 의원수 변경 — 기초의회의원선거에서는 선거구당 2~4인 선출의 중선거구제가 행해지고 있다. 이에 따라 의원수 변경에 관한 기각결정의 예가 있었다(2006헌마203, '강원도 시·군의회 의원정수 및 선거구 등에 관한 조례' 제3조 [별표 2] 중 철원군 부분 위헌확인 [쟁점] 이 강원도의회 조례가 철원군의회의원 나선거구에서 의원 4인에서 3인으로 줄이게 하여 이 선거구의 주민이 헌법소원심판을 청구한 사건이다), ② 선거구획정 인구편차 합헌성 인정 — 인구편차에 관해 위헌성이 부정되어 기각결정된 예들도 있었다(2010헌마208, 서울특별시자치구의원선거구와 선거구별 의원정수에 관한 조례 일부개정조례 중 별표 위헌확인; 2006

2　대법원 1996.9.20. 95누8003, 조례무효확인, 판례공보, 1996.11.1, 3210면.

헌마188, 부산광역시 구·군의회의원 선거구와 선거구별 의원정수 조례 등 위헌확인), ③ 시세불균일
과세 - '부산직할시검인계약서제도실시에따른시세불균일과세에관한조례'(94헌마242),
④ 학교교과교습학원 및 교습소의 심야교습 제한 조례(2008헌마454, 2008헌마635),
⑤ 옥외광고물 표시제한 특정구역 지정고시(2014헌마794).

(4) 헌법규정 자체 - 부정

헌법규범단계설에 따르면 헌법규범들 간에도 서열이 있어서 하위 헌법규범이
상위 헌법규범에 반하면 헌법소원을 청구할 수 있다고 본다. 그러나 우리 헌재는
헌법재판대상성 문제에서 이 헌법단계설을 부정하고 대상성을 부정한다(95헌바3).

3. 행정계획

중요A 행정계획에 대한 헌법소원 문제는 헌법과 행정법의 공법 복합형

ⅰ) 개념 - 행정계획이란 행정청의 장래 행정작용의 예정계획을 말하는데 이
에는 국민에게 구속력이 있는 것도 있고 비구속적인 것도 있다.

ⅱ) 구속적 행정계획 - 헌법소원의 대상이 된다. (ㄱ) 대표적 예: 시장(市長)의
도시설계(건축기준)의 규정: 헌재는 이 규정이 도시설계지구 내의 모든 건축물에 대
하여 구속력을 가지는 구속적 행정계획의 법적 성격을 갖는다고 본다. 사안은 이
규정이 적용되는 일산도시설계지구에서는 4가구 이상이 거주할 수 있도록 건축물
을 건축하는 행위 등을 금지하는 이 지침이 다가구주택에 대한 사용·수익권능의
행사에 제한을 받게 하여 재산권 제한이 되는데 헌재는 비례원칙을 준수하였다고
보아 기각결정을 하였다(2002헌마402). 이처럼 도시계획은 구속적 행정계획이고 행
정법에서 재량이 인정되는 계획고권이라고 하여 헌법, 행정법 복합적 문제이므로
관심있게 보아야 할 사안이다. (ㄴ) 다만, 헌재는 대법원판례가 행정(항고)소송 대상
이 된다고 보는 구속적 행정계획은 보충성원칙을 요구하여 바로 헌법소원 대상이
되지 않는다고 본다(그 예로 2012헌마186 - 뉴타운 주택재개발정비사업 관리처분계획은 '구속적
행정계획'으로서 항고소송의 대상이 된다(대법원 2009.9.17. 2007다2428 전원합의체 판결). 따라서 바
로 헌법소원대상이 되지 않는다).

iii) 비구속적 행정계획

(ㄱ) 인정요건: 헌재는 아래 인정요건이 충족되면 대상이 된다고 본다.

비구속적 행정계획에 대한 예외적 대상성 인정의 요건 ─────────
- 국민의 기본권에 직접적으로 영향을 끼치고, 앞으로 법령의 뒷받침에 의하여 그대로 실시될 것이 틀림없을 것으로 예상될 수 있을 때

(ㄴ) 결정례 ㉠ 대상성 긍정례 ─ ① 1994학년도 신입생선발입시안에 대한 헌법소원(92헌마68등) ② 공무원시험실시계획 공고 ⓐ 사법시험 제1차 시험 시행일자 위헌확인(2000헌마159), ⓑ 군미필자 응시자격 제한(2006헌마627). ㉡ 대상성 부정례 ─ 기본권에 직접 영향을 미치지 않는 정책계획안, 내부계획안 등으로 실시될 것이 틀림없다고 예상되지 않아 대상성 부정된 예: ① 개발제한구역제도개선방안 확정발표 위헌확인(99헌마538), ② 외국인산업인력정책심의위원회의 대책(2004헌마670), ③ 기획재정부장관의 공공기관 선진화 추진계획(2009헌마330), ④ 국토해양부장관이 언론을 통해 발표한 '한국토지주택공사 이전방안'(2011헌마291), ⑤ 총장직선제 개선 대학에 대한 재정지원 사건(2013헌마576) 등.

(ㄷ) 검토 ─ 요건으로 설정한 국민의 "기본권에 직접 영향을 끼치고"라는 것이 구속적인 것을 의미하여 비구속적 행정계획에 관한 것인지 의문이다.

4. 구체적 효과가 발생하는 '공고'

[대상성 인정] ⅰ) 인정요건 ─ 행정청이 어떤 구체적 사항의 결정을 공고로 확정하고 그 공고로 어떤 구체적 효과가 발생하는 경우(공고를 통해 세부 내용들이 비로소 확정되는 경우)에는 그 공고는 헌법소원의 대상이 된다는 것이 헌재 판례의 입장이다(99헌마123, 2000헌마29, 2001헌마882, 2004헌마243, 2009헌마399, 2018헌마46, 2018헌마1208등).

인정기준 ─────────
- 구체적 효과 발생의 개별 공고: 법령에 이미 확정적으로 규정되어 있는 것을 단순히 알리는 데 불과한 것이 아니라 세부적 내용을 구체적으로 확정하는 효과가 있는 공고

ⅱ) 대상성 인정례 (ㄱ) 시험 응시자격에 관한 공고 ─ ① 공무원임용시험 응시자 자격제한효과의 시행계획공고(99헌마123), ② 고등학교 입학 자격 검정고시, 고

등학교 졸업 학력 검정고시의 응시자격 제한의 공고(2010헌마139등), ③ 행정5급 일반임기제공무원 경력경쟁채용시험 응시자격요건으로 '변호사 자격 등록'을 요구한 부분(2019헌마616). (ㄴ) 수험 요일 공고(일요일 수험일 공고) − ① 제42회 사법시험 제1차 시험 일요일 시행 공고(2000헌마159), ② 법학적성시험 일요일 시행 공고(2009헌마399). (ㄷ) 가산점 공고 − 대전광역시 교육감의 가산점 항목에 관한 공고(2001헌마882. 공고를 통해 세부내용의 구체적 확정이 있다고 봄). (ㄹ) 법령내용 보충의 대외적 구속력을 가진 공고 − 한국산업인력공단의 "2019년도 제56회 변리사 국가자격시험 시행계획 공고(공고 제2018−151호)" 가운데 '2019년 제2차 시험과목 중 특허법과 상표법 과목에 실무형 문제를 각 1개씩 출제' 부분(2018헌마1208등). (ㅁ) 사전안내의 대상성 인정의 경우 − 공고 문제와 더불어 살펴보아야 할 것으로 사전안내 문제가 있다. 단순히 사실을 알리는 안내는 공권력성이 부정될 것이나 헌재는 사전안내라도 국민의 기본권에 직접 영향을 끼치는 내용이고 앞으로 그대로 실시될 것이 틀림없을 것으로 예상될 수 있는 것일 때에는 헌법소원의 대상은 될 수 있다고 한다. ① 특별전형 지원자격 확대 안내(2008헌마456), ② 서울대 입시안결정(서울대 입시과목에서 일본어를 제외한 "'94학년도 대학입학고사 주요요강", 92헌마68등. 앞에 나온 결정례). (ㅂ) 행정계획을 담은 공고 − 위에서 본 행정계획에 대한 대상성으로 파악하면 될 것이다. ① 서울대 입시안결정(92헌마68등. 위 결정례), ② 사법시험 제1차 시험 시행일자 공고(2000헌마159). (ㅅ) 법령보충규칙과 같은 공고 − 법령보충규칙과 같은 논리로, 어떠한 공고가 그 형식은 공고이더라도 상위법령과 결합하여 대외적인 구속력을 가지는 경우 대상성이 인정된다(2004헌마924, 문화관광부장관이 행한 '외국인전용 신규카지노업 허가계획' 공고).

　　[대상성 부정] ⅰ) 부정사유 − 헌재는 법령 등에 규정되어 있는 사항 등을 그대로 알리는 의미의 공고는 헌법소원의 대상이 아니라고 본다. 그 공고에 법적 효과가 발생하더라도 그 효과의 내용은 공고가 아니라 법령 등에서 정한 결과일 뿐이기 때문이라고 하겠다. 그리하여 법령에서 규정하고 있는 사항에 대한 아무런 변경을 가져오지 않고 그것을 구체화하거나 보충하는 것이 아닌 공고는 대상성이 부정된다. 대외적 구속력이 없는 행정관청의 내부의 지침을 대외적으로 공표하는 것에 불과하여 청구인의 법적 지위에 영향을 미치지 않는 공고도 역시 대상성이 없다고 헌재는 본다.

　　ⅱ) 부정례: ① 구 사법시험에서의 '영어대체시험공고', 법학과목이수제도의 '학점인정기준공고'(2003헌마947, 법령 내용 확인의 공고), ② 인사혁신처 2018년도 국가

공무원 공개경쟁채용시험 등 계획 공고 중 가산점 부분(2018헌마46, 공무원임용시험령 내용을 그대로 공고), ③ 이동전화 식별번호 통합정책 및 번호이동제도에 관한 방송통신위원회 홈페이지 게시(2011헌마63등, 그동안 추진해온 정책 알림), ④ 법무부장관의 "2014년 제3회 변호사시험 합격자는 원칙적으로 입학정원 대비 75%(1,500명) 이상 합격시키는 것으로 한다"는 공표는 행정관청 내부의 지침을 대외적으로 공표하는 것에 불과하여 대상이 아니라는 결정(2013헌마523), ⑤ 선거일 공고(2016헌마17) 등.

5. 권력적 사실행위

중요▲ 권력적 사실행위에 대한 헌법소원 문제는 헌법과 행정법의 복합적 문제로서 중요하다.

[개념과 인정근거] ⅰ) 개념 ― 사실행위란 그 행위를 하는 행정청이 어떤 특정한 법적 효과를 발생시킬 것을 목적하고 의욕하는 의사로 행하는 행위(그것은 법률행위로서 행정행위임)가 아니라 사실상의 결과로서의 행위이다. 따라서 사실행위 자체가 공권력행사로서의 헌법소원대상성을 가지지는 않는다. 그러나 단순한 사실행위가 아닌 권력적 사실행위는 공권력이 수반되는 것이므로 헌법소원의 대상이 된다. 헌재는 행정상의 사실행위는 경고, 권고, 시사와 같은 정보제공행위나 단순한 행정지도와 같이 대외적 구속력이 없는 '비권력적 사실행위'와 행정청이 우월적 지위에서 일방적으로 강제하는 '권력적 사실행위'로 나눌 수 있고, 이 중에서 권력적 사실행위는 헌법소원의 대상이 되는 공권력의 행사에 해당한다고 한다(2011헌마429, 2013헌마280). ⅱ) 권력적 사실행위에 대한 직접적 헌법소원의 인정근거 ― 헌재는 권력적 사실행위에 대해 행정쟁송 등을 거치지 않고 직접(곧바로) 헌법소원을 제기할 수 있다고 보는데 그 이유로, 행정심판, 행정소송의 대상이 된다고 단정하기 어렵다거나 또는 행정심판이나 행정소송의 대상이 될 수 있는 경우라고 보더라도 그 권력적 사실행위가 이미 종료되어 행정심판이나 법원의 소송에서 소의 이익(권리보호이익)이 없다고 볼 가능성이 있다는 점 등을 들고 있다(예를 들어 92헌마144). 종료된 권력적 사실행위에 대한 헌법소원에서도 권리보호이익이 없는 것이 원칙이나 뒤의 권리보호이익요건에서 살펴보겠지만 헌재는 예외적인 심판이익을 인정하는데 이

법리에 따라 헌법소원이 가능하다고 보기 때문이다.

[권력적 사실행위의 헌법소원대상성 인정기준] 헌재는 인정(판단)기준을 아래와 같이 설정하고 있다(이 기준을 설시하고 있는 결정례는 많다. 예를 들어 89헌마35 등).

▶ 헌법소원 대상으로서 '권력적' 사실행위인지 여부의 인정(판단) 기준 = 당해 행정주체와 상대방과의 관계, 그 사실행위에 대한 상대방의 의사·관여정도·태도, 사실행위의 목적·강제수단의 발동가부 등, 구체적 사정을 종합적으로 고려하여 개별적으로 판단

[권력적 사실행위로 인정된 결정례] ① 기업해체를 위한 지시(89헌마31), ② 신군부 세력에 의한 언론통폐합행위(2001헌마116), ③ 수용자 서신 검열행위 등 − ⓐ 미결수용자의 서신에 대한 검열행위와 동 서신의 지연발송·지연교부행위(92헌마144), ⓑ (기결) 수형자의 서신에 대한 검열행위(96헌마398, 권력적 사실행위로서 법원의 행정소송 대상이나 검열행위의 완료로 행정소송 소익이 부정되므로 보충성원칙 예외로 헌법소원대상이 된다고 봄), ④ 변호인접견방해행위(91헌마111), ⑤ 소송기록송부행위라는 '사실행위'(92헌마44), ⑥ 미결수용자 재소자용의류착용처분(97헌마137등), ⑦ 유치장내 불충분한 차폐시설의 화장실사용강제행위(2000헌마546), ⑧ 빈번한 증인 소환행위(99헌마496), ⑨ 신체과잉수색행위(2000헌마327), ⑩ 계구사용행위(상시적으로 양팔을 사용할 수 없도록 하는 계구를 착용하게 한 행위, 2001헌마163), ⑪ 경찰청장이 개인정보의 하나인 지문정보의 보관·처리·이용하는 행위(99헌마513등), ⑫ 포승·수갑 사용 상태에서의 피의자조사를 받게 한 행위 − 피의자로서 검사조사실에서 조사를 받는 동안 구치소 계호교도관이 포승으로 청구인의 팔과 상반신을 묶고 양손에 수갑을 채운 상태에서 피의자조사를 받게 한 행위가 위헌으로 확인된 사건이었다(2001헌마728), ⑬ 정밀신체검사(2004헌마826), ⑭ 마약류 관련 수형자에 대한 마약류반응검사를 위한 소변강제채취(2005헌마277), ⑮ 구치소장의 구치소 내 종교의식 또는 행사에 미결수용자의 참석을 금지한 행위(2009헌마527), ⑯ 사법경찰관의 압수물 폐기행위(2011헌마351), ⑰ 사법경찰관의 청구인에 관한 보도자료 기자들 배포행위 및 조사과정 '촬영허용행위'(2012헌마652), ⑱ 수용자의 행정소송 출정을 제한한 교도소장의 행위 − 교도소장이 출정비용납부거부 또는 상계동의거부를 이유로 수용자의 행정소송 변론기일인 2010.2.26., 2010.3.26., 2010.4.20.에 출정을 각 제한한 행위에 대해 청구된 사건으로 재판청구권 침해로 위헌임이 확인되었다(2010헌마475), ⑲ 폐기물 활용 벽돌 등 제조·판매 회사에 대한 감사(2001헌마754), ⑳ 구치소 내 과밀수용행위(2013헌마142), ㉑ 법원의 수

사서류 열람·등사 허용 결정에도 불구하고 검사가 등사를 거부한 행위(2015헌마632, 2009헌마257), ㉒ 문화계 블랙리스트 지원배제 지시행위(2017헌마416).

[권력적 사실행위성이 부정된 예(단순한 사실행위)] ① 해운산업 부실기업정리상 대주 주권·경영권 양도 과정에서의 정부의 개입(89헌마35), ② 중학교 공납금 미납시 졸업 증교부를 하지 않겠다는 통고행위(2001헌마113), ③ 교도소장 사동순시 중 인사하게 한 행위 — 피청구인(교도소장)이 사동 순시 중 청구인을 비롯한 수형자들을 정렬시 킨 후 거실 내 봉사원의 구호에 따라 "안녕하십니까"라고 인사하도록 한 행위(2011 헌마332), ④ 국가인권위원회의 일반서신에 의한 진정사건결과 통보행위(2013헌마134), ⑤ 청구인 신청에 의한 외부의료시설 진료에 이미 예정되어 있던 부수적 행위(2011 헌마429), ⑥ 내부적 업무처리 행위 — 사안은 수용시설에서의 (교도소장)의 소포 반송 행위(2008헌마617, 2013헌마280), 소송서류복사 지연교부 행위(2008헌마617), ⑦ 검찰수 사관의 변호인 참여신청서 작성 요구 행위(2016헌마503), ⑧ 방송통신심의원회의 방 송사업자에 대한 '의견제시'(보도의 심의규정 위반 및 준수요구)(2016헌마46), ⑨ 사법경찰 관의 임치물 폐기행위(2011헌마351. 반면 압수물 폐기행위 부분은 대상성이 인정되었고 적법절 차의 위반 등을 이유로 위헌확인결정이 되었다), ⑩ 단순한 사무집행 — 구체적·직접적 불이 익을 내포하지 않는 사실행위 — 공판정심리의 녹음물을 폐기한 행위(2010헌마599), ⑪ 국회의원 선거, 대통령 선거에서 투표지분류기 등을 이용하는 행위(2015헌마1056등).

6. 규제적·구속적 행정지도

중요A 행정지도에 대한 헌법소원 문제는 헌법과 행정법의 복합적 문제로서 중요하다.

[개념, 성격, 필요성] ⅰ) 개념, 성격(사실행위) — 행정지도란 행정기관이 일정한 행정목적을 실현하기 위하여 특정인에게 일정한 행위를 하거나 하지 아니하도록 지도, 권고, 조언 등을 하는 행정작용을 말한다(행정절차법 제2조 3호). 행정법이론에 따르면 행정지도는 사실행위이다. ⅱ) 대상인정 필요성 — 이전에는 비권력적 사실 행위로 보아왔으나 오늘날 상대방이 따르지 않을 수 없는 구속적인 효력을 지닌 행정지도(따르지 않을 경우 행·재정상 불이익이 따를 것이라고 경고하는 등 요구에 따를 수밖에 없 는 사실상의 강제를 받게 되는 행정지도)도 나타나고 있다.

[대상성 인정기준] 헌재는 임의적 협력을 기대하여 행하는 비권력적·유도적인 권고·조언 등의 단순한 행정지도로서의 한계를 넘어 규제적·구속적 성격을 상당히 강하게 갖는 것이라면 헌법소원대상성을 인정한다(2002헌마337등).

[대상성 긍정 결정례] ① 학칙시정요구(2002헌마337등), ② 구 방송위원회의 방송사·제작책임자에 대한 '경고 및 관계자 경고'(헌재 2004헌마290.* 본안판단결과 이 사건 경고는 법률유보원칙에 위반된다는 결정을 함), ③ 방송통신심의위원회의 시정요구(2008헌마500, 헌법소원대상성은 인정하면서도 행정소송의 대상도 되는데 행정소송을 거치지 않아 보충성원칙 위반이라는 이유로 결국 이 요구에 대한 청구부분은 각하) 등이 있다.

[대상성 부정결정례] ① 노동부장관의 산하 7개 공공기관의 단체협약내용 개선요구(2009헌마330등), ② 감사원장의 공공기관 선진화 계획 점검 및 개선 제시(2009헌마330등), ③ 방송통신심의원회의 방송사업자에 대한 '의견제시'(보도의 심의규정 위반 및 준수요구)(2016헌마46) 등이 있다.

7. 행정청의 거부행위

[인정요건] 헌재는 행정청의 거부행위도 대상이 된다고 보나 신청권을 전제로 하여 아래와 같이 인정요건을 설정하고 있다(97헌마315).

▶ 행정청의 거부행위가 헌법소원심판의 대상이 되기 위한 요건:
"국민이 행정청에 대하여 신청에 따른 행위를 해줄 것을 요구할 수 있는 권리가 있어야" 함

[결정례] ⅰ) 대상성 인정례 ① 지목변경신청반려처분(97헌마315). 이후 법원의 행정소송대상이라고 하여 보충성원칙을 요구하면서 곧바로 대상이 되지는 않는 것으로 판례변경(2003헌마723, 당해사안에서는 예외를 인정하여 본안에 들어감)이 있었음, ② 변호인 접견불허행위 – 신청권 명시적 언급 없이 불허(거부)를 대상으로 인정한 예(2015헌마1204. 헌법상 변호인 조력권 보장규정이 있으므로 신청권이 있는 것을 특별히 명시하지 않

은 것으로 볼 수 있다). ⅱ) 신청권 부재(不在)라고 하여 대상성을 부인한 예 ① 도시계획폐지신청 내지 도시계획결정으로 인한 보상청구에 대한 행정청의 거부행위(98헌마407), ② 국립대학교 운동장사용금지결정(2000헌마260), ③ 청구인들이 토요일 일몰 후 별도로 시험을 볼 수 있는지를 묻는 질의에 대한 법무부 법조인력과 부정적 취지 답변의 행위(2010헌마41), ④ 교도소장의 우표제공 거부행위(2008헌마617), ⅲ) 조리상의 신청권 대상성에 논란이 있는 예 - 조세경정거부처분의 헌법소원 대상성 여부가 그 예이다(97헌마13등. 5명 재판관의견 이 조리상의 신청권을 인정하여야 한다는 것이었으나 4명 재판관의 각하의견으로 기각됨).

[평가] 대법원도 거부처분이 항고소송(행정소송) 대상이 된다고 하면서 "국민이 그 신청에 따른 행정행위를 요구할 수 있는 법규상 또는 조리상 권리가 있어야 한다"라고 하여(대법원 1997.5.9. 96누5933; 1999.12.7. 97누17568 등) 비슷하게 그 요건을 설정하고 있다. 그렇다면 헌재가 헌법소원의 대상으로 인정하는 거부처분은 법원이 취소소송의 대상으로도 인정할 가능성이 있는데 그럴 경우 보충성원칙 때문에 사실 거부처분이 바로 헌법소원의 대상이 되기 어려울 것이다.

8. 검사의 불기소처분, 기소유예처분, 기소중지처분, 기소결정 등

[불기소처분에 대한 헌법소원의 필요성과 헌법적 근거] 검사는 공익수호를 위하여 기소로 국가의 형벌권을 행사하는 작용을 한다. 그런데 기소독점주의, 기소편의주의를 원칙으로 하고 있는 우리 법제 하에서 검사의 불기소처분 등에 자의성이 있을 때 평등권이 침해되고 기소가 안되어 재판이 이루어지지 않음으로써 재판절차진술권을 행사할 수 없는 기본권침해에 대한 구제방도로 헌법소원의 대상으로 할 필요성이 있다. 바로 이처럼 평등권과 재판절차진술권이라는 기본권의 침해라는 점, 그리고 그것에 대한 구제수단으로서의 헌법소원이라는 점에 검사의 불기소처분에 대한 헌법소원심판의 근거를 두고 있는 것이다.

불기소처분 등에 대한 헌법소원의 필요성, 그 헌법적 근거로서 침해되는 기본권 ─────
- ▶ 기소독점주의·기소편의주의에 대한 통제 필요성
- ▶ 근거되는 기본권: 평등권·재판절차진술권

[상황의 2008년 이래 변화] ⅰ) 검사의 불기소처분 등에 대해서는 이전에 법원의 재정신청이 거의 인정되지 않았고(3개 범죄 경우에 한정) 그래서 대신 헌법소원 대상이 되었고 그 헌법소원 제기가 또한 많았는데 2008년 형사소송법 개정으로 법원에 재정신청을 할 수 있는 대상이 확대되어 아래에 보듯이 상황이 달라졌다. 즉 모든 형사범죄의 피해자는 고소권자로서 검찰에의 항고를 거쳐 재정신청을 할 수 있게 되었다(고발자도 제한적으로 가능하다. 즉 형법 제123조부터 제126조까지의 죄에 대하여는 피해자가 아니나 고발을 한 사람들도 재정신청을 할 수 있다). ⅱ) 변화의 의미 – 법원재판 및 원행정처분 헌법소원 대상성 부정에 따른 사실상 헌법소원 불가 – 법원의 재정신청이 가능해졌다는 것은 보충성원칙에 따라 헌법소원을 바로 제기할 수 없게 되었고 더구나 우리 헌재는 원행정처분에 대한 헌법소원(법원의 소송제도 등 모든 다른 권리구제절차를 거친 뒤 법원의 소송의 대상이 되었던 그 원래의 처분을 원행정처분이라고 하고 그것을 헌법소원대상으로 함을 의미함. 따라서 여기서 원행정처분이란 법원의 재정신청 대상이었던 불기소처분을 말함)도 부정하고 있어서(후술 참조) 결국 헌법소원 가능성이 사실상 없어졌음을 의미하고 법원의 재정신청이 가능한지에 따라 헌법소원대상성도 달라지게 되는 상황이 된 것이다.

[불기소처분 – 비고소자인 범죄피해자 헌법소원 가능한 경우] 2008년 이후 이제 범죄피해자가 고소인인 경우에는 재정신청이 가능하므로(형소법 제260조, 검찰청법 제10조 등 참조) 불기소처분에 대한 헌법소원심판청구의 가능성은 없어졌다. 그러나 범죄피해자가 고소하지 않은 경우에는 고소인이 아니라서 불기소처분에 대한 검찰청법상의 검찰에 대한 항고, 재항고 또는 형사소송법상의 재정신청제도에 의한 구제를 받을 길이 없기 때문에 범죄피해자는 헌법소원심판을 청구할 수 있다. 결국 재정신청제도 확대 이후에도 재정신청제도로 구제가 불가할 때에는 헌법소원이 가능하다. 이처럼 고소하지 않은 고소권자(피해자)가 바로 헌법소원심판을 청구할 수 있는데 다만, 헌법소원이 요구하는 다른 청구요건들(자기관련성, 청구기간 등)은 구비해야 적법한 청구가 된다(2013헌마750, 2014헌마14 등).

[고발인의 경우] 고발인은 위에 인용한 대로 형법 제123조부터 제126조까지의 죄가 아닌 한에는 재정신청을 할 수 없으므로 검찰청법상의 항고·재항고를 거친다면 헌법소원심판을 청구할 수 있다(2011헌마613 등). 형사피해자가 아닌 사람은 고소인이 될 수 없는데 그가 고소를 한 경우에는 고발로 보아야 하므로 그가 항고, 재항고를 거친다면 헌법소원심판을 청구할 수 있다(2013헌마750; 2014.6.26. 2014헌마14 등). 다만, 고발인의 경우에도 기본권침해의 자기관련성, 보충성원칙(바로 위의 검찰에

항고, 재항고가 보충성원칙 요구 결과이다), 청구기간 등 헌법소원의 다른 청구요건이 요구된다(헌재 2014.3.27. 2013헌마750). * 이처럼 고발인의 경우 불기소처분에 대해 헌법소원 대상성이 인정되는 것은 법원의 재판(재정신청)을 거치지 않는 것이어서 원행정처분이 아니기 때문이다.

[기소유예처분, 기소중지처분] 검사의 유죄취지의 기소유예처분에 대해 억울한 누명이고 무죄라고 주장하는 피의자는 이에 대해 헌법소원으로 다투고자 원할 것인바 기소유예처분에 대해 피의자가 재정신청을 할 수 없으므로 헌법소원을 청구할 수 있다. 이는 재정신청확대 이전에도 마찬가지였고 헌재 출범초기부터 기소유예처분에 대한 피의자의 헌법소원이 인정되어 왔고(헌재 1989.10.27. 89헌마56; 1992.6.26. 92헌마7) 현재까지 계속 인정되어 오고 있으며 이에 관한 헌법소원사건이 많다(근간에 기소유예처분이 헌법소원으로 취소된 예들로, 헌재 2020.3.26. 2018헌마589; 2020.3.26. 2017헌마1179 등 적지 않다). 고발인의 경우에는 고소인이 아니어서 재정신청을 할 수 없으므로 검찰청법상의 항고·재항고를 거친다면 헌법소원을 청구할 수 있다(단, 형법 제123조부터 제126조까지의 죄에 대한 고발인은 재정신청 가능, 형사소송법 제260조 1항). 다만, 기본권 침해의 자기관련성, 보충성원칙, 청구기간 등 헌법소원의 다른 청구요건이 요구된다(헌재 2014.3.27. 2013헌마750). 기소중지처분에 대해서도 기소유예처분과 마찬가지이다(2008헌마210).

[피해자, 피의자, 고발인에 따른 구분 도표] 위 서술을 피해자, 피의자, 고발인별로, 또 불기소처분, 기소유예처분별로 보면 아래 도표와 같이 정리된다.

▎불기소, 기소유예의 처분에 대한 헌법소원 제기가능성 도해(주체별)

		불기소처분	기소유예처분
피해자	고소한 경우	×*	×*
	고소하지 않은 경우	○	○
피의자		×**	○
고발인 (형법 제123조부터 제126조까지의 죄에 대한 고발인 제외)		○	○

* : ×표시는 사실상 헌법소원이 어렵다는 의미(보충성원칙으로 인한 재정신청경유 요구 및 원행정처분에 대한 헌법소원부정이라는 헌재의 법리에 따라 어렵다는 의미)
** : ×표시는 피의자가 범죄혐의가 없음 등의 불기소처분에 대해 헌법소원을 이성적으로는 제기할리 없음을 의미함

9. 그 외

ⅰ) 국민의 권리·의무에 영향을 미치는 행정기관 상호 간 내부의사결정(91헌마 190, 세무대학장이 조교수 재임용추천을 하지 아니한 공권력 불행사. 임용제청이나 그 철회는 '행정기 관 상호 간의 내부적인 의사결정 과정'이나 행정소송 대상성(처분성)을 부정하여 행정소송 거치지 않 아도 보충성원칙에 반하지 않음), ⅱ) 실질적 처분성이 인정되는 민원회신(2005헌마645), ⅲ) 공정거래위원회의 무혐의처분(2001헌마381, 2010헌마83, 2004헌마800)·심의절차종료 결정(2010헌마539)·심사불개시결정(2003헌마404, 2010헌마539, 2011헌마100), ⅳ) 감사원장 의 국민감사청구에 대한 기각결정(2004헌마414) 등이 대상이 된다. ⅴ) 국가인권위원 회의 진정각하·기각결정 (ㄱ) 대상성 인정 – 국가인권위원회가 차별의 시정을 요구 하는 내용의 진정을 각하 또는 기각하는 결정을 한 것이 헌법소원의 대상이 된다 (2003헌마207, 2003헌마538, 2005헌마358, 2006헌마440, 2009헌마63 등). (ㄴ) 보충성원칙 준수를 요구하는 판례변경에 따른 변화 – 헌재는 이전에는 진정각하·기각결정의 행정처 분성을 부정하여 보충성원칙을 요구하지 않는다고 보았다(위 인용된 결정례들: 2010헌 마13; 2012.7.26. 2011헌마829 등). 그러다가 그 진정각하·기각결정이 법원의 행정소송 대상이 된다고 보는 대법원판례(대법원 2009.4.9. 2008두16070; 2015.1.29. 2014두42711 등) 에 따라 행정소송을 먼저 거쳐야 한다는 보충성원칙이 적용되어야 한다고 보는 판 례변경을 헌재가 하여 이후로는 곧바로 헌법소원을 제기할 수는 없게 됨으로써 현 재로서는 사실상 대상성 인정이 의미가 없어졌다(헌재 2015.3.26. 2013헌마214등, 2013헌 마565, 2014헌마191 등). 결국 대상성이 인정되나 판례변경에 따라 보충성원칙요구로 바로 대상이 되지 않는 경우가 되었고 이런 경우로 앞서 살펴본 지목변경신청반려 처분(2003헌마723)의 경우도 있었고, 검찰 사건기록등사신청거부처분(94헌마77)의 경 우도 있었다.

Ⅲ. 공권력의 불행사(부작위)

1. 의미와 헌재판례 법리의 중요 전제

[의미 – 부작위 자체가 대상] 부작위(불행사)에 대해 제기하는 헌법소원이란 부작위

그 자체가 대상이 되는 것을 말한다. 후술하는 부진정 부작위 같이 작위 부분과 부작위 부분이 있는 경우 전자에 대해 행하는 것을 의미하지는 않는다.

　　[헌재판례 법리의 중요 전제 – 작위의무의 존재] 공권력이 행사되지 않은 데 대한 헌법소원에서 그 대상성의 인정에 있어서 헌재의 판례법리의 주축이 되는 전제조건은 공권력이 헌법에서 도출되는 작위(행위)의무가 존재하여야 한다. 즉 그러한 작위의무가 있음에도 불구하고 그 불행사 상태인 부작위로 있어 기본권을 침해한 경우에 헌법소원의 대상이 된다.

2. 입법부작위 – 진정입법부작위만 부작위 자체 대상의 본래 헌법소원의 대상

　　입법부작위에 대한 헌법소원이란 없는 부분(부작위) 자체를 대상으로 하는 헌법소원을 말한다.

(1) 입법부작위의 유형 및 유형별 헌법재판형식 – 진정입법부작위, 부진정입법부작위

　　헌재는 입법부작위를 ① 진정입법부작위(입법이 전혀 없는 경우)와 ② 부진정입법부작위(입법이 있긴 하나 불완전·불충분한 경우)로 나누어 달리 다루고 있다(아래 그림 참조). 진정입법부작위의 경우는 법령이 전혀 없는 경우이므로 입법부작위 그 자체를 대상으로 하는 본래 의미의 헌법소원심판을 제기할 수 있다고 한다. 부진정입법부작위의 경우 불완전하긴 하나 법령이 있는 상태이므로 입법부작위가 아니라 있는 그 불완전한 법령을 대상으로 하는 적극적인 헌법소원, 즉 법령소원을 제기하여야 한다고 한다(94헌마108. 또는 '법률'의 부진정입법부작위의 경우에는 위헌법률심판을 하거나 제청신청을 법원이 기각(각하)한 경우에 위헌소원심판을 제기할 수도 있다). 요컨대 부작위소원의 대상으로는 진정입법부작위만 인정된다는 것이다. 법령소원도 본래 의미의 헌법소원이나 부진정입법부작위에 대한 법령소원에서의 대상은 부작위 부분이 아니라 불완전하나마 있는 법령 그 자체가 대상이므로 구분되는 것이다. 그래서 '부작위 자체가 대상이 되는'이라는 의미의 부작위소원의 대상은 진정입법부작위라는 것이다.

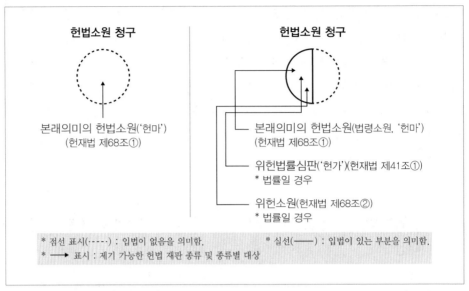

ㅣ 입법부작위의 형태와 헌법재판 형식

(2) 진정입법부작위의 대상성요건

그러나 진정입법부작위라고 하여 모두 대상이 되는 것은 아니고 헌재는 아래와 같은 요건 하에 대상성을 인정하고 있다. 이 요건은 헌재 초기부터 형성되어 이제 확립된 판례법리이다(이 요건을 판시한 결정례들은 많다. 88헌마1, 89헌마2, 2000헌마509, 2006헌마876, 2012헌마459, 2015헌마1177, 2016헌마45 등).

진정입법부작위가 헌법소원의 대상이 되기 위한 요건 ──────────────

1. 헌법에서 기본권보장을 위하여 법령에 명시적인 입법위임을 하였음에도 이를 이행하지 아니한 경우
2. 헌법의 해석상 특정인에게 구체적인 기본권이 생겨 이를 보장하기 위한 국가의 행위의무 내지 보호의무가 발생하였음이 명백함에도 불구하고 입법자가 아무런 입법조치를 취하지 아니한 경우

문제는 '상당한 기간' 내 입법의무를 이행하지 않았는지를 헌재가 판단하는데 이 상당한 지체가 대상성요건인지 본안판단에까지 들어가는 문제인지 하는 것이다. 입법의무가 있는데도 상당한 기간 내 입법이 되지 않아 기본권침해가 오면 위헌이라고 볼 것이라는 점에서 본안판단도 포함된다고 할 것이다[89헌마2. *이에 대한 자세한 분석과 논의는, 헌법재판론, 제2판, 756-760면 참조). 사실 입법의무의 존재 여부 문제도 본

안판단으로 볼 수 있을 것이다].

(3) 판단단계, 결정의 형식과 효력

[판단단계] ① 진정입법부작위인지 판단. 긍정시 → ② 입법의무가 있는지 판단. 부정시 각하, 긍정시 → ③ 상당한 입법지체인지 판단.

[결정형식] ⅰ) 각하결정 (ㄱ) 사유 – 진정입법부작위로서 입법의무가 인정되지 않으면 각하결정을 한다. (ㄴ) 결정례 ① 진정입법부작위인데 입법의무가 부인되어 각하된 결정례를 몇 가지 보면, ⓐ 지방자치단체장을 위한 별도의 퇴직급여제도를 마련하지 않은 진정입법부작위에서 입법의무 부정(2012헌마459), ⓑ 독서실과 같이 정온을 요하는 사업장의 실내소음 규제기준을 제정하여야 할 입법의무를 부정(2016헌마45), ⓒ 한약조제의 안전성·유효성에 관한 검토방법 및 절차를 약사법 등에 규정하지 아니한 진정입법부작위에서 입법의무 부정(2015헌마1181), ② 입법의무와 정당한 사유없는 그 이행지체의 인정을 하고서도 권리보호이익이 소멸되었다고 하여 청구를 각하한 예 – 선거구 획정을 위한 공직선거법 개정이 지체된 사안(2015헌마1177등). ⅱ) 위헌확인결정 (ㄱ) 사유 – 취소나 무효선언은 존재하는 것이 있어야 할 수 있는 것인데 대상이 부작위이어서 없는 상태이기 때문에 취소나 무효선언을 한다는 것은 애초 모순이고 할 수 없다. 따라서 위헌임을 '확인'하는 결정을 한다. (ㄴ) 결정례: 조선철도주식회사 보상금청구사건 결정으로 헌재는 입법의무가 있음에도 입법재량 한계를 넘은 과도한 입법지체가 있은 위헌성이 있다고 보아 위헌확인결정을 하였다(89헌마2).

[위헌확인결정의 효력] ⅰ) 기속력(처분(입법)의무) – 현행 헌법재판소법 제75조 1항은 "헌법소원의 인용결정은 모든 국가기관과 지방자치단체를 기속한다"라고 규정하고 있으므로 위헌확인결정이 있는 경우 입법부작위에서 입법으로 나아가야 하는 입법의무가 이 기속력에 따라 주어진다고 볼 것이다. 또한 헌법재판소법 제75조 4항은 "헌법재판소가 공권력의 불행사에 대한 헌법소원을 인용하는 결정을 한 때에는 피청구인은 결정 취지에 따라 새로운 처분을 하여야 한다"라고 규정하고 있다. '처분' 외에 입법을 할 의무도 명시하여 보다 명확하게 하는 것이 바람직하다고 할 것이다. ⅱ) 집행력의 문제 – 문제는 위헌확인결정이 있었음에도 불구하고 입법으로 나아가지 않을 경우 이를 강제하는 효력, 즉 집행력을 어떻게 확보하여

야 할 것인가 하는 것이다. 실제 우리 헌법재판소의 최초의 입법부작위 위헌확인 결정이었던 조선철도(주) 주식의 보상금청구에 관한 헌법소원결정이 1994년에 있었으나 정작 입법은 2001년에 이루어져('사설철도주식회사주식소유자에 대한 보상에 관한 법률'. 2001.1.16. 제정) 위헌확인결정 이후 오랜 동안 입법이 안 된 예가 있다. 헌재법 제40조 1항에 따라 행정소송법 제34조 1항의 간접강제제도를 준용할 수 있다고 본다. 문제는 입법의무를 국회만이 아니라 법률제출권이 마찬가지로 주어지는 정부에 대해서도 지울 수 있느냐 하는 것이다(입법개선이 필요한 부분, 헌법재판론, 제2판, 760-761면 참조).

(4) 부진정입법부작위

ⅰ) 헌법재판형식 – 위에서 본대로 있는 불완전하나마 있는 법규정을 대상으로 위헌법률심판(또는 위헌소원심판. 이는 법률규정이 대상일 경우이다), 법령소원심판을 할 수 있다(* 앞의 그림 참조). ⅱ) 부진정입법부작위의 위헌판단시 결정형식 – 부진정입법부작위 상태가 위헌이라고 판단되더라도 불완전한 법령규정이긴 하나 있긴 한 부분이 있으므로 전체를 단순위헌으로 결정하면 있는 부분도 무효로 없어져 공백이 발생할 수 있고 이 공백을 메우기 위하여 헌법불합치결정 가능성이 있다. 아래 부진정입법부작위의 헌법불합치결정례를 보아도 그러함을 파악할 수 있다. ⅲ) 결정례 – 부진정입법부작위라고 본 뒤 헌법불합치로 결정한 예 (ㄱ) 법령소원심판에서 예: ① 구 '재외동포의 출입국과 법적 지위에 관한 법률'(출입국에서의 혜택 등 부여)의 적용대상에서 대한민국 정부수립 이전의 해외이주동포(대부분의 중국동포와 구 소련동포 등) 제외(99헌마494. 평등원칙 위반, 계속적용의 헌법불합치결정), ② '주민등록번호 변경'에 대한 규정을 두고 있지 않은 것(2014헌마449등. 개인정보자기결정권 침해), ③ 구 '디엔에이신원확인정보의 이용 및 보호에 관한 법률' 제8조(2016헌마344등. 디엔에이감식시료채취영장 발부 과정에서 채취대상자의 불복절차 등을 규정하지 아니한 부진정입법부작위의 재판청구권 침해), ④ 특허청 경력공무원 변리사자격 자동부여의 폐지(2000헌마208등. 구 변리사법 부칙 제3항이 부진정입법부작위로서 신뢰이익을 침해하고 평등원칙 위반), ⑤ 국세관련 경력공무원 세무사자격 자동부여 폐지(2000헌마152. 구 세무사법 부칙 제3항이 부진정입법부작위로서 신뢰이익을 침해하고 평등원칙 위반), ⑥ 직계혈족에 대한 가족관계증명서 및 기본증명서 교부 청구제도에서의 가정폭력 피해자의 개인정보를 보호하기 위한 구체

적 방안을 마련하지 아니한 것(2018헌마927. 헌재는 부진정입법부작위로서 개인정보자기결정권의 침해라고 하고 헌법불합치결정을 하였다), ⑦ 구 '형의 집행 및 수용자의 처우에 관한 법률 시행령' 제58조 4항(2011헌마122, 수용자가 변호사와 접견하는 경우에도 원칙적으로 접촉차단시설이 설치된 장소에서 하도록 규정하고 있어서 부진정입법부작위로 재판청구권을 침해하여 헌법불합치결정을 한 것이다. 이는 행정입법(시행령)의 부진정입법부작위의 헌법불합치결정례이기도 하다). (ㄴ) 위헌소원심판에서의 예: ① 선거범죄 '분리 심리·선고 규정의 부재(2013헌바208. 선거범죄로 인하여 100만 원 이상의 벌금형이 선고되면 임원의 결격사유가 됨에도, 구 새마을금고법이 선거범죄와 다른 죄가 병합되어 경합범으로 재판하게 되는 경우 선거범죄를 분리 심리하여 따로 선고하는 규정을 두지 않은 것 – 부진정 입법부작위이고 위헌소원의 대상으로 인정되어 위 제21조 전체를 헌법불합치결정한 예), ② 양심적 병역거부자에 대한 대체복무제를 규정하지 아니한 병역종류조항(헌재 2018.6.28. 2011헌바379등), ③ '수사가 진행 중이거나 형사재판이 계속 중이었다가 그 사유가 소멸한 경우'에는 잔여 퇴직급여 등에 대해 이자를 가산하는 규정을 두면서, '재심으로 무죄판결을 선고받아 그 사유가 소멸한 경우' 그 가산 규정을 두지 않은 구 군인연금법 제33조 2항(2015헌바20).

(5) 검토 – '진정', '부진정' 구별의 모호성과 문제점

헌재의 판례법리에 대해서는 '진정'과 '부진정'의 구별이 선명한지 그 기준이 문제된다. 예를 들어 교육관련 법률이 초등학교, 중학교, 고등학교에 대해서는 규정하면서 고등교육기관(대학교 등)에 대해서 전혀 규정을 두고 있지 않다면 학교(교육기관)라는 관점에서 볼 때는 불완전 입법(부진정 입법)이지만 고등교육이라는 관점에서는 완전히 없는 진정입법부작위가 된다. 진정입법부작위에 대한 헌법소원에서 부진정으로 판명되면 바로 각하할 것이 아니라 부진정에 대한 헌법소원으로 적극 나아감이 요청된다(검토에 관해서는, 헌법재판론, 제2판, 773–775면 참조).

3. 행정부작위

[대상성 요건] 작위의무의 전제 – 행정이 이루어지지 않은 행정부작위의 경우에도 작위의무가 있음을 전제로 대상성이 인정된다. 그리하여 헌재는 아래와 같이 요건을 설정하고 있다(2003헌마898, 2006헌마788, 2014헌마1002 등).

- 행정권력의 부작위에 대한 헌법소원은 공권력의 주체에게 헌법에서 유래하는 <u>작위의무가 특별히 구체적으로 규정되어</u> 있음에도 공권력의 주체가 <u>그 의무를 해태</u>하는 경우에만 허용된다.
- 여기에서 말하는 "공권력의 주체에게 헌법에서 유래하는 작위의무가 특별히 구체적으로 규정되어"가 의미하는 바는, <u>첫째, 헌법상 명문으로 공권력 주체의 작위의무가 규정되어 있는 경우, 둘째, 헌법의 해석상 공권력 주체의 작위의무가 도출되는 경우, 셋째, 공권력 주체의 작위의무가 법령에 구체적으로 규정되어 있는 경우</u> 등을 포괄하고 있는 것으로 볼 수 있음.

[인용결정의 형식] 부작위이므로 역시 위헌확인결정을 하게 된다.

[결정례] ⅰ) 위헌확인결정례 ① 임야조사서 또는 토지조사부의 열람·복사 신청 불응의 부작위(88헌마22), ② 대한민국과 일본국 간의 재산 및 청구권에 관한 문제의 해결과 경제협력에 관한 협정 제3조 부작위(2008헌마648. 일제강제 징병·징용 원폭피해자 사건), ③ 대한민국과 일본국 간의 재산 및 청구권에 관한 문제의 해결과 경제협력에 관한 협정 제3조 부작위 위헌확인(2006헌마788. 일본군 위안부사건). ⅱ) 구체적 작위의무 부정례: 몇 가지 보면, ① 전국구국회의원 의석승계 작위의무의 부정(92헌마153), ② 독도 '대피시설 등' 설치 의무 부정(2014헌마1002), ③ 환경부장관의 자동차 제작자에 자동차교체명령을 해야 할 작위의무 부정(2016헌마795), ④ 장애인을 위한 저상버스 도입 의무의 부정(2002헌마52), ⑤ 특별전형 지원자격 확대에 대한 시정조치의 부재(2008헌마456), ⑥ 의대 특별편입학모집요강의 경우(2018헌마37등), ⑦ 사립유치원 교사 인건비 등 예산지원의 작위의무 부정(2004헌마13 등. ⅲ) 작위의무 존재하나 부작위 상태가 아닌 경우: ① 일본산 수산물에 대하여 전면 수입금지 조치를 하지 아니한 식품의약품안전청장의 부작위가 있고 위헌이라는 주장에 대해 부작위가 있었다고 볼 수 없다고 하여 각하결정한 예(2012헌마89등), ② 사할린 한인의 대일청구권 사건 – 일제 강제징용(병) 원폭피해자사건결정(2008헌마648)과 사안 성격이 거의 같은데도 오히려 이 사안에서는 외교통상부장관의 작위의무의 이행이 있었다고 하여 대상성이 부정된다고 본 각하결정(2012헌마939).

4. 행정입법부작위

(1) 법적 통제 요건

[헌재 판례] 헌재는 "행정입법의 지체가 위법으로 되어 그에 대한 법적 통제가 가능하기 위해서" 아래 요건이 갖추어져야 한다고 본다(96헌마246, 2011헌마198, 2016헌마626 등).

행정입법부작위에 대한 법적 통제 가능 요건 —————————
1. 행정청에게 시행명령을 제정·개정할 법적 의무가 있어야 하고,
2. 상당한 기간이 지났음에도 불구하고,
3. 명령제정·개정권이 행사되지 않아야 함

[문제점] 문제는 ① 헌재가 여기서는 '법적 통제 요건'이라고 하여 이것이 대상성요건을 의미하는 것인지 본안판단까지 포함한 요건인지 하는 것과 ② 판례가 위 설시 후 '정당한 사유'가 있는지 여부를 판단하고 있어서 이 정당한 사유가 어디에 해당되는 것인지, 즉 상당한 기간의 지체 또는 제정·개정하지 않은 부작위 자체에 정당한 사유가 있는 것을 보는 것인지 명확하지 않다. 또한 정당한 사유 문제는 대상성요건 문제인지 본안판단 문제인지도 명확하지 않다.

[판례경향, 사견] ⅰ) 판례경향 – 판례는 위 통제요건, 정당화사유를 본안판단에서 한 초기의 예(96헌마246. '위헌여부에 관한 판단'이란 제목의 항에서 다룬 결정례(2000헌마707)도 그러하다고 보인다)도 있었으나 적법요건판단, 본안판단으로 나누지 않고 그 구비여부를 판단하기도 하여 혼동이 온다(최근 예로, 2016헌마626).

ⅱ) 사견 – 생각건대 부작위 상태로 남아있고 입법지체가 되는데 정당성이 없으면 위헌이라고 결정해야 하므로 정당성 판단문제는 본안문제라고 본다. 그렇다면 그 이전에 적법요건으로 작위(입법)의무가 있는지 여부, 그 의무이행이 지체되고 있는지 여부, 그 지체가 상당기간 동안인지 여부(지체의 정당성 문제는 본안 문제로) 등의 판단이 요건판단 부분에서 다루어진다고 보면 정리가 된다고 생각한다.

(2) 행정입법의무

[행정입법 작위의무의 헌법적 근거 – 권력분립주의] 헌재는 "삼권분립의 원칙, 법치행정의 원칙을 당연한 전제로 하고 있는 우리 헌법하에서 행정권의 행정입법 등

법집행의무는 헌법적 의무라고 보아야 한다. 왜냐하면 … 행정권이 법률의 시행에 필요한 행정입법을 하지 아니하는 경우에는 행정권에 의하여 입법권이 침해되는 결과가 되기 때문"이라고 한다(96헌마246, 2004헌마66, 2016헌마626 등).

[하위 행정입법 비제정이라도 집행불능이 아닌 경우 행정입법의무 부정] 그리하여 헌재는 "만일 하위 행정입법의 제정 없이 상위 법령의 규정만으로도 집행이 이루어질 수 있는 경우라면 하위 행정입법을 하여야 할 헌법적 작위의무는 인정되지 아니한다"라고 한다(2004헌마66). * 같은 이유로 작위의무가 부정된 또 다른 예: 액화석유가스충전사업을 영위하는 데 요구되는 토지를 비사업용 토지에서 제외하도록 규정할 헌법상 작위의무가 부정된 예(2011헌마198).

(3) 정당성 여부 문제

헌재는 정당성 여부 판단 기준으로 "정당한 이유가 인정되기 위해서는 그 위임입법 자체가 헌법에 위반된다는 것이 누가 보아도 명백하거나, 위임입법에 따른 행정입법의 제정이나 개정이 당시 실시되고 있는 전체적인 법질서 체계와 조화되지 아니하여 그 위임입법에 따른 행정입법 의무의 이행이 오히려 헌법질서를 파괴하는 결과를 가져옴이 명백할 정도"라고 설시하고 있다(2016헌마626). 이 결정은 '국군포로의 송환 및 대우에 관한 법률'(이하 '국군포로법') 제15조의5 제2항이 북한에서 귀환하기 전에 사망한 국군포로에게 억류기간 중의 행적이나 공헌의 정도에 상응하는 예우의 신청, 기준, 방법 등에 필요한 사항은 대통령령으로 정하도록 위임하였음에도 행정입법이 제정되지 않은 부작위에 관한 위헌확인결정이었다.

(4) 인용결정(위헌확인결정)례

행정입법부작위도 부작위이므로 그 인용결정은 역시 '위헌확인결정'을 한다. 위헌확인결정례: ① 전문의 자격시험 불실시 위헌확인 등(96헌마246), ② 평균임금의 고시가 제정되지 않은 부작위의 위헌성(2000헌마707), ③ 군법무관의 봉급, 그 밖의 보수의 법관, 검사의 예에 준한 지급에 관한 행정입법부작위(2001헌마718), ④ 국군포로 예우의 신청, 기준 등에 관한 대통령령 부재의 위헌성(2016헌마626).

(5) 부진정행정입법부작위에 대한 헌법불합치결정례

바로 위 인용결정(위헌확인결정)례들은 진정행정입법부작위의 경우이다. 그것과 대조적으로 진정 아닌 부진정행정입법부작위라고 보고 그것에 대해 헌법불합치결정들이 내려졌다. 그 예로 ① 구 '재외동포의 출입국과 법적 지위에 관한 법률'(출입국에서의 혜택을 부여)의 적용대상에서 대한민국 정부수립 이전의 해외이주동포(대부분의 중국동포와 구 소련동포 등)를 제외한 위 법률 제2조 제2호와 동법시행령 제3조가 부진정입법부작위이고 평등원칙 위반이라 본 헌법불합치결정(99헌마494), ② 구 '형의 집행 및 수용자의 처우에 관한 법률 시행령 제58조 4항 – 수용자가 변호사와 접견시 접촉차단시설이 설치된 장소에서 하도록 규정하고 있어서 부진정입법부작위로 재판청구권을 침해한다고 보아 헌법불합치결정(2011헌마122)을 한 예들이 있었다.

5. 조례부작위

ⅰ) 헌재는 조례가 제정되지 않은 부작위에 대해서도 진정부작위, 부진정부작위인지의 구별을 하고 있고 진정부작위인 경우에 헌법상 작위의무가 인정되는 경우여야 한다(문제는 헌법상 입법의무의 존재를 헌법소원의 대상성요건으로 하면서도 그 입법의무를 본안에서 따지기도 한 점이다. 2006헌마358, 바로 아래 인용). ⅱ) 위헌확인결정 – 조례부작위가 입법지체에 정당성이 없는 경우 위헌확인결정을 한다. 위헌확인결정례: 지방자치단체들이 지방공무원법 제58조 2항의 위임에 따라 '사실상 노무에 종사하는 공무원의 범위'를 조례로 정해야 하는 헌법상 의무를 부담하는데도 조례제정을 지체함에 정당한 사유가 존재하지 않아 청구인들의 근로3권을 침해한다고 하여 위헌으로 확인하는 결정을 한 바 있다(헌재 2009.7.30. 2006헌마358).

Ⅳ. 대상성이 부정되는 경우

1. 공권력행사로 볼 수 없는 행위

이하의 경우들은 공권력성이 없는 사법(私法)상 행위는 물론 대체적으로 앞의 대상성판단기준(I, 2)에서 국민의 권리·의무에 영향을 미치는 것을 대상성기준(영향성 이론)으로 하는 판례입장에 비추어 보면 대상성을 인정할 수 없는 경우라고 볼 것이다.

(1) 사법상(私法上) 행위

행정청이라 할지라도 사경제(私經濟)주체로서 활동하는 행위는 사법상의 법률행위로서 공권력작용이 아니어서 헌법소원의 대상이 되지 않는다. 그러한 예로 폐천부지의 교환행위(90헌마160), 환매권행사 부인(환매권에 관한 사법관계(私法關係)의 다툼, 92헌마283, 91헌마143 등) 등이 있었다.

(2) 국민에 대한 직접적 법률효과가 없는 국가기관(행정청) 행위

[기관내부적 행위, 내부적 감독작용, 내부적 준비행위, 기관 간 내부행위 등] ⅰ) 기관 내부의 행위: ① 국회의장의 국회 상임위원회 위원선출행위(98헌마472등), ② 행정기관 내부의 의사표시 — 기획예산처장관의 정부투자기관에 대한 2001년도 예산배정 유보방침 통보행위(2001헌마228), ③ 행정기관 내부의 공문(2016헌마191), ④ 피청구인 교육부장관의 2014.2.21.자 '교장임용 제청 기준 강화방안(안)'(2015헌마1072), ⅱ) 내부적 감독작용: ① 경제기획원장관의 1993년도 정부투자기관 예산편성공통지침(92헌마293), ② 국무총리의 관계부처에 대한 지휘·감독권의 행사로서의 지시 등 — 새만금 간척사업에 대한 정부조치계획의 확정·발표 등 취소(2001헌마579) ⅲ) 내부적 준비행위에 대한 헌법소원대상성 부정례 — 사법시험제1차시험출제방향(정답개수형 문제 출제)에 관한 심의·의결(2002헌마107). ⅳ) 기관 간 내부적 행위: ① 대통령의 법률안 제출행위(92헌마174), ② 대책지시(91헌마55, 집유질서 유지대책), ③ 기획재정부장관의 공공기관 선진화 추진계획(2009헌마330등), ④ 국가기관 사이의 내부적, 절차적 행위 — 대통령비서실 기록관장, 대통령경호실(현 대통령경호처) 기록관장, 국가안전보장회의 기록관장 등이 각 2017.4.17.에서 2017.5.19.경 '박근혜 전 대통령의 직무수행에 관련한 대통령기록물'을 중앙기록물관리기관에 이관한 행위, 대통령 권한대행이 2017.4. 하순에서 2017.5. 초순경 위 대통령기록물 중 일부 기록물의 보호기간을 정한 행위 — 이처럼 이관하고 보호기간을 지정하는 행위가 4·16세월호참사 관련 대통령기록물 등을 열람할 수 없도록 하여 알권리를 침해한다는 주장으로

헌법소원심판이 청구된 사안(2017헌마359), ⑤ 수사과정에서의 '비공개' 지명수배(99 헌마181).

[정치적 사전 준비행위, 정치적 구상·계획 표명, 정치적 제안] 대통령신임을 국민투 표에 부치고자 하는 의도의 표명(2003헌마694등)

[공권력 작용의 준비행위 또는 부수적 행위 – 시험 출제·채점행위] 사안은 '한국산업 인력공단 이사장의 세무사 자격시험 제2차 시험의 출제 및 채점행위'에 대한 청구 (2014헌마338).

[장관의 지침통보행위, 대책지시 등] ⅰ) 지침통보행위: ① 정부투자기관에 대한 예산편성지침 통보행위 – 이 사안은 1993년도 정부투자기관 예산편성공통지침에 대한 것[92헌마293. 이에 대해서는 앞의 내부적 감독작용 부분에서 살펴보았다. * 유의 – 헌법소원 대상성이 인정된 장관의 지침도 있었다는 점에 유의하여야 한다. 예컨대 교육부장관이 발표한 종합생 활기록부제도개선보완시행지침이 기본권침해의 직접성을 가진다고 보아 본안판단에 들어간 예가 있다 (헌재 1997.7.16. 97헌마38)]. ② 예산배정유보방침 통보행위 부분(2001헌마228), 2001년 도 정부투자기관예산편성지침 등. ⅱ) 대책지시: ① 집유(集乳)질서 유지대책 – 이 대책지시는 행정기관 내부의 행위로서, 개개의 국민에 대하여는 직접 효력을 가지 는 것이 아니어서 헌법소원에서 대상성이 부정되었다 * 이에 대해서는 앞서 보았 다(헌재 1994.4.28. 91헌마55). ② 법원행정처장의 주의적인 지시 – 일반회계 세출예산 연액통지(93헌마257),

(3) 민원 등에 대한 회신, 안내, 구문, 단순 사실고지 등

[민원 등에 대한 회신] ① 단순한 사후 해명으로서의 회신(89헌마281, 1980년 해직공 무원의 보상 등에 관한 특별조치법에 대한 헌법소원), ② 공보처장관의 특수주간신문 발행인 질의에 대한 회신(95헌마124), ③ 보훈처장의 보상금지급불가의 민원회신(97헌가10등), ④ 공훈사실에 관한 민원회신(98헌마391), ⑤ 법률적 문제에 대한 해석·안내를 위한 단순한 회신(2000헌마37).

[안내] 교원자격검정 실무편람(2010헌마438) 등의 결정례가 있다.

[적용법조 내지 법률해석문제에 대한 구문] ① 감호의 재집행에 대한 헌법소원(90헌 마47), ② 외국 구금일수의 본형 산입 여부에 대한 구문(96헌마159), ③ 형사보상금 지급청구에 대해 관련 법령을 해석·적용한 결과를 알려준 행위(2009헌마421), ④ 교

도소 수용자가 외부인으로부터 연예인 사진을 교부받을 수 있는지를 문의하자 교도소장이 불허될 수 있다고 고지한 행위(2014헌마626, 법령과 행정규칙을 해석·적용한 결과를 청구인에게 알려준 것에 불과) 등이 있다.

[단순한 사실의 고지, 결정의 고지, 보고내용의 발표 등] ① 사법시험 제2차시험 2000년 및 2001년 응시자격부여 위헌확인(99헌마625), ② 교육공무원법에 의한 고충심사청구에 대한 결정(96헌마51), ③ 대통령 자문위원회의 보고(97헌마70).

(4) 국가간 비구속적 합의

'대한민국 외교부장관과 일본국 외무대신이 2015.12.28. 공동발표한 일본군 위안부 피해자 문제 관련 합의'에 대해 이렇게 보고 헌법소원 청구의 대상이 되지 않는다고 보아 심판청구를 각하하였다(2016헌마253)

(5) 청원처리 결과의 헌법소원대상성 부인

헌재는 처리결과통지가 있으면 국가기관의 헌법·청원법상의 의무이행을 필한 것이고 비록 그 처리내용이 청원인의 기대에 미치지 않더라도 더 이상 헌법소원대상인 공권력행사·부작위로 볼 수 없다고 한다(93헌마213등, 93헌마239, 99헌마458 등).

(6) 기타 - 헌장의 제정·선포, 내사종결처분

i) 어린이헌장의 제정·선포행위(89헌마170), ii) 내사종결처분(진정사건의 종결처리. 94헌마77) 등도 공권력행사로 볼 수 없어 대상성이 부정된다.

2. 외국·국제기관의 공권력작용의 대상성 부인

헌법소원대상이 되는 공권력 행사 또는 불행사는 헌법소원 본질상 대한민국 국가기관의 공권력 작용을 의미하고 외국이나 국제기관의 공권력작용은 포함되지 아니한다(96헌마159, 외국경찰이 대한민국 국민 청구인을 구금한 행위에 대한 청구).

3. 법원의 재판

헌재법 제68조 1항 본문은 공권력의 행사 또는 불행사로 인하여 헌법상 보장된 기본권을 침해받은 자는 "법원의 재판을 제외하고는" 헌재에 헌법소원심판을 청구할 수 있다고 규정하여 법원의 재판을 헌법소원의 대상에서 제외하고 있다.

(1) 제외에 대한 논란 및 헌재의 원칙적 합헌성 인정

이러한 제외가 위헌인지 여부가 논란되고 있다. 헌재는 이 제외를 원칙적으로 합헌이라고 보되 예외를 인정한다.

1) 학설: 비판론과 합헌론의 대립   [비판론3의 논거] 비판론 논거들을 종합하면 대체적으로 다음과 같다.

> 첫째, 헌법소원의 본래 기능(본질)은 공권력행사통제를 통한 기본권보장에 있는데 법원의 재판도 공권력작용이므로 이를 제외함은 헌법소원 본래 기능에 부합하지 않는다. 둘째, 헌법소원도 재판이므로 법원재판에 대한 헌법소원 금지는 헌법 제27조의 재판청구권 침해이다. 셋째, 법원재판에 대해서는 일부가 아닌 전면적으로 헌법소원의 대상이 될 수 없도록 금지하여 비례(과잉금지)원칙에 반한다. 넷째, 법원재판에 대한 헌법소원의 금지는 법원에 대한 특권을 부여하여 평등권을 침해한다. 다섯째, 헌법의 통일적 해석은 법원의 헌법해석에 대한 통제를 요한다. 여섯째, 법원재판이 가능한 경우 법원재판을 모두 거친 후에 헌법소원을 제기하여야 한다는 보충성원칙을 요구하면서도 그렇게 경유한 법원재판이 헌법소원의 대상이 되지 못한다는 것은 체계적으로 모순이다.

[합헌론의 논거] 헌재법 제68조 1항의 규정이 합헌이라고 보는 견해들4이 제시

---

3 법원재판을 헌법소원대상에서 배제한 것에 대한 비판적인 견해로는, 김철수, 헌법소원제도의 개선방안, 법률의 위헌결정과 헌법소원의 대상, 헌법재판연구 제1권, 헌법재판소, 1990, 547면; 허영, 헌법소원제도의 이론과 우리 제도의 문제점, 고시연구, 1989. 4, 56면; 김효전, 사법작용에 대한 헌법소원, 법률의 위헌결정과 헌법소원의 대상, 헌법재판연구 제1권, 헌법재판소, 1990, 529; 이석연, 헌법소송의 이론과 실제(최신 개정판에 의한), 삼선, 1993, 43면; 정연주, 법원의 재판 및 헌법규정에 대한 헌법소원, 법률행정논문집 제2집, 전남대학교 법률행정연구소, 1992, 82면; 이욱한, 헌법재판소법 제68조 1항 '법원의 재판을 제외하고는'의 문제점, 사법행정, 1995년 7월, 23면 등. 민사재판, 형사재판은 헌법소원의 대상에서 제외되나 행정재판은 원행정처분에 대한 헌법소원이 가능하다는 한도 내에서 간접적으로 대상이 된다고 보는 견해로, 김학성, 헌법소원에 관한 연구, 서울대학교 법학박사학위논문, 1989, 230면 참조.
4 합헌론: 이강국, 헌법재판소법의 제정에 관하여, 헌법재판제도, 법무자료 제95집, 법무부,

하는 논거들을 종합하면 대체적으로 아래와 같다.

첫째, 우리 헌법은 법원과 헌재의 각 권한을 분담하고 있으므로 법원재판에 대한 헌법소원은 이러한 분담에 반한다. 둘째, 헌법 자체에 헌법소원의 대상에 관하여 규정하지 않고 있고 헌법 제111조 1항 5호는 "법률이 정하는 헌법소원"에 관한 심판이라고 규정하고 있으므로 법률이 헌법소원의 대상을 정하도록 위임받아 이에 관하여 입법형성권을 가지므로 법률이 헌법소원 대상에서 법원재판을 제외할 수 있다. 셋째, 헌법 제107조 2항은 "명령·규칙 또는 처분이 헌법이나 법률에 위반되는 여부가 재판의 전제가 된 경우에는 대법원은 이를 최종적으로 심사할 권한을 가진다"라고 규정하고 있으므로 법원재판에 대하여 헌재가 다시 심사할 수 있게 한다면 이 헌법규정에 반한다. 넷째, 법원재판에 대한 헌법소원의 인정은 헌재를 제4심의 기관으로 만드는 것이므로 이는 받아들일 수 없다. 헌법 제101조 2항은 대법원을 최고법원으로 규정하고 있는데 사법권에 있어서는 대법원이 최고, 최종심이어야 한다. 다섯째, 헌재법 제68조 2항의 위헌소원이 법원재판 헌법소원 금지에 대한 보완 내지 대상수단이 되고 있다.

2) 헌재판례 – 원칙: 불인정(합헌성 인정) – 헌재의 합헌입장 논거 아래와

같이 정리된다(헌재 1997.12.24. 96헌마172·173[5]).

법원재판에 대한 헌법소원금지의 합헌성의 논거

• '법률이 정하는 헌법소원'이라는 헌법 제111조 1항 5호: 입법형성인정. 따라서 법원재판을 대상으로 하여야 헌법소원 본질에 부합하는 것은 아님.

• 평등권의 침해가 아님: 법원(사법작용)도 기본권보호자로서의 기능을 가짐.
이 기본권보호자로서의 기능이 차별을 정당화하는 본질적 요소(합리적 이유)임.
최종심급에 의한 기본권침해가능성에 대한 또 다른 안전장치는 법치국가적으로 불가피한 것이 아닐 뿐 아니라 궁극적으로 불가능함.

• 재판청구권의 침해가 아님: 기본권구제가 헌법소원에 의해 이루어질 것만은 아님. 법원재판도

1988, 53면; 박일환, 헌법소원제도에 관한 연구, 인권과 정의, 1989, 6, 69면; 박홍우, 대법원과 헌법재판소의 권한배분, 헌법재판의 회고와 전망 창립 10주년 기념세미나, 1998, 지정토론문, 276면; 유남석, 재판에 대한 헌법소원 금지의 논리 및 정책적 이유, 헌법문제와 재판(상), 법관세미나자료, 사법연수원, 1966, 169면 등 참조. 합헌이라고 보면서 입법정책론적 개선을 요한다는 견해로, 계희열, 헌법재판과 국가기능(권력분립의 측면), 헌법재판의 회고와 전망, 창립 10주년 기념세미나(1998), 256–257면; 장영수, 현행 헌법소원제도의 의의, 본질과 법원의 재판에 대한 헌법소원, 법학논집, 제32집, 1996, 24면. 법원재판의 제외를 위헌이라고 단정하기 어려우나 헌법소원대상으로 포함시키는 것이 바람직하다는 취지로, 박승호, 헌법재판연구, 경인, 1998, 52–55면. 헌법개정권자와 입법자가 해결해야 할 과제라는 견해로, 한수웅, 헌법재판소의 주요결정, 헌법재판의 회고와 전망, 창립 10주년 기념세미나, 1998, 지정토론문, 199면 등 참조.

5 이 판례에 대한 분석으로, 졸고, 헌법재판·헌법판례연구의 방법론과 과제, 헌법학연구(한국헌법학회), 제4집 제1호, 1998. 6 참조.

기본권구제절차를 의미함.

- 결론: 법원재판의 헌법소원대상성의 인정이 기본권보호 측면에서 바람직함. 그러나 이는 헌재의 위헌결정을 통해서가 아니라 입법자가 해결할 과제임. 헌재법 제68조 1항은 입법형성권의 한계를 넘는 위헌조항이라 할 수 없음.

　　3) 사견　　　　첫째, 이 문제를 헌재의 제4심화의 우려 등 법원과 헌재와의 위상관계의 문제로 파악되어야 할 성질의 것이 아니다. 우리는 헌법의 존재근거나 헌법의 체계에서 이 문제를 파악하여야 한다고 본다. 국민의 기본권보장규범과 국가권력조직·행사규범(이는 종래 '통치구조'라고 불려 오던 규범)을 중요 요소로 하는 헌법은 그 체계상 국가권력조직·행사규범이 기본권보장규범에 대한 수단적인 봉사의 기능을 하여야 한다. 국가권력조직·행사규범의 기본원칙인 권력분립주의도 권력남용으로부터 기본권을 보호하기 위한 수단인 점을 상기하여 보더라도 그러하다. 어느 국가기관의 권한에 관한 헌법규정은 기본권보장의 극대화·효율화를 가져올 수 있는 방향으로 해석되고 운용되어야 한다. 그렇다면 명령·규칙·처분의 위헌·위법여부에 대한 대법원의 최종적 심사권을 규정한 헌법 제107조 2항을 들어 법원재판에 대한 헌법소원을 반대할 수 있는 논거로 제시할 수는 없다. 헌법 제107조 2항은 법원의 권한과 행사방법에 관한 규정이고 헌법소원심판청구권이라는 국민기본권의 보장보다 우선할 수 없다. 국민의 기본권보장의 대원칙인 헌법 제10조, 그리고 재판청구권을 규정한 헌법 제27조가 헌법 제107조나 제111조보다 우선되어야 한다. 국민의 기본권보장을 보다 강화시키는 제도일 경우 그 제도가 헌법에 더욱 합치되는 해석이라고 볼 것이다. 따라서 헌법 제107조 2항을 들어 재판에 대한 헌법소원이 안 된다고 주장하는 부정론은 타당하지 못하다. 둘째, 사실 헌법 제107조 2항을 논거로 하는 견해는 보다 근본적인 문제점을 가진다. 왜냐하면 제107조 2항은 명령·규칙·처분의 위헌·위법여부가 재판의 전제가 된 경우에 법원의 심사권을 규정한 것일 뿐이다. 즉 처분 그 자체가 소송의 대상이 되는 경우인 항고소송 등에 대해 규정한 것이 아니라 이른바 선결문제에 대한 법원의 심사권을 규정한 것이다. 따라서 헌법 제107조 2항을 들어 법원재판에 대한 헌법소원의 금지를 정당화하는 것은 납득하기 힘들다고 하겠다. 셋째, 그동안 여러 번 지적한 바 있고, 바로 아래에서 보듯이 1997년 12월 24일의 결정에서도 문제된 것처럼 법원재판에 대한 헌법소원이 인정되지 않으면, 헌재결정의 기속력의 담보가 어려울 수 있다. 특히 한정합헌(위헌)결정의 경우 법원이 헌법재판소의 한정해석의 취지를 존중하지 않거

나, 또는 법원이 존중하고자 하더라도 그 한정해석의 내용이 불명확하여 법원들마다 그 해석을 달리하고, 그 적용도 다르게 나타날 수 있다.[6] 넷째, 기본권규범에 있어서 헌법학자들이 대부분 인정하고 있는 제3자적 효력(기본권의 사인들 간 효력)이 민사재판 등에서도 인정되고[7] 그 구속력, 실효성을 가지도록 하기 위하여 민사재판 등에 대한 헌법소원이 인정되어야 한다. 제3자효가 인정되지 않은 민사재판 등에 대한 헌법소원 가능성이 주어져야 한다.[8] 다섯째, 법원재판에 대한 헌법소원을 인정하더라도 무한정으로 인정할 것은 아니고 그 범위나 요건설정이 있게 될 것이다.

4) 헌법개정 시도　　　　2014년 국회의장 소속 헌법개정자문위원회(위원장 김철수, 저자도 참여함)는 현행 헌법 제111조 1항 5호에서 '법률이 정하는'을 삭제하고 그냥 '헌법소원에 관한 심판'이라고 개정하도록 하여 법원재판 제외를 법률로 정하는 현행 제도를 개선하도록 제안한 바 있다.[9]

(2) 예외적 인정

[예외인정, 인정요건] 다만 헌재는 법원재판도 헌법소원의 대상이 되는 예외를 인정하는데 그 인정에 아래 2가지 요건을 설정하고 있다(96헌마172).

"① 헌재가 위헌으로 결정한 법령을 적용함으로써 ② 기본권을 침해한 재판"

6　우리는 일찍이 한정합헌결정의 문제점을 지적하면서 한정해석결정의 기속력은 법원의 재판에 대한 헌법소원이 금지되고 있어 더욱 문제된다는 점을 지적한 바 있다(졸고, 헌법재판소의 한정합헌결정, 법과 사회, 제3호, 1990년, 39면 참조). 이후 나온 동지의 견해: 이승우, 합헌적 법률해석, 사법행정, 1992. 8, 17면; 남복현, 헌법재판소 결정의 기속력, 한양법학, 제4·5(통합)집, 1994, 184면; 이욱한, 헌법재판소법 제68조 1항 '법원의 재판을 제외하고는'의 문제점, 사법행정, 1995. 7, 23면.

7　사실 저자는 기본권의 제3자적 효력의 이론에 대해서는 새로운 검토를 하고 있다. 정재황, 기본권총론, 박영사, 2020, 기본권의 효력, 제3자적 효력 부분; 졸저, 기본권연구 Ⅰ, 길안사, 1999, 330면 이하 등 참조.

8　이러한 점을 적시한 논문으로, 한국법학원의 법률가대회(2012년) 발제를 의뢰받아 발표한 논문을 출간한, 정재황, 헌법개정과 기본권, 저스티스, 134권 2호, 2013. 2, 150 이하 참조.

9　개정안 제143 제6호. 이 개정안에 대해서는 2014년의 위 국회 헌법개정 자문위원회, 활동결과보고서 Ⅰ, 208면 참조.

헌재는 위 요건을 갖춘 법원판결에 한해서 헌법소원 대상이 된다고 본다. 헌재는 이 2가지 요건은 모두 갖추어야 한다고 한다(①이 인정되나 ②는 부정된다고 하여 대상성 부정하고 각하결정을 한 예: 96헌마61등).

[논거 - 기속력] 헌재가 이러한 예외를 인정하는 주된 논거는 위헌법령을 적용하는 법원재판은 헌재의 위헌결정의 기속력을 위반하는 것이라는 데에 있다(* 사견 - 기속력이 반드시 법령의 위헌결정에만 인정되는 것은 아니고 법령 외 일반적인 공권력작용에 대한 헌법소원인용결정에도 인정된다(헌재법 제75조 1항)는 점에서 예외인정범위를 위와 같은 요건으로 한정하는 것의 충분한 설득력이 있는지 의문이 있다).

[결정례] ① 취소결정례 - 위 요건에 해당된다고 하여 헌법소원대상이 된다고 보고 그 대법원판결을 취소하는 결정을 한 예가 바로 이 법리를 밝힌 위에서 본 96헌마172 결정이었다. 96헌마172 결정은 한정위헌결정이었다. 헌재는 변형결정도 기속력을 가지는 것으로 본다. ② 중대명백설에 입각한 기각결정례 - 법령의 위헌결정 이전에 그 법령에 근거한 행정처분인데 위헌결정 이후 무효가 아니라고 판시한 법원판결의 헌법소원 비대상성 - 헌재가 위헌으로 결정한 법령을 근거로 그 위헌결정 이전에 행해진 행정처분(행정행위)에 대해서는 비록 위헌인 법령에 근거한 것이라고 하더라도 무효확인소송 등에서 당연 무효가 아니라고 법원이 판단할 수 있고 당연 무효로 판단하지 않은 그러한 법원의 판결은 "헌법재판소가 위헌으로 결정한 법령을 적용함으로써 국민의 기본권을 침해한 재판"에 해당되지 않아 예외적인 헌법소원대상이 아니라고 보는 것이 헌재(95헌마93등, 99헌마605 등)와 대법원의 판례(92다55770, 94다54160 등)이다. 위헌으로 결정된 법령에 근거한 처분이 무효인지 여부는 당해 사건을 재판하는 법원이 위헌성의 정도에 따라 판단할 사항이라는 것이다. 행정처분 이후 위헌결정이 있었다면 위헌성이 중대한 사유이긴 하나 처분시에 명백하지는 않았다고 하여 이른바 중대명백설에 따라 처분이 무효로 되지 않는다고 볼 수 있다는 것이다. 위와 같은 법리는 무효여부의 문제이므로 취소소송이 아니라 '무효'확인소송에서 적용되는 것이다. 그러나 중대명백설이라는 실체법이론을 여기 절차법에 적용하는 것은 문제이고 이 판례법리는 앞의 위헌법률심판의 재판전제성에서도 적용한 것인데 그 곳에서 그 외 비판을 여기에도 할 수 있겠다(전술 참조). ③ 대법원 해석론에 따른 판결 - 헌재가 위헌으로 결정한 긴급조치임에도 이로 인한 국가배상책임을 부정한 대법원판결들에 대한 헌법소원 대상성 부정 - 대통령의 긴급조치 제1호 및 제9호의 발령행위 등에 대하여 국가배상책임을 인정

하지 않은 대법원 판결들(대법원 2015다212695 등)의 취소를 구하는 심판청구에 대해 헌재는 헌법소원심판의 대상이 되는 예외적인 법원의 재판에 해당하지 아니하므로 부적법하다고 하여 각하결정을 하였다(2015헌마861등. 동지: 2018헌마827, 2016헌마56, 2014헌마1175). 그러나 김이수, 안창호 재판관의 소수의견은 2010헌바132등 결정의 기속력에 반하여 청구인들의 기본권을 침해하는 것이므로 취소되어야 한다고 보았다. 소수의견이 타당하다. ⅳ) 현재의 주문(主文)과 상황 – 위 96헌마172 결정 외에 대상성이 인정된 예가 없고 줄곧 헌재법 제68조 1항 본문 중 "법원의 재판을 제외하고는" 부분에 대한 심판청구는 기각하고 법원판결의 취소 청구에 대해서는 각하를 하고 있다(법원재판에 대한 청구로서 각하결정된 예: 2014헌바62, 2012헌바280, 2015헌마861등, 2018헌마827, 2017헌마1065, 2018헌마140).

(3) 헌법소원 비대상인 '법원의 재판'의 범위 – 넓은 개념

헌재는 헌재법 제68조 1항이 헌법소원의 대상에서 제외하고 있는 법원의 재판의 범위를 넓게 보아 종국판결뿐 아니라 소송판결·중간판결 등과 소송절차의 파생적·부수적 사항에 관한 공권적 판단 모두 포함한다고 한다[90헌마158. 넓은 개념을 보여주는 대상성 부정 결정례 ① 법원의 회사정리계획의 인가결정(91헌마112), ② 법원재판장의 소송지휘(진행)권행사 – 변론의 제한에 대한 헌법소원(89헌마271), ③ 영장발부 재판(2016헌마344등), ④ 인터넷회선을 통하여 송·수신하는 전기통신의 감청('패킷'(packet)감청)을 대상으로 하는 법원의 통신제한조치 허가(2016헌마263) 등].

4. 원행정처분

(1) 원행정처분의 개념과 논의소재

[개념] 이 문제는 헌법소원의 청구요건 중 하나인 보충성원칙(후술 제3절 참조)에 따라 나타나는 것이기도 하다. 보충성원칙이란 헌재법 제68조 1항 단서에 따라 다른 구제절차가 있는 경우에는 그 절차를 모두 거친 후에야 헌법소원심판을 청구할 수 있다는 청구요건이다. 행정처분에 대해서는 법원의 행정소송(경우에 따라서는 행정심판위원회의 행정심판도 거친 뒤 행정소송을 제기하여야 함. 행정심판과 행정소송을 합쳐 행정쟁송이

라고 함)을 제기할 수 있으므로 그 행정소송이 바로 이 다른 구제절차이고 따라서 이 행정소송을 거쳐야 헌법소원심판을 청구할 수 있다. 바로 이런 과정에서 헌법소원을 제기하는 관점에서 그 행정처분은 법원의 행정소송이 있었던 '원래'(原來)의 행정처분이고 그러한 뜻에서 원행정처분(原行政處分)이라고 부르는 것이다(아래 개념도 참조).

[논의소재] 그리하여 행정처분의 경우 앞서 본 대로 법원재판이 헌법소원 대상이 되지 않아 헌법소원심판을 그 행정처분에 대한 법원재판을 대상으로 청구할 수는 없다고 하더라도 원행정처분을 대상으로는 청구할 수 있지 않는가가 논의된 것이다. 이 논의는 사실 법원재판에 대한 헌법소원이 금지되어 있는 데 대한 돌파구를 찾기 위한 것이기도 하였다. * 원행정처분 헌법소원 문제는 행정소송, 헌법재판의 공법 복합형 문제!

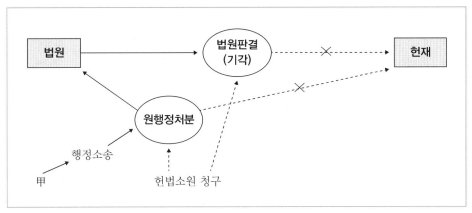

▎원행정처분의 개념도
(×표시: 헌재의 헌법소원대상이 안된다는 의미이다. 원행정처분에 대해서도 아래에 보듯이 부정된다)

(2) 대상성 여부를 둘러싼 학설대립과 헌법재판소판례

1) 학설대립　　　　(ㄱ) 부정설10의 논거 − 첫째, 헌법 제107조 2항은 "처분

10　부정설: 권영성, 한국의 헌법재판제도, 법학, 서울대학교, 제29권 3·4호, 1988, 45면; 김종빈, 헌법소원심판의 대상, 헌법재판자료, 제2집, 1989, 210면; 박일환, 재판에 대한 헌법소원심판, 인권과 정의, 1989. 11, 82면; 조규정, 행정작용에 대한 헌법소원심판, 헌법재판연구, 제1권, 1990, 467면; 정태호, 원처분의 헌법소원대상성에 관한 소고, 헌법논총, 제6집,

이 헌법이나 법률에 위반되는 여부가 재판의 전제가 된 경우에는 대법원은 이를 최종적으로 심사할 권한을 가진다"라고 규정하고 있으므로 행정처분에 대하여는 대법원의 재판이 최종적인 것이 되어야 하고 원행정처분에 대해 헌재가 다시 심사할 수 있게 한다면 이 헌법규정에 반한다. 둘째, 법원도 기본권보장의 의무를 지고 그 기능을 수행하고 있으므로 원행정처분에 대한 헌법소원을 반드시 인정해야 하는 것은 아니다. 셋째, 원행정처분에 대한 헌법소원을 인정한다면 법원의 확정된 재판이 가지는 기판력을 침해한다. 넷째, 원행정처분에 대한 헌법소원을 인정할 경우 실질적으로 법원재판에 대한 헌법소원을 인정하는 결과를 가져오고 법원재판에 대한 헌법소원을 금지하고 있는 헌법재판소법 제68조 1항에 위배된다. (ㄴ) 긍정설[11]의 논거 − 첫째, 모든 공권력은 헌법의 통제를 받아야 하는 것이고 원행정처분도 헌법소원심판의 대상인 공권력임에 분명하다. 둘째, 원행정처분은 법원의 행정재판을 거쳐 보충성의 원칙을 준수한 것이므로 헌법소원 대상이 될 수 있다. 셋째, 법 제68조 2항은 법원재판에 대한 헌법소원만 명시적으로 배제하고 원행정처분에 대한 헌법소원을 배제하지 않고 있다. 넷째, 헌법 제107조 2항은 행정처분의 위헌, 위법여부가 재판의 전제가 된 경우에 헌재에 제청하지 않고 법원 스스로 판단한다는 의미일 뿐이므로 원행정처분에 대한 헌법소원 배제 근거가 될 수 없다. 다섯째, 헌재법 제75조 제3·4·5항은 행정처분에 대한 헌법소원을 예정한 것이므로 원행정처분에 대한 헌법소원의 대상성을 인정하는 근거가 된다.

2) 헌법재판소 판례 − 원칙적 부인과 예외적 인정   (ㄱ) 확립된 판례법리
(헌재 1998.5.28. 91헌마98 등)를 아래와 같이 정리한다(이를 판시한 결정들은 이후에도 많다. 2003헌마283, 2011헌마601, 2015헌마987, 2017헌마981, 2018헌마205, 2019헌마1095 등).

헌법재판소, 1995, 249면 이하; 곽태철, 법원의 재판을 거친 행정처분의 헌법소원심판대상성, 헌법문제와 재판(상), 법관세미나, 사법연수원, 1996, 253면; 최완주, 원처분의 헌법소원 대상성에 관한 고찰, 헌법문제와 재판(상)(바로 위의 책), 277면 이하 등.

11   긍정설: 이시윤, 헌법재판개관(하), 판례월보, 225호, 1989, 15면; 최광률, 헌법재판의 운영 방향, 한국공법학회 제6회 월례발표회, 1990 발표문; 김학성, 헌법소원에 관한 연구, 서울대학교 법학박사학위논문, 1989, 224−229면; 이석연, 앞의 책, 41−42면; 김문현, 헌법해석에 있어 헌법재판소와 법원과의 관계, 금랑 김철수교수화갑기념론문집, 박영사, 1993, 101−104면; 황도수, 원처분에 대한 헌법소원심판, 헌법논총, 제6집, 헌법재판소, 1995, 191면; 신봉기, 원행정처분의 헌법소원심판 대상성, 고시연구, 1995. 6, 88−89면 등.

▶ 원칙: 원행정처분에 대한 헌법소원의 부인(否認)

 ※ 부인의 논거

  ─ 법원의 확정판결의 기판력

  ─ 대법원의 최종적 처분심사권을 규정한 헌법 제107조 2항

  ─ 재판소원을 금지한 헌재법 제68조 1항

▶ 예외: 원행정처분에 대한 법원재판이 헌재가 위헌으로 결정한 법령을 적용하여 기본권을 침해함으로써 예외적으로 헌법소원의 대상으로 되어 그 재판이 취소되는 경우에는 원행정처분도 대상이 됨

 * 법원재판의 예외적 인정요건과 같다.

 * 원행정처분을 취소한 결정례: 그러한 결정으로서 최초의 결정이었던 96헌마172·173 결정 이후 그 예를 찾아볼 수 없다.

3) 사견 – 부정설에 대한 비판적 검토와 정리사항

ⅰ) 부정설에 대한 비판 – ① 원행정처분도 하나의 공권력행사 – 따라서 제외하는 것은 국가의 기본권보장의무를 저버리는 것이다. ② 보충성원칙 무시화 – 법원재판을 거쳐 오면 헌법소원이 가능하다고 하고서 거치고 난 원행정처분이 헌법소원대상이 아니라고 하면 기만이기도 하다. ③ 헌법 제107조 2항 논거론의 오류 – 이 조항이 국민의 기본권보장보다 우선할 수 없고 선결판단권이라는 점에서 부정설은 오류를 범하고 있다(이 점은 앞의 법원재판 헌법소원 금지 부분, 헌법재판론, 636–637면 참조). ④ 재판소원금지 극복 – 재판소원금지의 우회적 회피라고 부정론은 비판하나 우리는 재판에 대한 헌법소원금지가 위헌이라고 보기에 그 비판은 타당하지 않다. ⑤ 기판력 논거의 취약성 – 위 헌재의 다수의견은 법원의 확정판결의 기판력을 이유로 원행정처분이 헌법소원의 대상이 안 된다고도 보았는데 기판력도 깨어질 수 있고(재심제도를 생각하면 된다), 만약 원행정처분이 헌법소원 대상임을 인정하고 심판을 하여 인용결정이 나온다면 헌재법 제75조에 따라 법원도 이에 기속되므로 기판력을 내세워 부정론의 논거로 삼는 것은 타당하지 않다. ⅱ) 정리, 지적되어야 할 사항 등 – ① 원행정처분에 대한 헌법소원을 통하여 법원재판에 대한 소원금지에 대한 대상(代償)효과를 가져오고자 하는 것도 어디까지나 행정재판에 국한된 것이고 민·형사(民·刑事)재판의 경우 그렇지 못하다. 민·형사사건과 관련성 있는 행정처분에 대해서는 효과가 있을 것이다. ② 원행정처분에 대한 헌법소원인용결정이 나더라도 법원이 이 인용결정을 따르지 않을 경우 여전히 문제될 수 있다.

(3) 법원의 재정신청 절차를 거친 불기소처분 헌법소원에서의 적용

(ㄱ) 판례법리 – 헌재는 검사의 불기소처분에 대하여 법원의 재정신청(裁定申請) 절차를 거친 경우에 그 불기소처분을 대상으로 한 헌법소원에 위 원행정처분에 대한 헌법소원의 대상성 인정요건을 그대로 적용하고 있다. 불기소처분을 하나의 원행정처분과 같은 것으로 보는 것이다. 이 법리는 재정신청이 확대된 형사소송법 개정 이후에도 마찬가지로 적용된다(헌재 2011.10.25. 2010헌마243; 2013.8.29. 2011헌마613; 1998.8.27. 97헌마79 등). (ㄴ) 검토 – 사실은 바로 이 법리로 인해 불기소처분에 대해 재정신청이 확대된 2008년 형사소송법 개정 이래 불기소처분에 대한 헌법소원이 축소되게 된 것이다. 재정신청을 거친 경우에는 재정신청에 대한 법원재판을 대상으로 하는 헌법소원은 법원재판에 대한 헌법소원의 금지로 물론 못하고, 해당 불기소처분 자체에 대해서도 원행정처분에 대한 헌법소원금지로 역시 할 수 없어서 결국 불기소처분에 대한 헌법소원의 심판을 받을 기회가 없는 것이다. 원행정처분에 대해 헌법소원 대상성을 부정하는 판례법리 자체부터도 우리는 비판하지만 범죄라는 중대한 공격으로부터 신체의 자유 등 중요한 기본권을 침해당한 피해자는 최종적인 헌법적 보호장치가 있어야 한다고 보아 원행정처분에 대한 판례법리를 재정신청을 거친 불기소처분에 대해서도 똑같이 적용하는 것은 기본권보장의 최후 보루인 헌법소원의 기능을 충분히 다하는 것이 아니라고 본다. 불기소 헌법소원이 기소독점주의의 폐해를 없애고자 나온 것이라는 초심을 잃지 말아야 한다.

5. 일반법규 해석·적용의 문제, 법원재판의 기초적 사실관계 인정·평가 또는 개별적 구체적 사건에서의 법률조항의 단순한 포섭·적용에 관한 문제

ⅰ) 판례입장 – 헌재는 일반법규의 해석·적용의 문제, 당해 사건 재판의 기초가 되는 사실관계의 인정이나 평가 또는 개별적·구체적 사건에서의 법률조항의 단순한 포섭·적용에 관한 문제는 헌재의 심판대상이 아니라고 본다[97헌바23(침해범(현실적 침해를 필요로 하는)이냐 아니면 위험범이냐 하는 문제), 95헌마42(서울특별시공유재산관리조례의 해석·적용의 문제), 89헌마216(허가취소처분의 기초가 되는 사실관계의 인정과 평가, 일반법규의 해석·적용)]. ⅱ) 한정위헌청구의 한계 – 한정위헌청구란 '… 라고 해석하는 한'

위헌이라는 결정을 청구하는 것인데 헌재는 이를 헌재법 제68조 2항의 위헌소원심판의 청구의 하나로 원칙적으로 인정하면서도 위 ⅰ)에서 서술된 헌재 입장과 맥락을 같이 하는 한계를 설정하고 있다(2011헌바117, 이에 대해서는 후술, 위헌소원심판의 대상, 한정위헌청구 부분 참조).

6. 헌법재판소의 권한범위 밖(소관 외)의 청구

헌재의 권한범위 밖(소관 외)의 사항에 대해 청구할 수는 없다[96헌마159(법원의 형의 선고에 관한 조치 요구(재판부 오해를 사서 1심판결에서 과중한 형량을 선고받았으니, 항소심에서 올바른 형이 선고되게 조치해달라)하는 청구), 89헌마132, 2000헌마703(두 결정 법률의 개폐를 구하는 헌법소원)].

7. 검사의 헌법소원 비대상의 결정들

헌재가 검사(檢事)의 결정들 중에 헌법소원의 대상이 아니라고 보는 결정들은 아래와 같은 경우들이다. ① 수사기관의 진정사건에 대한 내사, 내사종결처리, 내사공람종결처분(89헌마277, 91헌마105, 91헌마191, 94헌마77, 2011헌마30 등). * 유의 – 범죄피해자의 구체적 사실이 적시된 고소를 진정사건으로 수리하여 공람종결한 처분은 헌법소원대상이 됨(2000헌마356, 98헌마85). ② 검사의 재기(재수사착수)결정(96헌마32등), ③ 검사의 공소제기처분(2011헌바268), ④ 피의자에 대한 검사의 '죄가 안됨' 처분, '공소권 없음' 처분 – 이들 처분들과 피의자가 헌법소원할리 없는 '혐의없음' 결정은 다르지만 헌재는 이들 처분들도 피의자에게 범죄혐의가 있음을 확정하는 것이 결코 아니라고 하여 기본권 침해의 공권력의 행사가 아니라고 봄(93헌마229, 2002헌마323, 2002헌마309 등).

8. 원처분주의에 의한 대상의 제한

[원처분주의의 개념과 준용] 행정소송법 제19조에 규정된 대로 원처분주의(原處分

主義)란 행정처분에 대해 행정심판을 거쳐서 취소소송을 제기할 경우 그 행정처분이 취소소송의 대상이 되어야 하고 행정심판의 결과인 재결(裁決) 자체에 고유한 위법이 있음을 이유로 하는 경우가 아닌 한 그 재결을 대상으로 취소소송을 제기할 수는 없다는 원칙을 말한다. 이 원처분주의의 행정소송법 제19조를 헌재는 헌재법 제40조에 따른 준용으로 헌법소원에도 적용하여 재결에 고유한 '위헌성'이 있어야 헌법소원대상이 된다고 한 아래의 실제 결정례들이 있었다(* 원처분주의는 행정소송법 이론이라 공법 복합형).

[결정례] ⅰ) 행정심판 재결에의 적용 – 행정처분에 대한 행정심판 재결에 대한 헌법소원에서 위 원처분주의가 적용되는 것이 바로 전형적인 경우이다. 그 예로 위 법리에 따라 대상성이 부정된 예: 교도소장이 수형자인 청구인의 서신발송 불허처분 등의 취소를 구하는 행정심판을 청구하였으나 기각되자 그 행정심판 기각재결에 대한 헌법소원을 청구하였는데 헌재는 위 고유위헌성 법리를 적용하여 판단한 결과 고유한 위헌성이 없다고 보아 헌법소원대상성을 부정한 실제의 예이다(헌재 2016.4.28. 2013헌마870. [판시] … 청구인은 이 사건 서신발송 불허처분 등이 위헌적인 행위임에도 피청구인 2가 그에 대한 행정심판청구를 기각하는 취지의 이 사건 재결을 하였으므로, 이 사건 재결 또한 헌법에 위반된다고 주장한다. 이와 같은 청구인의 주장은 이 사건 서신발송 불허처분 등에 관한 것일 뿐, 이 사건 재결 자체의 고유한 위헌 사유에 관한 것이 아니므로 심판청구가 허용될 수 없어 부적법하다). * 공법 복합형으로 사건개요 등 읽어둘 필요가 있다. ⅱ) 불기소처분, 검찰의 항고기각결정, 재항고기각결정에 대한 적용례 – 불기소처분이 원래 처분, 그것에 대한 재항고 결정이 행정심판에 대한 재결에 상응하는 성격을 지닌다는 것으로 보아 원처분주의가 적용된다고 보는 것이다. * 유의: 따라서 여기서 원처분이란 재결이라 보는 검찰의 재항고 결정이고 불기소처분은 원행정처분이라 보는 것으로 혼동해서 아니된다. (ㄱ) 부정례 – 그 결정에 고유한 위헌사유 부재의 헌법소원대상 부정(90헌마230, 91헌마213, 94헌마65, 2007헌마29). (ㄴ) 긍정례 – 고유한 위헌사유가 있다고 보아 대상성을 인정한 예이다(2009헌마47. [판시] 피청구인 대검찰청 검사가 청구인의 재항고에 대하여 '재항고권자가 아닌 자가 재항고한 경우'에 해당한다고 판단하여 이 사건 고발사실에 대한 재항고를 각하함으로써 청구인의 평등권 등이 침해되었다는 청구인의 주장은, 이 사건 재항고 각하결정 자체의 고유한 위법사유에 해당한다고 할 것이므로, 이 사건 재항고 각하결정 중 이 사건 고소사실 부분은 이 사건 불기소처분과는 별개로 헌법소원심판의 대상이 될 수 있다).

V. '위헌소원'(헌재법 제68조 2항 헌법소원)**심판의 대상**

'위헌소원'(헌재법 제68조 2항 헌법소원)심판의 대상은 위헌소원이 위헌제청신청이
법원에 의해 기각(각하)되었을 때 제기하는 것이므로 위헌법률심파과 같이 '법률(법
률규정)'이다. 위헌소원의 대상에 대해서는 후술 제5절 '위헌소원'(헌재법 제68조 2항 헌
법소원)심판의 청구요건 부분 참조.

제 3 절   헌법소원심판의 청구요건

I. 대상성요건

앞서 본 헌법소원의 대상이 되어야 한다는 것도 청구요건의 하나이고 대상이
되지 않으면 각하된다.

II. 청구인능력

* 기본권주체이어야 헌법소원청구능력을 가지므로 이 문제는 기본권이론에서 기본권주체의 문제에
  직결된다(아래 도해 참조). 기본권주체이론에 대한 자세한 것은, 정재황, 헌법학, 박영사 2021, 466
  이하; 정재황, 기본권총론, 박영사, 2020, 73 이하 참조.

1. 자연인, 법인, 법인아닌 사단·재단, 정당, 노동조합, 대학 등

헌법소원은 기본권침해에 대한 구제를 위한 헌법재판제도이므로 헌법소원의
청구인능력은 기본권을 누릴 수 있는 기본권주체가 될 수 있는 사람에게 인정됨은
물론이다.

[자연인] i) 국민 – 물론 청구인능력을 가진다. ii) 외국인 – 외국인에게도
청구인능력이 인정된다(2014헌마346). iii) 태아 – 태아도 생명권과 같은 기본권에
있어서 주체성을 가진다[2004헌바81; 2019.4.11. 2017헌바127(낙태죄 헌법불합치결정에서의 법

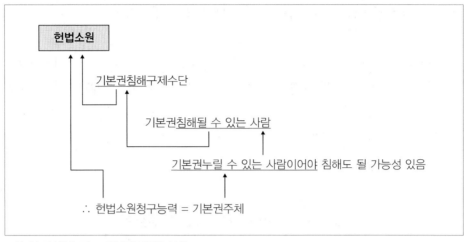

┌───┐
│   ┌─────────┐   │
│   │ 헌법소원 │   │
│   └─────────┘   │
│   기본권침해구제수단   │
│   기본권침해될 수 있는 사람   │
│   기본권누릴 수 있는 사람이어야 침해도 될 가능성 있음│
│   ∴ 헌법소원청구능력 = 기본권주체   │
└───┘

▎헌법소원청구능력 = 기본권주체성 도해

정의견). 그 헌법소원심판청구, 수행 등은 부모가 대리하게 된다. 초기배아의 경우에는 기본권주체성을 부정한다(2005헌마346)]. ⅳ) 사망의 경우 — 자연인이 사망하면 청구인능력도 상실된다. 우리 헌재는 청구인이 심판도중 사망한 경우에는 수계(受繼)가 있는 경우가 아니라면[90헌바13. 수계의사표시가 없는 경우에도 이미 결정을 할 수 있을 정도로 사건이 성숙되어 있고 그 결정에 의하여 유죄판결의 흠이 제거될 수 있음이 명백한 경우 등 특히 유죄판결받은 자의 이익을 위하여 결정의 필요성이 있는 경우에는 심판절차가 종료되지 않고 따라서 종국결정이 가능하다(같은 90헌바13)], 그리고 수계될 수 없는 일신전속적(一身專屬的) 권리의 구제를 위한 경우(90헌마33)라면 심판절차종료결정을 한다. ⅴ) 사자(死者)의 명예와 관련된 후손의 인격권 — 사자가 헌법소원심판의 청구인이 될 수는 없다. 헌재는 "사자(死者)에 대한 사회적 명예와 평가는 사자와의 관계를 통하여 스스로의 인격상을 형성하고 명예를 지켜온 그들의 후손의 인격권, 즉 유족의 명예 또는 유족의 사자에 대한 경애추모의 정에도 영향을 미친다"라고 한다(2008헌바111, 2012헌마757, 2016헌마626 등). 결국 사자의 경우 자녀가 인격권침해 등을 이유로 하여 자녀 자신이 청구인이 된다. 수계가능한 경우 등은 위에서 보았다.

[단체의 청구인능력 인정] ⅰ) 사적 법인 — 사적인 사단, 재단, 영리·비영리 모두 포함하여 인정된다. ⅱ) '법인 아닌 사단·재단'에 대한 헌법소원심판 청구인능력 인정 — (ㄱ) 개념 — 설립등기가 되어 있지 않은 법인격없는 단체를 '법인(法人) 아닌 사단·재단' 또는 '비법인(非法人)인 사단·재단'이라고 부르는데 그 기본권주체성, 헌

법소원청구인능력이 인정된다. (ㄴ) 인정요건 - 다만, 그 인정요건으로 대표자의 정함이 있고 독립된 사회적 조직체로서 활동하는 것을 요구한다(90헌마56, 2009헌마595).

▶ 법인 아닌 사단·재단의 헌법소원청구인능력 인정과 그 인정요건: 법인 아닌 사단·재단이라고 하더라도 대표자의 정함이 있고 독립된 사회적 조직체로서 활동하는 때에는, 성질상 법인이 누릴 수 있는 기본권을 침해당하게 되면 그의 이름으로 헌법소원심판을 청구할 수 있음.

(ㄷ) 단체 내부에 소속된 분과위원회에 대한 청구인능력 부인 - 단체 자체가 아니라 소속된 부분적인 기관인 위원회에 대해서는 단체로서 실체를 갖춘 것이 아니어서 청구인능력을 부정한다(90헌마56). (ㄹ) 단체의 청구인능력의 의미 -단체 자체가 헌법소원청구인능력을 가진다는 것은 단체 구성원의 기본권이 아니라 단체 자체가 가지는 기본권이 침해되었을 때 헌법소원을 청구할 수 있다는 의미이다. 판례이론에 따르면 따라서 단체 자체가 자신의 기본권의 침해가 없는데도 헌법소원을 청구할 경우에는 또 다른 청구요건인 자기관련성이 없다는 것이 된다(90헌마56, * 자기관련성 부분 참조).

[정당] ⅰ) 청구인능력 인정 -정당(政黨)도 당연 정치적 의사를 표현할 자유, 평등권(91헌마21, 정당활동의 기회균등, 과다한 기탁금의 차등대우의 위헌성), 선거운동의 자유, 재산권(92헌마262, 지구당 플래카드 손괴사건) 등의 기본권을 누릴 수 있는 주체의 지위를 가지므로 헌법소원을 청구할 수 있는 능력을 가진다. ⅱ) 등록취소된 정당 - 헌재는 등록취소된 정당에게도 '권리능력 없는 사단'의 실체를 가지고 있어 정당 존속·활동의 자유를 내용으로 하는 정당설립의 자유를 기본권으로 인정하고 그것의 침해에 대한 헌법소원의 청구인능력을 인정한다[2012헌마431, 국회의원선거에 참여하여 의석을 얻지 못하고 일정 수준의 득표를 하지 못한 정당의 등록을 취소하게 한 구 정당법조항이 정당존속 및 정당활동의 자유를 내용으로 하는 정당설립의 자유를 과잉금지원칙에 위배되어 침해한다고 하여 내려진 위헌결정. 헌법소원심판 청구 후 등록취소된 경우도 인정한다(2004헌마246, 정당의 등록 요건으로 "5 이상의 시·도당과 각 시·도당 1,000명 이상의 당원"을 요구하는 정당법 규정에 대해 헌법소원심판 청구 후 등록취소. 본안에 들어가 합헌으로 보는 기각결정이 내려짐)]. ⅲ) 정당이 청구인이었던 결정례들 -① 위헌결정례(2012헌마431, 위에 인용), ② 헌법불합치결정례(91헌마21, 광역지방의회의원선거에서의 과다한 기탁금), ③ 기각(합헌성 인정)결정례(2014. 2. 27. 2014헌마7. 정당해산심판절차에서의 민사소송법령 준용 및 가처분 조항에 관한 사건, 이 결정에 대해서는 뒤의 정당해산심판의 법령 준용 부분 참조), ④ 각하결정례(ⓐ 전국구국회의원 의석승계

미결정에 대한 청구 각하결정 - 92헌마153, 소속 전국구 의원 탈당이라도 의원직 유지로 궐원이 아니므로 후순위 승계를 인정해야 할 작위의무 없다고 하여 각하한 결정, ⓑ 정당 단합대회 관련 질의에 대한 회신 - 91헌마137, 어떠한 당원 집회도 법령개정으로 금지되어 중앙선관위의 부정적 위 회신을 심판할 이익이 없다고 하여 각하한 결정) 등.

[노동조합] 노동조합도 청구인능력을 가진다. 결정례: ① 노동조합 대표자의 단체협약체결권에 대한 총회의 제한 부정의 합헌성 인정(94헌바13등), ② 노동조합의 정치자금기부금지규정에 대한 위헌결정[95헌마154. * 그런데 위 위헌결정 이후 2004. 개정된 정치자금법은 다시 노동조합을 포함한 모든 단체의 정치자금 기부를 금지하였다. 이 개정된 금지규정에 대해서 헌법소원심판이 청구되었으나 헌재는 합헌으로 결정하였다(2008헌바89. 이 결정의 사안의 중요한 쟁점으로 이전의 위헌결정의 기속력에 반하는 반복입법이 아닌가가 논란되었는데 헌재는 부정하였다. 이에 대해서는 앞의 위헌법률심판, 위헌결정의 기속력 부분 참조)) 등이 있다.

[대학] ⅰ) 대학도 자율성, 학문의 자유 등의 기본권의 주체가 될 수 있다(92헌마68 등, 서울대 입시과목에서 일본어 제외한 사건, 기각결정). ⅱ) 결정례: 몇 가지를 보면 ① 국·공립대학교(2014헌마1149, 교육부장관이 ○○대학교 법학전문대학원에 대하여, 신입생 1명의 모집을 정지하도록 한 행위가 그 대학의 자율권을 침해하여 위헌이라고 보아 위헌확인과 취소결정을 한 예), ② 사립대학교(2008헌마370등, 법학전문대학원 설치 예비인가 배제결정 사안, 기각과 각하) 등이 있다. ⅲ) 대학 자체뿐 아니라 교수나 교수회도 대학의 자치의 주체성이 인정될 수 있다고 본다(2005헌마1047등, 대학총장 간선제 문제를 둘러싸고 교수회가 청구한 사건, 기각).

2. 청구인능력이 부인되는 경우

(1) 국가(기관), 지방자치단체(기관), 공법인 등에 대한 부인과 부인논거

국가나 그 소속기관, 국가조직의 일부, 지방자치단체, 공법인이나 그 소속기관 등은 기본권주체가 아니고 오히려 국민의 기본권을 보호 내지 실현해야 할 '책임'과 '의무'를 지니고 있는 지위에 있을 뿐이므로 원칙적으로 청구인능력이 없다.

(2) 국가기관에 대한 부정례

① 국회상임위원회(국가기관인 국회의 일부조직 → 기본권주체가 될 수 없음. 93헌마120),

② 국회의원의 질의권·토론권·표결권 등의 침해에 관한 헌법소원의 부적법성[권한 이지 기본권의 침해가 아니라서 각하. 91헌마231. 동지: 무소속 국회의원의 상임위 소속 활동의 권리 에 관한 헌법소원의 부적법성(권리가 아닌 권한. 2000헌마156)]

(3) 지방자치단체, 지방자치단체기관의 헌법소원청구인능력 부인

1) 지방자치단체 자체의 청구인능력 부인   지방자치법은 "지방자치단체 는 법인으로 한다"라고 규정하여(지방자치법 제3조 1항) 공법인 지방자치법에 따라 지 방자치단체도 하나의 공법인이고 따라서 기본권의 주체가 될 수 없으므로 헌법소 원심판을 청구할 수 없다. 지방자치단체에 대한 논의는 따라서 공법인의 하나로서 다루어도 되겠는데 여기서 별도로 살펴본다.

2) 지방자치단체 소속 기관의 청구인능력 부인   ⅰ) 지방자치단체장의 청구인능력 부인 - 지방자치단체장이 행한 처분에 대해 상대방이 청구한 행정심 판의 취소재결이 내려진 후 이 재결에 대해 지방자치단체장은 행정소송으로 나아 가지 못한다. 행정심판 재결의 기속력 때문이다. 바로 이를 규정한 구 행정심판법 제37조 1항(현행 행정심판법 제49조 1항)에 대해 지방자치단체의 장이 본래의미의 헌법 소원을 제기한 사건인데 기본권주체성이 없어 청구인능력이 부정되어 각하된 것이 다(96헌마365, 당해 사안에서 처분은 전량수출 등 부관을 붙인 먹는샘물 관련 허가처분이었는데 이 부관이 행정심판에서 취소되어 제기된 사건이다).

ⅱ) 지방의회의 헌법소원청구인능력 부인 - 사무직원 초과 증원을 하고자 하 는 지방의회가 그 증원을 위해서 당시 내무부장관 승인을 받도록 한 대통령령 규 정에 대해 헌법소원심판을 청구한 것인데 역시 기본권주체성이 없어 청구할 능력 이 없다는 각하결정을 한 것이다(96헌마345).

3) 유의: 위헌법률심판제청신청, 위헌소원심판청구의 가능성 인정

    * 공법 복합형: 행정소송인 항고소송, 기관소송 등 행정법 법리와 지방자치법, 그리고 헌법재판
      법리가 교차하는 문제여서 공법 복합형 법리를 담는 문제이다.

(가) 위헌소원 가능성 개관   기본권주체가 아닌 지방자치단체 자체, 지방 자치단체장, 지방의회도 본래의미의 헌재법 제68조 1항의 헌법소원은 제기할 수는 없으나 위헌법률심판제청의 신청, 위헌소원심판의 청구는 할 수 있다는 점을 유의

해야 한다. 즉 지방자치단체장이나 지방의회도 그리고 지방자치단체 자체도 법원의 소송[행정소송(취소소송 등의 항고소송, 기관소송 등)과 민사소송 등]에서 당사자가 된 경우 어느 법률규정이 그 소송에 적용될 것이고 그 위헌여부가 그 소송에서의 재판의 전제가 되는 경우에는 위헌법률심판의 제청신청을 할 수 있고 그 신청이 기각(또는 각하)되더라도 "위헌소원(='헌바'사건=헌재법 제68조 2항의 헌법소원)"의 심판을 청구할 수 있다. 이는 기본권의 침해를 이유로 한 헌재법 제68조 1항의 본래의미의 헌법소원이 아니므로 기본권의 주체가 아니더라도 그 신청 또는 청구가 가능하기 때문이다. 그러한 가능성과 실제례들을 아래에서 살펴본다

(내) 지방자치단체장의 위헌심판제청 신청, 위헌소원 청구

가) 행정처분에 대한 취소소송(행정소송)에서의 경우

ⅰ) 가능태: 지방자치단체장이 행한 처분에 대해 처분의 상대방이 행정소송(항고소송인 취소소송 등)을 제기하면 피고의 입장에서 그 소송에 적용될 법률규정에 대해 위헌심판제청을 신청할 수 있고 그리하여 신청을 하였는데 그 신청을 법원이 기각(또는 각하)하면 위헌소원심판을 청구할 수 있다. 아래 도해에서 S시장의 행정처분의 상대방인 시민 甲이 제기한 행정소송에서 위헌제청신청, 위헌소원의 일련과정을 볼 수 있다.

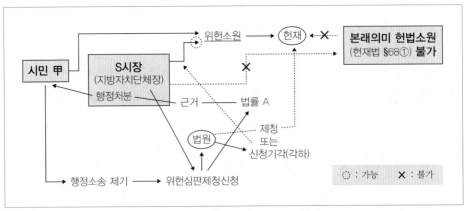

| 행정소송(취소소송)에서 지방자치단체장의 위헌심판제청신청 · 위헌소원 청구 가능성 도해

ⅱ) 실제례: 용도폐지되는 지방자치단체의 정비기반시설을 사업시행자가 새로이 설치하는 정비기반시설의 설치비용 범위 내에서 사업시행자에게 무상으로 양도

된다고 강행적으로 규정한 '도시 및 주거환경정비법'(2002.12.30. 제정된 것) 제65조 2항 후단 중 "지방자치단체"에 관한 부분에 대한 위헌소원사건을 들 수 있다. 지방자치단체장이 유상으로 매수하여야 한다는 인가조건을 붙여 행한 인가처분에 대해 재건축주택정비사업조합이 무상으로 한다는 위 법 후단 규정에 위배되었다고 하여 제기한 행정소송에서 피고가 된 상태에서 위 법률규정에 대해 위헌제청을 신청하였으나 기각되어 위헌소원을 청구한 사건이다(헌재 2009.5.28. 2007헌바80등. 헌재는 본안 판단까지 들어가 합헌으로 결정하였다).

    나) 보조참가 경우의 가능성   지방자치단체장 등이 보조참가인인 경우에도 위헌심판제청신청, 위헌소원심판청구를 할 수 있다. 앞서 위헌법률심판에서 본 대로 우리 헌재는 보조참가인도 제청신청의 주체가 될 수 있다고 보고(2001헌바98) 따라서 자신이 원고나 피고가 아닌 소송에서 보조참가인인 지방자치단체장 등도 위헌심판제청신청을 할 수 있고 법원이 이를 기각(각하)한 경우에는 위헌소원을 청구할 수 있는 것이다. 실제 그러한 예가 있었다(2004헌바44, 사안은 도지사의 온천개발계획 불승인처분에 대한 취소소송에서 기초지방자치단체장(군수)이 보조참가하여 온천법의 해당 규정에 대해 위헌심판제청신청을 했는데 법원이 신청을 기각하는 결정을 하자 위헌소원을 제기한 사건이다. 합헌결정이 있었다).

    다) 기관소송의 경우   ⅰ) 기관소송의 개념과 규정, 기관소송에서의 위헌소원 제기 가능성 – 기관소송은 하나의 지방자치단체 내에서 지방의회와 지방자치단체의 장 사이의 분쟁을 해결하는, 즉 대표적으로 지방의회의 의결에 대해 지방자치단체의 장이 재의를 요구하였음에도 지방의회가 재의결한 데 대해 지방자치단체의 장이(또는 광역지방자치단체장인 시·도지사나 주무부장관의 지시나 주무부장관의 직접제소로) 대법원에 제기하는 소송이다[기관소송(지방자치법 제107조 3항, 제172조 3항; 2022.1.13.에 시행에 들어가는 신 지방자치법(이하 '신법'이라고도 함) 제120조, 제192조]. 기관소송도 행정소송이고 대법원이 단심으로 담당하는 소송이다. 이 기관소송에서 당사자가 된 지방자치단체의 장이나 지방의회가 위헌법률심판을 제청신청하거나 법원이 신청을 기각(각하)한 경우 위헌소원심판을 청구할 수 있는 것이다. ⅱ) 지방의회가 청구할 가능성에 대해 보기 위해 따로 항목을 설정한 아래 ㈐의 예가 그 실제례인데 이 경우에 지방자치단체장도 원고의 입장에서 위와 같이 위헌심판제청신청, 위헌소원심판 청구를 할 수 있다[아래 ㈐의 도해 참조].

(다) 지방의회의 위헌법률심판제청신청, 위헌소원 청구

ⅰ) 가능태: 지방의회도 행정소송 등에서 자신이 당사자가 된 경우에 그 소송에 적용될 법률규정에 대해 위헌심판제청을 신청하거나 신청이 법원에 의해 기각 또는 각하되면 위헌소원심판을 청구할 수 있다. 그러한 행정소송의 대표적인 예가 기관소송인데 기관소송의 개념과 규정에 대해서는 바로 위에서 보았고 아래 그림은 기관소송에서의 그 가능성을 도해화한 것이다.

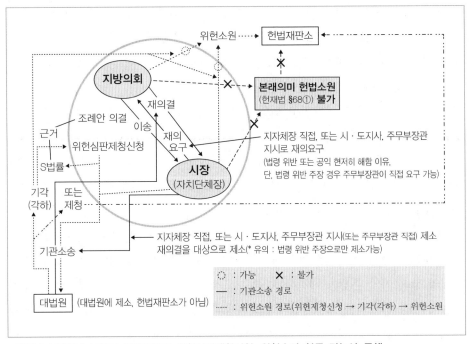

| 행정소송(기관소송)에서 지방의회의 위헌심판제청신청·위헌소원 청구 가능성 도해

ⅱ) 실제례: 인천광역시의회(본 위헌소원 사건의 청구인)는 수도권신국제공항건설에 따라 토지를 수용당한 주민에 대하여 주민세를 면제해주는 내용의 인천광역시 세감면조례 중 개정조례안을 의결하여 인천광역시장에게 이송하고, 인천광역시장은 당시 내무부(현 행정안전부)장관에게 "지방자치단체가 과세면제를 하고자 할 때에는 내무부장관의 허가를 얻어" 하도록 한 구 지방세법(1978.12.6. 개정된 것) 제9조 해당규정에 따라 조례안개정허가신청을 하였다. 그러나 내무부장관은 이미 주민세가 과세된 다른 공공사업과 비교할 때 조세형평의 원칙에 어긋난다는 등의 이유로 불

허가하였다. 인천광역시는 이 조례안에 대한 재의요구를 하고 청구인은 임시회 본회의에서 원안대로 재의결하였다. 이에 인천광역시장은 청구인을 상대로 대법원에 이 조례안은 내무부장관의 사전허가를 얻도록 한 구 지방세법 제9조를 위반한 것이라는 주장으로 위 재의결의 무효확인소송(96추22, 이것이 바로 이 사안에서 기관소송이다)을 제기하였다. 청구인은 구 지방세법 제9조에 대한 위헌심판제청신청을 하였으나 대법원이 신청을 기각하자 헌재법 제68조 2항에 따라 헌법소원심판을 청구한 사안이다(헌재 1998.4.30. 96헌바62, 본안판단결과 합헌결정을 하였다).

⑷ 민사소송에서의 지방자치단체의 위헌심판제청신청, 위헌소원 청구의 가능성

ⅰ) 가능태: 법원의 당해재판이 민사소송 등인 경우에도 그 민사소송에서 당사자인 지방자치단체도 위헌심판제청신청을 할 수 있고, 신청이 기각(각하)되면 위헌소원심판을 청구할 수 있다[따라서 도해(즉 ⑷의 ▮ 행정소송(취소소송)에서 지방자치단체장의 위헌심판제청신청·위헌소원 청구 가능성 도해)에서 행정소송 대신에 민사소송을, 지방자치단체장 대신 지방자치단체 등을 넣으면 이해에 도움이 된다]. 이는 역시 앞의 행정소송들에서와 마찬가지로 '헌바'사건이므로 기본권 침해 문제가 아니더라도 청구가 가능한 것이기 때문이다.

ⅱ) 실제례(지방자치단체가 위헌소원 청구한 예): 법원의 당해사건이 민사사건인 경우에도 지방자치단체가 위헌소원심판을 청구한 데 대해 본안판단까지 간 예가 있다. 사안은 어느 광역시 소속의 자치구로서 지방자치단체인 G구(본 위헌소원 사건의 청구인)가 자신 소유인 토지가 농지개량시설(관개시설)로서 저수지의 부지로 사용되어 왔는데 구 농촌근대화촉진법 제16조의 규정에 의하여 G구는 위 저수지를 청구외 Y농지개량조합에 이관하였으며, 이후 또 법률이 바뀌어 농업기반공사가 위 심판조합의 모든 권리의무를 포괄승계하였다. 위 농업기반공사는 구 농촌근대화촉진법 제16조를 근거로 청구인을 상대로 이 사건 토지에 대한 소유권이전등기청구의 소(민사재판)를 제기하였으며, 원고 승소의 판결이 나자 청구인이 항소했으나 기각되어 대법원에 상고를 제기함과 아울러 구 농촌근대화촉진법 제16조에 대하여 위헌심판제청신청을 하였으나 대법원이 상고를 기각함과 동시에 위 제청신청을 기각하자, 청구인이 위헌소원심판청구를 한 것이었다(헌재 2006.2.23. 2004헌바50, * 본안판단결과 합헌결정이 있었다).

⑸ 한계   ① 지방자치단체, 지방자치단체장 등은 소송이 제기되어 오면

위헌소원을 제기할 가능성을 가져(지방자치단체장이 원고가 될 수 있는 기관소송, 민사소송의 경우에는 좀 다를 수 있지만) 수동적이라는 한계가 있다. ② 위헌소원에서는 지방자치단체, 지방자치단체장, 지방의회 자신의 기본권침해를 주장할 수는 없다. 기본권주체가 아니기 때문임은 물론이다(2013헌바112).

⑷ 유의: 사적 활동에서의 공무원의 헌법소원 청구인능력 인정

1) 사적 견해 표명　　　헌재는 "공직자가 국가기관의 지위에서 순수한 직무상의 권한행사와 관련하여 기본권 침해를 주장하는 경우에는 기본권의 주체성을 인정하기 어렵다 할 것이나, 그 외의 사적인 영역에 있어서는 기본권의 주체가 될 수 있는 것이다"라고 한다(헌재 2009.3.26. 2007헌마843). 대통령에 중앙선관위가 선거중립의무(공직선거법 제9조 1항) 준수요청을 한 데 대한 헌법소원사건에서 비슷한 취지로 결정한 예도 있다[2007헌마700. 비례원칙 준수로 보아 합헌성 인정하는 기각결정이 있었다. 이전의 탄핵사건에서도 그런 취지가 표명되었다(2004헌나1, 기각결정)].

2) 공무담임권 행사　　　공무원은 그의 공무활동이 자신이 가지는 공무담임권을 수행하는 것이기도 하고 이 수행은 개인적인 기본권의 수행이기도 하므로 이와 관련하여 헌법소원심판을 청구할 능력을 가지는 것이다. 헌재는 그동안 지방자치단체의 장, 지방의회의원 등의 공직자들의 헌법소원심판청구를 적법하게 보아 본안판단까지 한 예들을 보여주어 왔다(95헌마53, 98헌마214, 2002헌마699등, 2007헌마843).

⑸ 공법인(지방자치단체 외 일반 공법인)

ⅰ) 기준 – 지방자치단체 외에도 공법인이 많고 이 공법인 일반이 기본권주체가 아니어서 헌법소원 청구인능력이 없다는 위 법리의 적용에 있어서 공법인인지 여부의 판단이 관건이 된다. 헌재는 강제가입성, 합병·해산의 제한 등을 살펴보아 공법인성을 인정한다. ⅱ) 공법인으로서의 성격을 가지는 구 농지개량조합의 헌법소원청구인능력 부인 – 이 기준을 적용한 대표적인 예가 구 농지개량조합(변화를 거듭하여 현재 '한국농어촌공사')의 경우이다(99헌마190).

(6) 공법인의 기본권주체성 인정의 경우 – 사경제 주체로서 활동을 하는 경우

ⅰ) 판례법리: 헌재는 "공법인이나 이에 준하는 지위를 가진 자라 하더라도 공무를 수행하거나 고권적 행위를 하는 경우가 아닌 <u>사경제 주체로서 활동하는 경우나 조직법상 국가로부터 독립한 고유 업무를 수행하는 경우, 그리고 다른 공권력 주체와의 관계에서 지배복종관계가 성립되어 일반 사인처럼 그 지배하에 있는 경우</u> 등에는 기본권 주체가 될 수 있다. 이러한 경우에는 이들이 기본권을 보호해야 하는 국가적 기능을 담당하고 있다고 볼 수 없기 때문"이라고 한다.

공법인이 기본권주체성이 인정되어 헌법소원 청구할 수 있는 경우 ─────

- 사경제 주체로서 활동하는 경우
- 조직법상 국가로부터 독립한 고유 업무를 수행하는 경우
- 다른 공권력 주체와의 관계에서 지배복종관계가 성립되어 일반 사인처럼 그 지배 하에 있는 경우

ⅱ) 결정례: 위 법리가 표명된 결정례는 공법상 재단법인인 방송문화진흥회가 최다출자를 하여 설립된 방송사업자(문화방송사)가 청구한 헌법소원심판의 결정이다. 사안은 헌재가 방송광고 판매대행에 관한 헌법불합치결정(2006헌마352)을 한 결과 2012년 말에 이전의 독점제를 없애어 방송광고 판매 대행업에 허가제를 도입한 '방송광고판매대행 등에 관한 법률'이 제정되었으나 이 법률은 문화방송사의 경우 여전히 공사가 위탁하는 방송광고에 한하여 방송광고를 할 수 있도록 하여 문화방송사가 헌법소원심판을 청구한 사건이다. 헌재는 위 법리에 따라 문화방송사의 기본권주체성을 인정하였다. 공법인, 공법인에 준하는 단체의 기본권주체성을 인정하는 판시를 하게 된 것에 이 결정의 의의가 있다.

📖 **판례 헌재 2013.9.26. 2012헌마271**

[결정요지] … * 위 판례법리 판시… 청구인의 경우 공법상 재단법인인 방송문화진흥회가 최다출자자인 방송사업자로서 방송법 등 관련규정에 의하여 공법상의 의무를 부담하고 있지만, 상법에 의하여 설립된 주식회사로 설립목적은 언론의 자유의 핵심 영역인 방송사업이므로 이러한 업무 수행과 관련하여 당연히 기본권 주체가 될 수 있고, 그 운영을 광고수익에 전적으로 의존하고 있는 만큼 이를 위해 사경제 주체로서 활동하는 경우에도 기본권 주체가 될 수 있는바, 이 사건 심판청구는 청구인이 그 운영을 위한 영업활동의 일환으로 방송광고를 판매하는 지위에서 그 제한과 관련하여 이루어진 것이므로 그 기본권 주체성을 인정할 수 있다. * 본안판단에서 헌재는 과잉금지원칙을 준수하였다고 하여 합헌으로 판단하였다.

* '헌가'사건에서 동지의 판시가 있었던 결정례: 학교안전법 사건, 헌재 2015.7.30. 2014헌가7.

(7) 민법상 권리능력이나 민사소송법상 당사자능력이 없는 사람

예를 들어 학교법인은 청구인능력이 있으나 학교는 교육을 위한 시설에 불과하여 민법상 권리능력, 민사소송상 당사자능력이 없다고 보아 청구인능력을 부정한다(89헌마123, 2013헌마165, 2014헌마1037 등).

3. 특수법인(공·사법성 겸유의 법인), 공사혼합기업 등의 청구인능력 인정

헌재는 공법적 성격뿐 아니라 사법적 성격도 아울러 가지는 법인이나 단체(특수법인)의 경우에는 기본권주체성이 인정된다고 본다. 따라서 이에 대해서는 청구인능력도 인정된다(99헌마553, 축산업협동조합). 또 공사(公私)혼합기업, 즉 그 예로서 국가가 대주주로 참여한 한국전력공사도 계약의 자유, 경영의 자유 등의 기본권주체가 될 수 있다고 본다(2001헌바71).

Ⅲ. 침해되는 기본권의 존재, 기본권의 침해의 가능성(실제성)

1. 의미

헌재법 제68조 1항이 명시하는 대로 헌법소원심판은 '헌법상 기본권'을 침해받은 사람이 청구할 수 있으므로 침해되는 기본권, 기본권침해의 가능성이 있어야 적법하게 청구할 수 있다(2003헌마837, 2008헌마517). 청구인이 침해되고 있다고 주장하는 기본권이 있다는 것은 기본권 침해의 가능성, 실제성이기도 하다. 즉 '기본권의 침해가능성'이란 말이나 '침해되는 기본권의 존재'는 같은 말이다. 침해의 '여지'(2005헌마579), '개연성'(2004헌마554등)이란 표현도 쓴다.

> * 용어문제: 헌재는 기본권의 '제한'이란 말과 '침해'란 말을 구분한다. 침해는 위헌인 것으로 제한이라고 무조건 침해는 아니고 헌법이 허용하는 범위 내의 제한(과잉금지원칙 등을 준수한 경우)이라면 침해가 아니라는 관념이 자리하고 있는 것으로 이해된다. 그렇다면 여기서도 기본권의 '침해가능성'보다 '제한가능성'이라는 용어가 적절할 것이다. 종국결정 전에는 물론 침해 여부가 확정될 수 없고 청구요건판단 단계이기 때문임은 물론이다. 그럼에도 그동안 관용되어 온 것이기도 하여 여기서 침해가능성으로 쓰기로 하되 이러한 점을 지적해 두고자 한다.

2. 헌법상 보장되는 기본권

헌법소원청구요건으로서 침해되는 기본권의 존재란 기본권이 무엇인가 하는 문제에 직접 연관되어 기본권이론과 접목되는 것이고 이는 또한 실체법과 절차법이 연관되는 핵심문제임을 의미한다. 여하튼 우리 헌법전에는 적지 않은 기본권들이 본문에 명시되어 있다. 또한 헌법전문에서도 인정되는 기본권들이 있는가 하는 문제가 있다. 그리고 헌법규정들에 직접 명시된 기본권들 외에 헌법규정들에서 간접적으로 파생되는 기본권들도 있다(*이러한 기본권의 확인, 그 인정범위 등의 문제는 기본권 규범의 법원(法源) 문제이기도 하고, 이에 대한 자세한 것은, 정재황, 헌법학, 453–465면 참조).

(1) 헌법전문

[도출가능성] 헌법전문에서 기본권을 도출하고 이에 비추어 판단할 수 있다. 반대로 기본권이 도출되지 않는 헌법전문 문언도 있다고 본다. 헌재는 전문에 기재된 '3·1정신'은 우리나라 헌법의 연혁적·이념적 기초로서 헌법이나 법률해석에서의 해석기준으로 작용한다고 할 수 있지만, 그에 기하여 곧바로 국민의 개별적 기본권성을 도출해낼 수는 없다고 하였다(99헌마139등).

[기본권 관련 결정례] (ㄱ) 헌법전문에서 특정 기본권을 도출(인정)한 것은 아니나 헌법전문에 반한다고 본 예들: ① 선거운동상 무소속후보자에 대한 차별(정당추천후보자에게 별도로 정당연설회를 할 수 있도록 한 구 국회의원선거법 규정)로 헌법전문에 반한다고 한 한정위헌결정(92헌마37, 무소속후보자에게도 이에 준하는 선거운동의 기회를 균등하게 허용하지 아니하는 한 위헌), ② 시·도의회의원 선거 후보자의 기탁금(700만원) 규정이 헌법전문의 규정취지에도 반한다고 한 헌법불합치결정(91헌마21), ③ 헌법전문 합치성 인정례: ⓐ "정의·인도와 동포애로써 민족의 단결을 공고히"에 관한 합헌결정: 사할린 지역 강제동원 피해자의 경우 '대일항쟁기 강제동원 피해조사 및 국외강제동원 희생자 등 지원에 관한 특별법'이 국내귀환이 사실상 어려웠던 점을 감안 1938.4.1.부터 한·소 수교가 이루어진 1990.9.30.까지의 기간 동안 피해자만 인정한 것이 현저히 자의적이거나 불합리한 것이라고 볼 수 없으므로 위 "정의·인도…" 문언의 정신에 위반된다고 할 수 없다고 판시하였다(2013헌바11). ⓑ "모든 사회적 폐습과 불의를 타파"에 관한 합헌결정례: 구 '공직선거 및 선거부정방지법'

상의 문서·도화의 배부·게시 등 금지조항(동법 제93조 1항)이 탈법적인 선거운동행위를 규제하여 선거의 공정성을 확보하는 데에 그 입법목적이 있으므로 위 헌법전문 문언에 부합하는 법 조항이라고 보았다(99헌바92).[12] ④ 도출부정례: 위에서 본 '3·1정신'에 기하여 곧바로 개별적 기본권성을 도출해낼 수는 없다고 한 결정(헌재 2001.3.21. 99헌마139등)도 있었다.

[국가의 기본권보장의무 도출례] 이를 위 1)에서 함께 봐도 되겠지만 기본권의 실현, 보장의 문제이기도 하여 별도로 정리한다. 그 결정례로 바로 "3·1운동으로 건립된 대한민국임시정부의 법통"에서 지금 정부의 이전 일에 대한 국가의무를 인정한, 일본군위안부, 일제강제징병(용)원폭 피해자에 대한 국가보호의무 확인결정이 있었다. 이 결정에서 헌재는 '국민의 안전과 생명을 보호하여야 할 가장 기본적인 국가의 의무'인데 '청구인들의 인간으로서의 존엄과 가치를 회복시켜야 할 의무'는 비록 헌법제정 이전 일이라 할지라도 이 '법통'을 계승한 지금의 정부가 국민에 대하여 부담하는 가장 근본적인 보호의무에 속한다고 하여 이 의무를 이행하지 아니하고 있는 피청구인(외교통상부장관)의 부작위가 위헌이라고 확인하였다[2006헌마788, 2008헌마648. * 대조적으로 이 결정 후 사할린 강제징용자 사건에서는 외교적 협의개최제안 등을 들어 작위의무 불이행이 아니라고 하여 각하하는(2012헌마939) 설득력없는 결정을 한 바 있다].

[재판규범성으로서의 헌법전문] ⅰ) 위에서 본 대로 헌법전문에 반하는지 여부에 관한 결정례들이 있다. ⅱ) 재판적용성 – 유의할 점은 헌법전문의 어느 문구가 규정하는 내용이 어떤 기본권으로 인정되는 것인지 하는 문제에서 부정적이라고 할지라도 그 문구에 위반 여부는 판단될 수 있다는, 즉 그 재판적용성은 인정되어야 한다는 점이다.

(2) 헌법본문

[본문] 헌법 본문에 기본권규정들이 많다. '국민의 권리와 의무'를 규정한 제2장 외에도 헌법 제8조 정당조항(2012헌마431), 제119조 경제조항(89헌마204) 등도 기본권의 근거조항으로 보는 결정들이 있다. 기본권에 관한 헌법본문규정들이 많은바 여기서 일일이 거론할 것은 아니고 헌법학 교재를 참조하면 되겠다(정재황, 헌법학, 박영

---

12 이상은 정재황, 신헌법입문, 제11판, 박영사, 2021, 21–22면의 것을 주로 하여 정리한 것임.

사, 2021 참조). 그런데 아래 사항을 유의하여 볼 필요가 있다.

[평등권의 역할(유의 – 헌법상 기본권이 아닐지라도 평등권 보장)] ⅰ) 여기서 유의할 점은 헌재는 헌법상 보호되는 기본권이 문제되지 않더라도 평등권(제11조), 평등원칙의 침해해는 문제될 수 있다고 본다. 그래서 평등권은 중요한 역할을 한다. 침해된다고 주장하는 권리나 이익이 헌법상 보장된 기본권이 아닌 경우에도 다른 집단과의 비교에서 차이를 보여주는 경우에는 평등권의 문제는 있을 수 있고 평등권의 침해를 내세워 헌법소원심판청구의 요건을 갖추어 본안판단으로 갈 수도 있기 때문이라고 본다. ⅱ) 그러한 결정례: ① 지방자치단체의 장의 선거권 – 이를 법률상의 권리로 본다 할지라도, 비교집단 상호 간에 차별이 존재할 경우에 헌법상 기본권인 평등권심사는 한다는 입장에서 평등권심사를 하여 헌법불합치결정을 하였다[2004헌마644등. * 그러나 이 결정 후 지방자치단체의 장 선거권도 헌법상 보장된 기본권이라고 판례변경을 하긴 했다(2014헌마797)]. ② 주민투표권의 경우(2004헌마643. [판시] 주민투표권이 헌법상 기본권이 아닌 법률상의 권리에 해당한다 하더라도 비교집단 상호 간에 차별이 존재할 경우에 헌법상의 평등권 심사까지 배제되는 것은 아니다. * 평등권 침해를 인정하여 헌법불합치결정). ③ 국민참여재판을 받을 권리 – 헌재는 '국민참여재판을 받을 권리'가 헌법 제27조 1항의 재판청구권의 보호범위에 들어가지 않으므로 그 침해는 없다고 보면서 평등권 침해 여부를 판단하여 합헌결정을 하였다(2008헌바12). ④ 형사 소송비용 보상청구권 – 헌재는 무죄판결을 받은 사람의 형사 소송비용 보상청구권은 형사소송법상 (동법 제194조의4 제1항 후문)의 법률상 권리로 보면서 평등권 침해 여부를 판단하여 합헌결정을 하였다(2011헌바19).

(3) 기본권의 파생

[개념] 기본권의 파생이란 헌법에 명시되어 있지 않은 기본권들을 헌법조문에서 끌어내어 이를 인정하는 것을 말한다. 그 예가 많아 중요하다.

[파생출처] 우리 헌재가 파생을 많이 시키는 출처는 헌법 제10조의 인간의 존엄과 가치, 행복추구권 규정으로서 여기에서 헌법에 직접 명시되지 않은 기본권들을 인정하고 있다. 인간의 존엄과 가치에서 헌법에 명시되어 있지 않은 인격권, 자기결정권, 개인정보자기결정권이 나온다고 보고 행복추구권에서 일반적 행동자유권이 나오는데 이 일반적 행동자유권에서 헌법에 명시되어 있지 않은 여러 자유권들

이 또 파생되어 나온다.

[기본권성이 부정된 예] 평화적 생존권(2009헌마146), 납세자의 권리(2005헌마579등) 등은 기본권이 아니라고 본다.

(4) 기본권의 실질적 보장을 위해 객관적인 헌법질서의 보장이 전제되는 경우에 인정되는 기본권

영토권이 그 예이다(99헌마139등).

(5) 부정: 헌법의 기본원칙, 헌법정신, 지방자치권, 교육의 자주성·전문성 등

헌재는 헌법의 기본원칙 등 이러한 규정들에 위배된다는 주장만으로 개인의 기본권침해가능성을 인정할 수 없다고 보는 경향이다. 아래 예들이 있었다.

ⅰ) 헌법의 기본원칙 (ㄱ) ① 국민주권주의, 법치주의, 적법절차원리 위배 주장 - 이른바 '날치기' 처리 사건(90헌마125). ② 국민주권주의, 복수정당제도 훼손 주장 - 국회구성권 사건(인위적 '여대야소' 변경 주장 사건, 96헌마186). ③ 적법절차, 권력분립원칙 위반 주장 - 중국과의 마늘교역에 관한 합의 내용이 마늘재배농가의 재산권 등 기본권을 침해할 가능성(부정, 2002헌마579). ④ 포괄위임금지원칙, 적법절차원칙 위배 주장 - 신항만 명칭 사건: 부산 및 진해 지역에 세워진 항만의 명칭을 "신항"으로 정한 항만법 등 관련법령에 의하여 진해시민들인 청구인들의 기본권이 침해될 가능성이 인정되는지 여부(소극, 2006헌마266). ⑤ 신뢰보호의 원칙, 소급효금지의 원칙, 위임입법금지의 원칙(법률유보의 원칙)에 위배 주장 - '승진시험의 응시제한'(2005헌마1179). ⑥ 시장경제질서 위배 주장 - 국가·지방자치단체 산림사업 대행의 제한(2006헌마400). ⑦ 헌법상 자유민주적 기본질서, 적법절차원칙 위반 주장(2009헌마146) 등. (ㄴ) 검토 - 적법절차원칙, 포괄위임원칙의 위배로 기본권침해를 인정한 헌재 자신의 결정례들도 적지 않고 어떤 기본권이 위 원칙 위배로 침해라고 하기도 하고, 평등원칙은 기본권으로 보고 무죄추정원칙 위반도 기본권침해로 인정한다. 따라서 위와 같은 판례경향은 검토되어야 한다(그외 검토에 대해서, 헌법재판론, 제2판, 914면 등 참조). ⅱ) 헌법정신(2008헌마517, 대한민국건국60년기념사업위원회 사건). ⅲ) 지방자치권 - 헌재는 지방자치권은 지방자치단체 자체에 부여된 것으로서 헌법에 의하여 보장된 개인의 주관적 공권으로 볼 수 없으므로 그 침해주장으로 청

구인들 개인의 기본권침해가능성을 인정할 수 없다고 본다[2006헌마266(신항만 명칭 '신항' 사건, 위에 인용). 2003헌마837(건설교통부 장관이 '천안아산역(온양온천)'으로 한 결정의 자치권침해주장의 헌법소원심판 사건, 비슷한 취지의 결정이다)]. ⅳ) 교육의 자주성·전문성·정치적 중립성 — 교육감선출의 주민직선제 규정에 대한 헌법 제31조 4항 소정의 교육의 자주성·전문성·정치적 중립성에 반한다는 주장이 기본권침해주장이 아니라고 보았다(2014헌마662, * 검토 — 청구인주장대로 주민직선제선출로 인해 "교육이 정치에 예속화" 등이 된다면 교육의 자주성, 정치적 중립성 등의 훼손으로 교육을 받을 권리(기본권) 등을 침해받을 수 있다고 주장하는 것으로 이해될 수 있다는 점에서 과연 기본권 문제와 유리된 주장으로만 볼 것은 아니다).

3. 헌법상 기본권이 아닌 법률상 권리라고 보는 경우: 판례

헌재판례가 헌법상 보장된 기본권이 아니라 법률상 인정되는 권리일 뿐이어서 헌법상 보호되는 기본권이 아니라고 보아 그것의 침해성을 부정한 예들이 있다. ⅰ) 그러한 예로 (ㄱ) 지방자치제에서의 권리들 ① 주민투표권[주민투표권은 지방자치법이라는 법률이 규정하는 권리(당시 동법 제13조의2, 신 지방자치법 제18조), 주민투표법이 있으므로 주민투표법상 권리이기도 함. 2000헌마735, 2004헌마530, 2004헌마643], ② 지방자치법에 따른 조례의 제정 및 개폐청구권(현행 신 지방자치법 제19조. 2012헌마287), ③ 주민의 감사청구권(신 지방자치법 제21조), ④ '주민소환에 관한 법률'이 규정하는 주민소환권(2010헌바368), (ㄴ) 국민참여재판을 받을 권리(2008헌바12). (ㄷ) 육아를 위한 휴직신청권(2005헌마1156), (ㄹ) 무죄판결을 받은 사람의 형사 소송비용 보상청구권(2011헌바19)이 그러하고 그 권리들에 대한 기본권침해성이 부정되었다. ⅱ) * 그러나 이렇게 법률상 권리라고 보면서도 헌법상 평등권의 문제는 있다고 하여 이를 판단한 경우도 있다(2004헌마643, 2008헌바12, 2011헌바19, 위 2. (2)의 [평등권의 역할]에 인용된 결정들). 또 헌법상 보장되는 다른 개별 기본권이 문제되는 경우 그 기본권 침해 여부로 판단한 예(주민소환권의 경우로 표현의 자유 침해 여부로 판단(2010헌바368, 위 (ㄱ) ④에 인용)도 있다. ⅲ) * 판례변경하여 헌법상 기본권으로 인정한 예(지방자치단체의 장 선거권. 2014헌마797)도 있다.

4. 제도적 보장의 문제

[본래의미 헌법소원 청구요건 비해당성] 전통적 이론은 제도적 보장은 주관적 권리 보장을 위한 것이 아니라 객관적 법규범이라고 보고 따라서 제도적 보장의 침해를 이유로 기본권구제수단인 헌법소원심판을 청구할 수는 없다고 본다.

[기본권과 혼재 경우, 헌법소원의 객관적 헌법질서보장성, 위헌소원] 제도적 보장과 기본권이 함께 문제되는 경우에는 그 기본권침해를 들어 본래의미의 헌법소원심판을 청구할 수 있다고 볼 것이다. 한편 헌법소원의 객관적 헌법질서보장기능을 고려한다면 청구된 헌법소원심판 사안이 청구인의 개인적 기본권침해 문제가 없더라도 헌법질서 보장을 위한 필요성이 있다면 판단에 들어갈 필요가 있다(이 가능성에 대해 정재황, 헌법학, 박영사, 2021, 443면 참조).

위헌소원은 본래의미의 헌법소원과 달리 법률규정의 위헌여부를 객관적으로 밝히려는 헌법소원이므로 제도적 보장규범의 위반을 이유로도 제기할 수 있다(제도적 보장규범을 적용하여 판단한 위헌소원의 예: 95헌바48. 과거 일반직 공무원이 아닌 별정직 공무원으로서 근무상한기간이 설정된 동장(洞長)직에 관한 사안이었다. 헌재는 제도적 보장 중의 하나인 "직업공무원제도를 규정하고 있는 헌법 제7조 2항에 위반되지 아니할 뿐만 아니라 직업선택의 자유에 관한 헌법 제15조 등 헌법의 어느 조항에도 위반되지 아니한다"라고 합헌결정을 하였다).

[직업공무원제(능력주의)를 고려한 공무담임권 침해 심사] 공무담임권 침해 여부 심사로서 헌법 제37조 2항에 따른 과잉금지원칙 위반 여부를 심사할 때 헌법 제7조에서 보장하는 직업공무원제도의 능력주의를 고려할 필요가 있다고 판시한 예가 있다(2017헌마1178). 사안은 변호사, 공인회계사, 세무사 등 관련 자격증 소지자에게 세무직 국가공무원 공개경쟁채용시험에서 일정한 가산점을 부여하는 구 공무원임용시험령(2015.11.18. 대통령령 제26654호로 개정된 것)에 대한 헌법소원사건이었다. 헌재는 그 이유로 "이 사건 가산점제도는 가산 대상 자격증을 소지하지 아니한 사람들에 대하여는 공직으로의 진입에 장애를 초래하지만, 변호사, 공인회계사, 세무사의 업무능력을 갖춘 사람을 우대하여 헌법 제7조에서 보장하는 직업공무원제도의 능력주의를 구현하는 측면이 있으므로"라고 판시한다. 그리하여 능력주의를 과잉금지원칙의 목적정당성 판단 등에서 고려하는 판시를 보여주었다(2017헌마1178, 기각결정).

5. 조직규범

헌재는 조직규범이 심판대상일 때 부정적이다. 즉 "어떤 국가기관이나 기구의 기본조직 및 직무범위 등을 규정한 조직규범은 원칙으로 그 조직의 구성원이나 구성원이 되려는 자 등 외에 일반국민을 수범자(受範者)로 하지 아니하여" 기본권침해성이 없다고 본다[2005헌마165등(신문발전위원회), 91헌마162(경찰기관), 2002헌마563(의문사진상규명위원회), 2017헌마1356(서울특별시 학생인권조례의 학생인권위원회, 학생인권옹호관 등의 설치와 업무수행)].

* 조직규범, 권한규범으로 청구인의 기본권침해가능성을 부정한 최근의 예 – 고위공직자범죄수사처장후보추천위원회의 위원 추천·위촉 조항("교섭단체가 국가기관의 구성에 관여할 수 있는 권한에 관한 것일 뿐"), 의결정족수 조항('위원 6인 이상의 찬성'에서 '재적위원의 3분의 2 이상의 찬성'으로 완화한 조항. "위원 개인의 권한"), 수사처검사 조항("대통령의 임명권 행사의 내용을 다투는 취지일 뿐")에 대해 모두 권한 문제이므로 청구인의 기본권침해가능성이 없다고 본 결정이 있다(2020헌마1707. 위 각 괄호 속 " " 내용이 논점별 판시이유임).

6. 반사적 이익 상실에 대한 기본권침해성 부인 * 공법 복합형

[반사적 이익의 기본권성(침해성) 부정] ⅰ) 먼저 명확히 할 점은 반사적 이익 자체가 기본권이 아니라고 보아야 한다는 점이다. 행정법이론에서도 반사적인 이익을 공권과 구별하여(기본권은 '주관적 공권'이다) 전자는 보호되는 것이 아니라고 하는 것을 상기할 필요가 있을 것이다. 따라서 반사적 이익으로 판명하면 침해되는 기본권의 존재 자체가 없고 물론 침해가능성(기본권존재)이 없음을 의미한다. ⅱ) 결정례 – 영업자범위, 영업자격 확대 등으로 독점적 이익의 상실, 축소(또는 그렇게 기대되는 이익의 비실현) 등이 반사적 이익 침해로 기본권침해성이 없다고 본 다음의 예들이다. ① 사료제조업자 독점적 영업이익 상실(99헌마163), ② 자기 사육 동물에 대한 진료행위 허용의 수의사 기본권 침해가능성 부정(2006헌마582), ③ 응시자격(한약사시험) 확대(99헌마660).

[반사적 불이익으로 보면서도 본안판단까지 들어간 모순의 결정례] 침해되었다고 주장하는 이익이 반사적인 불이익이라고 판단된다면 기본권침해성 요건을 갖추지 못한

것이므로 부적법한 청구로 각하될 것이다. 그런데도 헌재가 본안판단까지 들어가 기각결정을 한 모순된 다음 결정례들이 있었다. ① 1994학년도 신입생선발입시안에 대한 헌법소원(92헌마68등), ② 종합유선방송국에 대한 무선방송국방송 동시재송신 의무화(92헌마200), ③ 소멸된 저작인접권 회복 50년간 존속시키는 저작권법 부칙(2012헌마770)에 대한 헌법소원사건이었다.

['반사적 이익 = 직접성 결여 등'으로 보는 결정례들의 혼동] ⅰ) 혼동초래 – 반사적 이익결여는 기본권침해성의 결여인데 이를 다음에 볼 다른 청구요건들 중 하나인 직접성(또는 자기관련성)의 결여라고 보거나(직접성요건인 자유제한, 의무부과, 법적 지위 박탈 여부를 따진 뒤 침해성 결여 결론내리거나) 더불어 기본권침해성 결여라고도 하여 혼동을 보여주는 결정례들(97헌마404, 2002헌마20, 2014헌마662, 2008헌마456, 2018헌마37등)이 있다. ⅱ) 혼동 처방 – 직접성과 혼동은 반사적 이익을 '간접적' 이익이라고 흔히 설명하여 그 반대로 직접성이 없다고 보는 데 기인한다면 직접성은 그것이 아니라 침해경로가 중간의 집행작용 없이 바로 오는 것인가 하는 것에 있다는 점을 분명히 하여(후술 직접성 참조) 혼동을 제거해야 한다. 반사적 이익 여부 문제는 침해되는 기본권의 존재(기본권침해성) 여부 문제이고 직접성, 자기관련성은 일단 침해되는 기본권이 존재함을 전제한 다음 단계의 적격요건이므로 구분된다.

7. 부수적 결과

헌재는 어떤 기본권이 비록 제한될 수 있더라도 부수적 결과이면 기본권침해 가능성을 부정한다(2006헌마1298).

8. 국민투표 부의와 국민투표권 침해가능성 여부 문제

[헌법개정 국민투표] ⅰ) 긍정례: 헌재는 헌법개정 국민투표는 헌법개정에 필수적으로 요구되므로 이를 배제하고 법률로 헌법개정을 하는 것은 기본권침해가능성이 있다고 본다[바로 구 '신행정수도건설을 위한 특별조치법'(2004.1.16. 법률 제7062호)에 대한 위헌결정이었다. 2004헌마554등]. ⅱ) 부정례: ① 행정중심복합도시특별법 – 헌재는 위

신 행정수도 특조법의 위헌결정의 후속대책으로 나온 '신행정수도 후속대책을 위한 연기·공주지역 행정중심복합도시 건설을 위한 특별법'에 의하여 건설되는 행정중심복합도시가 수도로서의 지위를 획득하는 것이 아니고, 서울의 수도로서의 지위가 해체되는 것이 아니며 행정중심복합도시의 건설로 권력구조 및 국무총리의 지위가 변경되지 않는다고 보았다. 따라서 서울이 수도라는 관습헌법개정의 문제는 발생하지 아니하며 그 결과 국민들에게는 헌법개정에 관여할 국민투표권 자체가 발생할 여지가 없으므로 헌법 제130조 2항이 규정한 국민투표권의 침해가능성은 인정되지 않는다고 보았다(2005헌마579등). ② 조약에 의한 헌법개정 국민투표권 침해가능성 부정 – 우리 헌재는 헌법적 효력을 가지는 조약을 인정할 수 없고 법률적 효력을 가지는 조약의 체결로 헌법개정절차에서 요구되는 국민투표권이 침해된 것은 아니라고 하여 기본권 침해가능성 요건을 부정하여 청구를 각하한 예를 보여주었다. 이 결정의 사안은 '대한민국과 미합중국 간의 자유무역협정'이 대한민국의 입법권의 범위, 사법권의 주체와 범위를 변경하고, 헌법상 경제조항(제119조 및 제123조)에 변경을 가져오는 등 실질적으로 헌법 개정에 해당함에도, 국민투표 절차를 거치지 않은 것은 대한민국 국민인 청구인의 국민투표권을 침해한다는 주장의 헌법소원심판사건이었는데 헌재가 위 논거로 배척한 것이다(2012헌마166).

[정책 국민투표(제72조)] i) 부정: 헌재는 헌법 제72조는 대통령에게 부의 여부를 임의적 독점적으로 정할 권한을 부여한 것이므로 대통령이 이 국민투표를 부의하지 않는 한 국민투표권이란 기본권의 침해가능성이 없다고 보았다. 이 임의성 법리는 이전 탄핵심판결정(2004헌나1)에서 나온 것이다. ii) 부정결정례: ① 행정중심복합도시특별법 – 헌재는 위에서도 본 '연기·공주지역 행정중심복합도시 건설을 위한 특별법'에 대하여 이 행정중심복합도시의 건설은 수도를 분할하는 문제로 헌법 제72조의 '국가안위에 관한 중요정책'에 해당함이 분명하므로 대통령은 국민투표에 부의하여야 함에도 불구하고 이를 거치지 않았으므로 법 제72조의 국민투표권을 침해하였다는 주장에 대해 위와 같은 임의성 법리를 그대로 다시 인정하면서 부정하였다. 대통령이 이를 국민투표에 부의하지 않는 한 국민의 국민투표권 침해 가능성이 없다고 보는 것이다. ② 조약에 의한 주요정책 국민투표권(제72조) 침해가능성 부정 – 위 '대한민국과 미합중국 간의 자유무역협정' 사건에서 헌법 제72조 국민투표권 침해 여부에 대한 판단도 있었는데 헌재는 역시 임의성 법리를 제시하고 적용하여 기본권 침해가능성을 부정하였다(2012헌마166).

9. 기본권침해 주장의 정도

[주장의 요구] 청구인이 막연히 기본권이 침해되었다고 주장하여서는 곤란하고 기본권침해가 있었거나 있음이 인식될 정도는 청구서에 담겨져야 한다.

[주장요구의 정도와 직권심사] 기본권침해에 대한 어느 정도의 내용을 제시하여야 하는지 하는 문제가 있다. ⅰ) 막연함의 부적법성 - 헌재는 "청구인은 자신의 기본권에 대한 공권력 주체의 제한행위가 위헌적인 것임을 어느 정도 구체적으로 주장하여야 한다. 그러므로 청구인이 기본권 침해의 가능성을 확인할 수 있을 정도의 구체적 주장을 하지 않고, 막연한 주장만을 하는 경우에는 그 헌법소원심판청구는 부적법한 것이 될 것"이라고(헌재 2019.6.28. 2017헌마1309, 2008헌마578등, 2003헌마544등) 한다. ⅱ) 요구 완화 필요성 - 그러나 그 정도를 너무 엄격하게, 강하게 요구하여서는 안 된다. 왜냐하면 ① 침해사실의 자세한 구체성을 요구하면 결국 본안판단과 구별이 안 될 수 있는데 그 강한 요구로 오히려 본안판단으로 가는 길이 차단되게 하여서는 안되고, 헌법소원은 개인의 주관적 권리구제만이 아니라 객관적 헌법질서유지기능도 가지기 때문이다. ② 헌재는 직권심리를 하므로 모든 사실을 직권으로 살펴보아 침해성의 인식이 가능하면 침해가능성을 인정하여야 할 것이다.

[헌재판례] 헌재 자신도 청구취지, 청구인 표시의 권리에 구애되지 않고 직권으로 살핀다는 입장이다(91헌마190). 요컨대 청구인이 침해되는 기본권을 완전히 특정하지 않고 청구하였더라도 헌재가 청구인이 어느 기본권인가의 침해를 주장하고 있다는 것을 인식할 정도라면 이 기본권침해가능성 요건은 성립된 것이라고 보아야 한다(90헌마110등).

Ⅳ. 기본권침해의 관련성 요건 - 자기관련성, 직접성, 현재성

기본권의 침해는 청구인 자신의 기본권에 대해, 직접, 그리고 현재 침해하는 관련성을 가지는 것이어야 한다. 아래에 각각 살펴본다.

1. 자기관련성

(1) 개념과 개념의 핵심지표

[개념] 기본권침해의 자기관련성이란 공권력의 행사·불행사로 발생한 기본권침해는 헌법소원심판을 청구한 사람 자신에게 관련되는 침해이어야 한다는 것을 의미한다.

[자기관련성 개념의 핵심지표] 자기관련성의 개념에 있어서 핵심적인 요소는 '자기'의 것으로 침해된다는('자기성', '자기귀속성'이라고 부를 수 있다) 점이다. 그 기본권침해가 향해져 귀속되는 곳(대상, 귀속처)이 바로 청구인 자기 자신이라는 점이 핵심이다. 이 핵심지표에 비추어 인정기준이 설정되고 또 다른 청구요건과의 구분을 할 수 있다.

(2) 인정기준

1) **공권력행사·불행사의 직접적 상대방**   기본권침해의 자기관련성은 공권력작용이나 부작위로 기본권을 침해받았거나 받고 있다고 주장하여 헌법소원심판을 청구하는 사람 자신에게 미치는 침해로서 관련되는 것이어야 하므로 침해가 가해진 청구인, 즉 그 공권력작용, 부작위의 상대방에게 있음이 원칙이다(89헌마123, 90헌마20, 91헌마233, 2012헌마404).

주요사항
▶ 자기관련성 판단기준
  • 원칙: 공권력행사·불행사의 직접적 상대방만이 자기관련성 가짐
     제3자의 자기관련성의 원칙적인 부인

2) **직접적·법적 이해관계인: 판례**

㈎ 판례입장: 간접적·사실적·경제적 이해관계인의 자기관련성 부인   어느 공권력작용이나 부작위에 직접적·법적 이해관계를 가지는 사람이어야 기본권

침해의 자기관련성이 인정되고 간접적·사실적이며 경제적인 이해관계만 있는 자에게는 자기관련성이 없다는 것이 헌재의 판례이다[과세처분의 상대방은 학교법인인데 그 학교에 재학중인 학생들은 "단지 간접적이고 사실적이며 경제적인 이해관계가 있는 자들일 뿐, 법적인 이해관계인이 아니라고 할 것이므로 그들에게는 동 처분에 관하여 자기관련성이 인정되지 않는다"(89 헌마123), 특수주간신문에 대해서는 정치보도를 금하고 있는 법률규정에 대해 그 특수주간신문의 독자는 간접적·사실적 이해관계를 가질 뿐이어서 자기관련성이 없다(95헌마124), 금융감독위원회직제 변경에 대한 금융감독원 노동조합과 직원들에 미칠 영향은 간접적·사실적이다(2001헌마285), 방송위원회가 제작책임자에게 한 '경고 및 관계자 경고'로 인한 불이익은 단지 간접적, 사실적인 것(2004헌마290)].

(ㄴ) 판례법리의 문제점　　　위 판례법리는 직접적, 간접적이란 말을 사용함으로써 다음에 살펴볼 기본권침해의 관련성 3요건 중에 또 다른 요건인 '직접성' 요건과 혼동을 보여준다. 이에 대해 바로 아래 2) 다른 요건과 구별에서 살펴본다.

3) 자기관련성 요건과 다른 요건과 구분　　　위에서 자기관련성 개념의 핵심지표로 언급한 '자기성'에 비추어 다른 청구요건과의 구분을 할 수 있다.

[다른 요건과 구분] ⅰ) 기본권침해가능성 요건과의 구분 - (ㄱ) 혼동례: 헌재 결정례들 중 간접적, 사실적, 반사적 이익 문제로서 자기관련성 결여라고 하는 결정례들이 있다(① 2015헌마997 [판시] LPG 연료 사용가능 자동차 범위를 제한하는 시행규칙조항'에 대하여 LPG자동차로 개조하는 사업체 직원, LPG충전소 사업자가 청구한 헌법소원심판에서 LPG에 대한 수요가 늘어나는데 한계가 생김에 따라 간접적, 사실적, 경제적 이해관계만을 가질 뿐이므로 자기관련성 요건을 갖추지 못하여 부적법하다), ② 2004헌마13([판시] 국가의 유아에 대한 사립유치원 교육비지원은 사립유치원 경영자가 얻게 되는 반사적이고 간접적인 이익에 불과하므로, 그 상한 이상 지원하지 않은 행위에 대한 헌법소원심판에서 자기관련성이 인정되지 않는다). 그러나 기본권이 아닌 반사적 이익 결여 문제는 앞서 본 기본권침해가능성 요건에 관한 것이고 자기관련성은 그 이익의 성격이 아니라 위 핵심지표인 자기성(자기귀속성)에 관한 것이어서 모순이다. (ㄴ) 다음과 같이 구분정리된다.

간접적·사실적·반사적 이익 = 기본권침해가능성 결여 ≠ 자기관련성 결여

* 여전히 반사적 이익 축소인 경우라고 하면서 자기관련성이 없다고 본 최근 결정례가 있다. 사안은 11인승 이상 승합자동차의 모빌리티 서비스(운전자 알선 포함 승합자동차 대여 서

비스. 'ㅌㄷ'서비스)사업을 제한(관광목적, 6시간 이상 대여 등에 한정 제한)하는 여객자동차 운수사업법 규정에 대하여 그 회사 직원들, 그 서비스 운전자들, 그 서비스 이용자들이 청구한 헌법소원사건이다. 헌재는 그들이 "이전에 서비스를 이용할 수 있었던 것은 자동차 대여사업자의 영업 방식을 규율하는 법적 여건에 따른 반사적 이익 내지 사실상 혜택에 따른 것이므로 법적 여건의 변화로 그 서비스를 이용하지 못하게 되는 불이익을 입었다고 하더라도 이는 반사적 이익의 축소 내지 사실적인 불편에 해당한다. 그렇다면 청구인 직원들, 운전자들 및 이용자들의 심판청구는 기본권침해의 자기관련성이 인정되지 아니하여 부적법하다"라고 판시한 것이다(2020헌마651).

ⅱ) 직접성과의 구분 – 직접적, 간접적이란 말을 사용함으로써 다음에 살펴볼 기본권침해의 관련성 3요건 중에 또 다른 요건인 '직접성' 요건과 혼동이 올 수 있는바 직접성 요건과는 어떻게 구별되는 것인지가 문제된다. 직접성은 바로 다음에 볼 또 다른 적격요건으로 그 침해의 경로가 직접적이란 의미이고 자기관련성은 자기성이 핵심이므로 구분되어야 한다.

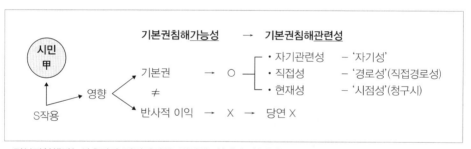

▮ 기본권침해가능성요건과 자기관련성 · 직접성 · 현재성 · 현재성 구별 도해

(3) 제3자의 자기관련성 문제(예외적 인정)

1) 원칙적 부정, 예외적 인정   '자기성' 지표에 따라 공권력작용의 상대방이 아닌 제3자는 그 공권력작용으로 인한 기본권침해가 자기에 대한 것이 아니어서 원칙적으로 기본권침해의 자기관련성이 부정되나 예외적으로 인정될 수 있다(89헌마123).

2) 제3자에 대한 예외적 자기관련성 인정의 기준   ⅰ) 헌재법리 – 제3자의 자기관련성 인정 여부 판단기준 – 네모 속 법리(*빈번히 나오므로 중요하다).

"① 입법의 목적, ② 실질적인 규율대상, ③ 법규정에서의 제한이나 금지가 제3자에게 미치는 효과나 진지성의 정도 및 ④ 규범의 직접적인 수규(범)자(受規(範)者)에 의한 헌법소원제기의 기대가능성 등을 종합적으로 고려하여 판단해야" 한다.

* 이 법리를 표명하고 있는 결정례들은 많다. 99헌마289, 2007헌마682, 2010헌마631, 2011헌마871 등.

ⅱ) 관건 − '자기성': 제3자에 대한 자기관련성의 예외적 인정이라고 하여 달라질 것은 아니고 결국 중요한 것은 '자기성'이다. 공권력행사·불행사의 상대방이 아닌 제3자라도 그 제3자 본인(자기)에게 기본권 침해가 와야 한다는(자기성) 것이다.

3) 결정례　　　ⅰ) 인정례 − 전형적인 예들을 본다. ① 방송사업자(지상파)에 대한 방송광고의 방송광고물 제한규정에 대한 방송광고 판매대행사의 청구에서 제3자 자기관련성 인정(2006헌마352. [결정요지] 지상파방송사업자에게 한국방송광고공사나 그로부터 출자를 받은 회사가 위탁하는 방송광고물이 아니면 방송광고를 할 수 없도록 하는 의무를 부과(위반시 제재)하는 이 규정의 직접적인 수규자는 지상파방송사업자로 한정하고 있어 민영 방송광고 판매대행사에 불과한 청구인의 자기관련성에 의문을 제기할 수 있다. 그러나 이 규정 때문에 청구인이 지상파 방송사업자에게 방송광고 판매대행을 하지 못하는 것이므로 청구인도 이 사건 규정으로 인해 자신의 직업 수행에 관한 기본권을 제한받고 있다. 따라서 자기관련성은 인정된다. * 이 결정은 미디어랩사건이라고 하는데 한국방송광고공사의 독점에 대해 위헌성을 인정하고 헌법불합치로 내려진 결정이다), ② 방송위원회(방송통신심의위원회)에 대해 텔레비전 방송광고를 사전심의·의결하게 하고 방송사업자가 그 심의·의결의 내용과 다르게 방송하거나 심의·의결을 받지 않은 방송광고를 방송하여서는 아니된다고 규정한 구 방송법, 동법시행령 등의 조항들에 대해 광고주가 청구한 사건(2005헌마506. [판시] 이 사건 규정들은 방송광고의 사전심의 주체로 방송위원회만을, 이러한 절차를 거친 방송광고물에 대한 방송의 주체로 방송사업자만을 정하여 이 사건 청구인과 같은 광고주를 그 법규 수범자 범위에서 제외하고 있으나, 청구인과 같이 방송을 통해 광고를 하고자 하는 자는 이 사건 규정들 때문에 반드시 사전에 심의를 거쳐야 하고, 그렇지 않을 경우 자신이 원하는 방송광고를 할 수 없게 되므로 광고주의 경우도 이 사건 규정들에 의해 자신의 기본권을 제한받고 있다. * 본안판단결과 사전검열이라고 하여 위헌결정이 되었다). ③ 직장의료보험조합 강제자동해산에 대한 직장의료보험조합 조합원의 헌법소원심판 청구(99헌마289), ④ 청구인이 기소된 사건의 증인에 대한 검사의 빈번한 소환·유치행위에 대한 헌법소원(99헌마496), ⑤ 국내 사립대학이 국가유공자 자녀 학비 면

제시 국가보조를 하도록 한 '국가유공자 등 예우 및 지원에 관한 법률' 규정에 대한 국외 대학 취학 국가유공자 자녀의 헌법소원심판청구(2001헌마565), ⑥ 연합뉴스를 국가기간뉴스통신사로 지정하는 법률규정에 대한 다른 뉴스통신사의 청구(2003헌마841), ⑦ 정보통신망법의 임시조치조항(2010헌마88. [판시] 이 사건 법률조항의 문언상 직접적인 수범자는 '정보통신서비스 제공자'이고, 정보게재자인 청구인은 제3자에 해당하나, 사생활이나 명예 등 자기의 권리가 침해되었다고 주장하는 자로부터 침해사실의 소명과 더불어 그 정보의 삭제 등을 요청받으면 정보통신서비스 제공자는 지체 없이 임시조치를 하도록 규정하고 있는 이상, 위 임시조치로 청구인이 게재한 정보는 접근이 차단되는 불이익을 받게 되었으므로, 이 사건 법률조항의 입법목적, 실질적인 규율대상, 제한이나 금지가 제3자에게 미치는 효과나 진지성의 정도를 종합적으로 고려할 때, 이 사건 법률조항으로 인한 기본권침해와 관련하여 청구인의 자기관련성을 인정할 수 있다), ⑧ 문화계 블랙리스트 지원배제 지시행위(피청구인 대통령이 피청구인 비서실장에게, 문체부 소속 사무관이 예술위 소속 직원들에게 정부에 비판적 활동을 한 문화예술인을 지원 대상에서 배제하라고 지시한 행위 등. 2017헌마416. 청구인들에 대한 지시가 아니어서 제3자에 가해진 것이나 예술위 등을 이용한 것에 불과하여 자기관련성이 인정된다고 본 것이다. * 이 결정은 이처럼 제3자 자기관련성을 인정한 결정례인데, 헌법재판론 제2판, 969면에는 '③ 문화계 블랙리스트 지원배제 지시행위'로 부인례에 이 결정을 포함하여 소개한 것은 착오에 의한 것이므로 삭제 및 인정례 쪽으로 이동한다는 점을 밝히고자 함) 등을 들 수 있다. 또, ⑨ 수규자의 헌법소원제기가능성이 없는 경우: 이러한 예로 ⓐ 이동통신단말장치를 구입하고자 하는 청구인들이 '지원금 상한 조항'인 '이동통신단말장치 유통구조 개선에 관한 법률'(제4조 1항 등에 대해 청구한 헌법소원심판에서 제3자이나 자기관련성을 인정받은 예를 대표적으로 들 수 있다(2014헌마844. [판시] 이동통신사업자 등은 지원금 상한제로 인해 이용자들에게 지급하는 지원금 총액이 감소하여 이익을 보는 측면이 있으므로, 이들이 적극적으로 지원금 상한 조항의 위헌확인을 구할 가능성도 기대하기 어려워 보인다. 이처럼 지원금 상한 조항의 입법목적, 지원금 상한의 통제가 이용자들인 청구인들에게 미치는 효과나 그 진지성의 정도, 직접적인 수범자에 의한 헌법소원 제기의 기대가능성을 종합적으로 고려할 때, 지원금 상한 조항에 대한 청구인들의 기본권침해의 자기관련성을 인정함이 상당하다) ⓑ 위 '⑤'의 경우(사립대학이 국가유공자 자녀 학비 면제시 국가보조를 하도록 한 규정에 대한 국외 대학 취학 국가유공자 자녀의 헌법소원심판청구, 2001헌마565. [판시] 이 사건 법률조항에 의한 교육보호를 받을 수 없는 불이익은 자녀의 학비를 부담하는 국가유공자 본인에게 돌아가게 된다. 반면에 이 사건 법률조항의 직접적인 수규자라 할 수 있는 대학이나 국가가 그러한 문제를 다루기 위해 헌법소원을 제기할 것이라고는 기대할 수 없다. 이러한 점들을 고려할 때 청구인에 대해 자기관련성을 인정할 수 있다) 등이 있다. ⑩ 청구인에 대한 거부가 아니나 표리관계인 기본권침해인 경우: 청구인뿐 아니라 다른 사람의 기본권도 함께 문제된다면 그런 경우에도 청구인의 자기관련성이 있는 것은 물론이다. 예를 들어 변호인의 조력을 받을 권리는 조력을 받게 되는 청구인뿐 아니라 조력을 주는 변호인의 권리 문제이기도 하다(그 예로, 난민인정심사불회부 결정을 받은 후 인천국제공항 송환대기실에 수용중인 외국인의 변호인의 접견신청을 피청구인(인천공항출입국·외국인청장)이 변호인에 대해 거부한 행위에 대한 헌법소원심판에 있어서 그 외국인도 자신의 기본권인 변호인의 조력을 받을 권리를 침해받아 자기관련성이 있다고 본 결정례. 2014헌마346).

ⅱ) 부인례 – 대표적인 예들을 살펴본다. ① 청구인의 법적 지위의 변화에 대한 예견불가성, 낮은 진지성 등(2001헌마122, 한국전력공사(한전)의 분할절차의 간소화 등을 주요골자로 하는 법률규정에 대해 한전의 직원이자 노동조합원, 그리고 전기소비자가 청구한 사안인데 헌재는 한전의 분할 및 민영화, 전기사업의 경쟁체제성립이 청구인의 법적 지위나 자유·권리, 또는 편익에 어떠한 변화를 가져올지는 분명히 예견할 수 있는 성질의 것이 아니며 그 효과 또는 진지성의 정도가 낮아서 자기관련성을 인정할 수 없다고 보았다), ② 회사의 기본권에 관한 헌법소원을 회사 대표자가 제기한 경우의 자기관련성 부인(2000헌마308, 2005헌마165, 회사와 그 대표자 개인을 엄격히 구별하고 있는 우리 법제상 청구인들이 이 사건에서 침해되었다고 주장하는 기본권의 주체는 허가 명의자인 위 각 회사라 할 것이니, 위 기본권침해에 직접 관련되었다고 볼 특별한 사정이 인정되지 아니하는 이 사건에 있어 제3자인 청구인들이 청구한 이 사건 헌법소원심판은 자기관련성이 없다고 본다), ③ 지방공무원의 정원 수에 관하여 지방공무원임용시험 응시하려는 자와 주민이 제기한 헌법소원에서의 자기관련성 부인(2000헌마149, 지방자치단체의 지방공무원의 정원을 규정한 지방자치단체 표준정원(당시 행정자치부고시)의 수범자는 지방자치단체이고 임용시험을 준비 중인 청구인의 공무담임권 등 기본권이 사실상 제한되는 불이익은 단순히 간접적이고 사실적인 것으로 보일 뿐 아니라, 이 사건 규정의 입법목적, 규율대상, 청구인들에게 미치는 효과나 진지성의 정도 및 원칙적으로 권한쟁의 심판의 대상이 될 수 있다는 점 등을 종합 고려하면 청구인들의 자기관련성은 이를 인정하기 어렵다), ④ 진료정보를 국민건강보험공단에 알려줄 개별 의료급여기관 의무 고시 조항에 대한 대한의사협회의 청구(2007헌마1092), ⑤ 담배의 제조·판매에 관한 규율조항에 대한 간접흡연자 청구의 자기관련성 부정(2012헌마38), ⑥ 기존 사법시험준비생의 이른바 로스쿨법에 대한 청구(2007헌마1262, 로스쿨제도의 도입 자체는 사법시험을 준비중인 청구인들에게 무슨 직접적인 불이익을 준다고 할 수 없고, 설령 장래에 사법시험선발인원이 축소되거나 폐지되는 결과로 이어진다 하더라도 그로 인한 불이

익은 간접적이고 사실적인 이해관계에 불과하여 로스쿨제도의 도입은 청구인들의 기본권을 침해할 가능성이 없어서 청구인들에게는 기본권침해의 자기관련성이 인정되지 않는다), ⑦ 학생인권조례: 학생의 종교의 자유를 보장하기 위해 학교의 설립자·경영자, 학교의 장 및 교직원에 금지의무를 부과한 규정에 대한 학생 등의 청구(2017헌마1356), ⑧ 편입생 모집 공고에 대한 재학생의 청구(2001헌마814등), ⑨ 주관적, 정서적 명예감정 관련('제주4·3사건 진상규명 및 희생자명예회복에 관한 특별법'(2007.5.17. 개정된 것)의 희생자 결정 조항) 등. * 위 결정례들에 침해가능성과 자기관련성의 혼동을 보여주는 예가 적지 않다.

(4) 수혜 제외자의 자기관련성

[문제상황] 수혜의 경우에는 수혜자가 헌법소원을 제기할 리 없다. 그러나 수혜하지 못한 사람은 그 수혜대상이 되기를 바라고 그래서 헌법소원을 제기하게 된다. 그 경우에 청구인은 문제의 그 법령의 수범자가 아니고 제3자가 된다.

[판례법리] 헌재는 위와 같은 문제상황에서 평등원칙의 문제로 보아서 판단한다. ⅰ) 헌재는 ㉠ "(헌재가) 심판대상의 평등권위반을 확인한다면, 그 결과로 혜택규정에 의하여 배제되었던 혜택에 참여할 가능성이 있는 경우"(2002헌마312, 2003헌마841, 2006헌마87, 2008헌마715등), ㉡ "비교집단에게 혜택을 부여하는 법령이 위헌이라고 선고되어 그러한 혜택이 제거된다면 비교집단과의 관계에서 청구인의 법적 지위가 상대적으로 향상된다고 볼 여지가 있는 때"(2000헌마84, 2007헌마956)에는 자기관련성을 인정할 수 있다고 한다.

(5) 권리귀속에 관한 소명에 의한 자기관련성 구비여부판단

(개) 헌재판례입장　　　　자기관련성 판단에 있어서 그 권리 귀속을 어떻게 어느 정도로 밝혀야 하는지에 대해 헌재는 소명만으로 족하다고 본다. 헌재는 그 논거로 헌재는 일반법률의 해석이나 사실인정의 문제를 다루는 기관이 아니라, 사실문제판단에 깊이 관여할 수 없는 헌법해석기관이며 헌법소원의 기능이 주관적 기본권보장과 객관적 헌법보장기능을 함께 가지고 있다는 점을 들고 있다(89헌마2).

(내) 적용 결정례　　　　ⅰ) 소명 인정례: ① 조선철도(주) 주식의 보상금 입법부작위 사건(89헌마2, 청구권 양수한 사실 소명, 위헌결정), ② 재외동포의 출입국과 법적 지위에 관한 법률이 대한민국 정부수립 이전에 해외로 이주하여 외국국적을 취

득한 사람 및 그 직계비속(주로 중국국적동포, 구소련동포)을 재외동포의 범주에서 제외한 것(99헌마494, 만주 이전으로 법적용을 받지 못한다는 주장으로 소명, 평등원칙 위배로 헌법불합치결정), ③ 지방공사 직원의 지방의회의원 겸직 금지 규정(2002헌마333등, 피선거권 있고 지방의회의원선거에서 낙선, 당선된 사실 있어 이 선거 입후보 준비를 하고 있었다는 사실에 대한 소명이 있음, 기각결정).

ⅱ) 소명 결여로 인한 부정례: ① 공무원연금법(2015.6.22. 법률 제13387호로 개정된 것) 제47조 1항 2호는 퇴직연금 또는 조기퇴직연금의 수급자가 선거에 의한 선출직 공무원에 취임한 경우에는 그 재직기간 중 해당 연금 전부의 지급을 정지한다고 규정한 조항에 대한 헌법소원심판 청구에서 어떤 선출직에 입후보할 것인지 등에 대한 소명이 없어서 자기관련성을 부정하였다(2016헌마266등). ② 변호사시험의 응시기간과 응시횟수를 법학전문대학원의 석사학위를 취득한 달의 말일 또는 취득 예정기간 내 시행된 시험일부터 5년 내에 5회로 제한하면서 그 예외로 병역의무의 이행만을 인정하는 변호사시험법 제7조 2항에 대해 평등권을 침해한다고만 주장하고 있을 뿐인 청구인에 대해 이 조항이 자신의 기본권을 어떻게 침해하고 있는지에 관한 구체적인 사유를 소명하지 않고 있다고 하여 이 부분 청구가 자기관련성 요건을 갖추지 못하였다고 본 결정이 있었다(2019헌마378, 비슷한 사안의 비슷한 취지의 각하결정례: 2018헌마739).

(6) 형사피해자의 헌법소원에서의 자기관련성

(개) '혐의 없음' 불기소처분에 대한 헌법소원에서의 자기관련성　　현재 상황과 주요논점 — 2008년의 재정신청 확대로 형사피해자인 고소권자는 고소를 하여 검사의 불기소처분을 받은 경우에 법원에 재정신청을 할 수 있고 받아들여지지 않으면 이 재정신청 결정(법원재판)과 불기소처분(원행정처분)에 대해 헌법소원을 할 수 없으므로(헌재판례) 따라서 이 경우에 자기관련성을 논해야 할 경우도 없게 되었다. 다만, 범죄피해자라도 고소하지 않은 피해자는 다른 사람에 의해 이루어지게 된 검사의 불기소처분에 대해서는 헌법소원심판 청구가 가능하다(전술 헌법소원대상 부분 참조). 이러한 경우에 그 청구에서 자기관련성을 가져야 하고 범죄피해자이면 자기관련성을 가지는 것이 원칙이다. 따라서 문제는 범죄피해자(형사피해자)의 인정 기준이다.

(나) 근거이자 기준으로서 재판절차진술권, 넓게 인정　　　　[근거, 기준인 재판절차진술권] 불기소처분 헌법소원이 필요한 근거가 헌법 제27조 5항의 재판절차진술권이므로 이에 비추어 자기관련성, 형사피해자 범위를 설정하는 것이 필요하고 헌재는 재판절차진술권에 근거하므로 피해자 범위를 넓게 본다는 입장을 피력하고 있다(90헌마91, 92헌마48).

[넓게 인정하는 이유] 재판절차진술권은 사인(私人)소추 전면배제, 검사 기소독점주의의 형사소송체계 아래에서 형사피해자로 하여금 당해 형사재판절차에 참여하여 증언하는 이외에 의견진술을 할 수 있는 청문의 기회를 부여함으로써 형사사법의 절차적 적정성을 확보하기 위함 때문이다(92헌마48).

(다) 청구인적격을 가지는 형사피해자의 개념·인정기준

가) 보호법익을 기준으로 한 개념보다 넓은 개념　　　　형사실체법상 직접적인 보호법익의 주체로 해석되지 않는 자라도 문제되는 범죄 때문에 법률상 불이익을 받게 되는 자라면 헌법상 형사피해자의 재판절차진술권의 주체가 될 수 있고 따라서 자기관련성을 가진다고 본다(90헌마91).

나) 고소인·고발인의 구분　　　　ⅰ) 원칙 - 고소인만이 불기소처분으로 인하여 기본권침해가 자신의 것으로 관련되는 위치에 있고 고발자의 경우에는 원칙적으로 기본권침해의 자기관련성이 없다고 보아 왔다(89헌마145, 90헌마91; 1992.11.12. 91헌마202, 92헌마186, 92헌마48 등). ⅱ) 고발인에 대한 자기관련성 인정 - 다만, 헌재도 고발인이라도 직접적 피해자라고 인정될 수 있으면 자기관련성을 인정한다(90헌마65).

(라) 형사피해자 인정 범위 결정례　　　　① 고소를 하지 않은 범죄피해자의 불기소처분에 대한 헌법소원 청구인적격 인정(앞서 언급하였다. 97헌마79등), ② 상속인(92헌마234), ③ 위증으로 인한 불이익한 재판을 받게 되는 당사자(90헌마91), ④ 교통사고 사망자의 부모(92헌마48), ⑤ 범죄로 인하여 사망한 피해자의 처(95헌마74), ⑥ 재물손괴와 직권남용의 피해자로서의 정당의 지구당 부위원장(92헌마262, 현재 지구당은 없으나 법리 참조 필요), ⑦ 직권남용죄의 경우 - 의무 없는 일을 행사하도록 요구받은 사람(92헌마262), ⑧ 주식회사 주주의 청구인적격 인정(90헌마65, 93헌마47), ⑨ 공정거래위의 고발권불행사에 대한 공정거래법위반행위 피해자(94헌마136. [주요사항: ▷ 인정이유] ① 공정거래위의 고발은 검사의 공소제기를 위한 요건이 될 뿐이나, 동 위원회의 고발권불

행사는 형사처벌의 대상이 되는 공정거래법 위반사실을 인정하면서도 그 처벌을 위한 고발에 나아가지 아니한다는 점에서 검사가 범죄사실을 인정하면서도 공소의 제기에 나아가지 아니하는 기소유예처분(헌법소원대상 인정됨)과 유사하고, ② 문제되는 범죄 때문에 법률상의 불이익을 받게 되는 자라면 헌법상 형사피해자의 재판절차진술권의 주체가 될 수 있기 때문임) 등.

　　㈐ 형사피해자가 아닌 자(판례)　　　① 고발인·고소권 없는 고소인(범죄피해자가 아닌 자)(91헌마81, 91헌마168, 92헌마34, 92헌마186, 95헌마252, 89헌마234 등), ② 의료사고 피해자의 아버지(93헌마81), ③ 주식회사 자체가 피해자인 경우의 대표이사의 적격부인(94헌마100), ④ 대학교 교수, 교수협의회(95헌마295), ⑤ 민사소송에서의 위증에 대하여 당해 소송 당사자가 아닌 사람(95헌마341), ⑥ 종중의 종원(2000헌마550), ⑦ 경매대상물건의 소유자인 주식회사의 대표이사가 제기한 헌법소원(2000헌마294), ⑧ 업무상 배임의 경우(92헌마95) 등.

(7) 기소유예처분에 대한 '피의자'의 자기관련성 인정, 기소중지처분 동일

　　[피의자에 대한 인정이유] 기소유예처분은 비록 기소로 나아가지는 않지만 유죄로 인정하는 결정이므로 무죄라고 주장하는 피의자는 기소유예처분을 취소시킴으로써 자신의 기본권을 회복할 필요가 있다. 기소유예처분에 대해서는 2008년 재정신청의 확대 이후에도 피의자가 재정신청할 수 없으므로 헌법소원심판을 청구할 수 있고 자기관련성이 인정된다. 실제 일반적으로 피의자가 헌법소원을 제기하는 경우가 많다.

　　[근거 기본권과 주문형식] 기소유예처분에 대한 피의자 헌법소원을 근거짓는 기본권은 평등권과 행복추구권을 헌재는 들고 있다. 그리하여 현재 헌재는 기소유예처분을 취소하는 인용결정에서 "평등권과 행복추구권이 침해되었다"는 판시와 주문선언을 하는 경우가 일반적이다(예로 2019헌마674 등 참조).

　　[기소중지처분] 기소중지처분도 공소를 제기하지 않는 처분이므로 그 피의자가 위 기소유예처분과 같은 논거로 자기관련성이 인정된다(95헌마362).

(8) 입법부작위 헌법소원에서의 자기관련성요건 요구

　　[요구] 입법부작위에 대한 헌법소원에서도 기본권침해의 자기관련성이 요구됨은 물론이다.

[판단예] ① 96헌마246(전문의자격시험 불실시, 위헌확인), ② 2000헌마707(평균임금의 고시 비제정 부작위, 위헌확인), ③ 96헌마226(약사법이 규정하는 한약사면허취득의 전제요건인 한약사국가시험에 응시할 수 있는 자격요건을 충족시키고 있지 않아 한약사국가시험에 관한 대통령령 비제정으로 기본권이 침해당할 이유도 없는 것이므로 자기관련성이 없다고 봄, 각하) 등.

(9) 단체(법인, '법인격 없는 사단·재단' 등)의 구성원의 기본권침해에 대한 구제를 위한 단체 자체의 헌법소원 – 자기관련성 부정

* 유의 – 빈번히 판시되고 있어서 각별히 유의가 필요한 부분이다.

(개) 자기관련성 부정　　　　법인, '법인격 없는 사단·재단' 등의 단체 자체도 헌법소원심판을 청구할 능력이 있다(전술 참조). 그러나 단체 자체에 기본권침해가 있어서가 아니라 그 구성원의 기본권이 침해된다고 하여 청구한 헌법소원심판에서 헌재는 단체 자체의 기본권침해가 없다고 하여 자기관련성을 부인한다.

(내) 부정의 논거　　　　헌재는 그 논거로 "단체와 그 구성원을 서로 별개의 독립된 인격체로 인정하고 있는 현행의 우리나라 법제 아래에서는 헌법상 보장된 기본권을 직접 침해당한 사람만이 원칙적으로 헌법소원심판 절차에 따라 권리구제를 청구할 수 있는 것이고, 단체의 구성원이 기본권을 침해당한 경우 단체가 구성원의 권리구제를 위하여 그를 대신하여 헌법소원심판을 청구하는 것은 원칙적으로 허용될 수 없기 때문"이라고 한다.

주요사항

▶ 법인, 단체는 자신의 기본권침해가 아니면 자기관련성이 없어 헌법소원심판 청구인적격이 없음. 구성원을 대신하여 그의 권리구제를 위하여 헌법소원을 청구할 수 없음
  • 논거: 단체와 그 구성원을 서로 별개의 독립된 인격체로 인정하고 있는 우리 법제 아래서는 헌법상 기본권을 직접 침해당한 사람만이 원칙적으로 헌법소원심판 권리구제를 청구할 수 있음

(대) 부정한 결정례　　　　이에 관한 결정례는 많다(헌법재판론, 제2판, 박영사, 2021, 989-999면 참조). 몇 가지 예를 본다. ① 영화 사전심의제에 대한 영화인협회의 청구[90헌마56. 이후 영화사전심의제에 대하여는 검열로 보아 위헌으로 선언되었다(93헌가13등)], ② 자동차대여사업의 확대인정에 대한 자동차대여사업자와 함께 한 전국자동차대여사업조합의 청구(2002헌마20), ③ 지정문화재은닉 처벌규정개정의 문화재매매업자

직업자유 침해주장의 미술협회청구(2003헌마377), ④ 국유림 대부받아 운영되는 스키장 운영업체를 회원으로 하는 사단법인의 대부료 규정에 대한 청구(2006헌마1244), ⑤ 진료정보를 국민건강보험공단에 알려줄 개별 의료급여기관 의무 고시 조항에 대한 대한의사협회의 청구(2007헌마1092), ⑥ 학부모 알 권리를 위한 사단법인 광역시청소년단체협의회의 청구(2010헌마293), ⑦ LPG 사용 자동차(사용자) 범위를 제한 법규정에 대한 개인택시조합의 청구(2015헌마997), ⑧ '세무조정업무' 한정 규정에 대한 변호사 소속 법무법인의 청구(2016헌마116), ⑨ 인터넷신문 기자 단체(2015헌마1206등), ⑩ 한국기자협회 - '부정청탁 및 금품등 수수의 금지에 관한 법률' 해당조항들에 대해 한국기자협회가 청구한 사건(2015헌마236), ⑪ 한국공인중개사협회 - 중개업자로 하여금 자신이 중개한 부동산 거래내역을 신고하도록 한 '공인중개사의 업무 및 부동산 거래신고에 관한 법률' 제27조 2항 등에 대해 이 협회가 헌법소원 심판을 청구한 사건(2007헌마988등), ⑫ '광주민주화운동 관련자보상 등에 관한 법률' 등에 대한 광주민중항쟁동지회의 구성원을 위한 청구(93헌마33), ⑬ 선거여론조사 결과 등 공표 금지조항에 대한 신문인편집인협회의 청구(92헌마177등), ⑭ 전라북도학교운영위원협의회의 청구(2002헌마4), ⑮ 육견사육업을 하는 회원으로 구성된 비법인 사단인 ○○연합회의 개 사육시설 설치자를 위한 청구(2018헌마306등), ⑯ 전국○○산업노동조합의 청구(집회자유 사안이었는데 집회 당사자가 아니었음. 2007헌마712). ⑰ 그 외: 2004헌마13, 2006헌마990, 2014헌마700 등.

⑽ 자기관련성이 없다고 본 주요사례

위에서 자기관련성 부정 결정례들로 제3자, 단체에 대한 부정례들은 상당히 인용되었는데 그 사유들 외에 자기관련성이 없다고 본 주요한 예들을 살펴본다.

① 연령 도달로 인한 자기관련성 부정 - 국회의원 피선거연령 25세 이상 규정 (2017헌마1362. 25세 이상 연령 도달) * 비교: 반대결정 - 연령도달로 인한 적법성 인정 (2012헌마38. 담배구입가능한 성년에 도달. 담배사업법에 대해 담배의 제조 및 판매를 허용하여 청구인의 생명·신체의 안전에 관한 권리를 침해한다는 주장으로 청구된 헌법소원사건이었음). ② 청구인의 '알 권리'의 침해여부가 아니라는 이유로 자기관련성이 부인된 예(98헌마214, 지방자치단체장이 청구한 사건에서 주민들의 알 권리 침해는 자기관련성 부정된다고 봄), ③ 상급 공직자의 기본권제한규정에 대하여 그 직에의 임명가능성이 있는 하위 공직자가

제기한 헌법소원의 경우 – 검찰총장의 기본권을 제한하는 법률규정에 대한 고등
검사장의 헌법소원심판청구(97헌마26), 경찰청장의 기본권을 제한하는 법률규정에
대한 경찰청 차장 등의 헌법소원심판청구(99헌마135), ④ 대통령의 특별사면에 대한
일반국민이 제기한 헌법소원(97헌마404), ⑤ 국회의원보좌관을 증원하는 법률, 국회
의원수당을 인상하는 국회규칙에 대한 일반 국민의 헌법소원청구(97헌마382), ⑥ 무
소속 국회의원이 상임위 소속 활동의 권리 제한은 무소속 의원을 선출한 선거구민
의 평등선거권 침해라고 하여 청구한 헌법소원(2000헌마156, 무소속 의원의 기본권 침해가
아님), ⑦ 지방자치단체 비용부담규정에 대한 주민의 헌법소원(2000헌마79등, 국가 또는
한국수자원공사가 설치하는 광역상수도 정수시설의 설치비용 부담주체를 지자체로 규정한 수도법 규
정에 대해 그 지방자치단체 주민이 제기한 헌법소원인데 비용부담주체는 지자체이므로 자기관련성 없
다고 봄), ⑧ 교육공무원의 정년단축규정에 대한 사립학교 교원의 법령소원(99헌마
112등), ⑨ 청소년 술판매금지규정에 대한 주점경영인의 법령소원(99헌마555), ⑩ 지
방공무원의 정원에 관한 구청장, 지방의회의원, 공무원이 제기한 헌법소원(2000헌마
149), ⑪ 대학폐지법률에 대한 고등학생의 법령소원(99헌마613), ⑫ 전기통신사업자
에 대한 취급 거부·정지·제한명령 불이행에 대한 처벌규정을 대상으로 전기통신
이용자가 제기한 헌법소원(99헌마480), ⑬ 신문업 고시(시장지배적 신문판매업자가 신문판
매가격을 현저히 높게 혹은 낮게 하여 공급하는 행위 등을 금지하는 고시)에 대한 신문구독자·
신문판매업자의 헌법소원(2001헌마605), ⑭ 독자(또는 국민), 신문기자, 인터넷 신문기
자의 신문법 등에 대한 헌법소원청구에서의 자기관련성 부정[2005헌마165(규율대상인
"정기간행물사업자"나 "일간신문을 경영하는 법인"에 해당되지 않는, 언론중재법상의 "언론"에도 해당
하지 않는 독자), 2015헌마1206등(취재 및 편집 인력 5명 이상을 상시적으로 고용할 것을 인터넷신문
의 등록요건으로 하고 있는 규정에 대해 인터넷신문의 법인, 사업자 등이 아닌 인터넷 신문기자들이 청
구한 부분)], ⑮ 건축제한지역과의 비관련성으로 인한 자기관련성 부정(2000헌마556),
⑯ 노조지부의 독자적 단결권 주체성(자기관련성) 부정(2005헌마971, * 평가 – 단결권이라
는 기본권의 주체가 될 수 없으면 청구인능력자체가 없는 것이므로 자기관련성이 없다고 하는 것은
모순이다), ⑰ 국가정책 주민투표에서의 비거주(관할구역 주민등록되어 있지 않은) 사람
(2006헌마99), ⑱ 공무원 개개인이 수범자라는 이유로 한 공무원단체 청구의 자기관
련성 부정 – ⓐ 공무원 복무규정에 대한 공무원노동조합총연맹의 청구(2009헌마705.
복무규정의 수범자는 공무원 개인이고 총연맹이 아니라는 이유로 자기관련성을 부정), ⓑ 선관위
공무원에 대한 일정 정치단체 가입금지 규정에 대한 전공노 선관위본부의 청구

(2010헌마97), ⑲ 2차시험과목 공고에 대한 1차시험 불합격자의 자기관련성 부정 (2018헌마1208등), ⑳ 외래진료환자의 입원수가에 대한 헌법소원(2016헌마431), ㉑ 카지노업 비허가 폐광지역 주민이 제기한 법령소원(2000헌마703), ㉒ 조약에 대한 법령소원(2000헌마462, SOFA 협정 제3조 1항, 제4조, 제22조가 환경권, 재판청구권을 침해한다고 하여 제기된 헌법소원, 침해가능성 없다고 하면서 자기관련성 부정).

2. 직접성

(1) 개념과 개념의 핵심지표

[개념] 직접성이란 헌법소원을 제기하게 한 기본권의 침해는 그 침해를 야기한 공권력행사 그 자체로 인해 바로 청구인에게 발생되는 침해이어야 할 것을 요구함을 의미한다. 문제되는 공권력작용으로 바로 기본권침해가 발생하지 않고 그 공권력작용을 집행하는 행위가 있어야(매개되어야)만 기본권의 침해가 청구인에게 발생할 수 있다면 그 공권력작용으로 인한 기본권침해의 직접성이 없다고 본다.

[직접성요건의 근거, 요구의 합헌성 인정] 헌재는 헌재법 제68조 1항 본문 중 "기본권을 침해받은" 부분이 직접성요건을 의미한다고 본다. 그리고 직접성요건이 다른 권리구제수단에 의해서는 구제되지 않는 기본권 보장을 위한 특별하고도 보충적인 수단이라는 헌법소원의 본질로부터 비롯된 것이라는 점, 예외가 넓게 인정되는 점에서 헌법소원심판청구를 지나치게 제한하지 않아 재판을 받을 권리의 본질적인 부분을 침해하지 않는 합헌이라고 본다(2004헌마671).

[핵심지표] 따라서 직접성 개념의 핵심지표는 침해의 과정, 경로의 직접성에 있다.

[다른 청구요건과의 구별] 헌재는 직접성요건과 다른 청구요건인 기본권침해가능성, 자기관련성의 요건들과 혼동을 보여주기도 한다(예컨대 97헌마404, 2002헌마20 등). 직접성요건과 다른 청구요건들이 위 핵심지표에 따르면 정확히 구별된다. ⅰ) 기본권침해가능성과의 구별: 기본권의 존재라는 기본권침해가능성과 구별되어야 한다. 반사적 이익이라면 침해경로가 관건인 직접성이 없는 것이 아니라 기본권침해가능성이 없는 것이다(이를 제대로 파악한 결정례들: 99헌마163, 99헌마660, 2006헌마582 등). ⅱ) 자기관련성과의 구별 – 침해경로의 직접성을 핵심지표로 하는 직접성과 자기귀속성을 핵심지표로 하는 자기관련성과 구별된다.

(2) 법령소원에서의 직접성 요건

1) 중요성　　　　　법령소원에서 직접성이 특히 중요한 요건이 된다. 왜냐하면 법령은 원칙적으로 추상적이므로 집행작용이 있어야 그 효과가 발생하고 집행작용 없이 법령 자체로 기본권침해의 효과가 발생하지 않아 직접성 요건을 갖추지 못하여 법령소원이 부적법하게 될 것인데, 반면에 법령 그 자체로 바로 직접 기본권침해의 효과가 나타나는 경우에는 직접성을 갖춘 법령소원이 될 것이기 때문이다. 더구나 현재 법령소원이 헌법소원 전체에서 차지하는 비중이 많고 빈번히 이루어지고 있어서 더욱 중요하다.

2) 법령소원심판에서의 직접성요건의 의미　　　　　ⅰ) 별도의 집행행위의 매개가 필요 없을 것 — 법령소원의 경우에도 직접성이란 별도의 집행행위 매개가 필요없을 것을 의미한다(이러한 취지의 판례는 많다. 예컨대, 2007헌마1189등, 2014헌마1119, 2015헌마98, 2014헌마45, 2014헌마45, 2015헌마654, 2014헌마368, 2017헌마1299, 2018헌마18 등). ⅱ) 집행행위 매개가 없어도 기본권침해가 인정되는 예 — 대표적인 예를 인용한다. ① 수용자 외부서신 비봉함의 위헌결정(2009헌마333. [판시] 수용자는 교도소장 등의 다른 집행행위가 없더라도 서신을 봉함하지 않은 상태로 제출할 의무를 부과받게 되므로 이 사건 시행령조항은 수용자의 기본권을 직접적으로 제한한다), ② 지방의회 청원시 의원소개 요건 요구의 지방자치법 조항(97헌마54), ③ 금치처분 중 집필 전면금지(2003헌마289), ④ 지방자치단체 장의 계속 재임을 3기로 제한한 지방자치법 제87조 1항(2005헌마403), ⑤ 기간제근로자 사용제한(2년초과금지)(2010헌마219등).

3) 법령소원에서의 직접성의 '판단기준'　　　　　ⅰ) 집행행위 없이도 자유의 제한, 의무의 부과, 법적 지위의 박탈의 효과 발생 — 어떠한 경우에 기본권이 법령으로 인해 직접 침해가 있다고 볼 수 있을 것인가? 즉 법령에 의한 기본권침해의 직접성의 기준이 무엇인가가 문제될 것이다. 헌재는 "여기서 말하는 기본권침해의 직접성이란 법령 그 자체에 의하여 자유의 제한, 의무의 부과, 법적 지위의 박탈이 발생하는 경우를" 말한다고 한다. 이러한 판례법리는 현재 확고하고 법령소원에서 빈번히 적용되고 있다. 세 사유 모두 불이익한 경우라고 파악해두면 이해에 도움이 될 것이다.

ii) 이러한 법리가 나타난 몇 가지 대표적 판례들 – 직접성 인정례

집행행위 없이 자유제한, 의무부과, 법적 지위 박탈과 같은 효과가 법령 자체에서 바로 나온다고 보아 직접성이 인정된 예들로 아래 결정례들이 전형적인 것이라 살펴본다.

① 금치처분 중 접견·서신수발·운동 금지 – 행형법상 징벌의 일종인 금치처분을 받은 자에 대하여 접견, 서신수발, 운동을 금지한 구 행형법시행령 제145조 2항 중 해당규정들에 대해 청구된 헌법소원심판이었다.

  📖 **판례** **헌재 2004.12.16. 2002헌마478**

[판시] (1) 기본권침해의 직접성 – 행형법시행령 제145조 2항 본문은 "금치의 처분을 받은 자는 징벌실에 수용하고 그 기간 중 접견, 서신수발…운동…을 금지한다."고 규정하면서, 단서에서 "…소장이 교화 또는 처우상 특히 필요하다고 인정하는 때에는 접견·서신수발 또는 도서열람을 허가할 수 있다."고 규정하고 있는바, 이를 법령 자체에서 청구인의 <u>자유를 제한</u>하거나 <u>권리를 박탈</u>하는 것으로 볼 수 있는지 살펴본다. (2) 금치 기간 중 운동을 금지한다고 규정하면서 아무런 예외규정을 두지 않음에 따라 별도의 집행행위 없이 곧바로 운동이 금지되는 효과가 나타난다. 그러므로 금치 기간 중 수형자의 운동이 금지되는 것은 <u>법령 자체에서 청구인의 자유를 제한하는</u> 것으로부터 나오는 사실상의 효과로 보아야 하고, 따라서 운동에 관한 행형법시행령 제145조 2항은 기본권침해의 직접성이 인정된다. * 본안판단결과 위 청구 중 운동 금지 부분조항이 수형자의 인간의 존엄과 가치, 신체의 자유 등을 침해하여 위헌으로 결정되었다.

② 태아의 성별 고지 금지 규정

  📖 **판례** **헌재 2008.7.31. 2004헌마1010등**

[심판대상규정] 의료법 제20조(태아 성 감별 행위 등 금지) ② 의료인은 태아나 임부를 진찰하거나 검사하면서 알게 된 태아의 성(性)을 임부, 임부의 가족, 그 밖의 다른 사람이 알게 하여서는 아니 된다. [판시] 법령에 의한 기본권침해의 직접성이란 집행행위에 의하지 아니하고 법령 그 자체에 의하여 <u>자유의 제한, 의무의 부과, 권리 또는 법적 지위의 박탈</u>이 생긴 경우를 뜻하므로 구체적 집행행위를 통하여 비로소 당해 법령에 의한 기본권침해의 법률효과가 발생하는 경우에는 직접성의 요건이 결여된다. 그런데 이 사건 규정은 성별고지금지 의무의 주체를 의료인으로 정하고 있으므로 태아의 부모는 이 사건 규정에 의해 직접적으로 기본권 제한을 당하지 않는다고 볼 여지가 있다. 그러나 이러한 의료인에 대한 태아의 성별 고지 금지로 인하여 출산 전에 태아의 성별을 알 수 없게 되는 것은 임부와 그 가족들이다. 따라서 이 사건 규정은 출산 전에 임부나 그 가족이 태아의 성별을 알 수 있는 길을 직접적으로 제한하고 있다고 할 것이다. * 본안판단결과 헌법불합치결정이 내려졌다.

③ 범죄목적, 교사 또는 방조 내용의 불법정보 – '그 밖에 범죄를 목적으로 하거나 교사 또는 방조하는 내용의 정보'의 유통을 금지하는 구 '정보통신망 이용 촉진 및 정보보호 등에 관한 법률' 제44조의7 제1항 제9호

📖 **판례 헌재 2012.2.23. 2008헌마500**

[판시] 이 사건 정보통신망법조항을 포함하고 있는 정보통신망법 제44조의7 제1항은 불법정보의 내용을 확정하고, 그에 해당하는 정보의 유통금지<u>의무</u>를 부과하고 있는바, 청구인들은 어떠한 집행행위에 의하지 않더라도 위 조항 자체에 의하여 직접 그러한 불법정보의 유통금지의무를 부담하게 된다고 할 것이므로, 위 조항은 기본권 침해의 직접성을 갖추고 있다. * 이 사건은 이른바 중요일간지 광고게재 중단 압력 사건이었는데 위 정보통신망법조항에 대해 명확성원칙, 과잉금지원칙 등을 지켰다고 보아 합헌성을 인정하여 기각결정을 하였다.

④ 공무원 복무규정의 직접성 인정 – 의무의 부과

📖 **판례 헌재 2012.5.31. 2009헌마705등**

[판시] 기본권침해의 직접성이란 집행행위에 의하지 아니하고, 법률 그 자체에 의하여 자유의 제한, 의무의 부과, 권리 또는 법적 지위의 박탈이 생기는 것을 뜻한다. 살피건대, 청구인 공무원노동조합총연맹을 제외한 나머지 청구인들은 현재 '국가공무원 복무규정' 및 '지방공무원 복무규정'의 적용을 받는 공무원들로서 별도의 구체적인 집행행위의 매개 없이 이 사건 규정들을 따라야 할 의무가 있고, 그것을 위반하는 경우 징계처분 등을 받게 되므로(국가공무원법 제78조 1항, 지방공무원법 제69조 1항 참조) 이 사건 규정들로 인한 기본권침해의 직접성은 인정된다 할 것이다.

⑤ 항소이유서 항소법원 제출 기한준수 의무 – 소송기록접수통지를 받은 후 20일 내에 항소이유서를 제출하도록 규정한 형사소송법 제361조의3 제1항 전문이 재판을 받을 권리 등을 침해하였다는 주장으로 청구된 사건이다.

📖 **판례 헌재 2016.9.29. 2015헌마165**

[판시] 법률 또는 법률조항 자체가 헌법소원의 대상이 될 수 있으려면 그 법률 또는 법률조항에 의하여 구체적인 집행행위를 기다리지 아니하고 직접, 현재 자기의 기본권을 침해받아야 한다. 여기서 말하는 기본권 침해의 직접성이란 집행행위에 의하지 아니하고 법률 그 자체에 의하여 자유의 제한, 의무의 부과, 권리 또는 법적 지위의 박탈이 생긴 경우를 뜻한다. 의무조항은 항소인에게 20일이라는 한정된 기간 내에 항소이유서를 제출하도록 강제하고 있어 법률 그 자체에 의하여 행위의무를 부과하고 있다. 그리고 항소인이 그 의무를 이행하지 않은 경우 직권조사사유가 있거나 항소장에 항소이유의 기재가 있는 예외를 제외하고는 항소법원은 결정으로 항소를 기각하여야 한다. 즉 항고기각결정을 받지 않기 위해서 항소인은 의무적으로 항소이유서를 제출하여야 하므로 국민은 별도의 집행행위를 기다릴 필요 없이 법률의 시행 자체로 행위의무를 직접 부담하게 된다. 따라서 의무조항에 관한 기본권 침해의 직접성은 인정된다. * 그러나 이 사안에서 권리보호이익이 소멸되었고 심판이익이 없어 결국 각하결정이 내려졌다.

4) 자유의 제한, 의무의 부과, 법적 지위 박탈 효과가 없는 경우　　다음과
같은 중요한 사유들이 있어서 정리를 요한다.

⑺ '정의규정' 내지 '선언규정'의 직접성 부인　　 ⅰ) 판례법리: '정의규
정'(定義規定) 내지 '선언규정'(宣言規定)에 의해서는 '자유의 제한, 의무의 부과, 법적
지위의 박탈'의 효과가 생길 수 없다고 한다(96헌바77). ⅱ) 결정례: ① 통신비밀보
호법의 통신사실 확인자료를 정의한 규정에 대한 직접성 부정(2012헌마191등), ②
"실업" 및 "실업의 인정"의 정의규정인 구 고용보험법 제2조 3호, 제3호의2(2007헌
마716), ③ 제주4·3사건의 '희생자'에 대한 정의 규정(2009헌마146), ④ 친일반민족행
위(조선총독부 중추원 부의장·고문 또는 참의로 활동한 행위) 규정(2009헌마631), ⑤ "의문사"
와 "민주화운동"의 정의 조항(2002헌마563) ⅲ) * 유의: 정의(선언)규정에 대한 본안
판단이 이루어진 예 – 본안판단사안의 핵심내용을 이루거나(범죄구성요건행위와 같은
경우) 사안해결에 관련되는(즉 사안 논점에 연관되어 있는) 경우라고 보이는 예: 2005헌
마1167('성매매알선등행위' 정의조항), 2005헌마715(헌재 위헌결정으로 인한 구제대상에 대한 정
의규정), 99헌마494('재외동포', '외국국적동포'의 정의), 96헌마109(자동차등록업무 관련 '자동
차매매업' 정의조항).

⑻ 새로운 내용이나 법률보충적 내용을 담고 있지 않은 시행령규정의 경우 직접
성 부정　　그 예로 청원경찰에 대해 보수 등에서 공무원으로 보지 않는 시
행령조항이 차별조항이라는 주장의 헌법소원사건에서 헌재는 청원경찰법(법률)에
이미 공무원이 아니라는 신분이 확정적으로 정하여져 있는 것이고 시행령이 신분
을 변경하거나 법률을 보충하는 내용을 담고 있지 않아 법적 지위에 영향을 미치
지 않아서 직접성을 결여한 것이라고 본 예가 있다(97헌마368).

⑼ 사전절차조항　　 재개발사업시행인가를 받기 위한 사전절차 조항으로
서 그 자체로 자유제한, 의무부과 등 효과가 없어 직접성 결여한 것이라는 결정(98
헌마139)이 있다.

⑽ 그 외　　 ① 농지개량사업 경지정리사업으로 인한 감보에 대한 손실
보상 부재의 위헌성 주장의 헌법소원에서 심판대상은 그 자체로 자유제한, 의무
부과 등 효과가 없고 농지개량사업 집행절차를 규정한 것이어서 직접성이 결여된
것이라고 본 결정(91헌마192), ② 가출소되는 피보호감호자에 대한 전자장치부착 조

항 – 전자장치 부착결정이라는 집행행위가 필요하여 직접성 결여된 것이라고 본 결정(2015헌마98) 등. * 그 외 바로 자유의 제한, 의무의 부과, 법적 지위 박탈이라는 효과가 나오지 않고 집행행위가 요구된다고 보아 직접성이 부정된 예들: 2015헌마701, 2014헌마45, 2012헌마523, 2011헌마131, 2005헌마165 등.

  ㈑ 소추요건 규정   공정거래위원회의 전속고발권 규정(구 '독점규제 및 공정거래에 관한 법률' 제71조, 현행 제129조) – 이 규정은 공정거래법위반이라는 범죄행위에 대하여는 공정거래법의 집행기관인 공정거래위원회의 고발이 있어야 공소를 제기할 수 있다는 규정, 즉 공정거래법위반죄의 소추요건을 규정하고 있는 것에 불과하므로 그 규정 자체만으로는 자유의 제한, 의무의 부과, 권리 또는 법적 지위의 박탈 등 기본권 침해와 관련한 어떠한 내용도 이를 포함하고 있다고 볼 수 없어 직접성이 결여된 것이라고 보았다(94헌마191)

  ㈒ 그 외 자유의 제한, 의무의 부과, 법적 지위의 박탈을 가져오지 아니한 법령이라는 이유로 각하된 예들   96헌마151, 98헌마372, 2000헌마79등, 2000헌마325, 2001헌바65등, 2015헌마1000 등.

(3) 법령소원에서 직접성결여의 빈번한 경우로서 '집행행위매개가 필요한 경우'

  법령소원에서 직접성이 부인된 바 있는 사례들은 위에서도 상당히 인용한 바 있다. 그 외에 다음과 같은 결정례군 내지 결정례들을 볼 수 있었다.

  1) **재판규범**(법원재판에서 해석·적용 법규범)   ⅰ) 법리: 법원의 재판에 적용되는 법규범은 그 재판을 통해 법적 효과가 나타나므로 기본권 침해의 직접성이 없다고 한다. ⅱ) 결정례: ① 언론중재법 제30조는 언론의 고의 또는 과실로 인한 인격권침해에 대한 손해배상청구에 관한 규정으로서 전형적인 재판규범에 해당한다고 보고 법원재판이라는 집행행위를 거쳐 기본권에 영향을 미치므로 직접성이 부정된다고 보았고(2005헌마165등), ② 재판장의 소장 인지보정명령과 비보정시 각하하도록 한 민사소송법 규정(96헌마41), ③ 부정수표단속법의 부정수표발행인의 형사책임 조항(96헌마148) 등도 재판규범으로 직접성이 없다고 본 예이다.

  2) **처분이 필요한 경우**   대표적인 집행작용이 처분이다. 처분이 있어야 기본권침해가 오므로 법조항 자체가 기본권 침해의 직접성이 없다고 한 다음의 예

들이 있었다. ⅰ) 과세부과처분(96헌마134, 2018헌마336, 96헌마166), 신고납부방식도 직접성 부정(2000헌마80), 부가가치세도 직접성 부인(2007헌마1423). * 유의: 직접성 인정되는 경우 - 자동적 세액확정 경우의 직접성 인정(98헌마55), 원천징수행위 내지 세금수납행위의 경우(98헌마55, 원천징수행위는 집행행위라 볼 수 없는 행위이고 설령 집행행위라고 보더라도 쟁송의 대상이 될 수 있는 부과처분에 해당하지 않아 행정소송을 제기할 수 없어 권리구제기대가능성이 없어서 그 법령규정은 기본권침해의 직접성이 인정된다고 본다), ⅱ) 면허정지조항(2012헌마660) 등. ⅲ) 계획, 예정 등 - 학교 배정계획만으로 직접성 없고(2005헌마98, 배정처분 있어야 침해 발생), 시험의 선발예정인원 결정, 합격자 결정방식 등만으로 직접성 없다고(99헌마693, 합격자결정이 있어야 침해 발생) 본다. ⅳ) 건강보험 관련 - ① 의료보험료액의 산정기준(방법) 규정에 대한 법령소원의 경우 직접성 부인(96헌마134), ② 국민건강보험급여 중지 조항에 대한 직접성 부정(2000헌마668). * 유의: 직접성 인정되는 경우 - 의무규정인 경우 직접성 인정(건강보험가입의무규정, 보험료납부의무(2000헌마801), 재정통합규정(99헌마289). ⅴ) 가석방규정의 직접성 결여(93헌마12) 등. ⅵ) 아래 사안들에서도 처분적 성격의 집행작용이 필요한 경우가 있을 수 있다.

3) 고시   그린벨트(개발제한구역) 근거조항(89헌마46, 개발제한구역의 지정·고시라는 별도의 구체적인 집행행위에 의하여 비로소 재산권침해여부의 문제가 발생), 자연공원 용도지구결정에 관한 규정(89헌마151, 용도지구의 결정고시라는 별도의 구체적인 집행행위에 의하여 비로소 기본권침해여부의 문제가 발생).

4) 검찰사무, 보안처분 등   ① 검찰보존사무규칙(법무부령)과 대검찰청의 업무처리지침의 기본권침해 직접성 부인(97헌마101), ② 보안처분규정에 대한 법령소원의 직접성 결여(89헌마105등).

5) 법원 판결(또는 검사의 청구에 의한 법원의 판결)**이 필요한 경우**   ⅰ) 성폭력범죄자 신상정보 공개·고지명령 조항(2014헌마54, 2010헌마493등, 공개명령 및 고지명령을 선고하는 경우에 비로소 기본권 침해가 발생), ⅱ) 채무자에 대한 면책허가결정 조항 - 법원의 면책허가결정이 필요(2012헌마569). ⅲ) * 유의: 예외 - 별도의 구제절차가 없는 경우 - 공판정에서의 속기·녹취의 허가 규정 - 직접성 인정(91헌마114).

6) 그 외   ⅰ) 법외노조통보조항(2013헌마671등, 법외노조통보 조항은 시정요구

및 법외노조통보라는 별도의 집행행위를 예정하고 있음), ⅱ) 국공립대 도서관 이용규정(2014
헌마977, 승인거부로 침해가 있게 됨) 등.

(4) 법령소원 직접성 결여로 빈번히 판시되는 중요 사유

* 이를 별도로 보는 이유는 그동안 직접성 결여의 중요사유로서 빈번히 판시되어 유
  의를 요하는 사유들이기 때문이다.

1) 법령 집행행위가 재량행위인 경우 – 직접성 부인 * 공법 복합형

(가) 부인의 논거   집행행위를 재량행위로 법령이 규정한 경우에는 기본
권침해를 가져오는 그 집행행위가 행해질지 여부는 그 행정청의 재량에 맡겨져 있
으므로 그 법령조항에서 확정적인 집행행위가 바로 나오는 것이 아니고 집행기관
의 의사에 따른 집행행위, 즉 재량권의 행사에 의하여 비로소 이루어지고 현실화
되므로 그 법령조항이 직접성을 가질 수 없다고 본다.

(나) '재량성' 여부 판단기준   규정의 문언이 '할 수 있다'라는 경우가 일
단은 재량을 준다고 할 것이다. 그러나 반드시 문언으로만 판단할 것은 아니고 내
용상 실질적으로 어떤 특정 행위를 할 수밖에 없는 경우에는 기속적이라고 할 것
이다. 헌재도 그런 입장인데 그러나 "규정 문언이 ' … 수 있다'라고 하더라도 당
해 행위가 속하는 행정분야의 주된 목적과 특성, 당해 행위 자체의 개별적 성질과
유형 등을 모두 고려하여 판단하여 행정청에 재량의 여지가 없다고 한다면 이는
기속행위"라고 한다. 사안은 "금고 이상의 형을 선고받고 그 집행이 종료되거나
그 집행을 받지 아니하기로 확정된 후 5년을 경과하지 아니한 자는 변호사가 될
수 없다"라고 규정한 변호사법 제5조 1호에 대한 헌법소원심판 사건이다. 헌재는
위와 같은 결격사유가 있는 경우 동법 제7조가 등록을 "거부할 수 있다"라고 규정
하고 있으나 위와 같은 법리를 설시한 뒤 기속적인 것이라고 판시하여 직접성을
인정하였다(2005헌마997).

'재량성' 여부 판단기준 – 문언으로만 판단할 것은 아님 ─────────

▶ "규정 문언이 ' … 수 있다'라고 하더라도 당해 행위가 속하는 행정분야의 주된 목적과 특성,
  당해 행위 자체의 개별적 성질과 유형 등을 모두 고려하여 판단하여 행정청에 재량의 여지가
  없다고 한다면 이는 기속행위"

(ㄷ) 결정례　　　(ㄱ) 행정청의 재량행위인 집행행위가 필요한 경우 법령의 직접성 부정 - ① 국세청장의 납세병마개 제조자 지정·고시에 관한 시행령조항(97 헌마141, 기본권침해가 국세청장의 재량적인 지정·고시행위에 의해 발생하므로 시행령조항은 직접성 결여), ② 학교급식의 운영방식이 학교장의 직영방식으로 전환되자 학교 위탁급식 업체들이 청구한 학교급식 전문직원을 "둘 수 있다"라고 규정한 학교급식법 조항 (2006헌마1028, 재량성 인정으로 직접성 결여), ③ 학교교과교습학원 및 교습소의 심야교 습을 제한하고 있는 조례의 근거가 되는 '학원의 설립·운영 및 과외교습에 관한 법률'(2014헌마374, 기본권 침해는 조례 또는 교육감의 교습시간 지정행위에 의하여 비로소 발생하 므로 기본권 침해의 직접성 결여), ④ 대규모점포에 대한 영업시간 제한 및 의무휴업일 명령 - 지방자치단체의 장이 대규모점포 등에 대하여 일정한 범위의 영업시간 제 한 및 의무휴업을 명할 수 있도록 규정한 구 유통산업발전법(2012헌마162등, 2013헌마 269등, 지방자치단체의 장이 영업시간 제한 및 의무휴업일 지정에 관한 구체적인 처분으로 기본권침 해가 비로소 발생), ⑤ 도서관이용의 연령에 따른 제한 및 도서관장에 의한 예외적 허 용(2018헌마274, 국립도서관 이용연령을 16세 이상인 자로 하되, 도서관장이 필요하다고 인정하는 자 는 예외로 할 수 있도록 한 '국립도서관…이용규칙 시행세칙' 규정은 도서관장에 예외인정 재량 부여), ⑥ 학교(S의대)폐쇄로 인한 다른 학교(J대) 편입학하는 사람에 대해 정원 제한없이 허가할 수 있도록 한 고등교육법 시행령(2018헌마37등, J대 총장의 재량), ⑦ 방송통신 위원회의 웹하드사업자 기술적 조치에 관한 자료제출 명령권(2015헌마545, 재량인정), ⑧ 방송심의규정의 경미한 위반시 의견제시할 수 있다는 조항(2016헌마46, 재량인정), ⑨ 경찰서장의 이른바 '물포 발포행위'의 근거 지침(2015헌마476, 혼합살수행위의 재량판 단인정), ⑩ 공인중개업자 신고내역 조사, 등록취소 조항(2007헌마988등, 재량인정), ⑪ 개인정보 보호법 정보제공조항(2014헌마368, 2016헌마483, 재량인정), ⑫ 교정시설 수형 자의 텔레비전 시청에 관하여 통합방송, 방송편성시간 조정, 방송프로그램 제한을 규정하는 '형의 집행 및 수용자의 처우에 관한 법률 시행규칙'(법무부령)의 조항들 (2017헌마736, 재량인정) (ㄴ) 재량준칙의 경우 - 이에 관한 결정례로 '교정시설 경비등 급별 수형자의 처우 등에 관한 지침'(2011.1.20. 법무부예규)에 대한 결정을 들 수 있 다. 이 지침은 이 교정시설에 수용 중인 수형자를 경비등급에 따라 합리적이고 효 율적으로 수용관리하기 위한 처우를 함에 있어 교도소장 등의 재량권 행사의 지침 을 규정한 재량준칙이고 따라서 이 지침 제17조(접견), 제18조(전화통화) 등이 직접성 이 없다고 본 것이다(2011헌마331등). (ㄷ) 훈령의 경우(2018헌마262, 사회복무요원에 대한 겸

직허가규정(병무청훈령), 허가재량사항), (ㄹ) 법원의 파산결정의 재량성(2018헌마18), (ㅁ) 조례의 재량사항인 경우 – ① 금연구역지정 문제(2013헌마411등), ② 소규모 건축물 감리비용에 관한 기준(2016헌마516) 등.

㈑ 행위내용이 확정적이나 그 행위 여부가 재량적인 경우(결정재량의 경우) * 행정법에서 재량행위 종류와 연관되어 공법 복합형   재량에는 어떤 행위를 택하여야 할 것인가 하는 데 대한 재량(선택재량)뿐 아니라 정해진 어떤 행위가 있을 때 그 행위를 할 것인지 하는 결정 여부에 대한 재량도 있다(결정재량). 후자의 경우에도 재량행위로서 이를 정한 법규범은 헌법소원 직접성이 부정될 것이다. 이런 문제가 지방자치단체의 장이 대형마트 및 준대규모점포에 대하여 일정한 범위의 영업시간 제한 및 의무휴업을 명할 수 있도록 규정한 유통산업발전법(2013.1.23. 개정된 것, 이하 '유통법'이라 한다) 제12조의2 제1항, 제2항, 제3항에 대한 헌법소원심판에서 나타났다. 의무휴업일지정을 하려면 매월 이틀을 해야 한다는 그 내용은 기속적인데(*아래 심판대상 제3항의 "하여야 한다" 부분 참조) 의무휴업지정을 할 것인지 여부에 재량이 있으므로(* 결정재량을 의미. 아래 심판대상 제1항 참조) 결국 재량성이 인정되어 직접성이 부정된다는 것이다[헌재 2013.12.26. 2013헌마269등 [심판대상] 유통산업발전법 (2013.1.23. 개정된 것) 제12조의2(대규모점포 등에 대한 영업시간의 제한 등) ① 특별자치시장·시장·군수·구청장은 … 의무휴업일을 지정하여 의무휴업을 명할 수 있다. … ③ 특별자치시장·시장·군수·구청장은 제1항 제2호에 따라 매월 이틀을 의무휴업일로 지정하여야 한다. … [판시] 의무휴업일 지정일수(이틀)에 대하여는 지방자치단체의 장의 재량이 인정되지 않는다고 하더라도 의무휴업일을 지정할 것인지 여부에 대하여 지방자치단체의 장의 재량이 인정되기 때문에, 유통법 제12조의2 제3항이 매월 이틀의 의무휴업일을 정할 것을 규정하고 있다고 하더라도 지방자치단체의 장이 의무휴업일을 지정하는 집행행위를 하기 전에는 청구인들의 법적 지위나 권리·의무는 어떠한 영향도 받지 않는다. 그러므로 위 조항은 집행행위 이전에 법률에 의하여 직접 자유의 제한이나 의무의 부과가 있는 경우라고 볼 수 없으므로 기본권 침해의 직접성이 인정된다고 할 수 없다. 따라서 이 사건 법률조항에 대한 심판청구는 부적법하다].

2) 위임하는 법률(법령)규정 – 구체화 위한 하위규범시행 예정 경우의 법률규정 직접성 – 원칙적 부인과 그 예외 * 빈도 높은 사유이므로 각별히 주목

㈎ 원칙 – 부정   ⅰ) 헌재는 법률규정이 그 규정의 구체화를 위하여 하

위규범의 시행을 예정하고 있는 경우 당해 법률 자체는 기본권 침해의 직접성이 인정되지 아니하는 것이 원칙이라고 한다. 법률규정이 구체적 사항을 대통령령(시행령), 총리령, 부령(시행규칙) 등 행정입법에 위임하는 경우에는 그 위임을 받아 구체적 사항을 정하는 행정입법에 대해서는 직접성을 인정하나 위임하는 법률규정 자체에 직접성을 인정하지 않는다. 대통령령이 총리령, 부령 등에 위임(재위임)하는 경우에도 마찬가지 법리가 적용된다(2010헌마7등). ⅱ) 위임하는 법규정의 직접성 부정 결정례 – 이에 관한 결정례들은 많다. 몇 가지 예로 보자. ① 인터넷선거보도심의위원회에 대해 인터넷 선거보도의 공정을 보장하기 위하여 필요한 사항을 정하여 공표하도록 위임한 공직선거법 제8조의5 제6항(2016헌마90, 이처럼 이 법률조항에 대한 청구는 직접성 결여로 각하되었으나 이 위임으로 제정된 위 위원회의 훈령의 '인터넷언론사에 대하여 선거일 전 90일부터 선거일까지 후보자 명의의 칼럼이나 저술을 게재하는 보도를 제한하는' 조항 등에 대해서는 과잉금지원칙에 반하여 청구인의 표현의 자유를 침해한다고 보아 위헌결정이 있었다), ② '국민기초생활 보장법'(2014.12.30. 개정된 것) 제6조의3 제3항 중 '실제소득의 산정을 위한 구체적인 범위·기준 등은 대통령령으로 정한다' 부분(2017헌마1299), ③ 등기신청서를 제출할 수 있는 법무법인의 사무원 수 제한을 위임한 부동산등기법 제24조 1항 1호 단서(2013헌마93), ④ 시험(주택관리사보 자격시험) 응시자격, 시험과목 등을 위임하는 구 주택법 조항(2012헌마928), ⑤ '4·16세월호참사 피해구제 및 지원 등을 위한 특별법' 제15조 2항(배상금 등의 지급 절차 등에 필요한 사항을 위임. 2015헌마654), ⑥ 보수 등 위임 – 사회복무요원에 보수 및 직무수행에 필요한 여비 등을 지급하도록 하면서 그 기준 등을 위임한 병역법 조항(2018헌마920), ⑦ 의료수가기준 등에 관한 위임을 하는 의료급여법 조항(2016헌마431), ⑧ 노래연습장의 풍속영업 포함에 관하여 위임하는 '풍속영업의 규제에 관한 법률' 조항(94헌마213), ⑨ 수형자분류처우에 관한 위임을 규정한 구 행형법 조항(2001헌마111),

* 구체화를 하위규범시행에 맡기고 있다는 이유로 법령규정의 직접성을 부정한 그 외 예들: 94헌마213, 2000헌마66, 2001헌마93등, 2005헌마165등, 2007헌마1105, 2010헌마443등, 2011헌마241, 2011헌마475, 2007헌마1189, 2014헌마374, 2013헌마450, 2014헌마700, 2016헌마448, 2017헌마438, 2015헌마1060, 2015헌마853, 2016헌마930, 2017헌마736 등.

ⅲ) 위임받는 대통령령 등의 직접성 인정 – 위와 같이 위임하는 법률규정이 직접성이 없는 것이고 법률의 위임을 받아 구체화한 대통령령(시행령), 총리령, 부

령(시행규칙), 법령보충규칙, 조례 등의 규정은 직접성이 인정된다.

　(나) 위임하는 법률규정에 대한 직접성의 예외적 인정 – 판례 인정 예외사유

　(a) 수권 법률조항과 시행령조항이 서로 불가분의 관계

　ⅰ) 의미: 위임하는 법률조항과 수임 시행령조항 모두가 직접성을 인정받는다는 의미이다.

　ⅱ) 불가분 기준: 헌재판례 – 헌재의 불가분 기준에 관한 법리는 아래와 같다.

> **[불가분인 경우의 예외인정 기준]**
> ▶ 수권 법률조항과 시행령조항이 서로 불가분의 관계를 이루면서 전체적으로 <u>하나의 규율 내용을 형성</u>하고 있고, 수권 조항과 시행령조항을 <u>서로 분리하여서는 규율 내용의 전체를 파악하기 어려운 경우</u>에는 수권 조항과 시행령조항 모두에 대해 불가분의 일체로서 기본권 침해의 직접성을 인정

　ⅲ) 결정례: ① 모의총포 소지 금지(헌재 2009.9.24. 2007헌마949. [판시] 이 사건 시행령조항'은 모의총포의 구체적 범위에 관한 기준을 정할 뿐, 소지를 금하는 의무 부과 등 기본권 제한에 관한 사항을 규정하고 있지는 않다. 따라서 모의총포 소지에 관련한 기본권제한은 이 사건 법률조항과 이 사건 시행령조항이 함께 적용될 때 비로소 구체화될 수 있으므로, 이 사건 법률조항과 이 사건 시행령조항은 서로 불가분의 관계를 이루면서 전체적으로 하나의 규율 내용을 형성하고 있고 서로 분리하여서는 규율 내용의 전체를 파악하기 어려운 경우에 해당한다 할 것이다. 그렇다면, 이 사건 법률조항은 이 사건 시행령조항과 불가분의 일체로서 기본권침해의 직접성을 갖추었다), ② 불온통신(99헌마480. [판시] 전기통신사업법 제53조 1항, 2항, 같은 법 시행령 제16조에 관하여 위 조항들은 서로 불가분의 관계를 가지면서 전체적으로 이른바 불온통신의 내용을 확정하고 이를 금지하는 규정으로서, 위 조항들은 기본권침해의 직접성의 요건을 갖춘 것으로 보아야 한다), ③ 군 복무기간을 공무원 재직기간으로 산입 – 공무원연금법, 공무원연금법 시행령 불가분성인정, 모두에 대해 직접성 인정(2010헌마328), ④ 방송광고 판매대행 – 법률과 시행령조항 모두에 대해 헌법불합치결정을 한 사안(2006헌마352), ⑤ 불가분적으로 결합하여 집행행위 이전에 이미 국민의 권리관계를 직접 확정적으로 정하고 있는 경우 – 그런 예로 방송광고 사전심의제 결정(2005헌마506).

　(b) 법률 자체에 기본권제한을 가져오는 의무가 이미 규정되어 있는 경우 – 헌재는 의무는 이미 법률규정 자체가 정하고 그 실현방법을 위임하는 이런 경우에

위임관계라 하더라도 법률규정에 대해서 직접성이 인정된다고 본다(2001헌마894. *
이는 자유제한, 의무부과, 법적 지위 박탈이라는 헌재가 확립한 법령소원 직접성 인정기준법리에 따르
면 당연한 것이라고도 하겠다. 법률 자체에서 의무가 직접 나오는 경우이기 때문이다).

(c) 법률조항에 의하여 시원적으로 발생하는 문제의 판단 필요성이 있는 경우 －
헌재는 법률조항이 하위규정에 그 규정의 구체화를 위임하고 있더라도 헌법위반의
문제가 그 법률조항에 의해 시원적(始原的)으로 발생하여 위임받는 시행령에 영향을
미치는 경우 그 법률조항에 대해서도 직접성을 인정한다(2011헌마827, 사안은 고교평준
화정책 시행 지역에 자신이 거주하는 지역이 포함된 것이 초·중등교육법조항이 시행령에 위임한 때문
이고 그 위임이 교육제도 법정주의(의회유보원칙), 포괄위임금지원칙의 위반이라는 주장으로 청구된
것인데 헌재는 이러한 위반 여부 문제가 위 모법률규정에 의해 시원적으로 발생한다고 보아 위 법률조
항에 대해서도 심사한 것이다. * 교육제도 법정주의, 의회유보원칙, 포괄위임금지원칙 등에 대해서는
정재황, 헌법학, 1376, 623, 614면 참조).

3) 행위금지의무 규정과 제재(과태료·허가취소·영업정지, 형벌) 규정

(가) 문제의 소재　　　행위금지를 정한 조항과 그것을 위반하면 제재를 가
하는 조항이 있을 때 그 위반으로 제재인 과태료부과, 면허취소, 영업정지 등, 그
리고 형벌 등을 받게 되면 그 제재조치를 상대로 행정소송, 형사소송을 제기하고
그 소송에서 그 행위금지조항, 제재조항에 대해 위헌법률심판제청신청을 하고 법
원이 제청을 하면 위헌심판('헌가')을 받으면 된다(법원이 제청하지 않으면 위헌소원('헌바')
으로). 그런데 이러한 '헌가', '헌바'가 아닌 본래의미의 헌법소원('헌마')으로 위헌
여부를 판단받으려는 경우에는 그렇지 못한 가운데 또 '헌마'사건은 직접성요건을
요하므로 이 문제가 불거져 나온다.

행위금지의무 규정과 제재 규정의 구분 예시 ─────────────

▸ 행위금지의무(구성요건)규정 － "A행위를 하여서는 아니된다."
▸ 제재규정: A행위를 한 경우 …년 이하의 징역 또는 …만원 이하의 벌금에 처한다. 이러한 형사
　적 제재(행정상 형사적 제재는 행정형벌이라고 불린다) 외에 행정벌(과태료)부과의 제재, 그와 행
　정상 제재(허가취소, 영업정지, 과징금부과 등)도 있음. * 행정상 제재에 관한 문제는 공법 복합
　형 문제이다.

(나) 개요　　　　헌재 판례의 기본 입장은 행위금지조항은 직접성이 인정되고
제재규정 자체만으로는 직접성이 없다고 보는 것이다. 양자가 혼합될 경우에는 행

위금지의무가 있는 경우이므로 직접성을 인정한다.

㈐ 행위금지의무 조항 자체의 직접성 인정　　　ⅰ) 법리와 논거 – 행위금지의무(구성요건) 조항은 그것을 위배하여 제재를 받은 바 없더라도 그 자체의 직접성을 인정하는 것이 우리 헌재판례이다. 그 논거는 ① 행위금지의무이고 헌재는 이를 위반할 경우 "제재수단으로서 형벌이나 행정벌 등을 부과할 것을 정한 경우에, 그 형벌이나 행정벌의 부과를 위 직접성에서 말하는 집행행위라고는 할 수 없다. 국민은 별도의 집행행위를 기다릴 필요 없이 제재의 근거가 되는 법률의 시행 자체로 행위금지의무를 직접 부담하는 것이기 때문"이라고 한다(97헌마194). 생각건대 이 논거는 법령소원의 직접성 인정기준으로 확립된 판례법리인 자유제한, 의무부과, 법적 지위박탈에서 말하는 의무(금지의무)의 부과라고 볼 수 있다. ② 행위금지규정이 집행행위를 기다려야 한다면 그 집행행위는 제재, 처벌의 부과인데 헌재는 "설령 형벌의 부과를 구체적인 집행행위라고 보더라도, 이러한 법규범을 다투기 위하여 국민이 이 법규범을 실제로 위반하여 재판을 통한 형벌이나 벌금부과를 받게 되는 위험을 감수할 것을 국민에게 요구할 수 없기 때문"이라고 한다(97헌마194). ⅱ) 결정례 – 이에 관한 결정례가 많은데 위 논거가 설시된 판례로서 몇 가지를 인용하면, ① 보석판매·감정업의 "밀수품" 감정행위 금지(97헌마194), ② 도굴 등이 된 문화재의 보유·보관 금지(2003헌마377), ③ 그 외 2001헌마605, 97헌마345, 99헌바92 등이 있다.

㈑ 제재(과태료·허가취소·영업정지, 형벌) 부과 규정　　　ⅰ) 원칙 –「제재 자체 ≠ 집행행위」– 행위금지의무규정과 별도로 규정되어 있는 "형벌이나 행정벌의 부과"만을 정하는 법조항은 직접성에서 말하는 집행행위를 규정한 것이라고는 할 수 없다고 헌재는 본다(94헌마213). 또 면허취소 또는 사업정지를 부과할 수 있도록 하는 제재조항(금지조항과 별도 조항)도 그러한 취소·정지 등의 제재처분이라는 집행행위가 있어야 한다고 보아 그 제재조항만으로 직접성을 가지지 않는다고 본다(2016헌마1153).

ⅱ) 예외 – 헌재는 제재조항에 대하여는 청구인이 그 법정형이 체계정당성에 어긋난다거나 과다하다는 등 그 자체가 위헌임을 주장하고 있지 않는 한 직접성을 인정할 수 없다고 한다. 이는 제재조항에 대해 이와 같은 한정된 경우는 직접성을 예외적으로 인정한다는 취지이다.

▶ 처벌조항의 법정형이 체계정당성에 어긋난다거나 과다하다는 등 그 자체의 고유한 위헌성을 다투는 경우 직접성 인정

iii) 예외 부정하는 결정례들 – 예외를 부정하는 결정례들이 많다. (ㄱ) 행정상 제재(취소, 업무정지, 과태료(행정벌) 부과 등 형벌 아닌 제재) 조항의 경우 – ① 공인중개사 법상의 취소, 자격정지, 업무정지 등(2015헌마248), ② 중개업자 부동산 거래내역 신 고의무, 신고내역 조사 자료제출 등 의무 위반시 과태료 부과(2007헌마988등), ③ 웹 하드사업자에 대한 과태료 부과 제재(2015헌마545), ④ 영화상영관 입장권 부과금 비납부자에 대한 과태료 부과 제재(2007헌마860), (ㄴ) 형사처벌제재 조항의 경우 – ① 특수경비원 쟁의행위 형사처벌(2007헌마1359), ② 인터넷 '강제적 셧다운제' 위반 처벌조항(2011헌마659등), ③ 탐정 금지 위반에 대한 처벌조항(2016헌마473, 2004헌마431 등, 2011헌마315등). (ㄷ) 행정제재, 형사처벌제재 혼재 – ① '신문법'의 제재조항들 (2005헌마165등), ② 어린이집 CCTV설치의무 위반 과태료 부과 제재, 녹음기능사용 금지 위반 형사처벌제재(2015헌마994), ③ 부동산중개업 법정수수료한도 규정 위반 에 대한 행정제재, 형사처벌규정(2000헌마642등).

(5) 법령소원에서 '집행행위 있는 경우에도 직접성 인정되는' 예외의 경우

* 역시 법령소원에서의 법리이고 중요한 판례이론이다.

1) 법령이 '일의적이고 명백한 것'이어서 재량여지 없이 일정한 집행행위를 하 여야 하는 경우　　　 i) 법리와 의미: 법령이 일의적이고 명백한 것이어서 집 행기관이 심사와 재량의 여지없이 그 법령에 따라 일정한 집행행위를 하여야 하는 경우 집행행위가 있더라도 예외적으로 직접성이 인정된다고 본다. 일의적이고 명 백하다는 것은 집행행위가 재량여지 없이 일정한 행위로서 행해져야 한다는 것을 의미하고 이는 앞서 집행행위가 재량적 성격의 것일 때 직접성이 없다고 하였는바 따라서 재량의 여지가 없는 경우에도 해당된다. ii) 긍정례: 아래에 몇 가지 전형 적 긍정 결정례를 본다. ① 단란주점 건축금지가 시행령 자체에서 정해진 경우 – 일반주거지역, 준주거지역, 준공업지역 안에서 단란주점을 건축할 수 없도록 규정 하고 있는 구 도시계획법시행령 조항(2000헌마556. [판시] 기록에 의하면, 현재 청구인들이 임차한 건물들이 있는 곳은 각 준주거지역, 일반주거지역으로 지정되어 있음을 인정할 수 있다. 그렇

다면, 청구인들이 단란주점 건축허가를 신청하였다고 하더라도 관할행정청은 위 시행령 조항에 따라 재량의 여지 없이 당연히 그 건축허가를 불허하게 될 것이고, 위 영 조항을 직접 헌법소원심판의 대상으로 삼을 수 있다), ② 공탁금 이율이 낮다고 청구된 사건 – '공탁금의 이자에 관한 규칙'(1991.2.13. 대법원규칙 제1155호로 삭제되기 전의 것)에 대한 헌법소원(90헌마214), ③ 재량여지 없는 일률적 계구사용(2004헌마49), ④ 「'일의적이고 명백한' 경우 = '집행행위 이전 권리관계 확정된 상태」 – 후술하겠지만 법규정으로 이미 집행행위가 변경할 수 없는 권리의무 상태가 확정된 경우 집행행위와 무관하게 직접성이 인정된다('집행행위 이전에 법규범에 의한 권리관계의 확정상태가 있는 경우'에 대해서는 후술). 사실 이러한 법규범에 의한 권리관계 확정은 일의적이고 명백하다는 것을 의미한다. 그 점을 보여주는데 사안은 사법시험 제2차 시험에서 해당 문제번호의 답안지에 답안을 작성하지 아니한 자에 대하여 그 과목을 영점처리하도록 규정하고 있는 구 '사법시험법 시행규칙'(구 법무부령) 조항에 대한 직접성을 인정한 결정이었다(2007헌마1281 [판시] 사법시험 제2차 시험에 있어서 해당 문제번호의 답안지에 답안을 작성하지 아니한 자는 이 사건 규칙에 따라 영점처리를 받을 수밖에 없고, 이는 집행행위자에게 재량의 여지가 없는 기속적 규정이다. 한편 어느 과목이든 4할 이상을 득점하지 못하면 사법시험에 합격될 수 없으므로(같은 법 시행령 제5조 2항), 이 사건 규칙에 따라 영점처리된 청구인은 사후 집행행위의 유무나 내용에 상관없이 불합격처분을 면할 수 없다. 결국 청구인의 권리관계는 합격결정이라는 구체적 집행행위 이전에 이미 이 사건 규칙에 의하여 일의적이고 명백하게 확정된 상태가 되었으므로, 이 사건 규칙으로 인한 권리침해의 직접성이 인정된다). ⑤ 「'일의적이고 명백한' 경우 = 기계적 내지 단순한 사실적 집행행위」 – 역시 후술하겠지만 집행행위가 있더라도 그 집행행위가 법규정의 기계적 내지 단순한 사실적 집행행위에 불과한 경우 청구인의 권리관계는 그 집행행위 이전에 법규정에 의해 이미 일의적이고 명백하게 확정되어 있음을 의미한다. 이런 예로 최저생계비 고시에서의 생계급여 지급행위는 고시에 따른 기계적 내지 사실적 집행에 불과하여 직접성은 고시에 있다고 본 결정이 있다(2002헌마328, 이 결정에 대해서는 뒤의 집행행위가 사실적 집행행위에 불과한 경우 부분 참조). iii) * 유의 – 특정 집행행위의 필요적(일의적) 요구라고 하더라도 직접성을 부정한 예가 있음에 유의해야 한다: ① 의사면허의 필요적 취소(2012헌마934 [판시] 특정한 집행행위를 필요적으로 하도록 일의적으로 요구하고 있더라도 기본권 침해는 심판대상조항에 의해서가 아니라 심판대상조항에 따른 면허취소처분 또는 면허재교부거부처분에 따라 비로소 발생한다고 보아야 한다. 직접성 부정), ② 전자충격기 소지허가 필요적 취소(2012헌마904 [판시] 법령의 내용이 일의적이라는 사정만으로 그 법령 자체가 당연히 헌법소원심판의 대상이 된다고 볼 수도 없고 기본권 침해는 심판대상조항에 의해서가 아니라 심판대상조항에 따른 소지허가취소처분에 따라 비로소 발생한다고 보아야 한다. 직접성 부정).

2) 구제기대가능성 부재

⑺ 법리 – 일의성·명백성 더불어 구제기대가능성 부재 사유　　　헌재가 그 예외로 인정하는 빈번하고 주되는 경우들로는 바로 위에서 언급한, 법령의 일의성, 명백성으로 집행기관이 심사와 재량의 여지없이 그 법령에 따라 일정한 집행행위를 하여야 하는 경우와 다른 하나는 당해 집행행위를 대상으로 하는 구제절차가 없거나, 구제절차가 있다고 하더라도 권리구제의 기대가능성이 없는 경우라고 하여 아래와 같이 예외적 직접성 인정의 요건을 설정하고 있고 적지 않은 결정들에서 이를 적용해 오고 있다.

[직접성의 예외적 인정 사유]

▶ 첫째, 법령이 일의적이고 명백한 것이어서 집행기관이 심사와 재량의 여지없이 그 법령에 따라 일정한 집행행위를 하여야 하는 경우와 둘째, 당해 집행행위를 대상으로 하는 구제절차가 없거나, 구제절차가 있다고 하더라도 권리구제의 기대가능성이 없고 다만 기본권침해를 당한 청구인에게 불필요한 우회절차를 강요하는 것밖에 되지 않는 경우

⑻ 위 법리가 나타난 대표적 결정례 – 법원의 파산결정　　　위 법리를 그대로 적용하여 판단한 모델적인 결정례로 이를 들 수 있다. 법원이 파산결정에 재량성을 가져 일단 직접성이 없다고 보았고 이어 예외인정 사유에 해당되는지를 살펴보았는데 ① 법원은 '채무자 회생 및 파산에 관한 법률' 제309조 1항의 각 호의 어느 하나에 해당하는 때 등에는 파산신청을 기각할 수 있어서 일의적인 집행행위로서 파산결정을 하여야 하는 것이 아니고 ② 즉시항고와 같은 구제절차가 있어서 권리구제의 기대가능성이 없는 경우도 아니어서 직접성의 예외를 부정한 결정이다 (헌재 2019.7.25. 2018헌마18. [사안] 파산선고결정을 받은 학교법인이 "법인에 대하여는 그 부채의 총액이 자산의 총액을 초과하는 때에도 파산선고를 할 수 있다"라고 규정한 '채무자 회생 및 파산에 관한 법률'(2005.3.31. 제정된 것) 제306조(법인의 파산원인) 1항에 대해 법원이 채무초과상태에 있는 학교법인에 대하여도 파산결정을 할 수 있도록 한 이 조항은 헌법적으로 보장되고 있는 사학을 경제 논리로 해산시키는 법률효과를 가져오는 것으로서 사학의 자유 등을 침해하여 헌법에 위반된다는 주장

으로 청구한 헌법소원심판).

(다) 결정례　　　　ⅰ) 예외성 긍정례: 집행행위를 대상으로 한 구제절차·기대가능성 부재의 경우 – ① 국가보안법 위반피의자에 대한 구속기간 연장규정(90헌마82), ② 공판정에서의 속기·녹취의 허가 규정(91헌마114), ③ 특별검사 수사대상, 임명, 직무범위·권한, 벌칙 등의 규정(2007헌마1468), ④ 그 외(88헌마1, 89헌마220, 89헌마178 등). ⅱ) 예외성 부정례:「'일의적이고 명백함'의 부정(집행행위 요구) + 구제기대가능성 존재」– ① 전자장치부착규정(2016헌마964, 2010헌마365), ② 뇌물죄 적용대상 공무원 의제(2013헌마403), ③ 항소이유서 기간 내 비제출시 항소기각결정(2015헌마165), ④ 법원의 파산결정의 재량성, 구제절차 가능성 인정(2018헌마18. * 이 결정은 앞서 살펴보았다), ⑤ 검사 징계위원회의 위원 구성 조항 사건(헌재 2021.6.24. 2020헌마1614. 법무부장관이 검사 징계위원회의 위원 중 검사 2명과, 변호사, 법학교수 및 학식과 경험이 풍부한 사람 각 1명을 각각 지명 및 위촉하도록 규정한, 구 검사징계법 제5조 2항 2호, 3호 중 각 징계혐의자가 검찰총장인 경우에 관한 부분에 대한 심판청구가 직접성을 결여하였다고 본다. 징계처분이 항고소송의 대상이 되며, 청구인은 이를 제기하여 계속 중이고 따라서 집행행위에 대한 구제절차가 없거나 그 구제절차에서는 권리구제의 기대가능성이 없는 경우가 아니기 때문이라고 함).

(라) 이 예외사유에 대한 검토 및 사견 – 보충성원칙의 예외 사유와의 구분 문제 ⅰ) 사실 여기서의 "구제절차가 있다고 하더라도 권리구제의 기대가능성이 없고 다만 기본권침해를 당한 청구인에게 불필요한 우회절차를 강요하는 것밖에 되지 않는 경우"라는 예외적 직접성 인정사유는 뒤에서 살펴볼 보충성원칙의 예외 사유 중의 하나와 같다. ⅱ) 구분 – 같긴 하나 그 예외사유가 향해진 방향이 다르다. 법령소원에서 직접성인정의 예외 요건인 구제기대가능성 부재라는 것은 집행행위에 대한 것으로 집행행위가 있더라도 이에 대한 다툼을 통한 권리구제는 의미가 없어 집행행위와 법령규정 중 집행행위 부분은 접어 두고 법령 규정 자체를 판단하라는 것이다. 보충성원칙의 예외는 심판대상 자체에 대한 다른 권리구제수단이 있더라도 그것을 거치지 않아도 되는 것인데 여기서 논해지고 있는 법령소원에서는 법원의 소송으로 법령을 다툴 수 있는 길이 없어 다른 구제수단이 있어도 거치지 않아도 된다는 예외가 아니라 아예 보충성원칙이 적용되지 않는(비적용) 경우(후술 보충성원칙 참조)이다. 즉 법령소원에서 보충성원칙은 그 예외라는 것이 사실상 의미를 가지지 않는다. 이렇게 양자의 의미가 구분된다.

3) 집행행위의 제3자에 의한 헌법소원의 경우   ⅰ) 헌재결정례: 집행행위의 상대방이 아닌 제3자가 기본권침해를 주장하며 헌법소원심판을 청구하면 집행행위와 그 근거규정에 대해 제3자의 입장이 된다. 이 경우에 청구인은 제3자로서 행정소송을 제기할 수 없는 상황이 되기도 한다. 그 점을 두고 헌재가 직접성 예외로서 위 권리구제가능성 법리를 적용한 예를 보여주기도 하였다. 그 예로 헌재는 불온통신 취급의 거부·정지를 하도록 정보통신부장관이 전기통신사업자에 대해 명령할 수 있게 한 구 전기통신사업법 제53조 3항 조항에 대해 이용자는 제3자로서 행정소송을 통한 권리구제를 받지 못할 수 있다는 이유로 예외적 직접성을 인정하였다(헌재 2002.6.27. 99헌마480). ⅱ) 위 결정에 대한 검토: 위 사안에서 판시된 행정소송 제기가능성에 관한 논점 외에, 당시의 심판대상 조항인 전기통신사업법(1991.8.10. 전문개정된 것) 제53조 3항은 "정보통신부장관은 제2항의 규정에 의한 통신에 대하여는 전기통신사업자로 하여금 그 취급을 거부·정지 또는 제한하도록 명할 수 있다"라고 규정한 점에 대해 ① 청구인이 제3자로서 자기관련성을 가지는지 하는 논점과, ② 직접성에 관하여 '명할 수 있다'라고 한 문언이 재량적인 것인지 아니면 일의적이고 명백한 것인지 하는 논점도 있었다.

4) 집행행위가 사실적 집행행위에 불과한 경우   ⅰ) 헌재는 법령을 집행하기 위해 집행행위가 있으나 기계적 내지 단순한 사실적 집행행위일 뿐인 경우에는 사실상 그 법령규정이 직접 기본권에 영향을 미치는 것이므로 이런 상태에서의 법령은 직접성을 가진다고 본다. ⅱ) 결정례: ① 생계보호기준(94헌마33 [판시] 일단 보호대상자로 지정이 되면 그 구분(거택보호대상자, 시설보호대상자 등)에 따른 각 그 보호기준(보건복지부고시)에 따라 일정한 생계보호를 받게 된다는 점에서 공무원의 생계보호급여 지급이라는 집행행위는 위 생계보호기준에 따른 단순한 사실적 집행행위에 불과하므로 위 생계보호기준은 청구인들에 대하여 직접적인 효력을 갖는 규정이다), ② 장애인 추가지출비용 반영없는 최저생계비고시(2002헌마328 [판시] 생계급여 지급의 집행행위는 이 고시(보건복지부고시)에 따라 기계적으로 계산되는 최저생계비에 액수대로 지급하는 기계적 내지 단순한 사실적 집행행위이므로 위 고시가 직접성을 가진다). * 대조 및 유의: 법률이 있고 그것에 위임된 시행령이 있을 때 그 시행령이 그 법률의 기계적 집행일 경우에 그 시행령 조항은 직접성을 가지지 못하고 직접성을 가지는 것은 법률조항이다(2011헌마781. 구금기간 동안 전자장치 부착명령 집행정지를 규정한 법률조항에 정해져 있는 사항의 기계적 집행에 불과한 시행령조항). '법률 → 시행

령 → 고시 → 집행행위' 단계에서 기계적, 단순한 사실적 집행이 아닌 것이어야 직접성을 가짐. * 결국 그리하여 기계적 집행 윗 단계가 직접성 가짐. 예를 들어 집행행위가 기계적 집행인데 고시도 그러하면 시행령이 직접성 가짐. 시행령도 기계적 집행이면 법률조항이 직접성 가짐.

5) 집행행위 이전에 법규범에 의한 권리관계의 확정상태가 있는 경우

ⅰ) 헌재는 "법규범이 집행행위를 예정하고 있더라도 법규범의 내용이 집행행위 이전에 이미 국민의 권리관계를 직접 변동시키거나 국민의 법적 지위를 결정적으로 정하는 것이어서 국민의 권리관계가 집행행위의 유무나 내용에 의하여 좌우될 수 없을 정도로 확정된 상태라면 그 법규범의 권리침해의 직접성이 인정된다"라고 본다. ⅱ) 결정례 — ① 학생부의 입학전형자료 필수 및 상대평가·필수평가를 규정한 종합생활기록부제도개선보완시행지침(97헌마38 [판시] 교육법 제111조의2 및 교육법 시행령 제71조의2에 의하여 대학이 학생선발권을 가지고 있으므로 학생 선발에 있어서 학생부의 반영방법도 대학이 자율적으로 결정하는 것이나, 국·공립대학의 경우 교육법시행령 제71조의3 제1항에 의하여 학생 선발에 있어서 학생부의 기록을 필수입학전형자료로 활용하여야 하므로 이 사건 제도개선 시행지침에 의하여 바로 영향을 받을 수 있어 기본권침해의 직접성이 인정된다), ② 학력인정학교 형태의 평생교육시설의 설치자에게 교사 및 교지를 소유할 의무를 부과하는 평생교육법 등의 규정(2003헌마337 [판시] 이 사건 반려처분이라는 구체적인 집행행위가 매개되어 있다고 하더라도, 이 집행행위를 거치지 않고서도 평생교육법 제20조 2항 및 3항, 시행령 제10조 1항, 학교설립규정 제7조 및 부칙 제3조 1항의 내용이 이미 청구인과 같은 학력인정시설의 설치자 명의변경을 하려는 자에게 법적인 의무를 부과하고 있으므로 위 법률조항들이 청구인의 기본권을 직접 침해하는 효과를 발생시킨다), ③ 방송광고 사전심의제(2005헌마506 [판시] 구 방송법 제32조 2항은 '대통령령이 정하는 방송광고에 대하여는 방송되기 전에 그 내용을 심의하여 방송 여부를 심의·의결할 수 있다'고 규정하고 있어 마치 이 사건 규정들에 의한 기본권 침해는 방송위원회의 심의·의결이라는 집행행위를 매개로 하여서만 발생하는 것처럼 보이나, 제3항은, '방송사업자는 제2항의 규정에 의한 방송광고에 대해서 위원회의 심의·의결의 내용과 다르게 방송하거나 심의·의결을 받지 않은 방송광고를 방송하여서는 아니 된다'고 규정함으로써 방송광고를 하고자 하는 자는 누구든지 사전에 심의를 거치도록 의무화하고 있다. 그렇다면 이 사건 규정들은 집행행위 이전에 이미 국민의 권리관계를 직접 확정적으로 정하고 있다고 할 것이고, 따라서 이 사건 규정들의 권리침해의 직접성은 인정된다), ④ 구 '여객자동차 운수사업법 시행규칙' 제17조 9항에서 원용하고 있는 같은 조 1항

1호 가목 소정의 개인택시운송사업면허의 양도·양수인가 요건인 5년 이상의 무사고 운전경력 부분과 같은 조 1항 단서 소정의 당해 경력기간의 관할관청별 완화적용 부분(2006헌마688 [판시] 무사고 운전경력 요건을 갖추지 못한 경우에는 관할관청은 재량의 여지 없이 인가신청을 불허할 수밖에 없으므로, 이 사건 심판대상규정의 내용은 관할관청의 집행행위 이전에 이미 국민의 법적 지위를 결정적으로 정하는 것), ⑤ 국가유공자로 인정받기 위한 상이등급 기준 중 청력 6분법 판정 규정(구 '국가유공자 등 예우 및 지원에 관한 법률' 시행규칙(총리령, 2012.6.29. 개정된 것) 제8조의3 [별표 4])(2013헌마128 [판시] 국가보훈처장으로서는 청구인에 대한 신체검사 결과가 난청의 정도를 측정하는 방법을 규정하고 있는 이 사건 별표 중 6분법 부분이 정한 기준에 미달한 때에는 곧바로 상이등급 미달 판정을 할 수밖에 없다. 따라서 청구인의 지위는 위 집행행위에 앞서 심판대상조항에 의해 이미 확정되었다고 할 것이다), ⑥ '일의적이고 명백한' 경우 = 집행행위 이전 국민의 권리관계 확정된 상태: 이러한 경우로 사법시험 제2차 시험에서 해당 문제번호의 답안지에 답안을 작성하지 아니한 자에 대하여 그 과목을 영점처리하도록 규정하고 있는 구 '사법시험법 시행규칙'(구 법무부령) 제7조 3항 7호에 대한 헌법소원심판사건에서 직접성을 인정한 결정이 있었다(2007헌마1281. * 이 결정에 대해서는 앞의 '일의적이고 명백한' 경우 부분 참조). ⑦ 집행행위 이전의 법적 지위 결정, 집행행위를 형식적인 것에 그치게 하고 있는 경우(2004헌마1021 [판시] 하나의 의료기관만 개설하도록 제한한 구 의료법 규정이 심판대상. 의료기관 개설에 있어서 집행행위 이전에 미리 의료인의 법적 지위를 결정적으로 정하고 있을 뿐만 아니라, '하나를 초과하는' 의료기관을 개설하고자 할 경우 행정청에게 그 개설신고나 허가신청을 반려하거나 거부하도록 하여 행정청의 집행행위를 형식적인 것에 그치게 하고 있는 것이다. 따라서 이 사건 법률조항에 대하여는 집행행위가 예정되어 있음에도 예외적으로 기본권침해의 직접성을 인정할 수 있다. * 헌법불합치결정).

(6) 연관성으로 인한 예외적 본안판단 인정

헌재는 직접성이 결여된 법규정이더라도 직접성이 인정되는 다른 법규정과 연관되어 있는 다음의 경우 함께 본안판단에 들어가는 것이 타당하다고 본다.

1) 직접성 가지는 규정들과 내적인 연관관계에 있는 경우   ⅰ) 인정 경우 – 헌재는 다음의 경우 인정된다고 본다.

중요사항 ─────────────────────────────────

▸ 직접성요건을 충족시키는 규정들과 직접성요건이 결여된 규정들이 그 내용상 서로 내적인 연

관관계에 있으면서 하나의 통일적인 청구취지를 구성하고 있어서 후자의 규정들의 내용을 고려하지 않고서는 위헌여부를 판단할 수 없는 경우

ⅱ) 결정례: 국민건강보험 재정통합 – 헌재는 집행행위 없이도 기본권침해가 있어 직접성요건을 충족시키는 규정들인 국민건강보험법 제33조 2항(재정통합), 제67조(보험료의 부담)와 직접성요건이 결여된(집행행위인 보험료부과처분에 의하여 비로소 현실적으로 나타나므로 결여) 규정들인 동법 제62조 3항 및 4항, 제63조, 제64조(보험료산정 규정)가 그 내용상 서로 내적인 연관관계에 있으면서 "재정통합은 직장·지역가입자 사이의 보험료부담의 평등원칙에 위반된다"는 하나의 통일적인 청구취지를 구성하고 있다고 보았다. 그리하여 보험료산정규정의 내용을 고려하지 않고서는 재정통합의 위헌여부를 부담평등의 관점에서 판단할 수 없기 때문에, 이러한 경우에 직접성요건의 결여를 이유로 심판대상규정 중 보험료산정규정만을 분리하여 실체적 판단으로부터 배제하는 것은 적절치 않다. 따라서 이 사건의 경우에는 기본권 침해의 직접성요건을 충족시키는가의 여부에 관계없이 보험료산정규정을 함께 본안판단에 포함시킬 필요가 있다고 보았다(99헌마289. 동지: 2009헌마299).

2) 일부 결여가능성 있을지라도 전체적인 판단 필요성 있는 경우　　헌재는 심판대상들 중 일부 직접성이 결여된다고 보더라도 전체적으로 연관되어 있으면 전부를 본안판단대상으로 하는 예를 보여주기도 한다. 사안은 국민건강보험법(2000. 1. 12. 개정된 것) 제5조(적용대상 등), 제62조(보험료), 제63조(표준보수월액 – 보험료산정기준), 제64조(부과표준소득) 등에 대해 과잉금지의 원칙에 위배하여 재산권 등을 침해하며, 직장가입자와 지역가입자 간 차이로 평등원칙에 위배된다는 등의 주장으로 청구된 헌법소원심판에서 이와 같이 판시하며 전체적으로 연관되어 있다고 보아 전부 본안판단대상으로 하였다(2000헌마801).

(7) 법률조항에 의한 시원적 문제 발생

가령 A법률규정이 직접성을 가지는데 직접성이 없는 B법률규정이 사실 A법률규정으로 인한 그 침해에 근원적인 원인이 되고 있는("시원적(始原的)으로 발생"되게 하는) 경우에는 B법률규정에 대해서도 직접성을 인정한다는 것이 헌재의 판례이다. 사안은 시·도의회(광역의회)의원선거에서 인구편차로 평등권 등을 침해하였다고 주장하는 헌법소원심판에서 직접 문제된 것은 공직선거법 「선거구구역표」 부분이었

는데 자치구·시·군의 인구규모를 고려하지 않은 채 인구편차를 가져오는 원인으로 일률적으로 시·도의원 정수를 2인으로 배분하고 있는 동법 제22조 1항이 시원적 발생원인이라고 보아 함께 판단한 것이다(2005헌마985등, 위 선거구역표와 제22조 1항 전부에 대해 헌법불합치결정하였다).

(8) 근거법령의 직접성 부인과 집행행위에 대한 본안판단

ⅰ) 의미 – 헌법소원심판의 대상이 된 구체적인 행위(집행행위)가 근거하는 법령에 대해서는 직접성을 갖추지 못하였다고 하여 그 청구를 각하하면서 그 구체적 행위에 대해서는 본안판단으로 들어가는 경우들이 있었다. ⅱ) 요건 – ① 그 집행행위는 물론 공권력행사성을 가져야 한다. ② 그 구체적 집행행위에 대해서는 법원의 소송이 허용되지 않는 등 보충성원칙이 요구되지 않는 경우여야 한다. ⅲ) 결정례 – 권력적 사실행위들이 대표적인 경우들이었다. ① 교도소장이 청구인을 다른 교도소로 이송함에 있어 4시간 정도에 걸쳐 포승과 수갑 2개를 채운 행위(2011헌마426, 근거법규정들은 직접성결여), ② 수형자 서신검열행위(96헌마398, 근거법규정은 직접성결여), ③ 최루액 혼합살수행위(2015헌마476) 등. ⅳ) 그 집행행위의 위헌성이 근거법령의 위헌성에 기인할 경우 심판되지 않은 데 대한 치유책으로 헌재법 제75조 5항에 따른 부수적 위헌선언이 가능하다(실제례: 91헌마111, 92헌마144. 근거법령이 법률일 경우만 헌재법 제75조 5항이 규정하고 있어 문제이다).

(9) 특수 상황(?) – 사인이 제한자(제한매개자)인 경우

ⅰ) 문제상황과 긍정 – 헌재는 기본권제한에 있어서 공권력행사 자체가 아닌 사인(私人)의 행위가 개재되어 침해효과가 나는 경우에도 직접성을 인정하는 결정을 보여주고 있다. ⅱ) 결정례 – (ㄱ) 사인의 행위가 효과요건이 되는 법규범의 경우 – 헌재는 "법규범이 정하고 있는 법률효과가 구체적으로 발생함에 있어 이 사건에서 법무사의 해고행위와 같이 공권력이 아닌 사인의 행위를 요건으로 하고 있다고 할지라도 법규범의 직접성을 부인할 수 없는 것이다"라고 한다.

사안은 법무사의 사무원의 총수는 합동사무소 구성원인 법무사를 포함하여 5인을 초과할 수 없도록 규정한 구 법무사법시행규칙(대법원규칙) 규정에 대해 이 규정에 의거하여 10명의 사무원들이 있던 사무실에서 해고된 사무원들이 자신들의

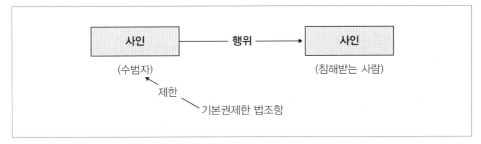

┃ 사인 매개(행위)에 의한 침해 구조도

직업의 자유 등을 침해하는 위헌이라고 하여 청구한 헌법소원사건이었다(95헌마331.
* 비평 — 해고된 사람들이 수범자가 아니므로 제3자의 자기관련성 요건이 먼저 검토되었어야 했다고
본다. 직접성 부분도 사실 사인행위를 운위하기 전에 사무원 5인 초과를 금지하는 자유제한(법령소원의
직접성 인정기준)에 따라 바로 직접성이 인정된다고 논증하는 것이 더 적확하지 않은가 한다). (ㄴ) 사
인 간의 계약관계에 기초한 구체적 사인의 행위에 의한 기본권제한 — 이는 정보통
신망법의 임시조치조항에 대한 헌법소원사건에서 판시된 것이다(2010헌마88 [판시] 정
보통신망법 제44조의2 제2항은 제1항에 의한 권리침해 주장자의 요청이 있는 경우 삭제·임시조치 등
필요한 조치를 하도록 하고 있고, 같은 조 제5항은 필요한 조치의 내용·절차 등을 약관에 구체적으로
밝히도록 하고 있어, 결과적으로 이 사건 법률조항으로 인한 기본권의 제한은 사인 간의 계약관계(약
관)에 기초한 구체적인 사인(여기서는 정보통신서비스 제공자)의 행위에 의하여 이루어지게 된다. 하
지만 제44조의2 제2항에 따르면 그 경우 임시조치 등 필요한 조치를 하도록 의무지우고 있어 이 사건
법률조항은 정보게재자인 청구인의 기본권을 직접 제한하고 있다. * 위 법무사법 규정 헌법소원에 대
비해 보면 이 결정에서는 위 판시에 나와 있지 않으나 자기관련성을 먼저 판단했다).

⑽ 조약에 대한 직접성 인정

[판례] ⅰ) 긍정례: 조약 자체를 대상으로 하는 법령소원에서 직접성이 인정된
예로 한·일어업협정 결정 등을 볼 수 있다(99헌마139등 [판시] 이 사건 협정은 법령을 집행
하는 행위가 존재하지 아니하고 바로 법령으로 말미암아 직접 기본권이 침해되는 예외적인 경우에 해
당한다 할 것이고, 청구는 일응 적법하다). ⅱ) 부정례: 헌재는 미군기지이전에 관한 조약
들에 대한 헌법소원심판의 청구가 이러한 직접성, 현재성을 갖추지 못하였다고 하
여 각하결정을 한 바 있다(2005헌마268 [판시] 이 사건 조약들에 의해서 청구인들의 환경권, 재
판절차진술권, 재산권 등이 바로 침해되는 것이 아니고, 미군부대 이전 후에 청구인들이 권리침해를

받을 우려가 있다 하더라도 이는 장래에 잠재적으로 나타날 수 있는 것이므로 권리침해의 '직접성'이나 '현재성'을 인정할 수 없다).

[자기집행적 조약, 비자기집행적 조약] 이 문제에 대해 앞의 제3장 위헌법률심판에서 다루었지만 조약에 대한 헌법소원에서는 직접성 문제로 다가온다. 심판대상 자체로부터 바로 기본권침해가 와야 한다는 점은 법령인 조약의 경우에도 마찬가지이다.

3. 현재성

(1) 개념

현재성 요건이란 장래에 발생할 기본권침해가 아니라 현재(헌법소원심판청구시)에 기본권침해가 있어야 헌법소원을 청구할 수 있음을 말한다.

(2) 현재성요건의 완화

[완화 필요성] ⅰ) 예방적·실효적 기본권구제, ⅱ) 청구가능성의 확대를 위해 완화할 필요가 있다.

[완화요건] 예측가능성이 요체이다(92헌마68등, 95헌마108, 98헌마214 등).

장래침해에 대한 현재성 인정의 요건
▶ 기본권의 침해가 비록 장래에 발생한다 하더라도 그 침해가 틀림없이 발생할 것으로 현재 확실히 예측되는 경우

[청구기간의 문제 – 없음] 현재성완화라도 도과 문제는 없다(2004헌마219, 2005헌마997). 청구기간은 기본권침해발생시 비로소 따지기 때문이다. 현재성 완화가 인정되지 않으면 본래의 청구기간, 즉 기본권침해를 안 날부터 90일, 있는 날부터 1년을 적용한다(2016헌마641).

[완화사유의 예] ⅰ) 선거법에 관한 헌법소원에서의 완화 – 이 경우가 많았다. (ㄱ) 장래 실시가 확실한 선거 등(91헌마21, 2004헌마219, 98헌마214, 95헌마108, 2001헌마710, 91헌마44, 94헌마97, 2000헌마111, 2004헌마644등, 2008헌마438), ⅱ) 장래 실시가 확실한 대학 입시요강에 의한 기본권침해의 현재성 인정(92헌마68등. 서울대의 '1994학년도 신입생선발입

시안'에 대한 헌법소원심판 결정. 이 결정은 현재성 완화의 효시로 이후 완화의 선례로 많이 인용되고 있다). iii) 결혼식 하객들에 대한 음식물접대의 제한과 예비신랑의 기본권침해의 현재성(98헌마168), iv) 국가공무원 채용시험 준비 중인 청구인들의 기본권침해 현재성 인정(98헌마363, 2000헌마25(가산점제), 2006헌마646(시험과목 면제 조항)), ⅴ) 장래 결격사유 지속의 경우 – 형 집행 이후 장래 일정 기간 결격(2005헌마997), ⅵ) 영업경영예정자의 영업관련 건축제한규정에 대한 청구에서의 현재성 긍정(2000헌마556, 일정 지역 단란주점 건축 불허 법규정에 대해 그 지역에서 앞으로 단란주점 경영을 예정하는 사람의 헌법소원심판 청구), ⅶ) 임기 연임 횟수 제한(2005헌마403, 지방자치단체 장의 계속 재임을 3기로 제한한 지방자치법 규정), ⅷ) 시행 중 의무조항의 위반과 제재사실이 없어도 현재성 인정(2001헌마605), ⅸ) 상속순위조항(민법)에 대한 심판청구에서 피상속자 사망 전 현재성 인정(2007헌마1424).

[기본권제한가능성의 현출] 헌재는 헌법소원심판의 청구시점에서 기본권제한이 현실화된 것이 아니더라도 그 가능성이 현출된 단계라면 신속한 기본권구제를 위해 헌법소원을 할 수 있다고 본다[99헌마150(금융관련법령에 의한 벌금 이상 실형의 집행종료 또는 면제 후 일정 기간 미경과자는 증권회사의 임원이 되지 못한다고 규정한 구 증권거래법 규정에 대해 위 법 위반의 유죄판결 미확정자가 제기한 헌법소원에서 위 법리를 적용하여 현재성 인정), 2008 헌마612등(새마을금고 임원 선출 과정에서 기부행위금지조항을 위반한 행위에 대해 벌금형 이상을 선고시 그 임원직에서 당연퇴임되도록 규정한 새마을금고법 규정에 대해 미확정자가 제기한 헌법소원에서 같은 법리를 적용하여 현재성 인정)].

[공포 후 시행 전인 법률에 대한 헌법소원의 기본권침해 현재성 인정] ⅰ) 의의 – 사전적·예방적 위헌법률심사가 이루어지는 효과를 가져오게 된다.[13] ⅱ) 인정사유 – ㉠ 예측가능성의 존재 – 헌재는 법률의 효력발생 전(시행 전)인 현재 청구시점에서 기본권침해가능성에 대한 충분한 예측가능성이 있을 경우에는 비록 법률이 아직 시행에 들어가지 않은 시점에서 제기된 헌법소원일지라도 현재성을 인정한다(94헌마201, '경기도 남양주시 등 33개 도농복합형태의 시 설치 등에 관한 법률' 규정에 대한 헌법소원), ㉡ 시행 전이라도 공포로 인한 사실상의 위험성이 이미 발생한 경우(99헌마553, 축산업협동조합(이하 '축협'이라고 함)중앙회 등을 해산하여 신설되는 농업협동조합(이하 '농협')중앙회로

---

[13] 이러한 저자의 지적은 졸고, 경기도 남양주시 등 33개 도농복합형태의 시설치 등에 관한 법률 제4조 위헌확인결정에 대한 평석(법률신문 1996.2.12)과 1996년 4월에 출간된 졸저, 제2판 판례헌법, 길안사, 861면에서 이미 한 바 있다.

통합되도록 하는 농업협동조합법에 대한 헌법소원). * 사전심사의 한계: 현재성완화에 의한 사전심사가능성에는 한계가 있다. 이에 대해서는 앞의 위헌법률심판의 '다른 심판에 의한 법률심사 가능성, 사전심사 가능성' 부분에서 기술하였다.

[법령소원에서의 유예기간과 기본권침해 현재성] 법시행일 이후 일정 기간 유예기간을 둔 법령의 경우에도 법시행 이전에 침해의 현재성을 인정할 수 있다는 것이 헌재입장이다. 기본권구제의 실효성을 위한 고려이다. 사안은 국민건강보험 직장·지역가입자 간의 재정통합에 관한 헌법소원심판사건이었다(99헌마289). 이처럼 유예기간이 설정되어 있는 경우 청구기간에 관하여는 그 기산점을 헌재는 이전에 법시행일로 하다가 유예기간 경과시점을 기산점으로 하는 판례변경을 하였다(2020.4.23. 2017헌마479, 어린이통학버스 동승보호자 사건 결정으로 판례변경함. 후술 청구기간 부분 참조). 이러한 판례변경이 있었지만 현재성 요건에 관한 위 법리에 대해서는 영향을 주지 않는다고 볼 것이다.

[예외인정을 부정한 예] ⅰ) 예측 불가의 경우[2007헌마1189등(개방이사 추천위의 추천시한에 대한 관할청 추천 가능성잠복에 따른 현재성 부정), 2016헌마641(선거구획정에 있어서 개정논의 진행 중), 2010헌마7등(세입자에 대한 주거이전비 보상기준을 정한 규정들에 대한 헌법소원에서 아직 조합이 설립되기 전인 추진위원회 단계에서 예견불가)], ⅱ) 장래의 잠재적 권리침해에 대한 우려와 현재성 결여[2018헌마349, 민간임대주택 임대료 법정 증액 비율 초과시 등 조정권고 및 재신고 조항, 시장 등의 조정권고 등을 거쳐야 비로소 현실화되므로 계약자유침해우려는 단순히 장래 잠재적으로 나타날 수 있는 것에 불과하여 기본권 침해의 현재성을 인정할 수 없다), 2008헌마691(퇴직 후 공무원연금법상 장해보상금 지급규정에 대한 재직 중 청구), 2018헌마1058(부진정입법부작위의 경우 – 수용자 영치금의 압류금지 물건 비대상 입법부작위, 압류절차에 나아갈 때에 비로소 현실화됨)]의 경우 예외인정이 부정되었다(* 그 외 위 법리가 판시된 결정례: 2016헌마641, 2015헌마994, 2008헌마491, 2011헌마276 등).

V. 권리보호의 이익, 심판이익

* 왜 심판이익이란 용어를 포함한 제목인지? 헌재는 권리보호이익이 소멸된 경우에도 예외적으로 반복침해가능성, 헌법적 해명필요성이 있을 때 본안판단으로 들어가 심판할 이익이 있다고 본다. 그러므로 심판이익이란 말도 함께 적시한 제목을 설정했다.

1. 개념, 근거(정당성), 적용범위, 존속성요구 등

[개념] 재판절차법에서 일반적으로 "권리보호의 이익이 있다"라고 함은 당해 재판이 현실적·실제적으로 구제의 효과를 가져올 수 있는 상황을 말한다. 기본권의 침해행위가 이미 종료 내지 경과된 경우 등에는 민사상 손해배상청구를 하는 등의 다른 구제방법은 의미가 있겠지만 헌법소원을 통하여 이미 종료 내지 경과된 침해행위에 대한 취소결정을 구하는 것은 헌재가 취소할 대상도 없어져(종료되었으므로 대상이 없어짐) 청구인의 권리구제에 의미가 없다. 따라서 이러한 경우 헌법소원 청구는 권리보호이익이 없다고 본다.

> 유의 변호사시험에서 이 권리보호이익의 요건 구비 여부를 판단해야 할 부분에서 답안지의 많은 답들은 "권리보호이익이란 구제해야 할 기본권이 존재하는지 하는 문제이다. 이하 이에 대해 살펴본다. … "라는 서술을 하고 있다. 그러나 구제해야 할 기본권이 존재하는지 하는 문제는 기본권침해가능성 요건의 문제이다. 기본권구제의 가능성(필요성)이라고 하면 그래도 나은 답이다. 유의할 일이다.

여기서 권리구제의 의미는 문제된 공권력행사·불행사의 침해행위 자체를 없애거나 무력화하는 것을 의미한다는 점에 유의할 일이다. 손해배상을 받는 것 등의 다른 구제방법이 있더라도 이는 공권력행사·불행사 자체를 취소하는 구제절차가 아니라는 의미이다.

[권리보호이익요건의 근거(정당성)] ⅰ) 재판절차의 일반원칙 – 권리보호이익요건은 별도의 명시적 근거가 없더라도 재판절차(소송)법의 일반적인 원칙으로서 요구된다고 보는 것이 일반적이다. ⅱ) 헌재는 권리보호이익요건이 헌재법 제68조 1항의 '기본권의 침해를 받은'이라는 부분에서 직접 도출되는 것이 아니라 헌재법 제40조 1항에 의해 준용되는 민사소송법 내지 행정소송법 규정들의 해석상 인정되는 '일반적인 소송원리'라고 본다(2001헌마152).

주요판례사항

- 권리보호이익 내지 소의 이익은, 국가적·공익적 입장에서는 무익한 소송제도의 이용을 통제하는 원리이고 소송제도에 필연적으로 내재하는 요청임
  - 권리보호이익요건은 헌재법 제40조 1항에 의하여 준용되는 민사소송법 내지 행정소송법 규정들에 대한 해석상 인정되는 일반적인 소송원리이지 헌재법 제68조 1항 소정의 '기본권의 침해를 받은'이라는 부분의 해석에서 직접 도출되는 것은 아님

[적용범위] 헌재는 위헌소원(헌재법 제68조 2항 헌법소원)에서의 권리보호이익(심판청구의 이익)을 요구하고 있다.

중요A 위헌소원에서도 요구됨

[존속성의 요구] 권리보호이익은 헌법소원 제기 당시뿐 아니라 헌재가 결정을 할 시점에서도 존재하여야 한다(92헌마273, 2004헌마1010, 2011헌마351). * 결정 당시에 권리보호이익이 존재하지 않아 각하된 판례들: ① 기존 임대주택을 분양주택으로 전환받은 경우에는 새로이 공급받은 주택에 대한 당첨 또는 공급계약을 취소하도록 한 '주택공급에 관한 규칙' 규정(97헌마389, 심판청구 후 임대주택에 대한 우선분양전환권 포기), ② 청구인 경영의 인터넷피씨방에 대한 규제(시설구비, 등록의무, 업소 전용바닥 최소면적 준수 등)를 정한 '음반·비디오물 및 게임물에 관한 법률' 및 동법시행령 규정들(99헌마630등, 심판청구 후 법개정으로 심판대상조항으로 인한 기본권침해를 받을 여지가 없게 되었으므로, 심판이익 없음), ③ 건설산업기본법 시행규칙의 정부입찰공사의 사전심사에 있어 환산재해율 반영에 따른 감점 불이익 규정(2003헌마579, 심판청구 이후 대상이 되는 법령 개정되어 폐지, 불이익을 받을 가능성은 없어짐), ④ 그 외 예(92헌마169, 재판의 지연 위헌확인; 93헌마251, 주세법 제5조 3항; 92헌마47, 서훈심사기준 불공개; 98헌마265, 재판취소 등).

2. 권리보호이익 소멸(부정)의 사유와 그 결정례

(1) 소멸(부정)의 사유 - 헌재판례

헌재는 아래 2가지 사유라고 한다. i) 침해행위의 종료, 취소 등으로 인한 침해 배제(침해행위가 종료하였거나 "기본권침해의 원인이 된 공권력의 행사를 취소하거나 새로운 공권력의 행사 등 사정변경으로 말미암아 기본권 침해행위가 이미 배제되어 청구인이 더 이상 기본권을 침해받고 있지 아니하게 된 때". 92헌마169). ii) 목적달성 – 헌재는 또한 헌법소원을 통하여 달성하고자 하는 주관적 목적이 이미 달성된 경우에도 더 이상 심판대상행위의 위헌여부를 가릴 실익이 없어졌기에 권리보호이익이 없다고 본다(92헌마273).

i) 침해행위의 종료, 취소, 새로운 공권력행사 등으로 인한 침해 배제 ii) 목적달성

(2) 구체적 소멸원인(사유)과 그 결정례

소멸사유들을 구체적으로 나누어 결정례들과 더불어 살펴본다.

1) 공권력행사 취소, 새로운 공권력행사 등으로 기본권침해행위가 배제되어 목적달성된 경우　　① 해외출국금지조치의 해제(89헌마269), ② 변호인접견불허처분 이후의 접견허용(89헌마181), ③ 형사사건의 기록의 열람·복사신청에 대한 거부 이후 허용(92헌마98), ④ 변호인접견실 칸막이설치에 대한 헌법소원 제기 후 철거(92헌마273), ⑤ 서훈심사기준(92헌마47, 개요적 기준임에도 모두 알려주어 알권리 침해종료).

2) 침해행위의 종료, 실효, 침해대상의 소멸, 시간의 경과 등　　ⅰ) 재판이 확정된, 재심불가의 경우(89헌마132, 재판종료), ⅱ) 공권력행사 자체의 효력 상실 - 과태료재판 제기에 따라 효력을 상실한 과태료부과처분에 대한 헌법소원의 권리보호이익 결여(98헌마18, 과태료부과처분은 이에 대해 법원재판을 제기하면 효력이 상실됨. * 공법 복합문제), ⅲ) 대상과 시간의 경과 - 총액임금제에 대한 헌법소원과 임금교섭의 종료(92헌마108), ⅳ) 헌법소원청구 후 금지(제한)대상연령 넘어선 경우 - 청소년에 대한 주류판매금지(99헌마555. 금지연령 도달→술을 살 수 없는 금지에서 벗어나 권리보호이익 없어짐) * 비교해 볼 결정례: (ㄱ) 예외적 심판이익 인정 - 선거연령 하한 도달로 소멸, 그러나 반복침해가능성과 헌법해명필요성이 있어 예외적 심판이익(예외적 심판이익에 대해서는 후술 참조)이 있다고 인정(2000헌마111). (ㄴ) 부정 - 선거연령 하한의 인하 - 같은 선거연령 문제인데 헌법소원심판 청구 후 선거연령 하한이 18세로 인하되어 권리보호이익이 소멸하였고 예외적 심판이익도 없다고(반복침해성, 헌법해명성 없음) 하여 각하한 결정이 있었다(2017헌마187등). * 대조: 위 주류 결정은 금지에 대한 것인데 비해 일정연령부터 허용이 위헌이라는 주장의 경우 - 연령도달로 인해 자기관련성 있게 되는데 허용되고 있어 침해 존재 → 따라서 권리보호이익도 인정, 청구가 적법함(2012헌마38. 담배구입가능한 성년에 도달. 담배사업법이 담배 제조 및 판매를 허용하여 보건권, 생명권 등을 침해한다는 주장의 헌법소원사건이었음).

3) 헌재의 위헌(헌법불합치)결정이 있었던 법규정에 대한 청구의 경우
ⅰ) 소멸되는 이유 - 위헌성이 인정된 법규정은 효력을 잃게 되기(헌재법 제75조 6항, 제47조 2항) 때문임은 물론이다. ⅱ) 결정례 - ① 가산점제조항 위헌결정(2005헌마44,

2005헌마11), ② 변호사 접견제한행위 근거조항 위헌결정(2011헌마398), ③ 형벌조항인 경우의 예(2010헌마16). ⅲ) * 검토 – 이 경우는 권리보호이익보다 심판대상이 없어진 것(위헌결정으로 효력상실되므로)이라고 보는 것이 더 정확할 것이다.

4) 법제의 변경으로 인한 권리보호이익 소멸 및 심판이익 부정　　　ⅰ) 새법 제정, 법개정으로 침해주장대상의 법조항 적용가능성이 소멸된 경우[91헌마137(당원 단합대회에 대한 규제에 관한 헌법소원 후 당원 단합대회 자체를 금지하는 새 선거법 제정), 91헌마57(무소속 후보에 대한 불리한 지방의회의원선거법 규정, 이 법이 폐지되고 새 선거법 제정 * 검토 – 무소속후보에 불리한 규정이 새 법에도 있어 헌법해명필요성이 없다는 판시에 의문이 제기됨), 2008헌마302(예비후보자 명함 교부 주체 변화) 등], ⅱ) 법제변경에 의한 금지해제로 인한 권리보호이익 상실[95헌마154(노동조합 정치활동금지에서 선거운동 허용으로 변경), 2003헌마289(교도소 조사수용된 수형자에 대한 조사기간 중 집필을 금지할 수 있도록 한 규칙(법무부령)조항의 폐지) 등], ⅲ) 문면 변경없으나 내용적 변경인 경우 – 예컨대 A조항의 구성요건을 B조항에 두고 있는 경우 A조항이 그대로 있더라도 B조항이 개정되면 A조항도 실질(내용)적으로 변경되는 결과를 가져온다. 그 경우에는 A조항이 내용적으로 변경된 것이어서 권리보호이익이 없을 수 있다는 것이다. 그러한 예로서 기탁금의 국고귀속조항(A. 당시 구 '공직선거 및 선거부정방지법' 제57조 2항)과 그 요건을 정한 조항(B. 동법 제57조 1항)의 관계에 있어서 헌재가 위 취지의 이유로 권리보호이익 소멸이라 각하한다고 판시한 결정을 볼 수 있다. 그런데 이 결정은 국회의 입법과오가 있었음에도 헌재조차 이를 지적하지 못한 문제점이 있었다(2000헌마377, 이에 대한 자세한 것은 헌법재판론, 1125–1127면 참조). ⅳ) 재량조항으로의 변경 – 그 예로 대규모점포에 대한 의무휴업일 지정에 대한 시장의 재량을 인정하는 내용으로 개정되었는데 반복가능성, 헌법해명필요성이 없어 심판이익이 없다고 보았다(2012헌마196, 재량문제와 권리보호이익에 대해서는 앞으로 검토가 필요하다), ⅴ) 진정입법부작위 헌법소원 ① 비정당한 입법지체라 하면서도 이후 입법으로 권리보호이익 소멸되었다고 본 결정례[2015헌마1177등(선거구획정 입법지체사건. *검토–목적달성을 헌재는 내세우나 선거구획정이 지체되는 동안 예비후보자에게 인정되는 합법적 선거운동을 못한 지나버린 시간이 있었으므로 목적달성이란 판시는 타당하지 못하다)], ② 선거구 불확정 – 심판계속 중 확정으로 인한 권리보호이익 소멸(99헌마594), ⅵ) 고시 등의 변경 경우 – (ㄱ) 고시 – ① '의료급여수가의 기준 및 일반기준'(보건복지부고시 2016헌마431, 수가를 낮은 가격으로 유지하게 하여 환자, 의사의

기본권을 침해한다고 하면서 헌법소원심판이 청구된 사건, 이후 위 고시가 개정됨), ② 중학교 역사 및 고등학교 한국사의 국정교과서 고시(교육부고시 2015헌마1060등, 교육의 자주성과 정치적 중립성을 침해하는 국정화고시에 대한 헌법소원심판 청구, 이후 고시의 폐지로 권리보호이익이 없다고 결정. 헌재는 반복위험성, 헌법해명필요성이 없다고 부정하여 심판이익도 부정하였는데 과연 그런지 의문이다), (ㄴ) 행정부의 지침 – 한글전용 초등국정교과서 편찬지시처분에 대한 헌법소원(92헌마26, 지침변경), (ㄷ) 대법원예규(2003헌마95, 호적부 성(姓)의 표기에서 원하는 원음대로가 아니라 대법원예규에 따라 두음법칙을 적용한 음으로 표기한 읍장의 기재에 대한 정정신청을 거부한 데 대한 헌법소원심판을 청구한 사건. 대법원예규가 심판청구 후 합리적 사유가 있는 경우에 두음법칙 적용의 예외를 인정할 수 있게 개정되어 권리보호이익이 없다고 보았다), (ㄹ) 국립중앙도서관 이용규칙 시행세칙(2007헌마178, 도서관의 이용 대상자 18세 이상으로 제한하여 16세 고등학생이 평등권 침해라고 주장하여 청구한 헌법소원심판 청구 이후 16세로 인하), vii) 법의 폐지 – (ㄱ) 헌법소원 청구 당시 폐지된 법령(2002헌마4, 지금은 폐지된 교육위원선거 1인2표제 청구 당시 이미 폐지), (ㄴ) 한시법인 특별법 – 1회적 입법조치로 반복가능성 부정, 사후적 문제제기일 뿐 향후 지침이 될 헌법해명필요성 부재[이렇게 판시한 예로 구 'G20 정상회의 경호안전을 위한 특별법(2010.11.16. 실효된 것)' 제8조(집회 및 시위의 제한)에 대해 집회의 자유의 지나친 제한이라는 주장으로 청구된 헌법소원 사건 결정. 2010헌마660등], viii) 법정화에 의한 침해가능성 배제 – 기본권침해행위가 발생할 수 없도록 관련 사항이나 제도에 관해 법에서 일정하게 정하면 침해가능성이 아예 배제될 수 있을 것이고 그 경우에 심판이익이 없게 된다(92헌마126, 92헌마174. 지방자치단체장 선거일 불공고에 대한 헌법소원 제기 후 선거일 법정화. * 비평 – 오랜 기간 합당한 이유없이 선거를 실시하지 않다가 법개정으로 청구각하를 하는 것은 시간을 끌다가 법개정이 되면 권리보호이익이 없어 각하하는 것으로 헌법재판의 유용성에 대한 회의를 가지게 한다). ix) 심판계속 중 구제법률제정(98헌바46, '임용결격공무원 등에 대한 퇴직보상금지급 등에 관한 특례법'이 제정되어 퇴직보상금을 신청하여 수령할 수 있게 됨) 등.

  5) 재심이 허용되지 않는 경우   ⅰ) 판례법리 – 헌재는 헌재법 제68조 1항 본래 의미 헌법소원의 인용(위헌성 인정)결정이 나더라도 형벌규정에 대한 것이 아닌 한 재심(再審)청구를 할 수 없고(비형벌규정이면서 재심청구대상이 되는 것은 헌재법 제68조 2항의 위헌소원의 경우이다), 따라서 그 경우에 헌법소원의 권리보호이익이 없다고 본다(다만, 반복침해가능성, 헌법해명필요성이라는 예외적 심판이익(후술 참조)에 해당이 되면 심판

이익이 인정될 수는 있다). ⅱ) 결정례 - ① 민사집행절차에서 항고장 제출한 날부터 10일 이내에 항고이유서를 제출하도록 한 민사집행법 제15조 3항에 대한 헌법소원에서 재심불가에 따른 권리보호이익 부인(2006헌마1001, 이 조항이 재판청구권을 침해한다는 주장의 헌법소원, 배당까지 마치고 청구인의 재항고 각하결정 또한 확정되었고 따라서 헌재법 제68조 1항에 의하여 제기한 이 헌법소원이 인용된다고 하더라도 청구인은 더 이상 재심청구를 할 수 없으며, 유사 사례 헌재의 합헌결정이 있어 헌법해명필요성이 없어 심판이익이 없다고 봄), ② 국민참여재판 대상 불포함 범죄의 형사재판 확정, 재심불가로 권리보호이익 부인(2012헌마53, 불포함의 입법부작위가 재판청구권을 침해한다는 주장의 헌법소원, 그 형사소송 재판이 이미 확정되어 헌법소원에서 위헌결정되더라도 재심이 불가하다는 점에서 권리보호이익을 부정하였고, 후에 법개정으로 대상으로 포함이 되었다는 점에서 심판이익도 부정), ③ 공소취소처분에 따른 법원의 공소기각결정의 확정, 재심불가(96헌마219, 공소취소처분 취소를 위한 헌법소원이 인용될 경우에도 형사소송법 제420조 소정의 재심사유에 해당되지 아니하여 재심불가이므로, 결국 권리보호의 이익이 없어 부적법), ④ 심리불속행 상고기각 판결과 판결이유 기재의 생략을 규정한 '상고심절차에 관한 특례법' 규정에 대한 헌법소원(2013헌마574등, 대법원 심리불속행 판결로 확정, 재심불가, 헌재의 이전 수회에 걸친 합헌판시로 헌법해명필요성 없어 심판이익 부정) 등.

6) 불기소처분에 대한 헌법소원에서의 경우   ⅰ) 문제의 의미: 앞서 2008년 재정신청 확대로 불기소처분에 대한 헌법소원심판의 상황이 바뀌었다고 지적하였다. 그러나 피해자이면서도 고소를 하지 않고 다른 사람의 고발로 사건이 불기소처분으로 된 경우 등에는 피해자가 불기소처분을 대상으로 헌법소원심판을 청구할 수 있다고 보았다(전술 헌법소원의 대상, 검사의 결정 부분 참조). 그러한 경우 등 불기소처분에 대한 헌법소원심판이 청구된 때에 그 청구가 권리보호이익이 있는가가 논의된다. 그 논의 이유는 주로 형사처벌 공소시효의 완성은 소추를 할 수 없게 하는데 헌법소원을 청구하더라도 공소시효 정지가 안되면 인용되더라도 공소시효가 이미 완성된 경우 권리보호이익이 없게 될 것이기 때문이라는 데에 있다. ⅱ) 판례(아래 그림 함께 참조) - (ㄱ) 불기소처분 후 헌법소원제기 전 공소시효완성된 경우('B')와 헌법소원제기 후 심판 도중에 공소시효완성된 경우('C' 경우)에도 권리보호이익이 없어 각하하는 것이 우리 헌재의 확립된 판례이다(헌재 2010.5.27. 2010헌마71). (ㄴ) 'C'의 경우는 불기소처분에 대한 헌법소원심판이 청구되었더라도 피의사실

에 대한 공소시효 진행이 정지되는 것은 아니라고 보기 때문에(92헌마284) 시효완성이 되어버리는 것이다. (ㄷ) 유추적용의 부정 - 불기소처분에 대한 헌법소원심판이 청구되면 공소시효의 진행이 정지되게 하는 방도로 재정신청이 있는 경우 공소시효의 진행이 정지되도록 하고 있는 형사소송법 제262조의2(현행 제262조의4)를 유추적용하는 것을 헌재는 법률에 명시되지 않은데 피의자에게 불리하게 유추적용하는 것은 죄형법정주의에 반한다고 하여 받아들이지 않는 입장이다(92헌마284). (ㄹ) * 정리: 'B'의 경우(2007헌마1369, 2007헌마1399, 2007헌마303, 2010헌마71, 2009헌마22 등), 'C'의 경우(2007헌마441, 2008헌마30, 2008헌마33 등), 'B'와 'C' 두 경우가 모두 있었던 결정례(2007헌마263, 2010헌마549).

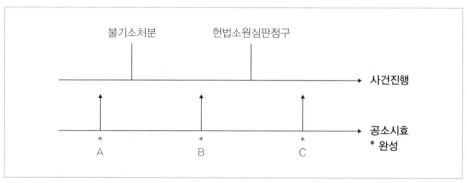

| 공소시효 완성 시점 도해

iii) 검사 불기소처분시 이미 공소시효가 완성된 경우 'A'의 경우의 문제 - 검사가 공소시효의 완성을 이유로 행한 '공소권 없음'의 불기소처분을 한 이 경우 헌법소원심판에 있어서는 검사의 공소시효완성 판단이 옳다고 인정될 경우에 헌재는 어떠한 형식의 결정을 할 것인가 하는 문제가 있다. 이에 대해서는 기각결정설과 각하결정설이 대립되었다. 전설은 검사의 판단에 대한 헌재의 판단이므로 이는 헌재의 본안판단이라고 보아 공소시효완성이 옳으면 기각결정을 하여야 한다는 견해이다. 이에 비해 후설은 헌재는 검사의 판단에 대한 정당성여부의 판단에 앞서 헌법소원의 적법요건의 구비여부를 스스로 먼저 심사한다는 입장에서 공소시효완성사실에 대한 심사를 하고 완성사실이 인정되면 권리보호이익의 결여로 각하결정을 하여야 한다는 견해이다. 헌재는 기각결정을 한 예도(2007헌마375, 2007헌마193등) 있

없고 각하결정을 한 예도(2006헌마1276, 2010헌마244, 2011헌마452) 있었다. ⅳ) 유의 － 기소유예처분의 경우 － 헌재는 기소유예처분의 경우에는 이에 대한 피의자의 헌법소원이 제기된 후에 공소시효완성이 있더라도 권리보호이익이 있다고 보고, 기소유예처분의 대상이 된 피의사실에 대하여 일반사면(一般赦免)이 있은 경우에도 마찬가지로 권리보호이익을 인정한다(후술 참조). ⅴ) 불처벌의 특례조항을 근거로 한 불기소처분의 경우 － 헌재판례는 처벌하지 않도록 하는 법률조항을 위헌으로 결정하더라도 그 조항이 소급하여 효력을 상실하는 것으로 볼 수 없다고 보고(이에 대해서는 앞의 위헌법률심판, 결정의 효력, 소급효, 형벌조항 부분 참조) 따라서 그 불처벌 규정을 근거로 한 불기소처분은 헌법소원에 의해 취소할 수 있는 여지가 없으므로 권리보호이익이 없다고 본다. 사안은 종합보험 가입자에 대한 불기소 특례를 규정한 교통사고처리특례법 제4조 등에 대한 헌법소원 사건이었다(90헌마110등. 이 사안에서 불기소처분 대상 청구에 대해서는 위와 같이 권리보호이익이 결여되어 각하되었으나 불처벌 특례 법률조항 자체에 대해서는 예외적 심판이익의 인정으로 본안판단까지 갔다. 그런데 위 결정에서 위헌의견이 5인 재판관의 다수의견이었으나 6인 정족수규정에 미달하여 결국 기각결정이 되었다. 그러나 후일 위 불기소처분의 권리보호이익결여와 예외적 심판이익은 위 90헌마110등 결정과 마찬가지로 인정하면서 위 특례 법률조항에 대해서는 판례변경을 하여 위헌결정(2005헌마764등)이 있었다). ⅵ) 친고죄의 경우 고소기간("범인을 알게 된 날로부터 6월을 경과하면 고소하지 못한다"라고 형사소송법 제230조 1항이 규정)의 경과로 인한 권리보호이익의 부재(98헌마62), ⅶ) 공정거래위원회 고발 대상 범죄의 공소시효 완성 － (ㄱ) 관련되는 이유 － 고발전속주의 때문이다. '독점규제 및 공정거래에 관한 법률'은 동법을 위반하는 행위들을 범죄로 처벌하는데 그 처벌을 위해서는 공정거래위원회의 고발이 있어야 한다(당시 구 동법 제71조, 현행 제129조 고발전속주의). 이에 따라 검사의 불기소처분에 대한 것처럼 공정거래위원회의 고발에 있어서도 공소시효 문제가 있는 것이다. (ㄴ) 공소시효 완성으로 소멸 － 불기소처분에 대한 것과 마찬가지로 헌재는 부당한 거래거절 등 불공정거래행위에 대한 공정거래위원회 고발 대상인 범죄의 공소시효 완성이 권리보호이익의 소멸을 가져온다고 본다(2003헌마404).

7) 국회 부작위로 인한 공정한 재판을 받을 권리의 침해 문제 － 이후 작위(상당한 지체 이후 이행)로 권리보호이익 결여 － 후임 헌법재판관 선출의 지체(* 참고: 이 결정례를 모델로 하여 제4회 변호사시험에 공정한 재판을 권리에 관해 묻는 사례가 출제된 바 있었다)

국회의 부작위에 관해서는 입법에 관한 지체, 즉 입법부작위에 대해서도 권리보호이익이 없다고 한 결정이 있었다. 이에 대해서는 앞의 법제변경으로 인한 권리보호이익 부분에서 살펴보았다. 여기서는 입법이 아닌 국회의 작용에 관해서 문제된 경우이다. 그런 사안으로 임기만료로 퇴임한 재판관 후임의 선출이 없는 부작위가 문제된 것인데 사안은 후임 헌법재판관 선출이 안되어 합의체 정원 9인 재판관 모두 참여하는 재판이 아닌 재판이어서 공정한 재판이 아니라는 주장이 제기된 헌법소원사건이었다. 헌재는 국회가 공석인 재판관의 후임자를 선출하여야 할 헌법상 작위의무가 존재하고 국회가 후임자를 선출함에 있어 '상당한 기간'을 정당한 사유 없이 경과하여 작위의무의 이행을 지체하였다고 하였으나 피청구인 국회가 이 심판청구 이후 전 재판관 후임자 등 3인의 재판관을 새로이 선출하고, 청구인이 제기한 그 헌법소원심판청구에 대하여 재판관 9인의 의견으로 종국결정이 선고됨으로써 주관적 권리보호이익이 소멸하였다고 본 사례이다[2012헌마2, 이 결정 이후 재판부 공백이 또 논란된 것으로 당시 헌법재판소장의 임기가 만료되어 퇴임하고 후임이 선출되지 않아 8인으로 탄핵심판이 진행되자 피청구인이 '공정한 재판을 받을 권리'를 침해하는 것이라고 주장한 일이 있었다. 헌재는 8인의 재판관으로 재판부가 구성되더라도 탄핵심판을 심리하고 결정하는 데 헌법과 법률상 아무런 문제가 없다고 하여 주장을 배척하였다(헌재 2017.3. 10. 2016헌나1. 이 결정에 대해서는 뒤의 탄핵심판절차, 재판부 부분 참조)].

8) 위헌소원에서의 권리보호(심판청구)이익 부재의 경우 – 이에 관해서는 뒤의 헌재법 제68조 2항의 헌법소원(위헌소원)의 청구요건 부분을 참조.

3. 권리보호이익이 없는 경우에도 심판이익을 인정하는 경우 = 예외적 심판이익의 인정

(1) 의미와 인정근거

ⅰ) 의미 – 권리보호이익이 없거나 없게 되면 청구요건을 갖추지 않은 것이어서 청구가 각하되고 본안판단에 들어가지 않는다. 그러나 우리 헌법재판소는 권리보호이익이 없더라도 침해행위의 반복위험이 있고 헌법적 해명이 필요한 경우에는 예외적으로 심판의 이익을 인정한다.

유의 ☑ '권리보호이익의 예외'란 말은 잘못된 것이다. 권리보호이익이 없거나 소멸되었으면 없거나 사라진 것이다. 없는 것은 없는 것이다. 더 이상 인정되지 않는 것이다. 예외라는 것은 그 소멸, 부재임에도 본안판단에 들어간다는 의미, 즉 '심판이익'의 예외적 인정을 말하는 것이다. 그래서 여기 항목의 제목도 예외적 심판이익의 인정인 것이다. 유의할 일이다.

중요 ⚠ 헌재 결정에서 권리보호이익에 관한 판단은 그것 자체에 대한 판단에 그치는 것이 아니라 나아가 권리보호이익이 부재하거나 소멸된 경우라도 반복가능성, 헌법해명중요성을 따지는, 즉 예외적 심판이익을 살펴 판시하는 예가 빈번하다. 그 점에서 헌재의 권리보호이익 판단에서는 예외적 심판이익 인정 여부가 오히려 중점적이라고 볼 수 있기까지 하다. 따라서 이 부분이 더더욱 중요하다.

ⅱ) 인정근거 – 이 예외인정은 헌법소원의 기능은 개인의 기본권구제만에 있는 것이 아니라 객관적 헌법질서의 유지에도 있다는 데 근거한다. 권리보호이익이 없어서 비록 개인의 기본권구제는 불가하나 객관적인 위헌상태를 확인하여 헌법질서유지기능을 다하도록 할 필요가 있기 때문이다(91헌마111).

(2) 인정기준: 침해반복의 위험성이 있거나 헌법적 해명이 중요한 경우

헌재는 권리보호이익이 없는 경우에도 예외적으로 인정하는 심판이익의 요건(기준)으로 ① 침해행위가 앞으로도 반복될 위험이 있거나 ② 헌법적 해명이 중요한 의미를 지니는 경우 두 가지 사유를 들고 있다.

[권리보호이익이 없으나 예외적으로 심판이익을 인정하는 기준]
1. 침해행위의 반복될 위험성의 존재
2. 헌법적 해명이 중대한 의미를 지니는 경우

이하 두 가지 요건에 대해 각각 살펴본다.

(3) 침해 반복 위험성

1) 침해 반복성의 개념 – 구체적·실제적 위험성　　　　헌재는 침해반복위험성이란 추상적·이론적인 것에 그치는 것이 아니라 구체적이고 실제적인 것이어야

한다고 본다. 이는 헌재 스스로 "헌법재판소의 확립된 판례"라고 한다(92헌마108).

2) **구체적 위험성 인정 사유**   i) 헌재는 구체적 위험성이 있는 경우로 다음과 같은 경우(사유)들을 설시하고 있다. ① 재량적 요소의 부재 — "구체적인 위험성이 인정되기 위하여는 공권력 행사의 근거가 된 규정에 재량적 요소가 없어서 그 규정이 같은 유형의 다른 사례에 대하여 당연히 반복하여 적용될 것이 예상되거나(97헌마137, 92헌마269)", ② 불합리성 — "공권력의 행사자가 근거규정이 명백하지 아니한데도 합리적인 이유 없이 같은 유형의 기본권 침해행위를 반복하려는 태도를 보인 경우(94헌마60)이어야 한다"라고 판시한 바(2004헌마480, 고소사건진정처리취소) 있다. ii) 구체적 법적 분쟁 문제의 개별성·특수성·고유성 — 이러한 성격으로 말미암아 국민 일반에 대하여 동종행위의 반복위험을 인정할 여지가 없다고 본 헌재결정이 있었다[99헌마592등, 정당의 지구당위원장인 변호사가 설치한 현수막("ㅇㅇ법률 무료상담")이 사전선거운동에 해당된다는 이유로 하는 현수막철거 이행명령에 대한 헌법소원 사건].

3) **침해 반복성의 입증책임**   i) 헌재의 판례 중에는 반복 침해 위험성에 대한 입증책임이 청구인에게 있다고 본 결정례가 있었다[89헌마181(변호인접견불허처분이 청구대상이었다. 접견교통권이라는 기본권이 반복 침해될 위험성의 존재, 또한 그 위험성이 다른 국민보다 더 크다 할 구체적 사정이 있다는 점에 관하여는 청구인측의 입증이 없어 심판이익 없다고 판시함), 96헌마141(당시 기성 교원단체 외에 다른 단체를 조직하고자 한 초·중·고교 교사들이 "교육회를 …구별로 각각 하나의 교육회를 조직하여야 한다"라고 규정한 당시의 구 교육법시행령 규정에 대한 헌법소원 이후 이 규정이 폐지되었고 복수노조설립을 허용하는 등 사정변경이 생겼는데 또 다른 사유로 교원단체의 설립을 허용하여야 할 필요성이 있다면, 이 점은 청구인이 다시 논증해야 한다고 하고, 그 밖에 헌법적 해명이 필요한 사정도 없어 부적법하여 각하함)]. ii) * 비판: 반복침해성 때문에 예외적으로 심판이익을 인정하는 것은 헌법질서유지 기능이라는 헌법소원의 객관적 기능을 위한 것인데 자신의 권리구제에 도움이 안되는 상태에 있는 개인 청구인에 그 입증책임을 지라고 하는 것은 논리적으로도 타당하지 못하다.

(4) 헌법적 해명 필요성

1) 개념   헌법적 해명이 필요하다는 것은 판단될 사항이 헌법적 원칙이나 헌법상 기본권의 문제, 그리고 헌법적 해석 문제를 담고 있을 경우에 이제까지 헌법재판에서 규명된 바 없는 사항이라면 그 해명을 위한 판단이 필요하다는 의미이다. 헌재는 판단기준으로 "당해 분쟁의 해결이 헌법질서의 수호·유지를 위하여 긴요한 사항이어서"라고 한다.

2) 헌재판례의 기준: 일반적 해명필요성, 위법성 문제가 아닌 위헌성 문제일 것

> **[헌법적 해명 필요성의 판단기준]**
> • 일반적 해명필요성이 인정될 것
> • 위법성 문제가 아닌 위헌성 문제일 것

    (가) **일반적 해명필요성**   헌재는 "1회적이고 특정한 상황에서 벌어진 사실행위에 대한 평가일지라도 거기에 일반적인 헌법적 의미를 부여할 수 있다면 헌법적 해명의 필요성을 인정할 수 있다"라고 하고(2009헌마438, 2005헌마703) 또 "개별적 사안의 성격을 넘어 일반적으로 헌법적 해명의 필요성이 인정되어야 한다"라고 한다(2017헌마759).

    (나) **위법성 문제의 비해당성**   ⅰ) 헌재는 "단순히 법률의 해석과 적용의 문제 즉 '행정청의 행위가 법률이 정한 바에 부합하는가'라는 위법성을 문제 삼고 있는 경우에는 헌법적 해명의 필요성이 인정되지 아니하며, 이와 같이 공권력 행사의 위헌성이 아니라 단지 위법성이 문제되는 경우에는 설사 유사한 침해행위가 앞으로도 반복될 위험이 있다고 하더라도, 공권력 행사의 위헌 여부를 확인할 실익이 없어 심판청구의 이익이 부인된다"라고 한다(2014헌마626). 이 결정의 사안은 교도소 수용자가 임의로 염색한 러닝셔츠 폐기 사건이다. 헌재는 교정시설의 안전과 질서를 해하는 정도, 이를 폐기하는 것이 적당할지 여부를 정하는 피청구인(교도소장)의 권한의 범위와 한계를 정하는 것으로서 단순히 법률의 해석과 적용의 문제, 즉 위법성의 문제에 불과하므로, 반복될 가능성이 있다고 하더라도, 그 위헌 여부를 확인할 실익이 없어 심판청구의 이익이 인정되지 않는다고 보았다. ⅱ) * 이런 법리가 적용된 다른 동지의 결정례들: ① 행정대집행(2005헌마126, 위법건축물 철거행위 ─

시장의 권한에 관한 판단으로 위법성 판단이라고 보았다), ② 선거관리위원장의 인터넷신문 '열린 인터뷰' 중지촉구행위(2002헌마106), ③ 압수물품 폐기(2016헌마1130), ④ 지방의회 위원회 방청불허행위(2016헌마53. 이 불허행위가 지방자치법 제60조 1항의 적법한 요건을 갖추고 있는가에 관한 위법성이 문제될 뿐이라고 보았다. 이 결정에서는 반복가능성도 없다고 보았는데 헌재는 앞으로 다른 회의에서도 언제나 방청을 불허할 것이라고는 보기 어렵기 때문이라고 그 이유를 제시하고 있다. * 이 결정은 안창호, 강일원, 이선애 재판관의 반대의견이 설득력이 있다), ⑤ 법원의 과제인 법률의 해석 적용문제(99헌마592등, 정당 지구당위원장인 변호사가 설치한 현수막 ("○○법률 무료상담")이 사전선거운동에 해당된다는 이유로 하는 선거관리위원회의 현수막철거 이행명령에 대한 헌법소원 사건, '사전선거운동에 해당하는가'에 관한 판단은 사전선거운동의 개념과 범위를 정하는 문제, 즉 법률의 해석과 적용의 문제로서 헌재 관할이 아닌 일차적으로 법원의 과제에 속하여 헌법해명필요성이 없다고 봄), ⑥ 방송토론회 초청대상 결정(여론조사 일정 비율 미만 비초청) 문제(2005헌마415, 평균지지율의 해석, 여론조사결과의 적용 등 순수한 법률의 해석과 적용의 법원 과제의 문제) 등.

3) 헌재의 선례와 헌법적 해명필요성 여부

(가) 선례에 따른 헌법해명필요성 부정   i) 헌재는 이미 자신의 합헌선례가 있었던 경우[① 서신 검열 등 행위(2015헌마701, 수형자에 대한 서신검열 합헌 선례 있음), ② 심리불속행 상고기각 판결과 판결이유 기재의 생략을 규정한 '상고심절차에 관한 특례법' 규정(2013헌마574, 합헌 선례 있음), ③ 예비후보자의 배우자와 직계존·비속 명함교부, 선거운동 허용규정(2011헌마267, 합헌 선례 있음)], ii) 이전에 합헌으로 결정했던 법조항과 동일하게 적용될 수 있는 법조항에 대한 심판청구인 경우[① 금치기간 중 신문열람, 전화통화, 접견 등을 제한하는 '형의 집행 및 수용자의 처우에 관한 법률' 규정들(2014헌마45, 합헌 선례들에서 그 규정들이 미결수용자에게 적용되는 것이었는데 형이 확정된 수형자에 대하여도 동일하게 적용될 수 있으므로 헌법해명필요성 없음), ② 디엔에이감식시료 채취대상(2017헌마397, 합헌 선례가 아동·청소년에 대한 강제추행죄에도 그대로 적용될 수 있음), ③ 항소이유서 항소법원 제출의무조항(2015헌마165, 그 의무 내용이 선례 합헌 판단대상 조항에 포함)] 헌법적 해명필요성이 없다고 본다. iii) 반대로 위헌성을 인정한 선례가 있었던 경우에도 헌법해명필요성을 부정한다[그 예로 수사절차와 공판절차에서 변호인의 수사기록에 대한 열람·등사신청을 거부한 처분이 위헌임을 이미 확인하였고 이를 변경할 사정이 없으므로, 설사 앞으로 반복될 가능성이 있다 하더라도 같은 판단을 반복하여 밝힐 만큼 헌법적 해명이 중대한 의미를 지닌다고 보기 어렵다고 한 결정들을 들 수 있다

(2001헌마630, 2003헌마624, 2012헌마610)].

(나) 헌재 선례에서와 비슷한 논점에 대한 재차 헌법적 해명을 할 필요성 − 차이 있는 사안   법원의 수사서류 열람·등사 허용 결정에도 불구하고 검사가 등사를 거부한 행위 − 이러한 사안으로 2010년에 용산참사사건에서 특수공무집행방해치사죄 등으로 공소가 제기된 청구인들의 변호인들이 신청한 열람·등사를 검사가 거부하자 법원에 신청하였고 법원이 행한 열람·등사 허용의 결정이 있었고 검사가 일부 등사만 허용하여 헌법소원심판이 청구된 사건이 있다. 헌법소원심판 청구 후에 열람·등사가 이루어졌고 선례들인 94헌마60, 2000헌마474 결정들에서 변호인의 수사기록에 대한 열람·등사권에 관하여 이미 헌법적 해명을 한 바 있지만 헌재는 선례 당시 없었던 법원에의 신청을 통한 열람·등사 허용결정 절차(형소법 제266조의4)가 신설되는 등 차이가 있음을 들어 심판이익을 인정하였다(2009헌마257).

(5) 권력적 사실행위에서의 예외적 심판이익 인정 기준

ⅰ) 논의 필요성 − 사실행위는 짧은 시간에 이루어지고 소멸될 수 있으므로 권리보호이익이 없는 경우가 많다. 헌재는 나아가 심판이익이 예외적으로 있는지 살펴본다. 권력적 사실행위에 관한 헌법소원심판 사건들이 많고 예외적 심판이익이 많이 따져지므로 실무상으로도 매우 중요하다. ⅱ) 권력적 사실행위에서의 '반복침해위험성'에 대한 헌재판례 − 헌재는 권력적 사실행위에 대한 헌법소원심판에 있어서도 구체성을 요구한다[부정례: '밀양송전탑'에 반대하는 사람들을 움막들에서 강제분리·퇴거시키는 등의 강제조치에 대한 헌법소원사건, 이 강제조치는 특정한 상황에서의 개별적 특성이 강한 공권력행사로서 앞으로도 구체적으로 반복될 위험성이 있다고 보기 어렵다고 하여 부정함(2014헌마681)]. ⅲ) 권력적 사실행위에서의 '헌법적 해명필요성'에 대한 헌재판례 − 헌재는 "권력적 사실행위에 대한 헌법적 해명은 그 사건으로부터 일반적인 헌법적 의미를 추출할 수 있는 경우에 한하여 인정한다고 한다[(ㄱ) 긍정례: 종교집회 수형자 참석시 동행계호조치를 한 행위, 2009헌마438, 이미 교정시설 내에 구금되어 기본권이 제한되고 있는 수용자들에게 동행계호행위 등으로 신체의 자유 등을 부가적으로 제한하는 것은 기본적 처우와 관련된 중요한 문제, 헌법적 해명필요. (ㄴ) 부정례: ① '밀양송전탑'사건, 2014헌마681, 이 사건 강제조치의 위헌여부를 판단함에 있어서는 경찰권 행사의 조리상 한계 등을 준수하였는지 여부가 주된 쟁점이 되는데 이러한 쟁점을 판단하기 위해서는 원칙적으로 당해 사건에 국한하여서만 그 의미를 가질 수밖에 없는

당시의 개별적이고 구체적인 상황(움막들에 대한 행정대집행이 이루어진 정황, 송전탑 건설공사를 반대하여 모인 주민의 수와 공사방해 여부 및 방법 등 물리적 충돌 가능성 등)을 모두 고려해야 하므로 일반적 헌법적 의미를 부여할 수 있는 경우에 해당하지 않는다고 봄. ② 장애인교정시설이 있는 교도소에 수감 중인 사람에 대한 계구사용행위(2005헌마703)].

(6) 예외적 심판이익 인정의 구체적 중요 결정례

ⅰ) 인격권 침해 – 신체과잉수색행위 종료와 심판이익 인정(2000헌마327, 위헌확인결정).

ⅱ) 생명·신체 위험 초래할 수 있는 중대법익 침해 예견되는 공권력행사 – '물포 발포행위'['혼합살수행위'(최루액을 물에 섞은 용액을 살수한 행위). 2015헌마476].

ⅲ) 침해 반복, 법원의 확립된 해석 부재(없는 데)에 따른 헌법해명필요성 – ① 복수주체 집회 신고 모두 반려한 행위(2007헌마712), ② 재판대기중 법정 옆 피고인 대기실에서의 변호인 접견 신청 불허(2007헌마992).

ⅳ) 제도적 방해 시정을 위한 심판이익 – 관련 법규정에 따른 침해행위 경우 그 제도적 법시행을 시정하게 하기 위해 심판이익이 필요하다. 그러한 경우로서 인정된 예로 변호인접견 방해행위에 대한 헌법소원을 들 수 있다(91헌마111).

ⅴ) 종료된 권력적 사실행위 – 앞서 서술한 대로 권력적 사실행위 사건이 많고 예외적 심판이익 인정의 예가 많으며 중요한 결정례들이 있다. 앞서도 더러 보았지만 여기서 별도로 대표적인 예들을 정리한다. ① 유치장내 불충분한 차폐시설의 화장실사용강제행위의 종료(2000헌마546), ② 미결수용자 서신검열 등에 대한 헌법소원 청구인인 수용자가 출소한 경우(92헌마144), ③ 그룹해체지시행위(헌재 1993.7.29. 89헌마31. * 본 결정은 이른바 국제그룹해체지시에 대한 위헌확인결정이다), ④ 계구사용행위(상시적으로 양팔을 사용할 수 없도록 하는 계구를 착용하게 한 행위, 2001헌마163, * 위헌확인결정) * 대비: 교도소이송시 보호장비 사용행위(상체승의 포승과 앞으로 수갑 2개를 채운 행위, 2011헌마426, 이 사안은 기각결정이었다), ⑤ 서울광장통행제지행위(2009헌마406, 위헌확인결정), * 대비판례: 노무현 전 대통령 추모제 개최를 위한 서울광장 사용허가신청에 대한 실질적 불허행위[이에 대해서는 권리보호이익이 소멸되었고 반복가능성, 헌법해명필요성이 없다 하여 각하결정을 하였다(2009헌마403)], ⑥ 구치소 내 종교행사 등에의 미결수용자 참석 금지 행위(2009헌마527, 위헌확인결정), ⑦ 수용자의 행정소송 출정을 제한한 교도소장의 행

위(2010헌마475, 재판청구권 침해 인정의 위헌확인결정), ⑧ 서울출입국관리사무소장의 외국인에 대한 '긴급보호 및 보호명령의 집행행위', '강제퇴거명령의 집행행위'(2008헌마430) * 위 결정은 기각결정이었는데 이후 대비해 볼 결정례로, 인천국제공항 송환대기실에 수용된 난민에 대한 변호인접견거부 사건에서는 위헌확인결정(2014헌마346)이 있었다. ⑨ 사법경찰관의 압수물 폐기행위(2011헌마351, 위헌확인결정), ⑩ 사법경찰관의 청구인에 관한 조사과정 '촬영허용행위' — 인격권보호와 알권리 충돌 — 헌법해명필요성(2012헌마652, 위헌확인결정), ⑪ 폐기물 활용 벽돌 등 제조·판매 회사에 대한 감사(2001헌마754, 기각결정), ⑫ 교도소장이 사동에서 인원점검을 하면서 수형자들을 정렬시킨 후 차례로 번호를 외치도록 한 행위('점호행위', 2011헌마332, 기각결정) ⑬ 정부의 차후(지속적) 개입가능성 — 문화계 블랙리스트 지원배제 지시행위문화계 블랙리스트 정보수집행위, 지원배제 지시행위에 대한 헌법소원(대통령 비서실장, 문화체육관광부장관 등이 야당 소속 후보를 지지하였거나 정부에 비판적 활동을 한 문화예술인, 단체를 정부의 문화예술 지원사업에서 배제할 목적으로 정치적 견해에 관한 정보를 수집·보유·이용한 행위, 그들에 대한 지원배제를 지시한 행위. 이미 종료되어 주관적 권리보호이익은 이미 소멸되었다. 그러나 정부의 문화예술분야에 대한 정책적 지원이 오랜 기간 지속되고 확대되고 있을 뿐 아니라 우리 사회 문화예술분야 예술인, 단체 등이 국가지원에 크게 의존하고 있어 앞으로도 정부의 통제 또는 개입 가능성이 있어 그 위헌 여부에 대한 해명이 중대한 의미를 가진다고 보아 심판청구의 이익을 인정할 수 있다고 있다. 2017헌마416) 등.

vi) 형사절차상 심판이익 인정 — ① 빈번한 증인 소환·유치행위의 종료와 심판이익의 인정(99헌마496), ② 이미 이루어진 소송기록송부행위에 대한 심판이익의 인정례(92헌마44), ③ 제1회 공판 변론준비를 위한 수사기록열람·등사신청에 대한 거부행위 이후 제1심판결이 선고된 시점에서의 심판청구이익의 인정(94헌마60), ④ 피의자신문조서에 대한 공소제기 전 공개거부(2000헌마474) 등.

vii) 수용자(수형자)에 대한 침해행위종료, 출소, 석방, 집행유예, 구속기간 종료 등의 경우 — ① 미결수용자 서신검열(92헌마144, 위헌확인결정), ② (기결)수형자 서신검열(96헌마398, 이 사안은 기각결정), ③ 포승·수갑 사용 상태에서의 피의자조사를 받게 한 행위(2001헌마728, 2004헌마49. 위헌확인결정들), ④ 정밀신체검사(속옷까지 탈의한 상태로 항문을 보이는 방법 등으로 실시된 정밀신체검사. 2004헌마826, 기각결정), ⑤ 항문내 검사(마약류사범에 대한 검사, 2004헌마826, 마약류의 은닉성 때문에 필요하다고 보아 기각결정), ⑥ 마약류 관련 수형자에 대한 마약류반응검사를 위한 소변강제채취(2005헌마277, 기각결정), ⑦ 신문기사삭제행위(종료된 행위, 미결수용자도 출소한 경우, 98헌마4, 기각결정), ⑧ 수사·재판받을 때 재소자용 의류착용 의무(청구인인 미결수용자가 집행유예와 보석으로 석방된 경우, 97헌마137등, 위헌확인결정), ⑨ 준법서약서제도(청구인인 수형자가 출소, 98헌마425등, 기각결정), ⑩ 미결수용자 면회횟수 제한의 군행형법시행령 규정(집행유예 석방, 2002헌마193, 위헌결정), ⑪ 구속기간 연장허용규정(구속기간 종료 뒤 제기된 헌법소원. 90헌마82, 일부위헌결정을 하였다(현재는 헌재 자신이 단순 위헌으로 바꾸어놓음)), ⑫ 구치소 내 과밀수용행위(형기만료 석방, 2013헌마142, 위헌확인결정).

viii) 선거종료, 선거 관련 침해행위 종료의 경우 – 선거 관련 침해행위·선거종료 후 (ㄱ) 당해 선거법규정이 존속하는 경우의 심판이익을 인정한 결정례들이 많다. ① 사전선거운동금지 등(94헌마97), ② 기탁금규정(95헌마108, 2007헌마1024), ③ 선거종료 및 심판 중 선거제한연령 도과(선거연령 충족)(96헌마89, 2012헌마174), ④ 선거기간개시일부터 선거일 투표마감시각까지의 여론조사 경위·결과공표금지조항(97헌마362등), ⑤ 탈법방법에 의한 문서·도화의 배부·게시 등 금지, 선거운동기간 전 국회의원의 의정활동 보고를 허용 등(99헌바92등), ⑥ 그 외[2001헌마710, 2002헌마411, 2004헌마219, 2008헌마413(비례대표국회의원 궐원 승계가 임기만료일 전 180일 이내 궐원인 경우 안되게 한 규정, 헌법불합치결정), 2008헌마114, 2007헌마1327등, 2004헌마217, 2012헌마311, 2010헌마259등, 2011헌마267(위헌결정)], (ㄴ) 선거종료 후 그 선거의 법률이 폐지된 경우의 심판이익 인정 – 동일한 규정으로 대체되어 상존한 경우(91헌마44), (ㄷ) 유사한 신법규정으로 인한 유사한 사태 반복가능성 – ① 선거여론조사 제한 규정(92헌마177등), ② 방송토론회 초청 한정 규정(97헌마372등), ③ 정부투자기관 집행간부 아닌 직원에 대하여도 지방의회의원직에 입후보를 금지한 구 지방의회의원선거법 제35조 1항 6호 중 "직원"에 관한 부분(91헌마67, 현재의 헌재 자신의 분류로는 한정위헌결정임), (ㄹ) 선거구 인구편차 문제(2006헌마14, 2006헌마67, 2006헌마188, 2010헌마282, 2010헌마401, 예외적 심판이익 인정되고 헌법불합치된 결정례: 2006헌마240), (ㅁ) 부재자투표 개시시간(2010헌마601, 헌법불합치결정) 등.

ix) 불처벌특례규정에 대한 헌법소원의 경우 – 앞서 불처벌특례규정(不處罰特例條項)에 대해서는 위헌결정이 나더라도 소급효가 없어 권리보호이익이 없다고 보는데 그러면서도 반복가능성, 헌법적 해명의 중요성 등을 들어 심판의 이익을 인정한 결정례가 있었다[90헌마110등, * 후일 이 결정에 대해 판례변경하여 위헌결정(2005헌마764등)이 있었다].

x) 법개정이 있어도 예외적 심판이익을 인정하는 경우 – (ㄱ) 법개정의 빈번성, 주기성이 있는 경우(그 시행기간이 경과하기 전에 위헌여부를 신속하게 판단하는 것이 쉽지 않다는 사정을 고려. 2017헌마322, '장애인활동지원 급여비용 등에 관한 고시'), (ㄴ) 재개정에 영향을 줄 가능성(2014헌마794, 특정구역 안에서 업소별로 표시할 수 있는 광고물의 총 수량을 1개로 제한. 그 외 재개정에 영향 줄 가능성으로 인정된 예: 2001헌마565, 2009헌마318, 2011헌마567), (ㄷ) 동일내용에 의한 확실한 침해 예상(2004헌마655, 정치자금의 정당배분에 관한 규정에 대한 헌법소원) 등의 경우에 예외를 인정한 예가 있다.

xi) 재판종료(확정판결) 후에도 심판이익을 인정한 예 – (ㄱ) 반복가능성·헌법해명필요성 있는 반면 위헌심판청구 가능성이 없는 특이한 경우(형사피해자를 제외하고 검사 또는 피고인에게만 상소권을 준 구 형사소송법 제338조 1항의 경우이다. 피고인, 검사가 위헌을 주장할리 없고 형사피해자는 당사자가 아니라서 위헌제청신청을 할 수 없는 상황이 현재로 하여금 특이하게 보게 한 것이라고 이해된다. 97헌마17), (ㄴ) 무죄판결 입증을 위한 압수물의 폐기행위 이후 무죄확정(반복가능성과 남용된 자의적 판단의 폐기의 시정·방지 필요성에 따른 헌법해명필요성. 2011헌마351, 위헌확인결정), (ㄷ) 재심 부정되는 확정된 보호처분 재판 피해자이나 항소 불인정 규정에 대한 헌법소원에서 예외적 심판이익 인정(2011헌마232), (ㄹ) 형확정 전의 직무정지, 이사 직무대행 조항 – 형 확정자임에도 그의 헌법소원의 심판이익 인정(2010헌마562등).

xii) 반복시행이 예정되는 국가시험 등의 종료 – 이에 관한 예외 인정은, 사법시험 제1차시험 시행일자 위헌확인(2000헌마159), 영점처리 규정(2007헌마1281), 법학적성시험 일요일 실시(2009헌마399), 변호사시험 시험장 선정행위(2011헌마782) 등 많다(그 외 2013헌마341, 2004헌마675등, 2010헌마139등).

xiii) 재심 허용되지 않는 경우라도 심판이익이 인정된 예 – (ㄱ) 채무자 회생 및 파산에 관한 법률의 면책효력조항 – 이 조항은 형벌조항이 아니어서 위헌결정이 나더라도 재심청구를 할 수 없는 경우이므로 주관적 권리보호이익 없으나 반복침해가능성, 헌법적 해명필요성으로 심판이익을 인정한 것이다(2012헌마569, 기각), (ㄴ) 행정소송의 패소확정과 행정입법부작위에 대한 헌법소원에서의 권리보호이익 – 이 경우에 헌재는 행정소송 패소 확정으로 재심가능성이 없어서 권리보호이익이 없는 것으로 보이나 행정입법부작위에 대한 위헌확인결정이 내려져 고시 등이 제정되면 새 처분이 가능해지므로 권리보호이익이 있고 반복침해가능성, 헌법해명필요성이 있어서 심판이익의 예외적 이익도 긍정할 수 있다는 입장이다. 사안은 산업재해를 당한 사람의 유족이 첫 출근에서 당한 일이라 노동부장관이 고시하는 평균임금에 산업재해보상을 받게 되는데 그 고시를 장관이 하지 않은 행정입법부작위를 대상으로 헌법소원심판을 청구한 사건이었다. 최저보상처분에 대한 행정(취소)소송은 패소확정된 상황이었다(헌재 2002.7.18. 2000헌마707, 위헌확인결정). * 공법 복합형

xiv) 위헌결정 장래효로 인한 권리보호이익 결여 및 예외적 심판이익 인정 – 형벌조항 외에는 위헌결정이 있더라도 장래효만 있지 소급효는 없다(헌재법 제47조 2·3항). 헌재는 이 점을 들어 재산권에 관련되는 법률조항과 같은 비형벌적 법률조항이 위헌결정이 나더라도, 예를 들어 그 법률조항을 근거로 한 국고귀속의 재산권을 부당이득으로 반환받을 수 없어서 권리보호이익이 없다고 본다. 그러나 침해 반복가능성, 헌법해명중요성이 있는 경우에는 심판이익이 있다고 본다. 아래의 결정례가 그러한 경우인데 사안은 예비후보자 기탁금 반환 사유에 '질병'으로 예비후보자가 사퇴하는 경우를 포함하지 않는 것은 재산권침해라는 주장으로 청구된 헌법소원심판사건이었다(2012헌마568, 기각결정).

xv) 인간다운 생활권 – 최저생계비고시(2002헌마328. [판시] 인간다운 생활을 하기 위하여 요구되는 최소한도의 생활수준을 보장하기 위한 생계급여 액수의 기준이 되는 이 사건 고시가 헌법이 요구하는 바를 충족하고 있는지의 여부는 헌법적으로 매우 중요한 의미를 가질 뿐만 아니라 최저생계비 매년 변경되어 고시된다고 하더라도 획기적인 변화가 예상되지 않기 때문에 동일한 침해 반복의 위험이 있고, 우리 헌법소원제도의 체계상 매년 변경되는 최저생계비 고시에 대하여 그 시행기간이 경과하기 전 위헌여부를 신속하게 판단한다는 것은 쉽지 않다는 사정을 고려하면 그 심판의 이익이 있다).

xvi) 교육 – 부모의 교육권 – 고등학교의 배정을 원칙적으로 교육감의 추첨에 의하도록 규정하고 있는 초·중등교육법시행령 규정 – 심판 도중에 이미 고등학교에 배정되어 권리보호이익이 없으나 부모의 교육권에 관한 헌법적 해명이 필요하다고 보아 예외적 심판이익을 인정하였다(2005헌마514, 기각결정).

xvii) 참정권 – 피선거권상실로 인한 퇴직의 경우 – 참정권 영역에서의 예의 하나로 지방자치단체의 장이 '공소 제기된 후 구금상태에 있는 경우' 부단체장이 그 권한을 대행하도록 규정한 지방자치법(2007.5.11. 전부 개정된 것) 제111조(현행 신 지방자치법 제124조) 1항 2호가 과잉금지원칙에 반하여 공무담임권에 반한다는 주장으로 청구한 헌법소원 사건을 볼 수 있다. 금고 이상의 형이 확정됨으로써 지방자치법 제99조 2호, 공직선거법 제19조 2호에 따라 자치단체장직에서 퇴직되었으므로,

위 직무정지, 권한대행하도록 규정한 법률조항에 대하여 위헌이 선고되더라도 권리구제는 불가능하게 되어 권리보호이익이 없다. 그러나 헌재는 반복가능성, 헌법해명필요성이 있다고 보아 심판이익을 인정하였다(2010헌마474, 기각결정).

xviii) 청구인 한 사람만이 아닌 다수 이해관계인을 위한 본안판단필요성 — 이러한 경우로 1980년 해직공무원 구제를 위한 특별채용에서 5급 이상이었던 사람을 배제하는 규정에 대한 헌법소원 사건에서 청구인이 정년연령에 달하였음에도 본안판단필요성을 인정한 결정례가 있다(92헌바21, 비슷한 처지에 있는 1980년도 해직공무원 1,367명에게 이해관계가 있고 헌법적 해명이 필요하다고 보았다. 이는 헌재법 제68조 2항에 따른 위헌소원사건이었다. 합헌결정).

(7) 기소유예처분에 대한 헌법소원에서 공소시효완성에도 권리보호이익 인정

공소시효완성 경우에도 기소유예 헌법소원의 권리보호이익 인정 — 앞서 본 대로 불기소처분에 대한 헌법소원의 경우에는 범죄혐의에 대한 공소시효가 완성되면 권리보호이익이 없다고 보는 것(확립된 판례. 전술 참조)과 달리 기소유예처분의 경우 그 대상이 된 범죄의 공소시효가 완성된 경우라도 그 기소유예처분에 대해 피의자가 제기한 헌법소원에 있어서 헌재는 그 권리보호이익을 인정하고 있다.

[인정논거] 헌재가 인용하여 기소유예처분을 취소하더라도 공소시효가 완성된 것이므로 원처분청 검사로서는 검찰사건사무규칙에 따라 '공소권 없음'의 처분을 할 것으로 보여지나(이 규칙 제115조 3항), 헌재는 피의사실 인정(유죄 인정)의 기소유예처분보다 헌법소원의 취소를 통한 '공소권 없음'(범죄혐의의 유무에 관한 실체적 판단을 하는 것이 아님)의 형식적 판단이 유리하기 때문이라고 그 논거를 밝히고 있다(95헌마188, 2011헌마214 등).

[기소유예처분 피의사실에 대한 일반사면 있는 경우의 동지] 같은 논거로 마찬가지로 본다(95헌마318).

Ⅵ. 보충성의 원칙

1. 개념

헌법소원은 기본권의 최종적, 최후의 법적 구제수단이다. 따라서 헌법소원 외에 법률상의 다른 권리구제절차가 있을 경우에 그 절차를 모두 거친 후에 헌법소원심판을 청구할 수 있고 이를 일컬어 보충성의 원칙이라고 한다. 헌재법 제68조 1항 단서가 이를 규정하고 있다.

2. '다른 법률에 구제절차'의 의미

(1) 공권력행사·불행사를 직접 대상으로 하는 구제절차

ⅰ) 보충성원칙에서 말하는 다른 권리구제절차란 헌법소원의 대상인 공권력행사·불행사 그 자체를 직접 취소하거나 그 효력을 다투는 절차를 말한다(88헌마3). ⅱ) 다른 구제절차가 아닌 경우: (ㄱ) 따라서 손해배상, 손실보상의 절차는 해당되지 않는다(88헌마3). (ㄴ) 청원 - 보충성원칙에서 말하는 다른 권리구제절차가 아니라고 판례에서 자주 지적되어 온 것이 청원(請願)제도이다. 청원제도도 기본권구제수단이기는 하나 헌재는 "처리기관이나 절차 및 효력 면에서 권리구제절차로서는 불충분하고 우회적인 제도여서" 헌법소원 사전구제절차라고 보기 어려우므로, 이를 거치지 않았다 하더라도 보충성원칙에 반하지 않는다고 본다(2010헌마475, 98헌마4, 2002헌마193, 2004헌마49, 2005헌마277 등). (ㄷ) 진정 등 - 진정, 탄원 등도 해당되지 않는다(91헌마146, 96헌마159).

(2) 적법한 구제절차일 것('다른 구제절차를 적법하게 거칠 것') - 적용상 전제요건

ⅰ) 법리의미 - 헌재는 보충성의 원칙으로 거쳐야 할 다른 구제절차는 그 구제절차에서 요구하는 적법한 요건들(기한준수, 권리구제이익·가능성 충족 등 청구 내지 제기의 요건들)을 갖추어 거쳐야만 보충성원칙의 요건을 충족한 것으로 본다. 따라서 판례이론에 따르면 위의 제목은 '적법한 구제절차일 것'보다는 '다른 구제절차를 적

법하게 거칠 것'이 더 적확한 것이다. 이는 또한 보충성원칙 적용상의 전제요건이라고 본다. ⅱ) '다른 법률에 구제절차'를 적법하게 거칠 것을 요구하는 이유 – 그 절차를 제대로 거쳐야 기본권구제의 보충성의 의미를 헌법소원이 제대로 발휘할 수 있다는 것이다. 그 외에도 헌재는 헌법소원심판의 청구요건의 하나인 청구기간 요건을 지키도록 하기 위한 것이라고도 한다(91헌마47). ⅲ) 적법하게 거치지 않아 각하된 결정례 – ① 부당해고에 대한 구제절차 신청기간 도과(93헌마13), ② 국세 과세처분 심사청구 기간 도과(90헌마107), ③ 행정심판 청구기간 도과(93헌마92), ④ 행정소송 취하(간주)된 경우(98헌마265). ⅳ) 행정소송 대상성 여부와 위 판례법리 – 다른 구제절차로 대표적이고 일반적인 것이 행정소송인데 유의할 점은 행정소송의 적법한 절차를 거치지 않아 법원에서 각하될 경우들 중에 행정소송의 대상이 아니라고 하여 각하한 경우에는 위 법리가 적용되어서는 안된다는 것이다. 왜냐하면 행정소송 대상이 아니라는 것은 법원의 행정소송으로 다툴 수 없음을 의미하고 그래서 다른 구제절차가 없는 경우로 보충성원칙 비적용의 경우라고 보아야(판례도 그러한 입장이다. 후술 보충성원칙 적용의 구체적 문제 부분 참조) 하기 때문이다(이에 대해 헌법재판론, 제2판, 1251면 참조).

3. 보충성원칙 적용의 구체적 문제

(1) 행정작용에 대한 헌법소원의 경우

1) 보충성원칙 적용의 중심대상으로서 행정작용에 대한 헌법소원   헌법소원 대상인 공권력행사의 많은 경우는 바로 행정작용일 수밖에 없고 헌법소원 외에 법률상 다른 권리구제절차로서는 법원의 행정소송이 대표적이고 빈번히 많이 활용된다. 따라서 보충성원칙 적용례들로는 행정작용에 대한 헌법소원의 경우들이 많을 것이 현실이다.

2) 행정쟁송 대상성('처분성')과 보충성원칙의 직결성   행정작용으로 인한 권리침해에 대한 구제수단으로 행정쟁송제도가 마련되어 있으므로 행정작용에 대한 헌법소원에서의 보충성원칙의 위배여부 문제는 행정쟁송(行政爭訟. 행정쟁송이란 '행정심판 + 행정소송'을 말한다. 행정소송이란 법원에서의 소송이고 행정심판은 행정심판위원회라는 행

정기관에서 하는 심판이다. 통상 자주 이 둘을 묶어 행정쟁송이라 한다)의 대상이 되느냐 여부에 직결되어 있다. 즉 쟁송의 대상이 되는 공권력행사·불행사인 경우에는 그 행정쟁송을 먼저 거쳐야 헌법소원의 보충성원칙을 준수한 것이 된다. 그리고 행정쟁송의 대상성은 '처분성'이라고 실무상 부르고 강학상 '행정행위'성이라고 통상 부르는바(강학상 행정행위와 행정쟁송법상 처분은 차이가 약간 있긴 하다고 보나 여기서 일단은 대체적으로 행정쟁송 대상으로서의 의미로서는 같은 용어사용이라고 보고자 한다) 결국 처분성, 행정행위성 여부가 보충성원칙의 요구 여부에 직결된다. 처분성이 인정되면 보충성원칙의 적용[헌법소원심판을 청구하기 위해서는 법원의 행정소송을 거쳐야(행정심판은 본인이 원하거나 법률이 반드시 거치도록 한 경우에 이를 거친 후 행정소송을 거쳐야) 한다는 요구, 다만 이 경우 재판소원 및 원행정처분에 대한 헌법소원이 원칙적으로 금지되므로 사실상 헌법소원을 제기할 수 없게 됨은 전술한 바와 같음]이 있게 된다.

3) '처분성', '행정행위'성   따라서 '처분성', '행정행위'성에 대해 파악하는 것이 필요하다. 행정심판법, 행정소송법에서 아래와 같이 정의하고 있다.

행정심판법 제3조(행정심판의 대상) ① 행정청의 처분 또는 부작위에 대하여는 다른 법률에 특별한 규정이 있는 경우 외에는 이 법에 따라 행정심판을 청구할 수 있다. ② 생략

제2조(정의) 이 법에서 사용하는 용어의 뜻은 다음과 같다. 1. "처분"이란 행정청이 행하는 구체적 사실에 관한 법집행으로서의 공권력의 행사 또는 그 거부, 그 밖에 이에 준하는 행정작용을 말한다. 2. "부작위"란 행정청이 당사자의 신청에 대하여 상당한 기간 내에 일정한 처분을 하여야 할 법률상 의무가 있는데도 처분을 하지 아니하는 것을 말한다. 3. 4. 생략

행정소송법 제3조(행정소송의 종류) 행정소송은 다음의 네 가지로 구분한다. 1. 항고소송: 행정청의 처분등이나 부작위에 대하여 제기하는 소송 2. 당사자소송: 행정청의 처분등을 원인으로 하는 법률관계에 관한 소송 그 밖에 공법상의 법률관계에 관한 소송으로서 그 법률관계의 한쪽 당사자를 피고로 하는 소송 3. 4. 생략

제4조(항고소송) 항고소송은 다음과 같이 구분한다. 1. 취소소송: 행정청의 위법한 처분등을 취소 또는 변경하는 소송 2. 무효등 확인소송: 행정청의 처분등의 효력 유무 또는 존재여부를 확인하는 소송 3. 부작위위법확인소송: 행정청의 부작위가 위법하다는 것을 확인하는 소송

제2조(정의) ① 이 법에서 사용하는 용어의 정의는 다음과 같다. 1. "처분등"이라 함은 행정청이 행하는 구체적 사실에 관한 법집행으로서의 공권력의 행사 또는 그 거부와 그 밖에 이에 준하는 행정작용(이하 "처분"이라 한다) 및 행정심판에 대한 재결을 말한다. 2. "부작위"라 함은 행정청이 당사자의 신청에 대하여 상당한 기간내에 일정한 처분을 하여야 할 법률

상 의무가 있음에도 불구하고 이를 하지 아니하는 것을 말한다. ② 생략

제18조(행정심판과의 관계) ① 취소소송은 법령의 규정에 의하여 당해 처분에 대한 행정심판을 제기할 수 있는 경우에도 이를 거치지 아니하고 제기할 수 있다. 다만, 다른 법률에 당해 처분에 대한 행정심판의 재결을 거치지 아니하면 취소소송을 제기할 수 없다는 규정이 있는 때에는 그러하지 아니하다. ② 이하 생략

4) 직결성 문제의 중요성 아래에 적은 대로 행정법, 행정소송법과 헌법의 복합적 성격의 사안이 나타나고 행정법에서 흔히 '처분'이란 '행정행위'라고 하여 그 행정행위 이론이 매우 중요하고 기초가 되기도 한다.

> **중요▲** 변호사시험의 복합문제로 다루어질 수 있는 영역이고 실제 공법재판의 문제로 빈번히 나타나는 현실문제라서 특히, 그리고 실무에서도 관심을 가져야 할 중요 논의영역이다. 행정소송의 대상이 되면 보충성원칙 적용상 법원의 행정소송을 먼저 거쳐야 헌법소원을 제기할 수 있는데 행정소송의 대상의 문제는 '처분성'을 가져야 하고 이는 행정법, 행정소송실무에서 중요시하는 문제이다. 따라서 여기서 논의는 헌법소원이라는 헌법 문제와 행정법 문제의 복합적인 성격의 것이라 출제가능성이 높은 영역이다. '처분성' 여부가 행정쟁송으로 갈 수 있는지 여부, 헌법소원의 보충성원칙 준수가 필요한지 여부를 판가름짓는 문제로서 헌법, 행정법 복합형으로 출제될 수 있는 영역이다.

5) 행정쟁송 대상이 되는(처분성 있는) **공권력에 대한 헌법소원의 보충성원칙 결여의 결정례들** 처분성(행정행위성)이 인정되어 행정쟁송의 대상이 되는데도 불구하고 행정쟁송을 거치지 않아 보충성원칙을 위배한 것으로 판단된 대표적인 몇 가지 예들을 아래에 옮겨본다. ① 과징금부과처분(92헌마282 [사건개요] 개인택시운송사업을 해 오던 청구인이 합승행위를 하다가 적발되어 피청구인(서울특별시장)으로부터 과징금부과처분을 받았다. 청구인이 이 부과처분에 대하여 행정심판을 청구하였으나 기각되었다. 이에 청구인은 택시운송사업자에 대하여 합승행위를 금지하고 그 위반행위에 대하여 과징금을 부과하도록 한 자동차운수사업법시행령 규정과 그 규정에 근거한 피청구인의 위 과징금부과처분에 대하여 헌법소원심판을 청구한 것이다. [판시] 피청구인이 청구인에 대하여 한 과징금부과처분은 행정청의 처분으로서 행정심판 및 행정소송절차에 의한 구제가 가능하므로 위 처분에 대하여 헌법소원심판을 청구하기 위하여는 헌법재판소법 제68조 1항 단서의 규정에 따라 먼저 그와 같은 사전구제절차를 거쳐야 한다. 그런데 적법한 행정소송을 제기하지 아니한 채 이 사건 헌법소원심판을 청구하였으므로 부적법하다), ② 정보

공개거부처분(2000헌마722 [사건개요] 변호사 수임비리 사건에 관한 뉴스방송에 관련된 명예훼손 손해배상청구의 소송에서 방송사인 청구인은 "보도내용이 진실이고, 진실이 아니더라도 그렇게 믿을 만한 상당한 이유가 있었다"는 점을 입증하고자 담당 재판부에 서증조사를 신청하였다. 재판부는 위 신청을 받아들여 법무부 및 대검찰청에 서증조사를 나갔으나, 공무원징계령, 사건기록열람·등사업무 처리지침 등을 근거로 각 공개가 거부되었다. 청구인은 이 공개거부행위가 자신의 기본권을 침해한다 고 주장하면서 헌법소원심판청구를 하였다. [결정요지] '공공기관의 정보공개에 관한 법률' 제16조, 제 17조, 제18조(당시 법조문, 현행 제18, 19, 20조)에서는 청구인이 정보공개와 관련하여 공공기관의 처 분 또는 부작위로 인하여 법률상 이익의 침해를 받은 때에는 이의신청, 행정심판, 행정소송 등을 통해 권리를 구제받을 수 있도록 명시하고 있다. 그렇다면 청구인으로서는 위와 같은 행정쟁송절차를 이용 하여 이 사건 거부처분의 취소를 구함으로써 자신의 정보공개청구권을 구제받을 길이 있었다. 그럼에 도 그러한 구제절차를 거치지 아니하고 이 사건 헌법소원심판청구를 제기하였는바, 결국 이 부분에 대 한 심판청구는 헌법재판소법 제68조 1항에 위반되므로 부적법하다), ③ 방송통신심의위원회의 시정요구 − 헌재는 이 시정요구는 규제적·구속적 성격이 강하여 헌법소원대상이 라고 보면서도 행정(항고)소송의 대상도 된다고 하면서 행정소송을 거치지 않아 보 충성원칙의 위반이라고 보아 결국 이 요구에 대한 청구부분은 각하하였다(2008헌마 500 [사건개요] 청구인들이 어느 인터넷 포탈 사이트 카페에 올린 몇 개 신문사 광고게재중단 캠페인 게시글에 대해 그 포탈운영 주식회사 ○○이 방송통신심의위원회(피청구인)에 심의를 신청하였다. 피 청구인은 '방송통신위원회의 설치 및 운영에 관한 법률' 제21조 4호에 근거하여 주식회사 ○○에 대해 '해당 정보의 삭제'라는 시정요구를 하였고 그 시정요구에 따라 삭제하였다. 청구인들은, 이 사건 시정 요구는 청구인들의 표현의 자유 등을 침해한다고 주장하면서, 위 시정요구의 취소 및 법규정 등에 대 해 헌법소원심판을 청구하였다). 헌재는 방송통신심의위원회를 행정기관으로 본다(헌재 2012.2.23. 2008헌마500; 2012.2.23. 2011헌가13). ④ 대한변호사협회 징계위원회(이하 '변협 징계위원회')의 징계결정(2016헌마1029 [판시] 변협징계위원회의 징계결정에 대해 법무부 변호사징 계위원회에 이의신청을 할 수 있고, 법무부징계위원회 결정에 불복하는 경우에는 행정소송을 제기할 수 있고 청구인은 행정소송을 제기하였으나 그 소송절차가 종료되지 아니하였으므로, 징계결정에 대한 심판청구는 보충성을 갖추지 못하여 부적법하다), ⑤ 교육과학기술부장관이 한 법학전문대 학원 설치 예비인가 거부결정(2008헌마370등 [판시] … (2) 예비인가 거부결정의 성격 − 예비 인가를 받지 못한 대학들은 본인가를 위한 후속절차에 참여할 수 있는 기회를 박탈당하여 사실상 법학 전문대학원 설치인가를 받을 수 없게 되어 청구인들의 법적지위에 영향을 주는 것으로 설치인가 거부 결정과는 구별되는 별도의 독립한 처분이므로, 행정청이 행하는 구체적 사실에 관한 법집행으로서의 공권력 행사의 거부(행정소송법 제2조 1항 1호)에 해당한다. (3) 보충성 요건의 충족 여부 – 한편, 거부결정이 행정소송법상 항고소송의 대상이 되기 위하여는 그것이 청구인들의 권리·의무에 직접 영향을 미치는 거부이어야 하고, 청구인들에게 그러한 신청을 할 법률상 또는 조리상 권리가 존재하여야 한다(대법원 2005.11.25. 2004두12421 등). 그런데 청구인들에게는 이 사건 예비인가를 신청할 권리가 있을 뿐 아니라, 위 결정은 청구인들의 권리 내지 법률상 이익에 직접 영향을 주고, 따라서 위 거부결정은 항고소송의 대상이 되는 행정처분에 해당한다. (4) 소결 – 결국 행정소송에 의한 권리구제절차를 모두 거치지 않았으므로, 헌법소원심판의 보충성 원칙에 반하여 부적법하다), ⑥ 개발제한구역(이른바 'Green Belt') 지정(도시계획결정)행위(89헌마46 [사건개요] 구 도시계획법 제21조에 의거하여 개발제한구역으로 지정된 지역 내 토지에 광업권을 가진 청구인이 그 지정으로 광업권의 개발허가가 취소되어 재산권이 침해되었다고 하여 그 지정행위에 대한 헌법소원을 제기였다. [판시] 개발제한구역 지정행위(도시계획결정)에 대하여는 행정심판 및 행정소송 등을 제기할 수 있으므로 청구인으로서는 우선 그러한 구제절차를 거쳐야 함에도 불구하고 그러한 절차를 거치지 아니하여 부적법하다. * 동지: 91헌마192. * 그린벨트 지정제도를 규정한 구 도시계획법 제21조는 이후 위헌소원으로 심판되어 결국 1998.12.24일에 헌법불합치로 결정되었다(90헌바16등). 이처럼 보충성원칙적용으로 본래의미의 헌법소원 '헌마'사건으로 심판되지 못했던 사안이 위헌소원 '헌바'로 심판되기도 하였다). ⑦ 미결수용자의 서신에 대한 발송거부행위(92헌마144), ⑧ (기결)수형자의 서신발송의뢰에 대한 교도소장의 거부조치(96헌마398), ⑨ 미결수용자에 대한 접견신청을 불허하는 처분 [96헌마179, * 유의: 접견신청불허처분 아닌 접견방해행위는 이미 종료된 사실행위여서 법원으로서는 재판의 이익이 없다고 볼 것이라는 이유로 보충성원칙의 예외를 인정하였다(후술 권력적 사실행위 부분 참조)], ⑩ 명예회복신청기각결정(2002헌마213), ⑪ 교도소장의 엄중격리대상자 지정처분 및 이송처분, 영치품사용불허행위 및 비공개결정(2009헌마209) 등.

6) 법원판례, 헌재판례, 실정법의 변화에 따른 보충성원칙 요구의 변화

ⅰ) 법원판례가 행정소송대상성을 인정한 예가 없다가 인정하기 시작하거나 처분성을 부정하던 것을 긍정하는 판례변경을 한 경우, 헌재 자신이 행정소송대상성 인정으로 변경한 경우, 그리고 실정법의 변화로 긍정하게 된 경우 등에는 헌재가 보충성원칙 적용을 요구하지 않던 이전의 자신의 입장을 변경하여 보충성원칙의 적용을 요구하는 변화를 보여주기도 한다. ⅱ) 몇 가지 예를 본다. ① 검찰의 진정사건기록등사신청거부처분 – 법원이 행정소송 대상으로 인정하자 이전의 보충성원칙 불요라는 입장에서 이를 요구하는 입장으로 헌재가 자신의 판례를 변경한 예

(94헌마77), ② 마찬가지 예로 청구인에 대한 확정재판기록 중 피해자의 법정증언 및 탄원서에 대한 등사신청을 거부한 처분(98헌마246)의 예가 있었다. ③ 지목변경 신청반려처분 – 대법원이 판례변경하여 행정소송대상성을 인정함에 따라 헌재도 판례를 변경한 예이다[ⓐ 판례변경 이전 결정(97헌마315), ⓑ 판례변경한 결정(2003헌마723, 2005헌마623, 2005헌마829, 2009헌마693)]. ④ 국가인권위원회의 진정각하·기각결정 – 헌재 자신이 변경한 예로 보인다[ⓐ 판례변경 이전 결정(2006헌마440, 2005헌마358, 2009헌마 63, 2010헌마13, 2011헌마829 등), ⓑ 판례변경한 결정(2013헌마214등, 2013헌마565, 2014헌마191, 2013헌마134 등)]. ⑤ 실정법 변화에 따른 변화 – 위 ① 검찰의 진정사건기록등사신 청거부처분의 경우에는 검찰보존사무규칙에 기록의 열람·등사청구에 관한 규정이 신설되었기 때문임을 이유로 들기도 하였다(94헌마77). 이후 행정소송대상성을 인정 하여 보충성원칙을 요구한 결정례들: ⓐ 법원의 인증등본 송부촉탁에 따른 불기소 사건기록 열람·등사청구의 거부처분(97헌마101), ⓑ 서증으로 법원에 제출하기 위한 수사기록의 등사신청을 거부한 처분(99헌마96).

(2) 체포행위, 범죄행위, 불기소처분·기소유예처분 등에 대한 헌법소원에서 보충성원칙 문제

1) 체포행위에 대한 헌법소원에서의 체포적부심 사전 전치 요구　　　　헌재는 체포에 대하여는 헌법과 형사소송법이 정한 체포적부심이라는 구제절차가 존재하 므로 이를 거치지 않고 제기된 헌법소원심판청구는 보충성의 원칙을 준수하지 않 아 부적법하다고 한다(2008헌마628).

2) 범죄혐의주장 대상 행위에 대한 권리구제절차일반　　　　고소, 재정신청절 차 경유 – 피해자로서 고소권을 가진 자는 고소, 재정신청을 거쳐야 하고 바로 헌 법소원을 제기하면 보충성원칙의 위배가 된다(전형적인 결정례: 2012헌마652).

3) 불기소처분에 대한 헌법소원의 경우

㈎ 주류적 경우 – 고소한 고소권자, 일부 고발인　　　　ⅰ) 재정신청이 확대 된 개정 형사소송법이 시행된 2008년 1월 1일 이후 고소를 하여 불기소처분을 받 은 고소권자, 형법 제123조에서 제126조까지 범죄혐의로 고발하여 불기소처분을 받은 사람은 법원에 재정신청을 할 수 있다. 따라서 이러한 고소인, 고발인은 헌법

소원심판을 청구하려면 검찰의 항고를 거쳐(*유의: 검찰의 항고, 재항고를 모두 거쳐야 하는 것이 아니라 검찰의 항고까지만 거치고(재항고는 안 거침) 법원 재정신청으로 가도록 하고 있다는 점) 관할 고등법원에 재정신청을 하여야 하고(형사소송법 제260조 1항·2항) 이를 하지 않고 청구하면 보충성원칙 요건을 흠결한 것으로 보아 부적법각하결정을 받게 된다(2010헌마71). ⅱ) 법원재판소원, 원행정처분 소원 모두 금지 – 이렇게 보충성원칙을 지켜 법원의 재정신청을 거쳤으나 법원의 재정신청 재판이 인용해주지 않으면 다시 헌법소원을 청구할 수도 있겠는데 그렇게 행한 이 재청구에서는 이번에는 보충성원칙은 지켰으나 대상성이 문제된다. 법원재판과 원행정처분(즉 불기소처분)은 헌재판례에 따라 헌법소원대상성이 없어 결국 헌법소원을 사실상 할 수 없다(그 실제례: 2011헌마613).

　(나) 헌법소원이 사실상 가능한 주체 – 고소하지 않은 고소권자(피해자), 고발인
ⅰ) 재정신청이 확대된 2008년 1월 1일 이후 불기소처분에 대해 실제적으로 헌법소원심판을 청구할 수 있는 주체는 범죄피해자인 고소권자가 고소를 하지 않은 경우(수사기관이 인지한 사건이거나 다른 고발인이 고발하였는데 불기소처분이 내려진 경우이다)의 고소권자와 고발인의 경우(단, 형법 제123조부터 제126조까지의 죄가 아닌 한에서 고발인)이다(이에 관해서는 앞의 헌법소원의 대상성, 검사의 불기소결정 부분 참조). ⅱ) 위 두 가능 주체에 따라 보충성원칙 적용 여부를 살펴본다. (ㄱ) 고소하지 않은 피해자인 경우 – 헌재는 비요구설, 즉 피해자가 새로이 고소를 하지 않고도 이미 행해진 불기소처분에 대해 바로 헌법소원을 청구할 수 있다고 본다(2008헌마716, 그리고 형사소송법 제260조, 검찰청법 제10조에는 피해가가 고소하지 않은 경우에 검찰에 항고·재항고를 할 수 있다는 규정이 없으므로 바로 청구할 수 있게 되는 것이다). 다만, 헌법소원이 요구하는 다른 청구요건들(자기관련성, 청구기간 등)은 구비해야 적법한 청구가 된다(2013헌마750, 2014헌마14 등). (ㄴ) 고발인(형법 제123조부터 제126조까지의 죄에 대하여는 고발을 한 자는 제외)은 해당 불기소처분에 대해 검찰청법상의 항고·재항고를 거칠 수 있으므로(검찰청법 제10조 1항·3항) 보충성원칙의 적용상 그 항고·재항고를 적법하게 거쳐야 하고(2011헌마613), 물론 기본권침해의 자기관련성, 청구기간 등 헌법소원의 다른 청구요건도 요구된다(2014헌마14 등. 자기관련성이 없다고 하여 각하된 예: 2011헌마2). 이처럼 고발인의 경우 불기소처분에 대해 헌법소원 대상성이 인정되는 것은 법원의 재판(재정신청)을 거치지 않는 것이어서 원행정처분이 아니기 때문이다.

4) 기소유예처분, 기소중지처분   ⅰ) 고소하지 않은 피해자 - 불기소처분에 대해 고소하지 않은 피해자에 준하여 생각하면 되는데 고소권자인 피해자 자신이 다시 고소를 하지 않아도 헌법소원을 제기할 수 있다(2003헌마21). ⅱ) 피의자의 경우 - 피의자에 의한 기소유예처분에 대한 헌법소원심판청구가 많이 이루어진다. 기소유예는 기소를 하지는 않으나 그래도 유죄라고 보므로 이러한 누명을 벗고자 많이 제기하는 것이다. 이 기소유예처분의 경우에는 피의자가 재정신청을 할 수 있는 것도 아니고 검찰에 항고, 재항고를 인정하는 법률규정이 없어서 바로 헌법소원을 제기할 수 있다(91헌마169, 91헌마146, 94헌마254, 2008헌마716 등). 기소중지처분에 대한 피의자도 마찬가지이다(헌재 1997.2.20. 95헌마362).

[정리]
▌불기소처분, 기소유예처분에 대한 구제절차 흐름과 경유 및 그 가능성 도해

		→	항고	→	재항고	→	재정신청	→	헌법소원
불기소 처분	고소한 피해자	→	○	→	×	→	○	→	×
	고소하지 않은 피해자	→	×	→	×	→	×	→	○
	고발인 (형법 제123-126조 제외)	→	○	→	○	→	×	→	○
기소유예처분 피의자		→	×	→	×	→	×	→	○

* [표식] → : 나아갈 과정을 의미, ○ : 할 수 있다는(거쳐야 한다는) 의미 × : 할 수 없다는 의미
* 기소유예처분에 대한 고소인, 고소하지 않은 피해자, 고발인의 헌법소원 - 불기소처분의 경우에 준하여 보면 됨.

(3) 사법부의 공권력작용, 처분의 경우

법원(司法府)의 공권력작용으로 기본권이 침해되는 경우에도 보충성원칙이 적용된다[89헌마203(집행관의 강제집행), 89헌마235(법원 사무관의 접수에 관한 처분), 92헌마247(대법원장의 법관에 대한 인사처분), 2000헌마797(사법정보의 비공개)]

(4) 입법작용에 대한 헌법소원의 경우

입법작용은 주로 법령소원으로 다투게 되는데 법령소원은 후술하는 대로 다른 권리구제절차가 없는 경우에 해당하여 보충성원칙이 적용되지 않는다(후술 '2. 다른

권리구제절차가 없는 경우' 부분 참조). 입법부작위에 대한 헌법소원의 경우에도 마찬가지
이다.

4. 보충성원칙의 예외 내지 다른 구제절차가 없는 경우

(1) 구분 – 보충성원칙의 '예외'와 '비적용'(배제)

보충성원칙 요건의 충족을 요구하지 않는 경우를 통상 '예외'라고 부르나 정확
히는 '예외'와 '비적용'(배제), 두 가지 경우로 나누어진다. 즉 ⅰ) 예외 – 먼저 다
른 권리구제절차가 있더라도 그 권리구제절차를 거치지 않고도 헌법소원심판을 청
구할 수 있는 예외의 경우이다. 이는 다른 구제절차가 있으므로 그 절차를 거쳐
보충성원칙을 충족할 것을 요구하여야 하는 것이 원칙인데 이를 요구하지 않는다
는 점에서 '예외'인 것이다. 다음으로 ⅱ) 비적용(배제) – 다른 권리구제절차가 없
는 경우에는 그 충족을 요구하고자 하더라도 그 절차가 없으므로 애초부터 보충성
원칙을 요구할 수 없는 경우이다. 이는 예외가 아니라 비적용(배제)의 경우이다. 아
래 이 두 가지 경우를 각각 나누어 살펴본다.

(2) 보충성원칙의 예외

1) 예외인정의 정당성과 그 기여　　　　보충성원칙이 요구된 것은 헌법소원
이 기본권구제의 최후 보루수단이라는 점에서 헌법소원의 최종성, 보완성에 있다.
이는 통상적인 권리구제절차의 활용도를 높이고 그 분담도 넓히며 다른 한편 헌법
소원이 헌법적인 문제를 보다 집중적으로 판단하도록 한다는 헌법재판의 효율성도
높이는 데 기여하고자 하는 의미도 가진다. 그러나 다른 권리구제절차의 강제가
불필요하고 비효율적이라면 기본권구제를 위한 헌법소원이라는 본래의 목적을 저
버리는 결과를 가져올 수도 있다. 이러한 부정적 경우를 막기 위해서는 그 예외를
인정하는 것이 정당하다. 헌재는 출범초기부터 보충성원칙의 예외사유를 인정하여
곧바로 헌법소원을 제기할 수 있는 가능성을 열어 헌법소원의 활성화를 가져오게
하였다.

2) 예외사유와 그 적용례

(가) 예외사유　　　　아래 예외사유는 확립된 판례법리로서 판례에서 매우 빈번히 제시되고 있는 중요한 법리이다. 아래에 정리한다.

[헌재의 기본법리]

▶ 보충성원칙의 예외사유
- 청구인이 그의 불이익으로 돌릴 수 없는 정당한 이유 있는 착오로 전심절차(前審節次, 다른 권리구제절차)를 밟지 않은 경우
- 다른 권리구제절차에 의하더라도 구제의 기대가능성이 없는 경우
- 다른 권리구제절차의 허용여부가 객관적으로 불확실하여 전심절차이행의 기대가능성이 없을 경우
- 다른 구제절차가 있더라도 구제의 기대가능성이 없고 다만 기본권침해를 당한 청구인에게 불필요한 우회절차를 강요하는 것밖에 되지 않는 경우

(나) 예외사유의 적용례(구현례)　　　　위의 예외사유가 구체적으로 나타난 주요 적용사례들로는 이하 3) 이하에서 볼 행정소송 대상성(처분성)의 불명확성, 행정소송의 소의 이익 결여, 권력적 사실행위 경우 등이다. 이하에서 각각 살펴본다.

3) 행정소송 대상성('처분성') 여부의 불명확성에 따른 예외　　　　ⅰ) 의미: 행정쟁송의 대상이 되는 '처분성'을 가지는지 여부에 직결되어 있으므로(전술 참조) 처분성을 가지는지가 불명확하고 법원이 행정소송 대상으로 인정한 예가 없어 행정쟁송의 대상이 되는지가 분명하지 않으면 보충성원칙의 예외를 인정하게 된다. 이하 결정례들이 그 예들이다. ⅱ) 결정례: ① 임야조사서(또는 토지조사부) 열람·복사 신청 불응 부작위 사건 — 위 예외인정 판례법리가 나타나기 시작한 결정례가 바로 이 결정이다. 그 부작위가 "알 권리"를 침해한 것이므로 위헌임을 확인한 결정이다(88헌마22* 예외 법리가 처음 나온 판례이기도 하고 공법복합적이라 비교적 자세히 옮김. [사건개요] 청구인은 1988.3.22.부터 동년 12.10.경까지의 간에 수차례에 걸쳐서 피청구인(군수)에게 ○○○ 등지에 소재한 임야와 전에 대한 임야조사서(또는 토지조사부)의 열람·복사 신청을 하였으나 피청구인은 불응하였고, 이에 청구인은 동년 12.17. 헌법소원심판을 청구하였다. [판시] 피청구인의 부작위에 대해 의무이행심판(행정심판법 제4조 3호) 항고소송으로서(행정소송법 제3조 1호) 거부처분취소 또는 부작위위법확인(동법 제4조 1호, 3호) 등을 구하는 것이 가능할 것이기 때문에 그 절차를 거치지

않은 것은 바로 전심절차 불이행의 흠결이 있는 것으로 지적될 수 있다. 그러나 행정소송법상 "부작위"라 함은 행정청이 당사자의 신청에 대하여 상당한 기간 내에 일정한 처분을 하여야 할 법률상 의무가 있음에도 불구하고 이를 하지 않은 것을 의미하는 것으로서(동법 제2조 1항 2호), 피청구인이 청구인의 문서 열람·복사 신청에 불응한 것이 위 부작위로 되어 행정쟁송의 대상이 되려면 피청구인에게 법률상의 처분의무가 존재하여야 한다. 그런데 공문서의 개시의무에 관한 법률상 명문규정은 찾아볼 수 없고, 행정청의 부작위 또는 사실행위에 관한 대법원의 종래의 판례를 검토하면, … 행정소송의 대상이 되지 않는다고 판시하고 부작위위법확인을 받을 법률상의 이익은 다만 간접적이거나 사실적·경제적 관계를 가지는데 불과한 경우는 여기에 포함되지 아니한다고 판시하고 있다. 이상 대법원의 판례를 종합해 보면 행정청 내부의 사실행위나 사실상의 부작위에 대하여 일관하여 그 행정처분성을 부인함으로써 이를 행정쟁송 대상에서 제외시켜 왔음을 알 수 있어 본건과 같은 경우도 행정쟁송에서 청구인의 주장이 받아들여질 가능성은 종래의 판례 태도를 변경하지 않는 한 매우 희박함을 짐작하기에 어렵지 않은 것이다. 과연 그렇다면 사실상의 부작위에 대하여 행정소송을 할 수 있는지의 여부를 잠시 접어두고 그에 관한 대법원의 태도가 소극적이고 아울러 학설상으로도 그 가부가 확연하다고 할 수 없는 상황에서 법률의 전문가가 아닌 일반국민에 대하여 전심절차의 예외없는 이행을 요구하는 것이 합당하겠는가의 의문이 생겨나는 것이다. 그러나 헌법소원심판 청구인이 그의 불이익으로 돌릴 수 없는 정당한 이유있는 착오로 전심절차를 밟지 않은 경우 또는 전심절차로 권리가 구제될 가능성이 거의 없거나 권리구제절차가 허용되는지의 여부가 객관적으로 불확실하여 전심절차 이행의 기대가능성이 없을 때에는 그 예외를 인정하는 것이 청구인에게 시간과 노력과 비용의 부담을 지우지 않고 헌법소원심판제도의 창설취지를 살리는 방법이라고 할 것이므로, 본건의 경우는 위의 예외의 경우에 해당하여 적법하다). * 이 결정 이후 현재는 정보 비공개결정에 대한 행정쟁송을 인정하는 '공공기관의 정보공개에 관한 법률'이 시행되고 있는 등 상황이 다르다. ② 최저임금 고시 사건(헌재 2019.12.27. 2017헌마1366등. [사안] 2018년 적용 최저임금 고시(고용노동부고시)의 최저임금액 7,530원 규정 등에 대해 근로자를 고용하는 사업자 등이 경제활동자유 침해라는 주장으로 헌법소원심판을 청구한 사건. [판시] 최저임금 고시 부분의 처분성을 인정하여 행정소송법에 의한 행정소송 등 다른 권리구제절차를 허용할 수 있는지 여부가 객관적으로 불확실하고, 각 최저임금 고시 부분에 대하여 법원이 항고소송의 대상으로 인정한 적도 없으므로, 청구인들에게 항고소송에 의한 권리구제절차를 거치도록 요구하거나 기대할 수 없다. 따라서 보충성 요건을 충족하지 못한다는 피청구인의 주장은 이유 없다. * 이 결정에서 행정소송 허용 여부의 객관적 불확실성과 아울러 법원이 행정소송 대상으로 인정한 예가 없다는 점을 들고 있는데 이와 같은 결정례는 법원의 인정례 부재라는 이유 부분에 방점을 두면 다음의 '(3) '다른 권리구제절차'가 없는 경우 – 비적용'에 해당될 것이나 그것

헌법재판요론

역시 그 부재도 결국 불확실성의 논거라고 볼 수 있으므로 여기 '(2) 보충성원칙의 예외'에 분류한 것이다). ③ 최저생계비고시(2002헌마328 [판시] 심판의 대상은 보건복지부장관의 어떤 구체적인 처분 그 자체가 아니고, 보건복지부장관이 법령의 위임에 따라 정한 최저생계비 고시인데, 이러한 고시에 대하여 처분성을 인정하여 행정소송법에 의한 행정소송 등 다른 권리구제절차를 허용할 수 있는지 여부가 객관적으로 불확실하므로 보충성의 예외에 해당), ④ 대통령선거방송토론위원회가 정한 결정 및 그 공표행위(97헌마372등, [사안] 대통령선거 후보자 대담·토론회에 참석할 후보자의 선정기준에 관하여 대통령선거방송토론위원회가 정한 결정 및 그 공표행위에 대한 헌법소원 [판시] '공직선거 및 선거부정방지법'(1997.11.14. 개정된 것, 이하 '공선법')은 토론위원회 자체에 그 결정의 시정을 구하는 절차나, 감독기관이라고 할 수 있는 중앙선거관리위원회에 불복하는 절차를 전혀 두고 있지 아니하므로 토론위원회의 결정에 대한 공선법상의 구제절차는 없다. 그 결정이 행정쟁송의 대상인 처분에 해당하는지 여부는 객관적으로 불확실하며, 나아가 가사 처분에 해당한다고 하더라도 후보자 등록일부터 선거일 전일까지라는 짧은 법정선거운동기간에 행정쟁송절차가 완료되어 구제될 가능성은 기대하기 어려우므로 행정쟁송을 거칠 것을 요구하는 것은 실효성 없는 우회절차를 요구하는 것밖에 되지 않는다. 그렇다면 보충성요건을 충족하였다), ⑤ 미결수용자에 대한 신문기사 삭제행위(98헌마4 [판시] 피청구인(구치소장)의 삭제행위의 법적 근거인 행형법, 법무부장관의 '수용자 교육·교화운영지침' 관련 내용에 따른 것이다. 그런데 위 지침에 권리구제수단에 관하여 아무런 규정이 없으므로 그 삭제행위에 대해 어떠한 구제수단이 있을 것인가가 청구인으로서는 명확히 알 수 없다. 일반국민이 위와 같은 기사삭제행위가 행정심판이나 행정소송의 대상이 될 수 있을 것이라고 쉽게 판단하기는 어렵다. 이러한 사정과 청구인이 당시 구금자로서 활동의 제약을 받고 있었던 점을 아울러 고려할 때 청구인의 입장에서는 위와 같은 절차 이행의 기대가능성이 없었다고 보아야 할 것이다. 따라서 보충성의 예외인 경우로 인정되어 적법하다), ⑥ 국민감사청구에 대한 감사원장의 기각결정(2004헌마414 [판시] 감사원의 국민감사청구기각결정의 처분성 인정 여부에 대한 대법원판례는 물론 하급심판례도 아직 없으며, 부패방지법상 구체적인 구제절차가 마련되어 있는 것도 아니므로 행정심판이나 행정소송 등의 사전 구제절차를 모두 경료하고 나서 헌법소원을 청구할 것을 기대할 수는 없다), ⑦ 옥외집회 시간·장소 경합된 두 집회신고서에 대한 경찰서장의 일괄 반려행위(2007헌마712 [사안] 위 두 신고자 중 한쪽이 위 반려행위에 대해 집회자유 침해한다는 주장의 헌법소원을 청구함. [판시] 반려행위에 대하여 법원에서의 권리구제절차가 허용되는지 여부가 객관적으로 불확실하므로 사전 구제절차를 이행하도록 기대하는 것은 부적절), ⑧ 처분성 명확성 인정, 처분성 인정으로의 판례변경으로 인한 보충성원칙요구로의 변경례 – 이전에 불명확했던 처분성이 검찰보존사무규칙, 법원판례에서의 긍정, 그리고 처분성 부정에서 긍정으로의 법원판례의 변경, 헌재 자신의 판례변경 등으로 보충성원칙 요구로 변경된 예가 있다. 검찰의 기록에 대한 열람·복사신청의 거부행위, 지목변경신청반려처분, 국가인권위원회의 진정각하 등이 그 예인데 이에 대해서는 앞서 서술했다(전술 3. (1) 6) 부분 참조).

4) 법원소송에서의 소의 이익 결여에 따른 예외 인정　　　행정소송의 대상이 되는 행정작용일지라도 행정소송에서 또 다른 제기요건으로 중요한 요건인 행정소송을 통하여 회복할 법률상 이익, 소의 이익(訴의 利益), 실제 그러한 이익이 구제될 가능성을 의미하는 권리보호필요성(이를 좁은 의미로 '소의 이익'이라고 부르기도 한다)이 존재할 것을 요구한다. 현행 행정소송법 제12조 전문도 "취소소송은 처분 등의 취소를 구할 법률상 이익이 있는 자가 제기할 수 있다"라고 규정하여 행정소송의 제기에 법률상 이익을 요구하고 있다. 따라서 이러한 법률상 이익, 소의 이익을 가지는 경우라서 행정소송을 제기할 수 있는 경우에는 그 행정처분에 대한 헌법소원은 행정소송을 먼저 거쳐야 하는 보충성원칙의 준수가 요구된다. 그러나 이 소의 이익이 없다고 하여 각하될 경우 행정소송을 거쳐서 헌법소원을 제기하라고 요구할 수는 없다. 바로 그런 점에서 예외가 인정되고 그 예들을 아래에 살펴본다.

(가) 권력적 사실행위 – 종료된 권력적 사실행위　　　좁은 의미의 소의 이익이 없어 각하될 가능성이 많은 경우가 권력적 사실행위이다. 권력적 사실행위는 일단은 짧은 시간 동안의 작용으로 종료되는 경우가 많아 그 경우 법원의 행정소송(취소소송)에 의해 취소하는 것이 권리구제를 가져오지 못하여 각하되는 경우로 되는 것이다. 그래서 소의 이익의 결여로 인한 보충성예외사유를 여기에 분류하는 것인데 실제 권력적 사실행위에 관한 결정례들이 많기도 하여 권력적 사실행위를 별도의 항목으로 하여 살펴본다[후술 7) 참조].

(나) 행정처분의 경우 – 권리구제기대가능성이 없는 경우, 불필요한 우회절차
ⅰ) 행정소송법 제12조 후문은 "처분등의 효과가 기간의 경과, 처분등의 집행 그 밖의 사유로 인하여 소멸된 뒤에도 그 처분등의 취소로 인하여 회복되는 법률상 이익이 있는 자의 경우에는 또한 같다"라고 규정하고 있는데 법률상 이익이 남아 있지 않으면 행정소송을 법원에 제기해도 각하결정을 받을 것이다. 그리고 권리보호필요성(가능성, 좁의 의미의 소의 이익)이 없는 경우에도 그러할 것이다. 그러한 경우

들을 보충성원칙의 예외사유 중 기대가능성이 없는 경우로 보아 그 예외를 인정할 수 있는데 다음의 결정례들이 그 예들이다. ⅱ) 결정례들 – ① 공무원에 대한 직무명령(전투경찰 진압명령)(91헌마80 [사건개요] 현역병으로 입영한 청구인을 그의 의사에 반하여 전투경찰순경으로 전임시키고 전투경찰 본래임무도 아닌 집회·시위진압을 청구인에 대해 명령한 그 진압명령은 양심의 자유 등에 반한다 하여 헌법소원을 제기함. [판시] 이 사건 진압명령은 그 위법함이 명백하지 않는 한 이를 거부할 수 없어 이를 그대로 실행할 수밖에 없고, 계속적인 내용이 아닌 직무명령이 이미 실행된 후에는 그 취소를 구할 이익이 없게 되는 경우가 대부분일 것이다. 이 사건 진압명령도 특정 일시의 특정 집회와 관련된 시위의 진압을 내용으로 하는 것으로서 이 사건 심판청구 당시에 이미 청구인 등에 의하여 그 실행이 완료된 것이다. 따라서 이 사건 진압명령이 행정심판 및 행정소송의 대상이 되는 행정처분에 해당한다고 하더라도 그 명령의 무효확인 또는 취소에 의하여 회복될 수 있는 법률상 이익이 남아 있지 않는 한 결국 그 진압명령에 대한 행정소송은 소의 이익이 없다 하여 각하될 가능성이 매우 크므로 이와 같은 경우에는 구제절차가 있다고 하더라도 권리구제의 기대가능성이 없고 다만 기본권 침해를 당한 자에게 불필요한 우회절차를 강요하는 것밖에 되지 않는 경우로서 헌법재판소법 제68조 1항 단서의 예외의 경우에 해당하여 이 사건 진압명령에 대한 심판청구 부분은 권리구제절차를 밟지 아니하였다고 하더라도 적법하다. * 본안판단 결과 기각결정이 되었다), ② 현수막철거이행명령(99헌마592등 [관련판시] 행정쟁송이 가능할 것이나, 행정소송을 제기한다 하더라도 현수막의 설치기간이 시행령에 의하여 15일 이내로 되어 있어, 행정쟁송절차에 소요되는 기간을 감안할 때 행정소송의 변론종결시에는 이미 설치예정기간이 도과하여 청구인으로서는 신고에 따른 설치목적을 달할 수 없기 때문에, 피청구인의 처분의 취소를 구할 법률적 이익이 부정되어 각하될 가능성이 많다. '예방적 부작위소송'을 제기하는 것도 '행정소송에서 허용되지 아니하는 것'이라는 이유로 법원이 각하할 것으로 보인다. 따라서 구제절차 선이행을 요구할 기대가능성이 없어 예외적인 경우), ③ 구속적부심을 위한 고소장·피의자신문조서 열람·등사신청에 대한 경찰서장 비공개결정(2000헌마474 [판시] 청구인이 신청한 고소장과 피의자신문조서에 대한 열람은 기소 전(起訴 前)의 절차인 구속적부심사에서 피구속자를 변호하기 위하여 필요한 것인데, 그 열람불허를 구제받기 위하여 행정소송을 제기하더라도 소요되는 통상의 기간에 비추어 볼 때 이에 의한 구제가 기소 전에 이루어질 가능성이 거의 없고 오히려 기소된 후에 이르러 권리보호이익의 흠결을 이유로 행정소송이 각하될 것이 분명한 만큼, 이러한 구제절차의 이행을 요구하는 것은 불필요한 우회절차를 강요하는 셈이 되어 부당하여 예외 인정).

5) * 유의: 행정처분 제3자의 행정소송 소익과 헌법소원 보충성원칙 요구

⑺ 제3자에 의한 행정소송 제기가능성에 대한 선행적 설명　　　먼저 행정처분의 상대방이 아닌 제3자의 행정소송을 이해해야 할 것이다. 행정처분에는 이익을 주는 것과 침해(침익)를 주는 처분이 있고 양자가 같이 있는 복효적 처분도 있다. 복효적 처분은 그 복효가 모두 상대방에 향해질 수도 있으나 상대방에는 이익, 제3자에게는 침해를 줄 수 있다, 후자를 제3자효 처분이라고 하는데 이 제3자효 행정처분에서 침해를 받는 제3자도 행정소송을 통해 구할 법률상 이익이 있으면 행정소송을 제기할 수 있는 것이다. 이익을 주는 허가나, 인가의 처분을 받은 상대방이 아닌 그것을 원하는 다른 제3자들이 있을 수 있는데 그 허가나 인가를 못받은 제3자들은 불리하게 되는데(또 예를 들어 공장의 인가처분은 공장을 설립하려는 사람에게는 이익이 되지만 그 공장의 공해로 영향을 받을 제3자인 주민에게는 불리한 행정처분이 될 수 있다-환경소송의 경우) 이러한 제3자도 행정소송을 제기할 수 있다[이를 서로 경쟁관계에서 소송이 제기된다고 하여 경원(競願)소송이라고도 한다]. 아래 헌재 결정례 사안에서 납세필증 병마개 사건도 그 지정을 받지 못한 제조업자가 제3자로서 그러한 상황에 놓이게 된 것이다.

⑻ 상대방의 행정소송의 경우와 같은 법리의 적용　　　제3자가 행정소송을 제기한 것이라는 점이 차이가 있지만 위 4)에서 본 법리가 여기서도 그대로 적용된다는 점에 유의를 요한다. 즉 제3자라도 법률상 이익, 소의 이익을 가지는 경우라서 행정소송을 제기할 수 있는 경우에는 그 행정처분에 대한 헌법소원에는 행정소송을 먼저 거쳐야 하는 보충성원칙의 준수가 요구된다. 아래의 결정례가 그러한 취지의 판례이다. 그 점 유의할 일이고 아래 적은 대로 공법 복합형 문제가 도출될 수 있는 영역이다. 물론 제3자의 경우에도 행정소송 소익의 결여 등으로 구제기대가능성이 없는 경우 등에는 보충성원칙적용에서 예외가 인정됨은 처분 상대방에 있어서의 앞서 본 경우에서나 마찬가지이다.

[주요판시사항] 행정처분 제3자에 대한 보충성원칙 요구 ────────────

- 행정처분의 제3자도 행정소송의 원고적격(법률상 이익)을 가질 경우 제3자에 의한 헌법소원의 경우에도 보충성원칙이 적용되어야 함
- 제3자의 원고적격의 판단기준: 주관적 공권의 성립여부. 여기서 공권이란 행정청의 특정 의무를 규정하는 객관적인 법규범이 존재하고 그 법규범이 공익뿐만 아니라 사익의 보호도 의도하고 있는 경우에 비로소 인정됨

• "기본권=법률상 이익"을 인정한 예: 기본권인 경쟁의 자유가 행정처분의 취소소송을 구할 법률상 이익이 됨

📖 **판례** 헌재 1998.4.30. 97헌마141

[사건개요] 납세증명표지의 첩부와 동일한 효력이 인정되는 납세병마개 제조자로 특정업체를 지정하도록 규정하고 있는 주세법시행령규정 등에 따라 국세청장이 고시를 통하여 그 지정을 하였는데 지정을 받지 못한 병마개 제조업을 개시하려는 신규업체인 청구인이 헌법소원심판을 청구하였다. [판시] 행정소송법 제12조는 "취소소송은 처분 등의 취소를 구할 법률상 이익이 있는 자가 제기할 수 있다"고 규정하고 있는데, 대법원판례와 학계의 다수설이 취하는 '법률상 보호이익설'에 의하면 여기서의 '법률상의 이익'이란 법에 의하여 보호되는 이익(대법원 1993.7.27. 93누8139 판결 등), 즉, 실정법을 근거로 하여 성립하는 공권을 뜻하므로, 비록 행정처분의 직접 상대방이 아닌 제3자라도 당해 처분의 취소를 구할 법률상 이익이 있는 경우에는 행정소송을 제기할 수 있다. 위와 같이 '법률상 보호이익설'은 행정처분의 직접 상대방이 아닌 제3자의 원고적격을 판단함에 있어서 주관적 공권의 성립여부를 그 기준으로 삼고 있는데, 여기서 공권이란 행정청의 특정 의무를 규정하는 객관적인 법규범이 존재하고 그 법규범이 공익뿐만 아니라 사익의 보호도 의도하고 있는 경우에 비로소 인정된다 하겠다. 이 사건에서 보건대, 설사 국세청장의 지정행위의 근거규범인 이 사건 조항들이 단지 공익만을 추구할 뿐 청구인 개인의 이익을 보호하려는 것이 아니라는 이유로 청구인에게 취소소송을 제기할 법률상 이익을 부정한다고 하더라도, 국세청장의 지정행위는 행정청이 병마개 제조업자들 사이에 특혜에 따른 차별을 통하여 사경제주체간의 경쟁조건에 영향을 미치고 이로써 기업의 경쟁의 자유를 제한하는 것임이 명백한 경우에는 국세청장의 지정행위로 말미암아 기업의 경쟁의 자유를 제한받게 된 자들은 적어도 보충적으로 기본권에 의한 보호가 필요하다. 따라서 일반법규에서 경쟁자를 보호하는 규정을 별도로 두고 있지 않은 경우에도 기본권인 경쟁의 자유가 바로 행정청의 지정행위의 취소를 구할 법률상의 이익이 된다. 그러므로 청구인은 국세청장의 지정처분의 취소를 구하는 행정소송을 제기할 수 있고, 따라서 그 구제절차를 거치지 아니하고 제기된 이 국세청고시에 대한 헌법소원심판청구는 보충성요건이 결여되어 부적법하다.

중요⚠ 위 사안은 행정법에서 복효적 행정처분을 다루고 이에 연관하여, 행정소송에서 제3자에 의한 소송(위 예에서 언급한 대로 환경소송 경원소송 등)에서 법률상 이익, 소의 이익 문제를 중요하게 다루며, 법률상 이익 문제와 연관되어 공권(公權)이론 등의 문제[즉 행정처분의 제3자(위 사안의 청구인, 환경소송에서의 주민 등)의 원고적격(법률상 이익) 문제로서 그 행정처분으로 인해 받는 불이익이 단순한 반사적 불이익인가 아니면 공권의 침해인가를 논하는 문제가 법률상 이익 문제에 연관]가 핵심쟁점으로 논의되므로 중요한 문제들을 많이 담고 있다. 그리하여 위와 같은 제3자에 의한 행정소송과 헌법소원의 문제는 행정법, 행정소송법이론과도 연결되는 중요한 헌법재판 문제로서 공법복합형(행정법+행정소송법+헌법재판)으로 중요하다.

6) 행정소송 당사자능력 결여에 따른 예외 인정   법원의 행정소송에서 당사자능력이 부정되면 각하판결을 받게 되어 권리구제가 안 된다. 따라서 그 경

우에 보충성의 예외에 해당되어 적법하다는 것이 헌재판례이다. 그 예로 교육부장관이 국립대학교인 ○○대학교 법학전문대학원에 대하여 신입생 1명의 모집을 정지하도록 한 행위에 대해 ○○대학교가 제기한 헌법소원사건에서 헌재는 법인화되지 않은 국립대의 행정소송 당사자능력 부인에 따른 보충성원칙 예외를 인정하였다(2014헌마1149. [판시] 법인화되지 않은 국립대학은 영조물에 불과하고, 그 총장은 국립대학의 대표자일 뿐이어서 행정소송의 당사자능력이 인정되지 않는다는 것이 법원의 확립된 판례이므로(대법원 2010.3.11. 2009두23129; 대법원 2007.9.20. 2005두6935 등 참조), 설사 청구인이 이 사건 모집정지에 대하여 행정소송을 제기한다고 할지라도 부적법 각하될 가능성이 많아 행정소송에 의하여 권리구제를 받을 가능성이 없는 경우에 해당되고, 따라서 보충성의 예외를 인정함이 상당하다. * 대학의 자율권을 침해하여 위헌이라고 보아 위헌확인과 취소결정을 하였다).

7) **권력적 사실행위**   i) 보충성원칙 예외의 이유 – 권력적 사실행위로서 ① 행정소송 대상성 인정도 불명확하고 설령 인정되더라도 권력적 사실행위는 짧은 시간 동안의 작용으로 종료되는 경우가 많으므로 ② 행정소송에서 소의 이익 부정으로 각하될 가능성이 많다. 따라서 행정쟁송 등 다른 구제절차가 불확실한 것으로 되고 헌법소원심판을 청구하는 외에 달리 효과적인 구제방법이 없으며 불필요한 우회절차를 강요하는 것밖에 되지 않으므로 보충성의 원칙에 대한 예외에 해당된다는 것이다. 보충성원칙의 예외가 권력적 사실행위에 빈번히 인정되는 이유가 거기에 있다. ii) 결정례들 – ① 변호인접견방해행위(91헌마111), ② 기업해체지시(89헌마31), ③ 미결수용자의 서신에 대한 검열행위와 동 서신의 지연발송·지연교부행위(92헌마144), ④ (旣決) 受刑者의 서신에 대한 검열행위(96헌마398), ⑤ 소송기록송부행위라는 '사실행위'(92헌마44), ⑥ 미결수용자 재소자용의류착용처분(97헌마137등), ⑦ 계구사용행위(상시적으로 양팔을 사용할 수 없도록 하는 계구를 착용하게 한 행위, 2001헌마163), ⑧ 포승·수갑 사용 상태에서의 피의자조사를 받게 한 행위(2001헌마728), ⑨ 방송위원회(구)의 방송사에 대한 '경고 및 관계자 경고'(방송에 대한 재허가 추천 여부에 영향을 주는 평가자료가 되는 것으로 사실상 방송사업자에 대한 제재수단으로 작용하고, 단순한 행정지도의 범위를 넘어서는 것으로서 규제적·구속적 성격의 행정지도로서 권력적 사실행위라고 보았다. 2004헌마290, 취소결정이 있었다), ⑩ 항문내 검사 위헌확인(마약류사범의 경우. 2004헌마826), ⑪ 마약류 관련 수형자에 대한 마약류반응검사를 위한 소변강제채취(2005헌마277), ⑫ 화상접견시간 10분 이내로 단축한 교도소장의 행위(2007헌마

738), ⑬ 서울특별시 서울광장을 경찰버스들로 둘러싸(차벽) 통행을 제지한 경찰청장 행위(2009헌마406), ⑭ 민사법정에 출석하는 수형자에 대한 운동화착용불허 행위(2009헌마209), ⑮ 구치소장의 구치소 내 종교의식 또는 행사에 미결수용자의 참석을 금지한 행위(2009헌마527 * !주목! 기록형시험을 위해 전형적인 판시로서 이 결정의 이 부분 판시를 그대로 옮김. [판시] 이 사건 종교행사 등 참석불허 처우는 이른바 권력적 사실행위에 해당하므로 행정소송의 대상이 된다고 단정하기 어렵고, 가사 행정소송의 대상이 된다고 하더라도 이미 종료된 행위로서 소의 이익이 부정되어 각하될 가능성이 많은바, 청구인에게 그에 의한 권리구제절차를 밟을 것을 기대하기는 곤란하므로 보충성 원칙의 예외로서 헌법소원의 제기가 가능하다. '형의 집행 및 수용자의 처우에 관한 법률' 제116조의 소장면담이나 같은 법률 제117조의 청원 제도는 처리기관이나 절차 및 효력 면에서 권리구제절차로서는 불충분하고 우회적인 제도여서 헌법소원에 앞서 반드시 거쳐야 하는 사전구제절차라고 보기 어려우므로, 청구인으로서는 헌법소원청구를 하는 외에 달리 효과적인 구제방법이 있다고 할 수 없다), ⑯ 수용자의 행정소송 출정을 제한한 교도소장의 행위(2010헌마475), ⑰ 교도소이송시 보호장비 사용행위(2011헌마426), ⑱ 서울출입국관리사무소장의 외국인에 대한 '긴급보호 및 보호명령의 집행행위', '강제퇴거명령의 집행행위'(2008헌마430), ⑲ 문화계 블랙리스트 지원배제 지시행위에 대한 헌법소원(피청구인 대통령이 피청구인 비서실장 등에게 각 야당 소속 후보를 지지하였거나 정부에 비판적 활동을 한 문화예술인을 지원 대상에서 배제하라고 지시한 행위 등(2017헌마416. 이 지원배제 지시는 권력적 사실행위로서 행정심판이나 행정소송의 대상이 되는지 여부가 객관적으로 불분명하고, 설령 행정소송이 인정된다고 하더라도 이미 종료된 행위로서 소의 이익이 부정될 가능성도 많다고 보아 보충성 예외를 인정함). iii) 수사서류 열람·등사 법원 허용결정에 불구한 검사의 거부행위 − 형사소송법 제266조의4 신설 등이 있었던 2007.6.1. 이후 법원의 개입으로 구제받을 길이 보다 분명히 열렸는데 그럼에도 법원의 열람·등사 허용결정에도 불구하고 검사가 여전히 불응하는 경우에 대한 헌법소원사건이 있었고 헌재는 보충성원칙 예외로 본안판단에 가서 위헌확인을 하곤 하였다. 헌재는 두 가지 점을 들어 보충성원칙 예외로 본다. 즉 ① 위 거부행위가 법원의 허용 결정상 의무 중 일부를 이행하지 않음으로써 수사서류에 대한 열람·등사권의 완전한 행사를 방해하는 권력적 사실행위이지 그 거부행위와 별도로 어떤 권리의 설정 등 국민의 구체적인 권리의무에 변동을 초래하는 행위라고 보기는 어려워 항고소송 대상이 아니다. 따라서 행정쟁송 절차는 구제절차로 볼 수 없고, 다른 법률에도 이 사건 등사 거부행위에 대한 구제절차가 마련되어 있다고 볼 수 없으므로, 보충성원칙에 위배된다

고 볼 수 없다(비적용). ② 이 거부행위를 항고소송의 대상이 되는 행정처분으로 보더라도, 청구인들이 형사소송법 제266조의4 소정의 구제절차를 거쳐 법원으로부터 이 사건 열람·등사 허용 결정을 받았음에도 거부하고 있는 상황에서, 청구인들로 하여금 재차 행정쟁송 절차를 거치게 하는 것은 권리구제의 실익이 없는 반복적인 절차의 이행을 요구하는 것에 지나지 않는다(헌재 2017.12.28. 2015헌마632 * 이전의 동지의 결정: 2009헌마257). ⅳ) 유의: 행정처분의 준비행위 또는 합성행위로서 행정처분과 결합되는 권력적 사실행위 — 헌재는 행정처분의 준비행위로 행하여지거나 행정처분과 결합되는 권력적 사실행위의 경우에는 행정처분에 흡수되어 행정소송대상이 되어 보충성원칙이 적용된다고 본다. 이 법리를 밝힌 사안은 폐기물 활용 벽돌 등 제조·판매 회사에 대한 감사행위에 대한 것으로 그 감사행위는 준비행위가 아니고 행정처분과 비결합되는 것으로 따라서 보충성원칙이 적용되지 않는다고 보았다(2001헌마754, 과다감사 확인).

(3) '다른 권리구제절차'가 없는 경우 – 비적용

이 경우는 다른 권리구제절차가 없으므로 보충성원칙의 예외가 아니라 비적용 내지 배제이다. 이 경우로 대표적인 것이 바로 법령소원이다.

1) 법령소원의 경우

(가) 보충성원칙 배제의 논거   헌재는 "법률 자체에 의한 기본권침해가 문제될 때에는 일반법원에 법령 자체의 효력을 직접 다투는 것을 소송물로 하여 제소하는 길은 없어 구제절차가 있는 경우가 아니므로" 법령에 대하여 곧바로 헌법소원을 제기할 수 있다고 한다(88헌마1, 2008헌마715등, 2011헌마241 등).

> **헌재의 논거** ─────────────
> "법률 자체에 의한 기본권침해가 문제될 때에는 일반법원에 법령 자체의 효력을 직접 다투는 것을 소송물로 하여 제소하는 길은 없어 구제절차가 있는 경우가 아니므로" 법령에 대하여 곧바로 헌법소원을 제기할 수 있다.

(나) 법률, 법규명령 헌법소원   법률은 물론이고, 대통령령(시행령), 총리령, 부령(시행규칙)과 같은 법규명령에 대한 법령소원의 경우에도 보충성원칙이 배제된다(94헌마113, 2003헌마289, 2011헌마241).

(다) 법령보충규칙 헌법소원   나아가 부령이 아닌 행정규칙으로서 법률이나 상위 법규명령의 위임을 받아 장관이 제정하는 행정규칙(고시, 훈령, 지침 등)과 같은 이른바 법령보충규칙의 경우에도 마찬가지의 상황이 되어 그것에 대한 헌법소원에서 보충성원칙이 역시 배제된다. i) 보충성원칙 배제대상으로서 법령보충규칙의 인정요건 – 일반·추상적 성격의 행정규칙: 보충성원칙배제의 대상이 되는 법령보충규칙이기 위해서는 바로 이렇게 행정처분성이 없어야 하므로 일반·추상적 성격을 지녀야 한다. 특정성·구체성을 가진 고시는 법령보충규칙이 아니라 행정처분이며 보충성원칙의 적용을 받게 되어 바로 헌법소원심판을 청구할 수는 없다(2008헌마758, 97헌마141, 2001헌마894, 2005헌마161등, 2007헌마106 등). ii) 결정례 – (ㄱ) 배제인정례: ① 중복처방시 요양급여의 인정기준(2008헌마758), ② '건강보험요양급여행위및그상대가치점수개정'(보건복지부 고시, 2001헌마543), ③ 게임제공업소의 경품취급기준(문화관광부고시, 2005헌마161등), ④ 생계보호기준(94헌마33), ⑤ 방문요양 및 방문목욕 급여를 제공하는 재가장기요양기관에 적용되는 '장기요양급여 제공기준 및 급여비용 산정방법 등에 관한 고시'(2017헌마791). (ㄴ) 일반·추상성이 부정(처분성 인정)되어 보충성원칙 적용된 결정례: 신도시 주변지역에 대하여 개발행위허가를 제한하는 건설교통부(현 국토교통부)장관고시에 대해 특정 개인의 구체적인 권리, 의무나 법률관계를 직접적으로 규율하는 성격을 갖는 행정처분이라서 행정쟁송을 거쳐 헌법소원을 제기하여야 한다고 보아 보충성원칙 결여의 부적법한 청구라고 판시한 바 있다(2007헌마862).

(라) 조례에 대한 헌법소원   i) 조례에 대한 직접적 헌법소원 인정의 논거 – 헌재는 조례의 효력을 직접 다투는 것을 소송물로 하여 일반법원에 구제를 구할 수 있는 절차가 없기 때문이라는 것이다(92헌마264등). ii) 논의점 – 대법원의 처분적 조례(집행행위 개입 없이도 조례 그 자체로 직접 국민의 권리의무에 영향을 미치는 등의 처분과 같은 법률상의 효과를 발생하는 조례)에 대한 항고소송대상성 인정 문제: 대법원은 1996. 9. 20.의 두밀분교 사건 판결에서 "조례가 집행행위의 개입 없이도 그 자체로서 직접 국민의 구체적인 권리의무나 법적 이익에 영향을 미치는 등의 법률상의 효과를 발생하는 경우 그 조례는 항고소송의 대상이 되는 행정처분에 해당하고 …"라고 판시하여 처분적 조례의 경우 그 자체에 대해 직접 항고소송이 이루어질 수 있다고 본다(대법원 1996.9.20. 95누8003). 이 사건에서 피고적격이 없어 청구각하되

고 그 점 때문에 위 대법원의 상고기각을 받아 확정된 사안이므로 대법원의 위 판결에서 행정처분에 해당된다는 위 판시 부분은 대부분 방론이라고 보긴 하나, 그 논의를 떠나 만약 이와 같은 대법원의 판례가 정립된다면 앞으로 처분적인 효과를 가지는 조례에 대하여 곧바로 헌법소원심판이 이루어지기는 어렵다고 할 것이다. iii) 헌재의 처분적 조례의 관념을 인정하는 판례 – 헌재도 처분적 조례의 관념을 인정하고 만약 처분적 조례인 경우 행정소송 대상으로 보충성원칙이 적용된다고 보는 입장인 것으로 이해되게 하는 결정들을 내놓았다. 다만, 그 결정들의 사안의 조례가 처분적 조례인지 불확실하다고 하여 보충성원칙의 예외로 보아 본안판단에 들어갔다[① 학원의 심야교습 제한 조례(2008헌마454, 2008헌마635), ② 옥외광고물 표시제한 특정구역 지정고시(2014헌마794)]. iv) 앞으로의 동향 – 결국 조례에 대한 헌법소원에서 보충성원칙이 적용되는지 여부는 처분적 조례인지 여부에 달려 있다. 그리고 보충성원칙이 적용되지 않는 조례는 특정되지 않은 일반적·추상적인 효과의 조례여야 할 것이다. v) 조례에 대한 헌법소원 위헌성 인정 결정례 – 자치구·시·군의원 선거구 획정(광역자치단체 조례로 정해진다) 위헌결정의 예(2006헌마67). 헌법불합치결정례(2006헌마240등, 2018헌마405), 위헌확인결정례(2006헌마358). vi) 조례부작위와 위헌확인결정 – 조례가 제정되어야 함에도 제정되지 않은 진정입법부작위에 대해 헌법소원을 제기할 수 있고 그 헌법소원에서 보충성원칙의 적용이 없으며 위헌이라고 판단되면 위헌확인결정을 한다(바로 앞의 2006헌마358이 그 예이다. 이에 대해서는 앞의 헌법소원심판의 대상, Ⅲ. 공권력의 불행사, 5. 조례부작위 부분 참조).

2) 기소유예처분, 기소중지처분에 대한 피의자의 헌법소원, 고소하지 않은 피해자의 불기소처분 헌법소원의 경우 　　　이 경우들도 다른 권리구제절차가 없는 경우에 해당된다. 이에 대해서는 앞의 보충성원칙의 구체적 문제로 '2. 체포행위, 범죄행위, 불기소처분·기소유예처분 등에 대한 헌법소원에서 보충성원칙' 부분에서 이미 살펴보았다(전술 참조).

3) 대법원 판례가 행정소송 대상성 부정한 행정작용에 대한 헌법소원의 경우 다음과 같은 경우들이 있다. i) 내부적 의사결정 과정 – 교수재임용추천거부 등에 대한 헌법소원(91헌마190), ii) 행정입법부작위에 대한 헌법소원에서의 보충성원칙 배제(96헌마246), iii) 종합생활기록부제도개선보완시행지침(97헌마38), iv) 공정거

래위원회의 무혐의처분(2010헌마83).

4) 당사자신청을 전제로(요건으로) 하지 않는 행정부작위에 대한 헌법소원의 보충성원칙 적용배제

행정소송법 제2조(정의) ① 이 법에서 사용하는 용어의 정의는 다음과 같다. 1. 생략. 2. "부작위"라 함은 행정청이 당사자의 신청에 대하여 상당한 기간내에 일정한 처분을 하여야 할 법률상 의무가 있음에도 불구하고 이를 하지 아니하는 것을 말한다. ② 생략.

행정심판법 제2조(정의) 이 법에서 사용하는 용어의 뜻은 다음과 같다. 1. 생략. 2. "부작위"란 행정청이 당사자의 신청에 대하여 상당한 기간 내에 일정한 처분을 하여야 할 법률상 의무가 있는데도 처분을 하지 아니하는 것을 말한다. 3. 4. 생략.

위 법조문에서 보듯이 행정부작위가 행정심판(의무이행심판)이나 행정소송(부작위위법확인소송)의 대상이 되기 위해서는 당사자의 신청이 있는 경우의 부작위여야 하므로(행정심판법 제2조 2호; 행정소송법 제2조 1항 2호 참조) 당사자 신청이 전제되지 않는 행정부작위는 행정쟁송 대상이 되지 않아 보충성원칙의 적용 없이(즉 행정쟁송을 거침이 없이) 곧바로 헌법소원을 제기할 수 있다는 것이 헌재 판례이다(94헌마136). 사안은 공정거래위원회의 전속고발의 권한 때문에 제기된 것이었다. 피청구인(공정거래위원회)이 청구외 회사의 공정거래법위반행위에 대하여 형사처벌을 위한 고발을 하지 아니한 "행정부작위"가 청구인의 기본권을 침해하였는가의 여부가 문제된 것이었다. 헌재는 "공정거래위원회의 고발권행사가 청구인의 신청이나 동의 등의 협력을 요건으로 하는 것이라고 보아야 할 아무런 근거도 없다"라고 하여('전속고발'이므로 그러한 판시가 나온 것으로 이해된다) 위 법리에 따라 보충성원칙이 배제되어 적법한 청구라고 보고 본안판단에 들어갔다(기각결정).

5. 위헌소원(법 제68조 2항 헌법소원)에서의 보충성원칙의 비적용

법원이 위헌법률심판제청신청을 기각하여 당사자가 청구하는 헌재법 제68조 2항의 위헌소원심판의 경우에는 보충성원칙이 적용되지 않는다. 위헌소원은 그 본질이 위헌심판이기 때문이다(96헌바36등). 위헌소원은 법원 소송에서 비롯된 것(법원의 위헌제청기각(각하))인데 다시 법원 소송과 같은 권리구제절차를 거치라는 것은 비논리적이기도 하다.

6. 보충성원칙요건[전치요건] 흠결의 치유 - 헌법소원 계속 중 치유로 준수

헌재는 전심절차(다른 권리구제절차)는 헌법소원을 제기할 시점에서 반드시 다 경유(전치)하여야 하는 것은 아니고 심판의 계속 중에, 즉 헌재의 결정이 있기 전까지만 필할(마칠) 경우에는 그 전치요건(前置要件)의 흠결이 치유(治癒)되고 보충성원칙이 지켜진 것으로 본다(90헌마194, 95헌마211, 91헌마52 등).

7. 보충성원칙으로 인한 헌법소원의 한계

법원의 소송 등의 대상이 되는 공권력작용의 경우 보충성원칙 때문에 헌법소원을 바로 제기할 수는 없다. 문제는 보충성원칙에 따라 법원의 소송 등을 거친 후라도 원행정처분과 법원재판을 헌법소원의 대상으로 받아들이지 않는 헌재 판례에 따라 현재로서는 행정처분의 경우에는 헌법소원의 대상이 될 여지가 봉쇄되고 있다는 것이다. 따라서 헌법소원의 대상이 되는 행정작용은 법원이 행정소송의 대상이 되지 않는다고 보는 행정작용으로 그 범위가 줄어든다고 볼 것이다.

VII. 일사부재리 원리

헌재법 제39조(일사부재리) 헌법재판소는 이미 심판을 거친 동일한 사건에 대하여는 다시 심판할 수 없다.

일사부재리의 원칙은 헌법재판소의 결정이 가지는 효력이면서 또한 이미 심판을 거친 동일 사건에 대한 중복제소를 금지하는 것이므로 청구요건의 문제에도 해당된다.

* 일사부재리원칙은 다른 심판에서도 적용되나 여기서 집중적으로 살펴보는 이유는 역시 헌법소원심판사건에서 이 원칙 적용 문제가 많이 거론되었기 때문이다.

1. 일사부재리의 개념과 필요성

[개념] 일사부재리(一事不再理)는 하나의 같은 사건에 대해 헌재가 심판한 것을 다시 심판하지 않는다는 의미이다. 따라서 원칙적으로 헌재결정이 내려지면 동일한 사건에 대한 청구인의 신청도 허용되지 않고 헌재 자신도 이후 취소, 변경을 할 수 없음을 의미한다(2005헌마330). 일사부재리도 청구요건이므로 이를 위반하면 부적법 각하 결정을 받게 된다.

[원칙의 존재이유(필요성)와 합헌성 인정, 자기기속력] 헌재는 일사부재리원칙을 두고 있는 이유로 "법적 분쟁을 조기에 종결시켜 법적 안정 상태를 조속히 회복하고, 동일 분쟁에 대해 반복적으로 소송이 제기되는 것을 미연에 방지하여 소송경제를 이루기 위함"이라고 설명하고 일사부재리원칙을 재판청구권의 지나친 제한이 아니어서 침해가 아닌 합헌이라고 본다(2005헌마330, 2005헌바12, 2006헌마1482, 2011헌마175, 2011헌마823, 2016헌마218 등). 헌재는 청구요건 등의 흠결이 있을 때 각하결정을 하고 그 흠결이 보정될 수 없는 경우라면 헌법소원심판이 재청구된 데 대해 부적법하다고 보는데 그 근거로 자기기속력(自己羈束力)이란 용어를 쓰면서 "자기기속력 때문에"라고도 한다[2010헌마48, 89헌마141 등. *검토─그런데 기속력을 타국가기관에 대한 효력으로 보는 한(앞의 헌법재판 결정의 효력 부분 참조) 용어의 적절성에 의문이 있다].

2. 해당사유(적용법리)와 적용효과

(1) 동일성

[동일성의 의미, 판단기준] 동일한 사건을 다시 심판할 수 없으므로 사건의 동일성이 일사부재리성립의 관건이 된다. 동일성이란 사건의 기본관계(기초적인 사실관계), 심판의 대상, 당사자, 쟁점 등이 그대로 같은 경우를 말한다. * 헌재는 이전 헌법소원 사건의 심판대상과 중복되는 조문이라고 할지라도 그 적용대상이 다르고

(예를 들어 S법 제11조를 제5조, 제7조에 적용하는데 이전 헌법소원사건에서는 제5조 적용이 문제된데 대해 후의 헌법소원사건에서는 제7조가 문제되는 경우. 이러한 경우는 적용조항이 다르므로 사실 심판대상이 동일한(중복되는) 경우가 아니다) 청구인이 동일하지 아니한 경우 일사부재리원칙 위반이 아니라고 판시한 결정례가 있다(96헌마48).

[다른 심판유형들 간 동일성 - 부정례] ⅰ) '헌마'사건과 '헌바'사건 간 - 그 예로 정부조직법 제14조가 두 사건 모두에 문제되었으나 동일성이 부정되었던 사안을 볼 수 있다. 헌재법 제68조 1항 헌법소원사건인 89헌마86에서는 심판대상은 구금조치라는 공권력처분인데 이 심판대상의 청구원인으로서 위 제14조가 헌재법 제75조 5항에 따른 부수적 규범통제 대상이었다. 반면에 헌재법 제68조 2항 헌법소원사건인 89헌마221에서는(* 89헌마221 헌재 초기에 잠시 '헌바'사건을 '헌마'로 표기했던 때 결정이다) 위 정부조직법 제14조가 심판대상 자체였고 그 제14조 외 심판대상인 다른 법률조문들도 있었고 청구인들에 있어서도 차이가 있었다는 이유로 동일성이 부정되었다(89헌마221). ⅱ) '헌마'와 '헌가' 간 - 심판대상이 전소(前訴)인 '헌마'(90헌마82)와 후소(後訴)인 '헌가' 간에 중복되는 부분이 있더라도 동일한 사건이 아니고 일사부재리원칙의 위반이 아니라고 본 결정례가 있었다(96헌가8등. * 이 사안들에서 외형적으로는 국가보안법 제19조가 두 사안 모두에서 문제되어 중복되는 것으로 보이나 두 결정 주문을 보면 위 제19조에 해당되는 각 조문이 달라 '헌가'와 '헌마'란 심판유형의 차이에 따른 동질성 부정으로만 볼 것인지는 의문이 있다. 실질적인 심판대상 차이에 따른 것 아니냐는 것이다).

(2) 적용의 효력

1) 헌법소원심판청구 각하결정에 대한 헌법소원   헌법소원심판을 청구하였으나 본안판단까지 들어가지 못한 사건에서 청구인이 다시 청구할 필요성을 많이 느끼는 것은 당연히 이해가 된다. 그래서 일사부재리원칙위반의 헌법소원심판 재청구의 문제가 많이 거론되는 경우가 각하결정의 경우이다. 특히 청구요건이 결여되었다 하여 각하된 뒤 다시 청구하는 경우가 많다.

2) 결여된 청구요건 보정 없는 재청구 - 일사부재리 위반   청구요건을 갖추지 못하였다 하여 부적법한 것으로 헌법재판소에 의한 각하결정을 받은 경우에 그 뒤 그 하자가 보정이 가능하여 보정을 한 후에 다시 심판청구를 할 수는 있을지언정 만연히 동일한 내용의 심판청구를 되풀이하여서는 아니 되고(92헌마197,

92헌마276, 등), 그러한 보정없는 되풀이 청구는 일사부재리 원칙에 위반된다(2010헌마722).

3) 보정불가의 예　　　　ⅰ) 결여되는 청구요건 중에 그 보정(補正)이 불가(不可)한 경우에는 재차 동일 사건에 대해 청구하면 일사부재리원칙 위반이 됨은 물론이다. ⅱ) 보정불가례 — ① 대상성 결여의 보정불가(94헌마105, 2015헌마583, 2011헌마178), ② 직접성 결여의 보정불가(98헌마485, 2020헌마56), ③ 권리보호이익 결여의 보정불가(2020헌마164). ④ 청구기간의 도과의 보정불가(지나간 시간을 되돌릴 수 없으니 청구기간 도과도 보정할 수 없고 청구기간 도과 보정불가의 결정례들이 많다. 2016.7.28. 2016헌마218, 2017헌마440, 2019헌마293 등), ⑤ 변호사대리강제주의 위반 경우의 보정불가성 여부에 대한 검토 — 변호사대리강제주의 요건 결여의 경우 검토가 필요하다. ⓐ 변호사대리비용을 지불할 수 있는 능력을 가지거나 국선대리인 선임결정을 받아 변호사대리가 이후 이루어지면 보정이 가능하다. 지불능력이 안되고 국선대리인도 헌재법 제70조 3항 단서의 불선임사유로 헌재가 선임하지 않으면 그 상태 자체로는 사실상 보정이 불가하다고 볼 것이다. * 보정불가로 판시한 결정례가 있다(93헌마123. * 이 결정 판시 자체로는 보정불가의 이유를 알 수 없다). ⓑ 다만 변호사대리 결여의 흠결에 대한 보정이 가능하여 이후 대리가 있더라도 다른 청구요건의 결여, 보정불가로 각하될 수 있다.

4) 보정가능　　　　청구기간이 지나가 청구요건이 결여된 경우와 같이 보정이 불가한 경우도 있으나 보정이 가능한 결여 사유도 있을 수 있다. 예를 들어 기본권침해가능성 주장 부족의 불비에 대해서는 주장을 보강한 보정이 가능할 것이다(이는 사실 헌재의 직권심리로 그 파악이 가능하긴 하다). 변호사대리강제 요건 결여의 보정가능성에 대해서는 바로 위에서 살펴보았다.

5) 내용 유지의 심판대상 개정　　　　헌재는 적법요건 결여로 각하된 헌법소원 청구대상의 법규정이 각하결정 이후 개정되었더라도 내용이 그대로 유지된 경우에는 마찬가지로 보정불가 각하 법리가 적용된다고 한다(2018헌마537).

(3) 실질적 중복청구인 재심 형식의 청구, 즉시항고의 불허

헌재는 형식상으로는 재심을 신청한 것이나 실질적으로는 중복청구인 경우에

일사부재리원칙 위반이라고 본다(2014헌아203).

헌재의 각하결정에 대한 즉시항고도 그러하고 헌재결정에 대한 즉시항고 자체가 헌재법상 인정되지 아니하는 것이라고 본다(90헌마170).

3. 일사부재리원칙 비위반, 준수

ⅰ) 동일성 부정 - 동일성이 부정되는 후행 청구에 대해서는 일사부재리의 위반이 아니라고 보아야 한다. 위의 개념에서 본 대로 심판청구 유형이 상이한 경우, 전소에서의 위헌판단 결여·청구인의 상이 등에서의 동일성 부정에 관한 결정례들에 대해서는 앞에서 살펴보았다('Ⅱ. 해당사유(적용법리), 1. 동일성' 부분 참조). ⅱ) 보정가능 경우 - 일사부재리원칙에 반하는 많은 경우들이 청구요건이 결여되어 각하결정을 받은 후 그 결여에 대한 보정이 없이 재청구된 경우들이다. 따라서 보정이 가능한 경우에 보정을 거쳐 재청구되면 일사부재리원칙에 부합된다(이에 대해서는 전술하였다).

Ⅷ. 청구기간

1. 청구기간 요구의 취지, 기간 계산 원칙

(1) 취지 및 실무상 중요성

[취지 – 법적 안정성] 오랜 시간이 지난 뒤에도 헌법소원을 제기할 수 있게 허용한다면 그 공권력행사로 구축된 법률관계를 무너뜨려 법적 안정성을 저해할 수 있다는 이유로 청구기간이 설정되어 있다.

[청구기간의 실무상 중요성, **불변기간**] 아무리 중요한 헌법적 이슈를 담고 있는 사안이라도 청구기간이 지나버리면 정당한 사유(판례를 보면 그 인정이 드물기도 함)가 없는 한 헌법재판의 본안판단을 받을 길 없이 각하되어버린다. 불변기간이고 그 흠은 시간의 흐름이므로 보정이 불가능하다. 그 점에서 특히 청구기간의 준수와 그 도과 여부에 대한 계산이 중요하다. 그리고 그 기산일은 물론이고 도과 여부를 판

가름하는 기준일 판단 등에 신중을 요한다.

(2) 기간 계산의 원칙

1) 민법, 민사소송법 준용   먼저 기간 계산에서는 헌법재판소법에 기간
계산에 관한 규정을 두고 있지 않고 있으므로 헌법재판소법 제40조 1항에 따라 준
용되는 민사소송법 제170조에 따라 민법 규정들을 준용한다는 점을 염두에 둘 일
이다. 민법규정들을 준용하는 것은 바로 이러한 헌재법 준용규정 때문이다. 또한
민법 자체도 "기간의 계산은 법령 … 에 다른 정한 바가 없으면 본장의 규정에 의
한다"라고 규정하고 있다(민법 제155조).

> **헌재법 제40조(준용규정)** * 헌법소원심판에 민사소송법, 행정소송법을 함께 준용
>
> **민사소송법 제170조(기간의 계산)** 기간의 계산은 민법에 따른다.
>
> **민법 제155조(본장의 적용범위)** 기간의 계산은 법령, 재판상의 처분 또는 법률행위에 다른
> 정한 바가 없으면 본장의 규정에 의한다.
>
> **제157조(기간의 기산점)** 기간을 일, 주, 월 또는 연으로 정한 때에는 기간의 초일은 산입하
> 지 아니한다. 그러나 그 기간이 오전 영시로부터 시작하는 때에는 그러하지 아니하다.
>
> **제159조(기간의 만료점)** 기간을 일, 주, 월 또는 연으로 정한 때에는 기간말일의 종료로 기
> 간이 만료한다.
>
> **제160조(역에 의한 계산)** ①기 간을 주, 월 또는 연으로 정한 때에는 역에 의하여 계산한다.
> ② 주, 월 또는 연의 처음으로부터 기간을 기산하지 아니하는 때에는 최후의 주, 월 또는 연
> 에서 그 기산일에 해당한 날의 전일로 기간이 만료한다. ③ 월 또는 연으로 정한 경우에 최
> 종의 월에 해당일이 없는 때에는 그 월의 말일로 기간이 만료한다.
>
> **제161조(공휴일 등과 기간의 만료점)** 기간의 말일이 토요일 또는 공휴일에 해당한 때에는
> 기간은 그 익일로 만료한다.

2) 기산점(일), 기준일, 만료일 등, 청구변경과 청구기간, 도달주의, 국선대리인선
임신청시 기준점 등   기산점(일), 기준일, 만료일 등을 어느 시점으로 하느
냐에 따라 청구기간 준수 여부가 판가름나기도 하여 중요하다. 이에 대해 헌법소
원사건의 많은 비중을 차지하는 '다른 권리구제절차를 거치지 않는 경우'를 중심
으로 살펴본다. 다른 권리구제절차를 거치는 경우에는 물론 기산점은 달라지나 위
청구변경, 도달주의, 국선대리인선임신청시 기준점 등에 대해서는 마찬가지이다.

(3) 이하 서술 체계, 차례

이하에서는 비중이 많고 빈도가 높은 다른 법률에 의한 구제절차를 거치지 않는 본래의미의 헌법소원심판의 청구기간, 법령소원심판의 청구기간을 먼저 본다. 그리고 입법부작위에 대한 헌법소원심판에서의 청구기간 문제, 다른 법률에 의한 구제절차를 거친 본래의미의 헌법소원심판의 청구기간, 헌재법 제68조 2항의 헌법소원(위헌소원)심판의 청구기간 등으로 나누어 살펴본다. 그리고 기산점과 그 구체적 적용례 등에 대해 위 각각 영역에서 살펴보고, 청구변경시 청구기간, 도과 여부 판단 기준일, 도달주의, 국선대리인선임신청시 달라지는 기준일, 기간 산입 여부 등에 대해서도 살펴본다.

2. 다른 구제절차를 거치지 않는 본래의미의 헌법소원의 청구기간

(1) 청구기간

다른 구제절차를 거치지 않고 바로 청구될 수 있는 본래의미의 헌법소원의 청구기간은 "그 사유가 있음을 안 날부터 90일 이내에, 그 사유가 있는 날부터 1년 이내"이다(헌재법 제69조 1항 본문). 이전에는 각 60일, 180일 이내였는데 2003.3.12. 헌재법 개정으로 연장된 것이다. 헌재는 이 청구기간 규정의 합헌성을 인정한 바 있다(2017헌마851 등). * 그 사유가 '있은' 날을 현행 헌재법 제69조 1항은 2011. 4. 5. 개정 이래 '있는' 날이라고 표기하고 있다.

(2) 기산일, 기준일, 만료일, 청구기간 도과 여부 판단

> * 이는 뒤의 다른 권리구제절차를 거친 헌법소원의 경우 청구기간 등에서도 청구기간 일수만 차이가 있지 그 개념, 적용원리는 같아 여기서 함께 서술한다.

[개념] 기산일이란 특정 기간이 시작되는 날을 말하고 만료일이란 그 마치는 날(말일)을 말한다. 기준일이란 그 기간이 도과되지(넘어가지) 않았는지를 판단하게 하는 날로 요구되는 일(사건)의 완수, 성취, 성립이 있은 날을 말한다. 따라서 헌법소원에서는 청구행위가 그 일이므로 청구일이 기준일이 된다. 다만, 국선대리인 선임신청을 한 경우에는 선임으로 기간도과되는 것을 막기 위해 선임신청일을 기준

헌법재판요론

일로 한다(헌재법 제70조 1항 후문). 기간의 계산, 청구기간 도과 여부는 앞의 민법규정들에 따른 기산일 등 날짜, 기간의 계산으로 판단한다.

[도해 예시] 이해편의를 위해 아래 도해를 통해 판단을 예시해 보았다. ⅰ) 먼저 헌재법 제69조는 청구기간을 제68조 1항에 따른 헌법소원의 심판은 그 사유가 있음을 '안' 날부터 90일 이내에, 그 사유가 '있는' 날부터 1년 이내에 청구하여야 한다고 규정하고 있으므로 있음을 '안' 날은 2021.2.15.이어서 청구일 2012.4.9.기준 90일 내에 들어가 그 기간을 넘기지 않았으나 '있는' 날이 2020.3.5.이었고 이는 청구일 2012.4.9. 기준 1년을 넘겼고 두 기간 중 어느 하나라도 지나가면 청구기간을 지키지 않은 것으로 되므로 결국 각하결정이 된다. ⅱ) 국선대리인선임 신청이 있는 경우 - 헌재법 제70조 1항 후문은 국선대리인 선임 신청을 한 경우 이 청구기간은 '국선대리인의 선임신청이 있는 날'을 기준으로 도과(준수) 여부를 정하도록 하고 있다. 따라서 아래 사안에서 국선대리인선임 신청이 있었고 그 신청일인 2021.3.2.이라면 이 날짜를 기준으로 '안' 날부터도 기간이 90일을 넘기지 않았고 '있는' 날부터도 1년을 넘기지 않아 청구기간을 준수한 적법한 청구로 인정된다.

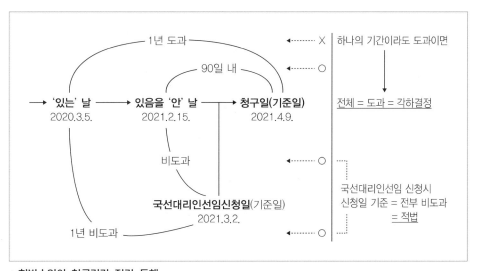

❙ 헌법소원의 청구기간 정리 도해

[만료일 결정에서 유의점]

[* 유의 중요! - 말일이 **토요일, 공휴일**인 경우] 만료점(말일)이 토요일 또는 공휴일에 해당한 때에는 기간은 그 익일로 만료한다(민법 제161조). 공휴일, 토요일, 일요일이 연속될 때 만료일은 연기되는 점을 유의해서 청구기간 도과 여부를 계산해야 한다.

〈EX〉 2022년 설날(이른바 '구정') 연휴를 예를 들어 보자(옆의 달력 참조).

청구기간으로 있음을 '안' 날부터 90일인 날(만료점(말일))이 2022년 1월 29일 토요일이라면 그 다음 날 30일로 넘어가는데 30일이 일요일, 그 다음날 31일부터 설날 연휴 시작 공휴일, 2월 1일 설날 당일 공휴일, 그 다음 날 2월 2일도 설 다음 날로 공휴일이라 그 다음날 2월 3일이 만료일이 된다. 원래 만료일에 비해 이렇게 차이가 난다. * 실제 판례 - 만료일이 1993년 2월 28일로 일요일이었고 그 다음 날이 3·1절로

2022년 1월~2월 첫째주						
일	월	화	수	목	금	토
						1
2	3	4	5	6	7	8
9	10	11	12	13	14	15
16	17	18	19	20	21	22
23	24	25	26	27	28	29
30	31	1	2	3	4	5

공휴일이어서 3월 2일 화요일까지 늘어난 것을 인정한 실제 결정례: 93헌마52.

* 변호사 모의시험 등에서 청구기간 계산하는 문제를 출제하면서 위와 같이 만료일을 공휴일로 하여 그것을 아는지 하는 문제가 출제되기도 한다. 조심해야 할 것은 무조건 그 다음 날로 넘어간다고 서술할 게 아니라 민법 제161조에 따라 그 다음 날이 만료일이 된다고 그 근거를 대면서 답변을 작성해야 고득점!

(3) 청구기간의 법적 효과와 두 기간의 관계

[불변기간] 헌재법에 청구기간이 불변기간이라고 명시되어 있지는 않으나 법정의 불변기간으로 제척기간이라고 보아야 한다. 그래서 청구기간은 반드시 준수하여야 하고 도과하면 부적법한 청구로 각하된다.

[두 기간 모두 충족할 것을 요구] 헌재는 '안' 날부터 90일, '있는' 날부터 1년 두 기간은 모두 지켜져야 한다고 요구한다(2005헌마138, 2010헌마361 등).

(4) 기산점 - 주관적 기산점('안 날'), 객관적 기산점('있는 날')

[주관적 기산점 - 사유가 있음을 '안 날'] 의미 - 인식의 정도 - 헌재는 사유가 있음을 안 날이란 "적어도 공권력의 행사에 의한 기본권침해의 사실관계를 특정할 수 있을 정도로 현실적으로 인식하여 심판청구가 가능해진 경우를 뜻하는 것"이라고 하여 그 인식의 정도를 특정성, 현실성에 두고 있다(89헌마31), 안 날이 기록상 명백하지 않을 경우에는 가능한 청구인에게 유리한 해석을 하려는 것이 헌재의 입장이다(2000헌마111, 2010헌마716, 2010헌마361 등).

[객관적 기산점 - 사유가 '있은 날'의 의미] 이는 공권력의 행사로 인하여 기본권이

침해되는 사실이 발생한 객관적 시점을 의미한다.

(5) '정당한 사유'가 있는 청구기간도과의 헌법소원 적법성 인정

1) 인정　　　헌재는 청구기간이 도과된 경우라도 정당한 사유가 있으면 적법한 헌법소원 청구임을 인정한다. 행정소송법 제20조 2항 단서를 준용한 결과이기도 하다.

2) 정당한 사유의 기준 – 사회통념에 근거, 넓게 인정　　　헌재는 '정당한 사유'는 사회통념에 의거하여 사안별 개별적으로 판단하여야 할 문제라고 하면서 다음과 같이 넓게 보는 입장을 보여주고 있다.

주요사항

▶ '정당한 사유'의 의미: 사회통념상 상당한 경우 – 개별적으로 판단해야 할 문제
  • 이는 민사소송법 제173조(소송행위의 추후보완) 소정의 불귀책사유보다 더 넓게,
  • 행정심판법 제18조 2항(* 현행 행정심판법 제27조 2항) 소정의 "천재, 지변, 전쟁, 사변 그 밖에 불가항력적인 사유"보다도 더 넓게 보아 위 사유들뿐 아니라 일반적 주의를 다하여도 그 기간을 준수할 수 없는 사유를 포함

민사소송법 제173조(당시 구법 제160조, 소송행위의 추후보완) ① 당사자가 책임질 수 없는 사유로 말미암아 불변기간을 지킬 수 없었던 경우에는 그 사유가 없어진 날부터 2주 이내에 게을리 한 소송행위를 보완할 수 있다.

행정심판법 제27조(당시 구법 제18조) ② 청구인이 천재지변, 전쟁, 사변(事變), 그 밖의 불가항력으로 인하여 제1항에서 정한 기간에 심판청구를 할 수 없었을 때에는 그 사유가 소멸한 날부터 14일 이내에 행정심판을 청구할 수 있다.

(가) <u>사회통념상 상당한 경우, 민사소송의 소송행위의 추후보완 소정의 불귀책사유보다도 더 넓게</u> 정당한 사유를 보아야 한다는 결정　　　헌재는 이른바 국제그룹 해체지시에 대한 아래 헌법소원결정에서 "정당한 사유의 존부는 원칙으로 돌아가 사회통념에 의거하여 사안으로 보아가며 개별적으로 판단하여야 할 문제라고 할 것이며, 정당한 사유를 위에 인용한 민사소송의 소송행위의 추후보완 소정의 불귀책사유('당사자가 책임질 수 없는 사유')보다 넓게 보아야 한다고 판시하였다.

📖 **판례** 헌재 1993.7.29. 89헌마31, * 이른바 국제그룹해체지시에 대한 헌법소원결정

[판시] 1989. 2. 27.에 청구한 이 사건 심판청구는 안 날이라 할 1988. 12. 21.부터 60일(* 당시, 현재는 90일)의 청구기간이 도과된 청구이다. 그러나 정당한 사유가 있는 경우 제소기간을 도과한 행정소송을 허용하는 행정소송법 제20조 2항 단서가 헌법소원심판에도 준용된다고 할 것이고, 따라서 정당한 사유가 있는 경우에는 청구기간의 도과에도 불구하고 헌법소원심판청구는 적법하다고 해석하여야 할 것이다. 그런데 여기의 정당한 사유라 함은 청구기간도과의 원인 등 여러 가지 사정을 종합하여 지연된 심판청구를 허용하는 것이 사회통념상으로 보아 상당한 경우를 뜻한다고 할 것인데, 이 사건에 있어서 첫째로 공권력이 대통령 → 재무부장관 → 제일은행장의 순서로 극비리에 행사되면서 청구인은 공식적 통지를 받지 않은 제3자가 됨으로써 공정한 고지절차(fair notice)가 생략되는 등 적법절차가 무시되고 … 비록 청구인 자신의 자구적(自救的)인 조사활동과 국회청문회를 통하여 1988년 12월 21일경에 이 사건 공권력의 행사를 알았다 하여도 공권력 자체가 아직까지도 공식적으로 적극적 개입을 자인하는 상태가 아니고, 한편 대검찰청 수사의 전모발표를 통하여 일방적 개입여부가 공식적으로 확인될 상황이어서 일응 청구인으로서는 그 때까지 심판청구를 미루어 놓을 사정이 있었던 점, … 헌법소원제도는 우리나라 사법사상 유례가 없었던 것으로 새로 도입하여 극히 생소한 제도로서 제도 시행이 180일도 안 된 당시 사정으로는 이론적으로나 판례상으로도 … 심판청구권행사의 제반 장애사정을 종합 고려할 때, 비록 이 사건 청구인이 안 날이라고 할 1988년 12월 21일부터 60일의 청구기간을 8일 도과하여 1988년 2월 27일에 제기하였다고 하여도 제소를 허용함이 사회통념상 상당할 것이다. … 이는 민사소송법 제160조(* 현행 제173조(소송행위의 추후보완)) 소정의 불귀책사유보다도 더 넓게 보아야 할 정당한 사유에 관한 해석상 당연한 것이라 하겠고, 더구나 행정소송에 비해 청구기간이 단기간이어서 입법론상 문제가 있는 헌법소원에 있어서 국민의 권리구제의 길을 넓히기 위하여 특히 필요한 것이다. 따라서 180일, 60일의 청구기간을 모두 도과하였다는 이 부분 본안전항변 역시 결국 이유 없다.

(나) <u>행정심판법의 객관적 불능사유보다 더 넓게</u>(일반적 주의로도 준수할 수 없는 사유 포함) 정당한 사유를 보아야 한다는 결정　　　헌재는 아래 결정에서 정당한 사유를 위에 인용한 민사소송의 소송행위의 추후보완 소정의 불귀책사유('당사자가 책임질 수 없는 사유')보다 넓게 보아야 하고 위에 인용한 행정심판법 제27조 2항의 불가항력[천재지변, 전쟁, 사변(事變)]보다 넓은 개념이라고 하고 <u>일반적으로 천재 기타 피할 수 없는 사정과 같은 객관적 불능의 사유와 이에 준할 수 있는 사유뿐만 아니라 일반적 주의를 다하여도 그 기간을 준수할 수 없는 사유를 포함한다고 보았다.</u> 사안은 기소유예처분의 통지를 받지 못한 피의자가 제기한 헌법소원이 당시 180일의 청구기간을(* 지금 1년으로 헌재법이 2003년 개정되기 이전 사건임) 넘겼는데 정당한 사유가 있다고 본 것이다.

📖 **판례** 헌재 2001.12.20. 2001헌마39

[판시] 여기서 정당한 사유라 함은 청구기간 도과의 원인 등 여러 가지 사정을 종합하여 지연된 심

판청구를 허용하는 것이 사회통념상으로 보아 상당한 경우를 뜻하는 것으로(위 89헌마31, 판례집 5-2, 87, 111) 민사소송법 제160조(불변기간)의 "당사자가 그 책임을 질 수 없는 사유"나 행정심판법 제18조 2항 소정의 "천재, 지변, 전쟁, 사변 그밖에 불가항력적인 사유"보다는 넓은 개념이라고 할 것이므로(대법원 1991.6.28. 선고 90누6521 판결, 공1991, 2054) 일반적으로 천재 기타 피할 수 없는 사정과 같은 객관적 불능의 사유와 이에 준할 수 있는 사유뿐만 아니라 일반적 주의를 다하여도 그 기간을 준수할 수 없는 사유를 포함한다고 할 것이다. 이 사건으로 돌아와 청구인이 청구기간을 도과한 데 정당한 사유가 있는지를 본다. 검사는 형사소송법 제258조 2항이 불기소처분(* 기소유예처분도 기소를 하지 않으므로 불기소처분에 해당)을 한 때에는 피의자에게 즉시 그 취지를 통지하여야 한다고 규정하고 있음에도 이를 고소·고발 있는 사건에 대한 불기소처분만을 의미하는 것으로 보는 검찰의 관행에 따라 이 사건에서도 피의자인 청구인에게 불기소처분의 취지를 통지하지 아니하였다. 헌재는 이를 받아들이지 않고 또한 헌재 창설로 기소유예처분을 받은 피의자도 헌법소원을 제기하는 것이 가능하게 되었으므로 고소·고발사건 이외의 다른 사건의 피의자도 기소유예처분의 취지를 통지받을 필요와 실익이 생겼으므로 검사는 불기소처분을 하는 경우 모든 피의자에게 불기소처분의 취지를 통지하여야 할 것 또한 피청구인은 기소유예처분을 함에 있어 청구인을 소환하여 조사하지 않았고, 검찰사건사무규칙 당시 제71조 1항 단서 소정의 '경미한 사건'이라는 이유로 청구인으로부터 동조 소정의 서약서에 해당하는 반성문조차 징구하지 아니하였다. 위와 같이 청구인에 대하여 기소유예처분을 함에 있어 그 처분사실을 통지하지 아니하고, 별도의 고지절차도 취하지 아니하였을 뿐만 아니라 사전에 청구인을 소환하여 조사하지도 않았고, 반성문이나 서약서조차 징구하지 아니하였다면, 비록 피의자라 하더라도 그 불기소처분이 있음을 쉽게 알 수 있는 처지에 있다고는 할 수 없으므로 피의자였던 청구인은 불기소처분이 있음을 알지 못하는 데에 과실이나 책임이 있다고 할 수 없다. 그러므로 위와 같은 경우에 청구인이 불기소처분사실을 알았거나 쉽게 알 수 있어서 심판청구기간 내에 심판청구가 가능하였다는 특별한 사정이 없는 한 정당한 사유가 있는 때에 해당한다고 보아야 할 것이다. 그렇다면, 이 사건 헌법소원심판청구는 그 청구기간의 도과에 정당한 사유가 있으므로 적법하다.

3) 결정례   [정당성 인정 결정례] ① 국제그룹해체지시 헌법소원결정[89헌마31. 위 2)에서 살펴봄], ② 기소유예처분 불통지(반성문 비징구 등) 사건 결정[2001헌마39. 위 2)에서 살펴봄], ③ 문화계 블랙리스트 정보수집행위, 지원배제 지시행위에 대한 헌법소원 − 대통령 비서실장, 정무수석비서관, 교육문화수석비서관, 문화체육관광부장관이 야당 소속 후보를 지지하였거나 정부에 비판적 활동을 한 문화예술인이나 단체를 정부의 문화예술 지원사업에서 배제할 목적으로, 청구인들의 정치적 견해에 관한 정보를 수집·보유·이용한 행위, 또 그들에 대한 지원배제를 지시한 행위에 대해 청구기간이 1년이 도과하였으나 정당한 사유를 인정하였다. 특별검사의 수사를 통해 비로소 알려지게 되었고 그 사실을 모르는데 과실, 책임이 없었기 때문이라고 보았다(2017헌마416).

[부정례] ① 기소유예처분 불통지했으나 반성문제출 등에 의한 인식이 있은 경우라 하여 정당사유성 부정(2000헌마224. 이 결정은 위 1)에서 본 정당한 사유에 해당한다고 인

정한 2001헌마39 결정과 반대 대비된다. 반성문제출을 통해 심판청구기간 내에 기소유예처분이 있은 것을 알았거나 쉽게 알 수 있었다고 보아 부정한 것이다), ② '국가유공자 등 예우 및 지원에 관한 법률' 제4조(99헌마76, 특수부대원을 국가유공자로 명시하지 않은 데 대한 헌법소원, 탄원서 제출시부터는 청구가 가능한 것으로 보여 정당성 부정한 것이다), ③ 대법원판결에 대한 기대 신뢰의 정당사유성 부정(2001헌마116, 신군부세력에 의한 언론통폐합행위에 대한 헌법소원사건. 대법원이 내란죄 유죄확정판결을 하여 언론통폐합계획에 따른 재산권양도행위의 위헌무효도 선언하리라 신뢰하여 헌법소원을 제기하지 않은 것이라는 주장에 대해 그러한 신뢰가 있었다 하여 헌법소원을 제기하지 못할 바 아니라고 하여 정당성을 부정하였다), ④ 국방부장관이 6·25전쟁 동안 만 18세 미만의 청구인들을 입대시킨 행위에 대한 헌법소원(2014헌마456, 민주화 이후 꽤 오랜 기간 통상의 법절차가 제대로 작동하고 있었다고 하여 정당성 부정) 등.

4) 부정 – 기본권 침해사유가 있었음을 알았거나 쉽게 알 수 있는 경우

헌재는 이런 경우로 청구기간 내에 심판청구가 가능하였다는 사정이 있는 경우에는 정당성 인정을 하지 않는다는 입장을 보여주기도 한다(2001헌마335).

⑹ 기소유예·기소중지처분 피의자, 불기소처분 비고소 피해자의 헌법소원 청구기간

앞서 이들은 헌법소원을 청구할 수 있다고 했는데 그 헌법소원에 통상의 청구 기간(즉 90일, 1년)이 요구된다. 기소유예처분과 기소중지처분에 대해 피의자가 사전에 거칠 수 있는 다른 구제절차가 없으므로(검찰 항고, 재항고도 안됨). 기소유예처분, 기소중지처분이 있음은 안 날부터 90일, 있은 날부터 1년이 적용된다(2017헌마918, 95헌마362). 고소하지 않은 피해자도 불기소처분에 대해 바로 헌법소원을 청구할 수 있으므로 역시 마찬가지이다(2004헌마248, 2007헌마615 등).

3. 법령소원

법령소원도 다른 권리구제절차 없는 경우의 본래의미 헌법소원으로 위 2.에 포함하여 볼 것이지만 법령소원사건이 많고 이에 관한 문제가 중심적으로 되다시피하여 별도 항목을 본다.

(1) 법리

[통상의 청구기간 적용] 법령소원도 어디까지나 본래의미의 헌법소원이고 보충성 원칙 적용없이 바로 청구되는 것이므로 여기의 통상의 청구기간이 적용된다고 보는 것이다. 헌재도 그러한 입장이다. 사실 법령소원에서 청구기간을 요구하는 데 대한 근본적 검토필요성이 논의되기도 한다(헌법재판론, 제2판, 1358면 참조).

['시행' 기산점] 법령소원의 청구기간은 '시행'을 중심으로 설정되어 있는데 빈번히 나오기도 하고(이 법리는 확립된 것이고 결정례들이 많다. 예로 2019헌마7 등) 중요하여 다음과 같이 정리한다. 이전의 상황성숙론(89헌마89, 89헌마220, 94헌마213. 이는 "그 '사유가 발생한 날'이라는 것은 당해 법률이 청구인의 기본권을 명백히 구체적으로 현실 침해하였거나 그 침해가 확실히 예상되는 등 실체적 제요건이 성숙하여 헌법판단에 적합하게 된 때를 말한다"라는 이론)은 폐기되었다(93헌마198. 상황성숙론을 취하면 기본권침해가 예상된다는 것이지 아직 발생하지 않은데도 예상시점을 기산점으로 당겨 잡게 하여 청구기간을 단축하는 결과(도과의 가능성 많아짐)가 되어 국민에게 불리하다는 이유로 폐기함. 현재성 완화이론으로는 적용가능하다고 봄).

판례원칙 ────────

▸ 1. 법령의 시행과 동시에 기본권의 침해를 받은 자는 그 법령이 시행된 사실을 '안' 날부터 90일 이내에, 그 법령이 시행'된' 날부터 1년 이내에 청구하여야 하고,

▸ 2. 법령이 시행된 후에 비로소 그 법령에 해당하는 사유가 발생하여 기본권의 침해를 받게된 경우에는 그 사유가 발생하였음을 '안' 날부터 90일 이내에, 그 사유가 발생'한' 날부터 1년 이내에 청구하여야 한다.

[법령 시행 후 해당사유 발생한 경우의 기산점] 위 '▷ 2.'의 경우의 기산점 관련 몇 가지 판례법리를 살펴볼 필요가 있다. ⅰ) 그 사유가 발생하였음을 '안' 날 (ㄱ) '안' 날의 의미 − 사실관계를 안 날을 의미 − 헌재는 "법령의 제정 등 공권력의 행사에 의한 기본권 침해의 사실관계를 안 날을 뜻하는 것이지, 법률적으로 평가하여 그 위헌성 때문에 헌법소원의 대상이 됨을 안 날을 뜻하는 것은 아니라고 한다(2010헌마432, 2013헌마224, 2015헌마98). (ㄴ) '안' 정도 − 헌재는 기본권침해의 사실관계를 "특정할 수 있을 정도로 현실적으로 인식하여 심판청구가 가능해진 경우"를 뜻한다고 한다(89헌마31, 2002헌마520). ⅱ) 그 사유가 발생'한' 날의 의미 (ㄱ) 구체적·현실적 적용 − 헌재는 '법령에 해당하는 사유가 발생한 날'이란 '법령의 규율을 **구체적이고 현실적으로 적용받게 된** 날'을 가리킨다고 한다(2016헌마1029, 2010헌마716, 2003헌마484,

2004헌마655). (ㄴ) 계속 적용시 그 최초적용일 - 헌재는 "법령에 해당하는 사유가 계속적으로 발생하는 경우에는 법령의 규율을 구체적이고 현실적으로 적용받게 된 최초의 날"이라고 한다(2019헌마7, 2018헌마26, 2003헌마484, 2004헌마178, 2004헌마655, 2013헌마105 등). (ㄷ) 실질적 내용 무변화의 자구수정 수준 개정법령의 경우 - 헌재는 이전 법령을 기준으로 한다고 한다(2018헌마608, 2018헌마1168). (ㄹ) 정년 단축 규정과 같은 경우 - 헌재는 "기본권침해가 현실화된 날부터 기산함이 상당하다"고 보고, 정년을 단축하는 개정법률조항이 시행에 들어갈 시점에 정년에 아직 이르지 않은 사람이 그 개정법률조항에 대해 행한 법령소원의 청구기간은 정년퇴직하는 날이 아니라 시행으로 기산된다는 판단을 하였다(2000헌마274, 동지: 2006헌마217). (ㅁ) 기본권행사에서의 연령 상한 제한에 대한 헌법소원에서 청구기간 - 헌재는 이러한 연령 상한 제한(적용)을 받게 되는 때에 해당사유가 발생한 날로 잡는다. ① 결정례 - 그 예로 경찰공무원임용령(2005.5.13. 대통령령 제18826호로 개정된 것)이 순경 공개경쟁채용시험의 응시연령 상한을 '30세 이하'로 규정하여 31세에 해당하는 연도의 1.1.부터는 응시할 수 없게 되었는데, 이로부터 1년이 경과하여 청구한 헌법소원은 청구기간을 도과하여 부적법하다고 각하한 결정이 있었다(2010헌마278). ② 검토 - 연령에 따른 기본권행사 제한에 대한 헌법소원에서 핵심이유가 연령 제한을 철폐하고자 그 제한의 위헌성을 다투고자 하는 데에 있다는 점에서도 이 판례법리가 타당한지, 정의로운지 의문이 든다. 당해 사안은 다른 청구인의 청구가 적법하여 본안판단까지 갔고 헌법불합치결정이 있었으며 이후 40세로 상한 연령이 늘어났는데 그 상한 연령이었으면 위 각하결정을 받은 청구인도 당시 연령에서도 응시가 가능했었다.

[법령소원 청구기간의 구체적 적용례들] * 헌법재판론, 제2판, 1374-1398면 참조.

(2) 유예기간이 있는 경우

[판례변경] 이전에 헌재는 줄곧 이 경우에라도 유예기간 경과일이 청구기간 기산점이 되는 것이 아니라 마찬가지로 법령의 시행일을 기산점으로 하는 위 법리에 따른다고 하여 왔다(93헌마198, 2002헌마516, 2011헌마372, 2013헌마391 등). 그러다 2020년에 어린이통학버스 동승보호자 사건 결정에서 유예기간 경과일을 청구기간 기산점으로 한다고 판례를 변경하였다(헌재 2020.4.23. 2017헌마479).

▶ 유예기간 있는 법령에 대한 헌법소원의 청구기간 기산점: 시행일설 → 판례변경 → 유예기간 경과시설

[유예기간 경과일로 보는 논거] 헌재는 다음과 같은 논거를 제시하고 있다. 시행일을 청구기간의 기산점으로 본다면 시행유예기간이 경과하여 정작 기본권 침해가 실제로 발생한 때에는 이미 청구기간이 지나버려 위헌성을 다툴 기회가 부여되지 않는 불합리한 결과가 초래될 위험이 있는 점, 일반국민에 대해 법규정의 개폐에 적시에 대처할 것을 기대하기가 사실상 어렵고, 헌법소원의 본질은 국민의 기본권을 충실히 보장하는 데에 있으므로 법적 안정성을 해하지 않는 범위 내에서 청구기간에 관한 규정을 기본권보장이 강화되는 방향으로 해석하는 것이 바람직한 점, 청구기간이 무한히 확장되는 것이 아니므로 법적 안정성을 확보할 수 있는 점, 시행유예기간 동안에도 현재성 요건의 예외에 따라 적법하게 헌법소원심판을 청구할 수 있는 점 등을 들고 있다.

4. 부작위에 대한 헌법소원심판에서의 청구기간 문제

[입법부작위에 대한 헌법소원심판] 진정입법부작위에 대한 헌법소원의 경우 그 불행사(부작위)가 계속되는 한 기본권침해도 계속되므로 청구기간의 제약이 없다(89헌마2, 96헌마246, 2000헌마707). 부진정입법부작위의 경우에는 법령소원과 같다고 보고 (불완전하나 있는 부분에 대한 법령소원) 청구기간 준수를 요구한다(96헌마179, 2016헌마626).

입법부작위에 대한 헌법소원심판에서 청구기간 ┬ 진정입법부작위 – 불요
└ 부진정입법부작위 – 요구

5. 다른 구제절차를 거친 본래의미의 헌법소원의 청구기간

[원칙] 다른 법률에 따른 구제절차를 거친 헌법소원의 심판은 그 최종결정을

통지받은 날부터 30일 이내에 청구하여야 한다(헌재법 제69조 1항 단서). 물론 그 대상 사안, 적용범위는 '다른 구제절차'(전심절차)가 존재하는 경우여야 한다. 즉 보충성 원칙이 적용되는 경우이다. 원행정처분의 헌법소원대상성이 부정되고 이 헌법소원의 제기는 많지도 않고 그래서 판례도 많지 않다

['30일' 청구기간의 기산점] 그 다른 구제절차의 최종결정을 '송달'받은 날을 말한다. 헌재판례의 법리도 그러하다(90헌마149).

[기준일, 만료일] * 이에 관한 법리는 앞의 다른 권리구제절차를 거친 헌법소원의 경우에서 본 것과 같아 그것을 참조하면 된다.

6. 위헌소원의 청구기간

이에 대해서는 뒤의 위헌소원의 청구요건에서 서술한다.

7. 기준일

[개념과 적용원칙 및 그 범위] 헌법소원에서의 청구기간 도과 여부를 판단하는 시점이 기준일이고 이는 통상적으로는 청구일이다. 도과 여부 판단기준이므로 매우 중요하다. 기준일은 다른 구제절차를 거치지 않은 헌법소원(위 2.), 거친 헌법소원(위 5.), 법령소원(위 3.), 위헌소원(위 6.) 모든 헌법소원에 청구일이 기준으로서 마찬가지로 적용된다. 기준일은 이를수록 청구기간 비도과의 가능성이 높아진다.

[법상 예외 - 국선대리인선임신청이 있는 날] 신청이 있는 날을 기준으로 한다(뒤의 대리인선임과 청구기간 부분 참조).

[도달주의] 청구기간이 도과하였는지는 헌법재판소에 헌법소원심판의 청구서가 접수된 날을 기준으로 하여 판단하여야 하고 심판청구서의 발송일을 기준으로 판단할 것은 아니라는 것이 헌재의 판례이다(도달주의. 2001헌마94 등).

[청구의 변경·보충과 청구기간의 도과(준수) 여부를 가리는 기준일] ⅰ) 청구의 변경의 조건부 허용 - * 헌재법 제40조에 따라 준용되는 민사소송법 제262조 1항 본문은 "원고는 청구의 기초가 바뀌지 아니하는 한도 안에서 변론을 종결할 때까지

청구의 취지 또는 원인을 바꿀 수 있다"라고 규정하고 있다. ⅱ) 청구변경시 기준일 - 제출일 - 이 경우에 민사소송법 제265조를 준용하여 그 변경서, 보충서를 제출한 때를 기준으로 청구기간의 도과여부를 가리는 것이 판례의 입장이다(91헌마134, 90헌마196, 2007헌마870, 2011헌마398, 2014헌마1175). 그만큼 기준일이 늦어져 청구기간을 도과할 가능성이 많아지는 것이다.

8. 대리인과 청구기간

(1) 국선대리인

[기준일] 국선대리인 선임신청이 있는 날이 기준일이 된다. 이 신청일을 기준으로 하면 청구기간 비도과의 가능성이 높아진다[신청일 기준으로 비도과여서 적법하다고 본 예(94헌마5, 96헌마398, 2004헌마826, 2008헌마715등). 신청일 기준으로도 도과로 본 예(2011헌마443 등, 2014헌마54, 2016헌마319 등)]. * 국선대리인선임신청일 기준일 청구기간 도과 여부 판단의 도해 예시는 청구기간 앞 부분에서 이미 했다(전술 참조).

[선정효과] 선정된 국선대리인은 선정된 날부터 60일 이내에 청구서의 기재사항에 규정된 사항을 적은 심판청구서를 헌법재판소에 제출하여야 한다(헌재법 제70조 5항).

[* 국선대리인 비선정결정 경우의 청구기간 비산입] 헌재가 국선대리인을 선정하지 아니한다는 결정을 한 때에는 '선임신청을 한 날부터 그 통지를 받은 날'까지의 기간은 제69조의 청구기간에 산입하지 아니한다(헌재법 제70조 4항 후문). 이는 국선대리인 선임신청으로 인한 불이익을 청구인에게 주지 않기 위함임은 물론이다.

(2) 공동 소송대리인에 대한 기각결정 송달의 효력

위헌소원의 경우 법원의 위헌제청신청 기각결정이 송달된 때가 청구기간의 기산점이 된다. 이때, 당해 사건의 소송대리인이 수인인 경우, 특별한 사정이 없는 한 수인의 소송대리인은 모두 위헌여부제청신청에 대한 대리권을 가지고, 공동소송대리인 중 1인에 대한 위헌제청신청 기각결정 송달은 적법한 송달로 보는 것이 헌재의 판례이다(91헌마150). 헌재는 그 논거로 "위헌여부심판제청신청절차는 당해 행정소송사건과는 전혀 다른 별개의 절차라기보다는 당해 사건으로부터 부수파생하는 절차로 보아야 할 것이고, 따라서 당해 행정소송사건의 공동 소송대리인은 특별한 사정이 없는 한 위헌여부심판제청신청에 관하여서도 소송대리권을 가지는 것으로 적법한 송달이라고 보아야 할 것"이라고 한다. 그래서 수인의 공동소송대리인 중 어느 1인에게라도 송달이 되면 그 때가 위헌소원의 청구기간의 기산점이 되고 공동소송대리인 모두에게 송달이 된 경우 가장 빠른 송달을 기산점으로 볼 것이다(이 법리가 표명된 91헌마150 결정의 사안은 A, B 두 변호사가 공동대리인인데 A에게 위헌제청신청기각결정이 송달되었고 후일 B에게 그 결정문이 교부되었는데 A에게 송달된 때부터는 청구기간이 도과되었다. 헌재는 B에게 교부된 때 적법한 송달이 있었던 것이라는 주장을 배척하고 위와 같은 법리에 따라 각하결정을 한 것이었다).

IX. 변호사대리강제주의

ⅰ) 의미 — 헌재법 제25조 3항은 헌법소원심판에서의 변호사대리강제주의를 취하고 있으므로 변호사에 의한 대리가 청구요건이고 변호사 대리가 이루어지지 않으면 청구가 각하된다. ⅱ) 합헌성 인정 — 이러한 변호사강제주의에 대하여 국민의 헌법소원청구권(재판청구권)을 위헌적으로 침해한다는 주장이 적지 않다. 그러나 헌법재판소는 변호사에 의한 전문적인 법보호의 필요성, 승소가능성 없는 사건의 사전소거, 헌법소원 오남용의 방지, 부당한 권위의식으로부터 보호 등의 이점이 있다고 하고, 국선대리인제도를 두고 있다는 논지로 합헌으로 보고 있다(89헌마120, 2001헌마152, 2003헌마783, 2008헌마439). ⅲ) 적용범위 — 본래의미 헌법소원뿐 아니라 ① 위헌소원심판(헌재법 제68조 2항 헌법소원)에서도 변호사대리강제가 적용된다. ② 가처분사건에서도 요구한다. ⅳ) 강제주의의 효과범위 — ㉠ 대리인사임이 있더라도 새로이 대리인선임하지 않아도 적법하다고 보는 경우 — ① 재판성숙단계에 이른 경우(91헌마156), ② 청구인의 주장과 소명에 부족함이 없다고 보여질 경우(95헌마70), ㉡ 대리인선임 이전 청구인의 심판수행행위 — 대리인이 추후 승인(追認)하면 유효하다(2018헌마18). ⅴ) 국선대리인제도 — 헌법소원심판을 청구하려는 자가 변호사를 대리인으로 선임할 자력이 없는 경우에는 헌재에 국선대리인을 선임하여 줄 것을 신청할 수 있다. 이 경우 청구기간은 국선대리인의 선임신청이 있는 날을 기준으로 정한다(헌재법 제70조 1항 후문, 전술 청구기간 부분 참조). 헌재는 그 심판청구가

명백히 부적법하거나 이유 없는 경우 또는 권리의 남용이라고 인정되는 경우에는 국선대리인을 선정하지 아니할 수 있다(동조 3항 단서). 무자력요건에 해당되지 않아도 헌재가 공익상 필요하다고 인정할 때에는 국선대리인을 선임할 수 있다(동법 제70조 2항).

X. 피청구인

[개념] 피청구인이란 일단은 기본권에 관련된 공권력을 행사할 수 있는 지위에 있는 기관으로서 그 공권력을 행사하거나 또는 행사할 의무가 있음에도 공권력을 행사하지 않음으로써(불행사, 부작위) 국민의 기본권을 침해한다고(침해하였다고) 보여지는 기관을 의미한다고 볼 것이다.

[행정소송법 제13조 준용, 기준원칙 – 처분행정청] 사실 헌법이나 헌재법에 피청구인의 개념이 어떠한지, 누가 피청구인이 될 수 있는지에 대해 명시적인 규정이 없다. 헌재법 제40조에 따라 준용되는 행정소송법 제13조에 따라 처분행정청을 피고로 본다.

> **행정소송법 제13조(피고적격)** ① 취소소송은 다른 법률에 특별한 규정이 없는 한 그 처분 등을 행한 행정청을 피고로 한다. 다만, 처분 등이 있은 뒤에 그 처분 등에 관계되는 권한이 다른 행정청에 승계된 때에는 이를 승계한 행정청을 피고로 한다. ② 제1항의 규정에 의한 행정청이 없게 된 때에는 그 처분 등에 관한 사무가 귀속되는 국가 또는 공공단체를 피고로 한다.

[결정례] ⅰ) 처분행정청 외의 대한민국에 대한 피청구인적격 부인 – 헌재는 공권력행사를 한 처분행정청이 피청구인이 되고 이 처분행정청 외에 별도로 대한민국을 피청구인으로 삼을 수는 없다고 본다(90헌마182. 당해 사안에서 처분청인 여수지방해운항만청장 외 피청구인을 대한민국으로 한 부분의 청구는 부적법하다고 그 부분 부적법하다고 함). ⅱ) 명령권자 아닌 대통령 – 피청구인적격 부인 – 헌재는 대통령이 당해 명령의 명령권자로 규정되어 있지 않으면 피청구인적격이 없고 그 명령을 할 위치에 있는 행정청이 피청구인적격을 가진다고 본다[92헌마204. 당해 사안에서 내무부장관이 명령권자(임용권자)로서 피청구인].

[피청구인에 대한 직권조사·확정] 헌재는 헌법소원심판청구서에 반드시 피청구인을 특정할 필요가 없다고 보고 청구서에 피청구인을 특정하고 있더라도 피청구인의 잘못된 표시는 헌법소원심판청구를 부적법하다고 각하할 사유가 되는 것이 아니라고 한다. 그리하여 헌재는 청구서에서 청구인이 피청구인(처분청)을 잘못 지정한 경우에도 직권으로 정정할 수도 있다고 한다(91헌마190).

[피청구인추가(임의적 당사자변경) 불허] 헌재는 피청구인추가는 임의적 당사자변경인데 이를 허용하는 관련 법규정이 없고 당사자의 동일성을 해치므로 원칙상 허용되지 않는다고 본다(2001헌마163).

[법령소원의 경우] 법령소원의 경우 헌재는 "피청구인의 개념은 존재하지 않는다"라고 한다(2007헌마992). 법령소원의 경우 우리 헌법재판소의 결정문에서는 피청구인이 명시되어 있지 않다(예컨대, 89헌마220, 89헌마178, 89헌마89, 98헌마36 등).

[국회] 국회 자체가 피청구인으로 기재되었던 예로, ① 선거구 획정 지체 사건(2015헌마1177등), ② 후임 헌법재판관 선출 지체 사건(2012헌마2)이 있었다.

[조례부작위] 조례가 제정되지 않은 부작위에 대한 헌법소원심판에서 피청구인이 조례가 지방의회의 의결로 제정되므로 지방의회인지, 아니면 지방자치단체 자체인지가 논의된다. 헌재는 지방공무원법(1973.3.12. 개정된 것) 제58조 2항의 위임에 따라 시·도 교육청 소속 지방공무원으로서 '사실상 노무에 종사하는 공무원의 범위'를 지방자치단체 조례로 제정하여야 하는데 제정하지 아니한 부작위에 대한 헌법소원심판 청구 사건에서 헌법 제117조 1항은 "지방자치단체는 … 자치에 관한 규정을 제정할 수 있다"라고 규정하고 있는 점을 들어 지방자치단체 자체가 피청구인이 된다고 본다(2006헌마358). 그리고 사안에서 피청구인 대표자는 시·도 교육감이라고 본다. 일반행정에 관한 조례의 경우 지방자치단체의 장이 대표자가 될 것이다.

[청구서 기재사항 여부] 헌재법 제71조 1항은 피청구인 기재를 명시적으로 요구하지 않고 있다. 헌재는 법령소원의 경우 외에는 피청구인의 기재를 요구한다.

XI. 청구서 기재

또 다른 청구요건으로 헌법소원의 심판청구서 기재·작성이 있다. i) 필요적 기재사항 — 1. 청구인 및 대리인의 표시, 2. 침해된 권리, 3. 침해의 원인이 되는 공권력의 행사 또는 불행사, 4. 청구 이유, 5. 그 밖에 필요한 사항을 적어야 한다(헌재법 제71조 1항). * 피청구인에 대한 사항 — 이처럼 헌재법 제71조 1항은 피청구인에 대한 사항을 필요적인 기재사항의 하나로 포함시키고 있지는 않다. 그런데 헌재 사이트에 예시된 헌법소원심판청구서 양식에는 법령소원과 위헌소원 외의 헌법소원의 심판청구서 양식에 피청구인의 기재가 포함되어 있다. 헌재는 법령소원의 경우 결정문에서 피청구인을 특정(지목)하여 기재하지 않는다. 위헌소원은 성격이 다르다. ⅱ) 필요적 첨부 — 심판청구서에 대리인의 선임을 증명하는 서류 또는 국선대리인 선임통지서를 첨부하여야 한다(법 제71조 3항). ⅲ) 의무, 청구요건 — "…야 한다"라고 규정하여 의무적이고 청구요건에 해당되므로 이 사항기재가 불(미)비하면 보정명령을 거치긴 하겠지만 부적법한 청구가 된다. ⅳ) 특정화의 요구와 직권조사 — '침해된 권리', '침해의 원인이 되는 공권력의 행사 또는 불행사'를 특정하여야 한다(침해된 권리, '침해의 원인이 되는 공권력의 행사 또는 불행사를 특정하지 아니하였다고 하여 각하결정한 예(90헌마158)). 다만, 헌재는 상세한 정도의 특정화를 요구하지는 않고 직권조사에 의한 판단을 인정한다(90헌마110등).

XII. 그 외

[청구인 변경신청 (임의적 당사자변경) 불허] 당사자의 동일성을 해치는 임의적 당사자변경(특히 청구인변경)은 허용되지 않는다고 본다(2007헌마106, 헌재는 민사소송법에 임의적 변경을 인정하는 규정이 없다는 이유를 들고 있다).

[공동심판참가] ⅰ) 필요성과 개념 — 기왕에 헌법소원이 청구되어 있는데 그 청구사건에 이해관계가 있는 사람이 합일적으로 해결을 볼 수 있는 상황이라면 별도로 헌법소원을 청구하게 한다면 서로 재판경제적 손실이다. 헌법소원의 인용결정은 모든 국가기관과 지방자치단체를 기속하므로(헌재법 제75조 1항) 그 심판에 집중하게 하는 것이 더욱 헌법소원의 기능에 더 부응하는 것이고 집약적인 효율성을 가져오게 한다. 아니면 청구인을 추가하는 당사자변경제도를 인정할 수도 있으나 우리 헌재는 부정하므로(94헌마207, 2007헌마106), 참가제도가 필요하다. 헌재도 이를 인정한다(2006헌마1098등). 문제는 헌재법 자체에 규정이 없다는 점이다. 행정소송법에도 제3자 소송참가제도(행정소송법 제16조)가 규정되어 있으나 "소송의 결과에 따라

권리 또는 이익의 침해를 받을 제3자가" 참가하고(동법 동조 1항) 필수적 공동소송의 효과가 나는(동법 동조 4항) 등 헌법소원심판의 공동참가와 그 성격이 다르다. 그리하여 헌법소원에서 헌재는 이런 차이를 지적하여 행정소송법 규정이 아니라 민사소송법의 공동참가제도 규정을 준용하여야 한다고 보고 그 목적이 청구인과 제3자에게 합일적으로 확정되어야 할 경우, 그 제3자는 공동청구인으로서 심판에 참가할 수 있다고 한다(헌재법 제40조 1항, 민사소송법 제83조 1항). ii) 청구요건 — 헌재는 ① 청구인의 당사자적격과 같은 참가적격을 가져야 하고(89헌마163), 헌법소원 청구기간과 같은 청구기간을 지켜야 한다고 요구한다(2007헌마106).

제4절 '위헌소원'(헌재법 제68조 2항 헌법소원)심판의 청구요건

I. 특수성과 개관

[위헌법률심판으로서의 특성] 법률에 대한 위헌심판이 그 핵심이고 특성이다. 그 제청신청을 법원이 기각(각하)한 경우에 제기하는 헌법소원이기 때문이다. '법률'에 대한 심판기능이라는 '한정성'을 가진다. 한편 법률에 대한 심사로는 본래의미의 헌법소원에 의한 것이 있는데 법률이 직접 기본권을 침해하여 바로 법률을 대상으로 하는 법령소원이 그것이다. 그러나 법령소원은 그 대상이 법률만이 아니라 행정입법, 조례 등 다른 법규범도 된다는 점에서 다르고 그 성격은 어디까지나 기본권구제가 그 주기능인 본래의미(헌재법 제68조 1항) 헌법소원('헌마')이라는 점에서 위헌소원('헌바')과 다르다(이 차이점에 대해서는 이 장의 제1절, 헌법소원심판의 유형 부분 참조).

[청구요건상 특수성] i) 기본권침해의 자기관련성·직접성·현재성의 비요건 — 유의해야 할 것은 권리구제형 헌법소원에서 요구되는 이 요건들이 위헌소원의 위 특수성, 차이점으로 위헌소원에서는 요건이 아니라는(94헌바2) 점이다. 특히 혼동하지 말아야 할 것은 법률에 대한 법령소원과 위헌소원의 경우이다(* 이에 관해서는 앞의 헌법소원의 종류 부분 참조). ii) 위헌소원에서의 보충성원칙의 비요건 — 위헌소원은 보충성원칙을 그 요건으로 하지 않는다(96헌바36등).

[위헌소원의 청구요건의 핵심요소] ① 일단 법률이 대상이라는 대상성요건이 핵심요

소의 하나이다. ② 법률이 위헌인지 여부에 따라 당해 재판의 해결이 달라질 경우여야 심판에 들어가게 된다. 앞서 위헌법률심판('헌가')에서도 핵심적인 요소가 재판전제성 요건이었던 것과 같이 바로 재판의 전제성요건이 위헌소원에서도 그 청구요건으로서 가장 중요하다. 물론 다른 요건들도 갖추어야 한다. 아래에 각각 살펴본다.

Ⅱ. 대상성 요건

['법률'일 것] 위헌소원도 그 대상은 원칙적으로 법률이다. 위헌법률심판과 대상이 같고 따라서 그 부분을 참조하면 되겠다(전술 참조). 아래와 같이 정리된다. ⅰ) 긍정대상 − 국회에서 의결한 법률뿐 아니라 실질적으로 법률의 효력을 가지는 긴급명령, 긴급재정경제명령, 조약도 포함된다. 또한 폐지된 법률도 대상이 될 수 있다. 부진정입법부작위도 대상이 된다. 불완전하나마 입법이 있긴 하므로 그 존재하는 입법을 대상으로 위헌소원이 가능하다고 보는 것이다. ⅱ) 부정대상 − ① 그러나 법률이 아닌 법규범들, 즉 대통령령, 총리령, 부령 등 법규명령은 대상이 되지 않고(99헌바107, 99헌바108 등), 장관의 지침도 위헌소원의 대상이 되지 않는다(92헌바7). ② 지방자치단체의 조례도 대상이 되지 않고(96헌바77, 경기도립학교설치조례 중 개정조례 제2조 등), ③ 사립학교법인 정관(96헌바33)도 대상이 아니다. ④ 진정입법부작위, 즉 전혀 입법이 없는 부작위에 대해서는 위헌소원의 대상이 되지 않는다는 것이 헌재 판례이다. 즉 헌재는 "헌법재판소법 제68조 2항의 규정에 따른 헌법소원은 '법률'의 위헌성을 적극적으로 다투는 제도이므로 '법률의 부존재', 즉 입법부작위를 다투는 것은 그 자체로 허용되지 아니한다"라고 판시한다(헌재 298헌바12, 2015헌바413 ([결정요지] 이 사건 심판청구는 성질상 근로기준법이 전면적으로 적용되지 못하는 특수형태근로종사자(사안의 경우 캐디)의 노무조건·환경 등에 대하여 근로기준법과 동일한 정도의 보호를 내용으로 하는 새로운 입법을 하여 달라는 것으로, 실질적으로 진정입법부작위를 다투는 것과 다름없다. 따라서 이 사건 심판청구는 헌법재판소법 제68조 2항에 따른 헌법소원에서 진정입법부작위를 다투는 것으로서 모두 부적법하다. * 평가 − 진정입법부작위와 부진정입법부작위는 양적 차이라고 볼 수도 있는 등 그 구분이 문제이므로 이러한 판례법리도 문제이다. 사안도 특수형태근로자에 대한 보호문제로서 중요한 문제이었는데 진정입법부작위로 보아 아예 위헌소원대상이 아니라고 본안판단을 거절한 것이었다). ⑤ 헌법규범의 단계구조론을 받아들여 효력이 하위인 헌법규범에 대해서는 상위

헌법규범에의 위배를 심사하기 위한 헌법재판의 대상이 된다는 이론에 대해 우리 헌재는 부정적으로 본다. 즉 헌법규정 자체는 위헌소원의 대상이 되지 않는다는 것이 명백한 판례입장이다(95헌바3, 95헌바39, 2000헌바38, 2005헌바28 등, 앞의 제3장 제2절 참조).

[제청신청에 대한 기각(각하)결정이 있었던 법률규정] ⅰ) 원칙 - 위헌소원은 위헌심판제청신청이 기각(각하)된 경우에 제기되는 것이므로 법원이 제청신청기각(각하)한 바가 있었던 법률규정들만이 대상이 되는 것이 원칙이라고 본다(95헌바41).

ⅱ) 제청신청, 기각(각하) 없었던 조항에 대한 **예외적 대상성** 인정

(ㄱ) 사유 - 헌재가 인정하는 예외사유는 아래와 같다(2012헌바335, 2015헌바62등).

제청신청 없었고 법원 기각(각하)결정이 없었던 조항에 대한 대상성 인정의 사유 ─────
위헌제청신청을 기각 또는 각하한 법원이 위 조항을 실질적으로 판단하였거나, 위 조항이 명시적으로 위헌제청신청을 한 조항과 필연적 연관관계를 맺고 있어서 법원이 위 조항을 묵시적으로나마 위헌제청신청으로 보고 판단하였을 경우

(ㄴ) 예외인정 결정례 ① 구성요건(의무)조항, 벌칙조항 - 구성요건이 되는 의무조항만 제청신청, 기각결정 대상이었으나 그 벌칙조항에 대해서도(반대로 벌칙조항만 기각결정되었으나 구성요건을 이루는 의무조항에 대해서도) 필연적 연관관계이고 실질적으로 신청과 판단에 포함된다고 보아 심판대상으로 인정한 예들이다. ⓐ 학원등록없는 설립·운영의 금지 조항이 기각결정되었으나 처벌조항도 대상성 인정한 예(99헌바93), ⓑ 농협 이사 선거운동제한조항 위반 벌칙조항이 기각결정되었으나 그 외 그 제한조항에 대해 구성요건규정이라고 하여 필연적 연관관계 인정한 예(2015헌바62). ② 도시환경정비사업시행인가를 위한 토지등소유자의 동의요건 조항 - 도시환경정비사업의 시행자인 토지등소유자가 사업시행인가를 신청하기 전에 얻어야 하는 토지등소유자의 동의요건 조항인 구 '도시 및 주거환경정비법'(2007.12.21. 개정된 것) 제28조 5항 본문 해당규정이 위헌제청신청, 법원 기각결정 대상이 되지 않았으나 위헌제청신청을 한 법률조항과 필연적 연관관계를 맺고 있어 법원이 실질적으로 판단한 것으로 볼 수 있다고 하여 심판대상으로 한 것이다(2010헌바1). ③ 50명 이상의 근로자를 고용하는 사업주는 그 근로자의 총수의 일정 비율("의무고용률") 이상에 해당하는 장애인을 고용하여야 한다고 규정하고(고용의무조항) 그 의무고용률에 못 미치는 장애인을 고용하는 사업주는 장애인 고용부담금을 납부하도록 한 구

'장애인고용촉진 및 직업재활법' 규정(고용부담금조항)에 대한 위헌소원사건이다. 제청신청, 기각결정되지 않은 고용의무조항도 고용부담금조항(기각결정된 조항)이 헌법에 위반되지 않는다고 본 당해법원의 판단 속에는 사업주의 장애인 고용의무에 대한 판단이 포함되어 있어 당해법원이 이 사건 고용의무조항을 묵시적으로 판단하였다고 볼 수 있으므로 함께 대상으로 적법하다고 본 것이다(2010헌바432). ④ 구성요소가 되는 규정이어서 서로 필연적 연관관계가 있다고 본 결정례 - 앞서도 이런 경우가 있었으나 여기서는 처벌에 관한 것이 아닌 예이다. 사안은 지역축협 조합원 자격이 없는 경우 당연 탈퇴된다는 규정에 따라 이사회가 이를 확인하도록 한 농업협동조합법 규정에 대한 위헌소원에서 바로 그 자격이 없는 경우 당연 탈퇴되는 규정에 대해서도 구성요건이 되어 두 조항이 서로 필연적 연관관계가 있다고 보아 심판대상으로 인정한 예이다(2016헌바315).

[법률해석·적용 확정문제의 대상성 여부, 한정위헌청구] ⅰ) 법률규정 해석·적용 문제에 관한 헌재의 기본입장 - 위헌성 판단을 위한 선행문제: 헌재는 법률규정의 해석, 적용문제가 그 법률규정의 위헌성을 판단함에 있어서 선행문제가 될 때에는 위헌소원의 대상이 된다고 본다(97헌바23, 2000헌바36). ⅱ) (ㄱ) 일반법규 해석·적용의 문제, 법원재판의 기초적 사실관계 인정·평가 또는 개별적·구체적 사건에서의 법률조항의 단순한 포섭·적용에 관한 문제 - 이에 대해서는 부정한다(97헌바2등). (ㄴ) 법원의 사실관계 판단 및 법률의 해석·적용의 부당함 주장 - 이는 헌재가 사실상 법원의 재판을 심판대상으로 삼고 있는 것이라고 하여 위헌소원대상성을 부정하는 것인데(2014헌바62, 2018헌바382) 이 부정은 사실 (ㄱ)과 같은 취지의 부정이라고 할 것이다. ⅲ) 한정위헌청구 - 헌재는 이를 허용하고, 다만 헌법문제 아닌 법률문제를 다투는 경우 등은 허용되지 않는다고 보는데(2020헌마397) 앞의 ⅱ)의 취지와 맥이 닿아 있다. 한정위헌청구에 대해서는 아래에 별도로 본다.

Ⅲ. 청구인

ⅰ) 기각된 제청신청을 한 당사자 - 헌재법 제68조 2항은 위헌여부심판제청의 "신청을 한 당사자"를 청구인으로 하고 있다. ⅱ) 이 당사자가 사인(私人)인 경우 청구인이 될 수 있음은 물론이다. ⅲ) 행정청, 지방자치단체 소속 기관(지방자치

단체장, 지방의회) 등 - 기본권주체가 아니어서 본래의미 헌법소원, '헌마'는 청구할 수 없으나 위헌소원은 기본권침해를 요건으로 하지 않아 이 기관들도 법원의 당해 소송(민사소송, 행정소송(기관소송 포함) 등)에서 당사자가 될 수 있고 그 소송에서 위헌 제청신청을 하여 기각(각하)되면 위헌소원은 청구할 수 있다(이에 대해서는 앞서 본래의 미 헌법소원의 '청구인능력'에서 살펴보았다. 실제례: 96헌바62, 2007헌바80, 2013헌바122, 2004헌바 50 등). iv) 보조참가인 - 민사소송의 보조참가인도 위헌소원을 제기할 수 있다 (2001헌바98). 행정소송 보조참가인도 그러하다(2004헌바44).

Ⅳ. 재판의 전제성

위헌소원도 실질적으로 위헌법률심판이고 따라서 법률의 위헌 여부가 재판의 전제가 되어야 한다는 재판전제성 요건이 매우 중요한 청구요건이다. 재판전제성 여부가 실제 심판에서 많이 따져진다. 위헌법률심판의 재판전제성과 거의 같아서 그것을 주로 참조하면 되겠다(전술 참조, 그 부분에서 '헌바' 판례들도 함께 다루기도 했다).

Ⅴ. 제청신청의 기각 또는 각하

[기각 또는 각하] 헌재법 제68조 2항은 법원이 당사자의 제청신청을 기각한 경 우에 위헌소원심판을 청구할 수 있다고 규정한다(각하의 경우에도 가능하다는 것이 판례 의 입장이다. 95헌바41). 법원의 제청기각결정은 실질적으로 합헌결정과 같은 것이므로 결국 위 제68조 2항이 법원의 합헌결정권의 근거가 아니냐 하는 논란이 헌재 초기 에 있었다. 헌재는 부정하였다(90헌바35).

[재신청금지] 이 경우 그 당사자는 당해 사건의 소송절차에서 동일한 사유를 이 유로 다시 위헌 여부 심판의 제청을 신청할 수 없다(헌재법 제68조 2항 후문). 남용방지 를 위한 이 금지는 동일심뿐 아니라 상소심 등 심급을 달리하는 경우에도 해당된다 (2011헌바247, 2006헌바40, 2018헌바457 등. 기각 후 청구하지 않다가 상급심에서 하는 것도 금지).

[제청신청에 대한 기각(각하)결정이 있었던 법률규정만 위헌소원대상이 됨] 이에 대해서 는 앞의 대상성요건에서 살펴보았다.

Ⅵ. 권리보호이익(심판청구의 이익)

ⅰ) 판례 – 헌재의 결정례들 중에는 헌재법 제68조 2항의 위헌소원의 경우에도 권리보호이익이 있을 것을 그 요건의 하나로 보는 결정례들이 있다. 다만, 헌재는 권리보호이익이 소멸되었거나 없더라도 "위헌 여부의 해명이 헌법적으로 중요하거나 기본권 침해행위의 반복 위험성이 있는 경우에는 예외적으로 심판청구의 이익이 있다"라고 한다(① 이 판시가 나온 결정례: 97헌바4 – 전면파업에 대해 형법 제314조(업무방해) 위반으로 구속영장을 청구하자 그 법원재판에서 위헌제청신청이 기각되고 위헌소원이 된 사안이었다. 헌재는 이후 구속영장이 집행되지 않고 실효되었고 전면파업의 계기가 된 노동관계법개정법이 폐지되어 권리보호이익이 없다고 보면서 "다시 영장이 청구되는 이른바 권리침해의 반복위험성에 관하여 청구인측에서 아무런 주장 입증을 하지 않고 있는 점을 종합하면 특단의 사정이 없는 한 권리침해의 반복위험성은 부정할 수밖에 없다"라고 판시하였다. ② 청구인은 위헌소원이 계속중 공무원 연령정년이 되었으므로 위헌소원이 가사 "인용된다고 할지라도 공직에 복귀할 수 없어 소원의 전제가 된 법원에서의 쟁송사건과의 관련에서 볼 때 권리보호의 이익이 없다"라고 하면서도 1980년 많은 해직자들을 대상으로 한 법률규정으로 헌법해명이 중요하여 본안판단필요성이 있다고 본 결정으로 92헌바21 결정도 있다). 위헌결정된 법규정 적용의 확정판결에 대한 위헌소원사건에서 재심이 가능하므로 심판의 이익이 없다고 본 다음의 결정례가 있다. 사안은 노역장유치기간의 하한을 중하게 변경한 형법 부칙조항에 대한 위헌결정(2015헌바239)으로 인하여 소급하여 그 효력을 상실하였고, 형법 부칙조항에 근거한 유죄의 확정판결에 대하여는 재심을 청구할 수 있다고 헌재는 보아 결국 청구인은 자신의 벌금형에 대한 노역장유치를 선고한 확정판결에 대하여 재심을 청구할 수 있으므로, 청구인의 위 형법 부칙조항에 대한 심판청구는 심판의 이익이 없어 부적법하다고 본 것이다(2016헌바202. * 위헌결정이 있은 이런 경우 대상성 문제를 살펴볼 수 있겠다). ⅱ) 검토 – 생각건대 실질적으로 객관적 규범통제인 위헌법률심판의 성격을 가지는 위헌소원에서 객관적 헌법해명필요성을 요구하는 것은 그나마 이해되는 면이 있으나 그 이전에 주관적 권리보호이익의 요건을 요구하는 것에 대해 전적으로 타당한지 검토해 볼 필요가 있다. 재판 전제성 요건에 녹여 볼 수 있지 않을까 하는 생각이 드는데 앞으로 더 검토해보고자 한다.

Ⅶ. 한정위헌결정을 구하는 위헌소원심판청구의 적법성요건

[허용 여부를 둘러싼 헌재와 대법원의 견해대립] ⅰ) 헌재의 원칙적 긍정 − (ㄱ) 판례변경(부정→긍정) − 헌재는 줄곧 대상성을 부정해 오다가 2012년에 판례를 변경하여(헌재 2012.12.27. 2011헌바117) 이를 원칙적으로 적법한 것으로 인정한다. (ㄴ) 헌재의 긍정논거는 ① '법률'과 '법률의 해석'은 서로 분리될 수 없는 것이다. ② 구체적 규범통제절차에서의 법률조항에 대한 해석과 적용권한은 (대)법원이 아니라 헌법재판소의 고유권한이다. ③ 헌재가 구체적 규범통제권을 행사하기 위하여 법률조항을 해석함에 있어 당해 법률조항의 의미가 다의적이거나 넓은 적용영역을 가지는 경우에는 가능한 한 헌법에 합치하는 해석을 선택함으로써 법률조항의 효력을 유지하도록 하는 것(헌법합치적 법률해석의 원칙)은 규범통제절차에 있어서의 규범유지원칙이나 헌법재판 본질에서 당연한 것이다. 따라서 한정위헌청구 역시 원칙적으로 적법한 것이다. ⅱ) 대법원의 부정적 입장 − 헌재의 한정위헌결정이 문언은 그대로 존속시키면서 하는 법률해석이고 이는 법률해석권이 법원에 전속적 권한인 점에 반하여 한정위헌청구를 받아들일 수 없다고 한다(대법원 2018.3.20.자 2017즈기10 결정). ⅲ) 유의: 헌재의 한계설정 − 그런데 헌재는 한정위헌청구의 한계를 설정하고 있다. 한정위헌청구의 형식을 취하고 있으면서도 실제로는 당해 사건 재판의 기초가 되는 사실관계의 인정이나 평가 또는 개별적·구체적 사건에서의 법률조항의 단순한 포섭·적용에 관한 문제를 다투거나(이는 위 Ⅱ. 대상성 요건에서 살핀 대로 "일반법규 해석·적용의 문제, 법원재판의 기초적 사실관계 인정·평가 또는 개별적·구체적 사건에서의 법률조항의 단순한 포섭·적용에 관한 문제"에 대해 헌재가 부정하는 것과 같다), 의미 있는 헌법문제를 주장하지 않으면서 법원의 법률해석이나 재판결과를 다투는 경우 등은 모두 현행의 규범통제제도에 어긋나는 것으로서 허용될 수 없다고 하여(위 2011헌바117) 한계를 설정하고 있다(그 한계를 벗어났다고 보아 각하된 결정례: 2017헌마33, 2020헌마397 등).

Ⅷ. 청구기간

[원칙] 헌재법 제68조 2항의 규정에 의한 헌법소원심판은 위헌여부심판의 제청신청을 기각하는 결정을 통지받은 날부터 30일 이내에 청구하여야 한다(헌재법 제69

조 2항. 원래 14일이었는데 2003년 헌재법개정으로 30일로 확대된 것이다).

[기산점 등] 헌재법의 '제청신청을 기각하는 결정을 통지받은 날'이란 '기각결정을 송달받은 날'이다(2017헌바473). 그 외 기준일, 국선대리인선임신청시 효과 등은 다른 헌법소원과 같고 위에서 이미 보았다(전술 참조).

IX. 변호사대리강제주의

헌재는 위헌소원사건에서도 변호사대리강제주의가 적용된다고 한다(2019헌바405). 이는 재검토할 필요가 있다.

X. 지정재판부에 의한 사전심사

헌재는 헌재법 제68조 2항의 위헌소원의 경우에도 헌재법 제72조의 사전심사제가 적용된다고 본다. 그리하여 재판관 3명씩으로 구성되는 지정재판부가 위에서 본 위헌소원심판의 청구요건을 갖추지 못한 것으로 전원일치 의견으로 판단한 경우 전원재판부에 회부하지 않고 각하한다(헌재법 제72조 3항). 실제로 지정재판부에서 각하된 예들이 적지 않다.

제 5 절   가 처 분

I. 가처분의 개념과 헌법소원에서 허용, 관련 규정

[개념] 헌법소원심판의 결정이 있기 전에 기본권구제가능성을 보존하기 위해 일정한 조치를 취하는 것이 가처분(假處分)이다.

[필요성] 헌법소원심판에는 일반적으로 시간이 소요되고 그 결정에 이르기 전에 시간이 흐르면서 그 침해의 집행이 끝나버리는 경우 등에는 인용결정을 받더라

도 기본권구제는 불가능해진다. 이를 미리 막기 위해서 예방책으로서 가처분제도가 필요하다.

> **예시**: 여름휴가철에 고수익이 예상되는 영업에 대해 일정한 사유로 제한하는 법규정이 5월에 개정되어 여름철이 시작되는 7월 15일부터 시행에 들어가게 되었다. 그 영업을 수행해오던 A가 그 일정한 사유에 해당이 되어 자신의 직업의 자유를 침해당한다면서 헌법소원심판을 6월에 청구하였다. 여름철이 지나도록 결정이 나오기 힘들 것이라고 판단한 A는 그 개정 법규정의 적용을 헌법소원심판의 결정이 나올 때까지 정지해달라는 가처분도 함께 신청하였다.

[헌법소원심판절차에서의 가처분의 허용과 사건부호, 준용규정 등] 헌재법이 권한쟁의심판이나 정당해산심판에서는 가처분을 명시하고 있으나(제57조, 제65조) 헌법소원심판에서의 가처분에 관한 명시적 규정을 두고 있지 않아 헌재 출범초기부터 그 불비가 지적되었고 인정주장이 있었다.14 헌재도 판례로 이를 인정하기 시작하였고 (2000헌사471) 헌법소원사건에서 가처분사건이 많아서 판례도 많이 축적되고 있다. 가처분신청사건의 부호는 '헌사'이다.

[관련 법규정] 헌재법 제40조의 준용규정에 따라 헌법소원에서 가처분에 대해 행정소송법의 집행정지규정(행정소송법 제23조), 민사소송에 관한 법령으로서 민사집행법 규정(동법 제300조 이하)이 적용(준용)될 수 있다. 헌재에 가처분을 신청하는 절차, 통지절차 등에 관한 구체적인 사항은 '헌법재판소 심판 규칙'(이하 '심판규칙'이라고도 함. 부록 참조)이 규정하고 있다.

II. 헌법소원심판에서 가처분 신청상 적법요건과 신청절차 및 신청내용

1. 신청상 적법요건

[당사자] 신청인 – 가처분 신청권자(신청인), 피신청인은 각각 본안사건의 청구인, 피청구인이 된다. 신청인, 피신청인은 당사자 능력을 가져야 한다.

---

14 이시윤, 헌법재판개관(하), 판례월보, 225호, 1989. 6, 19면; 김철용·김문현·정재황, 헌법재판절차의 개선을 위한 입법론적 연구, 헌법재판소 용역연구, 헌법재판연구, 제4권, 1993, 327–330면.

[신청기간, 본안사건의 계속] 가처분을 신청할 수 있는 기간상의 제한은 없으나 가처분신청은 본안심판이 적법하게 계속(繫屬) 중임을 전제로 한다(2020헌사468).

[본안심판 범위 내, 권리보호이익 등] 본안사건의 범위 내에서 이루어져야 하고 그 것을 초과하는 가처분신청은 가처분 성격상 받아들일 수 없다. 가처분을 통해 긴급한 예방조치가 가능하지 않거나 본안사건에 대한 판단이 권리침해의 집행행위가 있기 전에 이루어지거나 다른 방법에 따라 권리침해 예방이 이루어질 수 있다면 가처분신청의 권리보호이익은 없다(2017헌사107, 2016헌사857).

[변호사대리] 헌재는 요건으로 한다(2019헌사357).

[신청방식, 절차의 준수] 아래 신청방식, 절차에 나오는 형식들을 준수하지 않으면 역시 부적법하다고 각하되므로 가처분신청의 적법요건을 이룬다.

2. 가처분신청의 방식과 절차

[신청, 직권에 의한 시작] 청구인의 신청에 의하고 신청이 없더라도 헌재가 직권에 의해서도 가처분이 이루어질 수 있다(행정소송법 제23조 2항).

[신청방식] 가처분의 신청의 방식과 절차는 헌재의 심판 규칙에 구체적으로 규정되어 있는데 다음과 같다. ⅰ) 서면주의 – 신청은 서면으로 하여야 한다(심판규칙 제50조 1항 본문). ⅱ) 신청서 기재사항 – 가처분신청서에는 신청의 취지와 이유를 기재해야 하며, 주장을 소명하기 위한 증거나 자료를 첨부해야 한다(심판규칙 제50조 2항).

[취하] 가처분신청을 취하할 수도 있는데 명확히 하기 위해 서면으로 해야 하고, 다만, 변론기일 또는 심문기일에서는 말로 할 수 있다(심판규칙 제50조 1항 단서).

3. 신청내용

[공권력행사의 효력·집행정지] 가처분신청에서 다음과 같은 내용을 청구할 수 있다. ⅰ) 효력정지(공권력행사의 효력을 정지시키는 가처분), ⅱ) 집행정지(그 집행 또는 절차의 속행의 전부 또는 일부를 정지시키는 가처분).

[검토 – 부작위, 거부행위에 대한 헌법소원의 경우] 공권력의 적극적인 행사로 인한

헌법소원 경우에 가처분은 위와 같이 정지를 그 내용으로 신청을 하게 되는데 반면에 소극적 불행사(부작위)의 경우 가처분이 문제된다. 공권력의 불행사(부작위), 또는 거부행위로 인한 기본권침해의 경우에는 정지가 아니라 오히려 임시적으로 어떤 조치를 취하거나 지위를 인정하는 것이 가처분(가구제)으로서 필요하다. 현재 명문의 규정이 없으나 민사집행법 제300조 2항을 준용하는 방안 등 대책을 강구하는 것이 필요하다(자세한 것은, 헌법재판론, 제2판, 1491면 참조). 헌재의 결정례 중에는 입국불허결정을 받은 외국인이 인신보호청구의 소 및 난민인정심사불회부결정취소의 소를 제기한 후 그 소송수행을 위해 변호인접견신청을 했으나 피신청인이 이를 거부한 데 대해 가처분을 신청했고 헌재가 변호인접견을 허가하도록 가처분을 인용한 사례가 있다(2014헌사592).

Ⅲ. 헌법소원심판에서 가처분 인용요건(실체적 요건)

* [의미] 여기서는 위 신청요건을 갖추어 적법하게 이루어진 가처분사건의 본문제, 즉 잠정적 조치를 취하는 가처분을 허용할 것인지 하는 가처분 자체의 허용요건을 아래에 살펴보는 것이다.

1. 법규정과 판례법리

(1) 법규정

가처분 인용과 그 인용요건에 관한 법규정들로 아래와 같이 헌재법 제40조 1항 후문에 따라 행정소송법, 민사집행법의 규정들이 준용된다.

헌재법 제40조(준용규정) 생략

행정소송법 제23조(집행정지) ② 취소소송이 제기된 경우에 처분등이나 그 집행 또는 절차의 속행으로 인하여 생길 회복하기 어려운 손해를 예방하기 위하여 긴급한 필요가 있다고 인정할 때에는 본안이 계속되고 있는 법원은 당사자의 신청 또는 직권에 의하여 처분등의 효력이나 그 집행 또는 절차의 속행의 전부 또는 일부의 정지(이하 "집행정지"라 한다)를 결정할 수 있다. 다만, 처분의 효력정지는 처분등의 집행 또는 절차의 속행을 정지함으로써 목적을 달성할 수 있는 경우에는 허용되지 아니한다. ③ 집행정지는 공공복리에 중대한 영향을 미칠 우려가 있을 때에는 허용되지 아니한다.

민사집행법 제300조(가처분의 목적) ① 다툼의 대상에 관한 가처분은 현상이 바뀌면 당사자가 권리를 실행하지 못하거나 이를 실행하는 것이 매우 곤란할 염려가 있을 경우에 한다. ② 가처분은 다툼이 있는 권리관계에 대하여 임시의 지위를 정하기 위하여도 할 수 있다. 이 경우 가처분은 특히 계속하는 권리관계에 끼칠 현저한 손해를 피하거나 급박한 위험을 막기 위하여, 또는 그 밖의 필요한 이유가 있을 경우에 하여야 한다.

(2) 판례법리

판례는 아래 네모 속에 정리한 기본법리를 중심으로 하고 있다(2018헌사242).

[요건]
- '공권력 행사 또는 불행사'의 현상을 그대로 유지시킴으로 인하여 생길 회복하기 어려운 손해를 예방할 필요가 있어야 하고 그 효력을 정지시켜야 할 긴급한 필요가 있어야 함 – '본안심판이 부적법하거나 이유 없음이 명백하지 않는 한', 위와 같은 가처분의 요건을 갖춘 것으로 인정됨
- 가처분을 인용한 뒤 종국결정에서 청구가 기각되었을 때 발생하게 될 불이익과 가처분을 기각한 뒤 청구가 인용되었을 때 발생하게 될 불이익에 대한 비교형량을 하여 후자의 불이익이 전자의 불이익보다 크다면 가처분을 인용할 수 있음

❙ 판례법리상 가처분 요건

2. 개별 서술

(1) '본안심판이 부적법하거나 이유없음이 명백하지 않을 것' – 불명백성

[본안사건에서의 적법성, 인용가능성이 가처분 적극적 인용요건인지 여부] 헌법소원의 가처분은 본안에서 인용 여부가 불확실한 상황에서 하는 것이므로 본안 인용가능성을 가처분 인용 요건으로 할 수 없다.

[소극적 요건으로서의 의미 – 불명백성의 요구] 다만, 위 요구의 결론은 불명백성이고 명백하게 본안심판의 청구가 부적법하여 각하될 것이나 그 청구에 이유가 없어서 기각될 경우에는 가처분 결정을 할 수 없다고 보는 것으로 이해하는 것이 타당

하다. 명백한 경우에 가처분 인용결정을 통한 긴급한 예방조치라는 것도 본안심판의 각하결정, 기각결정으로 의미가 없는 것이기 때문이다. 헌재도 "본안심판이 부적법하거나 이유없음이 명백하지 않는 한, 위와 같은 가처분의 요건을 갖춘 것으로 인정되고 … 가처분을 인용할 수 있는 것"이라고 한다(2000헌사471). 요컨대 본안심판의 명백한 부적법성, 이유없음이 가처분 인용결정을 함에 있어서 없어야 한다는 소극적 요건으로는 작용된다고 본다.

(2) 손해예방(중대한 불이익 방지)

헌법소원심판의 결정이 공권력행사를 취소하는 인용결정으로서 내려질 것일지라도 그 결정이 있기 전에 문제의 공권력행사가 집행 내지 속행되면 돌이킬 수(회복할 수) 없는 손해가 발생할 수 있어서 이를 예방할 필요가 있을 것을 그 요건으로 한다(행소법 제23조 2항, 민사집행법 제300조). 「회복불능의, 중대한 불이익으로서, 현저한 손해를 방지할 필요성」으로 정리할 수 있다(이 필요성이 부정되어 기각된 예: 2002헌사129).

(3) 긴급성(방지의 긴급한 필요성)

예방을 긴급히 하여야 할 필요가 있는 상황에 있을 것을 요건으로 한다. 이는 본안심판의 결정이 내려질 때를 기다려서는 회복불능의 손해가 발생할 수 있고, 권리실행의 곤란성, 급박한 위험을 막을 수 없는 상황을 의미하고 필요한 예방조치를 본안심판 결정이 내려질 때까지 더 이상 미룰 수 없음을 의미한다. 그만큼 집행의 시기가 임박하고 근접한 시점에 있음을 말한다. 이는 「집행의 근접성, 본안심판 결정시까지 기다릴 여유가 없을 것」으로 정리할 수 있겠다.

(4) 비교형량

1) 판례   헌재는 가처분의 인용 및 기각에 따른 종국결정에서의 불이익을 비교형량하여 가처분의 인용여부를 가린다는 법리를 설정하여 줄곧 적용하여 왔다(2000헌사471, 사법시험 응시횟수 제한 가처분사건).

2) 판례이론에 대한 이해와 예 – 판례이론의 이해를 도해를 통해 살펴보자.

옆의 도표에서 ①과 ②의 경우는 가처분결정과 본안결정이 일치하여 문제가 없다. ③과 ④의 경우가 문제인데 ④의 경우가 가져올 불이익이 ③의 경우가 가져올 불이익보다 더 클 때 가처분을 받아들여야 한다는 것이 판례의 입장이다. 그것은 그 기본권침해행위가 그대로 집행된 뒤 본안결정에서 청구인의

	가처분결정	본안결정
①	○	○
②	×	×
③	○	×
④	×	○

○: 인용　×: 기각

기본권을 침해한 것으로 결론이 나면 청구인이 그 기본권한행사를 못하게 되는 중대한 불이익이 오므로 ④의 경우가 더 심각하기 때문이다.

* 예시: 아래 인신보호청구의 소 및 난민인정심사불회부결정취소의 소 수행을 위한 변호인접견신청 거부 가처분 사건을 법리적용의 이해를 위한 예로 들어 살펴본다.

📖 **판례　헌재 2014.6.5. 2014헌사592**

[사안과 헌재결정] 입국불허결정을 받은 외국인(신청인)이 인천공항출입국관리사무소장('피신청인')을 상대로 인신보호청구의 소 및 난민인정심사불회부결정취소의 소를 제기한 후 그 소송수행을 위하여 변호인접견신청을 하였으나 피신청인이 이를 거부하자 변호인의 조력을 받을 권리가 침해되었다고 주장하며 거부행위의 취소를 구하는 헌법소원심판(2014헌마346)을 청구하였다. 신청인은 본안심판을 청구함과 동시에, 주위적으로 피신청인은 변호인이 신청인을 만나게 하는 방법으로 2014. 4. 25.자 변호인 접견신청을 허가하고, 예비적으로 이 사건 접견신청 거부행위의 효력을 본안사건 종국결정시까지 정지한다는 내용의 결정을 구하는 이 사건 가처분 신청(2014헌사592)을 하였다. 헌재가 피신청인으로 하여금 변호인접견을 허가하도록 임시의 지위를 정하기 위한 가처분을 인용하였다. [결정요지] 신청인의 변호인접견을 즉시 허용한다 하더라도 피신청인의 출입국관리, 환승구역 질서유지 업무에 특별한 지장을 초래할 것이라고 보기 어려운 반면, 이 사건 가처분신청을 기각할 경우 신청인은 위에서 살펴본 바와 같이 돌이킬 수 없는 중대한 불이익을 입을 수 있다. 따라서 이 사건 가처분신청을 인용한 뒤 종국결정에서 청구가 기각되었을 때 발생하게 될 불이익보다 이 사건 가처분신청을 기각한 뒤 청구가 인용되었을 때 발생하게 될 불이익이 더 크다. * 아래 비교표 참조

법리적용

▶ 비교형량
　③ 경우의 불이익: 출입국관리, 환승구역 질서유지 업무에 특별한 지장을 초래하지 않음
　④ 경우의 불이익: 난민 관련 소송 등에서 변호인조력 받지 못하여 돌이킬 수 없는 중대한 불이익 입을 수 있음
▶ 결론: ④의 불이익 > ③의 불이익 → 가처분 허용

3) 강도　　　법령소원의 경우에는 신청인만이 아니라 그 법규정이 적용되

는 많은 다른 사람들이 있어서 가처분이 미치는 영향력이 더 크고 더욱이 입법작용이라는 점에서 권력분립구도상 헌재는 상당히 신중히 심사하게 될 것이다.

(5) 소극적 요건 – 공공복리에 중대 영향 미칠 우려가 없을 것

1) 행정소송법 규정과 적용판례   행정소송법 제23조 3항은 "집행정지는 공공복리에 중대한 영향을 미칠 우려가 있을 때에는 허용되지 아니한다"라고 규정하고 있고 헌법소원의 가처분에 있어서도 이 요건이 언급되고 있다. 이 요건은 없어야 할 소극적 요건이다. 법령의 경우 그 파급 효과가 널리 일반적일 수 있어서 더욱 그러하다고 본다(2002헌사129).

2) 검토   헌재가 설정한 비교형량 요건 테스트에서 공공복리에 미치는 영향을 측량하여 이를 비교한다는 점에서 이를 별도의 요건으로 설정할 필요가 있을지 그 실익이 의문이다. 아니면 역으로 이 공공복리 요건에 입각해서도 비교형량 요건이 요구된다고 하는 비교형량 요건의 근거로서 제시될 수 있겠다.

(6) 피보전권리의 소명 및 권리보전의 필요성

헌재의 이전의 판례로 가처분신청이 인용되기 위해서는 "피보전권리에 대한 소명이 있어야 하고, 권리보전의 필요성이 인정되어야 한다"라고 요건을 설정하여 그 요건에 비추어 인용여부를 판단하고 있는 결정례가 있었다(2002헌사129). 그런데 이러한 요건으로 부르더라도 그 실질적 내용상으로는 위 (1)~(4) 등의 요건을 내포하여 차이가 없다고 할 것이다. 근간에 이러한 용어들로 요건을 부르는 결정례를 찾기 어렵다.

Ⅳ. 가처분의 결정

1. 관할 문제 – 지정재판부 관할 문제

헌법소원심판에서는 9인 전원재판부 외에 3인 지정재판부에 의한 사전심사제도도 두고 있는데 이 3인 지정재판부도 가처분사건을 담당하여 결정을 할 수 있는

가 하는 문제를 논의할 필요가 있다.

(1) 각하결정, 전원재판부 심판회부결정

지정재판부는 헌법소원심판의 사전심사를 담당하여 청구의 적법 여부를 판단하는 권한을 가지므로 가처분 신청의 적법 여부에 대해 판단할 수 있다. 그러나 지정재판부 3명 중 한 명이라도 각하할 것이 아니라는 의견을 제시하면 전원재판부에 회부되므로(헌재법 제72조 3항·4항) 결국 3명 지정재판부는 각하결정 또는 전원재판부 심판회부결정만을 할 수 있다.

(2) 기각결정의 의외성과 불수용성 및 입법개선 필요성

[지정재판부에 의한 가처분 기각결정의 예] 그러나 헌재의 지정재판부가 본안심판 청구의 부적법함이나 청구이유없음의 명백성을 이유로 한 각하결정이 아니라 그냥 설시도 없이 가처분 신청이 이유없다고 기각하는 경우(예를 들어 2020헌사416)를 적지 않게 보여주고 있어서 문제이다.

[검토] 위에서 분명히 밝힌 대로 지정재판부는 헌법소원심판의 사전심사를 담당하여 청구의 적법 여부를 판단하는 권한만을 가지고 3명 재판관 전원일치의 각하결정을 하지 않는다면 전원합의체에 회부하는 결정을 하는 양자 중 하나의 결정을 할 수 있다(헌재법 제72조 3항·4항). 따라서 지정재판부에 의한 기각결정한다는 것 자체가 현행 법에 부합하지 않는다. 입법론적으로 이 점에 대한 보완 문제 관련 검토가 필요한 부분이기도 하다. 지정재판부가 기각결정을 하는 것은 가처분신청 사건이라서 또는 신청사건이라 과다해서 그러는지 몰라도 그렇더라도 헌재법 제72조에 부합되지 않으니(법문언 자체를 벗어나 할 수는 없으므로) 필요하다면 법개정으로 명확히 해야 한다는 의미이다.

2. 결정형식

[각하결정] 신청의 적법요건을 갖추지 못한 경우에는 각하결정을 한다.

[인용결정] 가처분을 받아들이는 인용하는 결정에는 ⅰ) 효력·집행정지의 결정이 있다. (ㄱ) 효력정지 – 공권력행사의 효력을 본안심판의 종국결정 선고시까지 정

지시키는 결정이다(행정소송법 제23조 2항 본문). 다만, 효력정지는 처분 등의 집행 또는 절차의 속행을 정지함으로써 목적을 달성할 수 있는 경우에는 허용되지 아니한다(행정소송법 제23조 2항 단서). (ㄴ) 집행정지 – 공권력행사의 집행 또는 절차의 속행의 전부 또는 일부를 종국결정 선고시까지 정지시키는 가처분이다(행정소송법 제23조 2항 본문). ⅱ) 부작위, 거부행위에 대한 헌법소원의 경우 – 이에 대해서는 정지가 아니라 적극적인 가구제가 있어야 한다. 민사집행법 제300조 2항에 의거한 '임시지위 정하기 위한 가처분 인용'이 있을 수 있다(2014헌사592 참조. 이 부작위, 거부에 대한 가구제에 대해서는 전술 참조).

[기각결정] 가처분의 신청이유가 없어서 이를 받아들이지 않아야 한다고 판단되면 헌재는 기각결정을 한다. 그런데 그동안 헌재가 가처분에 대한 기각결정을 한 예를 보면 각하의 경우와 별로 구별없이 행한 경우도 볼 수 있다. 그리고 기각이유를 명확히 밝히지 않고 그냥 "신청은 이유 없으므로 주문과 같이 결정한다"라고 기각결정을 한 예들을 많이 볼 수 있다.

V. 가처분 결정례

각하결정례가 많았다. 이하에서는 인용결정례, 기각결정례를 살펴본다.

[인용결정례] ① 사법시험 응시횟수제한 규정에 대한 가처분신청의 인용(2000헌사471), ② 군사법원 재판 받는 미결수용자의 면회횟수 매주 2회로 제한한 규정의 효력정지 가처분(2002헌사129), ③ 대학교원 기간임용제 탈락자 구제를 위한 특별법 제9조 1항의 효력을 가처분으로 정지시켜야 할 필요성 인정(2005헌사754), ④ 외국인 난민 관련 소송의 수행을 위한 변호인접견 허가 가처분(2014헌사592), ⑤ 변호사시험 합격자명단 공고 규정의 효력정지 가처분(2018헌사242등), ⑥ 자사고 사건(2018헌사213, 자사고 후기 변경 및 자사고 지원 학생에 대한 후기 일반고 중복 지원 금지한 규정).

> 참고 가처분 인용결정의 주문례: 공법형 기록형 시험에 대비하기 위한 주문례를 하나 아래에 인용함(위에 소개한 결정 ⑥의 주문임).

📖 **판례 헌재 2018. 6. 28. 2018헌사213**
  [주문] 1. 초·중등교육법 시행령(2017. 12. 29. 대통령령 제28516호로 개정된 것) 제81조 5항

중 '제91조의3에 따른 자율형 사립고등학교는 제외한다' 부분의 효력은 헌법재판소 2018헌마221 헌법소원심판청구사건의 종국결정 선고 시까지 이를 정지한다.

[가처분신청이 기각된 예] ⅰ) 가처분에 대한 기각결정은 신청이유가 없을 때, 즉 회복하기 어려운 손해를 입을 우려가 없거나 긴급성이 없거나 비교형량 결과 가처분을 기각하고 본안결정이 인용하여 생기는 불이익이 반대의 경우보다 크지 않을 때 등에 내려진다(기각결정의 예: 2002헌사129). ⅱ) 기각사유를 밝히지 않는 결정례 (2019헌사795), 기각이유가 나와 있긴 하나 다분히 법리를 되뇌는 문언인 결정례(2015 헌사303)도 있다.

Ⅵ. 가처분 결정의 효력

가처분결정에 대해서도 ① 기속력, ② 형성력, ③ 확정력이 인정된다.

제6절   헌법소원심판의 심리

Ⅰ. 심리의 원칙

1. 직권심리주의

[의미, 근거] 헌법소원심판에서는 청구인의 주장에만 얽매여 판단하지 않고 직권으로 심리한다. 헌법소원은 주관적 권리구제수단이지만 아울러 객관적 헌법질서 보장기능을 가진다는 헌법소원의 본질·기능에서도 직권심리주의의 타당성의 근거를 찾을 수 있다.

[직권심리범위와 실제례] 그리하여 헌재는 ① '헌바' 사건에서 '헌마' 사건으로 직권변경하거나(2005헌바12. 반대의 경우-2006헌마447), ② 피청구인·심판대상에 대한 직권조사·확정(91헌마190, 2000헌마546), 심판청구서에 기재된 청구취지에 구애됨이 없이 청구인들의 주장을 종합적으로 판단하고, 침해의 원인이 되는 공권력을 직권으

로 조사하여 심판대상을 확정하여야 한다고 한 판시(91헌마190, 2002헌마90, 2013헌마182, 2016헌마45, 2020헌마923), ③ 심판대상의 직권에 의한 확대(98헌마52, 99헌마494) · 축소(2000헌마66) · 변경, ④ 침해된 기본권 및 침해유무(88헌마22)와 침해원인인 공권력행사(90헌마110등)에 대한 직권판단을 한다.

[헌법적 관점에서 본안 직권판단] 일단 적법한 청구라고 보아 본판단함에 있어서 헌재는 "모든 헌법규범을 심사기준으로 삼음으로써 청구인이 주장한 기본권의 침해여부에 관한 심사에 한정하지 아니하고 모든 헌법적 관점에서 심판대상의 위헌성을 심사한다"라고 한다(96헌마172등, 98헌가16 등).

2. 서면심리주의

헌재법 제30조 2항은 헌법소원심판은 서면심리에 의하되, 다만 재판부는 필요하다고 인정하는 경우에는 변론을 열어 당사자, 이해관계인, 그 밖의 참고인의 진술을 들을 수 있다고 규정하고 있다. 한편 헌재법은 서면심리는 공개하지 않도록 규정하고 있다(헌재법 제34조 1항 단서). 서면심리를 원칙으로 정한 것은 사건과중을 고려한 것이지 논리적인 결과는 아니다.

3. 심리정족수

지정재판부에 의한 사전심사가 아닌 전원재판부에 의한 심판에 있어서 헌법재판관 7명 이상의 출석으로 헌법소원심판사건을 심리한다(헌재법 제23조 1항).

Ⅱ. 심리의 기준

[헌법의 기본권규정과 기본권규범의 파생, 기본권제한 원칙] 헌법이 보장하는 기본권의 침해에 대한 구제수단인 헌법소원심판의 심리에서 그 침해여부를 판단하기 위한 기준은 물론 헌법의 기본권규범이다(이에 관해서는 본 장의 '제3절 헌법소원심판의 청구요건, Ⅲ. 침해되는 기본권의 존재, 기본권의 침해의 가능성(실제성) 2. 헌법상 보장된 기본권' 부분에

서 자세히 다룬 것 참조). 헌법에 명시된 기본권들 외에도 기본권규범들이 파생되어 나올 수 있다(기본권파생에 대한 자세한 것은, 정재황, 기본권총론, 박영사, 2020, 60 이하, 정재황 헌법학, 박영사, 2021, 455면 이하 참조). 기본권제한의 한계원칙인 법률유보원칙, 과잉금지원칙, 소급효금지원칙, 신뢰보호원칙과 같은 중요한 헌법원칙들에 위배되는 여부가 심사되어 그러한 원칙들도 중요한 심리기준이다.

[헌법원칙의 위배 문제] 헌재가 헌재법 제68조 1항의 "헌법소원에 있어서 헌법상의 원리나 헌법상 보장된 제도의 내용이 침해되었다는 사정만으로 바로 청구인의 기본권이 직접 현실적으로 침해된 것이라고 할 수 없으며"라고 판시하고 있는 결정례들(예를 들어 2008헌마711, 국가나 지방자치단체 소유의 재산으로서 도시개발사업에 필요한 재산에 대한 우선 매각 대상자를 도시개발사업의 시행자로 한정하는 도시개발법 규정이 국공유지의 점유자를 합리적 이유 없이 차별하고, 사적자치원칙을 기초로 한 자본주의 시장경제질서에 위배된다는 주장의 헌법소원)을 보기도 한다. 그 원칙들이 기본권실현을 뒷받침하는 것이고 — 경제원칙, 지방자치제도, 공무원제도 등은 국민의 기본권에 많은 관련을 가진다 — 굳이 헌법소원의 객관적 헌법질서유지기능을 들지 않더라고 위와 같은 소극적 입장은 문제가 있다. 위 2008헌마711 결정에서도 경제질서원칙이 함께 판단된다고 하더라도 문제가 없다.

제 7 절   헌법소원심판의 결정과 결정형식

Ⅰ. 결정정족수

[인용결정, 판례변경을 위한 가중정족수 – 6명 이상 찬성] 헌법소원심판에서 인용결정에 재판관 6명 이상 찬성이 필요한 것으로 하여 정족수요건을 가중하고 있다. 판례변경을 위한 정족수도 그러하다(2000헌바26, 2018헌마730, 2017헌마479 등).

[5명 위헌의견의 기각결정] 따라서 이 경우에도 기각결정이 된다(예를 들어 2002헌마573, 2015헌마1000 등 그런 예가 적지 않다).

[5명 인용의견 + 4명 각하의견] 헌재는 각하가 아니라 기각결정을 한다(97헌마13등).

[재판관 의견분립의 경우] 앞서 위헌법률심판에서 본 대로(전술 참조) 위헌성을 가

장 강하게 인정하는 의견부터 점차 6명 정족수를 채울 때까지 계산하여 결정한다.

> 예: '단순위헌(1명) 의견' + '일부위헌'(1명) 의견 + '적용중지 헌법불합치'(2명) 의견 + '계속적용 헌법불합치'(5명) 의견 적용(*적용중지가 더 강함) = 계속적용 헌법불합치결정(2005헌마1139)

Ⅱ. 지정재판부의 사전심사와 각하결정 또는 심판회부결정

1. 지정재판부 제도의 취지, 임무

헌재법 제72조 1항은 "헌법재판소장은 헌법재판소에 재판관 3명으로 구성되는 지정재판부를 두어 헌법소원심판의 사전심사를 담당하게 할 수 있다"라고 규정하고 있다. 이 지정재판부는 그 취지가 헌재 판시대로(93헌마222) 업무부담 완화(3인씩 담당), 소송경제 도모를 위한 데 있다. 지정재판부는 청구요건의 구비 여부를 사전 심사로 가려 각하결정 또는 전원재판부 회부결정 중 하나를 한다.

2. 지정재판부의 각하결정

지정재판부에서 각하결정을 하여 전원재판부로 회부하지 않는 결정은 그만큼 신중해야 한다. 그래서 그 가능사유가 한정되어 있음은 물론 정족수도 전원일치일 것을 요한다.

(1) 각하결정의 사유

ⅰ) 헌재법 제72조 3항 - 이 3항은 아래와 같이 사유를 명시하고 있다.

> 보충성원칙 불준수, 또는 법원재판에 대한 청구, 청구기간 도과, 변호사강제주의 불준수, 그 밖에 그 흠결을 보정할 수 없는 부적법한 청구

ⅱ) 청구권 남용에 대한 제72조 3항 4호에 따른 각하결정 - 헌재는 "불복신청

이 허용되지 않는 헌법재판소의 결정에 대하여 적법한 재심사유를 지적하지 아니한 채"(* '불복'이란 용어가 그리 적절치는 않아 보인다) 계속적·반복적 청구를 하는 경우에 청구권남용으로서 부적법하다고 그 청구를 각하하는데 그 근거규정으로 헌재법 제72조 3항 4호에 따른 것이라고 밝히고 있다(2018헌마610).

(2) 전원일치제 필수

지정재판부는 3명 재판관 전원일치 의견으로만 각하결정을 할 수 있다(헌재법 제72조 3항).

3. 심판회부결정

ⅰ) 지정재판부는 전원의 일치된 의견으로 각하결정을 하지 아니하는 경우에는 결정으로 헌법소원을 재판부의 심판에 회부하여야 한다(헌재법 제72조 4항 전문). ⅱ) 회부간주 — 헌법소원심판의 청구 후 30일이 지날 때까지 각하결정이 없는 때에는 심판에 회부하는 결정이 있는 것으로 본다(동법 동조 동항 후문). 이 30일의 기간에는 재판장의 요구에 따른 보정을 위한 기간(헌재법 제28조 4항), 재판부 기피신청이 있는 경우의 이 신청에 대한 결정이 있을 때까지 정지되는(헌재법 제48조 6항, 민사소송법 제48조) 기간은 산입되지 아니한다는 것이 헌재 판례이다(93헌마222).

4. 헌재법 제68조 2항의 위헌소원의 경우에도 적용

헌재는 헌재법 제68조 2항의 위헌소원의 경우에도 헌재법 제72조의 사전심사제가 적용된다고 본다(실제 보기로 94헌바36 참조).

Ⅲ. 본래 의미의 헌법소원심판의 결정

1. 각하결정

ⅰ) 청구요건을 결여한 경우에 한다. 위에서 본 대로 3인 재판관 지정재판부에 의한 사전심사에서의 각하결정도 있다. 3명 지정재판부가 각하하지 않고 회부하더라도 전원재판부 심판에서도 각하결정이 내려질 수 있다. ⅱ) 보정명령 - (ㄱ) 의무제 - 재판장은 심판청구가 부적법하나 보정(補正)할 수 있다고 인정되는 경우에는 상당한 기간을 정하여 보정을 요구하여야 한다. 이렇게 의무로 규정되어 있다(헌재법 제28조 1항). (ㄴ) 보정명령이행의 효과 - 이에 따른 보정이 있는 경우에는 처음부터 적법한 심판청구가 있은 것으로 보고 그 보정기간은 제38조의 심판기간에 산입하지 아니한다(헌재법 제28조 3, 4항).

2. 심판절차종료선언

(1) 개념과 성격

[개념] 심판도중에 청구인 사망, 청구의 취하 등으로 더 이상 심판절차를 계속할 수 없거나 계속할 의미가 없는 경우에 심판절차를 거기서 종료하는 결정이다.

[성격] 본안 이전이든 중이든 심판절차를 마치고 아무런 공식적 결정도 하지 않는 선언으로서 성격을 가진다는 점에서 각하결정(청구요건 구비에 대한 판단 있음), 본안결정(위헌여부의 내용적 판단 있음)과 다르다.

[사유] ① 청구인의 사망, 또는 ② 청구취하(청구인 스스로 청구를 포기하는), ③ 당사자능력상실 등의 사유가 있을 때인데 아래 각각 살펴본다.

(2) 심판절차 계속 중 청구인 사망에 따른 심판절차종료선언

1) 원칙　　　[원칙 - 수계여부에 따른 결정] 헌재는 바로 심판절차종료선언을 하는 것이 아니라 수계(受繼)할 당사자가 없거나, 있더라도 수계할 의사가 없는 경우에 하게 된다[민소법 제233조 1항. 수계신청, 수계의사 없어 종료한 결정례 - 90헌바13(사형규

정에 대한 위헌소원 청구 후 사망, 수계신청이 없음), 2014헌바300('수계의사 없음'의 통지를 한 경우), 2016헌마253(일본군 위안부 피해자 문제 관련 합의에 대한 헌법소원 청구 후 청구인들의 사망, 상속인들 수계신청을 하지 않음), 2015헌마1085(공권적 판단에 관한 청구 – 상속인들이 수계할 성질의 것이 아님) 등 * '헌바'결정도 그 적용 법리는 같아서 여기에 같이 인용한 것임].

[수계 없어도 종국결정할 수 있는 예외] 헌재는 다만, 수계의사표시가 없는 경우에도 이미 결정을 할 수 있을 정도로 사건이 성숙되어 있고 그 결정에 의하여 유죄판결의 흠이 제거될 수 있음이 명백한 경우 등 특히 유죄판결받은 자의 이익을 위하여 결정의 필요성이 있는 경우에는 종국결정이 가능하다고 본다(90헌바13).

2) 일신전속적 권리의 구제를 위한 헌법소원　　　　[원칙] ⅰ) 일신전속적(一身專屬的)인(청구인에게만 속하는) 권리의 경우 그 권리가 수계될 성질이 못 된다는 이유로 청구인의 사망과 동시에 심판절차가 당연히 종료된다는 것이 원칙이라는 것이 헌재 판례이다. ⅱ) 결정례 – ① 고용관계 – 노무공급은 민법 제657조에 따른 일신적(90헌마33), ② 보건권, 생명권(2012헌마38. 담배사업법 사건), ③ 장기요양급여 수급권(2018헌마337), ④ 평등권, 행복추구권, 범칙금 부과처분의 말소(2014헌마341), ⑤ 통신의 비밀과 자유, 사생활의 비밀과 자유[2011헌마165. 패킷감청 사건이었다(* 패킷감청에 관해서는 이후 헌법불합치결정이 있었다. 2016헌마263].

[예외] 헌재는 일신전속적 기본권의 주체가 사망한 경우라고 당연히 모든 경우에 심판절차가 종료되는 것이 아니라 기본권 침해행위가 장차 반복될 위험이 있거나 그 심판대상에 대한 위헌 여부의 해명이 헌법적으로 중요한 의미를 가지고 있고, 헌법소원심판청구인이 심판대상인 기본권 침해행위로 인하여 사망한 경우에는 예외적으로 심판의 이익이 인정되어 심판절차가 종료되지 않는다고 한다. 사안은 직사살수행위로 인한 사망이 생명권 및 집회의 자유를 침해한 것으로서 헌법에 위반됨을 확인한 결정이다(헌재 2020.4.23. 2015헌마1149). 헌재는 그 논거로 헌법소원제도는 개인의 권리구제뿐만 아니라 객관적인 헌법질서의 보장기능도 가지는 것을 제시하고 있다.

3) 그 외　　　　가) 상속인과의 법적 무관련성(99헌마431), 나) 상속인이 아닌 자기관련성이 없는 제3자의 수계신청 부정(2007헌마1256), 다) 수계에 의한 상속인 이익 부재(공소기각결정의 경우(2016헌바100)) 등에 심판절차종료선언이 있었다.

⑶ 청구인의 헌법소원심판청구취하로 인한 심판절차종료선언결정

[법리와 적용조문] 이 경우 절차종료가 되는지에 대해 논란이 있으나 헌재는 긍정한다. 민사소송법 제266조, 제267조를 준용한다.

민사소송법 제266조(소의 취하) ① 소는 판결이 확정될 때까지 그 전부나 일부를 취하할 수 있다. ② 소의 취하는 상대방이 본안에 관하여 준비서면을 제출하거나 변론준비기일에서 진술하거나 변론을 한 뒤에는 상대방의 동의를 받아야 효력을 가진다. ③ ④ ⑤ 생략 ⑥ 소취하의 서면이 송달된 날부터 2주 이내에 상대방이 이의를 제기하지 아니한 경우에는 소취하에 동의한 것으로 본다. 이하 생략.

제267조(소취하의 효과) ① 취하된 부분에 대하여는 소가 처음부터 계속되지 아니한 것으로 본다. ② 생략

[적용조건] 헌재법 제40조에 따라 준용되는 민사소송법 제266조에 따라 취하의 가능성, 취하에 상대방 동의가 있어야 한다는 점, 2주 이내 이의가 없는 경우 간주 동의로 하는 점 등을 조건으로 한다.

[결정례] ① 5·18 불기소처분에 대한 헌법소원심판(95헌마221등, 취하 후 취하서면 송달된 날부터 2주 내 이의없어 동의간주 종료), ② 한정위헌결정의 재심사유성 부정하는 대법원 판례를 폐기하는 헌재결정을 불발하게 한 청구취하의 심판절차종료(최종 평결 결과, 대법원이 부정하는 것과 달리 한정위헌결정도 재심사유가 된다는 헌법재판관 전원일치의 의견을 모았으나 청구인이 청구를 취하하였고 헌재가 심판절차를 종료함으로써 공식적인 입장의 결정이 되지 못하였던 결정이다. 2001헌마386. * 이 결정에 대해서는 뒤의 재심부분에서도 다룬다).

참고🔎 청구인취하로 인한 심판절차종료결정의 주문례

📖 **판례 헌재 1995.12.14. 95헌마221등. 5·18 불기소처분에 대한 헌법소원**
[주문] 이 사건 헌법소원심판절차는 청구인들의 심판청구의 취하로 1995.12.14. 종료되었다.

[검토] 생각건대 당사자의 취하로 인정되는 심판절차종료결정에는 다음과 같은 문제점들이 있다. ⅰ) 헌법소원의 기능에 비춘 부당성 - 헌법소원심판은 개인의 권리구제의 기능만을 수행하는 것이 아니라 객관적 헌법질서의 수호기능도 행한다. 적어도 후자의 기능을 하는 헌법소원심판에 있어서 민사소송법의 규정의 준용

이 배제되고 청구취하가 있더라도 절차를 속행하여야 한다. 5·18 불기소처분에 대한 헌법소원에서처럼 더구나 중대한 반인륜적 범죄가 관련되는 사건인 경우 그러하다. ⅱ) 헌재판례법리상 불균형 —헌재는 예컨대 권리보호이익요건과 같은 경우에 소멸되었다고 해도 헌법적 해명필요성이 있으면 심판이익을 인정한다(앞의 청구요건, 권리보호요건 부분 참조). 이러한 자신의 판례법리와 균형이 맞지 않다. ⅲ) 성질에 반하는 준용 —헌재법 제40조 1항 전문이 "헌법재판의 성질에 반하지 아니하는 한도 내에서 민사소송에 관한 법령의 규정을 준용한다"라고 규정하고 있으므로 기본권의 객관적이고 모든 국민에의 공통적인 보장에 필요한 경우에는 준용을 부정하여 종료되지 않는다고 하여야 한다.

　　[취하의 취소] 헌재는 헌법소원심판청구의 취하는 청구인이 제기한 심판청구를 철회하여 심판절차의 계속을 소멸시키는 소송행위로서 일반 사법상의 행위와는 달리 내심의 의사보다 그 표시를 기준으로 하여 그 효력 유무를 판정할 수밖에 없다고 하고 그 취하를 임의로 취소할 수도 없다고 한다(2004헌마911).

(4) 당사자능력상실을 이유로 한 심판절차종료결정

　　당사자능력상실을 이유로 심판절차종료결정을 한 예도 있었다. 사안은 이른바 '문화예술계 블랙리스트' 사건의 헌법소원심판을 청구하였던 단체가 청구 이후 폐업신고를 하여 당사자능력이 상실되었다고 하여 심판절차종료선언을 한 결정례이다(2017헌마416).

참고 당사자능력상실로 인한 심판절차종료결정의 주문례와 그 판시

📖 **판례**　헌재 2020.12.23. 2017헌마416. 문화예술계 블랙리스트의 작성 등과 지원사업 배제 지시에 대한 헌법소원

　[주문] 1. 청구인 ○○패에 대한 심판절차는 2018. 6. 30. 위 청구인의 폐업으로 종료되었다. [판시] 청구인 ○○패는 비법인사단에 해당하여 그 해산 이후에도 청산사무가 완료될 때까지 청산의 목적범위 내에서 권리·의무의 주체가 되나, 이 사건 지원배제 지시의 위헌 확인에 관한 헌법소원심판 청구는 위 청구인의 청산 목적과 관련되어 있다고 보기 어려우므로, 그 당사자능력을 인정할 수 없다. 따라서 청구인 ○○패의 이 사건 심판청구는 2018. 6. 30. 위 청구인의 폐업과 동시에 그 심판절차가 종료되었다.

3. 본안결정

[본안결정의 개념과 유형] 청구요건을 모두 갖추어 각하결정을 받지 않은 경우 물론 본안문제 판단에 들어가게 된다. 본안(本案)문제란 심판대상이 된 공권력의 행사, 불행사가 과연 헌법에 위반되는지 하는 사건의 내용판단 문제로서 이에 대한 판단은 곧 청구인의 청구가 이유 있는 것인지 여부를 판단하는 것인데 이 판단의 결과 본안결정인 인용결정과 기각결정이 내려진다.

> **참고** 이하 결정례들에서 기록형에 대비하기 위한 주문례들을 각 결정유형별로 보기로 인용해 두는데 지면 관계상 특수한 경우가 아니면 괄호 속 사건번호에 이어 [주문]을 인용한다.

(1) 인용결정

[인용결정의 개념과 유형] 인용결정은 청구를 받아들여 위헌인 기본권침해가 있음을 인정하는 결정이다. 인용결정에는 재판관 6명 이상의 찬성이 있어야 한다(제113조 1항, 헌재법 제23조 2항). 헌재가 내리는 인용결정에는 취소결정, 위헌확인결정 등이 있다. 아래에서 살펴본다.

1) 취소결정

(개) 개념, 근거와 주문 　 ⅰ) 개념 − 침해의 원인이 된 공권력행사를 취소하는 결정이다. ⅱ) 근거 − 헌재법 제75조 3항은 제68조 1항에 따른 헌법소원을 인용할 때에는 헌법재판소는 "기본권 침해의 원인이 된 공권력의 행사를 취소…할 수 있다"라고 규정하고 있다. ⅲ) 주문 − "… 은 청구인의 …권을 침해한 것이므로 취소한다"라는 문언의 주문이다. 헌재법 제7조 2항은 '침해된 기본권'을 특정해야 한다고 규정하나 특정하지 않은 결정도 있는데 이에 대해서는 후술한다(아래 5) 참조).

(내) 결정례 　 ⅰ) 행정작용에 대한 취소결정례 − ① 조세부과처분(96헌마172등), ② 지목변경신청서반려처분(97헌마315), ③ 공무원 임용시험 시행계획 공고(99헌마123), ④ 방송에 대한 방송위원회(구)의 경고 및 관계자 경고(2004헌마290. [주문] 1. 피청구인이 2004.3.9. 청구인 주식회사 ㅇㅇ방송에게 한 '경고 및 관계자 경고'는 동 청구인의 방송의 자유를 침해한 것이므로 이를 취소한다), ⑤ 수사기록등사신청거부행위(90헌마133), ⑥

1999년도 공무원채용시험시행계획(99헌마123), ⑦ 석유류제품 판매대리점계약 갱신 거절(계약) 신고사건에 대한 공정거래위원회의 무혐의 처분(2002헌마496. [주문] 피청구인이 2002.7.20. 공정거래위원회 2002경촉0724 사건에서 ㅁㅁ 주식회사에 대하여 한 무혐의결정은 청구인의 평등권과 재판절차에서의 진술권을 침해한 것이므로 이를 취소한다). ⑧ 법학전문대학원 신입생 1명 모집을 정지하도록 한 교육부장관의 행위(2014헌마1149), ⑨ 불기소처분에 대한 취소(인용)결정의 주문형식 – 헌재는 그 침해되는 기본권으로 '평등권'과 '재판절차진술권'을 든다(주문례: 2017헌마595 "[주문] 피청구인이 2017.2.28. 서울중앙지방검찰청 2016년 형제○○○○호 사건에서 피의자 정○○에 대하여 한 불기소처분은 청구인의 평등권과 재판절차진술권을 침해한 것이므로 이를 취소한다"), ⑩ 기소유예처분에 대한 인용결정이 난 경우의 주문 – 기소유예처분에 대한 취소결정례가 그동안 많았다. 헌재는 그 침해되는 기본권으로 행복추구권과 평등권의 침해를 꼭 든다. 기소유예에 대한 취소결정이 많다(주문례: 2019헌마466 "[주문] 피청구인(검사)이 2019.2.8. **지방검찰청 ○○지청 2019년 형제***호 사건에서 청구인에 대하여 한 기소유예처분은 청구인의 평등권과 행복추구권을 침해한 것이므로 이를 취소한다"). ⅱ) 사법작용(법원판결)에 대한 취소결정례 – 헌재법 제68조 1항이 법원재판을 헌법소원대상에서 제외하고 있기 때문에 드물다. 헌재도 이 제외를 합헌으로 보면서 매우 한정적으로 예외를 인정한다(예외 인정의 취소례: 96헌마172 등, [주문] 2. 대법원 1996.4.9. 선고 95누11405 판결은 청구인의 재산권을 침해한 것이므로 이를 취소한다. * 이 결정에 대해서는 앞의 대상성, 법원재판의 헌법소원 부분 참조).

2) 위헌확인결정　　　　　이는 취소대상이 있을 수 없기 때문에 확인결정을 하는 것이다. 부작위, 침해행위종료 두 가지 경우이다.

(가) 위헌확인결정이 필요한 이유와 주문 형식　　　　　ⅰ) 필요성 – 취소결정이 아니라 위헌임을 확인하는 결정을 해야 할 필요성(이유)과 그것에 따른 경우는 다음과 같다. ① 먼저 헌법소원심판은 공권력불행사(부작위 不作爲)에 대해서도 청구할 수 있는데 문제는 이러한 불행사는 아무런 행위가 없으므로 위헌이라고 인용하려고 하더라도 취소할 대상이 없다. 그래서 위헌임을 확인하는 것이다. ② 다음으로 기본권침해행위가 이미 종료한 경우에도 취소할 대상이 없어지는데 그런 경우에도 위헌확인결정을 한다. 따라서 위헌확인결정에는 부작위에 대한 위헌확인결정, 침해행위종료로 인한 위헌확인결정이 있다. 각각 살펴본다(아래 (나), (다)). ⅱ) 주문형식은 아래와 같다.

(ㄴ) 부작위의 경우　　　ⅰ) 근거: 헌재법 제75조 3항은 "그 불행사가 위헌임을 확인할 수 있다"라고 규정하고 있다. ⅱ) 결정례: (ㄱ) '입법부작위'에 대한 위헌확인결정례 – ⓐ 법률의 부작위에 대한 위헌확인결정례(89헌마2, 조선철도(주) 주식의 보상금청구에 관한 헌법소원. [주문] 재조선미국육군사령부군정청법령 제75호 조선철도의통일(1946.5.7. 제정)을 폐지한 조선철도의통일폐지법률(1961.12.30. 법률 제922호)이 시행되기 전에 같은 군정청법령 제2조에 의하여 수용된 ○○철도주식회사, □□철도주식회사 및 △△철도주식회사 재산의 재산관계권리자로서 같은 법령 제3조에 따라 같은 군정청 운수부장에게 보상청구서면을 제출하여 위 수용으로 인한 보상청구권을 포기하지 않은 것으로 확정된 자 또는 그 보상청구권을 승계취득한 자에 대하여 위 수용으로 인한 손실보상금을 지급하는 절차에 관한 법률을 제정하지 아니하는 입법부작위는 위헌임을 확인한다), ⓑ 행정입법의 부작위에 대한 위헌확인결정례 – ① 전문의 자격시험 불실시 위헌확인 등(96헌마246), ② 평균임금결정·고시부작위 위헌확인(2000헌마707, 첫 출근(출어)에 실종으로 임금받은 바 없어 유족보상금 산정에서 평균임금을 적용해야 하나 노동부장관의 평균임금고시가 없어 그 입법부작위가 위헌임을 확인), ③ 군법무관의 봉급, 그 밖의 보수의 법관, 검사의 예에 준한 지급에 관한 행정입법부작위(2001헌마718), ④ 국군포로 예우의 신청, 기준 등에 관한 대통령령 부재의 위헌성(2016헌마626. [주문] 1. 피청구인이 국군포로의 송환 및 대우 등에 관한 법률(2015.3.27. 법률 제13237호로 개정된 것) 제15조의5 제2항의 위임에 따른 대통령령을 제정하지 아니한 행정입법부작위는 위헌임을 확인한다). (ㄴ) 조례를 제정하지 않은 부작위 – 지방자치단체들(서울특별시 등)이 지방공무원법 제58조 2항의 위임에 따라 '사실상 노무에 종사하는 공무원의 범위'를 정해야 하는 조례를 제정하지 아니한 부작위(2006헌마358) (ㄷ) '행정부작위'에 대한 위헌확인결정례 – ① 임야조사서 등에 대한 열람·복사를 허용하지 않은 행정부작위(88헌마22), ② 원폭피해자로서의 배상청구권에 관한 분쟁해결 불이행하고 있는 외교통상부 장관의 부작위(2008헌마648), ③ 일본군 위안부 배상청구권에 관한 분쟁해결 불이행하고 있는 외교통상부 장관(피청구인)의 부작위(2006헌마788. [주문] 청구인들이 일본국에 대하여 가지는 일본군위안부로서의 배상청구권이 '대한민국과 일본국 간의 재산 및 청구권에 관한 문제의 해결과 경제협력에 관한 협정' 제2조 1항에 의하여 소멸되었는지 여부에 관한 한·일 양국 간 해석상 분쟁을 위 협정 제3조가 정한 절차에 따라 해결하지 아니하고 있는 피청구인의 부작위는 위헌임을

확인한다).

⒟ 침해행위가 이미 종료된 경우   ⅰ) 근거: 이 경우에는 권리보호이익
이 없으나 앞서 본 대로 그 예외적 심판이익(반복침해가능성, 헌법해명필요성, 이에 대해 전
술 심판이익 부분 참조)이 인정될 때 본안에 들어가 위헌이 인정되면 위헌확인결정을
하게 된다. ⅱ) 결정례: ① 변호인의 조력을 받을 권리 침해에 대한 헌법소원(91헌
마111), ② 공권력행사로 인한 재산권침해에 대한 헌법소원(국제그룹해체 지시 결정, 89
헌마31. [주문] 피청구인이 대통령에 보고하여 그 지시를 받아 1985.2.7. 청구인 경영의 국제그룹을 해
체키로 기본방침을 정하고 같은 달 11. 그 인수업체를 정하는 한편, 이의 실행을 위하여 제일은행장
등에 지시하여 같은 달 13.부터 국제그룹계열사에 대한 은행자금관리에 착수하게 하고 청구인으로부
터 처분위임장 등으로 계열사의 처분권을 위임받게 하며 피청구인이 만든 보도자료에 의거하여 같은
달 21. 제일은행의 이름으로 해체를 언론에 발표하게 하는 등 국제그룹해체를 위하여 한 일련의 공권
력의 행사는 청구인의 기업활동의 자유와 평등권을 침해한 것이므로 위헌임을 확인한다), ③ 서신
검열 등 위헌확인(92헌마144), ④ 등사신청거부처분취소(94헌마60), ⑤ 재소자용수의
착용처분(97헌마137등), ⑥ 유치장내 불충분한 차폐시설의 화장실설치 및 관리행위
(2000헌마546), ⑦ 검찰공권력남용 위헌확인(빈번한 증인 소환행위, 거의 매일(145회), 99헌마
496), ⑧ 신체과잉수색행위(2000헌마327), ⑨ 고소장 및 피의자신문조서에 대한 경찰
서장의 정보비공개결정(2000헌마474), ⑩ 검사조사실에서의 계호교도관이 포승으로
청구인의 팔과 상반신을 묶고 양손에 수갑을 채운 상태에서 피의자조사를 받도록
한 계구사용행위(2001헌마728), ⑪ 경찰서장의 옥외집회 신고서 경합우려이유의 반
려행위(2007헌마712), ⑫ 경찰청장이 경찰버스들로 서울특별시 서울광장을 둘러싸(이
른바 '차벽'사건) 통행을 제지한 행위(2009헌마406), ⑬ 출정비용납부거부 또는 상계동
의 거부를 이유로 한 교도소장의 수용자 행정소송 변론기일 출정 제한행위(2010헌
마475), ⑭ 법원이 한 허용결정에 따른 변호인들의 열람·등사 신청에 대한 검사의
거부행위(2009헌마257, 2015헌마632), ⑮ 고등학교 입학 자격 검정고시, 고등학교 졸업
학력 검정고시의 응시자격 제한(2010헌마139등), ⑯ 검정고시 출신자의 교육대 수시
모집 지원 자격 부정(2016헌마649), ⑰ 피의자신문 참여 변호인에 대한 검찰수사관
의 피의자 후방착석요구(2016헌마503), ⑱ 물포 발포행위(2015헌마476), ⑲ 직사살수행
위(2015헌마1149. [주문] 1. 피청구인들이 2015.11.14. 19:00경 종로구청입구 사거리에서 살수차를 이
용하여 물줄기가 일직선 형태로 청구인 백▽▽에게 도달되도록 살수한 행위는 청구인 백▽▽의 생명

권 및 집회의 자유를 침해한 것으로서 헌법에 위반됨을 확인한다), ⑳ * '위헌확인'과 '취소'의 결정이 함께 있었던 예: 법학전문대학원 신입생 1명 모집을 정지하도록 한 교육부장관의 행위(2014헌마1149. 이 결정에서 이미 종료된 행위인 2015학년도 신입생 모집에 대한 행위에 대해서는 '위헌확인'을 그렇지 않은 2016학년도 그 행위에 대해서는 '취소'를 한 것이다).

3) 부진정입법부작위의 위헌판단시 결정형식   이에 대해서는 앞의 헌법소원대상성, 입법부작위에서 서술하였지만 바로 위 진정입법부작위에 대한 위헌확인결정의 경우와 대조를 위해서 여기에서도 서술한다. 부진정입법부작위 상태가 위헌이라고 판단되더라도 불완전한 법령규정이긴 하나 있긴 한 부분이 있으므로 전체를 단순위헌으로 결정하면 있는 부분도 무효로 없어져 공백이 발생할 수 있고 이 공백을 메우기 위하여 헌법불합치결정 가능성이 있다. 그 결정례들은 앞의 헌법소원 대상성, 입법부작위 부분 참조.

4) 거부행위   거부행위도 작위로 보면 될 것이고 따라서 거부행위에 대해서도 취소결정[앞의 1)의 (나), i)의 ②와 ⑤], 종료된 거부행위에 대한 위헌확인결정[앞의 2)의 (다), ii)의 ④]이 있을 수 있다.

5) 부수적 위헌결정   i) 헌재는 "공권력의 행사 또는 불행사가 위헌인 법률 또는 법률의 조항에 기인한 것이라고 인정될 때에는 인용결정에서 해당 법률 또는 법률의 조항이 위헌임을 선고할 수 있다"(동법 제75조 5항). 이처럼 공권력행사·불행사의 위헌결정에 더불어 내린다고 하여 헌재는 '부수적 위헌결정'이라고 한다. 또 그러한 심사를 '부수적 규범통제'라고도 부른다(2013헌마789 등). ii) 요건 − 적법한 청구로서 인용결정을 할 경우일 것 − 이는 심판대상인 공권력의 행사 또는 불행사가 위헌일 때 있을 수 있으므로 청구가 기각되는 경우는 물론이고 그 청구 자체가 부적법하면 부수적 위헌결정을 못한다(* 실제 결정례: 2016헌마46. 사안은 방송통신심의위원회는 심의규정 등의 위반정도가 경미하여 제재조치를 명할 정도에 이르지 아니한 경우에는 해당 사업자·해당 방송프로그램 또는 해당 방송광고의 책임자나 관계자에 대하여 의견을 제시할 수 있다는 방송법 제100조 1항 단서에 따라 방송통신심의회의 의견제시를 받은 방송사가 청구한 헌법소원 사건이었다. 헌재는 그 의견제시는 헌법소원 대상이 되지 않는 비권력적 사실행위라는 이유로 그 부분 심판청구가 부적법하다고 하였고 그 청구가 부적법한 이상 그 근거가 된 위 법률조항에 대한 위헌여부를 헌재법 제75조 5항에 의한 부수적 위헌판단을 할 수도 없다고 보았다). iii) 부수적 위헌결정

례 - (ㄱ) 단순위헌결정례: ① 변호인접견시 대화 듣고 기록한 것이 변호인조력권침해인데 그 근거가 된 당시 행형법규정도 부수적 위헌결정이 된 예이다(91헌마111 [주문] 1. 청구인이 1991.6.14. 17시부터 그 날 18시경까지 국가안전기획부 면회실에서, 그의 변호인과 접견할 때 피청구인 소속직원(수사관)이 참여하여 대화내용을 듣거나 기록한 것은 헌법 제12조 4항이 규정한 변호인의 조력을 받을 권리를 침해한 것으로서 위헌임을 확인한다. 2. 행형법(1950.3.2. 법률 제105호, 최후개정 1980.12.22. 법률 제3289호) 제62조는 그 중 행형법 제18조 3항을 미결수용자의 변호인 접견에도 준용하도록 한 부분은 헌법에 위반된다). ② 기소유예처분의 근거가 되는 구 정신보건법(2008.3.21. 개정된 것) 제58조에 대한 부수적 위헌결정 – 사안은 청구인이 개설한 병원에 근무하는 종업원이 정신질환자를 입원시키면서 보호의무자로부터 입원동의서를 제출받으면서 보호의무자임을 확인할 수 있는 서류를 제출받지 아니하여 위 정신보건법 규정은 종업원의 위 위반행위로 청구인도 처벌되는 양벌규정인데(이 규정은 아래 주문에 나옴. 양벌규정에 대한 위헌결정이 많았다. 양벌규정 문제에 대해서는 정재황, 헌법학, 박영사, 2021, 인간의 존엄가치, 형벌 책임주의 부분 참조) 이 규정에 근거한 기소유예처분을 받자 그 취소를 구하는 헌법소원을 청구한 것이었다. 기소유예처분을 취소하고 그 근거가 된 위 법규정도 영업주 개인의 독자적인 책임에 관하여 전혀 규정하지 않은 채, 고용한 종업원 등이 업무에 관하여 단순히 범죄행위를 하였다는 이유만으로 영업주에 대하여도 처벌하는 것이 형벌에 관한 책임주의에 반하는 것이어서 위헌이라고 부수적으로 위헌결정을 한 것이다(2013헌마789 [주문] 1. 수원지방검찰청 2013년 형제51646호 정신보건법위반 피의사건에서 피청구인이 2013.8.22. 청구인에 대하여 한 기소유예처분은 청구인의 평등권과 행복추구권을 침해한 것이므로 이를 취소한다. 2. 구 정신보건법(2008.3.21. 법률 제8939호로 개정되고, 2015.1.28. 법률 제13110호로 개정되기 전의 것) 제58조 중 '개인의 대리인·사용인 기타 종업원이 그 개인의 업무에 관하여 제57조 2호의 위반행위를 한 때에는 그 개인에 대하여도 해당 조의 벌금형을 과한다.'는 부분은 헌법에 위반된다). (ㄴ) 한정위헌결정례: 미결수용자와 변호인 간 서신에 대한 검열행위를 위헌으로 확인한다고 선언하면서 그 원인이 된 당시의 구 행형법규정의 준용을 한정하는 한정위헌선언을 그 규정에 대해 한 결정이다(92헌마144 [주문] "1. 청구인 ○○○이 1992년 5월 25일 청구인 △△△에게 발송한 서신 및 청구인 △△△가 같은 해 6월 2일 청구인 ○○○에게 보내기 위하여 발송의뢰한 서신을 피청구인이 각 검열한 행위는 청구인들의 통신의 비밀을 침해받지 아니할 권리, 청구인 △△△의 변호인의 조력을 받을 권리를 침해한 것으로서 위헌임을 확인한다. 2. 생략. 3. 구 행형법(1995.1.5. 법률 제4936호로 개정되기 전의 것) 제62조의 준용규정 중 같은 법 제18조 3항 및 같은 법

시행령 제62조를, 미결수용자와 그 변호인 또는 변호인이 되려는 자 사이의 서신으로서 그 서신에 마약 등 소지금지품이 포함되어 있거나 그 내용에 도주·증거인멸·수용시설의 규율과 질서의 파괴 기타 형벌법령에 저촉되는 내용이 기재되어 있다고 의심할 만한 합리적인 이유가 없는 경우에도 준용하는 것은 헌법에 위반된다). iii) * 대조: '부수적 위헌선언' - 헌재법 제75조 5항의 부수적 규범통제(위헌결정)의 경우와 대비(대조)하여 볼 것은 헌재가 하고 그리 부르는 '부수적 위헌선언'이다. 이 '부수적 위헌선언'이란 어느 법률규정의 위헌으로 심판대상이 아닌 다른 법률규정들도 부수하여 위헌일 경우 법적 명확성을 기하고자 함께 위헌선언을 하는 경우를 말한다('헌가', '헌바' 사건에서이다). 즉 이 경우는 헌재법 제75조 5항 경우 헌법소원 대상이 법률규정이 아닌 어느 공권력작용이고 그것의 위헌원인인 법률규정에 대해 위헌결정하는 것과 차이가 있다. 이 부수적 위헌선언은 위헌법률심판에서 위헌제청을 하지 않은 법률규정이나 함께 위헌선언을 한 예들로서 앞서 보았다(전술 위헌법률심판, Ⅱ. 심리 및 결정범위, 2. 결정범위 부분 참조. 또 정재황, 헌법재판론, 제2판, 2021, 352-357면 참조). 이 부수적 위헌선언을 헌재가 법령소원에서도 하였는데 그 예를 보면, 헌재는 정당에 대한 투표가 없었던 구 공직선거법에서 정당의 득표비율에 따라 비례대표의석을 배분하는 동법 제189조 1항이 직접선거, 평등선거 등 원칙에 반하여 위헌이라고 보면서 그 이하 2항에서 7항은 그것을 보충하는 등의 규정이라서 1항의 위헌으로 독자적 의미를 잃게 된다고 하여 아울러 위헌선언을 하였다(2000헌마91). * 양자의 차이 재정리: 부수 위헌선언을 가져온 작용상 차이 - 헌재법 제75조 5항 부수적 위헌결정의 경우 법률규정 아닌 공권력작용이 그 작용이고, 위헌법률심판, 위헌소원심판, 법률에 대한 법령소원에서의 부수적 위헌선언의 경우 심판대상 법률규정의 위헌으로 다른 법률규정들도 위헌이 되는 경우이다. iv) 참고 - 법률규정 판단으로 공권력행사 심판이익 부인 - 이는 공권력행사 외 그 근거 법률조항에 대해 같이 헌법소원이 청구되었는데 공권력행사에 대한 헌법소원은 그 종료로 권리보호이익이 없는 상황에서이다. 헌재는 그 공권력행사에 유사한 기본권 제한의 반복 가능성은 결국 근거 법률조항이 현존하기 때문이므로 그 근거 법률조항에 대한 위헌판단으로 나아간다면 그 공권력행사에 대해서는 예외적인 심판이익을 인정하지 않는다는 결정례를 보여주었다(2012헌마538, 종료된 통신사실 확인자료를 제공받은 행위('기지국수사')에 대한 헌법소원 심판이익은 통신비밀보호법상 요청조항 및 허가조항에 대해 본안 판단에 나아가는 이상, 인정하지 아니한다고 보았다).

6) 인용결정의 '주문'에서 침해된 기본권의 명시 문제　　(가) 법규정 – 헌재법 제75조 2항은 "헌법소원을 인용할 때에는 인용결정서의 주문에 침해된 기본권과 침해의 원인이 된 공권력의 행사 또는 불행사를 특정하여야 한다"라고 규정하고 있다. (나) 판례의 경향 – 가) 법령소원의 경우 – 대체적으로 보면 밝히지 않은 경우가 많다. ⅰ) 명시한 예: ① 대법원규칙: 법무사법시행규칙에 대한 헌법소원(89헌마178 [주문] 법무사법시행규칙(1990.2.26. 대법원규칙 제1108호) 제3조 1항은 평등권과 직업선택의 자유를 침해한 것이므로 헌법에 위반된다), ② 부령: 체육시설의 설치·이용에 관한 법률시행규칙(문화체육부령) 제5조에 대한 헌법소원(92헌마80, 당구장 출입문에 '18세 미만자의 출입을 금지' 표시 사건), ③ 고시: 식품의약품안전청고시 '음주전후' 및 '숙취해소' 표시 금지 규정(99헌마143. 이 고시는 법령보충규칙(이에 대해서는 앞의 대상성 부분 참조)으로서 고시이다)에 대한 위헌결정 등 ⅱ) 명시하지 않은 경우: (ㄱ) 먼저 법률에 대한 법령소원의 경우에는 명시하지 않는다. * 비명시의 이유 – 헌재는 침해된 기본권을 이처럼 주문에 표시하지 않는 것은 법률에 대한 헌법소원은 청구인의 침해된 기본권 구제의 면도 있으나 객관적인 헌법질서의 확립이라는 성질이 더 부각되어야 하고 법률에 대한 법령소원의 인용결정에서는 위헌법률심판의 절차규정이 준용된다고 보기 때문이라고 한다(91헌마21). (ㄴ) 대통령령에 대한 인용결정에서도 침해되는 기본권을 주문에 명시하지 않는다(98헌마363, 99헌마494, 2002헌마193). (ㄷ) 부령의 경우 위 당구장결정처럼 명시한 예가 있기도 하였으나 2005년 말부터 부령에 대한 위헌결정에서도 주문에서 침해된 기본권을 명시하지 않은 예(2004헌마947, 2003헌마715)를 보여주고 있다. 판례변경인지 명확하지는 않다. (ㄹ) 이유에서 밝히면 법취지를 구현하여 받아들일 수 있다는 견해가 있을 수 있으나 이는 주문 외 중요이유에 대한 기속력인정이 전제되어야 한다. 나) 법령 외 일반적인 공권력작용에 대한 헌법소원의 경우 – 이 경우 헌법소원에서 주문에 침해되는 기본권들이 명시되고 있는 예들(2004헌마290, 2002헌마496, 2016헌마503, 2015헌마1149 등 2016헌마649 등)을 볼 수 있다. 다) 위헌확인결정례의 경우 – 입법부작위에 대한 위헌확인결정들에서는 침해된 기본권들이 주문에 명시되지 않고 있다. 침해행위종료 위헌확인결정들에서는 침해된 기본권이 주문에 명시되고 있다(예외 있음). 라) 불기소처분('평등권'과 '재판절차진술권')·기소유예처분('평등권'과 '행복추구권')에 대한 취소결정의 경우 명시되고 있다.

⑵ 기각결정

기각결정은 청구인의 주장을 배척하는 결정이다. 많이 볼 수 있는 예로 청구인이 자신에 대한 기본권의 제한이 기본권침해로서 위헌이라는 주장에 대해 헌재가 그 제한이 있더라도 그 제한이 헌법이 허용하는 기본권제한 범위 내에 있어(말하자면 과잉금지원칙, 명확성원칙, 신뢰보호원칙 등의 준수) 침해가 아니고(헌재는 '제한'이란 용어와 '침해'라는 용어를 구분하여 쓴다고 앞서 제3절 청구요건 중 기본권침해가능성 부분에서 서술한 바 있다. 전술 참조) 그래서 위헌이 아니라고 판단하는 취지의 결정 등이다.

Ⅳ. '위헌소원'심판의 결정형식

1. 결정형식들

위헌소원심판의 결정에는 각하결정(위헌소원의 대상인 법률이 아닌 법령규정 또는 법원의 제청신청기각결정이 없었던 법률규정에 대한 심판청구, 재판전제성 결여, 청구기간 도과 등 전술한 청구요건 결여의 경우), 심판절차종료선언(90헌바13, 2014헌바300), 본안결정 등이 있다. 본안결정에는 합헌결정, 위헌결정, 변형결정 등이 있다. 유의할 점은 3명 지정재판부가 위헌소원심판에도 적용되어 3명 일치의 각하결정이 내려질 수도 있다는 점이다.

2. 위헌소원의 결정과 법률에 대한 법령소원 결정의 비교

이를 비교하는 중요한 이유는 둘다 법률의 위헌여부를 가리는 위헌심사제도로서 법률이 위헌이라고 판명될 경우 위헌소원의 인용결정(즉 위헌결정)은 법률 법령소원의 그것과 같으나 합헌이라고 판명될 때 양자의 주문에서 차이가 있다는 점에 유의해야 하기 때문이다. 양자를 비교하면 아래와 같이 정리된다.

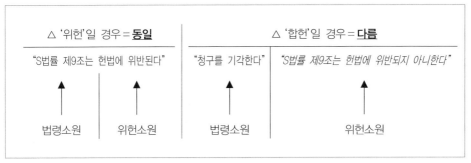

법률규정에 대한 위헌심사 결과 법률 법령소원과 위헌소원 간의 주문 차이

V. 정리: 헌법소원심판에 의한 법령의 위헌여부심사와 그 결정

1. 기술된 내용

법령에 대해 위헌여부심사를 하는 헌법소원의 경우를 체계적으로 이해하기 위해 앞서 살펴본 내용의 요소를 정리해보자. ⅰ) 법령에 대한 헌법소원의 경우들로는 ① 법령소원(본래의미의 헌법소원), ② 위헌소원(실질적인 위헌심판이고 그 대상이 법률만이다(실질적 법률 포함). 법률이 대상일 때 법령소원과 위헌소원의 구별이 요구된다). ③ 헌재법 제75조 5항의 부수적 위헌결정, ④ 위헌소원('헌바'), 법령소원에서의 부수적 위헌선언에 대해서도 기술하였다. ⅱ) 공통적으로, ① 변형결정이 마찬가지로 내려진다. ② 위헌성 인정(인용) 결정의 정족수는 6명 이상이다.

2. 비교와 유의

ⅰ) 법령소원과 위헌소원 – 위헌소원과 달리 법령소원은 법률 외 대통령령, 부령 등 나머지 종류의 법령과 조례 등도 대상으로 한다.

ⅱ) 법률에 대한 법령소원일 때 위에서 본 대로 합헌일 때 '기각한다'라는 주문을 취하는데 위헌소원의 경우에는 '헌법에 위반되지 아니한다'는 문언을 취하여 차이가 있다.

제 8 절 헌법소원심판결정의 효력

Ⅰ. 헌법소원심판결정으로서의 효력 일반

헌법소원심판의 결과 나오는 결정은 불가변력, 형식적 확정력, 실질적 확정력 등을 가진다. 이에 관해서는 앞서 제2장에서 살펴본 바 있어 여기서는 생략한다(앞의 제2장 헌법재판소결정의 효력 부분 참조). 아래에서는 헌법소원심판에서의 인용결정에 관한 효력을 살펴본다.

Ⅱ. 헌법소원의 인용결정의 효력

1. 기속력

헌법소원의 인용결정은 모든 국가기관과 지방자치단체를 기속한다(헌재법 제75조). 헌법소원심판의 인용결정은 다음과 같은 소극적인 내용(반복금지효)과 적극적인 내용(처분의무)의 기속력(羈束力)을 가진다.

(1) 반복금지효 – 소극적 효력

헌재가 헌법소원의 인용결정으로 취소한 공권력작용을 다시 반복해서는 아니 되는 효력이 기속력으로부터 나온다.

(2) 처분의무 – 적극적 효력

헌재법 제75조 4항은 "헌법재판소가 공권력의 불행사에 대한 헌법소원을 인용하는 결정을 한 때에는 피청구인은 결정취지에 따라 새로운 처분을 하여야 한다"라고 규정하고 있다. 따라서 부작위가 위헌임을 확인하는 인용결정의 경우에 처분 등 작위로 나아가야 하는 의무가 주어진다. 거부행위도 처분의무 강제가 필요하다.

(3) 법령소원에서의 위헌결정의 기속력의 객관적 범위 – 결정주문을 뒷받침하는 결정이유에 대한 기속력 요건

기속력이 주문에만 미치는지 아니면 그 이유나 중요한 이유에도 미치는지 하는 문제(객관적 범위 문제)가 논의되고 있는데 헌재는 결정주문을 뒷받침하는 결정이유에 대한 기속력 요건으로 위헌(인용)결정 정족수(6인 이상 찬성)의 충족이 필요하다는 결정례(2006헌마1098등)를 보여주었다(이에 대해서는 앞의 위헌법률심판, 제2항 위헌결정의 효력, Ⅰ. 기속력, 2. 기속력의 범위, ⑵ 객관적 범위 부분 참조).

(4) 불기소처분에 대한 인용결정의 기속력

ⅰ) 불기소처분에 대한 인용(취소)결정의 의미·내용에 대해서는 이후 당연기소로 가야 한다는 견해, 기소로 나아갈 것이 강제된다는 견해, 다시 불기소처분이 가능하다는 견해 등으로 갈린다. ⅱ) 헌재판례 – ① 불기소처분이 인용결정으로 취소된 이후 재기수사에서 인용결정의 취지대로의 수사가 충분히 이루어지지 않았다면 기속력의 위반이 되고(93헌마113, 재기수사후 재불기소처분(再不起訴處分)한 데 대해 헌재가 재취소한 결정이다. 또 다른 재취소결정례: 95헌마290, 97헌마106, 97헌마250 등), 불기소처분이 인용결정으로 취소된 이후 재기수사에서 인용결정의 취지대로 수사미진의 점에 대한 보완수사가 이행되었다면 기속력의 위반이 아니라고 본다. 나아가 헌법재판소는 현저한 정의와 형평에 반하는 재기수사를 하였거나 헌법의 해석·법률의 적용 또는 증거판단에 있어서 재불기소결정에 영향을 미친 중대한 잘못이 있는지, 달리 헌법재판소가 관여할 만큼의 자의적인 재불기소처분인지 여부에 대해 살펴보고 그러한 점이 없다고 판단되면 그 재불기소처분에 대한 헌법소원심판청구를 기각한다(그러한 예로, 90헌마124). ⅲ) 검토 – 헌재의 인용결정 취지대로 재기수사되고 그것에 대한 판단이 이루어지려면 인용결정 중요이유 부분에 대해서도 기속력을 부여하는 것을 전제해야 한다(객관적 기속력).

2. 집행력

(1) 개념과 문제 소재, 실제 예

[개념] 인용결정의 취지 내용 대로 실제로 구현되도록 하는 힘이다.

[문제소재] 특히 위 기속력에서 언급한 대로 부작위, 거부행위 등에 대한 인용결정의 경우 적극적인 처분, 입법 등으로 나아가야 할 의무가 있는데 그 의무의 불이행시 이행을 강제하는 것이 집행력에 있어서 부각되는 문제이다.

[실제의 예] 우리 헌재의 최초의 입법부작위 위헌확인결정이었던 조선철도(주) 주식의 보상금청구에 관한 헌법소원결정이 1994년에 있었으나(헌재 1994.12.29. 89헌마2. 이 결정에 대해서는 앞의 대상성, 입법부작위 부분 참조) 정작 입법은 2001년에 이루어져('사설철도주식회사주식소유자에 대한 보상에 관한 법률') 위헌확인결정 이후 오랜 동안 입법이 안 된 이러한 예가 있다[위 2001년의 보상법률에 대해서도 피수용재산의 객관적 재산가치를 완전하게 보상하지 아니하고 그에 훨씬 못 미치는 보상내용을 규정하고 있다고 하여 위헌여부심판제청이 있었는데 헌재는 헌법 제23조의 정당보상의 원칙에 합치된다는 합헌결정을 하였다(헌재 2002.12.18. 2002헌가4)].

(2) 방안 – 행정소송법의 간접강제 제도 준용

현행 헌재법 제40조 1항 준용규정에 따라 행정소송법상의 간접강제제도를 준용할 수 있다고 본다. 즉 행정소송법은 거부처분을 취소하는 판결의 경우 그 기속력으로 그 판결 취지에 따라 이전의 신청에 대한 처분을 하여야 한다고 규정하고 있다(동법 제30조 2항). 그런데 이를 하지 아니하는 때에는 제1심수소법원은 당사자의 신청에 의하여 결정으로써 상당한 기간을 정하고 행정청이 그 기간 내에 이행하지 아니하는 때에는 그 지연기간에 따라 일정한 배상을 할 것을 명하거나 즉시 손해배상을 할 것을 명할 수 있다고 규정하고(동법 제34조 1항) 이 간접강제제도를 부작위위법확인소송의 경우에 준용하고 있다(동법 제38조 2항). 입법부작위에 대한 위헌확인결정의 경우를 고려할 때 '처분'에 입법이 포함되느냐를 두고 논란이 있을 수도 있다는 점을 고려하면 준용보다는 헌재법에 강제제도를 직접 명시하는 것이 보다 바람직하다.

3. 장래효(예외적 소급효)

위헌소원, 법령소원의 경우에는 이 문제가 앞서 위헌법률심판에서 다루어졌던 대로 원칙적으로 장래효에다 예외적으로 소급효가 인정된다. 부수적 규범통제의 경우에도 마찬가지이다. 헌재법 제75조 6항은 부수적 규범통제를 규정한 제75조 5항의 경우 및 제68조 2항에 따른 헌법소원(위헌소원)을 "인용하는 경우에는 제45조 및 제47조를 준용한다"라고 규정하고 있다.

Ⅲ. 헌법소원심판결정에 대한 재심

1. 문제 소재와 개별론의 입장(판례입장)

헌법소원심판결정에 대하여 재심(再審)이 허용될 것인가에 대한 헌재법규정은 없다. 이 문제에 관하여 헌재는 개별론의 입장을 취하고 있다. 즉 "헌법재판은 그 심판의 종류에 따라 그 절차의 내용과 결정의 효과가 한결같지 아니하기 때문에 재심의 허용여부 내지 허용정도 등은 심판절차의 종류에 따라서 개별적으로 판단될 수밖에 없다"고 한다(93헌아1, 이 결정에 대해서는 아래 참조. 동지: 2002헌아5, 2006헌아37 등).

2. 개별적 고찰 - 판례법리

(1) 위헌법률심판과 위헌소원심판, 법령소원심판에서의 부정

1) 위헌법률심판('헌가' 사건) – 부정   헌재는 법원제청으로 있게 된 위헌법률심판('헌가')결정에 대한 제청신청인의 재심청구를 부정한다. 헌재는 부정의 이유로 위헌심판제청은 법원이 헌법재판소에 대하여 하는 것이기 때문에 당해사건에서 제청신청인은 위헌법률심판사건의 당사자라고 할 수 없으므로 그 재판에 대하여 재심을 청구할 수 있는 지위 내지 적격을 갖지 못하기 때문이라고 한다(2003헌아61).

2) 헌재법 제68조 2항에 의한 헌법소원(위헌소원)심판 – 부정   헌재는 위

헌소원의 결정에 대한 재심도 부정한다. 인용결정의 일반효, 대세효를 부정논거로, 그리고 재심이 허용되어 합헌이 위헌으로, 위헌이 합헌으로 인정되면 문제된 법률조항과 관련되는 모든 국민의 법률관계에 이루 말할 수 없는 커다란 혼란을 초래하거나 불안을 가져오게 한다는 이유에서이다(90헌아1, 92헌아3).

3) 법령소원심판 – 부정　　　　헌재는 헌재법 제68조 1항 본래의미의 헌법소원인 경우에도 그것이 법령소원일 경우에는 위 위헌소원의 경우에 부정한 동일한 이유로 재심을 허용하지 않는다고 본다(2002헌아5).

4) 검토　　　　법률이 다른 많은 사람들에 미칠 영향을 고려한다면 오히려 바로 잡을 기회를 주는 것이 필요하므로 위 부정논거가 적절한지 의문이다.

(2) 비법령 공권력작용 대상 권리구제형(헌재법 제68조 1항) 헌법소원 – 허용

1) 판례변경　　　　헌재는 애초에는 법령이 아닌 공권력을 대상으로 하는 권리구제형 헌법소원의 결정에 대해서도 "재판부의 구성이 위법한 경우 등 절차상 중대하고도 명백한 위법이 있어서 재심을 허용하지 아니하면 현저히 정의에 반하는 경우"와 같은 제한된 경우만을 재심사유로 하여 극히 제한된 재심사유만 인정하고 있었다(93헌아1, 99헌아18). 헌재는 이후 판례를 변경하여 이 비법령 공권력작용 대상 제68조 1항 본래의미 헌법소원의 결정에 대해서는 민사소송법의 재심 규정을 준용하는 재심을 허용하고 민사소송법 제422조(* 현행 제451조) 1항 9호 소정의 판단유탈이 재심사유가 된다고 본다(2001헌아3). 그 인정논거로 헌재는 ① 제68조 1항에 의한 헌법소원 중 공권력의 작용을 대상으로 하는 권리구제형 헌법소원절차에 있어서는, 그 결정의 효력이 법령소원과 달리 원칙적으로 당사자에게만 미치는 점, ② 직권주의가 적용된다고 하여 당사자의 주장에 대한 판단유탈이 원천적으로 방지되는 것도 아니며 위 민소법의 '판단유탈'의 재심사유는 모든 판단유탈이 아니라 판결에 영향을 미칠 중요한 사항에 대한 판단유탈만을 그 사유로 하고 있는 점, ③ '판단유탈'이 재심사유로 허용되지 않는다면 중대한 사항에 대한 판단을 유탈함으로써 결정에 영향을 미쳤다고 하더라도 시정할 길이 없게 된다는 점 등을 든다.

2) 인용(재심대상결정의 취소)결정의 예　　　　아래 결정들이 그 예들이다.
① 헌재법 제70조 4항은 국선대리인선임신청이 있었으나 헌재가 선정하지 않

은 경우 선임신청을 한 날부터 그 통지를 받은 날까지의 기간은 청구기간에 산입하지 아니하도록 규정하고 있음에도 이를 간과하여 청구기간이 도과한 것으로 판단하여 내린 헌재 자신의 각하결정에 대한 재심에서 이를 바로 잡아 취소한 결정(2006헌아53), ② 불기소처분취소 사건에서 재항고기각결정의 송달일자를 잘못 기재하는 바람에 헌재가 청구기간이 도과한 후 제기된 것으로 보아 각하한 경우 재심사유에 해당된다고 보고 그 각하결정을 취소한 결정(2008헌아23), ③ 헌재가 잘못 기재된 사실조회 결과를 근거로 적법한 사전구제절차를 거치지 아니한 것으로 보아 각하한 헌재결정을 취소한 결정(2008헌아4).

3. 재심의 제기기간, 제기방식 및 재심의 심판절차 등

ⅰ) 재심의 제기기간 − 재심의 소는 당사자가 판결이 확정된 뒤 재심의 사유를 안 날부터 30일 이내에 제기하여야 하고, 5년이 지난 때에는 제기하지 못한다(민사소송법 제456조 1, 3항). ⅱ) 제기방식 − 소정의 사항을 기재한 재심청구서로 하여야 한다(심판규칙 제53조), ⅲ) 재판절차 등 − 그 성질에 어긋나지 아니하는 범위 내에서 재심 전 심판절차에 관한 규정을 준용한다(심판규칙 제52조).

Ⅳ. 법원의 확정판결에 대한 재심

* 앞에서 본 재심 문제는 헌재결정에 대한 것이고 여기서 문제는 법원의 확정된 판결에 대한 재심(헌재법 제75조 7항의 재심)의 문제로서 그 대상이 다르다.

1. 재심 해당 심판 - 위헌소원심판사건

헌재법 제75조 7항이 위헌소원이 인용되는 경우에 해당 헌법소원과 관련된 소송사건이 이미 확정된 때에는 당사자는 재심을 청구할 수 있다고 규정하고 있다. 바로 여기서 살펴볼 것은 이처럼 위헌소원의 인용(위헌)결정시 인정되는 재심제도, 즉 법원의 판결확정 이후 헌재에서 위헌결정을 한 경우에 그 법원의 확정판결을 대상으로 하는 재심제도이다.

2. 위헌소원(헌재법 제68조 ② 헌법소원)에 의한 위헌결정시의 법원에 대한 재심의 청구

헌재법 제75조(인용결정) ⑦ 제68조 제2항에 따른 헌법소원이 인용된 경우에 해당 헌법소원과 관련된 소송사건이 이미 확정된 때에는 당사자는 재심을 청구할 수 있다.

(1) 인정필요성(의미)과 쟁점

[필요성] 위헌소원의 경우 '헌가'사건의 경우와 달리 법원재판이 정지되지 않으므로 위헌소원심판의 결과 법률에 대한 인용결정(위헌결정)이 있기 전에 이미 법원의 당해 소송사건이 확정될 수도 있다. 그래서 이러한 경우에 권리구제를 위하여 헌재법 제75조 7항은 재심을 허용하고 있다.

[쟁점] 이 재심제도에는 논쟁이 있는데 그 쟁점으로, ① 재심청구권자의 범위, '해당 헌법소원과 관련된 소송사건'의 의미, ② 한정위헌결정도 재심사유가 되느냐 하는 등이 있다. 아래에 나누어 살펴본다.

(2) 재심청구권자의 범위, '해당 헌법소원과 관련된 소송사건'의 의미

이러한 재심(再審)은 당해 위헌소원의 전제가 된 당해 법원소송사건에서의 당사자만이 청구할 수 있는 것인가 아니면 그 인용결정이 나게 된 위헌소원을 제기한 당사자가 아니더라도 재심을 청구할 수 있는가가 문제된다. 헌재는 대법원의 판례(대법원 1992. 5. 12. 91누7101, 1993.7.27. 92누13400)입장과 같이 헌재법 제75조 7항의 '해당 헌법소원과 관련된 소송사건'이란 해당 위헌소원의 전제가 된 해당 소송사건만을 말하고 당해 소송사건에서의 당사자만이 재심을 청구할 수 있다고 한정하고 있다. 헌재는 그 한정의 논거로 ① 헌재법 제75조 7항의 '해당 헌법소원과 관련된 소송사건'이란, 문면상 당해 헌법소원의 전제가 된 당해 소송사건만을 가리키는 것이라고 볼 수밖에 없다고 본다. 또 ② 다른 당사자에 재심청구권을 인정하여야 재판청구권, 평등권 등이 보장된다는 주장에 대해서는 재심허용 여부는 입법정책의 문제이고 "재심청구권도 입법형성권의 행사에 의하여 비로소 창설되는 법률상의 권리일 뿐", "헌법 제27조 1항, 제37조 1항에 의하여 직접 발생되는 기본적 인권은 아니다"라고 보아 헌재법 제75조 7항이 동법 제68조 2항에 의한 헌법소원을 청구하여 인용결정을 받지 않은 사람에게는 재심의 기회를 부여하지 않는다고 하여 재판청구권이나 평등권 등을 침해하였다고는 볼 수 없다고 하여 주장을 배척하고 결국 다른 사건 당사자에게 재심청구권을 인정하지 않더라도 위헌이 아니라고 본다(99헌바66등).

주요판시사항

▶ 위헌소원에 의한 위헌결정시에 헌재법 제75조 7항이 인정하는 재심의 청구권자의 범위: 당해 소송사건의 당사자만 재심을 청구할 수 있음. 위헌소원을 제기한 바는 없는 다른 사건의 당사자는 재심을 청구할 수 없음

▶ 논거: ① 헌재법 제75조 7항의 '해당 헌법소원과 관련된 소송사건'이란, 문면상 당해 헌법소원의 전제가 된 당해 소송사건만을 가리키는 것임. ② 재심청구권은 법률상의 권리일 뿐, 헌법 제27조 1항, 제37조 1항에 의하여 직접 발생되는 기본적 인권은 아님

---

(3) 재심사유: 한정위헌결정의 경우의 해당 여부

재심의 사유로 헌법재판소법 제75조 7항은 '헌법소원이 인용된 경우'라고 규정하고 있다. 쟁점이 된 것은 한정위헌결정도 재심사유에 해당되는지 하는 문제이다. 대법원은 부정의 입장이고 헌법재판소는 긍정적 입장을 간접적으로 표명한 바 있다.

1) 대법원의 부정적 입장 ⅰ) 논거 - 대법원은 여기의 '헌법소원이 인용된 경우'라 함은 법원에 대하여 기속력이 있는 위헌결정이 선고된 경우를 말한다고 보고 헌법재판소의 한정위헌결정이 있는 경우는 이러한 재심사유에 해당하지 않는다고 본다. 대법원은 헌재의 한정위헌결정이 법원의 법령 해석·적용의 권한에 대하여 기속력을 가지지 않는다고 보기 때문이다. ⅱ) 결정례 - ① 군인과의 공동불법행위 사건 - 헌재가 이에 관하여 한정위헌결정(헌재 1994.12.29. 93헌바21)을 내리자 이후 청구된 재심사건이었다. 입장이 다른 대법원이 한정위헌결정의 기속력을 부정하면서 재심사유가 아니라고 보아 기각한 것이다(대법원 2001.4.27. 95재다14). ② 구 조세감면규제법 부칙 사건 - 조세감면규제법 전부개정시 부칙에 이전에 있던 조항이 그대로 규정되어 있지 않음에도 존속되고 있다고 보아 과세를 하자 논란이

되었고 이목이 집중되었던 사건이었다. 헌재는 "구 조세감면규제법(1993.12.31. 법률 제4666호로 전부 개정된 것)의 시행에도 불구하고 구 조세감면규제법(1990.12.31. 법률 제4285호) 부칙 제23조가 실효되지 않은 것으로 해석하는 것은 헌법에 위반됨을 확인한다"라는 취지의 한정위헌결정을 하였다(헌재 2012.7.26. 2009헌바35등 * 이 결정은 사실 그 이전의 2012.5.31. 2009헌바123 한정위헌결정을 확인하는 동지의 결정이었다). 이후 당해소송의 원고들이 이 한정위헌결정을 사유로 재심을 청구하였는데 위 헌재결정과 반대되는 입장을 취하는 대법원은 역시 한정위헌결정의 기속력을 부정하고, 법원의 권한에 속하는 법률의 해석·적용은 위헌소원의 대상이 아니라고 보아(문제의 부칙규정이 과세처분의 근거조항으로서 효력이 유지되는지는 법률의 해석문제라고 봄) 재심청구를 기각하였다(대법원 2013.3.28. 2012재두299).

2) 헌법재판소의 입장   헌재는 한정위헌결정과 같은 변형결정에도 기속력이 인정된다고 본다(96헌마172등). 한편 위 대법원 95재다14 판결의 재심원고가 제기한 헌법소원에서 헌법재판소는 한정위헌결정의 경우에도 재심사유가 된다는 입장을 간접적으로 표명한 바 있다. 즉 그 헌법소원심판의 최종 평결 결과 위 대법원의 입장과 달리 한정위헌결정도 재심사유가 된다는 헌법재판관 전원일치의 의견을 보여주었다. 그러나 청구인이 청구를 취하하였고 헌법재판소가 심판절차를 종료함으로써 불발로 끝나 공식적인 입장의 결정이 되지 못하였다(2001헌마386, 이 결정은 앞의 결정형식 중 심판절차종료선언, 청구인취하로 인한 선언 부분에서도 전술한 바 있다).

탄핵심판

06

탄핵심판

제1절 서설 – 탄핵심판제도의 일반론
– 탄핵심판의 개념과 유형, 유용성

[개념] 탄핵심판이란 고위 공직자 또는 신분상 강한 독립성을 가지는 공직자 등에 대해서는 그의 직무상 위헌, 위법의 행위가 있더라도 통상의 절차에 의해서는 징계(파면)나 형사처벌 등의 제재를 가하기 어려우므로 이러한 고위직 공직자에 대하여 책임을 지우기 위하여 마련된 특별한 헌법재판제도이다.

[유형] 다음 유형들로 나눌 수 있다.① 탄핵의 최종적 결정기관에 따른 유형 – 이 유형으로 의회형(하원이 소추하고 상원이 탄핵결정을 하는 유형으로 미국이 대표적)과 특수사법형[의회 외부에 별도 탄핵재판소를 두어 탄핵결정을 하거나 대법원, 헌법재판소가 탄핵결정을 하는 기관인 유형, 그 구성원이 의원인 경우도 있음(프랑스 대통령 탄핵재판소)], ② 탄핵효과에 따른 유형 – 이 유형으로 징계형[처벌이 아닌 징계나 파면(파면도 징계의 하나)에 그치는 유형, 우리나라가 해당]과 형사형(刑事型, 징계나 파면에 그치지 않고 형벌 처벌도 이루어지는 유형) 등.

[유용성] 사회심리적 효과 외 실효성이 없다고 보고 의원내각제 국가에서는 내각불신임제를 통해 목적을 달성할 수 있다는 무용론이 있다. 그러나 내각 외에 책임도 문제될 수 있고 고위공무원에 대한 위헌·위법행위 억제와 예방효과 등 오늘날에도 국민적 정당성을 가진(의회소추로) 헌법보장제로서 유용성을 가진다.

제 2 절 한국의 탄핵제도

제 1 항 우리나라 탄핵제도의 역사와 실제

[연혁] 탄핵소추기관은 줄곧 제1공화국 때부터 변함없이 국회였다. 탄핵결정을 하는 기관은 아래와 같이 변천되어 왔다.

> 탄핵재판소(제1공화국) ⇒ 헌법재판소(제2공화국) ⇒ 탄핵심판위원회(제3공화국) ⇒
> 헌법위원회(제4공화국) ⇒ 헌법위원회(제5공화국) ⇒ 헌법재판소(제6공화국 현행헌법)

* 우리나라 탄핵제도의 역사에 대한 자세한 것은, 정재황, 헌법재판론, 제2판, 박영사, 2021, 1596−1601면 참조.

[실제례] ① 탄핵소추발의 및 부결, 폐기 − 초유의 탄핵소추발의는 1985년에 있었던 유태흥 대법원장에 대한 발의였는데 의결되지는 못하였고 1994년 김도언 검찰총장에 대한 탄핵소추안도 부결된 바 있다. 제15대 국회 때인 1999년에도 2건의 검찰총장에 대한 탄핵소추안이 발의된 적이 있었으나 본인의 사직과 제15대국회의원의 임기만료로 폐기된 바 있다. ② 탄핵소추의결 및 헌재의 탄핵심판 − 우리나라의 초유의 탄핵소추의결은 2004년 노무현 대통령에 대한 것이었다. 헌재는 우리나라 사상 처음으로 탄핵심판을 하였다. 심리결과 일부의 위헌적 사실을 인정하였다. 그러나 헌법재판소는 그 사실들은 위헌이긴 하나 대통령의 탄핵(파면)을 정당화할 중대한 법위반 사유라고 볼 수 없다고 판단하여 결국 심판청구를 기각하는 결정을 하였다(2004헌나1). 두 번째 탄핵소추의결은 2016년 박근혜 대통령에 대한 의결이었다. 헌재는 사인의 국정개입 허용과 대통령 권한 남용이 있었고 이는 국민의 신임을 배반한 행위로서 헌법수호의 관점에서 용납될 수 없는 중대한 법 위배행위라고 보아 2017년 청구를 인용하여 파면결정을 하였다(2016헌나1). 우리나라 최초의 대통령에 대한 헌재의 파면결정이 내려진 것이다.

제2항 우리나라 현행 탄핵심판제도의 성격

ⅰ) 징계책임성 — 우리나라에서는 탄핵결정으로 '파면'에 그치기 때문에(제65조 4항) 탄핵이 징계책임의 성격을 가진다. 다만, 특별한 징계제도이다. ⅱ) 헌법보장 기능성 — 헌법 위반에 대한 제재 제도이므로 헌법을 보호하는 기능을 가진다. ⅲ) 비정치적·재판(司法)적 성격 — (ㄱ) 헌법 또는 법률 위반을 사유로 하는 비정치적 절차이고 헌법재판소라는 재판(사법)기관에 의한 재판(사법)으로서의 성격을 가진다(소추가 정치기관인 국회가 행하나 이는 국회가 국민대표자라는 지위에서 행하는 것이고 소추사유가 헌법이나 법률의 위반이라고 한정하여 사법적 기관인 헌재에서 탄핵이 심판되고 결정된다는 점에서 비정치성을 가진다). (ㄴ) 헌재판례 — 헌재도 "헌법재판소가 탄핵심판을 관장하게 함으로써 탄핵절차를 정치적 심판절차가 아닌 규범적 심판절차로 규정하고 있다"라고 한다(2004헌나1, 2016헌나1). 헌재가 탄핵소추의결서에 기재된 소추사유에 구속되고 그것에 기재되지 아니한 소추사유를 판단의 대상으로 삼을 수 없다고 보는데(후술 심리 부분 참조) 그 이유를 헌재는 사법기관으로서 심판하는 데서 찾고 있다(2004헌나1). ⅳ) 통제성 — 권력분립적, 사법적 통제이다. ⅴ) 국회의 '탄핵소추의결권'의 법적 성격 — 국회의 의무성이 아닌 재량성 — 헌재는 "탄핵의 소추를 의결할 수 있다"라는 헌법 제65조 1항의 해석상 국회의 탄핵소추의결이 국회의 재량행위라고 보고 있다(93헌마186).

제3항 한국의 현행 탄핵제도

Ⅰ. 탄핵대상

탄핵소추의 대상이 되는 공직자는 대통령·국무총리·국무위원·행정각부의 장·헌법재판소 재판관·법관·중앙선거관리위원회위원·감사원장·감사위원 기타 법률이 정한 공무원이다(제65조 1항, 헌재법 제48조). '기타 법률이 정한 공무원'에 차관, 외교관, 검찰총장, 각군 참모총장, 경찰청장 등이 포함될 수 있을 것이라는 견해들이 있다. 법률로 탄핵대상이 됨을 규정한 예로는 검사(검찰청법 제37조), 각급 선거관리위원회 위원(선거관리위원회법 제9조 2호), 방송통신위원회 위원장('방송통신위원회의 설치 및 운영에 관한 법률' 제6조 5항), 원자력안전위원회 위원장('원자력안전위원회의 설치 및 운영에 관한 법률' 제6조 5항), 특별검사 및 특별검사보('특별검사의 임명 등에 관한 법률' 제16조), 고위공직자범죄수사처의 처장, 차장, 수사처검사('고위공직자범죄수사처 설치 및 운영에 관한 법률' 제14조), 경찰청장과 국가수사본부장('국가경찰과 자치경찰의 조직 및 운영에 관한 법률' 제14조 5항, 제16조 5항) 등이 있다.

Ⅱ. 탄핵소추의 사유

[탄핵소추의 사유와 탄핵(파면)사유의 구별 문제] 국회에서 탄핵소추사유와 헌재에서 탄핵(파면) 결정의 사유는 동일한 것인가 아니면 달리 볼 것인가 하는 문제가 있다. 우리 헌재는 뚜렷하지는 않지만 적어도 대통령의 경우에는 중대성요건을 요구하여 파면사유를 좀더 좁히고 있다고 평가된다. 생각건대 국회가 국민에 의해 직선된 의원들로 구성된 정치의 장이라는 점, 반면 심판과 결정은 사법기관인 헌재가 하고 그것도 최종의 판단을 한다는 점 등을 감안한 것으로 이해된다. 여하튼 이하에서는 소추사유에 대해 보고 탄핵(파면)사유는 뒤의 헌재 결정과정에서 살펴보는데 아래의 위헌성·위법성, 직무집행관련성은 헌법이 명시하고 있는 사유이고 탄핵소추사유와 탄핵(파면)사유에 공통된다(그 정도의 차이가 있다 하더라도 공통적이다).

1. 위헌성·위법성

현행 헌법과 헌재법은 탄핵소추의 대상이 되는 공직자가 "그 직무집행에 있어서 헌법이나 법률을 위배한" 경우를 탄핵(소추)의 사유로 포괄적으로 규정하고 있다(제65조 1항; 헌재법 제48조).

1) 헌법위반   여기에서 말하는 헌법이란 현행 성문헌법전의 규정들뿐 아니라 헌법관습법, 헌법조리법과 이를 발견하고 확인하는 헌법판례 등 실질적 의미의 불문헌법, 헌법적 효력의 국제법규범도 포함된다. 헌재판례도 '헌법'에는 "명문의 헌법규정뿐만 아니라 헌법재판소의 결정에 의하여 형성되어 확립된 불문헌

법"도 포함된다고 본다(2004헌나1, 2016헌나1).

　　2) **법률위반도 해당**　　　　탄핵소추의 사유가 헌법위반에 한하지 않고 법률의 위반도 포함한다. ⅰ) 법률위반 포함의 논거 - 법률의 준수가 법치주의이고 법치주의는 헌법원리이며 집행부, 사법부 소속 탄핵소추대상자들이 입법부가 제정한 법률을 당연히 준수해야 한다는 것은 권력분립원리에 충실하게 하는 것이기 때문이다(비슷한 취지로, 2004헌나1). ⅱ) 법률의 범위 - (ㄱ) 실질적 법률 포함 - 위반하면 탄핵사유가 되는 법률에는 형식적 의미의 법률뿐 아니라 법률과 같은 효력을 가지는 국제조약과 일반적으로 승인된 국제법규, 긴급명령·긴급재정경제명령 등도 포함된다. 헌재판례도 여기서의 '법률'이란 단지 형식적 의미의 법률 및 그와 동등한 효력을 가지는 국제조약, 일반적으로 승인된 국제법규 등을 의미한다고 본다(2004헌나1, 2016헌나1). (ㄴ) 여기에서 법률은 형사법에 한정되지 아니한다(2016헌나1).

　　3) **법의 무지, 법해석의 잘못, 자의적 법해석**　　　　헌법, 법률에 위배하는 행위에는 고의 또는 과실에 의한 경우뿐 아니라 법의 무지로 인한 경우도 포함된다. 이는 현행헌법에서의 탄핵의 성격이 형사처벌이 아니라 징계적 성격을 가지기 때문이기도 하다. "헌법이나 법률의 해석을 그르친 행위"는 탄핵사유가 되지 않는다는 견해1가 있으나 헌법이나 법률의 해석의 잘못으로 헌법과 법률을 잘못 운용하거나 집행한다면 이는 위헌, 위법행위로서 탄핵사유가 된다.2 자의적 법해석은 평등원칙(자의에 의한 차별의 금지)이라는 법원칙을 위반한 것이기도 하므로 위헌성이 인정되는 것이다.

　　4) **정치적 사유 제외**　　　　ⅰ) 그러나 탄핵소추의 사유는 헌법이나 법률을 위반한 위헌·위법행위에 한정되고 정치적 사유는 해당되지 않는다. 정치적·정책적 결정·선택과 판단상의 과오, 무능력, 미숙, 실정 등은 탄핵소추사유가 될 수 없다(통설, 판례 - 2004헌나1). 정치적 사유가 제외된다는 점에서 국무총리·국무위원에 대한 해임건의제도와 차이가 있다. 사실 대통령과 같은 경우 무능력, 과오 등도 유

1　허영, 신판 한국헌법론, 2001년판, 박영사, 813면.
2　헌재는 대통령이 재신임국민투표를 묻고자 제안한 것은 헌법 제72조에 의하여 부여받은 국민투표부의권을 위헌적으로 행사하는 경우에 해당하는 것으로 보았다(2004헌나1). 이는 헌법 제72조의 해석을 잘못한 데 대한 위헌성을 인정한 예라고 볼 수 있다.

임하도록 하는 것이 바람직한지 의문이 있을 수 있고 위헌·위법성 간 경계가 모호할 수도 있다. ⅱ) 헌재는 "비록 대통령의 '성실한 직책수행의무'는 헌법적 의무에 해당하나, '헌법을 수호해야 할 의무'와는 달리, 규범적으로 그 이행이 관철될 수 있는 성격의 의무가 아니므로, 원칙적으로 사법적 판단의 대상이 될 수 없다"라고 하고 이의 이행여부는 다음 선거에서 국민의 심판대상이라고 본다[2004헌나1(거듭된 말실수, 정계은퇴 공언 등으로 진지성, 일관성 없어 직책 성실수행의무 위반이라는 소추사유에 대한 헌재의 판시였다), 2016헌마1(위 판시로 세월호 참사 당일 피청구인이 직책을 성실히 수행하였는지 여부는 소추사유가 될 수 없다고 본 것이다. * 검토−생명의 존귀성에 비추어 그 긴급한 시간에 구조조치에 최선을 다했다고 볼 수 없어 이 판시는 받아들일 수 없다)].

2. 직무집행관련성 - 직무의 개념

ⅰ) 포괄성 − 여기서의 직무란 탄핵대상 공무원에게 헌법상, 법률상 부여된 권한을 행사하고 의무를 이행하기 위한 모든 공무를 포괄하는 의미이다. 이러한 공무에 대해서는 하위 법령들이 보다 구체적으로 직제를 편성하여 그 업무를 분장하고 업무방식·절차를 규정하게 되므로 헌법, 법률, 하위 법령 등에 따른 모든 소관 업무를 의미한다. 행정상 관례에 따른 업무도 포함된다. ⅱ) 부수행위 포함 − 또한 그러한 업무들에 관련되거나 수반되는 모든 활동과 행위들도 포함된다. ⅲ) 판례 − 헌재도 헌법재판소도 헌법 제65조에 규정된 '직무집행에 있어서'의 '직무'란, "법제상 소관 직무에 속하는 고유 업무 및 통념상 이와 관련된 업무를 말한다. 따라서 직무상의 행위란, 법령·조례 또는 행정관행·관례에 의하여 그 지위의 성질상 필요로 하거나 수반되는 모든 행위나 활동을 의미한다"라고 본다. 이러한 넓은 직무개념에 따라 대통령의 경우에 있어서, 그 직무상 행위는 "법령에 근거한 행위뿐만 아니라, '대통령의 지위에서 국정수행과 관련하여 행하는 모든 행위'를 포괄하는 개념"으로서, 예컨대 준공식·공식만찬 등 각종 행사에 참석하는 행위, 방송에 출연하여 정부의 정책을 설명하는 행위, 기자회견에 응하는 행위 등을 모두 포함한다고 본다(2004헌나1, 2016헌나1). ⅳ) 공무와 관련성이 없는 개인적인 사적인 활동은 제외된다. 사적인 이익을 위하여 직권을 남용한 경우는 물론 직무집행 관련성이 있고 탄핵소추사유가 된다.

3. 위헌·위법행위시기의 문제 – 재직전·후 위헌·위법행위의 사유성 문제

헌법 제65조 1항이 '직무집행에 있어서'라고 규정하고 있으므로 사유에 있어서 시기적 요건은 '재직 중'이 해당됨은 물론이다. 따라서 문제는 재직의 전·후 시기에 있었던 위헌·위법행위도 그 사유가 되는가 하는 데 있다. 따라서 ⅰ) 현직 이전, ⅱ) 대통령과 같은 선거로 선출되는 공무원의 경우에 당선 후 취임 사이 기간, ⅲ) 퇴직 이후 이 세 기간으로 나누어 살펴보게 된다.

1) **전직에서의 사유**[ⅰ)의 문제]　　　(가) 학설과 판례 – 학설은 ① 긍정설과 ② 부정설로 나누어진다. 긍정설은 공무원의 위헌·위법행위는 전직에서의 것일지라도 고위공무원직과 상용될 수 없고 탄핵제도가 자질을 갖추지 못한 사람을 공직으로부터 추방한다는 의미를 가진다는 점에 근거한다. 부정설은 헌법이 '그 직무집행에 있어서'라고 규정하고 있으므로 현직에서의 위헌·위법행위에 대해서만 탄핵소추사유로 보는 견해이다. 헌재판례는 "헌법 제65조 1항은 '대통령 … 이 그 직무집행에 있어서'라고 하여, 탄핵사유의 요건을 '직무' 집행으로 한정하고 있으므로, 위 규정의 해석상 대통령의 직위를 보유하고 있는 상태에서 범한 법위반행위만이 소추사유가 될 수 있다고 보아야 한다"라고 판시하여 부정설을 취하고 있다(2004헌나1). (나) 사견 – 생각건대 헌법 제65조 1항의 문언이 '그 직무집행에 있어서'라고 규정하고 있으므로 원칙적으로 재직 중 위헌·위법행위에 한하여 탄핵사유가 된다고 보나 예외를 인정해야 할 필요가 있다. 전직에서의 위헌·위법행위는 현직의 임명에서 결격요건을 이룰 수 있다. 국가공무원법 제33조에 공무원의 결격사유가 규정되어 있다. 그리고 공직선거법은 이전에 공직에서의 형사처벌을 받은 자에 대해서는 피선거권을 박탈하고 있다(공직선거법 제19조). 따라서 전직에서의 위헌·위법행위가 있었다면 공무원의 임명자격이나 입후보자격(선출직의 경우)이 부정될 것이고 전직에서의 위헌·위법행위가 취임 이후에 법원판결로 사실로서 인정된 경우에는 그로 인해 임명이나 선출이 무효가 될 것이므로 반드시 탄핵절차에만 의존할 필요가 없다. 말하자면 전직에서의 위헌·위법행위는 헌법상의 문리해석과 사전검증과 결격제도가 충실할 것을 전제로 탄핵소추사유에 포함되지 않는 것으로 볼 것이기도 하다. 그러나 그리 간단치가 않다. 검증이 충분할 것인가 하는 문제도 있거니와 공소시효가 완성된 경우가 있을 것인데 그 해당 범죄사실이 고위 공직자

로서 자질에 부합되지 않는 것이라면(처벌은 불가하더라도) 역시 탄핵으로 밝혀야 할 것이다. 대통령의 경우에도 헌법 제65조 1항의 '그 직무집행'이라는 문언의 문리해석상 재직 전의 위헌·위법행위는 탄핵소추의 사유가 될 수 없는 것이 원칙이라면 재직 전의 위헌·위법행위에 대해서는 형사소추가 될 수 있어야 할 텐데 취임 후에 전직에서의 위헌·위법행위가 논란되거나 취임 이전의 범죄행위의 혐의가 취임 이후에 역시 드러났을 경우 그 진실 규명을 위한 재판이 어렵다는 데에 있다. 헌법 제84조는 불분명한 점이 있으나 국정운영의 안정성보장이라는 형사불소추특권의 취지를 생각하면 재임 전의 범죄혐의에 대해서도 불소추가 된다고 볼 것이기 때문이다(제84조). 그렇다면 헌법적 공백이 생기고 일반적인 소추로서는 감당하기 힘든 고위공무원에 대한 제재절차로서 탄핵제도가 마련되었다는 점에서 대통령으로서의 자격과 정당한 자격을 인정하기 어렵게 하는 재임 전의 위헌·위법행위에 대해서도 탄핵사유로 보는 것이 헌법체계적인 해석에 가까워진다.

2) **대통령의 당선과 취임 사이의 행위**[ⅱ)의 문제]　　　(가) 학설과 판례 ‒ ⅱ)의 문제는 선출직에서의 문제인데 특히 대통령의 경우에 그 논의가 중요하다. 이 문제에 대해서도 ① 긍정설과 ② 부정설이 대립한다. 긍정설은 대통령당선인은 당선자결정과 동시에 헌법적 보호와 예우를 받는 점을 논거로 한다.[3] 부정설은 재직 중의 행위만이 해당된다고 보고 취임 전의 행위에 대해서는 탄핵사유가 될 수 없다고 본다. 헌재판례는 부정설을 취한다. 대통령직위를 보유하고 있는 상태에서 범한 법위반행위만이 소추사유가 되고 따라서 당선 후 취임시까지의 기간에 이루어진 대통령의 행위는 소추사유가 될 수 없다고 본다. 헌재는 '대통령당선자'의 지위와 대통령직의 인수에 필요한 준비작업을 할 수 있는 권한은 대통령의 직무와는 근본적인 차이가 있고 이 시기 동안의 위법행위는 형사소추의 대상이 되므로, 헌법상 탄핵사유가 아니라고 본다(2004헌나1). (나) 사견 ‒ 생각건대 ㉠ 헌재는 대통령당선자로서의 권한이 대통령직무와 근본적 차이가 있다고 하나 대통령당선인은 대통령임기개시 전에 국무총리 및 국무위원 후보자를 지명할 수 있는데('대통령직인수에 관한 법률' 제5조 1항) 이는 행정부의 구성권으로서 대통령의 재직 중의 권한과 같은 권한으로서 중요한 권한이고 실제적 지위와 권한이 상당하므로 타당하지 못

3　권영성, 앞의 책, 902면.

하다. ⓒ 대통령당선인은 '대통령직인수에 관한 법률'이 정하는 바에 따라 대통령 당선인으로 결정된 때부터 대통령직 인수를 위하여 필요한 권한을 갖고 예우를 받으므로(동법 제3조 2항, 제4조) 대통령당선인으로 결정된 때부터 대통령임기개시일 전일까지 상당한 영향력을 실제적으로 가질 수 있다는 점을 고려하면 그 기간 동안의 위헌·위법행위를 탄핵소추사유에서 배제하기는 어렵다.

3) 퇴직 이후[iii)의 문제]   iii)의 문제의 경우, 퇴직 이후 행위는 고위직을 떠난 상황에서 행위이므로 일반적인 형사절차로 해결할 일이어서 탄핵소추사유에 포함되지 않는다. 탄핵소추절차가 시작된 후 소추를 면탈하게 하기 위해 임명권자가 전직(轉職)시킬 경우에는 현직 중의 행위로 보아야 한다는 점을 지적하는 견해가 있다.[4] 행위시점이 재직 중이었던 것이므로 당연히 탄핵소추사유가 되므로 특별히 언급할 필요가 없는 지적이다.

4. 탄핵소추사유 특정의 정도

헌재는 공무원 징계의 경우 징계사유의 특정은 그 대상이 되는 비위사실을 다른 사실과 구별될 정도로 기재하면 충분하므로(대법원 2005.3.24. 2004두14380), 탄핵소추사유도 그 대상 사실을 다른 사실과 명백하게 구분할 수 있을 정도의 구체적 사정이 기재되면 충분하다고 한다(2016헌마1).

5. 탄핵(파면)사유 - 법위반의 중대성

탄핵소추가 되어 이를 심판한 헌재가 위헌·위법행위가 있음을 인정한 경우에 다음 단계로 피청구인을 탄핵(파면)할 것인가에 대해 판단하게 된다. 이 파면 여부 판단 단계에 있어서 위헌·위법이 중대한 위헌·위법성이 있는 경우에만 파면결정을 할 수 있는지 논란되었다. 헌재는 대통령에 대한 파면사유로 법위반의 중대성이 있어야 한다고 본다(후술 탄핵심판절차에 관한 부분 참조).

---

4 권영성, 위의 책, 902면.

Ⅲ. 탄핵소추기관과 탄핵결정기관

현행 우리 헌법은 탄핵의 소추는 국회의 권한으로, 탄핵의 심판과 결정은 헌법재판소의 권한으로 나누어 분장하고 있다. 즉 국회가 소추하면 헌법재판소가 심리하여 탄핵 여부를 결정한다.

Ⅳ. 탄핵소추의 절차 – 국회에서의 탄핵소추절차

1. 탄핵소추발의

(1) 정족수

탄핵소추는 국회 재적의원 3분의 1 이상의 발의가 있어야 하며, 다만, 대통령에 대한 탄핵소추는 국회재적의원 과반수의 발의가 있어야 한다(헌법 제65조 2항).

(2) 발의방식

탄핵소추의 발의에는 소추대상자의 성명·직위와 탄핵소추의 사유·증거, 그 밖에 조사에 참고가 될 만한 자료를 제시하여야 한다(국회법 제130조 3항).

2. 본회의 보고, 법제사법위원회 조사절차

(1) 본회의 보고 및 법사위 조사회부 의결

1) 본회의 보고   탄핵소추가 발의되었을 때에는 의장은 발의된 후 처음 개의하는 본회의에 보고하고, 본회의는 의결로 법제사법위원회에 회부하여 조사하게 할 수 있다(국회법 제130조 1항).

2) 조사, 법제사법위원회 조사의 성격 – 자율권, 재량적 성격   위 국회법 제130조 1항은 위와 같이 본회의는 "법제사법위원회에 회부하여 조사하게 할 수

있다"라고 재량으로 규정하고 있다. 법제사법위원회의 조사절차도 거치지 아니한 채 검찰의 공소장 등만을 증거로 탄핵소추안을 의결한 것은 위법하다고 주장한 데 대해 헌재는 국회의 자율권을 존중하여야 하고 위 국회법 제130조 1항이 법제사법 위원회의 조사회부를 본회의, 국회의 재량으로 규정하고 있다는 점 등을 들어 조사가 반드시 이루어져야 하는 것은 아니라고 본다(2016헌나1).

(2) 법제사법위원회 조사절차

바로 위에서 본 대로 재량사항인데 만약 본회의가 법제사법위원회에 회부하여 조사하도록 의결하면 법제사법위원회가 조사에 들어간다. 즉 본회의의 위 의결로 법제사법위원회가 그 탄핵소추안을 회부받았을 때에는 지체 없이 조사·보고하여야 한다(국회법 제131조 1항). 이 조사에 관하여는 '국정감사 및 조사에 관한 법률'(이하 '국감조법')에 따른 조사의 방법 및 주의의무 규정을 준용한다(국회법 동조 2항). 탄핵소추사건 조사시 국감조법에 따른 주의의무를 위반한 의원에 대해 윤리특별위원회 심사를 거쳐 의결로써 징계할 수 있다(동법 제155조 13호).

3. 토론의 필수성 여부 문제, 적법절차 준수 문제 등

(1) 토론의 필수성 부인

헌재는 탄핵소추의 중대성에 비추어 소추의결을 하기 전에 충분한 찬반토론을 거치는 것이 바람직하나 국회법에 반드시 토론을 거쳐야 한다는 명문 규정은 없고 고의로 토론을 못하게 하거나 방해한 사실은 없어서 그러한 절차적 부적법 주장을 배척하였다(2004헌나1, 2016헌나1).

(2) 혐의사실 불고지, 의견제출 기회 불부여의 적법절차 위배 여부 문제

헌재는 국회가 탄핵소추를 의결하면서 피청구인에게 혐의사실을 알려주지 않고 의견 제출의 기회도 주지 않았으므로 적법절차원칙에 위반된다는 주장에 대해서도 국민의 기본권에 관한 적법절차원칙을 탄핵소추절차에 직접 적용할 수 없고 (2004헌나1, 2016헌마1) 의견제출기회를 주지 않았다고 볼 사정이 없다고(2016헌마1) 하여 주장을 배척하였다(2016헌나1).

4. 탄핵소추의 의결

(1) 표결방식

탄핵사유는 개별 사유별로 독립된 탄핵사유가 되는 것이므로 각각의 탄핵사유에 대하여 별도로 의결절차를 거쳐야 하는데, 국회가 여러 개 탄핵사유 전체에 대하여 일괄하여 의결한 것은 헌법에 위배된다는 주장에 대해 헌재는 의장이 일괄 상정된 것을 분리표결하게 할 권한이 없다고 하여 그 주장을 배척하였다(2016헌나1). * 2004헌나1 결정에서는 그 외 투표의 강제, 투표내역의 공개, 국회의장의 대리투표가 이루어졌다는 주장, 본회의 개의시각이 무단 변경되었다는 주장, 투표의 일방적 종료가 선언되었다는 주장이 있었으나 전부 배척되었다.

(2) 의결정족수

탄핵소추의 의결은 국회 재적의원 과반수의 찬성이 있어야 한다. 다만, 대통령에 대한 탄핵소추는 국회 재적의원 3분의 2 이상의 찬성이 있어야 한다(헌법 제65조 2항).

(3) 법제사법위원회에 회부하기로 의결하지 아니한 경우의 본회의의 표결

위에서 서술한 대로 탄핵소추가 발의되면 의장이 본회의에 보고하고 본회의는 의결로 법제사법위원회에 회부하여 조사하게 할 수 있는데 본회의가 회부하기로 의결하지 아니한 경우에는 본회의에 보고된 때부터 24시간 이후 72시간 이내에 탄핵소추 여부를 무기명투표로 표결한다. 이 기간 내에 표결하지 아니한 탄핵소추안은 폐기된 것으로 본다(국회법 제130조 2항).

(4) 탄핵소추의결의 방식

본회의의 탄핵소추 의결은 소추대상자의 성명·직위 및 탄핵소추의 사유를 표시한 문서("소추의결서")로 하여야 한다(동법 제133조).

5. 탄핵소추의결서의 송달

탄핵소추가 의결되었을 때에는 의장은 지체 없이 소추의결서 정본(正本)을 법제사법위원장인 소추위원에게 송달하고, 그 등본(謄本)을 헌법재판소, 소추된 사람과 그 소속 기관의 장에게 송달한다(동법 제134조 1항).

Ⅴ. 탄핵소추의결의 효과

1. 권한행사(직무)의 정지

(1) 헌법, 헌재법규정

탄핵소추의 의결을 받은 사람은 헌법재판소의 심판이 있을 때까지 그 권한 행사가 정지된다(헌법 제65조 3항, 헌재법 제50조).

(2) 권한행사 정지의 시점(始點)

권한행사가 언제 정지되느냐는 문제도 중요하다. 국회법은 "소추의결서가 송달되었을 때에는 소추된 사람의 권한 행사는 정지되며"라고 규정하고 있다(국회법 제134조 2항). '송달되었을 때'라고 규정하고 있으므로 소추의결시가 아니라 송달시점부터 직무가 정지된다.

> * 반면 헌법재판소가 기각결정을 하여 직무복귀가 이루어질 때에는 헌재결정이 송달된 시점이 아니라 헌재의 결정이 있는 시점부터라고 볼 것이다.

2. 사직원 접수, 해임의 금지

임명권자는 소추된 사람의 사직원을 접수하거나 소추된 사람을 해임할 수 없다(국회법 제134조 2항). 이는 파면보다 사직이나 해임이 유리한데[다시 공무원이 될 수 있는 연한이 파면의 경우 5년, 해임의 경우 3년인 점(국가공무원법 제33조 1항 7호 · 8호 참조), 파면의 경우 퇴직급여나 퇴직수당의 감액이 있는 점(공무원연금법 제65조 1항 2호 참조) 등에서 차이가 있다], 탄핵결정이 있게 되면 파면되므로 미리 사직, 해임을 함으로써 탄핵을 통한 파면을 피하려는 것을 방지하기 위한 것이다. 헌재법은 "피청구인이 결정 선고 전에 해당 공직에서 파면되었을 때에는 헌법재판소는 심판청구를 기각하여야 한다"라고 규정하고 있어서(헌재법 제53조 2항) 파면은 가능한 것으로 해석된다.

3. 탄핵소추 철회의 가능성

2004년 대통령에 대한 탄핵소추의결이 있고 그 의결의 철회가 가능한지가 논의되기도 하였다. 이에 대해서는 명시적인 규정이 없긴 하나 국회의 자율성을 고려하여 긍정설이 타당하다고 본다(형사소송법의 규정을 준용하여 가능하다는 견해가 있으나 탄핵소추는 형사소추가 아니라 징계요구의 성격을 가진다는 점에서 잘못된 견해이다). 다만, 그 철회의 의결에는 적어도 소추의결정족수를 능가하는 찬성으로 철회가 가능하다고 보는 것이 논리적이다.

Ⅵ. 헌법재판소에서의 탄핵심판절차

1. 법규정, 심판규칙 규정

헌재에서의 탄핵심판절차에 대해서는 헌재법 자체에 규정도 있고 이를 보다 구체화하는 헌재 심판규칙(제57조~제64조)에도 규정되어 있기도 하다.

2. 재판부

(1) 전원재판부에 의한 심판

탄핵심판도 9명의 재판관으로 구성되는 전원재판부에서만 담당한다(지정재판부는 헌법소원심판에만 적용되므로 탄핵심판에서는 적용이 안된다). 재판관에 대한 제척·기피·

회피제도도 탄핵심판에도 마찬가지로 적용된다.

(2) 8인 재판부에 의한 심판

대통령에 대한 두 번째 탄핵심판사건에서 헌법재판소장의 임기가 만료되어 퇴임하고 후임이 선출되지 않아 8인으로 탄핵심판이 진행되자 피청구인은, 현재 헌법재판관 1인이 결원된 상태여서 헌법재판소법 제23조에 따라 사건을 심리할 수는 있지만 8인의 재판관만으로는 탄핵심판 여부에 대한 결정을 할 수 없고, 8인의 재판관이 결정을 하는 것은 피청구인의 '9인으로 구성된 재판부로부터 공정한 재판을 받을 권리'를 침해하는 것이라고 주장하였다. 이 문제는 대통령이 탄핵소추되어 국무총리가 권한대행을 하고 있어 그 대행범위의 논란이 있는 등 '심각한 헌정위기 상황' 속에서 권한대행이 헌재소장을 임명할 수 있는가 하는 쟁점이 함께 자리잡고 있는 문제이기도 하였다(이 문제에 대해서는 정재황, 헌법학, 박영사 2021, 1715-1716면도 참조). 헌재는 "대통령 권한대행이 헌법재판소장을 임명할 수 없다는 견해를 따르면 헌법재판소장의 임기 만료로 발생한 현재의 재판관 공석 상태를 종결하고 9인 재판부를 완성할 수 있는 방법도 없다"라는 점을 먼저 지적하였다. 그리고 헌재는 1인이 결원이 되어 8인의 재판관으로 재판부가 구성되더라도 탄핵심판을 심리하고 결정하는 데 헌법과 법률상 아무런 문제가 없고, 새로운 헌법재판소장 임명을 기다리며 현재의 헌정위기 상황을 방치할 수 없는 현실적 제약, 결원 상태인 1인의 재판관은 사실상 탄핵에 찬성하지 않는 의견을 표명한 것과 같은 결과를 가져오므로, 오히려 피청구인에게 유리하게 작용할 것이라는 점에서 피청구인의 공정한 재판받을 권리가 침해된다고 보기도 어렵다고 하여 그 주장을 받아들이지 않았다(2016헌나1).

3. 청구인과 피청구인, 소추위원

(1) 청구인과 피청구인

대통령에 대한 두 번의 탄핵심판사건에서 그 첫 번째 탄핵심판사건의 결정문에서 헌재는 청구인을 '국회'로 표시하였다가 두 번째 탄핵심판사건의 결정문에서

는 '국회소추위원 국회 법제사법위원회 위원장'이라고 표시되어 있다. 헌재법 제49
조 2항이 "소추위원은 … 탄핵심판을 청구하며"라고 하므로 헌재법 문언상으로는
소추위원이 청구인이 된다고 볼 것이다. 그러나 헌법은 "국회는 탄핵의 소추를 의
결할 수 있다"라고 규정하고 있으므로(헌법 제65조 1항) 탄핵소추를 의결한 국회가
소추를 한다고 보고 소추위원은 국회를 대표하는 것으로 보는 것이 타당하겠다.
피청구인은 피소추를 받는 사람임은 물론이다. 변호사대리강제주의가 적용되는지
검토되어야 한다. 그동안 대통령에 대한 두 번의 탄핵심판에서는 변호사가 대리하
여 문제가 제기되지는 않았다(이에 대한 검토로, 제2장 제3절, Ⅱ, 변호사대리강제주의, 헌법재
판론, 1589면 참조).

(2) 소추위원

소추위원은 국회법제사법위원회의 위원장이 된다(헌재법 제49조 1항). 소추위원은
헌법재판소에 탄핵심판을 청구하며, 심판의 변론에서 피청구인을 신문할 수 있는
권한 등을 가진다(헌재법 제49조 2항).

4. 심판청구

(1) 청구

소추위원은 헌법재판소에 소추의결서의 정본을 제출하여 탄핵심판을 청구한다
(헌재법 제49조 2항).

(2) 청구서

탄핵심판에서는 국회의 소추의결서(訴追議決書)의 정본(正本)으로 청구서를 갈음
한다(헌재법 제26조 1항 단서). 청구서에는 필요한 증거서류 또는 참고자료를 첨부할
수 있다(헌재법 동조 2항).

5. 심판절차의 정지

피청구인에 대한 탄핵심판 청구와 동일한 사유로 형사소송이 진행되고 있는 경우에는 재판부는 심판절차를 정지할 수 있다(헌재법 제51조).

6. 심리

(1) 심리의 범위

1) 위헌·위법 여부 및 파면결정선고 여부   헌재는 두 번의 대통령에 대한 탄핵심판사건에서 "이 사건 심판의 대상은 대통령이 직무집행에 있어서 헌법이나 법률에 위반했는지의 여부 및 대통령에 대한 파면결정을 선고할 것인지의 여부이다"라고 밝힌 바 있다(2004헌나1, 2016헌나1).

2) 소추의결서 기재 소추사유에의 헌재의 구속   헌재는 "헌법재판소는 사법기관으로서 원칙적으로 탄핵소추기관인 국회의 탄핵소추의결서에 기재된 소추사유에 의하여 구속을 받는다. 따라서 헌법재판소는 탄핵소추의결서에 기재되지 아니한 소추사유를 판단의 대상으로 삼을 수 없다"라고 한다(2004헌나1, 2016헌나1).

3) 임의적 추가·변경의 불허 – 판단대상 제외   소추위원이 소추의결서에 기재되지 아니한 새로운 사실을 탄핵심판절차에서 임의로 추가하는 것은 허용되지 아니한다(2004헌나1). 즉 국회가 탄핵심판을 청구한 뒤 별도의 의결절차 없이 소추사유를 추가하거나 기존의 소추사유와 동일성이 인정되지 않는 정도로 소추사유를 변경하는 것은 허용되지 아니한다(2016헌나1). 따라서 추가, 변경된 것은 판단대상이 되지 아니한다.

4) 위반된 법규정에 대한 직권판단   그러나 헌재는 "탄핵소추의결서에서 그 위반을 주장하는 '법규정의 판단'에 관하여 헌법재판소는 원칙적으로 구속을 받지 않으므로, 청구인이 그 위반을 주장한 법규정 외에 다른 관련 법규정에 근거하여 탄핵의 원인이 된 사실관계를 판단할 수 있다. 또한, 헌재는 소추사유의 판단에 있어서 국회의 탄핵소추의결서에서 분류된 소추사유의 체계에 의하여 구속

을 받지 않으므로, 소추사유를 어떠한 연관관계에서 법적으로 고려할 것인가의 문제는 전적으로 헌법재판소의 판단에 달려있다"라고 한다(2004헌나1, 2016헌나1).

5) 소추사유 사실의 특정 – 특정인지 여부의 판단 기준   ⅰ) 특정 여부 판단 기준 – 이에 대해 헌재는 "헌법은 물론 형사법이 아닌 법률의 규정이 형사법과 같은 구체성과 명확성을 가지지 않은 경우가 많으므로 탄핵소추사유를 형사소송법상 공소사실과 같이 특정하도록 요구할 수는 없고, 소추의결서에는 피청구인이 방어권을 행사할 수 있고 헌법재판소가 심판대상을 확정할 수 있을 정도로 사실관계를 구체적으로 기재하면 된다고 보아야 한다"라고 한다(2016헌나1). 헌재가 그렇게 보는 그 이유의 취지는 "탄핵심판절차는 형사절차나 일반 징계절차와는 성격을 달리 한다. 헌법 제65조 1항이 정하고 있는 탄핵소추사유는 '공무원이 그 직무집행에 있어서 헌법이나 법률을 위배한' 사실이고, 여기에서 법률은 형사법에 한정되지 아니하기"(2016헌나1) 때문이라고 이해된다. ⅱ) 실제례: 2016헌마1([판시] 소추사유로 기재된 사실관계는 법률 위배행위 부분과 함께 보면 다른 소추사유와 명백하게 구분할 수 있을 정도로 충분히 구체적으로 기재되어 있다. … 이미 변론준비기일에 양 당사자가 소추사유의 유형별 정리에 합의하고 15차례에 걸쳐 변론을 진행해 온 점 등에 비추어 볼 때 소추사유가 특정되지 않았다는 피청구인의 주장은 받아들일 수 없다).

(2) 심리정족수

정족수 재판부는 재판관 7명 이상의 출석으로 탄핵심판사건을 심리한다(심리정족수, 동법 제23조 1항).

(3) 심리의 절차와 방식

1) 원칙 – 구두변론   탄핵심판은 구두변론(口頭辯論)에 의한다(헌재법 제30조 1항). 재판부가 변론을 열 때에는 기일을 정하여 당사자와 관계인을 소환하여야 한다(헌재법 제30조 3항).

2) 변론   변론기일은 사건과 당사자의 이름을 부름으로써 시작하여 소추위원은 먼저 소추의결서를 낭독하여야 한다(심판 규칙 제59조, 제60조).

재판장은 피청구인에게 소추에 대한 의견을 진술할 기회를 주어야 한다(심판 규칙 제61조). 소추위원 또는 피청구인은 증거로 제출된 서류나 물건 등을 증거로 하는 것에 동의하는지 여부에 관한 의견을 진술하여야 한다(심판 규칙 제62조).

소추위원은 심판의 변론에서 피청구인을 신문할 수 있다(헌재법 제49조 2항). 재판장은 피청구인이 변론기일에 출석한 경우 피청구인을 신문하거나 소추위원과 그 대리인 또는 피청구인의 대리인으로 하여금 신문하게 할 수 있고, 피청구인은 진술하지 아니하거나 개개의 질문에 대하여 진술을 거부할 수 있다(심판 규칙 제62조의2 1항·2항). 재판장은 피청구인에 대한 신문 전에 피청구인에게 제2항과 같이 진술을 거부할 수 있음을 고지하여야 한다(심판 규칙 동조 3항). 소추위원은 탄핵소추에 관하여 최종 의견을 진술할 수 있고(다만, 소추위원이 출석하지 아니한 경우에는 소추의결서 정본의 기재사항에 의하여 의견을 진술한 것으로 본다), 재판장은 피청구인에게 최종 의견을 진술할 기회를 주어야 한다(심판 규칙 제63조 1항·2항).

3) 당사자의 불출석 　　　당사자가 변론기일에 출석하지 아니하면 다시 기일을 정하여야 하고, 다시 정한 기일에도 당사자가 출석하지 아니하면 그의 출석 없이 심리할 수 있다(헌재법 제52조). 당사자가 출석하지 아니한 경우에도 종국결정을 선고할 수 있다(심판 규칙 제64조).

(4) 증거조사 등

재판부는 사건의 심리를 위하여 필요하다고 인정하는 경우에는 직권 또는 당사자의 신청에 의하여 1. 당사자 또는 증인을 신문(訊問)하는 일, 2. 당사자 또는 관계인이 소지하는 문서·장부·물건 또는 그 밖의 증거자료의 제출을 요구하고 영치(領置)하는 일, 3. 특별한 학식과 경험을 가진 자에게 감정을 명하는 일, 4. 필요한 물건·사람·장소 또는 그 밖의 사물의 성상(性狀)이나 상황을 검증하는 일의 증거조사를 할 수 있다(헌재법 제31조 1항). 재판장은 필요하다고 인정하는 경우에는 재판관 중 1명을 지정하여 위의 증거조사를 하게 할 수 있다(헌재법 동조 2항).

재판부는 결정으로 다른 국가기관 또는 공공단체의 기관에 심판에 필요한 사실을 조회하거나, 기록의 송부나 자료의 제출을 요구할 수 있다. 다만, 재판·소추 또는 범죄수사가 진행 중인 사건의 기록에 대하여는 송부를 요구할 수 없다(헌재법 제32조).

7. 다른 법령의 준용

(1) 준용대상 법령

헌법재판소의 심판절차에 관하여는 헌재법에 특별한 규정이 있는 경우를 제외하고는 헌법재판의 성질에 반하지 아니하는 한도에서 민사소송에 관한 법령을 준용한다. 이 경우 탄핵심판의 경우에는 형사소송에 관한 법령을 준용한다(헌재법 제40조 1항). 이 경우에 형사소송에 관한 법령이 민사소송에 관한 법령에 저촉될 때에는 민사소송에 관한 법령은 준용하지 아니한다(헌재법 제40조 2항).

(2) 준용의 조건

따라서 그 준용의 조건은 헌재법에 탄핵심판절차에 관한 특별한 규정이 없는 경우여야 하고 탄핵심판의 성질에 반하지 않아야 한다.

Ⅶ. 헌법재판소 탄핵심판 결정

1. 탄핵심판결정의 정족수, 탄핵(파면)결정의 정족수

재판부는 재판관 7명 이상의 출석으로 탄핵심판사건을 심리하므로(심판정족수, 동법 제23조 1항). 탄핵심판사건의 결정에는 재판관 7명 이상이 참여하면 된다. 8인의 재판관에 의한 탄핵심판이 9인으로 구성된 재판부로부터 '공정한 재판을 받을 권리'를 침해하는 것이라는 주장이 있었고 이 주장이 탄핵결정의 정족수 문제에 맞물려 있다. 헌재는 그 주장을 배척하였다. 이에 대해서는 앞에서 살펴보았다.

탄핵(파면)결정, 즉 탄핵심판청구가 이유 있다는 결정에는 가중정족수, 즉 재판관 6인 이상의 찬성이 있어야 한다(헌법 제113조 1항, 헌재법 제23조 2항 1호).

2. 탄핵심판결정의 유형

탄핵심판의 결정유형(형식)에는 ① 각하결정(탄핵소추의 요건을 갖추지 못한 경우), ② 본안결정 – 탄핵소추의 요건을 갖추어 본안판단(직무집행위에 위헌·위법의 사유가 있는지 여부에 대한 본안 문제를 판단)하여 내리는 결정으로 이 결정에는 ㉠ 청구가 이유가 있는 경우, 즉 직무집행행위가 위헌·위법이고 파면할 사유가 있어서 피청구인을 해당 공직에서 파면하는 결정(헌재법 제53조 1항), ㉡ 기각결정(파면의 사유가 없을 경우와 결정선고 전에 해당 공직에서 파면되었을 때(동법 동조 2항) 등이 있다. 이하에서 각각 살펴본다.

3. 각하결정

탄핵소추가 요건을 갖추지 못한 경우에 내리는 결정이다.

4. 탄핵(파면)결정

피소추자의 공직자로서 행한 직무집행에 헌법 또는 법률에 반하고 그 위헌·위법의 직무집행행위가 파면을 할 사유에 해당된다고 판단될 때 내리는 결정이다.

(1) 주문

탄핵심판청구가 이유 있는 때에는 헌법재판소는 피청구인을 당해 공직에서 파면하는 결정을 선고한다(헌재법 제53조 1항). 주문은 피청구인 공직명을 먼저, 그 다음 자연인의 성명을 기재한 뒤 그를 파면한다는 문구를 기재한다.

*****부 장관 ○○○을 파면한다.

(2) 탄핵(파면)사유 – 판례의 입장을 중심으로

탄핵(파면)결정의 사유, 즉 피청구인을 해당 공직에서 파면하는 결정을 하기 위한 사유가 문제된다. 헌법 제65조 1항은 "헌법이나 법률을 위배한 때에는 국회는 탄핵의 소추를 의결할 수 있다"라고만 규정하고 있고, 헌재법은 제53조 1항이 "탄핵심판청구가 이유 있는 때에는 헌재는 피청구인을 당해 공직에서 파면하는 결정을 선고한다"라고 규정하고 있다.

1) 문제제기　　　　이 문제는 위헌·위법성이 인정되면 바로 파면결정을 하여야 하는 것인지 아니면 더 나아가 파면을 위한 또 다른 요건이 요구되느냐 하는 문제이다. 헌재는 위헌·위법사유가 있다고 하여 바로 파면사유가 인정되는 것이 아니라 법위반의 중대성을 기준으로 잡고 있다. 이하 헌재의 판례이론을 살펴본다.

2) 법위반의 중대성

(가) 학설　　　　이에 대해서는 학설은 대립되고 있다. ① 부정설 - 헌법이 "헌법이나 법률을 위배한 때"라고만 규정하고 있지 그 중대성을 요건으로 하지 않고 법위반시 그 직을 그만두게 하겠다는 탄핵제도의 취지에 따라 중대성 여부와 무관하게 법위반 사실이 입증된 이상에는 그 직을 떠나게 하여야 하므로 중대성 여부를 요건을 하지 않는다는 견해이다. ② 긍정설 - 탄핵소추에 이르기도 어렵고 중대하지 않은 법위반인데도 파면 아닌 다른 종류의 징계(해임, 정직 등)의 여지도 전혀 주지 않고 무조건 파면에 이르게 하는 것은 비례적이지 않고 그 경우에는 탄핵이 아닌 일반적인 징계절차에 의할 수도 있으므로 헌법을 엄격해석하여 중대한 법위반이 있는 경우에 파면되게 하여야 한다는 견해이다. ③ 개별설 - 탄핵대상자의 직위나 수행직무의 성격 등을 고려하여 개별적으로 중대성 요건을 부여할 것인지를 결정하여야 한다는 견해이다. 당장 대통령의 경우에는 다른 탄핵대상자들보다 의결정족수가 가중되어 있는데 그 점을 보더라도, 그리고 대통령 직무의 중요성을 보더라도 중대한 법위반이 있는 경우에 파면되도록 하여야 한다는 견해이다.

(나) 판례　　　　헌재는 헌재법 제53조 1항을 "헌법 제65조 1항의 탄핵사유가 인정되는 모든 경우에 자동적으로 파면결정을 하도록 규정하고 있는 것으로 문리적으로 해석할 수 있으나, 직무행위로 인한 모든 사소한 법위반을 이유로 파면을 해야 한다면, 이는 피청구인의 책임에 상응하는 헌법적 징벌의 요청, 즉 법익형량의 원칙에 위반된다. 따라서 헌법재판소법 제53조 1항의 '탄핵심판청구가 이유 있는 때'란, 모든 법위반의 경우가 아니라, 단지 공직자의 파면을 정당화할 정도로

'중대한' 법위반의 경우를 말한다"라고 하여(2004헌나1. * '동지: 2016헌나1) 파면사유로서 중대성이 있어야 한다고 본다. 그런데 이어 '나. '법위반의 중대성'에 관한 판단 기준'이라는 제목의 판시에서 헌재는 "대통령을 제외한 다른 공직자의 경우에는 파면결정으로 인한 효과가 일반적으로 적기 때문에 상대적으로 경미한 법위반행위에 의해서도 파면이 정당화될 가능성이 큰 반면, 대통령의 경우에는 파면결정의 효과가 지대하기 때문에 파면결정을 하기 위해서는 이를 압도할 수 있는 중대한 법위반이 존재해야 한다"라고 판시한다(2004헌나1). 이러한 판시는 대통령 외 대상자의 경우 경미한 법위반도 사유가 되는 것으로 이해하게 하는 것인지 혼란스럽게 하는 것으로서 헌재의 입장을 충분히 명확하게 알 수 없게 한다.

(다) 사견   생각건대 ① 우리나라의 탄핵제도가 헌법재판소에 의한 최종 심판이 이루어지는 사법형이어서 정치적 기관에 의한 정치적 신분박탈이 아니므로 보다 신중한 파면결정이 요구된다는 점, ② 논리적으로 파면사유가 탄핵소추사유보다 좁혀져야 한다는 견해도 있는 점, ③ 탄핵결정이 나면 파면이라는 징계만이 부과되고 위법의 정도에 상응하는 적절한 중간의 징계들이 없다는 점 등을 고려할 때 중대성을 요건으로 한다는 견해가 타당한 것으로 일응 이해가 되긴 한다. 아래에서 더 나아가 다루겠지만 공직의 중요도에 따라 그 중요성이 달라진다고 보는 것이 형평성에 맞다.

3) '법위반의 중대성'에 관한 판단 기준 – 형량   탄핵사유로서의 중대성 여부에 대한 판단 기준은 어떠한지가 문제된다. 헌재는 법익형량을 통하여 판별된다는 입장이다. 즉 "'법위반이 중대한지' 또는 '파면이 정당화되는지'의 여부는 그 자체로서 인식될 수 없는 것이므로, 결국 파면결정을 할 것인지의 여부는 공직자의 '법위반 행위의 중대성'과 '파면결정으로 인한 효과' 사이의 법익형량을 통하여 결정된다고 할 것이다. 그런데 탄핵심판절차가 헌법의 수호와 유지를 그 본질로하고 있다는 점에서, '법위반의 중대성'이란 '헌법질서의 수호의 관점에서의 중대성'을 의미하는 것이다. 따라서 한편으로는 '법위반이 어느 정도로 헌법질서에 부정적 영향이나 해악을 미치는지의 관점'과 다른 한편으로는 '피청구인을 파면하는 경우 초래되는 효과'를 서로 형량하여 탄핵심판청구가 이유 있는지의 여부, 즉 파면여부를 결정해야 한다"라고 한다(2004헌나1).

4) 탄핵대상자에 따른 중대성의 차이 문제 – 대통령의 경우

헌재판례는 대통령의 경우 다른 탄핵대상 공직자에 비해 보다 더 중대한 사유가 있어야 한다고 본다. 즉 "대통령은 국가의 원수이자 행정부의 수반이라는 막중한 지위에 있고 (헌법 제66조), 국민의 선거에 의하여 선출되어 직접적인 민주적 정당성을 부여받은 대의기관이라는 점에서(헌법 제67조) 다른 탄핵대상 공무원과는 그 정치적 기능과 비중에 있어서 본질적인 차이가 있으며, 이러한 차이는 '파면의 효과'에 있어서도 근본적인 차이로 나타난다"라고 보고 "대통령에 대한 파면효과가 이와 같이 중대하다면, 파면결정을 정당화하는 사유도 이에 상응하는 중대성을 가져야 한다"라고 본다(2004헌나1, 2016헌나1).

5) 대통령에 대한 중대성 기준

위 기준에 따라 대통령에 대한 파면을 정당화할 정도의 중대성의 기준은 보다 구체적으로 어떠한가가 나아가 문제된다. 헌재는 그 기준으로 ① 헌법을 수호하고 손상된 헌법질서를 다시 회복하는 것이 요청될 정도로 대통령의 법위반행위가 헌법수호의 관점에서 중대한 의미를 가지는지, ② 법위반행위를 통하여 국민의 신임을 저버린 경우인지를 두고 판단하였다 (2004헌나1, 2016헌나1).

5. 기각결정

이 사건 심판청구를 기각한다.

사유는 두 가지이다. ① 탄핵심판청구가 이유 없을 때에는 기각결정을 한다. * 결정례: 노무현 대통령에 대한 기각결정이 그 실제례이다(2004헌나1). ② 피청구인이 결정선고 전에 당해 공직에서 파면된 때에는 헌법재판소는 심판청구를 기각하여야 한다(헌재법 제53조 2항).

6. 소수의견의 표기

　지금은 해결되었지만 탄핵심판의 결정서에 소수의견을 표시하는 문제가 2004년 대통령에 대한 탄핵심판결정에서 재판관의 소수의견이 없이 선고되었기에 논란되었다. 대통령에 대한 첫 번째 탄핵심판사건에서는 당시 헌재법 제36조 3항은 "법률의 위헌심판, 권한쟁의심판 및 헌법소원심판에 관여한 재판관은 결정서에 의견을 표시하여야 한다"라고 규정하고 있었는데 이 규정에서 탄핵심판이 빠져있다는 점을 들어 소수의견의 표기가 금지된다는 견해가 있었다. 그러나 위헌법률심판, 권한쟁의심판, 헌법소원심판 외의 심판에서 소수의견을 표기하는 것이 금지됨을 의미하지는 않았다. 헌재는 헌재법 제34조 1항에 의하면 헌법재판소 심판의 변론과 결정의 선고는 공개하여야 하지만, 평의는 공개하지 아니하도록 되어 있다. 이때 헌법재판소 재판관들의 평의를 공개하지 않는다는 의미는 평의의 경과뿐만 아니라 재판관 개개인의 개별적 의견 및 그 의견의 수 등을 공개하지 않는다는 뜻이다. 그러므로 "개별 재판관의 의견을 결정문에 표시하기 위해서는 이와 같은 평의의 비밀에 대해 예외를 인정하는 특별규정이 있어야만 가능하다. 그런데 법률의 위헌심판, 권한쟁의심판, 헌법소원심판에 대해서는 평의의 비밀에 관한 예외를 인정하는 특별규정이 헌법재판소법 제36조 3항에 있으나, 탄핵심판에 관해서는 평의의 비밀에 대한 예외를 인정하는 법률규정이 없다. 따라서 이 탄핵심판사건에 관해서도 재판관 개개인의 개별적 의견 및 그 의견의 수 등을 결정문에 표시할 수는 없다"라고 그 이유를 밝히고 있었다(2004헌나1. * 이와 달리 "탄핵심판에 있어 의견을 표시할지 여부는 관여한 재판관의 재량판단에 맡기는 의미로" 보아 반대하는 의견이 있었음을 법정의견이 밝히고 있다). 그러나 이에 대해서는 비판이 강하게 제기됨에 따라 국회에서 위 결정 직후에 이 조항을 개정하여 헌재법 제36조 3항이 그러한 3가지 심판을 거론하지 않고 "심판에 관여한 재판관은 결정서에 의견을 표시하여야 한다"라고 규정하여 오늘에 이르고 있다. 여하튼 탄핵심판 결정서에 소수 재판관 의견을 수록하지 않는다는 의견은 정당성을 더더욱 가지지 못하게 되었으며 이제 탄핵심판에서도 소수의견을 밝혀야 함이 명백히 되었고 그리하여야 한다.

7. 우리나라 탄핵심판결정의 실제례

(1) 대통령에 대한 탄핵심판결정의 실제례 – 기각결정, 인용결정의 예

실제 우리나라에서 그동안 탄핵심판결정례들이 있었고 그 예들로 바로 대통령에 대한 2건의 탄핵심판결정이 있었는데 그중 하나는 기각결정이었고 다른 하나는 탄핵(파면, 인용)결정이었다.

1) 2004년 기각결정 우리나라의 헌법사상, 헌정사상 처음으로 대통령에 대한 탄핵소추가 의결되었고 그리하여 헌법재판소에 의한 탄핵심판결정도 응당 최초로 그것도 대통령에 대한 결정으로서 있었다. 헌재는 노무현대통령에 대한 탄핵심판에서 심리결과 일부의 위헌적 사실을, 즉 선거에서의 '공무원의 중립의무'에 위반한 사실, 중앙선거관리위원회의 선거법 위반결정에 대하여 유감을 표명하고 현행선거법을 폄하하는 발언을 한 사실, 재신임 국민투표를 제안한 사실이 위헌임을 인정하였다. 그러나 헌법재판소는 탄핵(파면)결정에는 중대한 법위반의 사유가 있어야 하는데 위와 같은 사실들은 위헌이긴 하나 대통령의 탄핵(파면)을 정당화할 중대한 법위반 사유라고 볼 수 없다고 판단하여 결국 심판청구를 기각하는 결정을 하였다(2004헌나1).

2) 2017년 탄핵(파면, 인용)결정 박근혜대통령에 대한 탄핵심판에서는 법위배의 중대성이 인정되어 파면결정이 내려졌다. 헌재는 (1) 사인의 국정개입 허용과 대통령 권한 남용 여부, (2) 공무원 임면권 남용 여부, (3) 언론의 자유 침해 여부, (4) 생명권 보호의무 등 위반 여부로 나누어 판단하였는데 (1)에 대해서는 위법행위로서 받아들일 수 있는 소추사유로 보았고 (2)와 (3)은 받아들일 수 없는 소추사유이고 (4)는 소추사유가 될 수 없다고 보았다. 결국 (1)만 소추사유로 보았다. (1)에 대한 평가로 1) 공익실현의무 위반(헌법 제7조 1항 등 위반), 2) 기업의 자유와 재산권 침해(헌법 제15조, 제23조 1항 등 위반), 3) 비밀엄수의무 위배를 인정하였다. 결국 헌재는 피청구인을 파면할 것인지 여부에 대해 이 "헌법과 법률 위배행위는 국민의 신임을 배반한 행위로서 헌법수호의 관점에서 용납될 수 없는 중대한 법 위배행위라고 보아야 한다. 그렇다면 피청구인의 법 위배행위가 헌법질서에 미치게 된 부정적 영향과 파급 효과가 중대하므로, 국민으로부터 직접 민주적 정

당성을 부여받은 피청구인을 파면함으로써 얻는 헌법수호의 이익이 대통령 파면에 따르는 국가적 손실을 압도할 정도로 크다고 인정된다"라고 파면결정을 하였다. 아래가 그 결정요지(요약함)이다.

📖 **판례** 헌재 2017.3.10. 2016헌나1

[결정요지] 피청구인은 최〇원에게 공무상 비밀이 포함된 국정에 관한 문건을 전달했고, 공직자가 아닌 최〇원의 의견을 비밀리에 국정 운영에 반영하였다. 피청구인의 이러한 위법행위는 피청구인이 대통령으로 취임한 때부터 3년 이상 지속되었다. 피청구인은 국민으로부터 위임받은 권한을 사적 용도로 남용하여 적극적·반복적으로 최〇원의 사익 추구를 도와주었고, 그 과정에서 대통령의 지위를 이용하거나 국가의 기관과 조직을 동원하였다는 점에서 법 위반의 정도가 매우 중하다. 대통령은 공무 수행을 투명하게 공개하여 국민의 평가를 받아야 한다. 그런데 피청구인은 최〇원의 국정 개입을 허용하면서 이 사실을 철저히 비밀에 부쳤고, 그에 관한 의혹이 제기될 때마다 이를 부인하며 의혹 제기 행위만을 비난하였다. 따라서 권력분립원리에 따른 국회 등 헌법기관에 의한 견제나 언론 등 민간에 의한 감시 장치가 제대로 작동될 수 없었다. 이와 같은 피청구인의 일련의 행위는 대의민주제의 원리와 법치주의의 정신을 훼손한 것으로서 대통령으로서의 공익실현의무를 중대하게 위반한 것이다. 결국 피청구인의 이 사건 헌법과 법률 위배행위는 국민의 신임을 배반한 행위로서 헌법수호의 관점에서 용납될 수 없는 중대한 법 위배행위라고 보아야 한다. 그렇다면 피청구인의 법 위배행위가 헌법질서에 미치게 된 부정적 영향과 파급 효과가 중대하므로, 피청구인을 파면함으로써 얻는 헌법수호의 이익이 대통령 파면에 따르는 국가적 손실을 압도할 정도로 크다고 인정된다.

(2) 법관에 대한 탄핵심판의 예

재판개입 등을 이유로 한 현직 법관에 대한 탄핵소추가 2021년 2월 4일에 국회에서 의결되어 헌재의 심판대상이 되었다.

Ⅷ. 탄핵심판결정의 효력

1. 탄핵(파면)결정의 효력

(1) 파면

파면하는 결정인 탄핵결정은 공직파면으로 그친다. 파면이란 그 직에서 강제적으로 물러나게 하는 처분을 말한다.

(2) 민사상·형사상 책임의 비면제

그러나 피청구인의 민사상 또는 형사상의 책임을 면제하지 아니한다(제65조 4항, 헌재법 제54조 1항).

(3) 공무 복귀 제한, 자격의 제한·박탈

탄핵결정에 의하여 파면된 사람은 결정선고가 있은 날부터 5년을 지나지 아니하면 공무원이 될 수 없다(헌재법 제54조 2항). 5년을 경과하지 아니하면 공무원이 될 수 없다는 헌재법의 이 제54조 2항이 공무담임권의 박탈로 위헌이라는 견해와 이러한 정도의 제한조치도 없다면 탄핵제도가 무의미하게 된다고 보아 합헌이라고 보는 견해가 있다. 이 조항을 합헌으로 보면서 오히려 "5년 후에는 공무원이 될 수 있다는 것을 의미하기도 하므로 국민의 법감정과 맞지 않을 수조차 있을 것"이라는 지적5이 있다. 또한 이와 같은 "시한부공직취임제한규정은 탄핵제도의 본질상 불가피한 것으로 헌법을 규범조화적으로 이해하는 경우 그 위헌의 문제가 제기될 수 없다"는 견해6도 있다.

공무원자격 외에도 전문자격이 개별법률로 제한, 또는 박탈되기도 한다. 즉 탄핵으로 파면된 후 일정기간이 지나야 전문자격을 가질 수 있는 경우가 있다. 예를 들어 변호사법에는 탄핵에 의하여 파면된 후 5년이 지나지 아니한 자는 변호사가 될 수 없다고 제한하고 있다(동법 제5조 4호). 회계사법에도 그런 규정을 두고 있다(동법 제4조 6호). 외국법자문사에 대해서도 마찬가지로 규정되어 있다(외국법자문사법 제5조 4호). 세무사법은 탄핵으로 그 직에서 파면된 사람으로서 3년이 지나지 아니한 사람은 등록을 할 수 없고 세무대리를 할 수 없도록 하고 있다(동법 제4조 4호). 해당 자격을 아예 가지지 못하도록 규정된 경우도 있다. 예를 들어 변리사의 경우가 그러하다(변리사법 제4조 5호 가목).

(4) 사면의 금지

탄핵결정 이후 사면이 가능한가에 대하여 부정하는 견해가 일반적이다.

---

5 김철수, 앞의 책, 1335면.
6 허영, 앞의 책, 814면.

(5) 대통령의 경우 – 예우 박탈

전직대통령이 재직 중 탄핵결정을 받아 퇴임한 경우에는 필요한 기간의 경호 및 경비를 제외하고는 '전직대통령 예우에 관한 법률'에 따른 전직대통령으로서의 예우를 하지 아니한다(동법 제7조 2항).

(6) 연금의 제한

탄핵에 의하여 파면된 경우에 퇴직급여 및 퇴직수당의 일부를 감액하여 지급한다(공무원연금법 제64조 1항 2호).

2. 기각결정의 효력

기각결정은 직무정지를 종료시킨다. 직무정지에서 직무로 복귀되는 시점은 헌재의 결정이 있는 때이고 헌재결정이 송달된 시점이 아니라고 볼 것이다.

정당해산심판

07

정당해산심판

제1절 서설 – 일반론 – 정당해산심판제도의 의의와 기능

[정당제도의 기능] 오늘날 정당이 국민의 정치적 의사를 결집하고 이를 정책에 반영하는 등 민주정치에 필수적이면서 중심적 단체로서 정당제도가 민주주의의 핵심제도임을 아무도 부정하지 않는다. 이러한 정당에 대한 강한 보호가 이러한 중요성에서 나온다. 그러나 정당이 가지는 강력한 영향력에 이에 대한 책임도 부과하고 있다.

[정당해산심판제도의 기능과 의의] 우리 헌법은 정당의 목적이나 활동이 민주적 기본질서에 위배될 때에는 정부는 헌법재판소에 그 해산을 제소할 수 있고, 정당은 헌법재판소의 심판에 의하여 해산되도록 하여 이른바 방어적 민주주의의 입장에서 위헌적인 활동을 행한 정당을 해산시킬 수 있는 제도를 마련하고 있다(헌법 제8조 4항). 정당해산심판제도는 조직화된 정당의 헌법위반행위로부터 헌법을 보호하기 위한 것이다. 정당이 다른 결사, 단체와 달리 헌법재판소의 심판에 의해서만 강제해산되도록 규정하고 있는 것은 그만큼 강제해산을 엄격히 한다는 뜻이므로 이러한 해산제도는 정당의 특권을 의미하는 것이기도 하다. 정당의 해산에는 자진해산도 있는데 여기서의 해산은 심판에 의한 것으로 물론 강제해산을 의미한다.

제 2 절   한국의 정당해산심판제도의 발달과 현행 제도의 특징

I. 우리나라 정당해산심판제도의 발달과 실제

[우리나라 정당해산심판제도의 발달] 제1공화국 헌법에서는 아예 헌법에 정당에 대한 아무런 규정이 없었다. 이후 제2공화국 헌법부터 정당에 관한 규정들을 두면서 정당해산심판제도를 두기 시작하였다. 제소권자는 정부에 줄곧 있었고 심판기관은 아래에 보듯이 헌법재판을 전담하는 기관이었다.

> 제1공화국(해산심판제도 없었음) → 제2공화국(헌법재판소) → 제3공화국(대법원) →
> 제4공화국(헌법위원회) → 제5공화국(헌법위원회) → 현행 제6공화국(헌법재판소)

* 우리나라 정당해산심판제도의 자세한 역사는 정재황, 헌법재판론, 제2판, 박영사, 2021, 1642－1643면 참조.

[심판 및 해산결정의 실제례] 2014년에 통합진보당에 대한 정부의 제소가 이루어져 헌법재판소의 정당해산심판이 있었던 실제의 결정례가 최초로 나왔다. 그 결정은 인용결정(해산결정)이었다(헌재 2014.12.19. 2013헌다1).

II. 우리나라 현행 정당해산심판제도의 특징

ⅰ) 사법기관인 헌법재판소에서 심판을 담당한다는 점, ⅱ) 제소권자는 정부로서 업무분장이 되어 있다는 점, ⅲ) 정당해산결정의 효력이 창설적이라는 점 등을 들 수 있다.

제 3 절 한국의 현행 정당해산심판제도

제 1 항 정당해산(강제해산)의 사유

Ⅰ. 의미와 개설

여기서 정당해산의 사유라 함은 정부의 제소와 헌법재판소의 결정으로 해산되는 사유를 말한다. 이를 굳이 언급하는 이유는 정당의 해산에는 자진해산, 강제(타율)해산이 있기 때문인데 후자는 정당 자신이 원하지 않음에도 타율적으로 강제해산되는 것이고 그 강제해산제도는 현행 제도로서는 여기서 보는 정당해산심판절차에 의한 것이다. 따라서 여기서 정당해산의 사유란 후자 강제해산에서의 사유를 의미한다.

헌법이 규정하는 정당의 해산사유는 정당의 목적이나 활동이 민주적 기본질서에 위배될 때이다(헌법 제8조 4항). 대상은 등록된 정당이다. 자유민주적 기본질서만이 아니라 사회복지적 민주적 기본질서도 포함되고 목적, 활동의 판단기준은 당헌, 당규 외 당대표의 활동 등을 보고, 위배는 실질적인 해악을 끼칠 수 있는 구체적 위험성을 초래하는 경우로서 보충성원칙, 비례원칙에 비추어 판단한다. 정당의 민주정치에서의 필수성, 중요성을 감안하면 그 해산사유는 엄격하게 설정되어야 한다는 것이 일반적인 견해이다. 아래에 분설한다.

Ⅱ. 정당 강제해산의 사유 분설

1. 대상성 요건

정당으로 등록된 단체가 강제해산심판에서 제소대상이 된다. 아직 등록은 마치지 않았으나 정당으로 무르익어 활동 중인 창당준비위원회도 헌재의 해산심판의 대상으로 제소될 수 있는가 하는 문제가 논해지고 있다. 부정론과 긍정론이 대립하나 생각건대 창당준비 중의 단체도 법이 요구하는 조직을 갖춘 정도에 있다면 정당으로서 보호를 받아야 하고 헌재의 해산심판에 의해서만 해산될 수 있다고 볼 것이다. 다만, 대개 현실적으로는 창당준비위는 아직 정당으로서 본격적인 활동도 하지 않아 긍정하더라도 해산사유인 실질적 위험성을 인정하기 힘들 것이라는 점에서 실익이 분명치 않은 논의이다.

2. '목적이나 활동'

해산사유가 되는 민주적 기본질서에 위배되는 것은 정당의 목적이나 활동이다.

(1) 목적

1) 개념과 목적판별 기준·방법　　　정당의 목적이란 정당이 지향하고 추구하는 정치적 방향이나 정당이 실현하고자 하는 사회적, 정치적 상태를 의미한다고 볼 것이다.

여기서의 목적은 강령(또는 기본정책)과 당헌과 당이 출간하는 각종 인쇄물, 기간지, 당원들의 교육을 위한 자료 등에 나타난 것과 평소에 당해 정당의 주요 간부 등에 의하여 상당히 일관성 있게 표방된 목표를 말한다.

2) 헌재판례　　　헌재가 정의하는 목적의 개념, 목적의 판별(기준), 방법, 판단대상 등은 아래와 같다.

> 📖 **판례　헌재 2014.12.19. 2013헌다1**
>
> [판시] 정당의 목적이란, 어떤 정당이 추구하는 정치적 방향이나 지향점 혹은 현실 속에서 구현하고자 하는 정치적 계획 등을 통칭한다. 이는 주로 정당의 공식적인 강령이나 당헌의 내용을 통해 드러나겠지만, 그밖에 정당대표나 주요 당직자 및 정당관계자(국회의원 등)의 공식적 발언, 정당의 기관지나 선전자료와 같은 간행물, 정당의 의사결정과정에서 일정한 영향력을 가지거나 정당의 이념으로부터 영향을 받은 당원들의 행위 등도 정당의 목적을 파악하는 데에 도움이 될 수 있다. 만약 정당의 진정한 목적이 숨겨진 상태라면 공식 강령은 이른바 허울이나 장식에 불과할 것이고, 이 경우에는 강령 이외의 자료를 통해 진정한 목적을 파악해야 한다.

(2) 활동

1) 개념과 판단 기준·방법　　　여기서의 활동이란 그 정당이 주체가 되고 그 효과가 그 정당에 발생할 행사, 예를 들어 전당대회, 대외 선전 등이 해당될 것

이다. 문제는 당의 지도부 외에 어느 범위의 구성원들까지 활동 안에 넣을 것인가
또 어떤 활동을 포함시킬 것인가 하는 것이다.

📖 **판례 헌재 2014.12.19. 2013헌다1**

[판시] 정당의 활동이란, 정당 기관의 행위나 주요 정당관계자, 당원 등의 행위로서 그 정당에게
귀속시킬 수 있는 활동 일반을 의미한다. 여기에서는 정당에게 귀속시킬 수 있는 활동의 범위,
즉 정당과 관련한 활동 중 어느 범위까지를 그 정당의 활동으로 볼 수 있는지가 문제된다.

 2) 당대표, 당원의 대표, 소속 단체   당의 실질적인 대표권한을 가진 당
대표, 원내대표 등의 활동이 정당 자체의 활동으로 귀속될 가능성은 많다. 당원의
활동도 개인적 차원에서가 아니라 소속 정당 자체를 위한 활동으로서 그 당원의
영향력의 강도가 강한 지위나 활동이라면 민주적 기본질서에 위배될 수 있다. 당
해 정당의 국회의 원내에서의 활동만을 의미하지 않고 원외적인 일련의 정치적 활
동도 포함된다. 정당의 활동이 민주적 기본질서를 실질적으로 위배하는 경우여야
해산사유가 된다.

 * 헌재의 판단기준은 아래와 같다.

📖 **판례 헌재 2014.12.19. 2013헌다1**

[판시] 당대표의 활동, 대의기구인 당대회와 중앙위원회의 활동, 집행기구인 최고위원회의 활동,
원내기구인 원내의원총회와 원내대표의 활동 등 정당 기관의 활동은 정당 자신의 활동이므로 원
칙적으로 정당의 활동으로 볼 수 있고, 정당의 최고위원 등 주요 당직자의 공개된 정치 활동은
일반적으로 그 지위에 기하여 한 것으로 볼 수 있으므로 원칙적으로 정당에 귀속시킬 수 있을 것
으로 보인다. 정당 소속의 국회의원 등은 비록 정당과 밀접한 관련성을 가지지만 헌법상으로는
정당의 대표자가 아닌 국민 전체의 대표자이므로 그들의 행위를 곧바로 정당의 활동으로 귀속시
킬 수는 없겠으나, 가령 그들의 활동 중에서도 국민의 대표자의 지위가 아니라 그 정당에 속한
유력한 정치인의 지위에서 행한 활동으로서 정당과 밀접하게 관련되어 있는 행위들은 정당의 활
동이 될 수도 있을 것이다. 그 밖의 정당에 속한 개인이나 단체의 활동은 그러한 활동이 이루어
진 구체적인 경위를 살펴서 그것을 정당의 활동으로 볼 수 있는 사정이 있는지를 판단해야 한다.
… 반면, 정당대표나 주요 관계자의 행위라 하더라도 개인적 차원의 행위에 불과한 것이라면 이
러한 행위에 대해서까지 정당해산심판의 심판대상이 되는 활동으로 보기는 어렵다.

 3) 목적, 활동의 선택적 또는 병합적 요건성 여부   ⅰ) 논점 – 목적 또
는 활동 둘 중 어느 것이라도 위배성이 있으면 해산사유가 되는지 아니면 두 가지
요소 모두의 위배성이 있어야 하는지 하는 문제가 있다. 헌법 제8조 4항이 '목적이
나 활동'이라고 규정하고 있기 때문이다. ⅱ) 헌재판례 – 선택설 – 헌재는 "동 조
항의 규정형식에 비추어 볼 때, 정당의 목적이나 활동 중 어느 하나라도 민주적

기본질서에 위배된다면 정당해산의 사유가 될 수 있다고 해석된다"라고 한다(2013 헌다1). 선택적으로 보는 것이다. iii) 검토 – 그러나 이는 헌재 자신이 실질적 해악성을 요건으로 하고 있는데 합치되는지 의문을 가지게 한다. 해악성 요건법리는 활동이 있고 이로써 실제로 해악을 가져오는 것이었는지를 볼 것이기 때문이다.

3. '민주적 기본질서'

(1) 우리 헌법 제8조 4항의 해석

정당의 목적이나 활동이 민주적 기본질서에 위배될 때가 강제해산의 사유를 이룬다(제8조 4항). 민주적 기본질서의 개념에 대해서는 ① 자유민주적 기본질서만이라는 견해와 ② 자유민주적 기본질서는 물론이고 사회복지주의 등 사회민주적 기본질서도 포함된다는 견해, ③ 자유민주적 기본질서 속에 사회복지국가원리가 당연히 포함된다고 보는 확장개념적 견해, ④ '민주적 기본질서'가 '자유민주적 기본질서'와 다르지 않다고 보는 견해 등이 대립되고 있다.

생각건대 다음의 이유로 민주적 기본질서에는 자유민주적 기본질서는 물론이고 사회복지적 민주적 기본질서도 포함된다고 보는 것이 타당하다. i) 헌법내용 – 우리 헌법은 자유민주적 기본질서 외에 복지주의 등을 그 내용으로 하는 사회적 (사회복지주의적) 민주적 기본질서를 민주적 기본질서의 중요한 다른 축으로 하고 있다. 그 이유는 헌법 자체가 사회복지주의·생존권(사회적 기본권(사회보장수급권 등) 헌법 제34조), 경제민주화(헌법 제119조 2항, * 이른바 헌재는 독일식으로 '사회적 시장경제주의'라는 용어를 사용하고 있는데 우리 헌법에 적실한지 등의 검토도 필요하고 헌법 제119조 2항이 명시하지 않으나 사회복주의 정신을 담은 이 취지를 담고 있다. 동 조항에 따라 경제민주화 취지로 일단은 이해하도록 하자) 등을 바로 명시하고 있기 때문이다. 그리고 헌법 제8조 4항은 '자유'민주적 기본질서라고 명시한 것이 아니라 그냥 '민주적 기본질서'라고 명시하고 있으므로 자유주의적 요소만으로 한정해서는 아니 되고 복지주의 등의 요소도 포괄한다고 보아야 한다. 독일기본법의 규정을 들어 우리 한국헌법의 해석도 그렇게 하여야 하므로 민주적 기본질서는 '자유'민주적 기본질서일 뿐이라는 견해도 있다. 독일기본법은 자유주의의 이념에 반하는 전체주의 정당이었던 나치스의 경험 때문에 정당해산에 관하여 직접 명시하고 있는데 당해 헌법조문에서 '자유'민주적 기본질서의 침해·폐제만을 정당해산사유로 한 것은 사실이다. 그러나 독일기본법의 규정과 엄연히 달리 우리 헌법의 규정은 '자유'민주적 기본질서라고 하지 않고 그냥 '민주적 기본질서'라고 규정하고 있으므로 이러한 명시적 헌법규정을 벗어난 해석은 받아들일 수 없다. 자유민주적 기본질서의 개념에 포함되지 않는 오늘날의 복지주의를 조직적이고도 지속적으로 부정하는 정당을 우리 헌법상 받아들일 수 없는 것은 우리 헌법 제8조 4항이 '자유'민주적 기본질서라고 하지 않고 '민주적' 기본질서라고 하고 있기 때문에 문언상으로도 그러하다. ⅱ) 헌법체계조화적 해석 – 헌법의 전문(前文)의 '조화' 규정 – 헌법 전문(前文)이 자유민주적 기본질서라고 하고 있으므로 민주적 기본질서는 자유민주적 기본질서라고 보는 견해도 있다. 그러나 자유민주적 기본질서라는 용어를 쓰고 있는 전문의 경우에도 단순히 자유민주적 기본질서만을 언급하지 않고 "자율과 조화를 바탕으로" 자유민주적 기본질서를 더욱 확고히 하여"라고 하여 자율과 조화를 전제로 하고 있다. 여기서 조화는 사회구성원들 간의 조화를 의미하고 어느 특정 개인의 권리나 자유만을 보호하는 것이 아니라 사회구성원 전체의 이익이나 보호가 필요한 다른 구성원의 사회복지를 위해서 자유를 조절, 제한할 수 있음을 의미한다. 따라서 '조화'는 사회복지적 민주적 기본질서를 의미하고 그리하여 우리 헌법 전문의 해석상으로도 우리 헌법은 사회적·복지적 민주적 기본질서와 함께 하는 자유민주적 기본질서를 추구하는 것이지 사회적·복지적 기본질서를 배척하려는 것이 아님을 알 수 있다. ⅲ) 헌법 제37조 2항의 공공복리 – 우리 헌법 제37조 2항도 공공복리를 위한 기본권제한을 명시하고 있다.

> 유의 위 ①의 견해를 취하는 입장들 중에는 "정당해산의 구실을 극소화하기 위해서라도 이때의 민주적 기본질서는 자유민주적 기본질서만을 의미하는 것으로 제한적 해석을 하여야 한다"고 보는 견해가 있다.[1] 그러나 아무리 정당의 보호가 중요하여 정당해산을 어렵게 하여야 한다고 하더라도 바로 이처럼 우리 헌법이 명시하고 있는 사유를 아무런 논리적 이유 없이 독일식으로 한정하여 해석할 수 없다. 헌법 자체에 정당의 해산제도를 두고 있기도 하여 헌법 자체가 설정하고 있는 해산사유를 명확하게 인식하여야 한다. 우리 헌법 제34조에도 규정된 사회복지를 무시할 수 없는 것이다. 정당해산사유를 줄이기 위해 헌법해석까지도 달리하여야 한다면 이는 마치 자동차가 생활필수품이니 운행을 활발히

---

1 권영성, 앞의 책, 200면.

해야 하므로 속도제한은 없앨 수 있다는 논리(물론 받아들일 수 없는 논리)와 비슷하게 된다. 필요한 제한은 필요하고 더구나 국민의사가 표현된 헌법의 명령을 어길 수 없다. 더구나 위헌적 활동을 한 정당이라고 하여 무조건 해산되는 것도 아니다. 즉 위헌성의 정도가 실질적 해악을 가져올 심각한 경우에 해산결정이 내려질 것이다. 그 점에서 양 극단으로 단정적 선택을 요구하는 논의를 하는 것 자체의 실익조차도 회의적이다.

(2) 우리 헌법재판소의 입장

1) 판시

📖 **판례   헌재 2014.12.19. 2013헌다1**

[민주적 기본질서 부분 판시] (가) 우리 헌법 제8조 4항이 의미하는 민주적 기본질서는, 개인의 자율적 이성을 신뢰하고 모든 정치적 견해들이 각각 상대적 진리성과 합리성을 지닌다고 전제하는 다원적 세계관에 입각한 것으로서, <u>모든 폭력적·자의적 지배를 배제하고, 다수를 존중하면서도 소수를 배려하는 민주적 의사결정과 자유·평등을 기본원리로 하여 구성되고 운영되는 정치적 질서를 말하며, 구체적으로는 국민주권의 원리, 기본적 인권의 존중, 권력분립제도, 복수정당제도 등이 현행 헌법상 주요한 요소라고 볼 수 있다.</u> (나) 헌법 제8조 4항의 민주적 기본질서 개념은 정당해산결정의 가능성과 긴밀히 결부되어 있다. 이 민주적 기본질서의 외연이 확장될수록 정당해산결정의 가능성은 확대되고, 이와 동시에 정당 활동의 자유는 축소될 것이다. 민주 사회에서 정당의 자유가 지니는 중대한 함의나 정당해산심판제도의 남용가능성 등을 감안한다면, 헌법 제8조 4항의 민주적 기본질서는 최대한 엄격하고 협소한 의미로 이해해야 한다. 따라서 민주적 기본질서를 현행 헌법이 채택한 민주주의의 구체적 모습과 동일하게 보아서는 안 된다. 정당이 위에서 본 바와 같은 민주적 기본질서, 즉 민주적 의사결정을 위해서 필요한 불가결한 요소들과 이를 운영하고 보호하는 데 필요한 최소한의 요소들을 수용한다면, 현행 헌법이 규정한 민주주의 제도의 세부적 내용에 관해서는 얼마든지 그와 상이한 주장을 개진할 수 있는 것이다. 마찬가지로, 민주적 기본질서를 부정하지 않는 한 정당은 각자가 옳다고 믿는 다양한 스펙트럼의 이념적 지향을 자유롭게 추구할 수 있다. 오늘날 정당은 자유민주주의 이념을 추구하는 정당에서부터 공산주의 이념을 추구하는 정당에 이르기까지 그 이념적 지향점이 매우 다양하므로, 어떤 정당이 특정 이념을 표방한다 하더라도 그 정당의 목적이나 활동이 앞서 본 민주적 기본질서의 내용들을 침해하는 것이 아닌 한 그 특정 이념의 표방 그 자체만으로 곧바로 위헌적인 정당으로 볼 수는 없다. 정당해산 여부를 결정하는 문제는 결국 그 정당이 표방하는 정치적 이념이 무엇인지가 아니라 그 정당의 목적이나 활동이 민주적 기본질서에 위배되는지 여부에 달려있기 때문이다.

* 판시에 밑줄 그은 부분은 이미 헌재가 이전에 구 국가보안법 제7조 반국가단체 활동의 찬양·고무 등 처벌규정에 대한 아래의 한정합헌결정에서 밝힌 판시에 가깝다.

📖 **판례   헌재 1990.4.2. 89헌가113, 판례집 2, 49면**

[주문] "국가보안법 제7조 1항 및 5항(1980. 12. 31. 법률 제3318호)은 각 그 소정행위가 국가의 존립·안전을 위태롭게 하거나 자유민주적 기본질서에 위해를 줄 경우에 적용된다고 할 것이므로 이러한 해석하에 헌법에 위반되지 아니한다." [판시] 1. 제7조 1항의 찬양·고무죄는 '구성

원', '활동', '동조', '기타의 방법', '이롭게 한' 등, 무려 다섯 군데의 용어가 지나치게 다의적이고 그 적용범위가 광범위하다. 그렇다면 그 가운데서 국가의 존립·안전이나 자유민주적 기본질서에 무해한 행위는 처벌에서 배제하고, 이에 실질적 해악을 미칠 명백한 위험성이 있는 경우로 처벌을 축소 제한하는 것이 헌법 전문, 제4조, 제8조 4항, 제37조 2항에 합치되는 해석일 것이다. 이 정도의 기준제시로 처벌범위를 좁히면 국가의 존립·안전을 저해함이 없이 자유민주적 기본질서에 입각한 평화적 통일정책추진의 헌법적 과제는 이룩할 수 있을 것이다. 2. 다만 여기에서 국가의 존립·안전을 위태롭게 한다 함은 대한민국의 독립을 위협 침해하고 영토를 침략하며 헌법과 법률의 기능 및 헌법기관을 파괴 마비시키는 것으로 외형적인 적화공작 등일 것이며, 자유민주적 기본질서에 위해를 준다 함은 모든 폭력적 지배와 자의적 지배, 즉 반국가단체의 일인독재 내지 일당독재를 배제하고 다수의 의사에 의한 국민의 자치, 자유·평등의 기본원칙에 의한 법치주의적 통치질서의 유지를 어렵게 만드는 것이고, 이를 보다 구체적으로 말하면 기본적 인권의 존중, 권력분립, 의회제도, 복수정당제도, 선거제도, 사유재산과 시장경제를 골간으로 한 경제질서 및 사법권의 독립 등 우리의 내부 체제를 파괴·변혁시키려는 것으로 풀이할 수 있을 것이다. * 동지: 90헌가11, 89헌가8, 89헌마240, 92헌바6등, 2004헌나1.

2) 위 판시에 대한 분석

"다수를 존중하면서도 소수를 배려하는 민주적 의사결정과 자유·평등을 기본원리로 하여 구성되고 운영되는 정치적 질서를 말하며"라는 판시는 민주적 기본질서에 자유뿐 아니라 평등, 소수존중이라는 사회복지적 요소가 포함됨을 인정하려는 입장이고 "다양한 스펙트럼의 이념적인 지향"이라는 언급도 그러한 입장임을 알 수 있게 한다.

> 유의❓ 헌재도 "이 민주적 기본질서의 외연이 확장될수록 정당해산결정의 가능성은 확대되고, 이와 동시에 정당 활동의 자유는 축소될 것"이라고 하여 위에서 논의한 정당해산사유 축소를 위한 주장 취지를 공감하는 것으로 이해된다. 그러나 헌재는 위 판시에서 다양한 이념지향을 추구한다는 점을 들고 있는 점에서 자유주의만을 그 내용으로 하지 않는 입장을 분명히 하고 있다.

4. 위배 – 실질적 해악

정당의 중요성에 비추어 볼 때 정당의 활동이 민주적 기본질서를 실질적으로 위배하는 경우에 해산사유가 된다고 볼 것이다. 국민의 의사에 영향을 미치는 정도가 아주 약한 정도인데도 해산시킬 수는 없다. 객관적으로 그 영향의 정도를 고려하여 해산사유가 된다고 보아야 한다. 사실 민주적 기본질서에 반하는 활동을 한 정당은 그 구체적 활동을 할 때마다 해산결정으로 해산되는 것이 아니라 우선 그 구체적 위배활동의 산물 자체가 위헌결정을 받을 가능성을 가진다. 예를 들어 어느 정당이 공공복리를 침해하는 법률을 제정하도록 이르게 하였더라도 정당해산 이전에 그러한 법률에 대한 위헌법률심판이나 헌법소원(법령소원)의 심판에 의하여 위헌상태가 가려지고 위헌결정을 통해 제재가 가해질 수 있다. 그러한 위배가 반복적이면 해산심판에 의한 제재가 가해질 것이다. 이 점에서도 여기서의 목적과 활동의 위배성이란 단발적이고 일시적인 위배사실이 아니라 상당한 정도로 일련의 조직적이고 반복적이며 지속성 있는 활동으로 국민에게 중요한 영향을 주는 상태에 있는 정당이 해산대상이 된다고 볼 것이다. 물론 지속적이지 않고 몇 건의 위배사건이더라도 그 위헌성의 정도가 심각한 경우에는 해산사유가 된다고 볼 것이다. 헌재도 민주적 기본질서에 대하여 실질적인 해악을 끼칠 수 있는 구체적 위험성을 초래하는 경우로 한정하여 위배를 해석하고 있다.

📖 **판례   헌재 2014.12.19. 2013헌다1**

[판시] "위배될 때"의 해석 여하에 따라서는 정당의 목적이나 활동이 민주적 기본질서에 단순히 저촉되는 때에도 그 정당이 해산될 수 있다고 볼 수도 있을 것이다. 그러나 이러한 해석에 의하면 극단적인 경우 정당의 목적이나 활동이 민주적 기본질서와 부합하지 않는 부분이 경미하게라도 존재하기만 한다면 해산을 면할 수 없다는 결론도 가능한데, 이는 민주주의 사회에서 정당이 차지하는 중요성에 비추어 볼 때 쉽게 납득하기 어려운 결론이다. 정당에 대한 해산결정은 민주주의 원리와 정당의 존립과 활동에 대한 중대한 제약이라는 점에서, 정당의 목적과 활동에 관련된 모든 사소한 위헌성까지도 문제 삼아 정당을 해산하는 것은 적절하지 않다. 그렇다면 헌법 제8조 4항에서 말하는 민주적 기본질서의 위배란, 민주적 기본질서에 대한 단순한 위반이나 저촉을 의미하는 것이 아니라, 민주 사회의 불가결한 요소인 정당의 존립을 제약해야 할 만큼 그 정당의 목적이나 활동이 우리 사회의 민주적 기본질서에 대하여 실질적인 해악을 끼칠 수 있는 구체적 위험성을 초래하는 경우를 가리킨다.

* 독일의 예: 독일에서는 1952년 10월 23일의 신나치당(SRP) 해산결정, 1956년 8월 17일의 공산당(KPD) 해산결정이 있었다. 반면에 2001년에 위헌 확인 및 해산심판이 청구된 극우파정당인 독일국가민주당(NPD. Nationaldemokratische Partei Deutschlands)에 대해서는 2003년 3월 18일 해산심판정지결정을 한 바 있었는데 결국 그 청구에 대해 2017년 1월 17일에 기각결정이 내려졌다. 이 결정에서 독일 연방헌법재판소는 위헌적인 목적을 인접한 장래 실현할 가능성이 없는 경우라 하더라도 정당해산 사유가 된다고 본 이전 1956년의 독일공산당 판결(BVerfGE 5, 85 〈143〉)과 달리하는 판례변경을 하였다. 이 결정에서 독일국가민주당이 인접한 시일 내에 헌법 적대적인 목적 달성을 이룰 가능성이 없고 점점 쇠퇴 중인 저조한 조직력, 미미한 사회적 영향력을 보여주고 있다고 하여 청구를 받아들이지 않고 기각하는 결정을 하였다(BvB 1/13).

5. 보충성원칙

위에서 살핀 대로 정당의 중요성을 감안하면, 그리고 정당의 활동이 민주적 기본질서에 위배되는 것이더라도 먼저 그 구체적 위배활동 자체에 대한 교정수단 (위헌법률심판, 헌법소원심판 등)을 통한 합헌성 회복의 노력을 기울이고 그래도 중대한 위배가 계속되면 정당의 강제해산절차에 의하여야 할 것이다.

6. 비례원칙

1) 판례　　　　헌재는 정당해산에 있어서 비례원칙의 적용을 요구한다고 본다.

📖 **판례　헌재 2014.12.19. 2013헌다1**
[판시] 일반적으로 비례원칙은 우리 재판소가 법률이나 기타 공권력 행사의 위헌 여부를 판단할 때 사용하는 위헌심사 척도의 하나이다. 그러나 정당해산심판제도에서는 헌법재판소의 정당해산 결정이 정당의 자유를 침해할 수 있는 국가권력에 해당하므로 헌법재판소가 정당해산결정을 내리기 위해서는 그 해산결정이 비례원칙에 부합하는지를 숙고해야 하는바, 이 경우의 비례원칙 준수 여부는 그것이 통상적으로 기능하는 위헌심사의 척도가 아니라 헌법재판소의 정당해산결정이 충족해야 할 일종의 헌법적 요건 혹은 헌법적 정당화 사유에 해당한다. 이와 같이 강제적 정당해산은 우리 헌법상 핵심적인 정치적 기본권인 정당 활동의 자유에 대한 근본적 제한이므로 헌법 재판소는 이에 관한 결정을 할 때 헌법 제37조 2항이 규정하고 있는 비례원칙을 준수해야만 하는 것이다. 따라서 헌법 제37조 2항의 내용, 침익적 국가권력의 행사에 수반되는 법치국가적 한계, 나아가 정당해산심판제도의 최후수단적 성격이나 보충적 성격을 감안한다면, 헌법 제8조 4항의 명문규정상 요건이 구비된 경우에도 해당 정당의 위헌적 문제성을 해결할 수 있는 다른 대안적 수단이 없고, 정당해산결정을 통하여 얻을 수 있는 사회적 이익이 정당해산결정으로 인해 초래되는 정당의 정당활동 자유 제한으로 인한 불이익과 민주주의 사회에 대한 중대한 제약이라는 사회적 불이익을 초과할 수 있을 정도로 큰 경우에 한하여 정당해산결정이 헌법적으로 정당화될 수 있다.

2) 검토　　　　ⅰ) 비례원칙에 내포되는 보충성원칙 – 헌재는 위 판시에서 정당해산심판의 보충적 성격을 언급하고 있어서 보충성원칙을 정당해산심판의 성격 자체로 보거나 비례원칙의 한 판단요소로 보는 듯하다. 사실 다른 대안적 교정 수단이 있는지 하는 보충성원칙 문제는 비례원칙에서 말하는 최소성원칙과 같아 비례원칙이 보충성원칙을 내포한다고 보면 될 것이라고 이해된다. ⅱ) 기본권제한에서의 비례원칙과의 차이 여부 – 헌재가 정당해산사유에 해당되는지를 살피는

비례원칙 준수 여부는 "그것이 통상적으로 기능하는 위헌심사의 척도가 아니라 헌법재판소의 정당해산결정이 충족해야 할 일종의 헌법적 요건 혹은 헌법적 정당화 사유에 해당한다"라고 판시한다. 그렇다면 비례원칙이 정당해산에서와 기본권제한에서 차이가 있는 것으로 보는 입장인 것 같다. 피해최소성, 법익균형성도 인정하여 그 차이가 무엇인지 뚜렷하지는 않다. 위 판시에서 헌재는 "강제적 정당해산은 우리 헌법상 핵심적인 정치적 기본권인 정당 활동의 자유에 대한 근본적 제한이므로 헌법재판소는 이에 관한 결정을 할 때 헌법 제37조 2항이 규정하고 있는 비례원칙을 준수해야만 하는 것"이라고 하여 또 혼동을 준다. 그런데 바로 아래 결론을 보면 중대성, 상황성이 포함되는 것으로 보인다.

　　3) 헌재의 통합진보당 결정에서 적용과 결론　　　헌재는 1. 위헌적 성격의 중대성, 2. 대한민국이 처해 있는 특수한 상황, 3. 피해의 최소성, 즉 다른 대안적 수단이 존재하지 않으며, 4. 해산결정을 해야 할 사회적 필요성(법의 형량)도 인정된다고 보아 해산이 비례원칙을 준수하는 것이라고 결론내렸다(2013헌다1).

제 2 항　정당해산심판의 절차

Ⅰ. 정당해산심판의 청구절차

1. 청구인(제소권자, 정부)

　　앞서 언급한 대로 현행 헌법과 헌재법은 정당에 대한 해산심판을 제소(청구)할 수 있는 자를 '정부'로 규정하고 있다(헌법 제8조 4항, 헌재법 제55조). 우리 헌법 제4장은 대통령, 행정부(국무총리, 국무위원, 국무회의, 행정각부, 감사원)를 '정부'로 규정하고 있다. 아래에 보듯이 국무회의 심의에서 제소가 의결되면 청구서의 제출 등 청구는 법무부장관이 정부를 대표하여 하게 된다(헌재법 제25조 1항).

2. 정부의 제소절차

1) 국무회의 심의   정부는 국무회의의 심의를 거쳐 헌법재판소에 정당해산심판을 청구할 수 있다(헌재법 제55조). 헌법도 국무회의의 필수적 심의사항으로 규정하고 있다(헌법 제89조 14호).

2) 대통령 권한 대행 주제의 국무회의를 거친 경우 등   통합진보당의 해산심판사건에서는 대통령 해외순방 중 차관회의의 사전심의도 거치지 않고 국무총리가 대행하여 주재한 국무회의에서 정당해산심판청구서 제출안이 의결되어 부적법하다는 주장이 제기되었다. 헌재는 국무회의 주재 직무대행을 할 수 있는 사유인 사고에 대통령 해외순방 중이 해당되고(정부조직법 제12조, 직무대리규정 제2조 4호), 긴급한 사안인 경우 차관회의를 거치지 않아도 되는데(국무회의 규정 제5조 1항) 그 긴급성 판단은 원칙적으로 정부의 재량이며 긴급한 의안에 해당한다고 본 정부의 판단에 재량의 일탈이나 남용이 없어(헌재는 그 이유로 "피청구인 소속 국회의원 등이 연루된 내란관련 사건이 발생한 상황에서 제출된 피청구인 해산심판청구에 대한 의안이 긴급한 의안에 해당한다고 본 정부의 판단에 재량의 일탈이나 남용의 위법이 있다고 단정하기 어렵다"라고 판시하였다) 주장을 배척하고 제소가 적법하다고 보았다(2013헌다1).

3. 청구서 - 기재사항

정당해산심판의 청구서에는 1. 해산을 요구하는 정당의 표시, 2. 청구의 이유를 적어야 한다(헌재법 제56조).

4. 청구 등의 통지

정당해산심판의 청구가 있는 때에는 헌법재판소장은 그 사실을 국회와 중앙선거관리위원회에 통지하여야 한다(헌재법 제58조 1항).

Ⅱ. 가처분

정당해산심판에 가처분제도를 두고 있다. 헌재법이 이를 명시하고 있다(동법 제
57조).

1. 취지와 합헌성 인정의 헌재판례

[취지] 정당해산심판에서 가처분도 위험성을 방지하는 잠정적 예방조치라는 점
에 그 제도의 취지가 있다. 정당제도의 중요성, 필수성에 비추면 그 허용은 매우
엄격한 요건을 충족하는 조건으로 인정되어야 할 것이다.

[정당해산심판에서의 가처분허용의 합헌성 인정 - 판례] 가처분허용이 정당활동의 자
유를 침해한다는 주장에 대해 헌재는 과잉금지원칙을 준수하였다고 보아 주장을
받아들이지 않고 합헌성을 인정하는 기각결정을 하였다.

> 📖 **판례   헌재 2014.2.27. 2014헌마7**
>
> [결정요지] … (2) 정당활동의 자유와 한계 - 정당활동의 자유 역시 헌법 제37조 2항의 일반적
> 법률유보의 대상이 되고, 가처분조항은 이에 근거하여 정당활동의 자유를 제한하는 법률조항이
> 다. 그러므로 가처분조항이 헌법의 수권 없는 법률의 규정으로 위헌이라는 청구인의 주장은 받아
> 들일 수 없다. 다만 가처분조항이 정당활동의 자유를 제한할 수 있으므로, 가처분조항의 기본권
> 침해 여부를 판단함에 있어서는 과잉금지원칙을 준수했는지 여부가 심사기준이 된다. (3) 과잉금
> 지원칙 위배 여부 ① 가처분은 잠정적인 조치이다. 가처분은 회복할 수 없는 심각한 불이익의
> 발생을 예방하고 불가피한 공익목적을 달성하기 위해서 행해진다. 이와 같은 잠정적인 권리보호
> 수단을 두지 않는다면, 종국결정이 선고되더라도 그 실효성이 없어 당사자나 헌법질서에 회복하
> 기 어려운 불이익을 주는 경우가 있을 수 있다. 한편, 정당해산심판이 갖는 헌법보호라는 측면에
> 비추어 볼 때, 헌법질서의 유지·수호를 위해 일정한 요건 아래에서는 정당의 활동을 임시로 정
> 지할 필요성이 있다. 따라서 가처분조항은 입법목적의 정당성 및 수단의 적정성이 인정된다. ②
> 정당해산심판에서 가처분 신청이 인용되기 위해서는 그 인용요건이 충족되어야 할 뿐만 아니라,
> 그 인용범위도 가처분의 목적인 종국결정의 실효성을 확보하고 헌법질서를 보호하기 위해 필요
> 한 범위 내로 한정된다. 가처분조항에 따라 정당의 활동을 정지하는 결정을 하기 위해서는 정당
> 해산심판제도의 취지에 비추어 헌법이 규정하고 있는 정당해산의 요건이 소명되었는지 여부 등
> 에 관하여 신중하고 엄격한 심사가 이루어져야 한다. 나아가 가처분이 인용되더라도 종국결정 선
> 고 시까지만 정당의 활동을 정지시키는 임시적이고 잠정적인 조치에 불과하므로, 정당활동의 자
> 유를 형해화시킬 정도로 기본권 제한의 범위가 광범위하다고 볼 수 없다. 또 사전적 조치인 가처
> 분제도와 동등하거나 유사한 효과가 있는 덜 침해적인 사후적 수단이 존재한다고 볼 수도 없다.
> 따라서 가처분조항은 침해최소성의 요건도 충족하였다. ③ 가처분조항에 의해 달성될 수 있는
> 정당해산심판의 실효성 확보 및 헌법질서의 유지 및 수호라는 공익은, 정당해산심판의 종국결정

시까지 잠정적으로 제한되는 정당활동의 자유에 비하여 결코 작다고 볼 수 없으므로 법익균형성도 충족하였다. ④ 따라서 가처분조항은 과잉금지원칙에 위배하여 정당활동의 자유를 침해한다고 볼 수 없다. 5. 결론 – 가처분조항은 청구인의 정당활동의 자유를 침해하지 아니한다.

2. 가처분의 신청

1) 신청권자, 직권에 의한 신청　　　헌재는 정당해산심판의 청구를 받은 때에는 직권 또는 청구인의 신청에 의하여 종국결정의 선고 시까지 피청구인(피소된 정당)의 활동을 정지하는 결정을 할 수 있다(동법 제57조).

2) 신청내용　　　종국결정의 선고시까지 피청구인의 활동을 정지하는 결정이다(헌재법 제57조).

3) 통지　　　헌법재판소장은 그 사실을 국회와 중앙선거관리위원회에 통지하여야 한다(헌재법 제58조 1항).

3. 가처분의 결정, 인용결정의 내용, 가처분신청에 대한 실제 결정례

1) 가처분 인용(허용) 요건과 판단기준　　　앞서 헌법소원심판 등에서 살펴본 허용요건인 긴급성 등의 요건과 그 판단기준인 비교형량원칙 등을 적용할 수 있을 것이나 정당해산의 경우는 그 특수성에 따라 더 엄격하게 허용되어야 할 것이다. 헌재는 "정당의 활동을 정지하는 결정을 하기 위해서는 정당해산심판제도의 취지에 비추어 헌법이 규정하고 있는 정당해산의 요건이 소명되었는지 여부 등에 관하여 신중하고 엄격한 심사가 이루어져야 한다"라고 한다(2014헌마7. * 평가 – 이 판시는 그렇다면 가처분의 허용 요건이나 정당해산 요건이 같다는 것을 의미한다고 보는 입장인지 하는 검토 필요성을 제기한다).

2) 결정형식과 효과　　　신청요건을 갖추지 못한 경우에 각하결정을 한다. 반면, 신청요건을 갖춘 경우 가처분 본 문제에 들어가 가처분을 받아들여야 할 이유(긴급성, 불이익을 비교형량했을 때 기각시 불이익이 더 클 경우 등이 있는 경우)가 있으면 인

용결정을 하고, 그렇지 못하면 기각결정을 한다.

3) 가처분인용시 통지 의무 　　　가처분결정을 한 때에는 헌법재판소장은 가처분결정을 한 때에는 그 사실을 국회와 중앙선거관리위원회에 통지하여야 한다(동법 제58조 1항).

4) 가처분 인용결정의 내용 　　　헌재법 제57조는 "종국결정의 선고 시까지 피청구인의 활동을 정지하는 결정"이라고 명시하고 있다. 활동정지 외 내용의 인용결정도 가능할 것이다.

5) 가처분신청에 대한 실제 결정례 　　　정부는 통합진보당에 대한 정당활동정지가처분신청도 하였는데 헌재는 해산심판청구에 대한 종국결정을 한 날에 가처분신청에 대해서도 기각결정을 한 바 있다(2013헌사907. 기각이유에 대한 구체적 설시 없이 그냥 "가처분신청은 이유 없으므로" 기각한다고 결정했다).

Ⅲ. 정당해산심판의 심리

1. 심리의 범위

헌재는 정당해산심판의 최초 사건인 통합진보당사건에서 심판의 대상에 대해 ① 피청구인의 목적이나 활동이 민주적 기본질서에 위배되는지, ② 위배된다고 판단되면 피청구인에 대한 해산결정을 선고할 것인지 ③ 만약 해산결정을 선고할 경우 피청구인 소속 국회의원에 대한 의원직 상실을 선고할 것인지 여부라고 하였다(2013헌다1).

2. 심리의 절차와 방식

1) 심리의 원칙 – 구두변론(口頭辯論) 　　　정당해산심판은 구두변론에 의한다(헌재법 제30조 1항). 재판부가 변론을 열 때에는 기일을 정하고 당사자와 관계인을

소환하여야 한다(헌재법 제30조 3항).

2) 심리정족수　　　　　재판관 7명 이상의 출석으로 정당해산심판사건을 심리한다(헌재법 제23조 1항).

3) 증거조사, 자료제출요구 등　　　　　재판부는 사건의 심리를 위하여 필요하다고 인정하는 경우에는 직권 또는 당사자의 신청에 의하여 당사자 또는 증인을 신문하는 일, 당사자 또는 관계인이 소지하는 문서·장부·물건 또는 그 밖의 증거자료의 제출을 요구하고 영치하는 일, 감증, 검증 등의 증거조사를 할 수 있다(헌재법 제31조 1항).

재판부는 결정으로 다른 국가기관 또는 공공단체의 기관에 대하여 심판에 필요한 사실을 조회하거나, 기록의 송부나 자료의 제출을 요구할 수 있으나 다만, 재판·소추 또는 범죄수사가 진행 중인 사건의 기록에 대하여는 송부를 요구할 수 없도록 하고 있다(헌재법 제32조).

3. 심판종료의 통지

정당해산심판이 종료한 때에는 헌법재판소장은 그 사실을 국회와 중앙선거관리위원회에 통지하여야 한다(헌재법 제58조 1항).

4. 준용규정

헌법재판소의 심판절차에 관하여는 헌재법에 특별한 규정이 있는 경우를 제외하고는 헌법재판의 성질에 반하지 아니하는 한도에서 민사소송에 관한 법령의 규정을 준용하도록 하고 있다(헌재법 제40조 1항).

1) 준용대상 법령　　　　　헌법재판소의 심판절차에 관하여는 헌재법에 특별한 규정이 있는 경우를 제외하고는 헌법재판의 성질에 반하지 아니하는 한도에서 민사소송에 관한 법령을 준용한다(헌재법 제40조 1항).

2) 준용의 조건   따라서 그 준용의 조건은 헌재법에 정당해산심판절차에 관한 특별한 규정이 없는 경우여야 하고 그 성질에 반하지 않아야 한다.

3) 합헌성 인정   개인 간의 분쟁해결절차인 민사소송에 관한 법령을 정당해산심판에 준용하도록 한 것은 양 절차의 성격 차이를 고려하면 문제라는 견해도 있다. 이 헌재법 제40조 1항 준용조항은 탄핵심판, 권한쟁의심판, 헌법소원심판의 경우와 달리 정당해산심판의 경우 민사소송 법령 외에 함께 준용할 다른 법을 규정하고 있지 않다(탄핵심판의 경우에는 민사소송 법령 외에도 형사소송에 관한 법령을, 권한쟁의심판 및 헌법소원심판의 경우에는 민사소송 법령 외에도 행정소송법을 함께 준용하도록 하면서 정당해산심판의 경우에는 민사소송에 관한 법령만을 준용하도록 하고 있다). 정당해산심판은 정당에 대한 형벌과 유사하여 실체적 진실발견이 중요하고, 탄핵심판과도 그 절차적 성격이 비슷한데도 형사소송법을 준용하지 않아 피청구인에 불리하다는 등 이 준용조항이 공정한 재판을 받을 권리를 침해한다는 주장이 있었다. 그러나 헌재는 이 주장을 배척하고 합헌이라고 본다. 헌재는 예컨대 형사소송에 관한 법령을 준용할 경우 압수와 수색 등 민사소송에 관한 법령을 준용할 경우 취할 수 없는 증거방법이 활용되는 등 오히려 청구인에게 불리한 경우도 있을 수 있다고 본다(2014헌마7).

제3항   정당해산심판의 결정과 정당해산결정의 효력

Ⅰ. 정당해산심판결정의 유형

정부가 제소한 정당해산심판이 제소요건을 결여한 경우에는 각하결정을 한다. 제소요건을 갖추어 본안판단으로 들어간 뒤에는 본안결정으로 정부가 해산을 요구하는 정당의 목적이나 활동이 민주적 기본질서에 위배된다고 헌법재판소가 판단한 때에는 인용결정으로서 정당해산결정을 한다. 본안판단에서 해산사유가 존재하지 않는 등 청구가 이유가 없을 경우에는 기각결정을 한다.

Ⅱ. 정당해산결정(인용결정)

1. 정족수

정당해산의 결정에는 재판관 6명 이상의 찬성이 있어야 한다(헌법 제113조 1항, 헌재법 제23조 2항). 우리 헌재에 의한 최초의 정당해산심판사건인 통합진보당에 대한 정당해산심판에서 본안판단결과 8 : 1로 해산결정이 되었다(헌재 2014.12.19. 2013헌다1).

2. 주문형식과 소수의견의 표시

[주문형식] 우리 헌재가 정당해산심판사건에서 인용하는 정당해산결정으로 내리는 결정의 주문의 형식은 아래와 같다.

> 1. 피청구인 ○ ○ ○ 당을 해산한다.
> 2. 피청구인 소속 국회의원 ○○○, △△△, □□□는 의원직을 상실한다.

[소수의견의 표시] 정당해산심판에 관여한 재판관은 결정서에 의견을 표시하여야 한다(헌재법 제36조 3항). 따라서 정당해산심판의 결정에는 소수의견이 표시된다.

3. 결정서의 송달

정당해산을 명하는 결정서는 피청구인 외에 국회·정부 및 중앙선거관리위원회에도 이를 송달하여야 한다(헌재법 제58조 2항).

Ⅲ. 정당해산결정의 효력

1. 창설적 효력

정당의 해산을 명하는 결정이 선고된 때에는 그 정당은 해산된다(헌재법 제59조). 이처럼 정당해산결정이 선고된 때부터 당연히 정당이 해산되므로 헌법학자들은 정당해산결정이 창설적 효력을 가진다고 보고 중앙선거관리위원회가 아래에 보듯이 정당법 제47조에 따라 등록말소를 하고 공고를 할 때에 해산되는 것은 아니라고 본다. 이 말소공고는 확인적인 성격을 가질 뿐이고 그래서 헌재결정의 효력을 창설적이라고 한다. 따라서 이후 해산된 과거의 그 정당이 활동하면 헌재의 결정 없이 행정조치로도 불법활동으로 금지시킬 수 있다.

2. 정당해산결정의 효과에 관한 정당법의 규정

헌재의 정당해산결정의 효과에 관한 현행 정당법(政黨法)의 규정들은 아래와 같다.

1) **등록의 말소, 공고**　　헌재의 해산결정의 통지가 있을 때에는 당해 선거관리위원회는 그 정당의 등록을 말소하고 지체없이 그 뜻을 공고하여야 한다(정당법 제47조).

2) **잔여재산 처분**　　헌재의 해산결정에 의하여 해산된 정당의 잔여재산은 국고에 귀속한다(정당법 제48조 2항). 이러한 귀속에 관하여 필요한 사항은 중앙선거관리위원회규칙으로 정한다(정당법 제48조 3항).

3) **대체정당의 금지**　　정당이 헌법재판소의 결정으로 해산된 때에는 해산된 정당의 강령(또는 기본정책)과 동일하거나 유사한 것으로 정당을 창당하지 못한다(정당법 제40조).

4) **유사명칭 등 사용금지**　　헌재의 결정에 의하여 해산된 정당의 명칭과 같은 명칭은 정당의 명칭으로 다시 사용하지 못한다(정당법 제41조 2항).

5) 효과   대체정당이 활동하거나 유사명칭을 사용하는 데 대해 헌재결정 없이 불법적 결사활동으로서 행정처분으로 금지시킬 수 있다.

3. 소속 국회의원들의 의원직 자동상실 여부

1) 논의점과 구 헌법의 예, 현황   헌재의 해산결정을 받은 정당에 소속된 국회의원들은 그 해산결정으로 당연히 의원직을 상실하게 되는지 하는 문제가 있다. 우리나라 제3공화국 헌법 하에서는 의원직이 상실된다고 규정하고 있었다(제3공화국 헌법 제38조). 그런데 현행 헌법은 이에 관한 명시적 규정이 없어서 논란이 있다. 자동상실된다는 견해와 그렇지 않다는 견해, 전국구의원의 경우에만 자동상실된다는 견해 등이 있다. 현행 공직선거법 제192조 4항은 지역구국회의원뿐 아니라 전국구국회의원의 경우에도 소속정당의 해산결정을 의원직 상실의 사유로 규정하고 있지 않다. 이 조항의 해산은 자진해산을 전제로 한다고 보아 자동상실된다고 보는 것이 타당하다는 견해도 있다.

> * 공직선거법 ④ 비례대표국회의원 또는 비례대표지방의회의원이 소속정당의 합당·해산 또는 제명 외의 사유로 당적을 이탈·변경하거나 2 이상의 당적을 가지고 있는 때에는 「국회법」 제136조(퇴직) 또는 「지방자치법」 제78조(의원의 퇴직)의 규정에 불구하고 퇴직된다. 다만, 비례대표국회의원이 국회의장으로 당선되어 「국회법」 규정에 의하여 당적을 이탈한 경우에는 그러하지 아니하다.

2) 헌재의 판례   헌재는 2014년 12월 19일 통합진보당에 대한 정당해산결정에서 소속 국회의원들의 경우에 대해서는 입장을 밝혔는데 국회의원직이 자동상실된다고 보고 주문에 소속 국회의원들의 국회의원직 상실을 명시하였다.

📖 **판례   헌재 2014.12.19. 2013헌다1**
[주문] 1. 피청구인 통합진보당을 해산한다. 2. 피청구인 소속 국회의원 김O희, 김O연, 오O윤, 이O규, 이O기는 의원직을 상실한다. [판시] 7. 피청구인 소속 국회의원의 의원직 상실 여부 – 가. … 국회의원의 국민대표성과 정당기속성 (1) 국회의원은 국가이익을 우선하여 자신의 양심에 따라 직무를 행하는 국민 전체의 대표자로서 활동을 하는 한편(헌법 제46조 2항 참조), 사실상 정치의사 형성에 대한 정당의 규율이나 당론 등에 영향을 받아 정당의 이념을 대변하는 지위도 함께 가지게 되었다. (2) 공직선거법 제192조 4항은 비례대표 국회의원에 대하여 소속정당의 '해산' 등 이외의 사유로 당적을 이탈하는 경우 퇴직된다고 규정하고 있는데, 이 규정의 의미는 정당이 스스로 해산하는 경우에 비례대표 국회의원은 퇴직되지 않는다는 것으로서, 국회의원의 국민대표성과 정당기속성 사이의 긴장관계를 적절하게 조화시켜 규율하고 있다. 나. 정당

해산심판제도의 본질적 효력과 의원직 상실 여부 (1) 헌법재판소의 해산결정에 따른 정당의 강제 해산의 경우에는 그 정당 소속 국회의원이 그 의원직을 상실하는지 여부에 관하여 헌법이나 법률에 아무런 규정을 두고 있지 않다. 따라서 위헌정당해산제도의 취지와 그 제도의 본질적 효력에 비추어 판단하여야 한다. (2) 정당해산심판제도의 본질은 국민을 보호하고 헌법을 수호하기 위한 것이다. 어떠한 정당을 엄격한 요건 아래 위헌정당으로 판단하여 해산을 명하는 것은 헌법을 수호한다는 방어적 민주주의 관점에서 비롯되는 것이고, 이러한 비상상황에서는 국회의원의 국민대표성은 부득이 희생될 수밖에 없다. (3) 국회의원이 헌법기관으로서 정당기속과 무관하게 국민의 자유위임에 따라 정치활동을 할 수 있는 것은 헌법의 테두리 안에서 우리 헌법이 추구하는 민주적 기본질서를 존중하고 실현하는 경우에만 가능한 것이지, 헌법재판소의 해산결정에도 불구하고 그 정당 소속 국회의원이 위헌적인 정치이념을 실현하기 위한 정치활동을 계속하는 것까지 보호받을 수는 없다. (4) 만일 해산되는 위헌정당 소속 국회의원들이 의원직을 유지한다면 그 정당이 계속 존속하여 활동하는 것과 마찬가지의 결과를 가져오게 될 것이다. 따라서 해산정당 소속 국회의원의 의원직을 상실시키지 않는 것은 결국 위헌정당해산제도가 가지는 헌법수호의 기능이나 방어적 민주주의 이념과 원리에 어긋나는 것이고, 나아가 정당해산결정의 실효성을 제대로 확보할 수 없게 된다. (5) 이와 같이 헌법재판소의 해산결정으로 해산되는 정당 소속 국회의원의 의원직 상실은 정당해산심판제도의 본질로부터 인정되는 기본적 효력으로 봄이 상당하므로, 정당해산결정으로 인하여 신분유지의 헌법적인 정당성을 잃으므로 그 의원직은 상실되어야 한다. 다. 소결 – 그러므로 정당해산심판제도의 본질적 효력에 따라, 그리고 정당해산결정의 취지와 목적을 실효적으로 확보하기 위하여, 피청구인 소속 국회의원들에 대하여 모두 그 의원직을 상실시키기로 한다. …

3) 판례 분석　　　　　ⅰ) 헌재는 논리전개에서 공직선거법 제192조 4항이 자진해산의 경우에만 해당되고 따라서 강제해산의 경우에는 규율하는 규정이 없다는 점을 지적한다. 먼저 이렇게 법률 규정의 유무에 따라 판단할 것인지부터 검토되어야 한다. 그렇다고 하더라도 위 공직선거법규정이 그냥 '해산'이라고 규정하고 있는데 자진해산만 해당되고 강제해산은 제외된다고 해석하는 것은 법규정 문언 자체를 벗어난, 해석한계를 벗어난 것이 아닌가 논란된다(그런데 이 결정에서 소속 지방의회의원들에 대해서는 의원직 상실을 선고하지 않았고 중앙선거관리위원회가 상실시키자 행정소송이 제기되는 등 논란이 되었다). ⅱ) 기속위임금지에 예외를 두어가면서까지 위와 같은 논증을 할 것인지 하는 회의는 기속위임금지원칙이 헌법적 원칙(헌법 제46조 2항)이기 때문임은 물론이다. 아무리 선의라고 하더라도 헌법원칙의 예외를 인정하면 그 원칙의 포기를 가져오게 할 수도 있다. ⅲ) 해산결정이 내려진 정당 소속 의원들이 위헌활동을 하여 위헌정당으로 되었을 연관성이 높은 것은 사실일 수 있으나 그렇지 않은 경우를 위해 국회에 의한 자격심사, 제명에 의해 판별하도록 하는 것이 법논리적이라 할 것이다. 헌재는 위에 인용하지는 않았으나 인용된 위 판시 바로 이전에 비례의 원칙에 위배되는지 여부를 살피면서, 다른 대안으로서 제명제도에

대해 "그 동안의 역사적 경험에 비추어 볼 때 이 역시 기대하기 어렵다"라고 판시하고 있다. 그런데 왜 기대하기 어렵다는 것인지 논리적 설명이 없다. 더구나 사안은 소수당이 위헌정당으로 결정이 났는데 왜 국회에서 제명하는 것이 어려운 것인지 설명이 필요하다. iv) 헌법개정제안 – 위헌정당에 대해 그 소속 의원들도 위헌활동을 한 것이고 앞으로 위헌활동을 할 가능성이 있으므로 이를 방지하고자 소속정당이 위헌정당으로 강제해산결정된 다음에야 정당기속을 인정하고 자동으로 의원활동을 상실시킬 필요가 있다면 이는 기속금지라는 헌법적 원칙을 깨트리는 것이므로 이에 대한 헌법규정을 개정으로 삽입한다면 논란이 없어질 수 있다. 통진당결정 이전에 자동상실을 헌법에 규정하자는 개헌안으로 2014년 국회 헌법개정자문위원회가 "헌법재판소의 심판에 따라 해산된 정당 소속 국회의원은 의원직을 상실하며, 그 밖의 해산 결정의 효력은 법률로 정한다"라고 개정하자고 제안한 바 있다.[2]

4. 결정의 집행

정당의 해산을 명하는 헌법재판소의 결정은 중앙선거관리위원회가 정당법에 따라 집행한다(헌재법 제60조).

5. 효력 문제로서 재심의 인정

헌재 자신의 정당해산결정에 대하여 재심이 허용되는지 여부에 대해 헌재는 이를 긍정한다. 이는 통합진보당에 대한 해산결정이 있은 후 제기된 재심청구사건의 결정에서 헌재가 명백히 한 것이다. 이 사건에서 재심청구인은 재심사유로서, 대법원이 2014도10978 판결에서 지하혁명조직의 존재와 내란음모죄의 성립을 모두 부정하였으므로, 재심대상결정은 판결의 기초된 재판이 다른 재판에 따라 바뀐 경우에 해당한다고 주장하였고 재심대상결정에서 소속 국회의원의 의원직을 상실

---

2 2014 국회 헌법개정자문위원회, 최종결과보고서 1권, 25면.

시킨 것이 위법하다거나 재심대상결정 중 경정 대상이 아닌 내용을 경정한 것이 위법하다고 주장하였다.

헌재는 ① 정당해산결정에서 재심이 가능함을 긍정하고 이 재심절차에서 원칙적으로 민사소송법 규정이 준용된다고 한다. ② 그러나 헌재는 "재심대상결정의 심판대상은 재심청구인의 목적이나 활동이 민주적 기본질서에 위배되는지, 재심청구인에 대한 정당해산결정을 선고할 것인지, 정당해산결정을 할 경우 그 소속 국회의원에 대하여 의원직 상실을 선고할 것인지 여부이다. 내란음모 등 형사사건에서 내란음모 혐의에 대한 유·무죄 여부는 재심대상결정의 심판대상이 아니었고 논리적 선결문제도 아니다. 따라서 대법원이 지하혁명조직의 존재와 내란음모죄의 성립을 모두 부정하였다 해도, 재심대상결정에 민사소송법 제451조 1항 8호("판결의 기초가 된 민사나 형사의 판결, 그 밖의 재판 또는 행정처분이 다른 재판이나 행정처분에 따라 바뀐 때")의 재심사유가 있다고 할 수 없다"라고 판시하고 그 외 청구사유가 민사소송법 제451조 1항의 어느 재심사유에도 해당하지 않는다고 하여 청구를 각하하는 결정을 하였다(2015헌아20).

6. 해산결정례 - 통합진보당 해산결정

헌재는 우리나라 최초의 정당해산심판의 청구이자 그 본안결정인 통합진보당에 대한 심판사건에서 헌재는 먼저 정당해산심판에서의 심사기준(위에서 살펴봄)을 적용하면서 통합진보당사건에서 구체적 위험성을 초래하였다고 판단하고 해산결정은 비례의 원칙에 어긋나지 않는다고 보아 해산결정을 하였다(헌재 2014.12.19. 2013헌다1).

부록

- 헌법
- 헌법재판소법
- 헌법재판소 심판 규칙

대한민국헌법 * 헌법재판 관련 부분 발췌

제2장 국민의 권리와 의무

제10조 모든 국민은 인간으로서의 존엄과 가치를 가지며, 행복을 추구할 권리를 가진다. 국가는 개인이 가지는 불가침의 기본적 인권을 확인하고 이를 보장할 의무를 진다.

제5장 법원

제101조 ① 사법권은 법관으로 구성된 법원에 속한다.

② 법원은 최고법원인 대법원과 각급법원으로 조직된다.

③ 법관의 자격은 법률로 정한다.

제102조 ① 대법원에 부를 둘 수 있다.

② 대법원에 대법관을 둔다. 다만, 법률이 정하는 바에 의하여 대법관이 아닌 법관을 둘 수 있다.

③ 대법원과 각급법원의 조직은 법률로 정한다.

제103조 법관은 헌법과 법률에 의하여 그 양심에 따라 독립하여 심판한다.

제104조 ① 대법원장은 국회의 동의를 얻어 대통령이 임명한다.

② 대법관은 대법원장의 제청으로 국회의 동의를 얻어 대통령이 임명한다.

③ 대법원장과 대법관이 아닌 법관은 대법관회의의 동의를 얻어 대법원장이 임명한다.

제105조 ① 대법원장의 임기는 6년으로 하며, 중임할 수 없다.

② 대법관의 임기는 6년으로 하며, 법률이 정하는 바에 의하여 연임할 수 있다.

③ 대법원장과 대법관이 아닌 법관의 임기는 10년으로 하며, 법률이 정하는 바에 의하여 연임할 수 있다.

④ 법관의 정년은 법률로 정한다.

제106조 ① 법관은 탄핵 또는 금고 이상의 형의 선고에 의하지 아니하고는 파면되지 아니하며, 징계처분에 의하지 아니하고는 정직·감봉 기타 불리한 처분을 받지 아니한다.

② 법관이 중대한 심신상의 장해로 직무를 수행할 수 없을 때에는 법률이 정하는 바에 의하여 퇴직하게 할 수 있다.

제107조 ① 법률이 헌법에 위반되는 여부가 재판의 전제가 된 경우에는 법원은 헌법재판소에 제청하여 그 심판에 의하여 재판한다.

② 명령·규칙 또는 처분이 헌법이나 법률에 위반되는 여부가 재판의 전제가 된 경우에는 대법원은 이를 최종적으로 심사할 권한을 가진다.

③ 재판의 전심절차로서 행정심판을 할 수 있다. 행정심판의 절차는 법률로 정하되, 사법절차가 준용되어야 한다.

제108조 대법원은 법률에 저촉되지 아니하는 범위안에서 소송에 관한 절차, 법원의 내부규율과 사무처리에 관한 규칙을 제정할 수 있다.

제109조 재판의 심리와 판결은 공개한다. 다만, 심리는 국가의 안전보장 또는 안녕질서를 방해하거나 선량한 풍속을 해할 염려가 있을 때에는 법원의 결정으로 공개하지 아니할 수 있다.

제110조 ① 군사재판을 관할하기 위하여 특별법원으로서 군사법원을 둘 수 있다.

② 군사법원의 상고심은 대법원에서 관할한다.

③ 군사법원의 조직·권한 및 재판관의 자격은 법률로 정한다.

④ 비상계엄하의 군사재판은 군인·군무원의 범죄나 군사에 관한 간첩죄의 경우와 초병·초소·유독음식물공급·포로에 관한 죄중 법률이 정한 경우에 한하여 단심으로 할 수 있다. 다만, 사형을 선고한 경우에는 그러하지 아니하다.

제6장 헌법재판소

제111조 ① 헌법재판소는 다음 사항을 관장한다.

1. 법원의 제청에 의한 법률의 위헌여부 심판
2. 탄핵의 심판
3. 정당의 해산 심판
4. 국가기관 상호간, 국가기관과 지방자치단체간 및 지방자치단체 상호간의 권한쟁의에 관한 심판
5. 법률이 정하는 헌법소원에 관한 심판

② 헌법재판소는 법관의 자격을 가진 9인의 재판관으로 구성하며, 재판관은 대통령이 임명한다.

③ 제2항의 재판관중 3인은 국회에서 선출하는 자를, 3인은 대법원장이 지명하는 자를 임명한다.

④ 헌법재판소의 장은 국회의 동의를 얻어 재판관중에서 대통령이 임명한다.

제112조 ① 헌법재판소 재판관의 임기는 6년으로 하며, 법률이 정하는 바에 의하여 연임할 수 있다.

② 헌법재판소 재판관은 정당에 가입하거나 정치에 관여할 수 없다.

③ 헌법재판소 재판관은 탄핵 또는 금고 이상의 형의 선고에 의하지 아니하고는 파면되지 아니한다.

제113조 ① 헌법재판소에서 법률의 위헌결정, 탄핵의 결정, 정당해산의 결정 또는 헌법소원에 관한 인용결정을 할 때에는 재판관 6인 이상의 찬성이 있어야 한다.

② 헌법재판소는 법률에 저촉되지 아니하는 범위안에서 심판에 관한 절차, 내부규율과 사무처리에 관한 규칙을 제정할 수 있다.

③ 헌법재판소의 조직과 운영 기타 필요한 사항은 법률로 정한다.

헌법재판소법

[시행 2020. 12. 10] [법률 제17469호, 2020. 6. 9, 일부개정]

제1장 총칙 〈개정 2011. 4. 5.〉

제1조(목적) 이 법은 헌법재판소의 조직 및 운영과 그 심판절차에 관하여 필요한 사항을 정함을 목적으로 한다.

[전문개정 2011. 4. 5.]

제2조(관장사항) 헌법재판소는 다음 각 호의 사항을 관장한다.

1. 법원의 제청(提請)에 의한 법률의 위헌(違憲) 여부 심판
2. 탄핵(彈劾)의 심판
3. 정당의 해산심판
4. 국가기관 상호간, 국가기관과 지방자치단체 간 및 지방자치단체 상호간의 권한쟁의(權限爭議)에 관한 심판
5. 헌법소원(憲法訴願)에 관한 심판

[전문개정 2011. 4. 5.]

제3조(구성) 헌법재판소는 9명의 재판관으로 구성한다.

[전문개정 2011. 4. 5.]

제4조(재판관의 독립) 재판관은 헌법과 법률에 의하여 양심에 따라 독립하여 심판한다.

[전문개정 2011. 4. 5.]

제5조(재판관의 자격) ① 재판관은 다음 각 호의 어느 하나에 해당하는 직(職)에 15년 이상 있던 40세 이상인 사람 중에서 임명한다. 다만, 다음 각 호 중 둘 이상의 직에 있던 사람의 재직기간은 합산한다.

1. 판사, 검사, 변호사
2. 변호사 자격이 있는 사람으로서 국가기관, 국영·공영 기업체, 「공공기관의 운영에 관한 법률」 제4조에 따른 공공기관 또는

그 밖의 법인에서 법률에 관한 사무에 종사한 사람
3. 변호사 자격이 있는 사람으로서 공인된 대학의 법률학 조교수 이상의 직에 있던 사람

② 다음 각 호의 어느 하나에 해당하는 사람은 재판관으로 임명할 수 없다. 〈개정 2020. 6. 9.〉

1. 다른 법령에 따라 공무원으로 임용하지 못하는 사람
2. 금고 이상의 형을 선고받은 사람
3. 탄핵에 의하여 파면된 후 5년이 지나지 아니한 사람
4. 「정당법」 제22조에 따른 정당의 당원 또는 당원의 신분을 상실한 날부터 3년이 경과되지 아니한 사람
5. 「공직선거법」 제2조에 따른 선거에 후보자(예비후보자를 포함한다)로 등록한 날부터 5년이 경과되지 아니한 사람
6. 「공직선거법」 제2조에 따른 대통령선거에서 후보자의 당선을 위하여 자문이나 고문의 역할을 한 날부터 3년이 경과되지 아니한 사람

③ 제2항제6호에 따른 자문이나 고문의 역할을 한 사람의 구체적인 범위는 헌법재판소규칙으로 정한다. 〈신설 2020. 6. 9.〉

[전문개정 2011. 4. 5.]

제6조(재판관의 임명) ① 재판관은 대통령이 임명한다. 이 경우 재판관 중 3명은 국회에서 선출하는 사람을, 3명은 대법원장이 지명하는 사람을 임명한다.

② 재판관은 국회의 인사청문을 거쳐 임명·

선출 또는 지명하여야 한다. 이 경우 대통령은 재판관(국회에서 선출하거나 대법원장이 지명하는 사람은 제외한다)을 임명하기 전에, 대법원장은 재판관을 지명하기 전에 인사청문을 요청한다.

③ 재판관의 임기가 만료되거나 정년이 도래하는 경우에는 임기만료일 또는 정년도래일까지 후임자를 임명하여야 한다.

④ 임기 중 재판관이 결원된 경우에는 결원된 날부터 30일 이내에 후임자를 임명하여야 한다.

⑤ 제3항 및 제4항에도 불구하고 국회에서 선출한 재판관이 국회의 폐회 또는 휴회 중에 그 임기가 만료되거나 정년이 도래한 경우 또는 결원된 경우에는 국회는 다음 집회가 개시된 후 30일 이내에 후임자를 선출하여야 한다.

[전문개정 2011. 4. 5.]

제7조(재판관의 임기) ① 재판관의 임기는 6년으로 하며, 연임할 수 있다.

② 재판관의 정년은 70세로 한다. 〈개정 2014. 12. 30.〉

[전문개정 2011. 4. 5.]

제8조(재판관의 신분 보장) 재판관은 다음 각 호의 어느 하나에 해당하는 경우가 아니면 그 의사에 반하여 해임되지 아니한다.

1. 탄핵결정이 된 경우
2. 금고 이상의 형을 선고받은 경우

[전문개정 2011. 4. 5.]

제9조(재판관의 정치 관여 금지) 재판관은 정당에 가입하거나 정치에 관여할 수 없다.

[전문개정 2011. 4. 5.]

제10조(규칙 제정권) ① 헌법재판소는 이 법과 다른 법률에 저촉되지 아니하는 범위에서 심판에 관한 절차, 내부 규율과 사무처리에 관한 규칙을 제정할 수 있다.

② 헌법재판소규칙은 관보에 게재하여 공포한다.

[전문개정 2011. 4. 5.]

제10조의2(입법 의견의 제출) 헌법재판소장은 헌법재판소의 조직, 인사, 운영, 심판절차와 그 밖에 헌법재판소의 업무와 관련된 법률의 제정 또는 개정이 필요하다고 인정하는 경우에는 국회에 서면으로 그 의견을 제출할 수 있다.

[전문개정 2011. 4. 5.]

제11조(경비) ① 헌법재판소의 경비는 독립하여 국가의 예산에 계상(計上)하여야 한다.

② 제1항의 경비 중에는 예비금을 둔다.

[전문개정 2011. 4. 5.]

제 2 장   조직 〈개정 2011. 4. 5.〉

제12조(헌법재판소장) ① 헌법재판소에 헌법재판소장을 둔다.

② 헌법재판소장은 국회의 동의를 받아 재판관 중에서 대통령이 임명한다.

③ 헌법재판소장은 헌법재판소를 대표하고, 헌법재판소의 사무를 총괄하며, 소속 공무원을 지휘·감독한다.

④ 헌법재판소장이 궐위(闕位)되거나 부득이한 사유로 직무를 수행할 수 없을 때에는 다른 재판관이 헌법재판소규칙으로 정하는 순서에 따라 그 권한을 대행한다.

[전문개정 2011. 4. 5.]

제13조 삭제 〈1991. 11. 30.〉

제14조(재판관의 겸직 금지) 재판관은 다음 각 호의 어느 하나에 해당하는 직을 겸하거나 영리를 목적으로 하는 사업을 할 수 없다.

1. 국회 또는 지방의회의 의원의 직
2. 국회·정부 또는 법원의 공무원의 직
3. 법인·단체 등의 고문·임원 또는 직원의 직

[전문개정 2011. 4. 5.]

제15조(헌법재판소장 등의 대우) 헌법재판소장의 대우와 보수는 대법원장의 예에 따르며, 재판관은 정무직(政務職)으로 하고 그 대우

와 보수는 대법관의 예에 따른다.

[전문개정 2011. 4. 5.]

제16조(재판관회의) ① 재판관회의는 재판관 전원으로 구성하며, 헌법재판소장이 의장이 된다.

② 재판관회의는 재판관 7명 이상의 출석과 출석인원 과반수의 찬성으로 의결한다.

③ 의장은 의결에서 표결권을 가진다.

④ 다음 각 호의 사항은 재판관회의의 의결을 거쳐야 한다.

1. 헌법재판소규칙의 제정과 개정, 제10조의 2에 따른 입법 의견의 제출에 관한 사항

2. 예산 요구, 예비금 지출과 결산에 관한 사항

3. 사무처장, 사무차장, 헌법재판연구원장, 헌법연구관 및 3급 이상 공무원의 임면 (任免)에 관한 사항

4. 특히 중요하다고 인정되는 사항으로서 헌법재판소장이 재판관회의에 부치는 사항

⑤ 재판관회의의 운영에 필요한 사항은 헌법재판소규칙으로 정한다.

[전문개정 2011. 4. 5.]

제17조(사무처) ① 헌법재판소의 행정사무를 처리하기 위하여 헌법재판소에 사무처를 둔다.

② 사무처에 사무처장과 사무차장을 둔다.

③ 사무처장은 헌법재판소장의 지휘를 받아 사무처의 사무를 관장하며, 소속 공무원을 지휘·감독한다.

④ 사무처장은 국회 또는 국무회의에 출석하여 헌법재판소의 행정에 관하여 발언할 수 있다.

⑤ 헌법재판소장이 한 처분에 대한 행정소송의 피고는 헌법재판소 사무처장으로 한다.

⑥ 사무차장은 사무처장을 보좌하며, 사무처장이 부득이한 사유로 직무를 수행할 수 없을 때에는 그 직무를 대행한다.

⑦ 사무처에 실, 국, 과를 둔다.

⑧ 실에는 실장, 국에는 국장, 과에는 과장을 두며, 사무처장·사무차장·실장 또는 국장 밑에 정책의 기획, 계획의 입안, 연구·조사, 심사·평가 및 홍보업무를 보좌하는 심의관 또는 담당관을 둘 수 있다.

⑨ 이 법에 규정되지 아니한 사항으로서 사무처의 조직, 직무 범위, 사무처에 두는 공무원의 정원, 그 밖에 필요한 사항은 헌법재판소규칙으로 정한다.

[전문개정 2011. 4. 5.]

제18조(사무처 공무원) ① 사무처장은 정무직으로 하고, 보수는 국무위원의 보수와 같은 금액으로 한다.

② 사무차장은 정무직으로 하고, 보수는 차관의 보수와 같은 금액으로 한다.

③ 실장은 1급 또는 2급, 국장은 2급 또는 3급, 심의관 및 담당관은 2급부터 4급까지, 과장은 3급 또는 4급의 일반직국가공무원으로 임명한다. 다만, 담당관 중 1명은 3급 상당 또는 4급 상당의 별정직국가공무원으로 임명할 수 있다.

④ 사무처 공무원은 헌법재판소장이 임면한다. 다만, 3급 이상의 공무원의 경우에는 재판관회의의 의결을 거쳐야 한다.

⑤ 헌법재판소장은 다른 국가기관에 대하여 그 소속 공무원을 사무처 공무원으로 근무하게 하기 위하여 헌법재판소에의 파견근무를 요청할 수 있다.

[전문개정 2011. 4. 5.]

제19조(헌법연구관) ① 헌법재판소에 헌법재판소규칙으로 정하는 수의 헌법연구관을 둔다. 〈개정 2011. 4. 5.〉

② 헌법연구관은 특정직국가공무원으로 한다. 〈개정 2011. 4. 5.〉

③ 헌법연구관은 헌법재판소장의 명을 받아 사건의 심리(審理) 및 심판에 관한 조사·연구에 종사한다. 〈개정 2011. 4. 5.〉

④ 헌법연구관은 다음 각 호의 어느 하나에 해당하는 사람 중에서 헌법재판소장이 재판

관회의의 의결을 거쳐 임용한다. 〈개정 2011. 4. 5.〉

1. 판사·검사 또는 변호사의 자격이 있는 사람
2. 공인된 대학의 법률학 조교수 이상의 직에 있던 사람
3. 국회, 정부 또는 법원 등 국가기관에서 4급 이상의 공무원으로서 5년 이상 법률에 관한 사무에 종사한 사람
4. 법률학에 관한 박사학위 소지자로서 국회, 정부, 법원 또는 헌법재판소 등 국가기관에서 5년 이상 법률에 관한 사무에 종사한 사람
5. 법률학에 관한 박사학위 소지자로서 헌법재판소규칙으로 정하는 대학 등 공인된 연구기관에서 5년 이상 법률에 관한 사무에 종사한 사람

⑤ 삭제 〈2003. 3. 12.〉

⑥ 다음 각 호의 어느 하나에 해당하는 사람은 헌법연구관으로 임용될 수 없다. 〈개정 2011. 4. 5.〉

1. 「국가공무원법」 제33조 각 호의 어느 하나에 해당하는 사람
2. 금고 이상의 형을 선고받은 사람
3. 탄핵결정에 의하여 파면된 후 5년이 지나지 아니한 사람

⑦ 헌법연구관의 임기는 10년으로 하되, 연임할 수 있고, 정년은 60세로 한다. 〈개정 2011. 4. 5.〉

⑧ 헌법연구관이 제6항 각 호의 어느 하나에 해당할 때에는 당연히 퇴직한다. 다만, 「국가공무원법」 제33조제5호에 해당할 때에는 그러하지 아니하다. 〈개정 2011. 4. 5.〉

⑨ 헌법재판소장은 다른 국가기관에 대하여 그 소속 공무원을 헌법연구관으로 근무하게 하기 위하여 헌법재판소에의 파견근무를 요청할 수 있다. 〈개정 2011. 4. 5.〉

⑩ 사무차장은 헌법연구관의 직을 겸할 수 있다. 〈개정 2011. 4. 5.〉

⑪ 헌법재판소장은 헌법연구관을 사건의 심리 및 심판에 관한 조사·연구업무 외의 직에 임명하거나 그 직을 겸임하게 할 수 있다. 이 경우 헌법연구관의 수는 헌법재판소규칙으로 정하며, 보수는 그 중 고액의 것을 지급한다. 〈개정 2011. 4. 5., 2014. 12. 30.〉

[제목개정 2011. 4. 5.]

제19조의2(헌법연구관보) ① 헌법연구관을 신규임용하는 경우에는 3년간 헌법연구관보(憲法研究官補)로 임용하여 근무하게 한 후 그 근무성적을 고려하여 헌법연구관으로 임용한다. 다만, 경력 및 업무능력 등을 고려하여 헌법재판소규칙으로 정하는 바에 따라 헌법연구관보 임용을 면제하거나 그 기간을 단축할 수 있다.

② 헌법연구관보는 헌법재판소장이 재판관회의의 의결을 거쳐 임용한다.

③ 헌법연구관보는 별정직국가공무원으로 하고, 그 보수와 승급기준은 헌법연구관의 예에 따른다.

④ 헌법연구관보가 근무성적이 불량한 경우에는 재판관회의의 의결을 거쳐 면직시킬 수 있다.

⑤ 헌법연구관보의 근무기간은 이 법 및 다른 법령에 규정된 헌법연구관의 재직기간에 산입한다.

[전문개정 2011. 4. 5.]

제19조의3(헌법연구위원) ① 헌법재판소에 헌법연구위원을 둘 수 있다. 헌법연구위원은 사건의 심리 및 심판에 관한 전문적인 조사·연구에 종사한다.

② 헌법연구위원은 3년 이내의 범위에서 기간을 정하여 임명한다.

③ 헌법연구위원은 2급 또는 3급 상당의 별정직공무원이나 「국가공무원법」 제26조의5에 따른 임기제공무원으로 하고, 그 직제 및 자격 등에 관하여는 헌법재판소규칙으로 정한다. 〈개정 2012. 12. 11.〉

[본조신설 2007. 12. 21.]

제19조의4(헌법재판연구원) ① 헌법 및 헌법재판 연구와 헌법연구관, 사무처 공무원 등의 교육을 위하여 헌법재판소에 헌법재판연구원을 둔다.

② 헌법재판연구원의 정원은 원장 1명을 포함하여 40명 이내로 하고, 원장 밑에 부장, 팀장, 연구관 및 연구원을 둔다. 〈개정 2014. 12. 30.〉

③ 원장은 헌법재판소장이 재판관회의의 의결을 거쳐 헌법연구관으로 보하거나 1급인 일반직국가공무원으로 임명한다. 〈신설 2014. 12. 30.〉

④ 부장은 헌법연구관이나 2급 또는 3급 일반직공무원으로, 팀장은 헌법연구관이나 3급 또는 4급 일반직공무원으로 임명하고, 연구관 및 연구원은 헌법연구관 또는 일반직공무원으로 임명한다. 〈개정 2014. 12. 30.〉

⑤ 연구관 및 연구원은 다음 각 호의 어느 하나에 해당하는 사람 중에서 헌법재판소장이 보하거나 헌법재판연구원장의 제청을 받아 헌법재판소장이 임명한다. 〈신설 2014. 12. 30.〉

1. 헌법연구관
2. 변호사의 자격이 있는 사람(외국의 변호사 자격을 포함한다)
3. 학사 또는 석사학위를 취득한 사람으로서 헌법재판소규칙으로 정하는 실적 또는 경력이 있는 사람
4. 박사학위를 취득한 사람

⑥ 그 밖에 헌법재판연구원의 조직과 운영에 필요한 사항은 헌법재판소규칙으로 정한다. 〈신설 2014. 12. 30.〉

[전문개정 2011. 4. 5.]

제20조(헌법재판소장 비서실 등) ① 헌법재판소에 헌법재판소장 비서실을 둔다.

② 헌법재판소장 비서실에 비서실장 1명을 두되, 비서실장은 1급 상당의 별정직국가공무원으로 임명하고, 헌법재판소장의 명을 받아 기밀에 관한 사무를 관장한다.

③ 제2항에 규정되지 아니한 사항으로서 헌법재판소장 비서실의 조직과 운영에 필요한 사항은 헌법재판소규칙으로 정한다.

④ 헌법재판소에 재판관 비서관을 둔다.

⑤ 재판관 비서관은 4급의 일반직국가공무원 또는 4급 상당의 별정직국가공무원으로 임명하며, 재판관의 명을 받아 기밀에 관한 사무를 관장한다.

[전문개정 2011. 4. 5.]

제21조(서기 및 정리) ① 헌법재판소에 서기(書記) 및 정리(廷吏)를 둔다.

② 헌법재판소장은 사무처 직원 중에서 서기 및 정리를 지명한다.

③ 서기는 재판장의 명을 받아 사건에 관한 서류의 작성·보관 또는 송달에 관한 사무를 담당한다.

④ 정리는 심판정(審判廷)의 질서유지와 그 밖에 재판장이 명하는 사무를 집행한다.

[전문개정 2011. 4. 5.]

제 3 장 일반심판절차
〈개정 2011. 4. 5.〉

제22조(재판부) ① 이 법에 특별한 규정이 있는 경우를 제외하고는 헌법재판소의 심판은 재판관 전원으로 구성되는 재판부에서 관장한다.

② 재판부의 재판장은 헌법재판소장이 된다.

[전문개정 2011. 4. 5.]

제23조(심판정족수) ① 재판부는 재판관 7명 이상의 출석으로 사건을 심리한다.

② 재판부는 종국심리(終局審理)에 관여한 재판관 과반수의 찬성으로 사건에 관한 결정을 한다. 다만, 다음 각 호의 어느 하나에 해당하는 경우에는 재판관 6명 이상의 찬성이 있어야 한다.

1. 법률의 위헌결정, 탄핵의 결정, 정당해산

의 결정 또는 헌법소원에 관한 인용결정(認容決定)을 하는 경우

2. 종전에 헌법재판소가 판시한 헌법 또는 법률의 해석 적용에 관한 의견을 변경하는 경우

[전문개정 2011. 4. 5.]

제24조(제척·기피 및 회피) ① 재판관이 다음 각 호의 어느 하나에 해당하는 경우에는 그 직무집행에서 제척(除斥)된다.

1. 재판관이 당사자이거나 당사자의 배우자 또는 배우자였던 경우

2. 재판관과 당사자가 친족관계이거나 친족 관계였던 경우

3. 재판관이 사건에 관하여 증언이나 감정(鑑定)을 하는 경우

4. 재판관이 사건에 관하여 당사자의 대리인 이 되거나 되었던 경우

5. 그 밖에 재판관이 헌법재판소 외에서 직 무상 또는 직업상의 이유로 사건에 관여 한 경우

② 재판부는 직권 또는 당사자의 신청에 의 하여 제척의 결정을 한다.

③ 재판관에게 공정한 심판을 기대하기 어려운 사정이 있는 경우 당사자는 기피(忌避)신 청을 할 수 있다. 다만, 변론기일(辯論期日)에 출석하여 본안(本案)에 관한 진술을 한 때에는 그러하지 아니하다.

④ 당사자는 동일한 사건에 대하여 2명 이상 의 재판관을 기피할 수 없다.

⑤ 재판관은 제1항 또는 제3항의 사유가 있 는 경우에는 재판장의 허가를 받아 회피(回避)할 수 있다.

⑥ 당사자의 제척 및 기피신청에 관한 심판 에는 「민사소송법」 제44조, 제45조, 제46조 제1항·제2항 및 제48조를 준용한다.

[전문개정 2011. 4. 5.]

제25조(대표자·대리인) ① 각종 심판절차에서 정부가 당사자(참가인을 포함한다. 이하 같 다)인 경우에는 법무부장관이 이를 대표한 다.

② 각종 심판절차에서 당사자인 국가기관 또 는 지방자치단체는 변호사 또는 변호사의 자 격이 있는 소속 직원을 대리인으로 선임하여 심판을 수행하게 할 수 있다.

③ 각종 심판절차에서 당사자인 사인(私人) 은 변호사를 대리인으로 선임하지 아니하면 심판청구를 하거나 심판 수행을 하지 못한다. 다만, 그가 변호사의 자격이 있는 경우에는 그러하지 아니하다.

[전문개정 2011. 4. 5.]

제26조(심판청구의 방식) ① 헌법재판소에의 심판청구는 심판절차별로 정하여진 청구서를 헌법재판소에 제출함으로써 한다. 다만, 위헌 법률심판에서는 법원의 제청서, 탄핵심판에 서는 국회의 소추의결서(訴追議決書)의 정본 (正本)으로 청구서를 갈음한다.

② 청구서에는 필요한 증거서류 또는 참고자 료를 첨부할 수 있다.

[전문개정 2011. 4. 5.]

제27조(청구서의 송달) ① 헌법재판소가 청구 서를 접수한 때에는 지체 없이 그 등본을 피 청구기관 또는 피청구인(이하 "피청구인"이 라 한다)에게 송달하여야 한다.

② 위헌법률심판의 제청이 있으면 법무부장 관 및 당해 소송사건의 당사자에게 그 제청 서의 등본을 송달한다.

[전문개정 2011. 4. 5.]

제28조(심판청구의 보정) ① 재판장은 심판청 구가 부적법하나 보정(補正)할 수 있다고 인 정되는 경우에는 상당한 기간을 정하여 보정 을 요구하여야 한다.

② 제1항에 따른 보정 서면에 관하여는 제27 조제1항을 준용한다.

③ 제1항에 따른 보정이 있는 경우에는 처음 부터 적법한 심판청구가 있은 것으로 본다.

④ 제1항에 따른 보정기간은 제38조의 심판

기간에 산입하지 아니한다.

⑤ 재판장은 필요하다고 인정하는 경우에는 재판관 중 1명에게 제1항의 보정요구를 할 수 있는 권한을 부여할 수 있다.

[전문개정 2011. 4. 5.]

제29조(답변서의 제출) ① 청구서 또는 보정서면을 송달받은 피청구인은 헌법재판소에 답변서를 제출할 수 있다.

② 답변서에는 심판청구의 취지와 이유에 대응하는 답변을 적는다.

[전문개정 2011. 4. 5.]

제30조(심리의 방식) ① 탄핵의 심판, 정당해산의 심판 및 권한쟁의의 심판은 구두변론에 의한다.

② 위헌법률의 심판과 헌법소원에 관한 심판은 서면심리에 의한다. 다만, 재판부는 필요하다고 인정하는 경우에는 변론을 열어 당사자, 이해관계인, 그 밖의 참고인의 진술을 들을 수 있다.

③ 재판부가 변론을 열 때에는 기일을 정하여 당사자와 관계인을 소환하여야 한다.

[전문개정 2011. 4. 5.]

제31조(증거조사) ① 재판부는 사건의 심리를 위하여 필요하다고 인정하는 경우에는 직권 또는 당사자의 신청에 의하여 다음 각 호의 증거조사를 할 수 있다.

1. 당사자 또는 증인을 신문(訊問)하는 일
2. 당사자 또는 관계인이 소지하는 문서·장부·물건 또는 그 밖의 증거자료의 제출을 요구하고 영치(領置)하는 일
3. 특별한 학식과 경험을 가진 자에게 감정을 명하는 일
4. 필요한 물건·사람·장소 또는 그 밖의 사물의 성상(性狀)이나 상황을 검증하는 일

② 재판장은 필요하다고 인정하는 경우에는 재판관 중 1명을 지정하여 제1항의 증거조사를 하게 할 수 있다.

[전문개정 2011. 4. 5.]

제32조(자료제출 요구 등) 재판부는 결정으로 다른 국가기관 또는 공공단체의 기관에 심판에 필요한 사실을 조회하거나, 기록의 송부나 자료의 제출을 요구할 수 있다. 다만, 재판·소추 또는 범죄수사가 진행 중인 사건의 기록에 대하여는 송부를 요구할 수 없다.

[전문개정 2011. 4. 5.]

제33조(심판의 장소) 심판의 변론과 종국결정의 선고는 심판정에서 한다. 다만, 헌법재판소장이 필요하다고 인정하는 경우에는 심판정 외의 장소에서 변론 또는 종국결정의 선고를 할 수 있다.

[전문개정 2011. 4. 5.]

제34조(심판의 공개) ① 심판의 변론과 결정의 선고는 공개한다. 다만, 서면심리와 평의(評議)는 공개하지 아니한다.

② 헌법재판소의 심판에 관하여는 「법원조직법」 제57조제1항 단서와 같은 조 제2항 및 제3항을 준용한다.

[전문개정 2011. 4. 5.]

제35조(심판의 지휘와 법정경찰권) ① 재판장은 심판정의 질서와 변론의 지휘 및 평의의 정리(整理)를 담당한다.

② 헌법재판소 심판정의 질서유지와 용어의 사용에 관하여는 「법원조직법」 제58조부터 제63조까지의 규정을 준용한다.

[전문개정 2011. 4. 5.]

제36조(종국결정) ① 재판부가 심리를 마쳤을 때에는 종국결정을 한다.

② 종국결정을 할 때에는 다음 각 호의 사항을 적은 결정서를 작성하고 심판에 관여한 재판관 전원이 이에 서명날인하여야 한다.

1. 사건번호와 사건명
2. 당사자와 심판수행자 또는 대리인의 표시
3. 주문(主文)
4. 이유
5. 결정일

③ 심판에 관여한 재판관은 결정서에 의견을

표시하여야 한다.

④ 종국결정이 선고되면 서기는 지체 없이 결정서 정본을 작성하여 당사자에게 송달하여야 한다.

⑤ 종국결정은 헌법재판소규칙으로 정하는 바에 따라 관보에 게재하거나 그 밖의 방법으로 공시한다.

[전문개정 2011. 4. 5.]

제37조(심판비용 등) ① 헌법재판소의 심판비용은 국가부담으로 한다. 다만, 당사자의 신청에 의한 증거조사의 비용은 헌법재판소규칙으로 정하는 바에 따라 그 신청인에게 부담시킬 수 있다.

② 헌법재판소는 헌법소원심판의 청구인에 대하여 헌법재판소규칙으로 정하는 공탁금의 납부를 명할 수 있다.

③ 헌법재판소는 다음 각 호의 어느 하나에 해당하는 경우에는 헌법재판소규칙으로 정하는 바에 따라 공탁금의 전부 또는 일부의 국고 귀속을 명할 수 있다.

1. 헌법소원의 심판청구를 각하하는 경우
2. 헌법소원의 심판청구를 기각하는 경우에 그 심판청구가 권리의 남용이라고 인정되는 경우

[전문개정 2011. 4. 5.]

제38조(심판기간) 헌법재판소는 심판사건을 접수한 날부터 180일 이내에 종국결정의 선고를 하여야 한다. 다만, 재판관의 궐위로 7명의 출석이 불가능한 경우에는 그 궐위된 기간은 심판기간에 산입하지 아니한다.

[전문개정 2011. 4. 5.]

제39조(일사부재리) 헌법재판소는 이미 심판을 거친 동일한 사건에 대하여는 다시 심판할 수 없다.

[전문개정 2011. 4. 5.]

제39조의2(심판확정기록의 열람·복사) ① 누구든지 권리구제, 학술연구 또는 공익 목적으로 심판이 확정된 사건기록의 열람 또는 복사를 신청할 수 있다. 다만, 헌법재판소장은 다음 각 호의 어느 하나에 해당하는 경우에는 사건기록을 열람하거나 복사하는 것을 제한할 수 있다.

1. 변론이 비공개로 진행된 경우
2. 사건기록의 공개로 인하여 국가의 안전보장, 선량한 풍속, 공공의 질서유지나 공공복리를 현저히 침해할 우려가 있는 경우
3. 사건기록의 공개로 인하여 관계인의 명예, 사생활의 비밀, 영업비밀(「부정경쟁방지 및 영업비밀보호에 관한 법률」 제2조제2호에 규정된 영업비밀을 말한다) 또는 생명·신체의 안전이나 생활의 평온을 현저히 침해할 우려가 있는 경우

② 헌법재판소장은 제1항 단서에 따라 사건기록의 열람 또는 복사를 제한하는 경우에는 신청인에게 그 사유를 명시하여 통지하여야 한다.

③ 제1항에 따른 사건기록의 열람 또는 복사 등에 관하여 필요한 사항은 헌법재판소규칙으로 정한다.

④ 사건기록을 열람하거나 복사한 자는 열람 또는 복사를 통하여 알게 된 사항을 이용하여 공공의 질서 또는 선량한 풍속을 침해하거나 관계인의 명예 또는 생활의 평온을 훼손하는 행위를 하여서는 아니 된다.

[전문개정 2011. 4. 5.]

제40조(준용규정) ① 헌법재판소의 심판절차에 관하여는 이 법에 특별한 규정이 있는 경우를 제외하고는 헌법재판의 성질에 반하지 아니하는 한도에서 민사소송에 관한 법령을 준용한다. 이 경우 탄핵심판의 경우에는 형사소송에 관한 법령을 준용하고, 권한쟁의심판 및 헌법소원심판의 경우에는 「행정소송법」을 함께 준용한다.

② 제1항 후단의 경우에 형사소송에 관한 법령 또는 「행정소송법」이 민사소송에 관한 법령에 저촉될 때에는 민사소송에 관한 법령은 준용하지 아니한다.

[전문개정 2011. 4. 5.]

제4장 특별심판절차
〈개정 2011. 4. 5.〉

제1절 위헌법률심판
〈개정 2011. 4. 5.〉

제41조(위헌 여부 심판의 제청) ① 법률이 헌법에 위반되는지 여부가 재판의 전제가 된 경우에는 당해 사건을 담당하는 법원(군사법원을 포함한다. 이하 같다)은 직권 또는 당사자의 신청에 의한 결정으로 헌법재판소에 위헌 여부 심판을 제청한다.
② 제1항의 당사자의 신청은 제43조제2호부터 제4호까지의 사항을 적은 서면으로 한다.
③ 제2항의 신청서면의 심사에 관하여는 「민사소송법」 제254조를 준용한다.
④ 위헌 여부 심판의 제청에 관한 결정에 대하여는 항고할 수 없다.
⑤ 대법원 외의 법원이 제1항의 제청을 할 때에는 대법원을 거쳐야 한다.
[전문개정 2011. 4. 5.]

제42조(재판의 정지 등) ① 법원이 법률의 위헌 여부 심판을 헌법재판소에 제청한 때에는 당해 소송사건의 재판은 헌법재판소의 위헌 여부의 결정이 있을 때까지 정지된다. 다만, 법원이 긴급하다고 인정하는 경우에는 종국재판 외의 소송절차를 진행할 수 있다.
② 제1항 본문에 따른 재판정지기간은 「형사소송법」 제92조제1항·제2항 및 「군사법원법」 제132조제1항·제2항의 구속기간과 「민사소송법」 제199조의 판결 선고기간에 산입하지 아니한다.
[전문개정 2011. 4. 5.]

제43조(제청서의 기재사항) 법원이 법률의 위헌 여부 심판을 헌법재판소에 제청할 때에는 제청서에 다음 각 호의 사항을 적어야 한다.
1. 제청법원의 표시

2. 사건 및 당사자의 표시
3. 위헌이라고 해석되는 법률 또는 법률의 조항
4. 위헌이라고 해석되는 이유
5. 그 밖에 필요한 사항
[전문개정 2011. 4. 5.]

제44조(소송사건 당사자 등의 의견) 당해 소송사건의 당사자 및 법무부장관은 헌법재판소에 법률의 위헌 여부에 대한 의견서를 제출할 수 있다.
[전문개정 2011. 4. 5.]

제45조(위헌결정) 헌법재판소는 제청된 법률 또는 법률 조항의 위헌 여부만을 결정한다. 다만, 법률 조항의 위헌결정으로 인하여 해당 법률 전부를 시행할 수 없다고 인정될 때에는 그 전부에 대하여 위헌결정을 할 수 있다.
[전문개정 2011. 4. 5.]

제46조(결정서의 송달) 헌법재판소는 결정일부터 14일 이내에 결정서 정본을 제청한 법원에 송달한다. 이 경우 제청한 법원이 대법원이 아닌 경우에는 대법원을 거쳐야 한다.
[전문개정 2011. 4. 5.]

제47조(위헌결정의 효력) ① 법률의 위헌결정은 법원과 그 밖의 국가기관 및 지방자치단체를 기속(羈束)한다.
② 위헌으로 결정된 법률 또는 법률의 조항은 그 결정이 있는 날부터 효력을 상실한다. 〈개정 2014. 5. 20.〉
③ 제2항에도 불구하고 형벌에 관한 법률 또는 법률의 조항은 소급하여 그 효력을 상실한다. 다만, 해당 법률 또는 법률의 조항에 대하여 종전에 합헌으로 결정한 사건이 있는 경우에는 그 결정이 있는 날의 다음 날로 소급하여 효력을 상실한다. 〈신설 2014. 5. 20.〉
④ 제3항의 경우에 위헌으로 결정된 법률 또는 법률의 조항에 근거한 유죄의 확정판결에 대하여는 재심을 청구할 수 있다. 〈개정 2014. 5. 20.〉

⑤ 제4항의 재심에 대하여는 「형사소송법」을 준용한다. 〈개정 2014. 5. 20.〉
[전문개정 2011. 4. 5.]

제 2 절 탄핵심판 〈개정 2011. 4. 5.〉

제48조(탄핵소추) 다음 각 호의 어느 하나에 해당하는 공무원이 그 직무집행에서 헌법이나 법률을 위반한 경우에는 국회는 헌법 및 「국회법」에 따라 탄핵의 소추를 의결할 수 있다.
1. 대통령, 국무총리, 국무위원 및 행정각부(行政各部)의 장
2. 헌법재판소 재판관, 법관 및 중앙선거관리위원회 위원
3. 감사원장 및 감사위원
4. 그 밖에 법률에서 정한 공무원
[전문개정 2011. 4. 5.]

제49조(소추위원) ① 탄핵심판에서는 국회 법제사법위원회의 위원장이 소추위원이 된다.
② 소추위원은 헌법재판소에 소추의결서의 정본을 제출하여 탄핵심판을 청구하며, 심판의 변론에서 피청구인을 신문할 수 있다.
[전문개정 2011. 4. 5.]

제50조(권한 행사의 정지) 탄핵소추의 의결을 받은 사람은 헌법재판소의 심판이 있을 때까지 그 권한 행사가 정지된다.
[전문개정 2011. 4. 5.]

제51조(심판절차의 정지) 피청구인에 대한 탄핵심판 청구와 동일한 사유로 형사소송이 진행되고 있는 경우에는 재판부는 심판절차를 정지할 수 있다.
[전문개정 2011. 4. 5.]

제52조(당사자의 불출석) ① 당사자가 변론기일에 출석하지 아니하면 다시 기일을 정하여야 한다.
② 다시 정한 기일에도 당사자가 출석하지 아니하면 그의 출석 없이 심리할 수 있다.

[전문개정 2011. 4. 5.]

제53조(결정의 내용) ① 탄핵심판 청구가 이유 있는 경우에는 헌법재판소는 피청구인을 해당 공직에서 파면하는 결정을 선고한다.
② 피청구인이 결정 선고 전에 해당 공직에서 파면되었을 때에는 헌법재판소는 심판청구를 기각하여야 한다.
[전문개정 2011. 4. 5.]

제54조(결정의 효력) ① 탄핵결정은 피청구인의 민사상 또는 형사상의 책임을 면제하지 아니한다.
② 탄핵결정에 의하여 파면된 사람은 결정 선고가 있은 날부터 5년이 지나지 아니하면 공무원이 될 수 없다.
[전문개정 2011. 4. 5.]

제 3 절 정당해산심판
〈개정 2011. 4. 5.〉

제55조(정당해산심판의 청구) 정당의 목적이나 활동이 민주적 기본질서에 위배될 때에는 정부는 국무회의의 심의를 거쳐 헌법재판소에 정당해산심판을 청구할 수 있다.
[전문개정 2011. 4. 5.]

제56조(청구서의 기재사항) 정당해산심판의 청구서에는 다음 각 호의 사항을 적어야 한다.
1. 해산을 요구하는 정당의 표시
2. 청구 이유
[전문개정 2011. 4. 5.]

제57조(가처분) 헌법재판소는 정당해산심판의 청구를 받은 때에는 직권 또는 청구인의 신청에 의하여 종국결정의 선고 시까지 피청구인의 활동을 정지하는 결정을 할 수 있다.
[전문개정 2011. 4. 5.]

제58조(청구 등의 통지) ① 헌법재판소장은 정당해산심판의 청구가 있는 때, 가처분결정을 한 때 및 그 심판이 종료한 때에는 그 사실을 국회와 중앙선거관리위원회에 통지하여야

한다.

② 정당해산을 명하는 결정서는 피청구인 외에 국회, 정부 및 중앙선거관리위원회에도 송달하여야 한다.

[전문개정 2011. 4. 5.]

제59조(결정의 효력) 정당의 해산을 명하는 결정이 선고된 때에는 그 정당은 해산된다.

[전문개정 2011. 4. 5.]

제60조(결정의 집행) 정당의 해산을 명하는 헌법재판소의 결정은 중앙선거관리위원회가 「정당법」에 따라 집행한다.

[전문개정 2011. 4. 5.]

제4절 권한쟁의심판

〈개정 2011. 4. 5.〉

제61조(청구 사유) ① 국가기관 상호간, 국가기관과 지방자치단체 간 및 지방자치단체 상호간에 권한의 유무 또는 범위에 관하여 다툼이 있을 때에는 해당 국가기관 또는 지방자치단체는 헌법재판소에 권한쟁의심판을 청구할 수 있다.

② 제1항의 심판청구는 피청구인의 처분 또는 부작위(不作爲)가 헌법 또는 법률에 의하여 부여받은 청구인의 권한을 침해하였거나 침해할 현저한 위험이 있는 경우에만 할 수 있다.

[전문개정 2011. 4. 5.]

제62조(권한쟁의심판의 종류) ① 권한쟁의심판의 종류는 다음 각 호와 같다. 〈개정 2018. 3. 20.〉

1. 국가기관 상호간의 권한쟁의심판
   국회, 정부, 법원 및 중앙선거관리위원회 상호간의 권한쟁의심판
2. 국가기관과 지방자치단체 간의 권한쟁의심판
   가. 정부와 특별시·광역시·특별자치시·도 또는 특별자치도 간의 권한쟁의심판
   나. 정부와 시·군 또는 지방자치단체인

구(이하 "자치구"라 한다) 간의 권한쟁의심판
3. 지방자치단체 상호간의 권한쟁의심판
   가. 특별시·광역시·특별자치시·도 또는 특별자치도 상호간의 권한쟁의심판
   나. 시·군 또는 자치구 상호간의 권한쟁의심판
   다. 특별시·광역시·특별자치시·도 또는 특별자치도와 시·군 또는 자치구 간의 권한쟁의심판

② 권한쟁의가 「지방교육자치에 관한 법률」 제2조에 따른 교육·학예에 관한 지방자치단체의 사무에 관한 것인 경우에는 교육감이 제1항제2호 및 제3호의 당사자가 된다.

[전문개정 2011. 4. 5.]

제63조(청구기간) ① 권한쟁의의 심판은 그 사유가 있음을 안 날부터 60일 이내에, 그 사유가 있은 날부터 180일 이내에 청구하여야 한다.

② 제1항의 기간은 불변기간으로 한다.

[전문개정 2011. 4. 5.]

제64조(청구서의 기재사항) 권한쟁의심판의 청구서에는 다음 각 호의 사항을 적어야 한다.

1. 청구인 또는 청구인이 속한 기관 및 심판수행자 또는 대리인의 표시
2. 피청구인의 표시
3. 심판 대상이 되는 피청구인의 처분 또는 부작위
4. 청구 이유
5. 그 밖에 필요한 사항

[전문개정 2011. 4. 5.]

제65조(가처분) 헌법재판소가 권한쟁의심판의 청구를 받았을 때에는 직권 또는 청구인의 신청에 의하여 종국결정의 선고 시까지 심판 대상이 된 피청구인의 처분의 효력을 정지하는 결정을 할 수 있다.

[전문개정 2011. 4. 5.]

제66조(결정의 내용) ① 헌법재판소는 심판의

대상이 된 국가기관 또는 지방자치단체의 권한의 유무 또는 범위에 관하여 판단한다.

② 제1항의 경우에 헌법재판소는 권한침해의 원인이 된 피청구인의 처분을 취소하거나 그 무효를 확인할 수 있고, 헌법재판소가 부작위에 대한 심판청구를 인용하는 결정을 한 때에는 피청구인은 결정 취지에 따른 처분을 하여야 한다.

[전문개정 2011. 4. 5.]

제67조(결정의 효력) ① 헌법재판소의 권한쟁의심판의 결정은 모든 국가기관과 지방자치단체를 기속한다.

② 국가기관 또는 지방자치단체의 처분을 취소하는 결정은 그 처분의 상대방에 대하여 이미 생긴 효력에 영향을 미치지 아니한다.

[전문개정 2011. 4. 5.]

제 5 절 헌법소원심판
〈개정 2011. 4. 5.〉

제68조(청구 사유) ① 공권력의 행사 또는 불행사(不行使)로 인하여 헌법상 보장된 기본권을 침해받은 자는 법원의 재판을 제외하고는 헌법재판소에 헌법소원심판을 청구할 수 있다. 다만, 다른 법률에 구제절차가 있는 경우에는 그 절차를 모두 거친 후에 청구할 수 있다.

② 제41조제1항에 따른 법률의 위헌 여부 심판의 제청신청이 기각된 때에는 그 신청을 한 당사자는 헌법재판소에 헌법소원심판을 청구할 수 있다. 이 경우 그 당사자는 당해 사건의 소송절차에서 동일한 사유를 이유로 다시 위헌 여부 심판의 제청을 신청할 수 없다.

[전문개정 2011. 4. 5.]

[한정위헌, 2016헌마33, 2016. 4. 28., 헌법재판소법(2011. 4. 5. 법률 제10546호로 개정된 것) 제68조 제1항 본문 중 "법원의 재판을 제외하고는" 부분은, 헌법재판소가 위헌으로 결정한 법령을 적용함으로써 국민의 기본권을 침해한 재판이 포함되는 것으로 해석하는 한 헌법에 위반된다.]

제69조(청구기간) ① 제68조제1항에 따른 헌법소원의 심판은 그 사유가 있음을 안 날부터 90일 이내에, 그 사유가 있는 날부터 1년 이내에 청구하여야 한다. 다만, 다른 법률에 따른 구제절차를 거친 헌법소원의 심판은 그 최종결정을 통지받은 날부터 30일 이내에 청구하여야 한다.

② 제68조제2항에 따른 헌법소원심판은 위헌 여부 심판의 제청신청을 기각하는 결정을 통지받은 날부터 30일 이내에 청구하여야 한다.

[전문개정 2011. 4. 5.]

제70조(국선대리인) ① 헌법소원심판을 청구하려는 자가 변호사를 대리인으로 선임할 자력(資力)이 없는 경우에는 헌법재판소에 국선대리인을 선임하여 줄 것을 신청할 수 있다. 이 경우 제69조에 따른 청구기간은 국선대리인의 선임신청이 있는 날을 기준으로 정한다.

② 제1항에도 불구하고 헌법재판소가 공익상 필요하다고 인정할 때에는 국선대리인을 선임할 수 있다.

③ 헌법재판소는 제1항의 신청이 있는 경우 또는 제2항의 경우에는 헌법재판소규칙으로 정하는 바에 따라 변호사 중에서 국선대리인을 선정한다. 다만, 그 심판청구가 명백히 부적법하거나 이유 없는 경우 또는 권리의 남용이라고 인정되는 경우에는 국선대리인을 선정하지 아니할 수 있다.

④ 헌법재판소가 국선대리인을 선정하지 아니한다는 결정을 한 때에는 지체 없이 그 사실을 신청인에게 통지하여야 한다. 이 경우 신청인이 선임신청을 한 날부터 그 통지를 받은 날까지의 기간은 제69조의 청구기간에 산입하지 아니한다.

⑤ 제3항에 따라 선정된 국선대리인은 선정된 날부터 60일 이내에 제71조에 규정된 사항을 적은 심판청구서를 헌법재판소에 제출하여야 한다.

⑥ 제3항에 따라 선정한 국선대리인에게는 헌법재판소규칙으로 정하는 바에 따라 국고에서 그 보수를 지급한다.
[전문개정 2011. 4. 5.]

제71조(청구서의 기재사항) ① 제68조제1항에 따른 헌법소원의 심판청구서에는 다음 각 호의 사항을 적어야 한다.
1. 청구인 및 대리인의 표시
2. 침해된 권리
3. 침해의 원인이 되는 공권력의 행사 또는 불행사
4. 청구 이유
5. 그 밖에 필요한 사항
② 제68조제2항에 따른 헌법소원의 심판청구서의 기재사항에 관하여는 제43조를 준용한다. 이 경우 제43조제1호 중 "제청법원의 표시"는 "청구인 및 대리인의 표시"로 본다.
③ 헌법소원의 심판청구서에는 대리인의 선임을 증명하는 서류 또는 국선대리인 선임통지서를 첨부하여야 한다.
[전문개정 2011. 4. 5.]

제72조(사전심사) ① 헌법재판소장은 헌법재판소에 재판관 3명으로 구성되는 지정재판부를 두어 헌법소원심판의 사전심사를 담당하게 할 수 있다. 〈개정 2011. 4. 5.〉
② 삭제 〈1991. 11. 30.〉
③ 지정재판부는 다음 각 호의 어느 하나에 해당되는 경우에는 지정재판부 재판관 전원의 일치된 의견에 의한 결정으로 헌법소원의 심판청구를 각하한다. 〈개정 2011. 4. 5.〉
1. 다른 법률에 따른 구제절차가 있는 경우 그 절차를 모두 거치지 아니하거나 또는 법원의 재판에 대하여 헌법소원의 심판이 청구된 경우
2. 제69조의 청구기간이 지난 후 헌법소원심판이 청구된 경우
3. 제25조에 따른 대리인의 선임 없이 청구된 경우
4. 그 밖에 헌법소원심판의 청구가 부적법하고 그 흠결을 보정할 수 없는 경우
④ 지정재판부는 전원의 일치된 의견으로 제3항의 각하결정을 하지 아니하는 경우에는 결정으로 헌법소원을 재판부의 심판에 회부하여야 한다. 헌법소원심판의 청구 후 30일이 지날 때까지 각하결정이 없는 때에는 심판에 회부하는 결정(이하 "심판회부결정"이라 한다)이 있는 것으로 본다. 〈개정 2011. 4. 5.〉
⑤ 지정재판부의 심리에 관하여는 제28조, 제31조, 제32조 및 제35조를 준용한다. 〈개정 2011. 4. 5.〉
⑥ 지정재판부의 구성과 운영에 필요한 사항은 헌법재판소규칙으로 정한다. 〈개정 2011. 4. 5.〉
[제목개정 2011. 4. 5.]

제73조(각하 및 심판회부 결정의 통지) ① 지정재판부는 헌법소원을 각하하거나 심판회부결정을 한 때에는 그 결정일부터 14일 이내에 청구인 또는 그 대리인 및 피청구인에게 그 사실을 통지하여야 한다. 제72조제4항 후단의 경우에도 또한 같다.
② 헌법재판소장은 헌법소원이 제72조제4항에 따라 재판부의 심판에 회부된 때에는 다음 각 호의 자에게 지체 없이 그 사실을 통지하여야 한다.
1. 법무부장관
2. 제68조제2항에 따른 헌법소원심판에서는 청구인이 아닌 당해 사건의 당사자
[전문개정 2011. 4. 5.]

제74조(이해관계기관 등의 의견 제출) ① 헌법소원의 심판에 이해관계가 있는 국가기관 또는 공공단체와 법무부장관은 헌법재판소에 그 심판에 관한 의견서를 제출할 수 있다.
② 제68조제2항에 따른 헌법소원이 재판부에 심판 회부된 경우에는 제27조제2항 및 제44조를 준용한다.
[전문개정 2011. 4. 5.]

제75조(인용결정) ① 헌법소원의 인용결정은 모든 국가기관과 지방자치단체를 기속한다.

② 제68조제1항에 따른 헌법소원을 인용할 때에는 인용결정서의 주문에 침해된 기본권과 침해의 원인이 된 공권력의 행사 또는 불행사를 특정하여야 한다.

③ 제2항의 경우에 헌법재판소는 기본권 침해의 원인이 된 공권력의 행사를 취소하거나 그 불행사가 위헌임을 확인할 수 있다.

④ 헌법재판소가 공권력의 불행사에 대한 헌법소원을 인용하는 결정을 한 때에는 피청구인은 결정 취지에 따라 새로운 처분을 하여야 한다.

⑤ 제2항의 경우에 헌법재판소는 공권력의 행사 또는 불행사가 위헌인 법률 또는 법률의 조항에 기인한 것이라고 인정될 때에는 인용결정에서 해당 법률 또는 법률의 조항이 위헌임을 선고할 수 있다.

⑥ 제5항의 경우 및 제68조제2항에 따른 헌법소원을 인용하는 경우에는 제45조 및 제47조를 준용한다.

⑦ 제68조제2항에 따른 헌법소원이 인용된 경우에 해당 헌법소원과 관련된 소송사건이 이미 확정된 때에는 당사자는 재심을 청구할 수 있다.

⑧ 제7항에 따른 재심에서 형사사건에 대하여는 「형사소송법」을 준용하고, 그 외의 사건에 대하여는 「민사소송법」을 준용한다.

[전문개정 2011. 4. 5.]

제5장 전자정보처리조직을 통한 심판절차의 수행

〈신설 2009. 12. 29.〉

제76조(전자문서의 접수) ① 각종 심판절차의 당사자나 관계인은 청구서 또는 이 법에 따라 제출할 그 밖의 서면을 전자문서(컴퓨터 등 정보처리능력을 갖춘 장치에 의하여 전자적인 형태로 작성되어 송수신되거나 저장된 정보를 말한다. 이하 같다)화하고 이를 정보통신망을 이용하여 헌법재판소에서 지정·운영하는 전자정보처리조직(심판절차에 필요한 전자문서를 작성·제출·송달하는 데에 필요한 정보처리능력을 갖춘 전자적 장치를 말한다. 이하 같다)을 통하여 제출할 수 있다.

② 제1항에 따라 제출된 전자문서는 이 법에 따라 제출된 서면과 같은 효력을 가진다.

③ 전자정보처리조직을 이용하여 제출된 전자문서는 전자정보처리조직에 전자적으로 기록된 때에 접수된 것으로 본다.

④ 제3항에 따라 전자문서가 접수된 경우에 헌법재판소는 헌법재판소규칙으로 정하는 바에 따라 당사자나 관계인에게 전자적 방식으로 그 접수 사실을 즉시 알려야 한다.

[전문개정 2011. 4. 5.]

제77조(전자서명 등) ① 당사자나 관계인은 헌법재판소에 제출하는 전자문서에 헌법재판소규칙으로 정하는 바에 따라 본인임을 확인할 수 있는 전자서명을 하여야 한다.

② 재판관이나 서기는 심판사건에 관한 서류를 전자문서로 작성하는 경우에 「전자정부법」 제2조제6호에 따른 행정전자서명(이하 "행정전자서명"이라 한다)을 하여야 한다.

③ 제1항의 전자서명과 제2항의 행정전자서명은 헌법재판소의 심판절차에 관한 법령에서 정하는 서명·서명날인 또는 기명날인으로 본다.

[본조신설 2009. 12. 29.]

제78조(전자적 송달 등) ① 헌법재판소는 당사자나 관계인에게 전자정보처리조직과 그와 연계된 정보통신망을 이용하여 결정서나 이 법에 따른 각종 서류를 송달할 수 있다. 다만, 당사자나 관계인이 동의하지 아니하는 경우에는 그러하지 아니하다.

② 헌법재판소는 당사자나 관계인에게 송달하여야 할 결정서 등의 서류를 전자정보처리조직에 입력하여 등재한 다음 그 등재 사실

을 헌법재판소규칙으로 정하는 바에 따라 전자적 방식으로 알려야 한다.

③ 제1항에 따른 전자정보처리조직을 이용한 서류 송달은 서면으로 한 것과 같은 효력을 가진다.

④ 제2항의 경우 송달받을 자가 등재된 전자문서를 헌법재판소규칙으로 정하는 바에 따라 확인한 때에 송달된 것으로 본다. 다만, 그 등재 사실을 통지한 날부터 2주 이내에 확인하지 아니하였을 때에는 등재 사실을 통지한 날부터 2주가 지난 날에 송달된 것으로 본다.

⑤ 제1항에도 불구하고 전자정보처리조직의 장애로 인하여 전자적 송달이 불가능하거나 그 밖에 헌법재판소규칙으로 정하는 사유가 있는 경우에는 「민사소송법」에 따라 송달할 수 있다.

[전문개정 2011. 4. 5.]

제6장 벌칙 〈개정 2011. 4. 5.〉

제79조(벌칙) 다음 각 호의 어느 하나에 해당하는 자는 1년 이하의 징역 또는 100만원 이하의 벌금에 처한다.

1. 헌법재판소로부터 증인, 감정인, 통역인 또는 번역인으로서 소환 또는 위촉을 받고 정당한 사유 없이 출석하지 아니한 자
2. 헌법재판소로부터 증거물의 제출요구 또는 제출명령을 받고 정당한 사유 없이 이를 제출하지 아니한 자
3. 헌법재판소의 조사 또는 검사를 정당한 사유 없이 거부·방해 또는 기피한 자

[전문개정 2011. 4. 5.]

부칙 * 이하 생략

헌법재판소 심판 규칙

제정 2007. 12. 7 규칙 제201호
개정 2008. 12. 22 규칙 제233호
2018. 6. 15 규칙 제399호

제1장 총칙

제1조(목적) 이 규칙은 「대한민국헌법」 제113조제2항과 「헌법재판소법」 제10조제1항에 따라 헌법재판소의 심판절차에 관하여 필요한 사항을 규정함을 목적으로 한다.

제2조(헌법재판소에 제출하는 서면 또는 전자문서의 기재사항) ① 헌법재판소에 제출하는 서면 또는 전자문서에는 특별한 규정이 없으면 다음 각 호의 사항을 기재하고 기명날인하거나 서명하여야 한다. 〈개정 2010.2.26〉

1. 사건의 표시
2. 서면을 제출하는 사람의 이름, 주소, 연락처(전화번호, 팩시밀리번호, 전자우편주소 등을 말한다. 다음부터 같다)
3. 덧붙인 서류의 표시
4. 작성한 날짜

② 제출한 서면에 기재한 주소 또는 연락처에 변동사항이 없으면 그 후에 제출하는 서면에는 이를 기재하지 아니하여도 된다.

③ 심판서류는 「헌법재판소 심판절차에서의 전자문서 이용 등에 관한 규칙」에 따라 전자헌법재판시스템을 통하여 전자문서로 제출할 수 있다. 〈신설 2010.2.26〉

제2조의2(민감정보 등의 처리) ① 헌법재판소는 심판업무 수행을 위하여 필요한 범위 내에서 「개인정보 보호법」 제23조의 민감정보, 제24조의 고유식별정보 및 그 밖의 개인정보를 처리할 수 있다.

② 헌법재판소는 「헌법재판소법」(다음부터 "법"이라 한다) 제32조에 따라 국가기관 또는 공공단체의 기관에 제1항의 민감정보, 고유식별정보 및 그 밖의 개인정보가 포함된 자료의 제출 요구 등을 할 수 있다. 〈신설 2012.11.26〉

제3조(심판서류의 작성방법) ① 심판서류는 간결한 문장으로 분명하게 작성하여야 한다.

② 심판서류의 용지크기는 특별한 사유가 없으면 가로 210mm,세로 297mm(A4 용지)로 한다.

제4조(번역문의 첨부) 외국어나 부호로 작성된 문서에는 국어로 된 번역문을 붙인다.

제5조(심판서류의 접수와 보정권고 등) ① 심판서류를 접수한 공무원은 심판서류를 제출한 사람이 요청하면 바로 접수증을 교부하여야 한다.

② 제1항의 공무원은 제출된 심판서류의 흠결을 보완하기 위하여 필요한 보정을 권고할 수 있다.

③ 헌법재판소는 필요하다고 인정하면 심판서류를 제출한 사람에게 그 문서의 전자파일을 전자우편이나 그 밖에 적당한 방법으로 헌법재판소에 보내도록 요청할 수 있다.

제 2 장 일반심판절차

제 1 절 당사자

제6조(법정대리권 등의 증명) 법정대리권이 있는 사실, 법인이나 법인이 아닌 사단 또는

재단의 대표자나 관리인이라는 사실, 소송행위를 위한 권한을 받은 사실은 서면으로 증명하여야 한다.

제7조(법인이 아닌 사단 또는 재단의 당사자능력을 판단하는 자료의 제출) 헌법재판소는 법인이 아닌 사단 또는 재단이 당사자일 때에는 정관이나 규약, 그 밖에 그 당사자의 당사자능력을 판단하기 위하여 필요한 자료를 제출하게 할 수 있다.

제8조(대표대리인) ① 재판장은 복수의 대리인이 있을 때에는 당사자나 대리인의 신청 또는 재판장의 직권에 의하여 대표대리인을 지정하거나 그 지정을 철회 또는 변경할 수 있다.
② 대표대리인은 3명을 초과할 수 없다.
③ 대표대리인 1명에 대한 통지 또는 서류의 송달은 대리인 전원에 대하여 효력이 있다.

제 2 절 심판의 청구

제9조(심판용 부본의 제출) 법 제26조에 따라 헌법재판소에 청구서를 제출하는 사람은 9통의 심판용 부본을 함께 제출하여야 한다. 이 경우 제23조에 따른 송달용 부본은 따로 제출하여야 한다. 〈개정 2012.11.26〉

제10조(이해관계기관 등의 의견서 제출 등) ① 헌법재판소의 심판에 이해관계가 있는 국가기관 또는 공공단체와 법무부장관은 헌법재판소에 의견서를 제출할 수 있고, 헌법재판소는 이들에게 의견서를 제출할 것을 요청할 수 있다.
② 헌법재판소는 필요하다고 인정하면 당해 심판에 이해관계가 있는 사람에게 의견서를 제출할 수 있음을 통지할 수 있다.
③ 헌법재판소는 제1항 후단 및 제2항의 경우에 당해심판의 제청서 또는 청구서의 등본을 송달한다.

제 3 절 변론 및 참고인 진술

제11조(심판준비절차의 실시) ① 헌법재판소는 심판절차를 효율적이고 집중적으로 진행하기 위하여 당사자의 주장과 증거를 정리할 필요가 있을 때에는 심판준비절차를 실시할 수 있다.
② 헌법재판소는 재판부에 속한 재판관을 수명재판관으로 지정하여 심판준비절차를 담당하게 할 수 있다. 〈개정 2017.5.30〉

제11조의2(헌법연구관의 사건의 심리 및 심판에 관한 조사) 헌법연구관은 주장의 정리나 자료의 제출을 요구하거나, 조사기일을 여는 방법 등으로 사건의 심리 및 심판에 관한 조사를 할 수 있다. [본조신설 2018.6.15]

제12조(구두변론의 방식 등) ① 구두변론은 사전에 제출한 준비서면을 읽는 방식으로 하여서는 아니되고, 쟁점을 요약.정리하고 이를 명확히 하는 것이어야 한다.
② 재판관은 언제든지 당사자에게 질문할 수 있다.
③ 재판장은 필요에 따라 각 당사자의 구두변론시간을 제한할 수 있고, 이 경우에 각 당사자는 그 제한된 시간 내에 구두변론을 마쳐야 한다. 다만, 재판장은 필요하다고 인정하는 경우에 제한한 구두변론시간을 연장할 수 있다.
④ 각 당사자를 위하여 복수의 대리인이 있는 경우에 재판장은 그 중 구두변론을 할 수 있는 대리인의 수를 제한할 수 있다.
⑤ 재판장은 심판절차의 원활한 진행과 적정한 심리를 도모하기 위하여 필요한 한도에서 진행중인 구두변론을 제한할 수 있다.
⑥ 이해관계인이나 참가인이 구두변론을 하는 경우에는 제1항부터 제5항까지의 규정을 준용한다.
⑦ 조서에는 서면, 사진, 속기록, 녹음물, 영상녹화물, 녹취서 등 헌법재판소가 적당하다고 인정한 것을 인용하고 소송기록에 첨부하거나 전자적 형태로 보관하여 조서의 일부로 할 수 있다. 〈신설 2017.5.30〉

⑧ 제7항에 따라 속기록, 녹음물, 영상녹화물, 녹취서를 조서의 일부로 한 경우라도 재판장은 서기로 지명된 서기관, 사무관(다음부터 "사무관등"이라 한다)으로 하여금 당사자, 증인, 그 밖의 심판관계인의 진술 중 중요한 사항을 요약하여 조서의 일부로 기재하게 할 수 있다. 〈신설 2017.5.30〉

제13조(참고인의 지정 등) ① 헌법재판소는 전문적인 지식을 가진 사람을 참고인으로 지정하여 그 진술을 듣거나 의견서를 제출하게 할 수 있다.

② 헌법재판소는 참고인을 지정하기에 앞서 그 지정에 관하여 당사자, 이해관계인 또는 관련 학회나 전문가 단체의 의견을 들을 수 있다.

제14조(지정결정 등본 등의 송달) ① 사무관등은 참고인 지정결정 등본이나 참고인 지정결정이 기재된 변론조서 등본을 참고인과 당사자에게 송달하여야 한다. 다만, 변론기일에서 참고인 지정결정을 고지 받은 당사자에게는 이를 송달하지 아니한다. 〈개정 2017.5.30〉

② 참고인에게는 다음 각 호의 서류가 첨부된 의견요청서를 송달하여야 한다.

1. 위헌법률심판제청서 또는 심판청구서 사본
2. 피청구인의 답변서 사본
3. 이해관계인의 의견서 사본
4. 의견서 작성에 관한 안내문

제15조(참고인 의견서) ① 참고인은 의견요청을 받은 사항에 대하여 재판부가 정한 기한까지 의견서를 제출하여야 한다.

② 사무관등은 제1항의 의견서 사본을 당사자에게 바로 송달하여야 한다.

제16조(참고인 진술) ① 참고인의 의견진술은 사전에 제출한 의견서의 내용을 요약.정리하고 이를 명확히 하는 것이어야 한다.

② 재판장은 참고인 진술시간을 합리적인 범위 내에서 제한할 수 있다.

③ 재판관은 언제든지 참고인에게 질문할 수 있다.

④ 당사자는 참고인의 진술이 끝난 후 그에 관한 의견을 진술할 수 있다.

제17조(헌법재판소의 석명처분) ① 헌법재판소는 심판관계를 분명하게 하기 위하여 다음 각 호의 처분을 할 수 있다.

1. 당사자 본인이나 그 법정대리인에게 출석하도록 명하는 일
2. 심판서류 또는 심판에 인용한 문서, 그 밖의 물건으로서 당사자가 가지고 있는 것을 제출하게 하는 일
3. 당사자 또는 제3자가 제출한 문서, 그 밖의 물건을 헌법재판소에 유치하는 일
4. 검증을 하거나 감정을 명하는 일
5. 필요한 조사를 촉탁하는 일

② 제1항의 검증·감정과 조사의 촉탁에는 법 및 이 규칙, 민사소송법 및 민사소송규칙의 증거조사에 관한 규정을 준용한다.

제18조(통역) ① 심판정에서는 우리말을 사용한다.

② 심판관계인이 우리말을 하지 못하거나 듣거나 말하는 데에 장애가 있으면 통역인으로 하여금 통역하게 하거나 그 밖에 의사소통을 도울 수 있는 방법을 사용하여야 한다.

제19조(녹화 등의 금지) 누구든지 심판정에서는 재판장의 허가 없이 녹화·촬영·중계방송 등의 행위를 하지 못한다.

제19조의2(변론영상 등의 공개) 헌법재판소는 변론 및 선고에 대한 녹음·녹화의 결과물을 홈페이지 등을 통해 공개할 수 있다. [본조신설 2017.5.30]

제 4 절 기일

제20조(기일의 지정과 변경) ① 재판장은 재판부의 협의를 거쳐 기일을 지정한다. 다만, 수명재판관이 신문하거나 심문하는 기일은 그 수명재판관이 지정한다.

② 이미 지정된 기일을 변경하는 경우에도 제1항과 같다.

③ 기일을 변경하거나 변론을 연기 또는 속행하는 경우에는 심판절차의 중단 또는 중지, 그 밖에 다른 특별한 사정이 없으면 다음 기일을 바로 지정하여야 한다.

제21조(기일의 통지) ① 기일은 기일통지서 또는 출석요구서를 송달하여 통지한다. 다만, 그 사건으로 출석한 사람에게는 기일을 직접 고지하면 된다.

② 기일의 간이통지는 전화·팩시밀리·보통우편 또는 전자우편으로 하거나 그 밖에 적절하다고 인정되는 방법으로 할 수 있다.

③ 제2항의 규정에 따라 기일을 통지한 때에는 사무관등은 그 방법과 날짜를 심판기록에 표시하여야 한다.

제 5 절 송달

제22조(전자헌법재판시스템·전화 등을 이용한 송달) ① 사무관등은 「헌법재판소 심판절차에서의 전자문서 이용 등에 관한 규칙」에 따라 전자헌법재판시스템을 이용하여 송달하거나 전화·팩시밀리·전자우편 또는 휴대전화 문자전송을 이용하여 송달할 수 있다. 〈개정 2008.12.22, 2010.2.26〉

② 양쪽 당사자가 변호사를 대리인으로 선임한 경우에 한쪽 당사자의 대리인인 변호사가 상대방 대리인인 변호사에게 송달될 심판서류의 부본을 교부하거나 팩시밀리 또는 전자우편으로 보내고 그 사실을 헌법재판소에 증명하면 송달의 효력이 있다. 다만, 그 심판서류가 당사자 본인에게 교부되어야 할 경우에는 그러하지 아니하다.

제22조의2(공시송달의 방법) 「민사소송법」 제194조제1항 및 제3항에 따라 공시송달을 실시하는 경우에는 사무관등은 송달할 서류를 보관하고 다음 각 호 가운데 어느 하나의 방법으로 그 사유를 공시하여야 한다. 〈개정 2015.7.22〉

1. 헌법재판소계시판 게시
2. 헌법재판소홈페이지 전자헌법재판센터의 공시송달란 게시

제22조의3(송달기관) 헌법재판소는 우편이나 재판장이 지명하는 사무처 직원에 의하여 심판서류를 송달한다. [본조신설 2017.5.30]

제23조(부본제출의무) 송달을 하여야 하는 심판서류를 제출할 때에는 특별한 규정이 없으면 송달에 필요한 수만큼 부본을 함께 제출하여야 한다.

제24조(공동대리인에게 할 송달) 「민사소송법」 제180조에 따라 송달을 하는 경우에 그 공동대리인들이 송달을 받을 대리인 한 사람을 지정하여 신고한 때에는 지정된 대리인에게 송달하여야 한다.

제 6 절 증거

제25조(증거의 신청) 증거를 신청할 때에는 증거와 증명할 사실의 관계를 구체적으로 밝혀야 한다.

제26조(증인신문과 당사자신문의 신청) ① 증인신문은 부득이한 사정이 없으면 일괄하여 신청하여야 한다. 당사자신문을 신청하는 경우에도 마찬가지이다.

② 증인신문을 신청할 때에는 증인의 이름, 주소·연락처·직업, 증인과 당사자의 관계, 증인이 사건에 관여하거나 내용을 알게 된 경위를 밝혀야 한다.

제27조(증인신문사항의 제출 등) ① 증인신문을 신청한 당사자는 헌법재판소가 정한 기한까지 상대방의 수에 12를 더한 수의 증인신문사항을 기재한 서면을 함께 제출하여야 한다.

② 사무관등은 제1항의 서면 1통을 증인신문기일 전에 상대방에게 송달하여야 한다.

③ 증인신문사항은 개별적이고 구체적이어야 한다.

제28조(증인 출석요구서의 기재사항 등) ① 증인의 출석요구서에는 다음 각 호의 사항을 기재하고 재판장이 서명 또는 기명날인하여야 한다.

1. 출석일시 및 장소
2. 당사자의 표시
3. 신문사항의 요지
4. 출석하지 아니하는 경우의 법률상 제재
5. 출석하지 아니하는 경우에는 그 사유를 밝혀 신고하여야 한다는 취지
6. 제5호의 신고를 하지 아니하는 경우에는 정당한 사유 없이 출석하지 아니한 것으로 인정되어 법률상 제재를 받을 수 있다는 취지

② 증인에 대한 출석요구서는 늦어도 출석할 날보다 7일 전에 송달되어야 한다. 다만, 부득이한 사정이 있으면 그러하지 아니하다.

제29조(불출석의 신고) 증인이 출석요구를 받고 기일에 출석할 수 없으면 바로 그 사유를 밝혀 신고하여야 한다.

제30조(증인이 출석하지 아니한 경우 등) ① 정당한 사유 없이 출석하지 아니한 증인의 구인에 관하여는 「형사소송규칙」 중 구인에 관한 규정을 준용한다.

② 증언거부나 선서거부에 정당한 이유가 없다고 한 결정이 있은 뒤에 증언거부나 선서거부를 한 증인에 대한 과태료재판절차에 관하여는 「비송사건절차법」 제248조, 제250조의 규정(다만, 검사, 항고, 과태료재판절차의 비용에 관한 부분을 제외한다)을 준용한다.

제31조(증인신문의 방법) ① 신문은 개별적이고 구체적으로 하여야 한다.

② 당사자의 신문이 다음 각 호의 어느 하나에 해당하는 때에는 재판장은 직권 또는 당사자의 신청에 따라 이를 제한할 수 있다. 다만, 제2호 내지 제6호에 규정된 신문에 관하여 정당한 사유가 있으면 그러하지 아니하다.

1. 증인을 모욕하거나 증인의 명예를 해치는 내용의 신문
2. 「민사소송규칙」 제91조 내지 제94조의 규정에 어긋나는 신문
3. 이미 한 신문과 중복되는 신문
4. 쟁점과 관계없는 신문
5. 의견의 진술을 구하는 신문
6. 증인이 직접 경험하지 아니한 사항에 관하여 진술을 구하는 신문

제32조(이의신청) ① 증인신문에 관한 재판장의 명령 또는 조치에 대한 이의신청은 그 명령 또는 조치가 있은 후 바로 하여야 하며, 그 이유를 구체적으로 밝혀야 한다.

② 재판부는 제1항에 따른 이의신청에 대하여 바로 결정하여야 한다.

제33조(증인의 증인신문조서 열람 등) 증인은 자신에 대한 증인신문조서의 열람 또는 복사를 청구할 수 있다.

제34조(서증신청의 방식) 당사자가 서증을 신청하려는 경우에는 문서를 제출하는 방식 또는 문서를 가진 사람에게 그것을 제출하도록 명할 것을 신청하는 방식으로 한다.

제35조(문서를 제출하는 방식에 의한 서증신청) ① 문서를 제출하면서 서증을 신청할 때에는 문서의 제목·작성자 및 작성일을 밝혀야 한다. 다만, 문서의 내용상 명백한 경우에는 그러하지 아니하다.

② 서증을 제출할 때에는 상대방의 수에 1을 더한 수의 사본을 함께 제출하여야 한다. 다만, 상당한 이유가 있으면 헌법재판소는 기간을 정하여 나중에 사본을 제출하게 할 수 있다.

③ 제2항의 사본은 명확한 것이어야 하며 재판장은 사본이 명확하지 아니한 경우에는 사본을 다시 제출하도록 명할 수 있다.

④ 문서의 일부를 증거로 할 때에도 문서의 전부를 제출하여야 한다. 다만, 그 사본은 재판장의 허가를 받아 증거로 원용할 부분의 초본만을 제출할 수 있다.

⑤ 헌법재판소는 서증에 대한 증거조사가 끝난 후에도 서증 원본을 다시 제출할 것을 명할 수 있다.

제36조(증거설명서의 제출 등) ① 재판장은 서증의 내용을 이해하기 어렵거나 서증의 수가 너무 많은 경우 또는 서증의 입증취지가 명확하지 아니한 경우에는 당사자에게 서증과 증명할 사실의 관계를 구체적으로 밝힌 설명서를 제출하도록 명할 수 있다.
② 서증이 국어 아닌 문자 또는 부호로 되어 있으면 그 문서의 번역문을 붙여야 한다. 다만, 문서의 일부를 증거로 할 때에는 재판장의 허가를 받아 그 부분의 번역문만을 붙일 수 있다.

제37조(서증에 대한 증거결정) 당사자가 서증을 신청한 경우에 다음 각 호의 어느 하나에 해당하는 사유가 있으면 헌법재판소는 그 서증을 채택하지 아니하거나 채택결정을 취소할 수 있다.
1. 서증과 증명할 사실 사이에 관련성이 인정되지 아니하는 경우
2. 이미 제출된 증거와 같거나 비슷한 취지의 문서로서 별도의 증거가치가 있음을 당사자가 밝히지 못한 경우
3. 국어 아닌 문자 또는 부호로 되어 있는 문서로서 그 번역문을 붙이지 아니하거나 재판장의 번역문 제출명령에 따르지 아니한 경우
4. 제36조에 따른 재판장의 증거설명서 제출명령에 따르지 아니한 경우
5. 문서의 작성자나 그 작성일이 분명하지 아니하여 이를 명확히 하도록 한 재판장의 명령에 따르지 아니한 경우

제38조(문서제출신청의 방식 등) ① 문서를 가진 사람에게 그것을 제출하도록 명하는 방법으로 서증을 신청하려는 경우에는 다음 각 호의 사항을 기재한 서면으로 하여야 한다.
1. 문서의 표시
2. 문서의 취지
3. 문서를 가진 사람
4. 증명할 사실
5. 문서를 제출하여야 하는 의무의 원인
② 상대방은 제1항의 신청에 관하여 의견이 있으면 의견을 기재한 서면을 헌법재판소에 제출할 수 있다.

제39조(문서송부의 촉탁) ① 서증의 신청은 제34조의 규정에 불구하고 문서를 가지고 있는 사람에게 그 문서를 보내도록 촉탁할 것을 신청하는 방법으로 할 수도 있다. 다만, 당사자가 법령에 따라 문서의 정본이나 등본을 청구할 수 있는 경우에는 그러하지 아니하다.
② 헌법재판소는 법 제32조에 따라 기록의 송부나 자료의 제출을 요구하는 경우로서 국가기관 또는 공공단체의 기관이 원본을 제출하기 곤란한 사정이 있는 때에는 그 인증등본을 요구할 수 있다. 〈신설 2017.5.30〉

제40조(기록 가운데 일부문서에 대한 송부촉탁)
① 법원, 검찰청, 그 밖의 공공기관(다음부터 이 조문에서 이 모두를 "법원등"이라 한다)이 보관하고 있는 기록 가운데 불특정한 일부에 대하여도 문서송부의 촉탁을 신청할 수 있다.
② 헌법재판소가 제1항의 신청을 채택한 경우에는 기록을 보관하고 있는 법원등에 대하여 그 기록 가운데 신청인이 지정하는 부분의 인증등본을 보내 줄 것을 촉탁하여야 한다.
③ 제2항에 따른 촉탁을 받은 법원등은 그 문서를 보관하고 있지 아니하거나 그 밖에 송부촉탁에 따를 수 없는 특별한 사정이 없으면 문서송부촉탁 신청인에게 그 기록을 열람하게 하여 필요한 부분을 지정할 수 있도록 하여야 한다.

제41조(문서가 있는 장소에서의 서증조사 등)
① 제3자가 가지고 있는 문서를 문서제출신청 또는 문서송부촉탁의 방법에 따라 서증으로 신청할 수 없거나 신청하기 어려운 사정

이 있으면 헌법재판소는 당사자의 신청 또는 직권에 의하여 그 문서가 있는 장소에서 서증조사를 할 수 있다.

② 제1항의 경우 신청인은 서증으로 신청한 문서의 사본을 헌법재판소에 제출하여야 한다.

제42조(협력의무) ① 헌법재판소로부터 문서의 전부 또는 일부의 송부를 촉탁 받은 사람 또는 문서가 있는 장소에서의 서증조사 대상인 문서를 가지고 있는 사람은 정당한 이유 없이 문서의 송부나 서증조사에 대한 협력을 거절하지 못한다.

② 문서의 송부촉탁을 받은 사람이 그 문서를 보관하고 있지 아니하거나 그 밖에 송부촉탁에 따를 수 없는 사정이 있으면 그 사유를 헌법재판소에 통지하여야 한다.

제43조(문서제출방법 등) ① 헌법재판소에 문서를 제출하거나 보낼 때에는 원본, 정본 또는 인증이 있는 등본으로 하여야 한다.

② 헌법재판소는 필요하다고 인정하면 원본을 제출하도록 명하거나 원본을 보내도록 촉탁할 수 있다.

③ 헌법재판소는 당사자로 하여금 그 인용한 문서의 등본 또는 초본을 제출하게 할 수 있다.

④ 헌법재판소는 문서가 증거로 채택되지 아니한 경우에 당사자의 의견을 들어 제출된 문서의 원본.정본.등본.초본 등을 돌려주거나 폐기할 수 있다.

제44조(감정의 신청 등) ① 감정을 신청할 때에는 감정을 구하는 사항을 적은 서면을 함께 제출하여야 한다.

② 제1항의 서면은 상대방에게 송달하여야 한다.

제45조(감정의 촉탁) 헌법재판소는 필요하다고 인정하면 공공기관, 학교, 그 밖에 상당한 설비가 있는 단체 또는 외국의 공공기관에 감정을 촉탁할 수 있다. 이 경우 선서에 관한 규정은 적용하지 아니한다.

제46조(검증의 신청) 당사자가 검증을 신청할 때에는 검증의 목적을 표시하여 신청하여야 한다.

제47조(검증할 때의 감정 등) 수명재판관은 검증에 필요하다고 인정하면 감정을 명하거나 증인을 신문할 수 있다.

제 7 절 그 밖의 절차

제48조(선고의 방식) 결정을 선고할 경우에는 재판장이 결정서 원본에 따라 주문을 읽고 이유의 요지를 설명하되, 필요한 때에는 다른 재판관으로 하여금 이유의 요지를 설명하게 할 수 있다. 다만, 법정의견과 다른 의견이 제출된 경우에는 재판장은 선고 시 이를 공개하고 그 의견을 제출한 재판관으로 하여금 이유의 요지를 설명하게 할 수 있다.

제49조(결정서 등본의 송달) 헌법재판소의 종국결정이 법률의 제정 또는 개정과 관련이 있으면 그 결정서 등본을 국회 및 이해관계가 있는 국가기관에게 송부하여야 한다.

제49조의2(종국결정의 공시) ① 다음 각 호의 종국결정은 관보에, 그 밖의 종국결정은 헌법재판소의 인터넷 홈페이지에 각 게재함으로써 공시한다.

1. 법률의 위헌결정
2. 탄핵심판에 관한 결정
3. 정당해산심판에 관한 결정
4. 권한쟁의심판에 관한 본안결정
5. 헌법소원의 인용결정
6. 기타 헌법재판소가 필요하다고 인정한 결정

② 관보에 게재함으로써 공시하는 종국결정은 헌법재판소의 인터넷 홈페이지에도 게재한다. [본조신설 2011.7.8]

제50조(가처분의 신청과 취하) ① 가처분의 신청 및 가처분신청의 취하는 서면으로 하여야 한다. 다만, 변론기일 또는 심문기일에서는

가처분신청의 취하를 말로 할 수 있다.

② 가처분신청서에는 신청의 취지와 이유를 기재하여야 하며, 주장을 소명하기 위한 증거나 자료를 첨부하여야 한다.

③ 가처분의 신청이 있는 때에는 신청서의 등본을 피신청인에게 바로 송달하여야 한다. 다만, 본안사건이 헌법소원심판사건인 경우로서 그 심판청구가 명백히 부적법하거나 권리의 남용이라고 인정되는 경우에는 송달하지 아니할 수 있다. 〈개정 2014.6.9〉

제51조(신청에 대한 결정서 정본의 송달) ① 가처분신청에 대한 결정을 한 때에는 결정서 정본을 신청인에게 바로 송달하여야 한다. 가처분신청에 대하여 답변서를 제출한 피신청인, 의견서를 제출한 이해관계기관이 있을 때에는 이들에게도 결정서 정본을 송달하여야 한다.

② 재판관에 대한 제척 또는 기피의 신청에 대한 결정, 국선대리인 선임신청에 대한 결정을 한 때에는 결정서 정본을 신청인에게 바로 송달하여야 한다. 국선대리인을 선정하는 결정을 한 때에는 국선대리인에게도 결정서 정본을 송달하여야 한다.

제52조(재심의 심판절차) 재심의 심판절차에는 그 성질에 어긋나지 아니하는 범위 내에서 재심 전 심판절차에 관한 규정을 준용한다.

제53조(재심청구서의 기재사항) ① 재심청구서에는 다음 각 호의 사항을 기재하여야 한다.

1. 재심청구인 및 대리인의 표시
2. 재심할 결정의 표시와 그 결정에 대하여 재심을 청구하는 취지
3. 재심의 이유

② 재심청구서에는 재심의 대상이 되는 결정의 사본을 붙여야 한다.

제 3 장 특별심판절차

제 1 절 위헌법률심판

제54조(제청서의 기재사항) 제청서에는 법 제43조의 기재사항 외에 다음 각 호의 사항을 기재하여야 한다.

1. 당해사건이 형사사건인 경우 피고인의 구속 여부 및 그 기간
2. 당해사건이 행정사건인 경우 행정처분의 집행정지 여부

제55조(제청법원의 의견서 등 제출) 제청법원은 위헌법률심판을 제청한 후에도 심판에 필요한 의견서나 자료 등을 헌법재판소에 제출할 수 있다.

제56조(당해사건 참가인의 의견서 제출) 당해사건의 참가인은 헌법재판소에 법률이나 법률조항의 위헌 여부에 관한 의견서를 제출할 수 있다.

제 2 절 탄핵심판

제57조(소추위원의 대리인 선임) 소추위원은 변호사를 대리인으로 선임하여 탄핵심판을 수행하게 할 수 있다.

제58조(소추위원의 자격상실과 심판절차의 중지) ① 소추위원인 국회법제사법위원회의 위원장이 그 자격을 잃은 때에는 탄핵심판절차는 중단된다. 이 경우 새로 국회법제사법위원회의 위원장이 된 사람이 탄핵심판절차를 수계하여야 한다.

② 소추위원의 대리인이 있는 경우에는 탄핵심판절차는 중단되지 아니한다.

제59조(변론기일의 시작) 변론기일은 사건과 당사자의 이름을 부름으로써 시작한다.

제60조(소추의결서의 낭독) ① 소추위원은 먼저 소추의결서를 낭독하여야 한다.

② 제1항의 경우에 재판장은 원활한 심리를 위하여 필요하다고 인정하면 소추사실의 요

지만을 진술하게 할 수 있다.

제61조(피청구인의 의견진술) 재판장은 피청구인에게 소추에 대한 의견을 진술할 기회를 주어야 한다.

제62조(증거에 대한 의견진술) 소추위원 또는 피청구인은 증거로 제출된 서류나 물건 등을 증거로 하는 것에 동의하는지 여부에 관한 의견을 진술하여야 한다. 〈개정 2017.5.30〉

제62조의2(피청구인에 대한 신문) ① 재판장은 피청구인이 변론기일에 출석한 경우 피청구인을 신문하거나 소추위원과 그 대리인 또는 피청구인의 대리인으로 하여금 신문하게 할 수 있다.
② 피청구인은 진술하지 아니하거나 개개의 질문에 대하여 진술을 거부할 수 있다.
③ 재판장은 피청구인에 대한 신문 전에 피청구인에게 제2항과 같이 진술을 거부할 수 있음을 고지하여야 한다.
④ 제1항에 따른 피청구인에 대한 신문은 소추위원과 피청구인의 최종 의견진술 전에 한다. 다만, 재판장이 필요하다고 인정한 때에는 피청구인의 최종 의견진술 후에도 피청구인을 신문할 수 있다. [본조신설 2017.5.30]

제63조(최종 의견진술) ① 소추위원은 탄핵소추에 관하여 최종 의견을 진술할 수 있다. 다만, 소추위원이 출석하지 아니한 경우에는 소추의결서 정본의 기재사항에 의하여 의견을 진술한 것으로 본다. 〈개정 2017.5.30〉
② 재판장은 피청구인에게 최종 의견을 진술할 기회를 주어야 한다.
③ 재판장은 심리의 적절한 진행을 위하여 필요한 경우 제1항과 제2항에 따른 의견진술 시간을 제한할 수 있다.

제64조(당사자의 불출석과 선고) 당사자가 출석하지 아니한 경우에도 종국결정을 선고할 수 있다.

제3절 정당해산심판

제65조(정당해산심판청구서의 첨부서류) ① 정당해산심판의 청구서에는 정당해산의 제소에 관하여 국무회의의 심의를 거쳤음을 증명하는 서류를 붙여야 한다.
② 정당해산심판의 청구서에는 중앙당등록대장 등본 등 피청구인이 정당해산심판의 대상이 되는 정당임을 증명할 수 있는 자료를 붙여야 한다.

제66조(청구 등의 통지방법) ① 정당해산심판의 청구 또는 청구의 취하가 있는 때, 가처분결정을 한 때 및 그 심판을 종료한 때에는 헌법재판소장은 국회와 중앙선거관리위원회에 정당해산심판청구서 부본 또는 취하서 부본, 가처분결정서 등본, 종국결정 등본을 붙여 그 사실을 통지하여야 한다.
② 법 제58조제2항에 따라 정당해산을 명하는 결정서를 정부에 송달할 경우에는 법무부장관에게 송달하여야 한다.

제4절 권한쟁의심판

제67조(권한쟁의심판청구의 통지) 헌법재판소장은 권한쟁의심판이 청구된 경우에는 다음 각 호의 국가기관 또는 지방자치단체에게 그 사실을 바로 통지하여야 한다. 〈개정 2011.7.8, 2017.5.30〉
1. 법무부장관
2. 지방자치단체를 당사자로 하는 권한쟁의심판인 경우에는 행정자치부장관. 다만, 법 제62조제2항에 의한 교육·학예에 관한 지방자치단체의 사무에 관한 것일 때에는 행정자치부장관 및 교육부장관
3. 시·군 또는 지방자치단체인 구를 당사자로 하는 권한쟁의심판인 경우에는 그 지방자치단체가 소속된 특별시·광역시 또는 도
4. 그 밖에 권한쟁의심판에 이해관계가 있다고 인정되는 국가기관 또는 지방자치단체

제 5 절 헌법소원심판

제68조(헌법소원심판청구서의 기재사항) ① 법 제68조제1항에 따른 헌법소원심판의 청구서에는 다음 각 호의 사항을 기재하여야 한다.

1. 청구인 및 대리인의 표시
2. 피청구인(다만, 법령에 대한 헌법소원의 경우에는 그러하지 아니하다)
3. 침해된 권리
4. 침해의 원인이 되는 공권력의 행사 또는 불행사
5. 청구이유
6. 다른 법률에 따른 구제 절차의 경유에 관한 사항
7. 청구기간의 준수에 관한 사항

② 법 제68조제2항에 따른 헌법소원심판의 청구서에는 다음 각 호의 사항을 기재하여야 한다.

1. 청구인 및 대리인의 표시
2. 사건 및 당사자의 표시
3. 위헌이라고 해석되는 법률 또는 법률 조항
4. 위헌이라고 해석되는 이유
5. 법률이나 법률 조항의 위헌 여부가 재판의 전제가 되는 이유
6. 청구기간의 준수에 관한 사항

제69조(헌법소원심판청구서의 첨부서류) ① 헌법소원심판의 청구서에는 대리인의 선임을 증명하는 서류를 붙여야 한다. 다만, 심판청구와 동시에 국선대리인선임신청을 하는 경우에는 그러하지 아니하다.

② 법 제68조제2항에 따른 헌법소원심판의 청구서를 제출할 때에는 다음 각 호의 서류도 함께 제출하여야 한다.

1. 위헌법률심판제청신청서 사본
2. 위헌법률심판제청신청 기각결정서 사본
3. 위헌법률심판제청신청 기각결정서 송달증명원
4. 당해사건의 재판서를 송달받은 경우에는 그 재판서 사본

제70조(보정명령) ① 헌법재판소는 청구서의 필수 기재사항이 누락되거나 명확하지 아니한 경우에 적당한 기간을 정하여 이를 보정하도록 명할 수 있다.

② 제1항에 따른 보정기간까지 보정하지 아니한 경우에는 심판청구를 각하할 수 있다.

부칙 * 이하 생략

찾아보기

저자약력

서울대학교 법과대학 법학과, 동 대학원 졸업
법학박사(프랑스 국립 파리(Paris) 제 2 대학교)
프랑스 국립 파리(Paris) 제 2 대학교 초청교수
미국 University of California at Berkeley의 Visiting Scholar
한국헌법학회·한국비교공법학회 부회장
헌법재판소 헌법연구위원
경제인문사회연구회 평가위원
인터넷 정보보호 협의회 운영위원
한국공법학회 회장·한국언론법학회 회장·유럽헌법학회장
사법시험·행정고시·입법고시, 9급 공무원 공채시험, 서울시 공무원 승진시험 등 시험위원
홍익대학교 법학과 교수
대법원 국민사법참여위원회 위원
방송통신심의위원회 규제심사위원회 위원장
헌법재판소 제도개선위원회 위원
국회 헌법개정자문위원회 간사위원
국회 입법조사처 자문위원회 위원장
헌법재판소 세계헌법재판회의 자문위원회 부위원장
교육부 국가교육과정정책자문위원회 위원
한국법제연구원 자문위원
헌법재판소·한국공법학회 주최 제 1 회 공법모의재판경연대회 대회장
법학전문대학원협의회 변호사시험 모의시험 출제위원회 공법영역 위원장
중앙행정심판위원회 위원
감사원 감사혁신위원회 위원
법무부 '헌법교육 강화 추진단' 단장
개인정보보호위원회 위원
대법원 법관징계위원회 위원
2018년 세계헌법대회 조직위원장(대회장)
한국법학교수회 수석부회장
한국법학원 부원장
법교육위원회 위원장
세계헌법학회 부회장
헌법재판소 도서 및 판례심의위원회 위원

현재 지방행정연수원 강사
    국가공무원인재개발원 강사
    국립외교원 강사
    변호사시험 출제위원
    세계헌법학회 집행이사
    한국공법학회 고문
    한국헌법학회 고문
    세계헌법학회 한국학회 회장
    공법이론과공법판례연구회 회장
    한국교육법학회 회장
    감사원 정책자문위원회 위원
    개인정보보호위원회 정책자문위원회 위원
    GYIP(Global Youth Intensive Program for Young Constitutional Law Scholars) 위원장
    성균관대학교 법학전문대학원 교수

주요 저서

기본권연구 Ⅰ
판례헌법
헌법과 행정실무
헌법판례와 행정실무
헌법재판개론
한국법의 이해(공저)
지방자치단체선거법(공저)
세계비교헌법(공저)
신헌법입문
헌법학
기본권총론
국가권력규범론
헌법재판론

헌법재판요론

초판발행	2021년 9월 10일
지은이	정재황
펴낸이	안종만 · 안상준
편 집	김선민
기획/마케팅	조성호
표지디자인	이미연
제 작	우인도 · 고철민 · 조영환
펴낸곳	(주) 박영사
	서울특별시 금천구 가산디지털2로 53, 210호(가산동, 한라시그마밸리)
	등록 1959. 3. 11. 제300-1959-1호(倫)
전 화	02)733-6771
f a x	02)736-4818
e-mail	pys@pybook.co.kr
homepage	www.pybook.co.kr
ISBN	979-11-303-4014-2 93360

정 가   29,000원